U0954759

廣東財經大學校史

（1983—2013）

《广东财经大学校史》编写组 编

主　编　王　华

副主编　马明华

暨南大學出版社
JINAN UNIVERSITY PRESS
中国·广州

图书在版编目（CIP）数据

广东财经大学校史：1983—2013/广东财经大学校史编委会编．—广州：暨南大学出版社，2014.4
ISBN 978－7－5668－0799－1

Ⅰ.①广…　Ⅱ.①广…　Ⅲ.①广东财经大学—校史—1983—2013　Ⅳ.①G659.286.5

中国版本图书馆 CIP 数据核字（2013）第 237745 号

出 版 人： 徐义雄
责任编辑： 黄圣英　吴筱颖　黄少君　张学颖
责任校对： 周海燕　黄　斯　周优绚

出版发行：暨南大学出版社

地　址： 中国广州暨南大学
电　话： 总编室（8620）85221601
营销部（8620）85225284　85228291　85228292（邮购）
传　真：（8620）85221583（办公室）　85223774（营销部）
邮　编： 510630
网　址： http：//www.jnupress.com　http：//press.jnu.edu.cn

排　版： 广州市天河星辰文化发展部照排中心
印　刷： 深圳市新联美术印刷有限公司

开　本： 787mm×1092mm　1/16
印　张： 29.25
字　数： 730 千
版　次： 2014 年 4 月第 1 版
印　次： 2014 年 4 月第 1 次
印　数： 1—5000 册

定　价： 118.00 元

（暨大版图书如有印装质量问题，请与出版社总编室联系调换）

1983年5月，成立广东财经学院

1983年9月，首届干部专修科商业会计班开学典礼

1985年6月，改名为广东商学院

◀ 1985级本科生开学典礼

1997年5月，学校通过本科教学工作合格评价，图为教学工作评价汇报会

◀ 1997年7月，广东省政府与国家司法部签订共建广东商学院（广东法商大学）协议书

◀ 2000年1月，三水校区奠基

2006年12月，广州校区北区奠基 ▶

◀ 2003年9月，获批硕士学位授予权单位，图为首届研究生开学典礼

2007年5月，获批第一个专业学位授予权点，图为首届法律硕士毕业典礼 ▶

2008 年 3 月，普通高校本科教学工作水平评估获得“优秀”，图为评估意见反馈大会

2009 年 7 月，学校学科建设与研究生教育工作会议出台了引领科研工作的系列重要文件

2009 年 11 月，学校举行教学院部二级管理目标责任书签订仪式

2009 年 11 月，学校承办“广东省文科类本科应用型人才培养经验交流会”

2011 年 3 月，学校与广州市地税局共建全国税务系统第一家校政合作培训学院

2011 年 4 月，学校举行首轮岗位设置与人员聘用合同签订仪式

2011 年 9 月，学校与澳大利亚莫道克大学签署了首份姊妹学校战略合作协议

2012 年 4 月，学校社会科学界联合会成立，为广东省高校第一家成立社会科学界联合会的高校

2012 年 12 月，学校与深圳市证大速贷小额贷款股份有限公司合作共建中国第一家微金融学院

2013 年 6 月，学校更名为广东财经大学，图为广东省副省长陈云贤等为广东财经大学揭牌

5 周年校庆

10 周年校庆

15 周年校庆

20 周年校庆

30 周年校庆

历任领导

第一届校领导集体

第二届校领导集体

第三届校领导集体

第四届校领导集体

第五届校领导集体

现任校领导集体

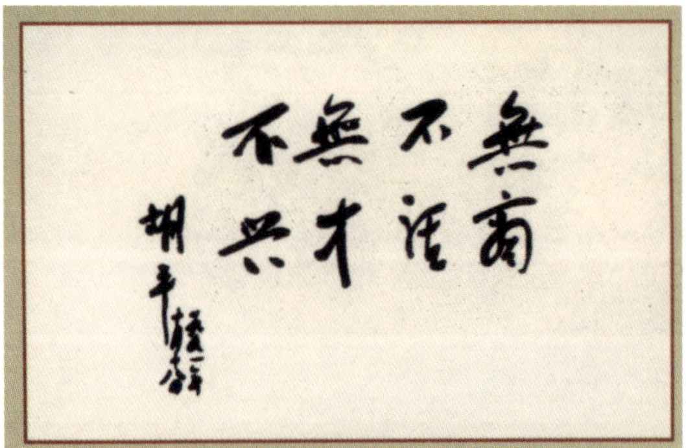

原国家商业部部长胡平题词
An inscription by Hu Ping, former Minister of Commerce.

▲
1991 年 10 月，原国家商务部商业部部长胡平为学校题词

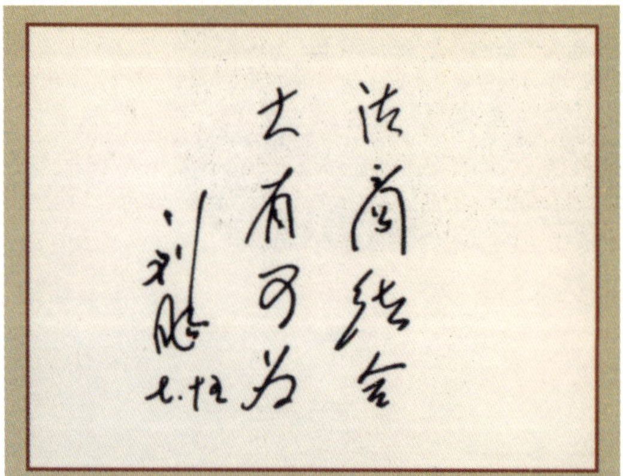

国家司法部副部长刘颺题词
An inscription by Liu Yang, Vice-Minister of Justice.

▲
1997 年 7 月，国家司法部副部长刘颺为学校题词

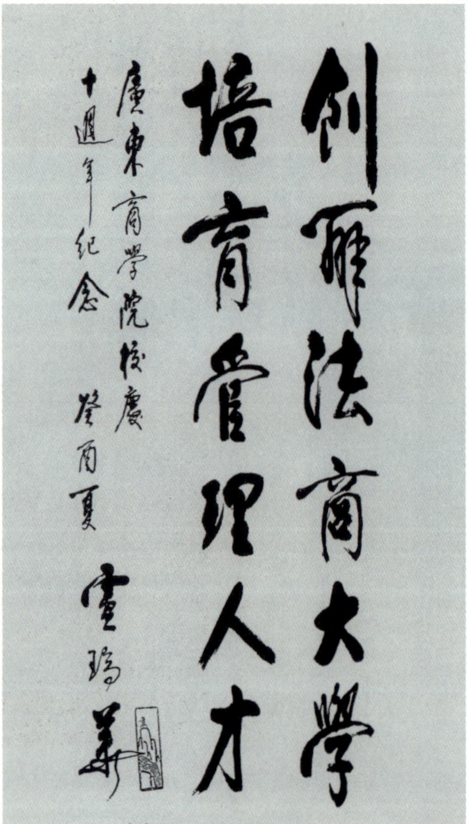

广东省副省长卢瑞华题词
An inscription by Lu Ruihua, Vice-Governor in charge of routine affairs

1993 年，广东省副省长卢瑞华为学校题词

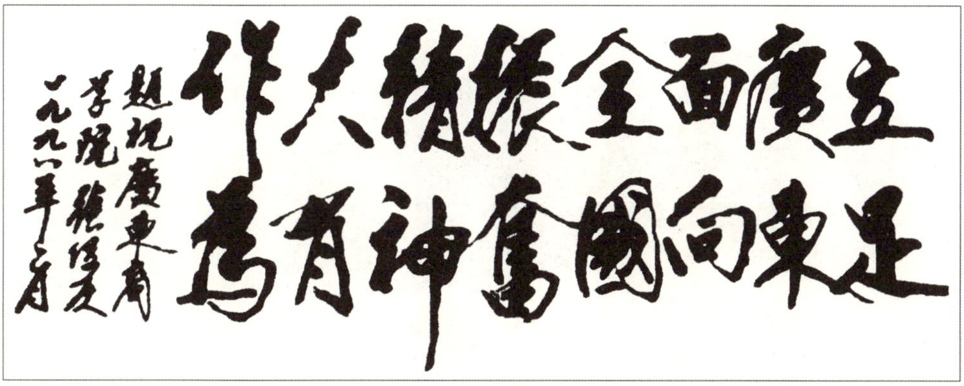

▲

1998 年 2 月，国家教委副主任张保庆为学校题词

▲

1998 年 10 月，广州市市长林树森为学校题词

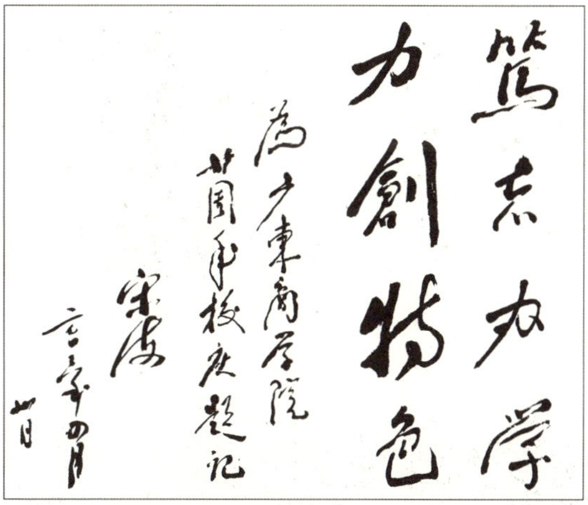

▲

2003 年 4 月，广东省副省长宋海为学校题词

1998年2月，国家教委副主任张保庆（左二）参观我校计算机室

1999年10月，广东省副省长卢钟鹤（左二）视察我校

2002年1月，广东省副省长李鸿忠（左二）来我校检查指导工作

2003年12月，广东省委常委、佛山市委书记黄龙云（右三）视察我校三水校区

2004年12月，原全国政协副主席钱伟长院士（左五）来我校视察

2012年11月，广东省副省长陈云贤一行来我校视察

著名粤剧表演艺术家红线女来我校讲艺术人生

诺贝尔经济学奖得主弗农·史密斯来我校讲学

教职工趣味运动会

青年教师教学竞赛

学生素质拓展活动

纪念建党 90 周年活动

新生军训

新生自我形象设计大赛

校运会

校园之星评选

学生作品勇夺第八届“挑战杯”
全国课外科技作品竞赛特等奖

党的十六大代表、悉尼奥运会
女子举重冠军、校友陈小敏

校园风景

广州校区教学楼广场

三水校区教学楼

广州校区北区教学楼、办公楼

三水校区学生宿舍

广州校区图书馆

三水校区图书馆

序　言

华年流转，三十而立。

广东财经学院—广东商学院—广东财经大学，三个校名的递嬗更迭，恰似金色年轮，昭显着成长的痕迹。时光荏苒，岁月峥嵘，广东财经大学这棵大树从幼小初蒙，经矢志不渝，而今卓然玉立。

1979 年，“文化大革命”刚刚结束不久，沉疴初醒的中国迎来了经济全面振兴的时刻。作为改革开放前沿省份和先行地，当时的广东省委、省政府敏锐地意识到经济大发展对财经人才的迫切需要，决定创办一所以财经商贸人才为培养目标的大学，广东财经学院得以诞生。回顾历史，可以说，广东财经学院的创办，广东商学院的发展，乃至更名为今天的广东财经大学，都与改革开放息息相关。广东财经大学的诞生、发展和变化既伴随了改革开放的风起云涌，也见证了改革开放的波澜壮阔，更呈现为改革开放三十多年的丰硕成果。

卅载磨砺，弥其坚也。广东财经大学的成长是在国家教育部、商业部、司法部，广东省委和省政府的支持下完成的，是在学校师生员工戮力同心、克服困难、勇于奉献、锐意创新中实现的。回想 1983 年，广东财经学院创立之时，办学条件窘迫、办学经验不足，如同在一张白纸上作画、平地上起楼。当年的开创者访贤问计，克勤克俭，栉风沐雨，艰苦创业，完成了学校奠基初创的任务。在此后的发展过程中，师生员工更是励精图治，拼搏创新。在最初的工商、财税等专业基础上开疆拓土，经、管、法、文、理、工、艺等学科不断创设、迅速发展，师资队伍持续壮大、师资水平稳步提升，校园规模跨越扩展、校园建设逐渐完善，特别是在 2007 年教育部普通高校本科教学工作水平评估获得“优秀”之后，迎来了快速发展时期。自 2008 年至今，校院两级管理体制改革全面铺开，院系工作的积极性极大增强。学科建设水平稳步提升，研究生教育快速发展，经、管、法、理、工硕士学位一级学科授权点全面覆盖。专业建设特色鲜明，拥有五个国家级特色专业，七个广东省名牌专业，十个广东省特色专业；师资队伍进一步优化，拥有博士学位的教授比率迅速提高。科学研究继续突飞猛进，近五年来，学校共获省部级各类科研项目 905 项，其中国家级各类项目 122 项，位居广东省属高校前列。对外交流与合作办学取得较快发展，与国外 100 多所高校和教育机构展开国际合作，合作院校分布广泛，海外交流项目深入展开。学生素质全面提高，职业素养和创新实践能力进一步加强，就业率继续领先。校园建设快速扩大，实现了跨越式发展。诸多方面的进步，推动学校全面步入发展的快车道，全体教职工的不懈努力和奋力拼搏，促使学校迅速地向着经管类优势大学迈进。荒林春雨足，新笋迸龙雏。2013 年，经过三十年的持之不懈，广东商学院终于成功更名，广东财经大学其华灼灼、翩跹而来，玉汝以成、而立花开。

教育乃庇荫滋育的事业，需慈爱护佑的情怀。从 1983 年广东财经学院诞生到今天，已有三十年。三十年来，广东财经大学的园丁们热诚滋育着这棵大树，虽经风雨不移其情，历经磨砺不坠其志。当广东财经大学破晓而出时，其“厚德、励学、笃行、拓新”的精神更加熠熠生辉。这一熔铸了中华民族古老的敦品励学传统、持志实践精神与锐意进取情怀的校训，是凝聚着中华民族智慧的根脉，既支撑着学校的发展，又仿佛一条金线，环绕在广东财经大学这棵大树身上，彰显着曾经的三十年历程，彪炳现实、昭示未来。

三十年来，群芳缤纷。广东财经大学培养的十万学子在南粤大地的经、管、商、法、文、理等领域贡献着他们的力量，广东经济强省的荣誉，也饱含着他们的奉献。霜凋夏绿，月夜花朝。今天，广东财经大学正如一棵青春韶华的大树，如果教职工是这棵大树的枝干，那么，每一位同学和校友就是这棵大树上的叶子。干的挺立、枝的坚韧、叶的繁茂，共同铸就了学校的兴盛，广东财经大学是所有师生员工共有的精神家园。如今，她姿彩丰华、生机盎然。

十年树木，百年树人。对于教育来说，三十岁的广东财经大学尚是一所年轻的学校。正因其年轻，才风华正茂，才不受羁绊，才不纠结陈规陋律，可以走出自己的风格，可以形成自己的传统，可以养成自己的文化。在努力建设特色鲜明的高水平财经大学这一目标的基础上，处于新的历史起点的广东财经大学志存高远，清醒地认识到现代大学的发展走向，将面向世界、面向一流、面向未来确立为长远期望，坚定地秉持科学精神，倡导人文素养，塑造学术传统，构筑育人文化，为未来迈进综合性大学铸造坚实基础。

抚今追昔，鉴往知来。广东财经大学正处于创造历史的新时刻，“依法治校、民主治校、阳光治校”的有效推进，乃是对建设现代大学制度的积极努力。广东财经大学在这一管理理念的保障下，惟日孜孜，无敢逸豫，持志笃行，精进不休，全体师生员工将以更加坚实的步伐，用辛勤的汗水浇灌这棵生命之树，构筑传统、创造未来。

这部《广东财经大学校史（1983—2013）》编撰、记录的不仅是学校的三十年历程，更是为曾经和正在这里工作、学习的师生员工建设共有的精神家园。她与校园中火红的凤凰木一起照亮你的记忆，她似校园中翠绿繁茂的榕树继续予你以荫凉。从近在咫尺到远在天涯，从春光明媚到秋深意浓，她都将为你提供精神的依托。尽管由于时间紧迫，已成史稿不免瑕瑜互见，难尽人意，但是，相信有挚爱这片家园的师生呵护，有后来者的订正完善，其将更臻完美。而在此刻，编撰广东财经大学校史作为初创之举，对于学校具有回顾前瞻、承先启后的重要意义。海内外诸位校友亦可借此精神家园，抒回想之恋，思母校情怀，追忆那过往的岁月，体验那蓬勃的青春，享受那绿荫的慈爱。

参天大树，必是缓慢地生长，三十载拼搏的历程仅仅是一个开端。回望来时路，笑谈波折终成果；展望未来途，不坠壮志砥砺行。九万里风鹏正举，未来期待广东财经大学，未来属于广东财经大学的每一个人。三十年芳华烂漫，已成往事，是英雄，更看来日方长。百尺竿头须进步，锦上添花唱大风，让我们祝愿而立之年的广东财经大学继续努力，再创辉煌。

党委书记：程飚

校　　长：王华

2013 年 12 月

目录 CONTENTS

教学院部编

学校发展概览编

广东财经大学始建于1983年，原名为广东财经学院，1985年改为广东商学院，2013年经教育部批准更名为广东财经大学。建校30年大致可划分为初创时期（1983—1996）、拓展时期（1997—2007）和提升时期（2008—2013）三个历史阶段。经过30年的建设与发展，学校已成为省属重点建设院校，在校全日制本科生、硕士生共23 000多人，成为广东乃至华南地区重要的经、管、法人才培养基地和科学研究基地。

第一章　初创时期（1983—1996）

1983 年至 1996 年是学校的初创时期。这一时期承载和记录了建校、改名广东商学院、本科教学工作合格评价等一系列对学校发展具有方向性影响的重大事件，是学校创建发展的重要阶段。

第一节　广东财经学院的诞生

一、筹备建立广东财贸学院

“文化大革命”结束后，中国大地一片凋零，百废待兴。1978 年 12 月，党的十一届三中全会召开，作出了把工作重心转移到经济建设上来的重大决策。地处改革开放前沿的广东，毗邻港澳，率先改革，一时间呈现出一幅千帆竞渡、百舸争流的景象。

伴随着改革开放，广东的商贸活动日渐频繁，急需大批懂经济、善管理的财经类人才。十年的“文化大革命”使广东的高等教育遭受严重破坏，人才培养几乎陷于停顿。一方面是社会经济发展对财经人才的迫切需求，另一方面是高等财经类教育人才培养的匮乏。当时，全国各省市先后恢复或成立了财贸或财经学院，而广东仍是空白，创办一所广东省属高等财经院校成为时代发展的必然需求。

1978 年 12 月，广东省财贸干部学校（以下简称“省财贸干校”。1961 年创办于广州，1966—1968 年，受“文化大革命”影响，省财贸干校处于停办状态。1972 年 4 月在四会县原分校校址复办，1980 年迁返广州办学）党组通过学习十一届三中全会精神，深刻地认识到党的工作重心转移到经济建设上来后，要加快经济发展，必然需要大批的财贸类人才，仅仅靠培训在职财贸干部远远不能满足时代的要求，必须加快培养年轻财贸人才，储备后备力量，适应新的形势发展。12 月底，省财贸干校向广东省财贸办公室（以下简称“省财办”）提交了学习贯彻十一届三中全会精神的报告，建议由省财办牵头，在省财贸干校的基础上，在广州创办一所财贸学院，这既可以培养经济社会发展急需的财贸人才，又可以解决省财贸干校迁返广州办学的问题。

为推动落实创办财贸学院的建议，1979 年元旦省财贸干校委派李俊旋、孔庆津两位同志前往黑龙江、吉林、辽宁、天津、北京等省市进行调研，学习考察他们在新时期培养财经人才的政策和举措。各省市的宝贵经验，使调研的同志充分认识到建立一所广东省属的高等财经院校，培养高级财经管理人才，是加快社会主义现代化建设、促进经济社会发展的必然要求，是时代使然。考察组回来后立即向省财贸干校党组报告了调研情况，并受省财办委托，代其起草了申请创办“广东财贸学院”的报告。

1980 年 5 月，省财办正式向广东省人民政府呈交创建“广东财贸学院”的报告。9 月 24 日，广东省人民政府以《关于同意成立广东省财贸学院的复函》（粤府函〔1980〕121 号）回复省财办，同意成立广东财贸学院。由省财办牵头，省文教办、省高教局和财贸有关单位负责人共同组成财贸学院筹备小组，负责筹备工作并报国务院审批。财贸学院的校址，由广州市协助解决。10 月 16 日，广东财贸学院筹备小组召开第一次会议，就广东财贸学院办学的规模、编制和投资等问题进行研究，并于 11 月 12 日向省计委报送了《创办广东财贸学院的计划任务书》。此后，因办学定位、资金、校址等问题，筹建工作暂告停止。

二、成立广东财经学院

广东财贸学院的筹建工作停止后，为再次推动筹建工作，省财贸干校第二次安排李俊旋、孔庆津两位同志于 1981 年 10 月赴湖北、江西、河南、湖南等省考察、学习创办财经类高等院校经验。两位同志先后考察了湖北财经学院、江西财经学院、湖南财经学院、人民银行河南省分行教育处等学校，重点考察这些地区在创办财经学院过程中遇到的办学投资、校址选定、专业设置和报批手续等问题，了解到江西、湖南都是将财贸学院改名为财经学院开展办学的这一重要信息。考察结束后，两位同志撰写了《向兄弟院校调查办学情况的报告》，详细介绍了其他地区创办财经学院的情况，并向省财贸干校提出建议：借鉴其他省份经验，将筹办广东财贸学院改为筹办广东财经学院。

11 月 17 日，省财贸干校将起草的《关于筹建广东财经学院的意见》上报省财办，正式提出：为争取更多支持，尽早办学，借鉴其他省份经验，申请将筹办的广东财贸学院名称更改为“广东财经学院”，以利于加快推进筹备建校工作。财经与财贸虽只一字之差，但财经比财贸涵盖的范围更广，包含了计划、经委、财委三条战线，有利于从整体上加强对经济工作的支持，进而在全局上促进财贸工作的开展。当年，省财办同意了省财贸干校《关于筹建广东财经学院的意见》的建议。

1982 年 7 月 17 日，省财办联合省高教局向广东省人民政府呈送《关于筹建广东财经学院的报告》（粤府财函字〔1982〕第 40 号），申请在原已批准建立的广东财贸学院的基础上筹建“广东财经学院”。11 月 1 日，广东省人民政府向省财办和省高教局下发《关于同意筹建广东财经学院的批复》（粤府函〔1982〕220 号，以下简称《批复》），同意在原已批准筹建的广东财贸学院基础上筹建“广东财经学院”，并就学校办学层次、办学规模、专业设置、校址选定、投资来源、办学体制作了详细批复。

《批复》是广东省人民政府对创建省属广东财经学院的方向性规定文件，是对创办广东财经学院的旗帜指引。《批复》指出，学校的办学规模应遵循由小到大、循序渐进的发展过程，以培养本科层次人才为主，兼顾培养专科生，远景总规模为 5 000 人，其中本科 4 000人，学制四年，面向全省招生和分配；干部进修专科 1 000 人，学制两年。专业设置围绕培养财经类人才的办学目标，暂设工业经济、贸易经济、工业财务会计、商业财务会计、基建财务会计、财政税务、金融保险、国民经济计划统计、工商行政管理九个专业，以后可根据师资情况进行调整。专业招生人数根据年度校舍基建和师资情况而定。校址定在广州市郊赤岗赤沙大队。学校由省财办、省高教局共同领导，行政和党的工作（包括干部工作和思想政治工作）以省财办为主，教学业务以省高教局为主。教职工的调配由以上部门共同商议办理。

根据广东省人民政府《批复》精神，1982 年 11 月 6 日省财贸干校召开校务会议，贯彻落实文件指示。会议就筹建广东财经学院的指导思想、筹建机构、校址选定、教师编制调配、招生计划、资金来源等亟待解决的问题提出了具体意见。11 月 7 日，省财贸干校向省财办、省高教局呈送《关于贯彻省政府〈关于同意筹建广东财经学院的批复〉的意见》（财院筹〔1982〕第 5 号），提出成立广东财经学院筹备领导小组的建议。12 月 31 日，省财办和省高教局下发《关于成立广东财经学院筹备领导小组的通知》（粤府财函字〔1982〕第 94 号、粤高教文字〔1982〕第 16 号），同意成立广东财经学院筹备领导小组。领导小组由广东省副省长杨德元任组长，省财办主任胡广恩、省高教局副局长黄其江、省财贸干校副校长闫文海、市财办主任黎敏任副组长，成员包括省财贸干校副校长林志强、市财贸干校校长林枫、省财办宣教处处长李定强等同志。小组下设办公室，省财贸干校副校长林志强兼任办公室主任，省财贸干校业务教研室主任李俊旋为副主任，正式开展学校的筹建工作。广东财经学院筹备领导小组办公地点设在三元里瑶台的省财贸干校内，与省财贸干校合署办公。广东财经学院筹备领导小组办公室内设基建、人事、教学、总务四个组，分别由李俊旋、刘玉芝、刘次钧、富忠良同志担任组长，负责具体工作。办公室成立后，各组迅速分头开展筹集资金，征地建校，招聘教师、干部和呈报审批等一系列工作。1983 年 1 月 3 日，广东财经学院筹备领导小组及办公室印章启用。

1983 年 5 月 10 日，国家教育部以《关于增设海南大学等五所高等学校和筹建计量测试专科学校的通知》（〔83〕教计字 079 号）正式批准设立“广东财经学院”，并明确广东财经学院建在广州市，设置工业企业经营管理、商业企业经营管理、工业财务会计、商业财务会计、基建财务会计、财政税务、金融保险、国民经济计划统计、工商行政管理九个专业。学制为四年，同时可举办二、三年制的干部专修科。学校规模为 5 000 人，由广东省人民政府领导。

1984 年 7 月 26 日，中共广东省委经济工作部下发《关于成立中共广东财经学院临时党委会的批复》（粤经部干字〔1984〕395 号），同意成立中共广东财经学院临时党委会，党委会由刘次钧、谭锐汉、李俊旋、吴森、段述酒同志组成，刘次钧同志为临时党委副书记。临时党委会的成立，初步建立起广东财经学院的领导班子，有力地推动了广东财经学院的建设。当时的临时党委会实际上承担了学校党政工作的全部内容。

教育部正式批准设立广东财经学院，标志了广东财经学院的正式诞生。广东财经学院的成立，满足了改革开放之初广东对高等财经类专门人才的迫切需求，填补了广东高等教育的空白，更为学校日后改办广东财经大学奠定了方向性的基础。从此以广东财经学院的创建为起点，至后来的广东商学院、而今的广东财经大学，学校逐渐成为广东乃至华南地区高等教育的一支重要力量。

三、定址赤沙

建校初期，学校办学地址经历了广州市三元里瑶台、广州市海珠区仑头等地，最后定址于广州市海珠区仑头路 21 号（赤沙现校址）。

1980 年 9 月 24 日，广东省人民政府复函（粤府函〔1980〕121 号）同意成立广东财贸学院时提出，财贸学院的校址由广州市协助解决。后省财办、省高教局经多方调查，推荐市郊三元里公社七星岗三元里中学和江村精神病疗养院作为备选校址，因有关方面不同意，未能实施。

1981 年秋，广州市城市规划局推荐位于市郊新规划文教区的赤沙大队塔岗为学校校址。省财贸干校经聘请专家进行可行性研究后，认为在该处办校是适宜的，并在征得赤沙大队和新滘公社同意后准备征用。据此，省财贸干校于 1982 年 7 月向广东省人民政府报告了筹建学校的计划任务书，广东财经学院筹备小组亦于 10 月 4 日向广州市城市规划局正式申请征用赤沙大队塔岗周围约 300 亩土地。11 月 11 日，省财办、省高教局联合向广州市人民政府呈交了《关于要求从速审批广东财经学院校址的报告》（粤府财函字〔1982〕第 66 号、粤高教报字〔1982〕第 118 号）。广东省计委也将广东财经学院的建设列为广东省“六五”时期的重点项目之一。

1983 年 1 月 3 日，广州市城市规划局正式批复，“同意在河南赤沙地段征地 10 万平方米建校”。3 月 7 日，市城规局以〔83〕城地批字第 040 号文批准同意征用新滘公社赤沙大队松岗以南地段土地 10 万平方米（76.41 亩），第一期先征 50 940 平方米兴建校舍。由于市城规局批准同意的征用面积不能满足当时国家关于一般高校校舍规划面积定额，故学校多次向市城规局递交申请，请求按照国家规定，一次批足。10 月 12 日，市城规局批准同意再划给学校 130 137 平方米（合 195.2 亩）的规划用地（〔83〕城地批字第 400 号文）。广东财经学院筹建征地工作就此告一段落。

1983 年 5 月，教育部批准广东财经学院成立，本着边建设、边招生、早出人才的建校指导思想，学校于当年 9 月首次招生。由于选定的赤沙校址征地尚未完成，学校暂借省财贸干校校舍办学，地址位于广州市三元里瑶台。

鉴于省财贸干校场地有限，不能满足两校下一年计划招生的办学需求，1983 年 12 月 31 日，省财贸干校与广东财经学院联合召开关于广东财经学院迁往仑头办学和人员调配问题的联合会议，决定将广东财经学院的办学地址搬迁至新购买的仑头原广州船舶公司技工学校，并就省财贸干校与广东财经学院的人员调配问题制定了基本原则，确定随广东财经学院搬迁的人员包括：原属省内、外调入广东财经学院的人员；1982、1983 年分配给广东财经学院的大专毕业生；原财贸干校招待所的全部工作人员；广东财经学院筹备领导小组成员刘次钧、李俊旋同志由省财贸干校调往财经学院分别主持教学、行政及基建工作。根据以上会议精神，确定随财经学院搬迁仑头办学的工作人员共计 87 人，其中原属财经学院的教学人员 24 名，教辅人员 3 名，基建人员 5 名；从省财贸干校调往广东财经学院的 9 名，包括教学人员 3 名，行政、财会干部 2 名，司机、电工各 1 名，基建 2 名；原财贸干校招待所 46 人。这次会议后，广东财经学院与省财贸干校正式分离办学，结束了“一套人马，两块牌子”的办学形态，开始走上独立办学的道路。

1984 年 2 月 20 日，广东财经学院正式从广州市三元里瑶台迁往广州市海珠区仑头办学。此后两年，学校边办学、边建设，一方面坚持在仑头招生教学，另一方面加快推进赤沙新校区的建设。

1986 年 8 月，赤沙新校舍教学楼、培训楼和部分教职工、学生宿舍楼建成。9 月 30 日，学校校址从仑头临时办学点搬迁至广州市海珠区仑头路 21 号现校址，正式定址赤沙。

第二节　改名广东商学院

一、改名的背景

广东财经学院成立后，由于基建资金严重不足，建设速度很慢。按照筹建广东财经学院计划任务书中的安排，学院成立后，将逐年增加招生人数，到 1986 年达到每年招生 1 000人的规模，再逐步发展到在校生 4 000 人的规模。比照当时的投资速度和规模，这一目标将难以实现。为此，学校开始探索寻求外部力量的支持。

1984 年，学校借鉴其他省份建设财经学院的经验，通过谋求改变学校隶属关系，寻找改办为国家部属院校的机会，以获得更多办学资源和办学支持。经过学校的努力争取，广东省人民政府与商业部商妥，准备将广东财经学院改办为商业部部属的广州商学院，并上报国务院审批，但未获批准。改办部属高校的努力受挫后，学校转而寻求其他途径，继续争取商业部的办学支持。

二、改名过程

1985 年初，为争取商业部的支持，学校决定在不改变隶属关系的前提下通过改名的方式来争取支持。后经协商，商业部应允资助人民币 2 000 万元用于建设广东财经学院。广东财经学院改名为广东商学院，仍属广东省属高等院校；增设烹饪专业；常年经费由广东省负责。4 月 29 日，学校向广东省人民政府呈交《关于将广东财经学院改名广东商学院的请示报告》（财院字〔85〕第 08 号），恳请把广东财经学院改名为广东商学院，并就改名原因作了详细说明。6 月 13 日，广东省人民政府以《关于将广东财经学院改为广东商学院报告的复函》（粤办函〔1985〕277 号）同意广东财经学院改名为广东商学院，由省高教局和省财办共同领导，以省高教局为主，并受省商业厅指导。

1985 年 9 月 1 日，“广东商学院”新公章启用，同时停止使用“广东财经学院”旧公章。10 月 20 日，“中国共产党广东商学院委员会”印章启用。年底，商业部将广东商学院纳入发文单位。

1986 年 10 月 8 日，中华人民共和国商业部和广东省人民政府正式签订《关于商业部资助广东商学院办学的协议》（粤府函〔1986〕183 号）。双方协定：商业部资助人民币 2 000万元建设广东商学院，一切基建事宜由广东省负责；广东商学院在办好已开设的企业管理、财务会计两个专业的基础上，增设商业系统急需的烹饪专业，由广东省负责报请国家教委核准，并从 1986 年开始招生；广东商学院的企业管理、财务会计和烹饪三个专业到 1989 年达到 1 400 人的规模，面向广东和全国招生与分配，向全国招生的名额占 30%，其余 70% 在广东招生，从 1986 年起至 2000 年止，招收的学生由商业部分配 30%，其余的由广东省分配；广东商学院属广东省人民政府领导，常年教育经费由广东省人民政府负责。

学校改名为广东商学院后，获得了商业部的大力支持和特别关心。1985 年 9 月 10 日，商业部教育司司长鄢维安专程来学校与全校教师共庆建校后第一个教师节。1986 年 2 月 13 日，商业部部长刘毅在广东省商业厅厅长刘振本陪同下来学校视察工作，并对学校工作予以充分的认可。1988 年 1 月 30 日，刘毅部长再次视察了学校。1991 年 10 月 18 日，商业部部长胡平来学校考察并题词“无商不活，无才不兴”。

改名广东商学院，是广东财经大学 30 年办学历史中的重要事件之一。一方面，改名为学校发展争取了急需的建设资金和部门支持；另一方面，改名也充分展示了广财人锐意改革、百折不挠的建校精神，是一笔可贵的精神财富。

第三节　迈向正规办学

一、教学工作的开展与规范

1983 年，广东财经学院开始招生，拉开了学校教学工作序幕。此后随着学校的建设与发展，教学工作逐步展开，渐趋规范。

建校初期，学校把“培养真才实学、面向世界、面向现代化、面向未来的经济管理专门人才”确立为人才培养目标，并根据教育部颁发的关于高等学校四年制本科教学计划若干规定的精神初步制订学校的教学计划。进入 20 世纪 90 年代后，随着社会主义市场经济体制的确立和改革的不断深化，学校提出“口径宽、基础厚、素质高、能力强”的人才培养规格，重新修订课程体系和课程结构。1994 年，学校开始实行学分制，对人才培养方案进行了大幅度调整，出台了《广东商学院学分制管理规定（试行）》。同年，学校出台《广东商学院课程建设规划和实施意见》、《广东商学院课程评估方案》等文件，明确提出了学校 1994—1999 年课程建设总体规划，课程建设指导思想、基本原则与思路以及不同课程建设的基本内容与合格标准，标志着学校课程建设的全面展开。

在建立和完善人才培养方案、加强课程体系建设的同时，学校积极开展教学研究和教学改革。根据财经高等教育发展规律和不同时期社会经济发展对人才培养的不同要求，在课程设置上，及时进行优化改造，适时开设新课程；在教学内容上，淘汰陈旧过时内容，充实最新教学内容；在教学手段上，从开始的“粉笔＋黑板”的传统方式逐步过渡到投影、录像、幻灯片等多种方式；在课程评价上，开展课程评估，以评估来促进课程建设。

在教学工作制度建设方面，办学伊始，学校就以建立正常的教学秩序为目标，不断建立健全各项教学管理制度。自 1986 年起，学校先后制定了《关于加强考试命题、评分工作的要求（暂行规定）》、《广东商学院教学常规工作基本要求》、《广东商学院选修课暂行办法》、《广东商学院教师教学工作量核算试行办法》、《关于贯彻国家教委和省高教局有关学生补考、留级、降级及退学管理规定的办法》等一系列规章制度。1991 年学校出台《广东商学院关于建立三级听课制度的规定》，初步建立起院、系、教研室领导三级听课制度。1994 年出台《广东商学院关于各级领导深入课堂的决定》，把全校领导深入课堂活动作为一项长期制度加以确定。在提升教学质量方面，学校先后出台《广东商学院教学管理评估方案》、《广东商学院教学工作规程》、《广东商学院深化教学改革提高教学质量实施方案》等文件，全面明确教学工作职责，规范教学管理评估工作和教学工作规程，从制度上对教学质量加以保障。

二、师资队伍的组建与充实

1983 年教育部批准广东财经学院成立时，学校仅有专任教师 20 名，且最高学历只是本科，最高职称仅为讲师。教师队伍整体学历低、职称低，数量严重不足。为缓解师资不足的矛盾，学校主要通过三条途径来加强师资队伍建设：一是申请接收更多国家分配应届本科毕业生和研究生；二是从省内外高校商调教师；三是向省内外招贤征聘教师。在广东省委、省政府的重视和支持下，学校师资队伍逐步发展，日益充实。1984 年，广东财经学院与省财贸干校分家，财经学院迁仑头办学，随迁专任教师 27 名。1985 年，学校改名广东商学院，专任教师增加到 48 名。此后，随着开设专业的增加和招生人数的扩大，学校师资数量也日益增加。

1992 年后，学校进一步加大了师资队伍的建设力度，先后出台《关于采取有力措施充实师资队伍的意见》、《关于调入人员享受优惠待遇的规定》和《广东商学院优秀中青年骨干教师选拔和培养办法》等文件。通过人才引进、加强现有队伍建设、聘请知名学者为客座教授、返聘优秀退休老教师、注重梯队建设等方式，基本上建立了一支数量充足、质量合格、结构合理且相对稳定的师资队伍。至 1996 年国家教委本科教学工作评价前，学校在编教师增加到 327 人，其中教授 14 人，副教授 80 人，讲师 233 人，基本满足了学校办学发展的师资需求。

三、按需培养与合作办学

学校初创阶段，注重按照社会经济发展的需求培养人才，并在办学过程中主动与各级政府和部门及各类企业联合办学，按需办学，有力地促进了学校的发展与品牌建设，初步确立了广东商学院在省内高校中的地位与声望。

1983 年，学校被纳入广东省招生计划后，当年 9 月首次招生就以提升省内商业系统会计干部的学历层次为目标，招收“商业会计专修科”的干部专修科生。1985 年，学校改名广东商学院，并根据广东省人民政府与学校签订的《关于商业部资助广东商学院办学的协议》，开始创办烹饪工程专业。1986 年，学校与广东省财税局签订《关于共同开办税务专业的协议书》，广东省财税局资助 400 万元，用于成立税务系，并按协议培养财税系统高级专门人才。1987 年，学校与广东省建设银行签订《开办投资经济专业和银行学校中专班协议书》，省建设银行资助 470 万并提供 500 万元无偿贷款用于学校建设，培养银行金融人才。1988 年学校成立投资经济管理系并开始招生。1989 年，学校先后与清远市政府和肇庆市政府签订联合办学协议，设立清远分教处和肇庆分教处，学校提供师资办学。1991 年，学校与省建设银行签订《委托代培大学生补充协议》，规定按照省建设银行要求定向培养投资专业学生。

按需培养与联合办学在建校初期对学校发展起了极大的促进作用。一方面解决了建校初期学校办学经费短缺的问题，提高了学校的建设发展速度；另一方面又按照社会经济发展需求，及时开设了新专业，为联合培养单位输送了大批急需人才，扩大了学校影响。这充分展示了诞生在改革年代的广东财经学院—广东商学院与生俱来的改革创新意识，在一定程度上来说也是当时广东高等教育的一大创举。

四、获得学士学位授予权

1988年初，学校首批招收的企业管理专业本科生即将毕业。根据相关规定，本科毕业生符合条件的应授予学士学位。为此，学校开始申请学士学位授予权。

4月20日，学校依据国家教育委员会和国务院学位委员会《关于审定首批授予学士学位的高等学校工作情况的说明》（1981年12月），填报了广东商学院《申请列为授予学士学位的专业简况表（表式）》，申请企业管理专业为经济学学士学位授权专业。

5月13—14日，广东省高教厅组织专家对学校的企业管理专业进行了实地考察，对申请授予学士学位单位及专业条件逐一对照和检查，包括认真听取学校办学及专业的工作汇报，检查教学大纲、教学计划和学籍管理条例及其实施情况，认真查看校舍、图书馆、实验室等教学设施，召集专业教师和学生座谈，了解和考核学生的政治思想、专业水平。

考察结束后，专家组认为学校有较强的领导班子，办学方向正确，有较完善的规章制度，能按国家教委设置的专业要求进行教学，毕业生确已较好地掌握了本学科的基础理论、专门知识和基本技能，具有从事科学研究工作或担任专门技术工作的初步能力，已具备授予学士学位的条件，一致同意将广东商学院及其企业管理专业列为授予学士学位的单位和专业。

5月16日，广东省高等教育局向国家教育委员会和国务院学位委员会提交了《关于广东省广东商学院申请列为学士学位授予单位的请示》并获得批准。

自此，广东商学院获得学士学位授予单位资格，企业管理专业成为学校第一个具备学士学位授予权的专业。这是学校本科教育发展的里程碑，标志着学校的本科办学迈上了一个新台阶。

1988年6月6日，广东商学院首届学位评定委员会成立，李鸿昌任主席，谭锐汉任副主席。6月30日，经广东商学院学校学位评定委员会审查，同意授予企业管理系39名学生经济学学士学位，学校第一届获得学士学位的本科毕业生毕业。

第四节　本科教学工作评价

1995年初，国家教委下发《首批普通高等院校本科教学工作评价实施办法》（教高司〔1995〕67号），决定按照“合格、暂缓通过、不合格”三个结论层次对广东商学院等108所本科院校开展教学工作评价。1996年，学校接受了国家教委的教学工作评价并获评“合格”。这次教学工作评价既是对学校初创时期13年工作的全面总结与回顾，也是对学校后17年工作的指引。

一、评价前学校基本情况

1996年，广东商学院办学进入第13个年头。13年里学校始终坚持社会主义办学方向，以培养合格财经人才为目标，立足广东、面向全国，主动适应粤港澳社会和经济发展的需要，逐步发展成为一所颇具规模的融经济学、法学、文学于一体的多科性全日制本科院校，跻身广东省属重点建设大学之列。

在招生与专业建设方面，经过13年的培育与发展，学校由创建时期只有商业会计一个专业发展到企业管理（国际企业管理、市场营销）、会计学、审计学、旅游管理（酒店管理）、税务（税务、国际税务）、投资经济（投资经济、投资金融、企业投资）、统计学（统计信息电算化、精算）、国际贸易、法学（法学、律师学）、经济法、国际经济法、英语（商务英语）12个本科专业（18个专业方向）；还设置了现代酒店管理与技术、会计学、审计学、税务、房地产经营管理、国际经济法6个专科专业，企业管理、会计、餐旅、税务、投资经济、城市经济、国际贸易、法律、外语9个系，以及社会科学、体育、中文、经济数学、计算机中心5个基础教学部。截至1996年9月，学校全日制在校学生4 442人，其中本科生3 644人，占82%；专科生798人，占18%。学校先后为社会培养输送了6 000多名毕业生。

在科研与学科建设方面，经过13年的探索与努力，全校教师公开发表论文800余篇，取得了1 600多项科研成果。学校充分发挥学科优势，与各级政府、企事业单位合作，探索开展社会服务工作，完成20余项横向课题；还与暨南大学、首都经贸大学和国家财政部等单位联合培养硕士研究生，迈出了筹建硕士点的探索步伐。

在师资队伍建设方面，经过13年的引进与培养，学校专任教师从1983年的20人增加到1996年的322人，其中具有高级专业技术职称97人，中级专业职称147人，此外还有7名外籍教师。

在校园建设与教学保障方面，经过13年的建设与完善，学校从建校初期的辗转办学发展到校园占地面积280亩、校舍建筑总面积13.11万平方米、教学设施基本健全。图书资料从建校初期的一无所有到图书馆馆藏图书27万册。13年里，学校先后建设了电教中心、计算机科学实验室、语言实验室、餐饮实验室、商品学实验室、经济科中心实验室等校内实践教学基地，实现了教学和科研计算机网络与国家教委“中国教育和科研计算机网”的连通。

二、迎评过程与专家评价

1995年3月初，全国首批教学工作评价参评院校教学院长和教务处长会议后，学校于当月召开了党委会和党委扩大会议，传达和学习会议精神。3月20日开始，全校开展了宣传发动，先后召开了全体教师、全体干部职工、全体学生的动员大会，学习教学工作评价有关文件，组织开展讨论，解决各种认识问题。23日，学校印发《广东商学院落实国家教委关于高等学校教学工作评价的部署和任务的实施方案》，对教学工作评价的目的意义、指导思想、阶段任务作了具体安排，学校迎评工作正式启动。

学校成立了以罗国民为组长的教学工作评价领导小组，下设教学工作评价办公室，全面领导和协调迎评工作。各教学系（部）和机关单位也成立了教学评价工作小组。依据国家教委《高等财经类院校本科教学工作评价方案》（以下简称《评价方案》），工作评价领导小组制定了《广东商学院教学工作现状与建设任务书》（以下简称《任务书》），为下一步迎评促建打下了坚实的基础。

4—5月，学校迎评工作转入“对照标准、自查摸底”阶段。在学校教学工作评价领导小组和评价办公室具体指导下，各单位对照国家教委的《评价方案》和学校制定的《任务书》的要求，认真检查分析了本单位各有关指标的现状，找出了差距，剖析了原因，制定了改进措施。5月20日，学校教学工作评价领导小组和评价办公室对全校自查结果进行了汇总分析，提出了全校性自查分析报告和整改意见，制定了《广东商学院教学工作评价任务一览表》，明确了整改工作的目标和任务。

6月，学校迎评工作进入落实任务、认真整改的实质性操作阶段。全校上下围绕落实教学工作评价任务，贯彻“以评促建、以评促改、重在建设”的原则，依据自查摸底找出的问题，开始进行整改。在整改过程中，学校与各单位签订了落实任务协议书，各单位又把本单位整改任务逐一分解，落实到人，并制定了具体整改措施和整改进度表。学校教学工作评价领导小组和评价办公室针对存在的问题进行了重点指导。

1996年5—10月，迎评工作转入自评验收、迎接评价阶段。学校教学工作评价领导小组和评价办公室对全院14个教学单位以及机关各单位进行了全面验收，逐一验收了各单位支撑自评结论的材料，并根据自评验收结果，撰写了学校的自评报告。8月28日，学校党委召开会议，正式通过了《广东商学院教学工作评价自评汇报》。9月16日，学校将报告及附件呈报国家教委。

11月26—30日，国家教委教学工作评价专家组进驻学校，开始对学校进行实地考察、评价。教学工作评价组听取了学校的“教学工作评价自评报告”汇报，通过审阅材料、随机听课、抽测基础课程和基本技能、召开座谈会、实地走访等方式，考察了学校教学管理及教学各环节的运作情况。

通过考察，教学工作评价组对广东商学院建校13年取得的成绩表示了肯定，指出：广东商学院在广东省政府和高教厅的大力支持下，加大基本建设，大量增添各种教学设备和图书资料，使学校办学的物质条件得到很大改善，较好地满足了教学的基本需要；通过加大师资培养投入以及积极引进高学历和素质较好的教师，师资队伍在数量和质量上明显改观；同时强调在政策上对教学第一线人员的倾斜，解决教师的生活福利问题，在广州这个特定环境下，较好地稳定了师资队伍，为教学质量的提高创造了必要的条件；加强社会主义精神文明建设和校园文化建设，开展生动有效的思想教育，建立严格的规章制度，各级领导深入基层加强管理和监督，抓紧校风建设，树立了较好的教风和学风。

教学工作评价组也就学校师资队伍、办学思路、专业设置与调整、人才培养方案、教学管理制度、教学改革等方面提出整改意见和建议。这些意见和建议为学校找准目标、对照差距、加快发展提供了有益的指导和借鉴。

12月23日，学校向国家教委高教司呈报了《广东商学院教学工作整改措施》，明确提出根据广东社会经济发展需要，加快专业和学科的调整与改造、加快师资队伍建设、优化课程体系与结构、增强学生综合能力、加强教学质量管理和完善教学条件等整改措施。

三、评价结果及影响

1997年5月15日，国家教委根据教学工作评价组的综合评价意见，下发了《关于公布沈阳工业学院等高等学校本科教学工作评价结论的通知》（教高〔1997〕15号），广东商学院本科教学工作的评价结论被确定为“合格”，标志着学校顺利通过了国家教委的本科教学工作评价。6月3日，学校召开了“广东商学院教学工作评价总结大会”。罗国民院长在会上作了总结报告，指出学校通过开展“评、改、建”的本科教学评价工作，教学条件明显改善，教学建设有了长足进步，教学管理水平上了一个台阶，教学质量得到了提高，有力地促进了学校教育水平的整体提升。

国家教委本科教学工作评价是对广东商学院 13 年办学的一次整体检验。学校以“合格”结论通过评价，更是对广东商学院 13 年办学成绩的巨大肯定。通过对国家教委本科教学工作评价的迎评准备和整改，学校上下以教学工作为中心的观念进一步明确，提高教学质量，培养高素质合格财经人才成为全校上下的一致共识；学校教学基本建设和教学改革的进程进一步加快，教学管理的科学化、规范化和现代化建设水平大大提高；师资规模进一步扩大，师资队伍建设逐步由数量向数量与质量并重转变；教学设施和条件更加趋于完善和丰富；为人师表、教书育人的教风和刻苦学习、立志成才的学风建设得到进一步加强。

建校初期的 13 年，学校通过建立广东财经学院、改名广东商学院和通过国家教委本科教学工作评价等事件，展现了学校既包容广东开放前沿各种改革的精神、又吸纳来自全国各地的人才的胸怀，完成了社会经济发展赋予学校的历史使命，实现了学校从创建到迈向正规办学的转变。以通过国家教委本科教学工作评价为标志，学校从蹒跚起步的初创时期逐步过渡到了以规模扩大为主要内容的拓展时期。

第二章　拓展时期（1997—2007）

1997 年至 2007 年，是广东商学院全面贯彻党的教育方针、各项事业不断拓展的时期。在这期间，学校办学体制日臻完善，办学规模持续扩大，办学层次跨越提升，办学质量显著提高。学校持续扩大招生规模，创建三水校区，获得硕士学位授予权资格，本科教学工作水平评估获得“优秀”。

第一节　筹办广东法商大学与部省共建

一、广东法商大学校名的由来

1982 年 8 月 6 日，广东省委常委第 50 次会议决定筹建广东法学院。由于种种原因，历经十年未能建成。1992 年 6 月 27 日，广东省司法厅、广东省高等教育局联合向广东省人民政府报送了《关于将广东商学院改办为广东法商大学的请示》（粤司〔1992〕31 号），指出：“按我省法学教育目前的发展规模，每年只培养 400 多人，只占需求数的 10% 左右。为解决人才供需的矛盾，我们一致认为：我省必须迅速办法学院。但鉴于广东在解放前已有一所法商学院培养复合人才，而现在广东又已经办起了商学院，其基础课和部分专业基础课与法学专业的课程比较接近，部分师资和设施可以调剂共用。故我们建议在现广东商学院的基础上，改办为广东法商大学，下设商学院和法学院。办学规模 6 000 人，其中商学院 4 000 人，法学院 2 000 人。”

1992 年 12 月 11 日，广东省人民政府常务会议讨论决定：原则上同意省司法厅、省高教局提出的《关于将广东商学院改办为广东法商大学的请示》。至此，广东法商大学的校名经广东省人民政府同意正式提出。广东省立法商学院（勷勤大学）校友会获悉广东省人民政府决定将广东商学院改办为广东法商大学的消息后，主动与我校联系，希望广东省人民政府批准广东法商大学与广东省立法商学院（勷勤大学）作历史渊源衔接。1993 年 8 月，时任广东省副省长的卢瑞华为学校题写“广东法商大学”的校名。

二、筹办广东法商大学

1992 年 12 月，学校成立专门的工作机构，开展改办法商大学的筹备工作。1993 年 1 月6 日，时任广东省副省长卢钟鹤来校视察，听取了学校改办广东法商大学筹备工作汇报，强调“希望把广东法商大学改办为一所名牌大学”。1 月 23 日，时任广东省委常委、政法委书记方苞同志听取广东法商大学筹备领导小组工作汇报，强调广东省人民政府对在广东商学院基础上改办广东法商大学的决定不变，要求学校抓住机遇，加快改办步伐。为加快筹建法商大学步伐，增强法学专业的整体实力，学校于2月2日成立广东法商大学法学院筹备小组。4月5日，广东省立法商学院校友会来我校商洽新老法商校友会续源和捐资办学事宜，后经请示主管省领导卢钟鹤，同意新老法商历史相衔接。9月7日，广东省人民政府以《关于将广东商学院改办为广东法商大学的函》（粤府函〔1993〕457号）呈送国家教委，函请国家教委根据广东经济社会发展需要审批在广东商学院基础上改办广东法商大学。后因学校在校生人数、校园面积等条件的制约，改办申请未获批准。虽然改办未获批准，但学校并未放弃改办广东法商大学的初衷。此后，学校调整思路，对照国家教委高校设置标准，全面审视自身发展情况，化改办失利的压力为谋求自身更好发展的动力，进一步加强各方面建设。12月24日，广东省人民政府以粤办函〔1993〕671号文批复同意成立广东法商大学筹备领导小组。"广东法商大学筹备领导小组"印章同时启用。

三、部省共建广东商学院（广东法商大学）

随着我国市场经济的不断发展，地处开放前沿的广东对法律人才的需求不断扩大。学校在筹划改办广东法商大学的过程中，主动出击，多方联络，最大限度争取各方支持，谋求更快的发展。

为使我国法学高等教育布局趋于合理，司法部曾打算在广东办一所法学院。1994年，学校得悉消息后，主动联系司法部，提出愿意在广东商学院的基础上组建广东法商大学，并加快广东商学院法学院的建设。1994年11月24日，国家司法部教育司司长邢同舟来校与学校领导就国家司法部和广东省人民政府共建广东法商大学一事进行商谈。12月7日，广东省高教局去函国家司法部教育司，商请共办广东法商大学（粤高教规〔1994〕140号）。1995年，学校内部就司法部与广东省共办广东法商大学的协议框架进行探讨和论证，达成校内共识。1996年4月17日，时任中共中央政治局委员、广东省委书记谢非同志在中山大学作形势报告时指出："要加快广东法商大学的建设。"9月17日，司法部与我校就省部共办广东法商大学协议书具体条款达成一致意见。1997年7月15日，广东省人民政府和中华人民共和国司法部签署了《共同建设广东商学院（广东法商大学）协议书》。协议中规定要使广东商学院（广东法商大学）尽快发展成为法商结合、文理交叉的华南地区法学和经济学高等教育重要基地；司法部在师资培训、科研教材建设、图书情报资料和法学教育信息交流等方面给予支持。部省共建广东商学院（广东法商大学）是学校在发展中探索新的发展模式的重要实践，标志着学校发展进入了一个新的阶段。

四、申报更名广东法商大学

进入21世纪后，教育部进一步规范了高校设置工作。学校由筹办广东法商大学转为申报更名广东法商大学。

2002年1月，时任广东省副省长李鸿忠来学校视察，称广东商学院"是广东的MBA"，认为"广东省建设法商大学是非常有意义的"，明确表示"赞同办法商大学"并"坚决支持"，"实际上是继续贯彻省政府当年的决策"。2003年8月，广东省人民政府去函教育部，请求将广东商学院更名为广东法商大学。2004年1月，教育部专家组来我校实地考察学校更名为广东法商大学的基本情况。由于学校在学科建设、科研等方面未能达到更名大学要求，此次申报更名未能取得成功。

2006 年，学校办学规模和学科专业结构有了较大发展，师资队伍和办学条件有了明显改善，学科建设和科学研究水平迈上了新的台阶。学校全日制在校普通本科生达到 14 344 人，研究生 402 人，本科专业增加到 36 个，其中包括了 7 个省级名牌专业，涵盖了 5 个学科门类；专任教师达到 842 人，其中副高以上专业技术职称 375 人；学校占地面积增加到 1 786 亩，图书馆面积 1.24 万平方米，藏书 150 万册；省级重点学科达到 2 个；各级各类科研课题 400 多项。按教育部当时对高校更名大学的标准与要求，广东商学院更名广东法商大学的条件已经基本具备。在此基础上，2006 年 3 月 8 日，学校向广东省教育厅报送了《关于广东商学院更名为广东法商大学的请示》，并于 4 月通过了教育厅专家组对学校的评估。2006 年 8 月 15 日，广东省人民政府向教育部报送了《关于请求批准将广东商学院更名为广东法商大学的函》（粤府函〔2006〕194 号）。但由于教育部于 2006 年 9 月 26 日下发了《普通本科学校设置暂行规定》（教发〔2006〕18 号），文中规定申请更名大学的高等学校硕士研究生培养必须满五届，学校此项指标未达标，故申请更名广东法商大学再次未果。

第二节　创建三水校区

一、创建三水校区的背景

20 世纪 90 年代中后期，随着我国改革开放事业的发展，高等人才培养的速度和规模越来越难以适应社会的需求。为了满足人民群众对高等教育的需求，1999 年 1 月，国务院批准了教育部《面向 21 世纪教育振兴行动计划》，提出到 2000 年高等教育入学率要达到 11% 左右，到 2010 年力求高等教育入学率接近 15% 的目标。

面对高等教育大众化发展的新形势和新要求，学校主动应对，通过整合办学资源，挖掘内部潜力，开始扩大招生规模。1999 年，学校依照《普通高等学校本科专业目录》（1998 年版），将原有的 15 个本科专业整合为 11 个本科专业。本科专业虽有所减少，但专业资源和师资水平得到了整合与提升。在此基础上，学校开始扩招，当年扩招了 827 人。2000 年，随着三水校区的设立，学校招生能力进一步增强，扩招 1 989 人。2001 年，三水校区改制（粤教规〔2001〕48 号），成为广东省第一所本科层次“公办民助新机制”的二级学院。学校当年录取新生总数达 3 857 人，其中校本部 1 587 人，本科插班生 60 人，三水学院 1 470 人，专科生 740 人。经过连续扩招，学校在校生人数截至 2002 年 9 月已达到 12 610 人，比扩招前 1998 年的 5 024 人增加了 1.5 倍左右。

二、三水校区的酝酿与诞生

面对扩招的新形势，仅靠固守老校区、内部挖潜力，已远远不能解决扩招带来的校园面积和校舍严重不足的突出问题。拓展办学空间，开辟新校区，成为摆在学校面前必须解决的一个重大课题。

1999 年，为主动适应全国高等教育大众化形势和广东省社会经济发展对人才培养的需求，学校积极寻求新的办学空间。7 月 8 日，广东省三水市（现佛山市三水区）向学校发出了《关于诚邀广东法商大学在三水合作办分校的函》（三水市明传电报），诚意邀请我校在三水开办分校，并承诺“愿为玉成此事提供一切方便”。7 月 12 日，学校向省高教厅递交《关于与三水市合作办学意向的报告》，说明与我校北部接壤的 232 亩待征土地因资金不能落实，无法完成征用，致使校园用地严重不足，制约了发展。三水市人民政府愿意无偿提供 1 000 亩土地作为学校办学用地，并商请健力宝集团等大企业提供校舍建设资金，以缓解学校办学资金短缺、校园面积不足的困难。9 月 2 日，广东商学院向省高教厅上报《关于广东商学院与三水市人民政府合作建设广东商学院三水分校的请示》，首次提出了实行一校两制、与三水市合作办学的设想。12 月 2 日，广东省高教厅许学强厅长莅临三水校区视察，并发表讲话，同意广东商学院与三水市合作办学，并建议学校对原请示报告中提到的“一校两制”的办学模式进行修改。随后，学校党委经讨论研究，决定将“一校两制”的办学模式修改为“一校两区”，并于 12 月 7 日再次向省高教厅上报《关于批准我院增设三水校区的请示》，请求批准在三水市云东海旅游经济开发区设立广东商学院三水校区。12 月 9 日，广东省高等教育厅下发《关于广东商学院设立三水校区的批复》（粤高教规〔1999〕114 号），同意学校与三水市人民政府合作办学，共同建设广东商学院三水校区。12 月 10 日，广东商学院与三水市人民政府签署《关于（合作）兴建广东商学院三水校区合同书》，根据合同，校区建设采取银行贷款（由广东省人民政府担保、贴息并还本）、企业资助、引入社会资金等方式解决，计划在 2000 年秋季初步建成并投入使用，全部建设项目在三年内完成。三水校区计划于 2000 年招生 1 500 人，最终发展规模为 10 000人。

三、三水校区的建设

2000 年 1 月 1 日，广东商学院三水校区建设工程奠基。佛山市三水区五套班子成员参加奠基仪式，时任广东省副省长卢钟鹤发来贺电，称赞学校此举是响应省委、省政府关于率先基本实现现代化号召的重要举措。6 月 20 日，三水校区首期工程正式动工兴建。10 月 8 日，三水校区一期工程正式落成。第一期工程包括教学楼、学生宿舍、饭堂共 24 万平方米，教师生活楼 2 000 平方米，运动场 10 000 平方米，道路 900 米，共投入资金 5 000 多万元。一期工程从动工兴建到落成，只用了短短 105 天时间，展示了广商人时不我待、只争朝夕的精神风貌。同日，广东商学院三水校区（一期）落成暨 2000 级新生开学典礼在三水校区举行。省人大副主任佀志广、省政协副主席刘维明、省教育厅副厅长张泰岭、三水市市长叶海泉，广东商学院党政领导和部分教职工、三水校区全体新生以及佛山市、三水市各界来宾共 2 000 余人出席了典礼仪式，佀志广、张泰岭分别致辞。

三水校区建成后，广东商学院校园占地面积由 286 亩增加到 1 786 亩（其中三水校区 1 500亩），校舍建筑面积由 1995 年的 133 758 平方米增加到 2000 年的 192 891 平方米，图书资料由 1995 年的 22. 4 万册增加到 2000 年的 31. 8 万册，教学仪器设备由 1995 年的 1 088. 7万元增加到 2000 年的 2 485 万元。

三水校区的设立和建设，不仅为学校拓展了办学空间，大大缓解了高校大规模扩大招生带来的压力，而且为学校的发展提供了新的契机，为学校建成万人大学打下了坚实的基础。从此，广东商学院的教育事业步入了一个新的时期。

第三节　获得硕士学位授予权

一、研究生培养模式的探索与起步

获得硕士学位授予权资格，提高学校办学层次，是广东商学院迈向新的发展平台、提升办学层次的重要标志。早在 20 世纪 90 年代初，学校就开始了对研究生教育的探索与实践。

1992 年，我校根据校内各学科发展实际向广东省高等教育局提请招收政治经济学、统计学专业硕士研究生。1993 年，广东省高等教育局专家评审组对我校商业经济专业硕士点进行了初审。专家组指出，在我校设立硕士点既是广东现代化建设的需要，也是我校发展的需要，肯定了我校商业经济专业的学科实力。同年 11 月，广东省高等教育局批准我校挂靠暨南大学联合招收商业经济专业自筹计划硕士研究生，自此，我校开始了对研究生教育模式的探索。1994 年秋季，我校与暨南大学联合招收的 4 名研究生正式入学，研究方向为国际市场营销和市场发育理论，罗国民、徐印州、杨荷君为导师组成员。1995 年，广东省高等教育局新批我校统计学专业为联合培养专业。同年，我校统计学专业继续与北京经济学院（现首都经贸大学）联合招收 2 名自筹计划硕士研究生，商业经济专业也继续与暨南大学联合招收研究生。1996 年，广东省高教厅批准我校财政税收专业为新增联合培养专业，联合培养单位为财政部财政科学研究所。1997 年，我校与暨南大学联合培养的第一届商业经济专业硕士研究生通过了论文答辩，顺利毕业。1998 年，我校与首都经贸大学（原北京经济学院）联合培养的第一届统计学专业硕士研究生通过学位论文答辩，顺利毕业。

二、申报硕士学位授予权单位

与外校联合招收、培养研究生，使学校在研究生教育工作方面积累了初步经验，单独招收、培养研究生这一工作也被提上了学校的议事日程。

1997 年，我校向国务院学位办申请列为新增硕士学位授予单位，因科研层次和水平与申报要求存在较大差距，未获通过。1999 年，我校在总结 1997 年“申硕”失利经验的基础上，出台《新增硕士学位授予单位具体建设规划》，将企业管理、旅游管理、技术经济管理、管理科学与工程、会计学、统计学、财政学、金融学、国民经济学、国际贸易学、诉讼法学、国际法学、宪法学与行政法学、英语语言文学十四个学科纳入规划，涵盖管理学、法学、经济学、语言学。同年，我校将规划上报广东省学位办公室。2000 年，学校成立“申硕”工作领导小组，罗国民、徐印州分别担任正、副组长，林洪任“申硕”办主任，明确了“苦练内功，充实内涵，加强外联，确保成功”的“申硕”思路。

在出台规划、成立机构的同时，学校还主动邀请校外专家来校对“申硕”工作的开展予以指导。2000 年，国家学位与研究生教育发展中心常务副主任谢桂华应邀来我校指导“申硕”工作。他从领导班子、教学质量、科学研究、师资队伍、校园环境等方面对我校“申硕”工作提出了具体指导意见。2001 年，我校邀请全国学位与研究生教育发展中心常务副主任兼学位与研究生评估所所长王战军来校指导“申硕”工作。他对我校“申硕”工作在师资队伍、学科建设、科研水平、项目申报等方面作了肯定，同时指出我校应进一步查找差距，进一步凸显学科优势与特色，以调动每一个学科点的积极性。

三、跨入硕士学位授予权单位行列

2003年9月8日，国务院学位委员会下发学位〔2003〕56号文，正式批准我校为新增硕士学位授予权单位，硕士学位授予权学科点为国民经济学、宪法学与行政法学、诉讼法学、企业管理、金融学五个学科。在此次“申硕”全国专家通讯评议中，我校得分位列送审的同类13所院校之首。其中，国民经济学、宪法学与行政法学、诉讼法学三个学科点通过得票率为100%，企业管理和金融学的通过得票率分别为94.12%和81.25%，我校学科建设的整体实力得到了充分展现。获得硕士学位授予权单位资格，是对广东商学院建校20年学科建设的重要肯定，是广东商学院发展史上具有里程碑意义的重大事件，标志着学校办学层次迈上了一个新的台阶。

2006年初，财政学、产业经济学、国际贸易学、统计学、法学理论、民商法学、马克思主义基本原理、思想政治教育、英语语言文学、会计学、旅游管理十一个学科又以优异的成绩通过了全国第十批新增硕士学位授予权学科点评审，使我校硕士学位授予权学科点覆盖到经济学、管理学、法学、文学等学科门类。广东商学院从此成为广东省内研究生培养单位中一支重要的力量。

四、研究生培养教育与培养

2003年获得硕士学位授予权单位资格后，学校开始自主招收和培养研究生。2004年学校正式自主招收研究生，当年报考我校研究生的考生有近200人；9月，我校首批90名硕士研究生入学，其中国民经济学13人，金融学19人，宪法学与行政法学16人，诉讼法学20人，企业管理22人。

在研究生教育与培养过程中，学校从一开始就注重制度性、规范性。2003年11月27日，学校印发《广东商学院硕士研究生指导教师遴选办法（试行)》，为高标准打造研究生导师队伍打下了坚实的基础。2004年11月10日，学校印发《广东商学院研究生学籍管理实施细则》、《广东商学院研究生教学管理办法》、《广东商学院研究生违纪处分办法》、《广东商学院研究生请假暂行规定》、《广东商学院研究生证、校徽管理办法》、《广东商学院研究生公寓管理细则》、《广东商学院研究生业务费管理暂行规定》共七项规定，在研究生教学、学生管理两个层面进行了详细规定。2005年10月12日，学校印发《广东商学院研究生管理规定》、《广东商学院学位授予规定》、《广东商学院招收攻读硕士学位研究生管理办法》、《广东商学院招收攻读硕士学位研究生复试录取工作实施细则》、《广东商学院硕士研究生课程建设管理办法》、《广东商学院研究生奖励办法》、《广东商学院研究生“三助”工作管理办法》、《广东商学院硕士研究生提前毕业规定》、《广东商学院硕士学位论文基本要求与书写格式》、《广东商学院硕士点负责人职责》、《广东商学院硕士研究生指导教师职责》等规定，在研究生招生、学位管理、导师管理等方面进行了详细规定。2006年10月18日，学校印发《广东商学院研究生课程管理办法》、《广东商学院研究生中期考核办法》、《广东商学院硕士学位论文暂行规定》、《广东商学院毕业研究生就业工作管理规定》，在研究生培养管理、就业管理等方面进行了详细规定，基本形成了我校的研究生管理制度体系。

在研究生导师队伍建设中，学校着力打造水平高、结构合理的师资队伍。遵循择优选聘的原则，学校于2003年出台了《广东商学院硕士研究生指导教师遴选办法（试行）》，并提出要按照“既要坚持学术标准，又要重视教书育人；既要明确对科研水平和成果的要求，又要重视对教学工作的评价”的标准遴选硕士研究生导师。同年11月，何东霞、叶祥松、林洪、左柏云、武一、黄正新、吴家清、杜承铭、邓世豹、张晋红、马进保、纪宗宜、徐印州、钟育赣、刘佐太等当选为学校第一批硕士研究生导师。2005年9月，学校召开了首次全体硕士生导师工作会议，之后确立了每年定期召开导师研修工作会议的制度。

2007年7月3日，学校隆重举行了“首届硕士研究生毕业典礼暨硕士学位授予仪式”。至此，学校完成了一轮完整的研究生培养。同年，学校硕士学位授予权点增至16个，学校研究生教育进入快速发展的新阶段。

第四节　探索合办独立学院

坚持开放办学，拓展对外合作办学渠道，是凝练广东商学院特色、提升广东商学院品牌价值的重要途径。21世纪初，为响应广东省委、省政府多形式发展高等教育事业的号召，实现广东高等教育大众化的目标，学校本着扶持民办高校逐步走上正常发展轨道的原则，开始探索与社会力量合作办学的模式。

一、花都学院

2000年前后，在迈向高等教育大众化的过程中，广东兴起了社会力量投资办高等教育的热潮。2001年1月，花都环洋商贸有限公司申办民办环洋职业技术学院未果。为充分利用筹建过程中已有的教育资源，花都环洋商贸有限公司向我校表达了联合兴办学校的合作意向。学校经过慎重考虑，同意与花都环洋商贸有限公司合作办学。5月8日，广东商学院与广州市花都环洋商贸有限公司正式签署合作兴办广东商学院花都学院意向书。次日，学校向省教育厅上报《关于批准我校与花都环洋商贸有限公司合作举办广东商学院花都学院的请示》。5月21日，广东省教育厅批复，同意我校与花都环洋商贸有限公司合作建立广东商学院花都学院（粤教规〔2001〕63号）。随后，广东商学院花都学院正式设立。

花都学院为广东商学院民办二级学院，属民办性质，具有独立法人资格，按民办高校运行机制，实行相对独立办学、独立运作、独立核算、自负盈亏、独立承担民事责任的制度。学院实行董事会领导下的院长负责制，广东商学院以品牌、办学经验和管理经验参与花都学院的组建。花都学院位于广州市花都区狮岭镇海布，距花都市区仅5公里，校园占地面积600亩，交通便利，环境优美。

花都学院创办后，学校本着扶持民办高校发展的原则，在教学、师资、管理等方面为花都学院提供了全方位的支持和帮助，成为其坚强的后盾。2001年，花都学院开始对外招生，设置计算机、电子、外语、管理四个学系，含计算机应用与维护、网络技术、电子商务、电子技术、商务英语、中英文秘书、市场营销、外贸与国际结算八个专业，并于当年招生527人。2002年招生900余名，到2003年招生人数达千名。在合作办学过程中，花都学院无论是在办学规模还是在专业设置方面都取得了长足的发展和进步，三年中先后培养各专业学生达2 336人。

随着合作办学的深入，花都学院的办学经验逐步得到积累，办学行为日益规范。2003年广东商学院花都学院经省政府正式批准为民办独立院校，脱离广东商学院更名为广州工商职业技术学院。

在与花都环洋商贸有限公司合办花都学院的过程中，学校成功地帮助花都学院走上了规范化办学的独立职业学院道路，实现了扶持民办高校逐步走上正常发展轨道的合作初衷，为广东省高等教育大众化目标的实现作出了自己应有的贡献。

二、华商学院

为更好、更快地开发高等教育资源，响应省委、省政府多形式发展广东高等教育事业的号召，充分发挥学校品牌优势，学校积极探索创办独立学院这一新型办学模式。

2004年8月2日，广东商学院与太阳城发展有限公司签订《关于联合举办广东商学院华商学院意向书》，并于同年请示广东省教育厅。2005年1月20日，广东商学院和太阳城发展有限公司正式签署《合作举办广东商学院华商学院协议书》。同年6月，广东省教育厅批复同意筹办并报请国家教育部审批。2005年12月26日，广东商学院华商学院成立庆典隆重举行，原全国政协副主席叶选平出席庆典并题写校名和“厚德、励志、博学、创新”的校训。2006年4月12日，教育部批复同意试办广东商学院华商学院（学院代码：12621）。同年9月，广东商学院华商学院举行了首届本、专科新生入学典礼。

华商学院是以实施学历教育为主的全日制民办本科普通高等学校，是具有独立法人资格的二级独立学院。华商学院实施相对独立的教学和行政管理、独立招生、独立颁发学历证书，实行独立财务核算制度，自负盈亏，独立承担民事责任。

华商学院实行董事会领导下的院长负责制，董事会负责重大事项的决策，院长负责学院的教学和管理，党组织贯彻落实党的方针政策，发挥政治核心作用。三者协同配合，形成良好的工作运行机制，保证了学院健康发展。

华商学院坐落于增城市荔城街，占地面积842亩，建有教学大楼、实验大楼、图书馆、学生公寓等校舍共50多万平方米，配备相应的教学仪器设备。图书馆面积3.05万平方米，馆藏纸质图书115万册、电子图书33万册，拥有读秀知识库、清华同方、中国知网等数据库。中国美术家协会广东创作中心设在华商学院内，浓郁的艺术气息优化了校园文化环境。

2006年，华商学院开始正式对外招生，当年招收1 000名本科生、1 200名专科生。广东商学院在教学和管理等方面为华商学院提供了强有力的支撑。早期开办的经济管理系、法学系和文学系等专业，授课教师多聘请自广东商学院教学经验和管理经验丰富的教师和管理人员。

华商学院创建后，坚持社会主义办学方向，贯彻党的教育方针，遵循高等教育规律，依法办学、规范办学。以市场需求为导向，以人才培养为中心，以质量提升为重点，以改革创新为动力，积极探索应用型人才培养模式和民办本科独立学院的发展道路。学院坚持立足广东、面向全国，以管理学、经济学学科为主体，文、理、工渗透，多学科协调发展，为社会经济发展服务，为广东中小企业及社会服务机构培养理论基础厚、实践能力强、综合素质高的高级应用型人才的办学定位。

华商学院以广东商学院学科专业品牌优势为依托，加快专业规划建设。截至2013年，有25个本科专业和9个专科专业，逐步形成了经济学、管理学、文学、艺术学、理学等多学科协调发展的学科专业布局。在校本科、专科学生共18 164人；已毕业学生9 663人，毕业生得到社会各界的好评和认同。学院相继荣获“广东省十佳独立学院”、“广东省最具就业竞争力独立学院”、“中国民办高等教育优秀院校”、“广东民办教育突出贡献奖”、“广东优秀示范名校”等称号。

三、增城教学点

2005年初，学校与太阳城发展有限公司在筹办华商学院的过程中，太阳城公司投资建设了教学楼、实验楼、图书馆、办公楼、学生宿舍、食堂、田径运动场、篮球场、排球场等以及其他配套建筑物；购买了图书资料、计算机、多媒体教学设备及其他教学实验仪器设备。为充分利用筹办过程中已有的各类设施和设备，学校启动了在增城设立教学点的计划。

2005年1月，学校向省教育厅提交《关于我院在增城设立教学点的请示》，指出：为适应改革开放不断深入的形势，满足广东社会经济发展对高等专门人才的需求，响应省委省政府加快发展高等教育的重大战略决策，扩大办学规模，做大做强广东商学院，决定利用学校与太阳城发展有限公司拟联合举办广东商学院华商学院的办学资源设立教学点；扩招三年制专科生1 500人。

2005年6月，学校与太阳城发展有限公司签署《合作举办广东商学院增城教学点》的协议书。协议规定：广东商学院利用太阳城发展有限公司投资建设的华商学院（筹）的校园、校舍和教学设施设立广东商学院增城教学点；教学点实行“广商统一领导、广商职能部门对口指导、教学点相对独立管理”的管理模式。增城教学点的设立，进一步扩大了学校的办学规模，使学校发展成为以广州校区为主体、三水校区和增城教学点为两翼的“一体两翼”发展格局。2007年底，教学点完成历史使命后撤销相关机构和建制。

第五节　本科教学工作水平评估

一、评估前学校基本情况

经过24年的建设，至2007年国家本科教学工作水平评估前，学校已发展成为以经、管、法为主体，经、管、法、文、理、工、艺协调发展的多科性省属重点建设院校，成为广东乃至华南地区经、管、法人才培养基地和科学研究基地，在华南地区高校和全国同类院校中具有较高的知名度和一定的影响力。学校设教学院（系、部）14个，全日制在校生17 228人，其中硕士研究生392人，本科生15 905人，专科生931人。

学校设广州和三水两个校区，占地面积达2 383亩，其中广州校本部面积700亩，三水校区面积1 683亩。建成国家级实验教学示范中心1个，省级IT重点实验室1个，省级教学提高型重点实验室1个。图书馆馆藏图书245万册，其中纸质图书160万册。

学校形成了以经、管、法为主体，经、管、法、文、理、工、艺多学科协调发展且具有一定特色和优势的学科体系，拥有1个省级重点学科和4个省级重点扶持学科，有16个硕士学位授予权学科点和1个专业硕士学位授予权学科点（JM）。

2004年至2007年这三年里，获得各类各级科研项目共268项，其中国家社会科学基金项目5项、省部级科研项目55项、横向课题61项。公开发表学术论文3 819篇，其中核心期刊1 453篇，被SCI、EI、ISTP收录39篇；出版各类著作97部，其中学术专著50部。《广东商学院学报》被评为全国百强社科学报，入选中国人文社科学报核心期刊。

学校依托学科建设，大力加强专业建设，设有本科专业36个，涵盖经、管、法、文、理、工六大学科门类，其中省名牌专业7个，位居省属高校第三。2005年，学校获得法学第二学士学位授予权资格。

截至2007年7月，学校为广东及其他部分省（市、自治区）培养毕业生34 000人。本科毕业生总体就业率连续六年达到99%。

学校先后与境外30多所高等教育机构建立了友好关系，被列入教育部“1+2+1中美人才培养计划”高校。2007年学校成立国际学院。

二、评估过程及结论

根据教育部办公厅《关于对全国592所普通高等学院进行本科教学工作水平评估的通知》的安排，教育部于2007年对我校教学工作水平进行评估。为做好教育部对我校的本科教学水平评估工作，学校把评估工作作为检验办学理念、办学条件、办学水平的一次全面考核。2004年10月，学校正式启动了本科教学评估准备工作。10月19日，学校下发了《关于做好接收2007年教育部普通高等学校本科教学水平评估工作的通知》，成立了广东商学院教学水平评估迎评工作领导小组，实施迎评工作协调会议制度。2005年9月22日，学校下发《广东商学院本科教学评建工作总体方案》，提出“争创优秀，确保良好”的工作目标，拟定了“总体设计、分解任务、分类管理、分层评估、分步实施”的工作思路，将迎评工作划分为启动准备、自查自建、自建整改、预评验收、专家组进校评估、整改六个阶段。

2004年10月至2005年6月为启动准备阶段。其间，成立了评价工作机构，进行了思想动员，走访了已参评院校，研讨了《评估方案》，分解了工作任务，启动了教学工作与教学管理制度建设，完成了人才培养方案的修订。

2005年7月至2006年7月为自查自建阶段。其间，全面启动了教学工作水平评估与建设工作，对照《评估方案》核心指标，查找了教学工作上“软硬件”的主要差距，并据此拟定了若干个重点工作项目，重点完成了推进教学评建工作的各项筹备事项；制定了“四大”、“四小”建设规划，完成了教学条件建设、专业和课程建设、教学改革和教学信息化建设、教学档案建设、校园环境建设等工作任务的主体部分；查明了各二级单位对照评估指标体系的差距，制订各单位评建工作方案。

2006年8月至2007年1月为自建整改阶段。其间，完成了教学条件建设、专业和课程建设、教学改革和教学信息化建设、教学档案建设、校园环境建设等任务；启动了迎接教育部专家组进校评估的主要准备工作；撰写了《自评报告》等主要评估文件材料；多次邀请校内外专家进校开展预评估，查找了不足，明确了整改内容和期限。

2007年2月至9月为预评验收阶段。其间，加强了教学评建工作的宣传；接受了省教育厅预评估，并根据预评估结果对校内各单位的评建工作进行了验收；完成了《自评报告》的撰写并按时向教育部呈报；完成了试卷与毕业论文等专家组必查材料的准备。

2007 年 11 月 11 日至 16 日，为教育部专家组进校评估阶段。11 月 11 日，以逄锦聚为组长的专家组对我校进行了现场考察。专家组认真审阅了学校自评报告和相关支撑材料，听取了校长报告，考察了学校办学条件，调阅了学生试卷、毕业设计、实验报告等，召开了座谈会。专家组对我校的评建工作给予了充分肯定并提出了意见和建议。

2007 年 12 月至 2008 年 12 月为整改阶段。其间，根据专家组意见，制定了学校《整改工作计划》并上报了教育部；进行了整改动员，开展了为期一年的整改，组织了整改工作的检查验收，撰写《整改工作总结》并上报了教育部。

2008 年 3 月，教育部普通高等学校本科教学工作评估专家委员会投票确定：广东商学院评估结果为“优秀”。

三、评估的意义

本科教学工作水平评估获得“优秀”，是对学校本科教学工作的巨大肯定。通过本科教学工作水平评估，学校“人才立校、学术强校、服务兴校、特色优校”的办学理念更加明晰；以经济学、管理学、法学为主体，经济学、管理学、法学、文学、理学、工学、艺术学等协调发展的多科性学科定位更加明确；以本科教育为主，积极发展研究生教育，适度发展成人教育的办学层次定位更加合理；教学型院校的办学类型定位更加准确；“立足广东，服务华南和港澳，面向全国”的服务面向定位更加实际；到 2010 年或稍长时间初步建成高水平、有特色的教学型省属重点院校，到 2020 年或更长时间基本实现向教学研究型大学转变的学校发展目标更加明晰。通过评估，学校教学中心地位进一步巩固，质量立校意识进一步深入，人才培养方案进一步优化，校风学风建设进一步加强，教学管理水平进一步提高，办学条件进一步改善。这些都为学校进一步提高办学质量和效益、增强办学实力和竞争力、办人民满意的大学奠定了坚实的基础。

第三章　提升时期（2008—2013）

2008 年以来，学校发展步入了提升时期。这期间，学校秉持“人才立校、学术强校、服务兴校、特色优校”的办学理念，实施“依法治校、民主治校、阳光治校”的治校方略，围绕建设高水平有特色的财经大学的目标，以提高人才培养质量为中心，以提升科研实力为重点，以增强社会服务能力为导向，全面夯实学校办学实力，实现了更名大学的长久夙愿。

第一节　校内管理体制改革

一、新的治校方略

顺利通过国家教育部本科教学工作水平评估后，学校发展步入了新的历史时期。2010 年国务院颁布《国家中长期教育改革和发展规划纲要（2010—2020 年）》，指出要适应中国国情和时代要求，建设依法办学、自主管理、民主监督、社会参与的现代学校制度。面对新的发展形势，广东商学院如何发展、如何实现新的跨越，成为全校上下思考和关切的重大课题。2009 年学校主要领导进行了调整，王华、程飚先后出任学校的院长、书记。面对新的发展形势，如何结合广东商学院的实际落实《国家中长期教育改革和发展规划纲要（2010—2020 年）》，成为学校新任领导思考最多的问题。

思想是行动的先导，完成学校发展过程中面对的不同重大课题，回应全校师生的重大关切，必须使全校上下在认识上有一个统一。2009 年底，院长王华提出了“依法治校、民主治校、阳光治校”的治校基本理念，就如何在新形势下实现广东商学院的科学发展、学术与行政的关系、现代大学制度的建设、构建和谐校园等问题系统地、科学地作了阐释。

依法治校就是指立足校情，依据宪法和国家有关的教育法律法规，建立学校管理体制和运行机制，进行教育决策和开展教育教学活动。学校依据国家的法律法规制定《广东商学院章程》，作为学校的基本法。在《广东商学院章程》的统领下，建立完善的、科学的规章制度体系，要求规章制度不能存在人为操纵的空间。学校办事、决策，都必须按规章制度执行，都有相应规范约束任何组织及个人行为，任何人都不能超越制度。

民主治校就是指依靠全体师生员工办学和治校。发挥高校高层次知识群体汇聚的优势，让全体教职工充分行使民主权利，让大家都能参与到学校的管理工作中来，通过更多的形式，让专家治校、教授治学得到更充分体现，特别是要充分发挥教授在教学、科研和学校管理中的作用，同时还要充分发挥教职工代表大会、学生代表大会等民主形式的作用。

阳光治校也叫透明办事，与暗箱作业相对。以校务公开为主要手段和载体，除有保密规定外，向全校师生乃至社会全面公开所有的办事制度和程序、决策过程和结果，包括全校教学、科研、收费、干部提拔、职称评定等，使工作公开透明，确保所有权力运行都接受监督，最大限度地减少人为、人治的空间。

民主治校是依法治校的基础，依法治校是民主治校的保障，阳光治校是民主治校和依法治校的重要形式。三者有机结合，构成科学的治校方略体系，为提升学校办学水平、实现学校办学目标提供了坚强保障，为建立现代大学制度奠定了基础。

此后，学校围绕“依法治校、民主治校、阳光治校”的治校方略，深入推进管理机构、体制和制度的改革创新实践，不断探索具有广东商学院特色的学校治理模式，促进学校的科学发展。

二、校院两级管理体制改革

进入21世纪以来，特别是新的治校方略实施后，伴随着学校办学规模的日益扩大，办学层次的不断提升，全校“大一统”的内部管理体制弊端日益显露。二级院部由于治事权与用人权相分离，造成责、权、利不相统一，严重制约了办学的自主性和积极性，进而对学校整体办学水平和办学效益造成掣肘。因此，改革学校内部管理体制势在必行。

2008年3月起，学校上下就校院两级管理体制机制及配套改革措施等问题进行了历时半年的广泛讨论，就学校内部管理模式的改革达成共识，为学校推行校院两级管理体制改革奠定了思想基础。2009年7月，学校开始推行校院两级管理体制改革，印发了《广东商学院二级院部目标管理实施方案》、《广东商学院校院部分管理职能划分细则》、《广东商学院两级财务管理体制改革方案》三个基础性文件以及系列的配套文件，出台了《广东商学院关于加强和改善三水校区管理的若干意见》，进一步完善延伸管理与集中管理相结合的管理体制和运行机制。11月17日，学校与教学院部签订二级目标管理责任书，标志着经过近两年的充分酝酿，学校校院两级管理改革正式启动，进入具体实施阶段。2013年1月，学校组织了2009—2012学年教学院部目标管理期满考核。经考核：金融学院、法学院、工商管理学院各项考核指标达到优秀，考核等级确定为优秀。学校校院两级管理体制改革的第一个考核周期结束。通过校院两级管理体制改革，实现学校管理重心下移，治事与用人有机结合，责、权、利有机统一，从而达到增强学校、学院（部）两个层面的办学活力，提高学校整体办学水平和效益。

三、人事制度改革

在新的治校方略指引下，为加强内部管理，调动广大教职工的积极性，激发办学活力，2009年以来，学校大力推进人事制度改革，走优化结构、充实内涵、夯实基础、壮大实力的人事改革之路，初步形成了比较科学、规范的人事管理制度。

2009年12月，广东省事业单位岗位设置工作正式启动，要求事业单位完成从身份管理到岗位管理的制度转变。学校以此为契机，进一步建立健全岗位管理制度和人员聘用制度。2011年学校成立人事制度改革工作小组，组织实施学校岗位设置和人员聘用工作。4月，根据《广东商学院岗位设置与人员聘用实施方案》，学校人员聘用工作正式实施，经过竞聘及上级审批，全校在职在册的1 396名教职工均按对应岗位进行了聘用，完成了学校首轮岗位设置与人员聘用改革。

在实施岗位设置与人员聘用基础上，2012 年 7 月，学校又推动了绩效工资改革，将绩效工资改革与深化校院两级管理体制改革相结合，进一步完善分配制度，扩大学院的自主权。绩效工资改革的关键是科学拟订分配方案。学校在拟订绩效工资分配方案的过程中，遵循向教学科研倾斜的原则，强化岗位工作职责，提升工作效能，分级管理，适度平衡各类人员的收入水平，确保学校各项事业可持续发展。分配方案针对教学单位、实体性科研单位、管理单位、教辅单位分别制定了奖励性绩效工资的划拨办法以及分配的指导意见，并制定了教学科研单位年度绩效考核办法、管理部门和教辅单位年度绩效考核办法、教学工作量核算办法、教研成果和科研成果奖励办法等配套文件。

四、建章立制与机构整合

围绕落实新的治校方略，学校在实施校院两级管理体制改革和人事制度改革的同时，也对校内各项规章制度进行了全面梳理。此外，学校还加大校内管理机构调整的力度，进一步提升学校内部管理水平。

在建章立制方面，以规范办学行为为主要目标，学校对原有的规章制度进行了全面清理，把一些内容过时的、不完备的、提法不准确的、影响学校发展的、与两级管理体制不相符的规章制度进行了重新修订或废止，初步建立起完善的、科学的规章制度体系，从制度上杜绝人为操纵空间。制定《广东商学院章程》，对办学基本问题、重大事项和内部管理体制等作出规定，为学校制定各项管理制度提供根本依据；制定和修订了包括《广东商学院教学奖励管理办法》、《广东商学院学术委员会章程》、《广东商学院预算与投资委员会章程》和《广东商学院基建与修缮工程招标管理办法》在内的规章制度 180 多项，涵盖了党政管理、教学管理、科研管理、学生管理、人事管理、财务管理、基建资产后勤管理等 11 个方面，并印发《广东商学院管理文件汇编》。

在调整管理机构，提高管理水平方面，通过成立、调整和撤销部分议事机构和协调机构，优化了决策咨询机制。学校从 2009 年至 2012 年，新成立了校务委员会、人才引进与师资培养专家委员会、预算与投资委员会、福利委员会等机构。在这些机构人员选聘上增加专家教授民主党派人员的比例，在校务委员会委员中设置学生代表。调整了学术委员会、教学指导委员会、学位评定委员会和人事分配制度改革领导小组 4 个机构，着重吸收教授、普通教师特别是没有担任领导职务的专家，使专家治校、教授治学得到更加充分的体现。撤销了工资改革领导小组、财经工作小组等机构，将其功能纳入相关委员会或相关职能部门，避免机构重叠，职能交叉。在二级院部层面，成立教职工代表大会，完善教职工行使民主权利、参与学校民主管理的基本形式，拓展广大教职工参与校务和二级院部事务的途径与平台。在行政机构设置方面，增设广东商学院招投标中心，合并设立招生就业服务处，规范工作程序，从源头上防止腐败。

“依法治校、民主治校、阳光治校”方略的实施，凝聚了全校上下的共识，增强了师生员工构建和谐校园、实现科学发展的责任感和使命感；在学校的决策、规章制度的制定和执行以及日常办学的活动中，依法依规、公平正义、阳光透明日益彰显；专家治校、教授治学得到更好落实；文件制度得到了充分尊重，执行力明显提高；学校风气明显好转，工作效率显著提升。

第二节　人才培养质量与特色的彰显

一、实施本科教学质量工程

2008年获得教育部本科教学水平评估优秀以后，按照国家和广东省的有关要求，结合《珠江三角洲地区改革发展规划纲要（2008—2020年）》，学校开始大力实施本科教学质量工程。

学校把实施质量工程作为本科教学工作的重点，明确提出了“以社会需求为导向，以质量建设为核心，以特色建设为重点，以应用型人才培养模式改革为主线，以条件建设为支撑，把本科教学质量工程建设和素质教育改革紧密结合，整体规划、重点突破、协调发展，在不断提高本科应用型人才培养质量的同时，进一步凸显本科教学特色，进一步提升本科教学标志性成果建设水平”的本科教学质量工程建设总体思路。

在总体思路的指引下，学校改进和规范教学管理，以制度建设为保障，不断促进教学质量的提升。2008年后，学校先后出台《广东商学院本科教学质量与教学改革工程实施方案（2009—2012年）》、《广东商学院本科教学质量与教学改革工程实施方案（2011—2015年）》，对专业建设、课程建设、队伍建设、实践教学、教学研究与教学改革等不同方面从整体上加以规划和规范。在教学条件保障方面，出台《广东商学院实验教学与实验室建设总体规划（2009—2012年）》，不断加强实验教学团队建设，确保实验教学改革的顺利实施。在教学质量与教学改革配套制度和政策方面，出台《广东商学院教学奖励暂行办法》、《广东商学院教学项目管理规定》、《广东商学院教学项目经费管理办法》、《广东商学院实践教学经费管理办法（试行）》等文件，从多方面进一步规范和推动教学质量工程建设。在校院两级管理体制改革方面，把教学质量与教学改革等内容全面纳入到管理目标考核指标体系，强化二级院部教学质量意识。

通过实施本科教学质量工程，学校本科人才培养质量有了显著提升。2008年至2013年9月，学校本科生参加各级各类课外学术活动竞赛共获奖437项，其中国家级265项、省级172项；参加各级各类文体竞赛共获奖524项，其中国家级72项、省级452项。2009年，学校本科生的《互联网服饰品牌——PUPAI普派》电子商务项目获得300多万元的社会创业资助。本科毕业生五年的总体就业率分别为99.20%、99.04%、99.60%、99.73%和99.23%，名列全省高校前茅。

二、素质教育改革

21世纪初，学校设立了三水校区，经过近十年的发展，学校在广州、三水两地办学取得了巨大的成功，但异地办学也给学校的发展带来了一系列的问题，尤其是“2+2”的两地教学培养模式，对学生四年专业学习的整体性有所影响。如何实现两地办学过程中人才培养的统一性和连贯性，成为学校必须解决的问题。

为深入落实国家《关于深化教育改革全面推进素质教育的决定》，顺应我国高等教育发展趋势，提高人才培养质量，2010年学校在三水校区实施了学生素质教育改革。同年3

月，学校成立三水校区学生素质教育改革工作领导小组；7月，印发《广东商学院三水校区素质教育改革总体方案（试行）》，拉开了三水校区素质教育改革的序幕。

在改革的实施过程中，学校针对“2+2”人才培养模式和广州、三水两地办学的实际，围绕“培养科学与人文贯通、互补和平衡，人格健全，视野开阔，具有良好公民素养和实践创新的高素质应用型专门人才”的改革目标，以人文素质教育为重点，实施改革通识课程、倡导学生精品活动、举办“善水大讲坛”、推行“本科生导师制”四大举措，搭建学生综合活动平台、网络信息平台、师生交流互动平台、学生创新创业实训平台、学生素质拓展训练平台五大平台，逐步探索出一条适合广商的学生素质教育之路。

在不断的探索与实践中，学生的思想文化素质得到了普遍提升，创新精神和实践能力不断增强，在国际或国内数学建模比赛、全国“挑战杯”课外学术科技竞赛、全国大学生英语竞赛和全国动漫设计大赛等赛事中屡获佳绩，学生综合素质显著提高。

三、经管类本科应用型人才培养模式改革

学校发展进入提升时期后，得益于长期对人才培养模式的改革与探索，学校经管类本科应用型人才培养模式改革的特色逐步彰显，经管类本科应用型人才培养模式的人才培养方案、实践教学、教学资源建设等水平显著提升。

2001年前后，学校提出“培养适应经济社会发展需要特别是广东经济社会发展需要的知识结构合理、综合素质高、实践能力和创新创业能力强的高等专门人才的经管类本科人才培养目标定位”，开启了学校人才培养模式改革的探索。2005年，学校全面启动经管类本科应用型人才培养模式改革，历经局部推进、全面推进和拓展深化三个阶段，逐步构建了理论教学与实践教学双向互动、课上教学与课下教学相辅相成、共性培养与个性培养融会兼顾的经管类本科应用型人才培养模式。2009年广东省文科类本科应用型人才培养经验交流会在学校召开，经管类本科应用型人才培养模式改革获得省教育厅和省内高校的高度认可和一致好评，标志着学校在人才培养模式改革特色与优势探索中取得了初步成效。

2011年3月，“广东商学院经管类本科应用型人才培养模式综合改革”获批为广东省教育综合改革试点项目。2012年8月，该项目被省教育厅作为教育改革典型，推荐至国家教育体制改革领导小组。此后，学校启动了人才培养方案优化工程、人才培养方式创新工程、人才培养平台提升工程、新型师资队伍建设工程和人才培养质量评价改革工程五大工程，开始对经管类本科应用型人才培养模式实施新的探索和改革。

经管类本科应用型人才培养模式改革有效提高了学生的综合素质、实践能力和创新创业能力。此项改革，在广东省内高校中处于领先水平，其中的经管类实践教学改革更是走在全国高校前列。经管类本科应用型人才培养模式改革彰显了学校近十年的办学特色和成效，凸显了学校本科人才培养水平与实力的进步和提升。

四、拔尖创新人才培养

2008年后，为适应国家实施创新战略对人才培养的需求，把握财经类人才培养的发展趋势，学校开始实施拔尖创新人才培养计划，加大对拔尖创新人才的培养力度。

2008年11月学校召开第五次教学工作会议，决定成立具有企业家精神和潜质的经济管理人才培养模式创新实验区，开始了对拔尖创新人才培养的探索。2009年10月，该实

验区被批准为国家级人才培养模式创新实验区立项建设项目。同月，学校与广东省教育厅共建的全省首个“广东省大学生就业创业实训基地”挂牌成立。此后，学校以实验区为改革试验田，集中校内外优质教育资源，实行特殊政策，在教学理念、教学内容、教学组织形式、管理体制和学生活动等方面进行拔尖创新人才综合改革。2012 年 3 月，《广东商学院国家级大学生创新创业训练计划工作方案》通过教育部高等教育司专家组论证，学校成为国家级大学生创新创业训练计划参与高校。10 月，学校以国家级人才培养模式创新实验区为依托，成立创业教育学院。

在国家级人才培养模式创新实验区的带动下，学校各专业纷纷展开对专业人才培养目标的研究和探索。2010 年，国际会计（ACCA）创新实验区、计算机创新实验区和中国企业国际化的国际商务人才培养模式创新实验区立项启动。2011 年，具有企业家精神和潜质的人才培养模式创新实验区、国际会计（ACCA）创新实验区和企业国际化高级商务人才培养模式创新实验区立项成为省级人才培养模式创新实验区。2012 年，全媒体新闻传播人才培养模式创新实验区和具有财经院校特色的复合型计算机应用人才培养模式创新实验区获批为省级人才培养模式创新实验区。

以国家级实验区立项项目为引领，至 2013 年，学校初步探索建立起了国家、省、校三级人才培养模式创新实验区体系。这标志着学校在拔尖创新人才培养方面的探索初见成效。

五、提升研究生培养质量

学校发展进入提升时期后，随着学校整体办学水平的提升和研究生招生人数的增加，学校进一步加大了研究生培养的工作力度，通过实施研究生教育质量工程，加强导师队伍建设和研究生日常管理等相关措施，全面提升研究生培养质量。

2009 年，学校出台《广东商学院研究生教育质量工程建设方案（2010—2015 年）》（以下简称《研究生质量工程建设方案》），成为国内高校较早实施研究生教育质量工程的高校。《研究生质量工程建设方案》将学校研究生教育确定为一项长期性、全局性、战略性的工作，明确以提高研究生培养质量和创新能力为核心，采取规范与创新并举的方式，构建研究生教育质量工程体系。《研究生质量工程建设方案》规定，2010—2015 年，学校每年投入不少于 100 万元的专项经费用于研究生教育质量工程。

为了在研究生中形成奖励先进、鞭策落后的学习竞争局面，学校建立了奖励与淘汰相结合的研究生管理机制，出台了《广东商学院研究生考勤管理规定》、《广东商学院优秀研究生评选办法》、《广东商学院优秀研究生干部评选办法》、《广东商学院优秀毕业研究生评选办法》、《广东商学院优秀硕士学位论文评选办法》等系列管理办法，健全研究生培养质量保障体系，规范研究生教育的过程管理。

为提升研究生培养质量，学校于 2008 年 9 月修订了《广东商学院硕士研究生指导教师遴选办法》，加强对研究生导师的队伍的建设。2010 年 1 月，制定《广东商学院研究生指导教师招生资格审核暂行规定》，进一步提升了研究生导师的遴选标准。

2008 年至 2013 年 9 月，学校的研究生培养质量得到了显著提升。学校研究生参加各级各类课外学术活动竞赛获 25 项省级以上奖项；研究生总体就业率连续 5 年 100%，位列全省高校前列。

第三节 科学研究的新局面

一、科研工作的新定位

学校发展的初创时期和拓展时期，科学研究工作偏重数量要求，对科研质量和层次的要求相对较弱。2009 年以后，围绕新的办学定位和办学理念，学校以校院两级管理体制改革为契机，变科研工作“硬件考核”为“柔性奖励”，加大科研激励力度，促进学校科研从“数量型”向“质量型”转变。

2009 年 7 月，学校召开“学科建设与研究生教育工作会议”，提出了要按照“优化结构、提升层次、突出特色、提高质量”原则，以科研促进教学为基础，以服务学科建设、服务地方和国家经济社会发展为宗旨，不断凸显研究特色，发挥主体学科领域的研究优势，使学校整体科学研究水平提升到一个新层次的科研工作新目标。此后，学校科研工作围绕新的科研工作目标，以学科建设为龙头，以制度建设为原动力，以科研创新团队建设为抓手，以资源整合为突破，开始提升科研整体实力和质量。

二、实施新的科研管理制度

科研工作重新定位以后，学校加大了科研奖励力度，逐步构建了以激励机制为主要内容的科研管理制度。2009 年 10 月 15 日，学校颁发《广东商学院科研奖励暂行办法》等系列文件，大幅度提高对获得重大科研项目和发表高水平学术论文教师的奖励标准。2011 年 1 月 19 日，学校又下发《关于修订〈广东商学院认定重要学术期刊目录〉和调整学术论文奖励标准的通知》，再次提高了对学术论文的奖励标准。为加强对专职科研人员工作的激励与管理，学校于 2009 年 11 月 19 日印发《广东商学院专职科研人员管理办法（试行）》，提出要充分发挥专职科研人员“专职攻关”的作用，提升学校整体科研水平，提高学校核心竞争力。为加强对学校教师学术道德规范与管理，学校于 2009 年 12 月 2 日下发《广东商学院学术道德规范建设与管理办法（试行）》，明确了学术道德规范建设的内容，对学术不端行为提出了具体惩治措施。这是学校自成立以来第一个关于学术规范建设的正式文件，为科研工作的健康开展提供了有效的制度保障。

2008 年底，广东省政府出台了《珠三角地区改革发展规划纲要（2008—2020 年）》，提出要大力发展现代服务业。为充分发挥学校与现代服务业紧密相关的学科和专业优势，学校于 2010 年 10 月印发《关于整合科研资源、实行院所合一的决定》，提出根据珠江三角洲乃至整个国家的未来经济社会发展趋势，以学科归属为纽带，整合二级学院与实体性科研机构的科研力量，实行院所合一，以形成科研合力，提升学校的整体科研水平和社会服务能力。2013 年 3 月，成立现代服务业研究院，进一步变革校内科研组织结构。

为从宏观上指导全校科研工作，学校于 2011 年 9 月颁发《广东商学院科学研究“十二五”发展规划》（以下简称“十二五”科研规划），对“十一五”期间学校科研工作进行了系统总结，并对学校“十二五”期间科研工作总体目标和主要内容作了详细规划。“十二五”科研规划提出“全面推进‘学术强校工程’，促进科研完全从‘数量型’向

'质量型'转变，创建广商特色的科研品牌，切实提升学校的科研整体水平和竞争力，力争在科研项目、成果、经费等方面进入全国财经类高校前列，在人文社会科学研究方面综合实力进入广东高校前列"的科研总体目标。从"建设高水平科研团队、提升科研平台的创新能力、实现省部级以上重大项目的突破、促进科研成果质量再上台阶、增强社会服务能力、创新校级科研项目资助体系、打造浓郁活跃的学术氛围、提升学术交流国际化水平"等方面对学校"十二五"科研发展作了具体规定。

在科研人才引进与培养方面，学校实施"杰出青年学者培养工程"、"南岭学者计划"等方案，加大科研人才的培养引进力度。在鼓励青年教师参与科研方面，学校为了激发青年教师的科研积极性、创造性，鼓励有潜力的青年教师潜心钻研、脱颖而出，于2012年制定了《广东商学院"卓越青年教师"特聘岗位实施办法（试行）》，对科研成绩突出的青年教师实施特聘教授制度。2013年4月，林慕华、蔡佳两位教师获聘学校首批"卓越青年教师"校长特聘教授。

三、科研项目与科研成果的新突破

在新的科研工作定位思路指引下，在以激励机制为主要考核指标的促进下，学校的科研项目立项数量增长迅速，科研项目结构与类别不断优化，科研项目经费大幅增长，人文社科研究优势逐步凸显，实现了学校科研工作规模、档次和水平的较大提升。

2008年，学校获3项国家自然科学基金项目，一举实现了国家自然科学基金项目立项零的突破；2009年，获8项国家社会科学基金年度项目，立项数在全省高校中位列第三；2012年，学校教育部人文社科规划基金项目、青年基金项目和自筹经费项目的立项数位居全省高校第二，在全国财经类高校中排名第三；2013年6月，全国哲学社会科学规划办公室公布了2013年国家社会科学基金年度项目和青年项目的立项情况，学校获批14项，立项数在广东高校中位列第四，在全国财经院校中位列第九。

科研项目成果是衡量学校科研水平的重要标志。学校发展进入提升时期后，优秀科研项目成果也有了突破性进展。2005年，雍和明主持的国家社会科学基金项目结项成果鉴定"优秀"，对学校获得优秀的高层次科研项目成果起到了模范引领作用。2010年、2011年，叶祥松、林洪分别主持的国家社会科学基金项目结项成果相继被鉴定为"优秀"。2013年，秦学主持完成的国家社会科学基金项目鉴定等级为"优秀"。优秀科研项目成果的不断涌现，标志着学校科研工作水平与质量迈上了新的台阶。

根据统计，2008年至2013年9月，学校共获各类科研项目立项1 147项，其中国家级项目74项，国家社会科学基金项目49项，国家自科基金25项，省部级项目351项，厅局级项目250项，横向课题398项，课题经费7 737万元，省部级以上人文社科课题立项数量位居广东省属高校前列。

在科研项目不断取得突破性成绩的同时，学校科研成果的质量也得到了较大提升。2011年和2012年，数学与统计学院的蔡佳和刘玉记先后在《中国科学》发表论文，这是学校继张涤新、许永甲在《中国科学》上发表论文后的又一次实力展示。2012年6月，公共管理学院林慕华在《中国社会科学》以第一作者发表《中国地方人民代表大会预算监督研究》一文，实现了学校自建校以来以第一作者单位在国内哲学社科顶级学术期刊上发表论文零的突破。这篇文章也是该刊自1980年创刊以来首篇关于人大预算监督的文章。同年

8 月，金融学院潘成夫主持的国家社会科学基金项目阶段性成果《关于我国对外经济再平衡的几点思考》被全国哲学社会科学办公室主办的第 57 期《成果要报》刊发，成为学校第一篇被《成果要报》刊发的项目成果。10 月，第 68 期《成果要报》又刊发了法学院陈红彦的研究成果《积极构建符合我国国家战略利益的碳税制度》。2013 年 3 月，人文学院郭景萍撰写的专著《情感社会学：理论·历史·现实》获教育部第六届高等学校科学研究优秀成果奖（人文社科）二等奖，实现了学校以第一单位获教育部奖零的突破。

2008 年至 2013 年 9 月，学校教师公开发表学术期刊论文 8 000 余篇，其中核心期刊 3 000余篇，被三大索引收录论文近 200 篇。从 2009 年起，学校教师在 CSSCI 来源期刊上发表的学术论文数连续三年进入全国高校百强，稳居全国财经院校的前十名。出版各类著作 250 余部，包括学术专著 170 部；获得各类优秀科研成果政府奖励 49 项，其中省部级 26 项。《广东商学院学报》入选全国中文核心期刊，被评定为全国高校百强社科学报、中国人文社科学报核心期刊，入选《人大复印报刊资料》重点转载来源期刊、南京大学中国社会科学研究评价中心 CSSCI 来源刊扩展版。

第四节　社会服务与协同创新

一、凸显学科优势的社会服务

作为一所地方财经院校，学校始终坚持为地方经济社会发展服务的宗旨。2008 年后，学校依托办学优势，坚持“融入发展谋发展”，不断搭建社会服务平台，拓展社会服务渠道，创新社会服务形式，初步构建了一套社会效益与经济效益相统一、科学研究与社会实践相契合、密切联系经济社会发展热点问题的社会服务体系。

2008 年初，学校召开了主题为“充分发挥社会服务功能，大力拓展国际化教育，促进学校又好又快发展”的社会服务暨国际化教育工作会议。此次会议是学校历史上第一次以社会服务和国际化教育为主题召开的会议。会议对学校建校以来的社会服务工作进行了全面审视与反思，提出要充分发挥学校省属重点建设院校的作用，突出财经特色，紧贴广东经济社会发展热点和需要，大力加强学校社会服务工作，促进学校人才培养、科学研究、社会服务三大职能的全面协调发展，更好地为地方经济社会发展服务。1 月 14 日，学校党委和行政联合下发《中共广东商学院委员会、广东商学院关于进一步加强社会服务工作的意见》，明确了学校社会服务工作的指导思想、总体目标和组织保障。此后，学校紧密结合经、管、法学科优势，在广东现代服务业、法治广东、幸福广东、文化强省等领域积极开展科学研究和咨询服务，积极参与地方经济社会建设。

在服务广东现代服务业发展方面，学校教师撰写的《关于扩大内需的对策和建议》获时任中共中央政治局委员、广东省委书记张德江批示：很有参考价值。学校研究团队完成的《广东现代服务业发展研究报告》获时任中共中央政治局委员、广东省委书记汪洋批示肯定。商贸流通业研究团队撰写的关于“收入倍增计划”和“广州建设商贸中心城市”的研究报告先后获朱小丹省长和陈建华市长批示肯定。电子商务与市场应用重点实验室牵头起草了《广东省电子商务发展“十二五”规划》。

在服务“法治广东”建设和港澳基本法研究方面，学校法学科研团队重点参与了《广东省食品安全条例》和广州市行业立法等多项重大地方立法的起草和论证工作，先后为100多项广东地方法规文件的制定提供专业咨询。港澳基本法研究团队全程参与了由港澳基本法委员会组织的研究工作。

在服务“幸福广东”建设方面，国民幸福指数研究团队率先对“国民幸福指数”开展研究，建构了国民幸福统计理论方法框架，参与了“幸福广东”建设的指标体系设计、论证工作。社会工作专业团队积极开展社会体制和社会管理改革创新研究，提供社工培训和社会工作咨询、督导和综合服务，2009年以来合同金额超过1 000万元。

在服务“文化强省”建设方面，网络文化研究团队在国内率先系统全面地研究“80后”、“90后”现象及网络文化，在全国产生广泛影响。艺术学院对文化创意产学研发展道路的探索研究，受到业界重视。

二、突出“财经”特色的协同创新

早在2007年，为充分发挥学校在佛山办学的地域优势，加强学校与佛山市的交流合作，服务佛山市及周边地区的经济社会发展，学校成立了佛山经济社会发展研究院，为佛山市及其周边地区提供决策咨询等服务。2010年后，为加强财经类学科建设，提升省内相关学校的理论研究和实践工作水平，先后与省财政厅、省审计厅签署了共建广东商学院财政学科、审计学科的共建协议书，约定学校与共建单位共同支持相关学科开展学术交流与合作、联合开展人才培养和干部培训、共同指导和支持学科人才培养方案的制订或调整、共建相关学科硕士点等内容。2011年，学校又与广州市地方税务局签署《关于合作共建广东商学院税务干部进修学院框架协议》，成立并共建广东商学院税务干部进修学院（广州市地方税务局税务干部进修学院），一方面促进广州市税务系统干部职工教育培训工作的系统化、科学化和规范化，另一方面推动学校税收、财会等专业学科的发展。

2012年国家“高等学校创新能力提升计划”（2011计划）公布，我国高等教育开始步入提升创新能力的发展新时期。为积极推进“2011计划”，提升学校协同创新能力，学校审时度势，大力开展学校与各个层面的协同合作，加快培育协同创新中心，着力打造具有鲜明财经特色的服务领域。

2012年4月，经省社会科学联合会同意，学校成立广东商学院社会科学界联合会，成为广东省内第一家成立社会科学界联合会的高校。10月，学校与广州市社会科学界联合会共同成立“广州市现代物流与电子商务协同创新中心”，针对广州市现代物流和电子商务相关领域的重大需求问题，协同开展学科建设、科学研究、人才培养和社会服务，探索构建适应不同需求、形式多样的协同创新模式和机制。该中心也是广州市社会科学界联合会与高校共建的第一个协同创新中心。

为进一步加强校政合作，推进协同创新，2012年11月，学校与广东省国家税务局、广东省地方税务局联合成立了“广东纳税服务研究中心”。中心按照协同创新的思路深化和加强与各级税务部门的合作，吸纳各方力量充实研究队伍，着力打造校政合作协同创新示范性平台，为申报高层次协同创新平台夯实基础。该中心也成为全国首家政校合作的纳税服务研究中心。

为推动落实“2011计划”，校内各二级院部也加大了协同创新工作力度。学校与深圳市证大速贷小额贷款股份有限公司公司签约成立了国内第一家关注微金融产业的协同创新中心“广东商学院证大微金融研究协同创新中心”；信息学院与印度 TATA 公司建立了“课程嵌入式和实习上班式”的人才培养新模式；人文与传播学院加入了暨南大学“华侨华人研究协同创新中心”；资源与环境学院加入了南京大学“南海研究协同创新中心”。

三、国际交流与合作

学校发展进入提升时期后，学校与国（境）外院校和研究机构交流日益频繁，合作办学与海外交流项目逐年增加，学校国际交流与合作呈现出快速发展的新局面。

建校初期，学校以与国（境）外大学相互交流学习为主，通过开展对外交流，逐步扩大学校的对外影响力，提高知名度。20 世纪 80 年代末，学校与美国西南密苏里州立大学（现为美国密苏里州立大学）签署学术交流协议，建立了两校学术交流关系，开启了学校海外学术交流活动的历史。1999 年学校获得招收外国留学生资格。2000 年学校正式开始招收留学生。2002 年应格鲁吉亚阿扎尔共和国邀请，徐印州副院长率学校专家代表团赴该国为其起草经济特区法。2004 年，学校获得招收华侨和港澳台学生资格。2005 年，学校首次招收港澳台学生 197 人。

进入 21 世纪后，学校进一步加强了教育国际化的工作力度。2008 年 9 月，学校颁发《广东商学院教育国际化发展行动计划（2008—2018 年）》，决定实施国际化专业建设与留学生教育、中外校际合作、涉外非学历教育、华侨与港澳台学生教育等行动计划。2011 年 9 月，为进一步促进学校教育国际化，学校将外事处更名为“国际交流与合作处（港澳台事务办公室）”，加强对学校国际交流与合作的领导。当月，学校与澳大利亚莫道克大学签署了姊妹学校战略合作协议。2011 年，教育国际化被列为学校“十二五”发展规划的开放发展工程。为此，学校陆续派出多批中层管理干部赴英美高校进行海外管理干部培训，学习和汲取国外大学先进的教育教学管理经验。截至 2013 年 9 月，学校已与世界各国和地区的近百所大学和教育机构建立了校际交流与合作关系，与 60 多所国（境）外大学、教育机构等签订了合作协议或备忘录。

学校还大力支持和鼓励学生在校期间参加出国（境）长短期项目交流学习、海外支教、专业实习、带薪实习等活动，培养学生的国际视野、跨文化交际能力以及中西学术的信息能力交流。在校专、本、硕学生可以申请到国外合作院校进行一定年限的学习，获得双方大学的学分互认和学位互授。

第五节　办学物质基础显著提升

一、校园基本建设

长期以来，由于历史欠账多，校园硬件设施不足一直成为制约学校发展的“瓶颈”。学校发展步入提升时期后，为打破校园建设滞后对学校发展的制约，学校按照“一次规划，分期建设，滚动发展”的校园建设工作新思路，不断改善办学硬件条件、促进学校可持续发展。

在新增建设用地方面，2008 年 3 月，经过艰苦的努力，北校园征地工作圆满完成，学校领取了北校园 372.82 亩的“国有土地使用证”。2008 年 10 月，经省政府同意，省财政厅批准无偿调拨广东省石油化工职业技术学校广州校区给我校使用，学校给予该校 8 000 万元的经费补偿。至此，学校新增用地 46.73 亩，新增校舍 21 907 平方米；同年，经过多方努力，三水区政府同意无偿划拨三水校区西北面 300 亩土地给学校建设教工宿舍，学校则无偿让出三水校区南侧约 117 亩土地支持政府建设广贺高速公路，三水校区新增 183 亩校园建设用地。

在规划设计方面，2009 年 12 月，广州市规划局批准北校区修建性详细规划方案。2011 年 1 月，学校完成了三水校区修建性详细规划调整工作，并获得佛山市规划局批准。调整后的规划方案新增校园用地 180 亩、新增规划校舍建筑面积 18 万平方米。2013 年 5 月，在 2009 年北校区修建性详细规划方案基础上，完成了广州校本部北校区、南校区、原化校区不同规划的“三规合一”控制性规划方案的调整，并获得广州市人民政府的批准，修建性详细规划方案也于 8 月获得广州市规划局的批准。两校区修建性详细规划的调整，为学校新建校舍，完善办学条件，促进学校发展奠定了必要的前提条件。

在新建校舍建设方面，2008 年至 2013 年新增校舍建筑面积 30.41 万平方米。先后建成投入使用三水校区第 19～21 栋学生宿舍、第三学生食堂，广州校区南区第 29 栋学生宿舍及北校区的教学楼、实验楼、研究生楼和教学院部教研办公楼；在建的有北校区图书馆、田径运动场及地下人防工程和三水教职工宿舍等校舍工程。目前，学校正开展南校区第 30、32 栋学生宿舍的报建工作，届时，可以彻底解决一直以来困扰学生规模发展的瓶颈问题。

在基础设施配套建设方面，2009 年学校作出从 2010 年起校园建设的重点从三水校区的建设转移到广州校区北校区建设上来的战略决策。2008 年至 2013 年先后完成了北校区场地土方平整、河涌治理、围墙修筑、外供水、配电增容、道路管网的配套建设，为北校区各单体的全面动工建设创造有利条件。完成了广州校区南校区学生宿舍外墙装饰维修，原化校区实训楼、学生宿舍楼装饰维修，以及三水校区道路桥梁、园林绿化、湖水管道治理等基础设施的配套建设与维修。

二、财务管理

2007 年通过教育部本科教学工作水平评价后，学校的发展又上了一个新的台阶。学校积极拓宽财务来源渠道，科学理财，不断加大对基建、教学、科研、学科建设的投入，实现了每年收支平衡、略有结余，保证了学校的可持续发展。

2008 年后，学校通过强化预算管理，严格控制各项预算开支，初步实现了收支平衡。2008 年，学校的收支结余为 –1 607.45 万元；2009 年，收支结余为 2 976.24 万元；2010 年，学校的收支结余为 837.49 万元；2011 年，收支结余为 –42.49 万元，2012 年，收支结余为 482.00 万元，初步实现了每年收支平衡、略有结余，增加了学校的事业基金，为学校持续稳定的发展积累了资金，进一步夯实了财务基础。

在实现学校收支预算基本平衡的基础上，学校还不断加大在基建、教学、科研、学科建设等方面的投入力度。在基建资金安排方面，2008 年学校自筹基建投入 2 100 万元，2009 年学校自筹基建投入 3 100 万元，2010 年学校自筹基建投入 6 848 万元，2011 年学校自筹基建投入 5 730 万元，2012 年学校自筹基建投入 4 905 万元。在教学的资金安排方面，2008 年度为 574 万元，2009 年度为 575 万元，2010 年度为 489 万元，2011 年度为 669 万元，2012 年度为 682 万元。在科研及学科建设的资金安排方面，2008 年度为 391 万元，2009 年度为 602 万元，2010 年度为 538 万元，2011 年度为 500 万元，2012 年度为 672 万元。

三、固定资产与仪器设备

2008 年，学校征得北校区 372. 82 亩地。

2009 年，学校获得广东省石油化工职业技术学校校园 46. 73 亩土地使用权，增加校舍建筑面积 21 907 平方米。2011 年，学校获得佛山市规划局批准，新增三水校区校园用地 180 亩、新增规划校舍建筑面积 18 万平方米。截至 2013 年 10 月，学校用地总面积 2 380 亩，校舍建筑总面积 659 165 平方米，教学科研行政用房面积 356 568 平方米。

2008 年和 2009 年，投入 1 100 万元改造了 23 栋学生宿舍楼热水系统，投入 1 900 万元完成了三水校区图书馆配套设备设施的建设。2008 年至 2012 年，投入 3 200 万元新建和改造 13 栋学生宿舍楼配套设施。2010 年至 2012 年，投入 2 000 万元完成广州校区第二综合楼、第二教学楼、第三教学楼、研究生楼、经管实验楼和三水校区行政楼的配套设备设施的建设。截至 2013 年 10 月，学校固定资产总值 163 818 万元，其中教学仪器设备总值达到 10 685 万元。教学科研仪器设备中的教学用计算机数 5 066 台。

四、数字化校园建设

为适应信息化发展的新趋势，2008 年以来，学校加快推进数字化校园建设，提升学校信息化建设水平。2010 年，学校成立了信息化建设与管理办公室，专门负责学校信息化的建设与管理。4 月，成立广东商学院信息化建设领导小组、专家咨询委员会和实施小组，负责推进校园信息化工程实施和应用。

2008 年 12 月后，学校校园网基础设施建设和数字化校园建设不断完善优化，至 2013 年 10 月，学校网络信息点总数达 41 000 个，校园网出口带宽达 3 672 Mbps，电子邮件系统用户达 1 200 个，管理信息系统数据总量达 80 500 GB，上网课程数 1 084 门，数字资源总计达 435 032 GB。数字化校园建设一期中人力资源管理系统、学生综合管理与服务系统（迎新、学工管理、离校一体化系统）、网站群管理系统投入运行。

五、图书资料

2009 年 9 月，学校三水校区图书馆建成投入使用，极大地改善了三水校区的办学条件。随着三水校区新馆的建成，学校图书馆馆藏文献资源也稳步增长。截至 2013 年 10 月，图书馆纸质图书达到 239. 77 万册，比 2008 年同期增长了 68. 05 万册；电子图书为 187. 5 万册，比 2008 年同期增长了 102. 7 万册；数据库 73 个（其中自建数据库 18 个），比 2008 年同期增长 21 个（其中自建数据库增长 9 个）。

第六节　更名广东财经大学

一、更名前学校基本情况

更名为“大学”是学校几代人的夙愿，也是促进学校整体办学实力和水平跨越提升的重大机遇。从 1992 年省政府决定将广东商学院改办为广东法商大学开始，学校从争取改办大学到申报更名大学的努力从未停息。2006 年，广东商学院申报更名广东法商大学的努力再次受挫后，学校又一次开始了更名准备。

从 2006 年至 2013 年，学校对照更名大学的各项指标，在办学规模、学科与专业、师资队伍、教学科研水平和基础设施建设等方面，不断调整优化，为更名大学创造条件。在办学规模方面，学校以本科教育为主，积极发展研究生教育，使研究生在校生人数比例达到了 5% 的标准；在学科与专业建设方面，逐步健全学科门类和专业分布，形成了社会学科、管理学科、人文学科、理学和工学 5 大学科门类和以社会学科、管理学科、人文学科 3 个学科为主的学科门类；在师资队伍建设方面，加强人才规划和人才引进的科学性与合理性，设立人才引进与师资培养专家委员会，着重人才引进与培养的质量建设；在教学方面，加大教学改革力度，创新人才培养模式，在 2007 年教育部本科教学工作水平评估获评“优秀”的基础上，不断凝练和提升学校人才培养的特色与质量；在科学研究方面，改革科研管理体制，变“硬件考核”为“柔性奖励”，鼓励科研上水平、升质量；在基础设施建设方面，完成了三水校区建设的同时，将校园建设重点转移到广州校区，先后完成了广州校区北校区的征地和初步建设，置换了广东省石油化工职业技术学校校园，拓展了校园面积。

2010 年 4 月，为做好再次申请更名大学的准备工作，学校成立了广东商学院改大学工作委员会，负责更名大学的日常工作。2011 年 4 月，学校召开了更名大学筹备工作协调会，制定了广东商学院更名大学的工作实施方案。同年 7 月，学校召开党委中心组理论学习扩大会议，邀请高等教育专家张泰岭作题为“关于更名为‘大学’的申报程序和设置标准”的报告。2012 年上半年，经校内讨论和听取各界专家意见，学校从备选的广东财经政法大学、广东财经大学和广东法商大学三个校名中遴选出广东财经大学作为学校申报更名的校名。2012 年 11 月 21 日，广东省副省长陈云贤率省政府副秘书长江海燕、省教育厅厅长罗伟其等来校视察。陈云贤副省长代表广东省人民政府对学校申请更名广东财经大学表示全力支持。

二、更名过程

2012 年初，经过近 6 年的准备，学校的办学条件和办学实力有了大幅提升。对照教育部《普通本科学校设置暂行规定》（教发〔2006〕18 号）的有关规定，学校认为已基本达到了更名大学的条件。据此，学校向省教育厅提出了更名请求，恳请将学校列为 2012 年广东省申报更名院校，参加教育部对东部地区高校更名的评议。

5 月 2 日，广东省高等学校设置评议委员会专家组对广东商学院申请更名为广东财经大学进行了评议。经省专家组评议，一致认为：广东商学院建校 29 年来，为广东经济社会的发展提供了人才支持和智力支撑，发挥了不可替代的重要作用。根据《高等教育法》、《教育部关于“十二五”期间普通高等学校设置工作的意见》（教发〔2011〕9 号）、《普通本科学校设置暂行规定》（教发〔2006〕18 号）的有关规定，广东商学院更名为广东财经大学是十分必要的。

8 月 20 日，广东省人民政府致函教育部，申请将广东商学院更名为广东财经大学，学校更名后仍由广东省管理，办学经费由广东省负责。函中指出，广东商学院是华南地区唯一一所具有硕士学位授予权的财经类高等院校，将广东商学院改名为广东财经大学，将有利于提升广东省经济、法学、管理学科人才的培养质量，优化广东省高等教育布局结构，有利于增强广东省高等教育服务经济社会发展的能力，更好地服务加快转型升级、建设“幸福广东”和落实国家关于东部地区率先实现现代化的战略部署。

12 月 15 日至 16 日，教育部高等学校设置评议委员会专家组对广东商学院更名为广东财经大学工作进行实地考察评估。教育部专家评估组充分肯定了学校的办学水平和办学条件，并就学校的建设和发展提出了建议。

2013 年 1 月，教育部在成都召开全国高等学校设置评议委员会六届二次会议，投票审议广东商学院申请更名大学的申请。2 月至 6 月，在广东省委、省政府的大力支持和省教育厅的具体指导下，学校对更名申请过程中教育部评估专家提出的个别办学短板进行了完善修补。此外学校在人才培养模式和办学质量等方面也得到教育部评估组专家的高度肯定。鉴于此，教育部对学校的更名申请进行了慎重的斟酌与抉择。

三、正式更名广东财经大学

2013 年 6 月 19 日，教育部正式回函广东省人民政府（教发函〔2013〕107 号），同意将广东商学院更名为广东财经大学，学校代码为 10592；广东财经大学系多科性本科学校，以本科教育为主，同时承担研究生培养的任务；广东财经大学由广东省领导和管理，其发展所需经费由广东省统筹安排解决；广东财经大学全日制在校生规模暂定为 24 000 人。7 月 12 日，学校正式启用“广东财经大学”印章，原“广东商学院”印章终止使用。同月，学校为 2013 届毕业生发放“广东财经大学”的毕业证和学位证。2013 届毕业生成为首届领取广东财经大学毕业证书和学位证的学生。9 月 10 日，广东省副省长陈云贤莅临学校，为广东财经大学正式揭牌。

学校更名为广东财经大学，既是学校对创办广东财经学院时确定的财经类办学方向的继承，也是对学校改名为广东商学院后取得的办学成绩的充分肯定，更是对学校进一步提升财经类人才培养层次和科学研究水平一次强有力的助推。从广东财经学院到广东商学院再到广东财经大学的 30 年历史，折射和记录了广财人前赴后继、锐意改革、不断拓新的耀眼华章。从更名为广东财经大学的那一刻起，学校历史翻开了崭新的一页。

党政管理编

第四章 领导与管理体制

学校在发展过程中，始终坚持党委领导下的校长负责制，不断完善党政决策制度，设置并不断调整完善职能清晰、分工明确的校内二级机构，同时成立了系列咨询、议事与协调机构，逐步形成了健全的领导体制、管理体制与运行机制。

第一节 领导体制与领导班子

一、坚持和完善党委领导下的校长负责制

建校以来，学校坚持和完善党委领导下的校长负责制，实行党委统一领导，党政分工合作、协调配合的领导体制和工作机制。党委总揽全局，统一领导学校各项工作，对学校发展的战略性、全局性、根本性问题作出决策。在党委集体领导下，校长依法独立行使职权，全面负责行政工作；行政领导班子坚决贯彻落实执行党委决议。为进一步加强党委领导下的校长负责制，建立健全民主集中制，完善领导班子内部的议事规则和决策机制，做到决策规范化、制度化、科学化，学校共修订了六次会议制度和议事规则。

1983 年 5 月，学校在筹建之初，实施了《党组会议和校务会议制度》。党组会议规定：根据党政分工原则，党组不包揽学校的具体行政事务，党组会议只讨论决定重大问题。党组实行集体领导与个人分工负责相结合，党组成员按照分工处理主管工作。由党组书记提出会议议题，确定会议时间，由办公室提前通知各党组成员。校务会议规定：研究决定学校教学和行政重大问题。校务会议根据上级指示、决定、下达的任务，以及党组会议的决定，部署全校工作。校务会议由校长主持，各科室负责同志参加。

1986 年，学校制定了《广东商学院党委会议制度》和《广东商学院院务会议制度》。《广东商学院党委会议制度》明确加强党委集体领导、坚持党的民主集中制以及党委会议抓大事的原则，由书记或副书记主持，党委委员参加，主要研究讨论组织建设、政治思想工作、干部任免、教学后勤保证等方面的重大问题。《广东商学院院务会议制度》规定由院长或副院长主持，部、处、室和系领导各一人参加，主要研究讨论教学招生工作、年度工作计划和总结、年度预决算、基本建设、后勤行政管理、审议规章制度等事项。

1993 年 2 月 24 日，学校制定了《党政会议制度》，明确了党委会会议、党委扩大会议、学院常务会议、学院常务扩大会议制度。

党委会会议由党委书记主持（若书记缺席，则由副书记主持），党委委员参加，组织部、宣传部、纪检部、学工部、党办负责同志列席；党委会的职能主要包括提出（制定）每学期党政工作的总任务、总原则和总要求，审批行政重大决定，如经费预决算、重大财

务开支、校园总体规划，决定机构设置（调整）和干部任免，检查每学期党政决策、决定、工作计划执行情况等。

党委扩大会议在党委会基础上扩大至党总支书记、副书记或党支部书记、工会主席、团委书记参加；职能为部署每学期的党委工作、总结一学期的党委工作情况。

学院常务会议由院长主持（若院长缺席，则由副院长主持），院长、副院长、党委书记、副书记、教务处处长、人事处处长、总务处处长、监察室负责人、院办负责人参加；主要职能包括根据党委提出的总任务、总原则、总要求和总决策，制订学院行政工作计划，就学院行政、教学、科研、后勤管理中存在的如经费预算、重大开支、住房分配、基金分配、基建项目立项、校园规划、教职工学生奖惩、重大人事调进调出等问题作出决定，经党委审批后，由院长、副院长按分工组织实施。

学院常务扩大会议在学院常务会议基础上扩大至各教学系、部、室、中心主任，行政各处、室、馆、编辑部、研究所、学院直属科负责人参加；职能为部署学院行政工作，总结一学期学院行政工作情况。

1998 年 10 月 21 日，学校制定了《广东商学院党政领导工作会议制度与议事规则》，明确学校党政领导工作会议实行党委会会议、书记办公会议、院长办公会议的“三会”制。

党委会会议实行民主集中制，由书记召集和主持，党委委员参加，党办主任、纪委专职副书记列席，研究决定党委职责范围内的重大问题。议事范围主要包括研究决定党的建设，学院改革、发展和稳定的重大问题以及教学、科研、行政管理、科技开发等工作中的重大事项，定期听取教学、科研、行政管理等工作情况汇报，研究决定干部任免、机构设置等。

书记办公会议由党委书记（或委托副书记）召集和主持，书记、副书记参加，必要时请院长、副院长和有关委员参加，研究、审议、决定党委日常工作中的重要问题，研究落实党委会会议通过的有关党委工作方面的决定，通报各领导分管工作的实施情况并部署下一阶段工作，审定提交党委会会议讨论决定的会议议题等事项。

院长办公会议由院长（或委托副院长）召集和主持，院长和副院长参加，必要时请书记或主管副书记参加，列席人员有院办正副主任、监察室主任。议事范围主要包括审议拟提交党委会会议讨论通过的有关学校改革、发展、稳定的重大问题以及教学、科研、行政管理等重要事项，研究落实党委会会议决定，研究决定需要院长统筹和协调的学校教学、科研、行政管理等日常工作的重要事项，通报各副院长分管工作的实施情况，审定学校行政发布的规章制度，讨论决定教职工的聘任和解聘以及具有副高以上专业技术职务人员的调动等事项。

2004 年 4 月 2 日，学校制定《广东商学院会议制度与议事规则》，进一步明确党委会、书记办公会、院务会、院长办公会、学院党政领导联席会制度。

党委会是研究决定学院重大问题的决策性会议，由书记或书记办公会决定召开，书记（或委托副书记）召集和主持，党委全体委员参加，党办主任副主任、纪委专职副书记列席。党委会会议实行民主集中制，议事范围主要包括：学习贯彻党的路线、方针、政策，上级的指示、决议和决定，提出贯彻落实的意见；研究决定学院改革、发展和稳定的重大问题以及学科建设、教学、科研、行政管理、科技开发等工作中的重大事项；研究干部任免、培养、考核、监督等工作。

书记办公会是党委书记、副书记研究需要提交党委会会议决定的重大问题的会议，书记（或委托副书记）主持，党办主任列席，议事范围主要为提出和审定提交党委会会议讨论决定的会议议题。

院务会由院长（或委托副院长）召集和主持，院党政领导参加，校办主任副主任、监察处处长、工会常务副主席列席，议事范围主要包括：研究落实党委会会议通过的关于学院改革、发展、稳定以及教学、科研、行政管理等重要问题的决定；研究决定需要院长统筹和协调的学院教学、科研、行政管理等日常工作的重要事项；拟订学院发展规划，讨论和制订学院行政年度、学期工作计划；讨论需要提交党委会会议讨论的重大问题以及教学、科研、行政管理等的重要事项。

院长办公会是院长、副院长研究需要提交院务会议决定的重大问题的会议，院长（或委托副院长）主持，院长、副院长参加，议事范围主要为提出和审定提交院务会议讨论决定的会议议题。

学院党政领导联席会是在必要时由党委书记、院长商定召开的以研究决定有关工作事项为内容的会议，由党委书记主持。

2009 年 9 月 29 日，学校根据《广东省普通高等学校党委工作规定》、《广东省普通高等学校校长工作规定》，重新修订了《广东商学院会议制度与议事规则》，规定学校实行党委全委会、党委常委会、校长办公会议等制度。

党委全委会是党员代表大会闭会期间学校党组织的领导机构，执行上级党组织的指示和同级党员代表大会的决议。参加人员为党委全体委员，非中共党员校领导列席。议事范围主要包括：讨论决定学校的办学方针、指导思想和发展规划以及学校的教学、科研、党建和行政管理等重大改革措施，审议提交全委会会议讨论的有关决定和决议，听取并审议学校纪委工作报告，讨论决定学校组织机构设置、人员编制及内部管理体制改革方案，审议并表决学校中层党政正职干部人选。

党委常委会在党委全委会闭会期间，行使全委会的职权，执行上级党组织的指示和全委会的决议。常委会对全委会负责，并向全委会报告工作。常委会会议由书记（或委托副书记）召集并主持（可委托副书记召集并主持），参加人员为党委全体常委（必须有三分之二以上常委出席方可举行），非中共党员校领导列席，党办主任及副主任、纪委专职副书记、组织部部长列席。议事范围主要包括：讨论决定学校党委、行政年度（学期）工作计划；定期听取教学、科研、学科建设、学位点建设、师资队伍建设、社会服务、后勤和产业开发、联合办学、学校管理和安全稳定、招生就业等重要工作和重大问题的汇报，并作出决策；讨论决定学校财务预决算，定期听取预算执行和学校大额资金运行情况报告，讨论决定 10 万元（含 10 万元）以上预算外新增项目的立项和使用，讨论决定 40 万元（含 40 万元）以上的追加预算或预算指标调整，讨论决定 100 万元（含 100 万元）以上的投资、贷款或引资建设项目；研究决定干部任免、晋升、奖惩、调动和重要人才（如长江学者、珠江学者等）的引进工作等事项。

校长办公会议是校长全面负责学校教学、科研、行政管理工作，处理校长职权范围内有关重要事项的决策形式。校长办公会议成员由校长、副校长组成（参会人数不少于应到会人数的三分之二），由校长或校长委托的副校长主持，党委书记、副书记和纪委书记可参加会议，校办主任副主任、监察处处长、工会常务副主席列席。议事范围主要包括：审定学校行政规章制度，处室及具有行政管理职能的单位的职责范围；审定校长任期目标、年度行政工作计划、学期工作安排、招生计划和校长工作报告；审定师资队伍建设、教学和学科发展规划、年度教学和科研工作计划、教育教学水平评估事宜；决定5万元（含5万元）至10万元预算外新增项目的立项和使用，决定10万元（含10万元）至40万元的追加预算或预算指标调整，决定100万元以下的投资、贷款或引资建设项目等。校长提交党委讨论决定之前，应由校长办公会议研究审议的事项主要包括：学校发展战略与规划、基本建设规划、重大的专项工作计划和安排、联合办学；教学、科研、学科建设、专业设置、学生、医疗保险、人事、校办产业、后勤及其他行政管理方面的重要改革方案、工资福利分配方案及其他政策措施；学科、专业重大改革调整方案和处级行政机构设置与调整方案；10万元（含10万元）以上预算外新增项目的立项和使用，40万元（含40万元）以上的追加预算或预算指标调整，100万元（含100万元）以上的投资、贷款或引资建设项目；学校年度财务预算、决算方案；学校重大资源、资产的处置方案等。

二、学校党政领导变更情况

1984年7月26日，中共广东财经学院临时党委成立，刘次钧任临时党委副书记，委员为谭锐汉、李俊旋、吴森、段述迺。

1986年11月14日，省委批准成立中共广东商学院临时党委，刘次钧任临时党委书记，委员为谭锐汉、李俊旋、段述迺、张彦。

1986年12月16日，省政府任命谭锐汉为广东商学院副院长。

1987年2月20日，省政府任命李鸿昌为广东商学院院长，丁衍祥为副院长。

1987年9月23日至24日，学校召开第一次党代会，选举产生了由7位同志组成的中共广东商学院第一届委员会，刘次钧为党委书记，丁衍祥为纪委书记。

1988年6月24日，省委任命张裕良为广东商学院党委副书记。

1989年8月8日，省委任命张裕良兼任广东商学院纪委书记，免去丁衍祥纪委书记职务。

1991年12月19日，省政府任命温宝光、陈汉华为广东商学院副院长，免去谭锐汉、丁衍祥副院长职务。

1992年8月4日，省委任命张裕良为广东商学院党委书记，免去其纪委书记职务；任命符士强为党委副书记兼纪委书记；免去刘次钧党委书记职务。

1992年8月20日，省政府任命罗国民为广东商学院院长，免去李鸿昌院长职务。

1993年12月24日至25日，学校召开第二次党代会，选举产生了由7位同志组成的中共广东商学院第二届委员会，张裕良为党委书记，符士强为党委副书记兼纪委书记。

1997年2月28日，省委任命林维明为广东商学院党委书记，免去张裕良党委书记职务。

1997年6月2日，省政府任命徐印州、吴家清为广东商学院副院长，免去温宝光、陈汉华副院长职务。

1998年6月19日至20日，学校召开第三次党代会，选举产生了由9位同志组成的中共广东商学院第三届委员会，林维明为党委书记，罗国民为党委副书记，符士强为党委副书记兼纪委书记。

1999 年 12 月 30 日，省政府任命陈庆联为广东商学院副院长。

2000 年 3 月 21 日，省政府任命彭赟为广东商学院副院长

2000 年 7 月 10 日，省委任命陈运森为广东商学院党委书记，免去林维明党委书记职务。

2001 年 8 月 15 日，省委任命陈潮光为广东商学院党委副书记、纪委书记，免去符士强党委副书记、纪委书记职务。

2001 年 10 月 8 日，省政府任命吴家清为广东商学院院长，曾小彬为副院长，免去罗国民院长职务。

2001 年 11 月 6 日，省政府免去彭赟广东商学院副院长职务。

2003 年 8 月 26 日，省委任命雍和明为广东商学院副院长。

2003 年 8 月 30 日，省委任命杨维为广东商学院党委书记，免去陈运森党委书记职务。

2004 年 12 月 14 日，省委任命陈承真为广东商学院党委副书记、纪委书记，任命马明华为党委副书记，免去陈潮光党委副书记、纪委书记职务。

2005 年 7 月 25 日，省政府免去陈庆联广东商学院副院长职务。

2006 年 3 月 15 日，省政府任命袁新满为广东商学院副院长。

2006 年 6 月 18 日至 19 日，学校召开第四次党代会，选举产生由 17 位同志组成的中共广东商学院第四届委员会；同时设立了常务委员会，杨维、吴家清、陈承真、马明华、曾小彬、雍和明、袁新满 7 位同志为常委；杨维为党委书记，吴家清、陈承真、马明华为副书记，陈承真兼任纪委书记。

2007 年 10 月 26 日，省政府任命杜承铭、于海峰为广东商学院副院长，免去徐印州副院长职务。

2008 年 11 月 7 日，省委任命王廷惠为广东商学院副院长。

2009 年 1 月 12 日，省委组织部副部长林华景、省委教育工委书记罗伟其来校宣布省委关于广东商学院院长的任免决定：王华任广东商学院院长、党委委员、常委、副书记，免去吴家清广东商学院院长、党委委员、常委、副书记职务。

2009 年 9 月 17 日，省委组织部副部长方锐、省委教育工委书记罗伟其来校宣布省委关于广东商学院党委书记的任免决定：程飚任广东商学院党委委员、常委、书记，免去杨维广东商学院党委书记、常委、委员职务。

2010 年 1 月 19 日，省政府免去曾小彬广东商学院副院长职务。

2012 年 1 月 9 日至 10 日，学校召开第五次党代会，选举产生了由 19 位同志组成的中共广东商学院第五届委员会，程飚、王华、马明华、吴琦、雍和明、袁新满、杜承铭、于海峰、王廷惠 9 位同志为常委，程飚为党委书记，王华、马明华、吴琦为副书记，马明华兼任纪委书记，免去陈承真党委常委、副书记、纪委书记职务。

2013 年 7 月 11 日，省委任命程飚为广东财经大学党委书记，王华、马明华、吴琦为党委副书记，马明华兼纪委书记；省政府任命王华为广东财经大学校长，雍和明、袁新满、杜承铭、于海峰、王廷惠为副校长。

三、学校党政领导分工调整情况

对领导班子成员适时调整分管工作和联系点，是加强班子建设的重要内容，也是积极改善班子结构、增强班子执政能力的重要举措。2001 年以来，学校根据领导班子配备、校内机构变更及工作需要，先后 11 次对党政领导工作分工及联系点进行调整。

2001 年 10 月，学校对党政领导班子工作分工进行调整：陈运森书记负责党委全面工作，分管组织部、统战部；吴家清院长负责行政全面工作，分管院办、人事处、财务处；陈潮光副书记分管纪委、宣传部、学工部（学生处）、监察处、审计处、工会、团委；徐印州副院长分管科研处、外事处、继续教育学院、图书馆、学报编辑部；陈庆联副院长分管后勤管理处、基建办、保卫处（武装部、610 办）；曾小彬副院长分管教务处（招生办）、三水学院。

2003 年 10 月，学校对党政领导班子工作分工进行部分调整：陈庆联副院长分管基建办、保卫处（武装部、610 办）、后勤服务集团；曾小彬副院长分管教务处、招生办、教育技术中心、三水学院；雍和明副院长分管外事处、资产与设备管理处、审计处。

2005 年 1 月，学校对领导班子成员分工调整如下：杨维书记主持党委全面工作，分管组织部（统战部）、校园建设工程指挥部；吴家清院长主持行政全面工作，分管院办、人事处、财务处；陈承真副书记分管纪委、监察处、审计处、党办、工会；马明华副书记分管宣传部、学工部（学生处）、保卫处（武装部、610 办）、团委；徐印州副院长分管科研处（研究生处）、成人教育学院（继续教育学院）、图书馆、学报编辑部；陈庆联副院长分管三水校区、基建处；曾小彬副院长分管教务处、招生办、教育技术中心、ERP 实验中心；雍和明副院长分管外事处、资产与设备管理处、后勤服务集团。

2006 年 3 月，学校对领导班子成员分工部分调整如下：马明华副书记分管宣传部、学工部（学生处）、团委、保卫处（武装部、610 办）、三水校区；徐印州副院长分管科研处（研究生处）、成人教育学院（继续教育学院）、图书馆、学报编辑部、增城教学点；曾小彬副院长分管教务处、招生办、教育技术中心、经济与管理实验教学中心；雍和明副院长分管外事处（港澳台事务办公室）、资产与设备管理处；袁新满副院长分管基建处、后勤服务集团。

2007 年 10 月，学校对领导班子成员分工调整如下：杨维书记主持党委全面工作，分管党办、组织部（统战部）；吴家清院长主持行政全面工作，分管院办、人事处；陈承真副书记分管纪委、监察处、审计处、工会；马明华副书记分管学工部（学生处）、宣传部、团委、校友办；曾小彬副院长分管教务处、教育技术中心、经济与管理实验教学中心、高教研究与评估中心；雍和明副院长分管科研处（研究生处）、外事处（港澳台事务办公室）、国际学院；袁新满副院长分管基建处、保卫处（武装部、610 办）、后勤服务集团；杜承铭副院长分管资产与设备管理处、图书馆、成人教育学院（继续教育学院）；于海峰副院长分管三水校区、学报编辑部，协助院长分管财务处。

2008 年 12 月，学校对领导班子成员分工部分调整如下：吴家清院长主持行政全面工作，分管院办、人事处；马明华副书记分管学工部（学生处）、宣传部（含校报编辑部）、团委、新闻中心、校友办；曾小彬副院长分管教务处（招生办）、教育技术中心、经济与管理实验教学中心；杜承铭副院长分管资产与设备管理处、继续教育学院、校医院；于海峰副院长分管三水校区，协助院长分管财务处；王廷惠副院长分管高教研究与评估中心、图书馆、学报编辑部。

2009 年 3 月，学校对领导班子成员分工部分调整如下：王华院长主持行政全面工作，分管院办、人事处。

2010 年 1 月，学校对领导班子成员分工部分调整如下：程飚书记主持党委全面工作，分管党办、组织部、统战部；王华院长主持行政全面工作，分管校办、人事处、财务处；雍和明副院长分管科研处、研究生处、外事处（港澳台事务办公室）、国际学院、MBA 教育中心；袁新满副院长分管基建处、保卫处（武装部、610 办）、后勤服务与管理处、校门诊部；杜承铭副院长分管资产与设备管理处、继续教育学院、三水校区，协助院长管理信息化建设与办公室；于海峰副院长分管教务处（招生办）、教育技术中心、经济与管理实验教学中心，协助院长管理财务处；王廷惠副院长分管高教研究与评估中心、图书馆、学报编辑部。

2012 年 1 月，为严格贯彻《关于进一步加强对高等学校若干重大问题监督管理的意见》（粤组字〔2010〕8 号）以及《关于加强高等学校领导班子建设的若干意见》（粤组字〔2012〕3 号），学校领导班子分工作了重大调整：党委书记程飚不直接分管组织部，由党委副书记分管组织部；院长王华不直接分管人事、财务，而由副院长于海峰分管财务工作，副院长王廷惠分管人事工作。

2012 年第五次党代会后，学校于同年 2 月对领导班子成员分工调整如下：程飚书记主持党委全面工作，分管党办；王华院长主持行政全面工作，分管校办、信息化建设与管理办公室；马明华副书记分管纪委办公室、监察处、宣传部（含校报编辑部）、新闻中心、审计处、工会；吴琦副书记分管组织部、统战部、学工部（学生处）、团委、保卫处（武装部、610 办）、校友办；雍和明副院长分管科研处、研工部（研究生处）、外事处（港澳台事务办公室）、国际学院、MBA 教育中心；袁新满副院长分管基建处、后勤服务与管理处、校门诊部；杜承铭副院长分管资产与设备管理处、招投标中心、继续教育学院、三水校区，协助院长管理信息化建设与办公室；于海峰副院长分管教务处（招生办）、财务处、教育技术中心、经济与管理实验教学中心；王廷惠副院长分管人事处、高教研究与评估中心、图书馆、学报编辑部；陈承真同志负责工会工作。

2013 年 7 月，学校再次对领导班子成员分工进行调整：程飚书记主持党委全面工作，分管党办；王华校长主持行政全面工作，分管校办、发展规划与学科建设处、信息化建设与办公室；马明华副书记分管纪委办公室、监察处、宣传部（含新闻中心）、审计处；吴琦副书记分管组织部、统战部、学工部（学生处）、校团委、保卫处（武装部、610 办）、校友总会办公室；雍和明副校长分管教务处、经济与管理实验教学中心、国际学院、创业教育学院；袁新满副校长分管校园建设处、继续教育学院；杜承铭副校长分管三水校区管委会、人力资源开发与管理处、国际交流与合作处（港澳台事务办公室）、图书馆、税务干部进修学院；于海峰副校长分管研工部（研究生处）、科研处、财务与国有资产管理处、工商管理硕士（MBA）教育中心、学报编辑部；王廷惠副校长分管设备与实验室管理处、后勤服务与管理处、招投标中心、教育技术中心、门诊部；陈承真同志分管校工会工作。

第二节　校内机构设置与调整

一、校内机构设置与调整综述

（一）1982 年至 1992 年机构创建与调整

1982 年 12 月，广东省成立“广东财经学院筹备领导小组”，下设筹备办公室。1983 年 5 月 10 日，教育部正式批准成立广东财经学院。1984 年 2 月，学院机构初步搭建，设办公室、教务处、人事处、行政处、教学部。1985 年 5 月，学院制定《广东商学院处级单位职责分工》，6 月广东财经学院改名为广东商学院，成立会计系、计划统计系、企业管理系、基础教学部、马列主义教研室，年底成立校团委。1986 年，成立烹饪系、财政税务系。1987 年，设院教育工会、财务处。

1988 年 8 月，成立投资经济管理系、培训中心、电教中心、思想政治教研室、高等教育教研室。1989 年，成立经济系。1990 年，经省高教局批准，学校党政机关设置 12 个处级建制机构，党委系统：党委办公室、组织部、宣传部、纪律检查委员会、学生工作部、教育工会；行政系统：学院办公室、人事处、教务处、总务处、科研处、图书馆，另设财会、保卫两个直属科。1992 年 8 月，体育教研室升为系级单位；新设中文教学部、外语教学部、计算机中心，均为系级单位。同年 12 月，成立经济研究所。

至 1992 年，学院已形成了较为完善的管理架构，党政处室包括党办（统战）、纪委、组织部、宣传部、学工部、工会、团委、院办、人事处、监察审计室、图书馆、教务处、科研处、总务处、保卫科、财务科；教学机构包括会计系、财政税务系、企业管理系、投资系、经济管理系、计划统计系、餐旅系（原“烹饪系”）、计算机中心、中文教学部、外语教学部、体育教研室、马列主义教研室。

（二）1993 年至 2003 年机构调整与完善

1993 年 4 月，成立法律系。1994 年 2 月，数学教研室从城市经济管理系划出，成立经济数学教学部；政治经济学教研室从国际经济贸易系划出，与马列主义理论教学部合并，成立社会科学理论教学部；保卫科升格为保卫处。同年 9 月颁布实施《机构设置及领导职数设置方案》，12 月印发《广东商学院系处岗位职责》。1995 年 6 月，成立外语系、现代经济与发展研究所；设立学生工作处，与党委学生工作部合署。1996 年 1 月，成立商业经济研究中心、信息经济与技术研究中心；12 月，成立计算机网络中心。1997 年 4 月，成立经济信息管理系、经济科学中心实验室。

1998 年 12 月，学校召开深化校内体制改革扩大会议，就机构、人事、后勤改革等问题进行深入探讨。1999 年 5 月，颁布实施《广东商学院机构改革方案》，撤销总务处、校产办、学生公寓管理中心等机构；设后勤管理处、人文社科部、工商管理学院、现代教育技术中心、法学院；税务系更名为财税系，投资经济管理系更名为金融学系。

2000 年 9 月，成立三水校区管理委员会。2001 年 4 月，监察审计处分设为监察处、审计处，监察处与纪委合署；10 月，设 610 办，与保卫处合署，在保卫处挂武装部牌子；设基建办公室，外事处独立设置，成人教育学院更名为继续教育学院。2002 年，人文社科系、会计学系、财税系分别更名为人文与传播学院、会计学院、财税与公共管理学院，成立旅游学系、教育技术中心。2003年3月，党办与统战部合署；设资产与设备管理处；招生办独立设置；撤销后勤管理处，其部分职能并入资产与设备管理处，成立后勤服务集团。同年5月，金融学系、外语系、旅游学系分别更名为金融学院、外国语学院、旅游与环境学院。

（三）2003年至今机构调整与完善

2003年4月，成立后勤服务集团；10月，设研究生处，与科研处合署。2004年4月，成立民营经济研究所、县域经济研究所、珠江战略研究所、法治与经济发展研究中心、电子商务市场应用技术实验室，基建办公室改设为基建处；6月，三水学院回归三水校区体制；9月，党办、院办合署，组织部、统战部合署。

2005年1月，根据《关于印发广东商学院机构编制方案的通知》（粤机编〔2003〕10号），学校对校内机构进行调整。原经济贸易学院和统计学系合并组建经济贸易与统计学院；将马克思主义理论教学从人文与传播学院划出，成立思想理论教学部；工商管理学院更名为管理学院；法治与经济发展研究中心更名为法治与经济发展研究所；市场战略研究中心更名为流通经济研究所；撤销经济贸易学院、统计学系、风险投资研究所。调整后的机构如下：

党政群机构：党委办公室、学院办公室、纪委（与监察处合署）、党委组织部（与统战部合署）、党委宣传部、学生工作部（学生工作处）、工会、团委、人事处、教务处、科研处（与研究生处合署）、外事处、招生办、财务处、审计处、资产与设备管理处、基建处、保卫处（与武装部、610办合署）。

教学机构：管理学院、法学院、会计学院、经济贸易与统计学院、信息学院、金融学院、财税与公共管理学院、旅游与环境学院、外国语学院、人文与传播学院、数学与计算科学学院、思想理论教学部、体育教学部。

教辅机构：教育技术中心、学报编辑部、图书馆、ERP实验中心。

科研机构：广东省电子商务市场应用技术重点实验室、法治与经济发展研究所、民营经济研究所、珠江战略研究所、县域经济研究所、流通经济研究所。

直属机构：三水校区管理委员会、成人教育学院（继续教育学院）、后勤服务集团。

2005年12月，成立经济与管理实验教学中心，撤销ERP实验中心。2006年3月，教学评估与建设办公室独立设置；9月，成立金融与投资中心，由科研处直接管理，挂靠金融学院。2007年3月，成立校友工作办公室，挂靠院办；4月，成立国际学院，暂时挂靠外事处；7月，成立评估中心；8月，成立法律硕士教育中心，暂时挂靠法学院，并成立佛山经济社会发展研究院。

2008年3月，根据《关于增加广东商学院内设机构和人员编制的函》（粤机编办〔2007〕172号），学校调整校内机构：成立财税学院、公共管理学院、旅游学院、资源与环境学院、艺术学院、公共外语教学部、政治与教育学院（思想理论教学部更名为思想政治理论课教学部，院部合署）、国民经济研究所；科研处（研究生处）分设为科研处、研究生处；成立新闻中心，办公室设在党委宣传部；成立校报编辑部，由党委宣传部领导；校医院升格为独立设置副处级建制直属机构；管理学院更名为工商管理学院，数学与计算科学系更名为数学与计算科学学院，评估中心更名为高教研究与评估中心，成人教育学院更名为继续教育学院；基建处更名为基建与后勤管理处；资产与设备管理处的后勤产业科并入基建与后勤管理处；撤销校友工作办公室副处级建制，并入学院办公室；撤销招生办公室副处级建制，并入教务处；撤销财税与公共管理学院、旅游与环境学院、金融与投资研究中心。调整后机构如下：

党政群机构：党委办公室、学院办公室（含校友办）、纪委（与监察处合署）、党委组织部（与统战部合署）、党委宣传部（含校报编辑部）、学生工作部（与学生工作处合署）、工会、团委、人事处、教务处（含招生办）、科研处、研究生处、外事处、财务处、审计处、资产与设备管理处、基建与后勤管理处、保卫处（与武装部、610 办合署）、离退休教工党总支。

教学机构：工商管理学院、法学院、会计学院、经济贸易与统计学院、信息学院、金融学院、财税学院、公共管理学院、旅游学院、资源与环境学院、外国语学院、人文与传播学院、艺术学院、数学与计算科学学院、政治与教育学院（与思想政治理论课教学部，院部合署）、公共外语教学部、体育教学部。

教辅机构：教育技术中心、学报编辑部、图书馆、经济与管理实验教学中心。

科研机构：广东省电子商务市场应用技术重点实验室、法治与经济发展研究所、国民经济研究所、民营经济研究所、县域经济研究所、流通经济研究所、佛山经济社会发展研究院。

直属机构：三水校区管理委员会、继续教育学院、国际学院、高教研究与评估中心、法律硕士教育中心、后勤服务集团、校医院，华商学院党委。

2008 年 7 月，成立旅游管理与规划研究所。2009 年 6 月，成立信息化建设与管理办公室，挂靠院办；9 月，成立工商管理硕士教育中心，撤销国民经济研究所，成立国民经济研究中心；12 月，设纪委办公室，成立后勤服务与管理处，基建与后勤管理处改为基建处，撤销后勤服务集团，撤销法律硕士教育中心独立建制，将其归入法学院。2010 年 4 月，成立招投标中心；11 月，设党委研究生工作部，与研究生处合署。2011 年 1 月，成立税务干部进修学院。2012 年 10 月，成立创业教育学院、广州市现代物流与电子商务协同创新中心。

2013 年 3 月，根据《广东省普通高等学校机构编制标准》（粤机编〔2010〕193 号），学校再次调整校内机构：成立发展规划与学科建设处，原高教研究与评估中心职能并入发展规划与学科建设处；成立地理与旅游学院，由原旅游学院及原资源与环境学院资源环境与城乡规划管理专业组成；成立数学与统计学院，由原数学与计算科学学院及原经济贸易与统计学院统计学专业组成；组建新的公共管理学院，将原资源与环境学院房地产经营管理、土地资源管理两个专业并入公共管理学院；成立广东经济与社会发展研究院，下设流通经济研究所、民营经济研究所、县域经济研究所、旅游管理与规划研究所；成立教师发展中心，挂靠人力资源开发与管理处；学院办公室更名为校长办公室；人事处更名为人力资源开发与管理处；外事处更名为国际交流与合作处；财务处更名为财务与国有资产管理处，原资产与设备管理处的资产管理科并入财务与国有资产管理处；资产与设备管理处更名为设备与实验室管理处；三水校区资产与设备管理工作办公室更名为三水校区设备与实验室管理工作办公室；基建处更名为校园建设处；校友工作办公室更名为校友总会办公室，为独立副处级建制单位；经济贸易与统计学院更名为经济贸易学院；财税学院更名为财政税务学院；公共外语教学部更名为公共外语教学中心，并入外国语学院；撤销高教研究与评估中心、旅游学院、资源与环境学院、数学与计算科学学院、公共外语教学部。调整后机构如下：

党政机构：党委办公室、校长办公室（合署，信息化建设与管理办公室挂靠校办），纪委办公室、监察处（合署），党委组织部、统战部（合署），党委宣传部、新闻中心（合署），学生工作部、学生处（合署），研究生工作部、研究生处（合署），发展规划与学科建设处，人力资源开发与管理处（离退休人员工作办公室、教师发展中心挂靠），教务处（招生办挂靠），科研处，国际交流与合作处、港澳台事务办公室（合署），财务与国有资产管理处，审计处，设备与实验室管理处，校园建设处，保卫处、武装部（合署），后勤服务与管理处，招投标中心，三水校区管理委员会。

群团机构：校工会、校团委、校友总会办公室。

教学机构：经济贸易学院（保险硕士教育中心挂靠）、金融学院（金融硕士教育中心、广东商学院证大微金融学院挂靠）、财政税务学院、工商管理学院、会计学院、公共管理学院、地理与旅游学院、法学院（法律硕士教育中心挂靠）、信息学院、数学与统计学院、外国语学院（下设公共外语教学中心）、人文与传播学院、艺术学院、政治与教育学院（与思想政治理论课教学部合署）、体育教学部、经济与管理实验教学中心（国家级实验教学示范中心挂靠）、国际学院、工商管理硕士教育中心、创业教育学院（国家人才培养模式创新实验区挂靠）、继续教育学院、税务干部进修学院。

科研机构：广东经济与社会发展研究院、广东省电子商务市场应用技术重点实验室、法治与经济发展研究所、国民经济研究中心、流通经济研究所、县域经济研究所、旅游管理与规划研究院、佛山经济社会发展研究院。

教辅机构：教育技术中心、学报编辑部、图书馆。

附属机构：门诊部。

二、校内机构设置与调整分述

根据《广东商学院机构设置及中层领导职数核定方案》（粤商院党〔2013〕8号），校内机构设置类别分为党政管理、群团、教学、科研、教辅、附属机构六大类。按照这一类别划分，各机构设置调整情况如下：

（一）党政管理机构

党委办公室、校长办公室（合署）：1983年设立学院办公室；1990年设立党委办公室；2001年党办与院办合并，一套人马两块牌子；2003年党办、院办分设；2004年9月起再次合署；2008年3月校友工作办公室并入院办；2009年6月成立信息化建设与管理办公室（副处级建制），挂靠院办；2013年学院办公室改名为校长办公室。

纪委办公室、监察处（合署）：1990年设纪委；2001年监察处从监察审计处分离，与纪委合署；2009年12月设立纪律检查委员会办公室，与监察处合署。

党委组织部、统战部（合署）：1990年设党委组织部，同年设统战部，与党办合署；2001年10月与宣传部合署；2004年与党委组织部合署。

党委宣传部、新闻中心（合署）：1990年设党委宣传部；2008年3月成立校报编辑部，副处级建制，设在党委宣传部，同年成立新闻中心，新闻中心办公室设在党委宣传部；2013 年 3 月，党委宣传部与新闻中心继续合署。

党委学生工作部、学生处（合署）：1987 年设学生科，先后隶属人事处、宣传部；1990 年成立学生工作部；2008 年 9 月，党委学生工作部与学生工作处合署。

党委研究生工作部、研究生处（合署）：2003 年 10 月设研究生处，与科研处合署；2008 年 9 月，研究生处独立设置；2010 年 11 月，设党委研究生工作部，与研究生处合署。

发展规划与学科建设处：2013 年 3 月成立，原高教研究与评估中心职能和原研究生处学科建设职能并入发展规划与学科建设处。

人力资源开发与管理处：1984 年设人事处，2013 年改为现名。

教务处：1984 年设立；1990 年设招生办公室，原隶属教务处；2002 年招生办独立建制；2008 年 3 月撤销招生办公室副处级建制，挂靠教务处。

科研处：1987 年设科研科，隶属教务处；1990 年科研处独立建制；2003 年与研究生处合署；2008 年恢复独立设置。

国际交流与合作处、港澳台事务办公室：1990 年设外事办公室，隶属院办；2001 年 10 月独立建制；2008 年 9 月，改设为外事处（港澳台事务办公室）；2013 年改设国际交流与合作处，与港澳台事务办公室合署。

财务与国有资产管理处：1987 年设财务处，1990 年改为财务科，1994 年改设为财务处。2013 年财务处更名为财务与资产管理处，原资产与设备管理处的资产管理科并入财务与国有资产管理处。

设备与实验室管理处：2003 年 6 月设资产与设备管理处，2013 年改设为设备与实验室管理处。

校园建设处：1983 年设基建科，隶属院办，曾升格为处级单位，后于 1993 年归入总务处建制；2001 年设基建办公室；2004 年 4 月，基建办公室更名为基建处；2008 年 3 月基建处改名为基建与后勤管理处，资产与设备管理处的后勤产业科并入基建与后勤管理处；2009 年 12 月，将基建与后勤管理处的后勤类工作分离出来，与后勤服务集团的工作合并，设立后勤服务与管理处，基建与后勤管理处改名为基建处；2013 年改为现名。

审计处：1990 年设监察审计室，1995 年独立设为审计处。

保卫处、武装部：1990 年设保卫科；1994 年升格为保卫处；2001 年成立武装部和 610 办公室，与保卫处合署。

后勤服务与管理处：1984 年设行政处；1985 年改名为总务处；1999 年改为后勤管理处；2003 年 4 月改为后勤服务集团；2009 年 12 月，撤销后勤服务集团，成立后勤服务与管理处。

招投标中心：2010 年 4 月设立，属副处级；2013 年 3 月设为正处级单位。

三水校区管理委员会：2000 年 9 月设三水校区管理委员会；2001 年 9 月改为三水学院；2004 年 6 月回归校区体制，并重设三水校区管委会。

（二）群团机构

校工会：1987 年 7 月 7 日成立。

校团委：1985 年 12 月 25 日召开第一次团代会，成立团委；2001 年 4 月改为正处级建制。

校友总会办公室：2008 年 3 月，成立校友工作办公室，挂靠学院办公室；2013 年，校友工作办公室改为现名，为独立副处级建制单位。

（三）教学机构

经济贸易学院：1989 年成立经济系，1993 年 4 月改为国际贸易系，1999 年改名为国际经济与贸易系，2000 年改为经济贸易学院。建校初期成立统计学系，原名为计划统计系，1993 年 4 月改名为城市经济管理系，1999 年改名为统计学系。2005 年 1 月将原经济贸易学院和统计学系合并为经济贸易与统计学院；2013 年，改名为经济贸易学院，统计学专业合并到数学与计算科学学院，成立数学与统计学院。

金融学院：1988 年成立投资经济管理系，1999 年改为金融学系，2003 年改为现名。

财政税务学院：1987 年成立财政税务系，1988 年改为税务系，1999 年改名为财税系，2002 年改为财税与公共管理学院；2008 年分设为财税学院和公共管理学院，原财税与公共管理学院撤销；2013 年改为现名。

工商管理学院：建校初期成立企业管理系，1999 年与原餐旅系合并改为工商管理学院，2002 年旅游学系脱离工商管理学院独立建制，2005 年改为管理学院，2008 年 3 月改为现名。

会计学院：建校初期成立财务会计系，1999 年改名为会计学系，2002 年改为现名。

公共管理学院：2008 年，原财税与公共管理学院分设为财税学院和公共管理学院；2013 年，原资源与环境学院房地产经营管理、土地资源管理两个专业并入，组成新的公共管理学院。

法学院（下设法律硕士教育中心）：1993 年 4 月成立法律系，1999 年改为现名。法律硕士教育中心挂靠法学院。

地理与旅游学院：1986 年成立烹饪系，1999 年并入工商管理学院，2002 年又设为旅游学系，2003 年改为旅游与环境学院；2008 年分设为旅游学院和资源与环境学院；2013 年，原旅游学院及原资源与环境学院资源环境与城乡规划管理专业组成地理与旅游学院。

信息学院：1992 年成立计算机中心，1997 年成立经济信息管理系，1999 年改为信息管理系，2000 年改为现名。

数学与统计学院：原为数学教研室，1994 年 2 月，从城市经济管理系划出，成立经济数学教学部；2004 年 4 月改名为数学与计算科学系；2008 年更名为数学与计算科学学院；2013 年合并统计学专业，成立数学与统计学院。

外国语学院（下设公共外语教学中心）：原为外语教研室，隶属基础部；1992 年独立为外语教学部；1995 年成立外语系；2008 年成立公共外语教学部，从外国语学院分出；2003 年，公共外语教学部撤销，并入外国语学院。

人文与传播学院：1999 年成立人文社科部，其中语文教研室原属基础部；1992 年独立为中国文化教学部；1994 年成立社科部；1999 年中国文化教学部与社科部合并为人文社会科学部，2001 年 4 月更名为人文社会科学系；2002 年 1 月与马克思主义理论教学部合署并改为现名。

艺术学院：2008 年 3 月成立艺术学院（从原人文与传播学院分出）。

政治与教育学院、思想政治理论课教学部：2005 年 1 月从原人文与传播学院分离，成立为思想理论教学部；2008 年设政治与教育学院，与思想政治理论课教学部合署。

体育教学部：原隶属基础部，1992 年独立为系级单位。

经济与管理实验教学中心：2005 年 7 月原 ERP 实验中心（正处级建制）、经济与管理重点实验室合并组建经济与管理实验教学中心。

国际学院：2007 年 4 月成立。

工商管理硕士教育中心：2009 年 9 月成立。

创业教育学院：2012 年成立；国家级人才培养模式创新实验区挂靠创业教育学院。

继续教育学院：1987 年设成人教育科，隶属教务处；1997 年改为成人教育处；1999 年组建成人教育学院；2008 年 3 月更名为继续教育学院。

税务干部进修学院：2011 年成立。

（四）科研机构

广东经济与社会发展研究院：2013 年成立

广东省电子商务市场应用技术重点实验室：2004 年成立。

广东省普通市高校人文社科重点研究基地：广东商学院法治与经济发展研究所，2003 年成立；广东商学院国民经济研究中心，2008 年成立。

广州市人文社科重点研究基地：广东商学院流通经济研究所，2002 年成立。

县域经济研究所：2004 年成立。

佛山经济社会发展研究院：2007 年成立。

旅游管理与规划研究所：2008 年成立。

（五）教辅机构

教育技术中心：1996 年成立计算机网络中心和办公室自动化网络管理中心，1999 年与计算机中心、经济与管理学科实验室、电教中心等单位合并为现代教育技术中心，2000 年与信息管理系合并组建信息学院，后又独立为教育技术中心。

图书馆：1984 年成立，隶属教务处；1987 年独立为正处级建制单位。

学报编辑部：1987 年成立。

（六）附属机构

门诊部：1983 年设医务所，1997 年改为校医院，2009 年改设为校门诊部。

第三节　咨询议事机构与协调机构

一、学术与学位工作

（一）学术委员会

为规范、管理、指导和推进学术研究工作，1988 年 3 月 30 日，学校成立学术委员会，首届学术委员会主任李鸿昌，副主任谭锐汉。1990 年 12 月 4 日换届，第二届主任委员李鸿昌，副主任委员谭锐汉。

1992 年 10 月 20 日换届，第三届主任委员罗国民，副主任委员温宝光、符士强。1995 年 1 月 14 日换届，第四届主任委员罗国民，副主任委员张裕良、温宝光。1997 年 6 月 23 日换届，第五届主任委员罗国民，副主任委员林维明、徐印州。1999 年 11 月 4 日，学校制定《广东商学院学术委员会章程》。章程规定，委员会由 11～15 人组成，设主任 1 人、副主任 1 人；委员会下设秘书处，设在科研处。1999 年 11 月 9 日换届，第六届主任委员罗国民，副主任委员林维明、徐印州。

2005 年 3 月 9 日换届，第七届主任委员吴家清，副主任委员杨维、徐印州。2006 年 3 月 29 日，学校修订《广东商学院学术委员会章程》。章程规定，委员会设主任 1 人，由校长担任；副主任 2 人，由党委书记、主管科研副校长担任；委员每届任期三年，可以连任，每届新任委员原则上不少于总数的 1/3。2008 年 11 月 26 日换届，第八届主任委员吴家清，副主任委员杨维、雍和明。

2009 年 5 月 27 日，学校又修订《广东商学院学术委员会章程》。章程规定，学术委员会由 29 名左右委员组成，设主任 1 名，由校长担任；设副主任 2 名，由主任聘任；每届新任委员一般不多于总数的 1/3。同时调整第八届学术委员会，主任委员王华，副主任委员杨维、雍和明。另外，学术委员会下设学术道德委员会和分学科委员会，委员每届任期四年，可以连任。

2009 年 10 月 15 日，学校成立学术道德委员会，主任委员左柏云，副主任委员幸红。同时还成立了经济学科、管理学科、法学学科（含哲学）、文学与教育学学科、理学与工学学科五个学术分委员会。2009 年 12 月 2 日，学校制定《广东商学院学术道德规范建设与管理办法（试行）》和《广东商学院学术道德委员会工作条例》。条例规定，学术道德委员会由 9 名委员组成，设主任 1 名、副主任 1 名。

2011 年 4 月 21 日，为保障学术委员会独立有效运行，王华辞去主任委员职务，雍和明辞去副主任委员职务，王廷惠辞去委员职务。2011 年第六次党委常委会根据 2011 年 4 月 14 日学术委员会会议选举结果，确认叶祥松担任主任委员。2011 年 6 月 9 日，学术委员会全体会议推举邓世豹、兰艳泽担任副主任委员；同时，再次修订《广东商学院学术委员会章程》。新章程规定，委员中校级领导和中层干部原则上不超过总人数的 1/2，45 岁以下中青年委员不少于总人数的 1/5。2012 年 3 月 15 日调整，学术委员会（第八届）主任委员叶祥松，副主任委员邓世豹、兰艳泽。

（二）学位评定委员会

为进一步规范学位授予工作，保证学位授予质量，1988 年，根据粤高教人〔1988〕62 号文，成立第一届广东商学院学位评定委员会。李鸿昌任主席，谭锐汉任副主席。

1991 年 11 月 12 日，成立第二届学位评定委员会，李鸿昌任主席，谭锐汉、张裕良任副主席。

1993 年 6 月 9 日调整，罗国民任主席，温宝光、符士强任副主席。1998 年 6 月 1 日调整，罗国民担任主任委员，符士强、吴家清担任副主任委员。

2002 年 4 月 1 日调整，吴家清任主席，曾小彬、徐印州任副主席。

2004 年 2 月 24 日，鉴于遴选硕士研究生导师工作需要，各学科成立学位评定分委员会。4 月 7 日，设置学位评定委员会办公室（以下简称学位办），挂靠研究生处（科研处）。

2005 年 3 月 9 日换届，第三届主任委员吴家清，副主任委员徐印州、曾小彬。2007 年 10 月 31 日调整，主任委员吴家清，副主任委员雍和明、曾小彬。

2009 年 9 月 23 日换届，第四届主席王华，副主席雍和明、曾小彬。2009 年 12 月 16

日，学校制定《广东商学院学位评定委员会章程》。章程规定，学位评定委员会由9~25人组成，任期3年；设主席1人，副主席2人，主席由校长担任；下设办公室（以下简称学位办），挂靠研究生处；设置经济学、管理学、法学、文学、理工等学位评定分委员会。2010年1月14日调整，主席王华，副主席雍和明、于海峰。2012年3月15日调整（第四届），主席王华，副主席雍和明、于海峰。

（三）学报编辑委员会

为加强学报工作，进一步提高学报质量，1987年9月19日，学校成立学报编辑委员会，主任李鸿昌，副主任谭锐汉、吴健雄。

1993年12月22日调整，主任委员温宝光，副主任委员吴健雄。

1997年6月30日换届，第三届主任委员徐印州，副主任委员阎旺贤。1999年1月14日换届，第四届主任委员徐印州，副主任委员阎旺贤。2001年1月9日换届，第五届主任委员徐印州，副主任委员曾小彬。

2007年10月31日调整，主任委员于海峰，副主任委员刘芳。2008年11月7日换届，第七届主任委员于海峰，副主任委员刘芳。

2009年1月6日调整，主任委员王廷惠，副主任委员刘芳。2010年1月14日调整，主任委员王廷惠，副主任委员刘芳。2012年3月15日调整（第七届），主任委员王廷惠，副主任委员刘芳。

（四）《法商高教研究》编辑委员会

为创办凸显办学特色的高等教育研究学术性刊物，1992年3月5日，学校成立《商学教育研究》编辑委员会，由温宝光担任主任，赵九宣、叶辉年担任副主任。1994年5月11日调整，主任委员温宝光，副主任委员赵九宣、叶辉年。

1999年，《商学教育研究》更名为《法商高教研究》。

2009年5月27日，调整《法商高教研究》编辑委员会，王廷惠担任主任委员及编辑部主编。2010年1月14日调整，主任委员及编辑部主编王廷惠。2012年3月15日调整，主任委员及编辑部主编王廷惠。

二、教育教学工作

（一）教学工作指导委员会

为加强对教学工作的研究和指导，增强教学工作重大决策的科学性与民主性，1997年3月31日，学校成立教学工作指导委员会，首届委员会主任温宝光，副主任古石阳、胡学锋。

1997年7月14日调整，主任委员吴家清，副主任委员王玉潜、胡学锋。

2002年4月1日调整，主任曾小彬，副主任刘佐太、胡学锋。

2005年2月23日调整，主任曾小彬，副主任杜承铭、苏武俊。同时成立法学、管理学、经济学、理学和工学、文学、实验实践教学指导分委员会。

2006年3月8日，学校制订《广东商学院教学指导委员会工作条例》。条例规定，教学指导委员会由15~19人组成；设主任1人，由分管教学副校长担任；副主任2人，由教务处处长和1名专家担任。委员会任期三年。根据工作需要下设若干个教学指导分委员会。

2008年9月17日换届，主任曾小彬，副主任杜承铭、李俊（执行）、苏武俊；并增设思想政治理论课教学指导分委员会。

2010年1月14日调整，主任于海峰，副主任杜承铭、李俊（执行）、苏武俊。

2011年7月8日，增设通识教育选修课程教学指导分委员会。

2012年3月15日调整，主任于海峰，副主任杜承铭、李俊（执行）、苏武俊。

（二）本科教学质量与教学改革工程领导小组

为确保本科教学质量与特色工程得到全面、有效的实施，推动本科教学工作再上新台阶，2008年10月30日，学校制订《广东商学院本科教学质量与教学改革工程实施方案（2009—2012年）》（以下简称《实施方案》），并成立学校本科教学质量与教学改革工程领导小组，由党委书记、校长担任组长，分管教学副校长担任副组长，下设质量工程工作办公室，挂靠教务处。首届组长杨维、吴家清，副组长曾小彬。

2009年5月27日调整，组长杨维、王华，副组长曾小彬。

2009年12月2日，学校对《实施方案》进行修订，并调整领导小组，组长程飚、王华，副组长于海峰。2010年1月14日调整，组长程飚、王华，副组长于海峰。2012年3月15日调整，组长程飚、王华，副组长于海峰。

（三）三水校区学生素质教育改革工作领导小组

为提高人才培养质量，顺利实施三水校区学生素质教育工程，2010年3月29日，学校成立三水校区学生素质教育改革工作领导小组。首届领导小组组长王华、程飚，副组长杜承铭（常务）、马明华、于海峰。2010年12月20日调整，组长王华、程飚，副组长杜承铭（常务）、马明华、于海峰。2012年3月15日调整，组长王华、程飚，副组长杜承铭（常务）、吴琦、于海峰。

（四）思想政治理论课教学协调小组

为加强思想政治理论课建设，提高思想政治理论课教学质量，2006年4月11日，学校成立思想政治理论课教学协调小组，在原“两课”教学协调小组成员基础上进行调整，首届协调小组由杨维担任组长，马明华、曾小彬担任副组长。

2009年3月5日调整，组长杨维、王华，副组长马明华、曾小彬。

2010年1月14日调整，组长程飚、王华，副组长马明华、于海峰。2012年3月8日调整，组长程飚、王华，副组长马明华、吴琦、于海峰。

（五）教学督导组

为加强对教学工作的有效监控，推进教学质量的提高，2001年4月27日，学校成立教学督导组，首届教学督导组由吴家清担任组长，温宝光、曾小彬担任副组长。

2005年3月29日，调整督导组，组长杜承铭，副组长温宝光、王衡生。督导组办公室设在教务处。

2006年12月22日，学校制定《广东商学院教学督导组工作暂行条例》。教学督导组组织机构挂靠教务处，新组建的教学督导组由左柏云担任组长，杜承铭兼任副组长。

2008年9月11日调整，组长左柏云，副组长李俊（兼）。2010年9月3日调整，组长仍为左柏云。2011年4月2日调整，组长不变，仍是左柏云。

（六）研究生教育督导工作小组

为加强对研究生教育工作的调查研究与监督指导，提高研究生培养质量，2011 年 3 月 25 日，学校成立研究生教育督导工作小组，第一届组长徐印州。

（七）继续教育工作领导小组

为加强继续教育工作，实现做大做强继续教育的目标，2008 年 9 月 28 日，学校制订《广东商学院继续教育改革方案》。同年 12 月 10 日，根据方案要求，成立继续教育工作领导小组，组长杜承铭，副组长代永华（常务）、林洪、陈拥军。领导小组下设办公室，挂靠继续教育学院。

2010 年 1 月 14 日调整，组长杜承铭，副组长代永华（常务）、林洪、陈拥军。2012 年 3 月 15 日调整，组长杜承铭，副组长代永华（常务）、林洪、陈拥军。

（八）国际合作与交流工作领导小组

为进一步规划、协调、统筹国际合作与交流工作，提高教学、科研的国际化水平，2010 年 11 月 24 日，学校制定《广东商学院国际合作与交流工作领导小组工作章程（试行）》，成立国际合作与交流工作领导小组，首届领导小组由雍和明担任组长。下设办公室，挂靠外事处。2012 年 3 月 15 日调整，组长雍和明。

（九）体育运动委员会

为了推进体育运动的发展，1989 年 11 月 15 日，学校成立体育运动委员会，首届委员会主任委员张裕良，副主任委员陈学存、李俊旋、黄展杰、陈景荣、沈君彩。

1992 年 10 月 19 日调整，主任委员符士强，副主任委员温宝光、丘诗腾、赵九宣、黄展杰、罗崇超、陈庆联。

1994 年 10 月 14 日调整，主任委员温宝光，副主任委员丘诗腾、赵九宣、涂争鸣、罗崇超、陈庆联。

1997 年 7 月 14 日调整，主任委员吴家清，副主任委员区嘉阜、陈庆联、王玉潜、王舒平、张生贵、涂争鸣。

2000 年 9 月 21 日调整，主任委员彭赟，副主任委员李圣旺、王舒平、王玉潜、陈廷根、陈国栋、吴美珍。

2008 年 10 月 15 日进行换届，新一届主任曾小彬，副主任王建国（常务）、陈国栋、李俊、林仲豪。

2010 年 1 月 14 日调整，主任于海峰，副主任王建国（常务）、陈国栋、李俊、林仲豪。2010 年 10 月 13 日调整，主任于海峰，副主任王建国（常务）、陈国栋、李俊、林仲豪。2012 年 3 月 15 日调整，主任于海峰，副主任王建国（常务）、陈国栋、李俊、林仲豪、谢访春。

三、师资建设与人事工作

（一）人才引进与师资培养专家委员会

为加强师资队伍建设，提高师资队伍整体水平，2009 年 5 月 27 日，学校成立人才引进与师资培养专家委员会，由有关校领导、职能部门负责人等组成。首届委员会由王华担任主任委员，曾小彬、雍和明担任副主任委员。2010 年 1 月 14 日调整，主任委员王华，副主任委员雍和明、于海峰。2012 年 3 月 15 日调整，主任委员王华，副主任委员雍和明、于海峰、王廷惠。

（二）教师资格认定专家审查委员会

根据广东省首次教师资格认定文件精神，加强对教师基本素质和能力的考察，2001 年 11 月 6 日，学校成立教师资格认定专家审查委员会，首届委员会主任吴家清，副主任徐印州、曾小彬。2006 年 3 月 28 日调整，主任吴家清，副主任徐印州、曾小彬、雍和明。2007 年 10 月 31 日调整，主任吴家清，副主任曾小彬、雍和明。

2009 年 5 月 27 日，调整教师资格认定专家审查委员会，主任委员王华，副主任委员曾小彬、雍和明。2010 年 1 月 14 日调整，主任委员王华，副主任委员雍和明、于海峰。

2012 年 3 月 15 日调整，主任委员王廷惠，副主任委员雍和明、于海峰。

（三）初次专业技术资格考核认定工作小组

为顺利开展初次专业技术资格考核认定工作，2004 年 10 月 21 日，学校成立初次专业技术资格考核认定工作小组，办公室设在人事处。首届工作小组组长吴家清。2005 年 11 月 25 日调整，组长吴家清。2007 年 10 月 31 日调整，组长吴家清，副组长曾小彬、雍和明。

2009 年 5 月 27 日调整，组长王华，副组长曾小彬、雍和明。2010 年 1 月 14 日调整，组长王华，副组长雍和明、于海峰。

2012 年 3 月 15 日调整，组长王廷惠，副组长雍和明、于海峰。

（四）人事分配制度改革领导小组

为推进新一轮的人事分配制度改革工作，2001 年 11 月 21 日，学校成立人事分配制度改革领导小组，首届领导小组组长吴家清，副组长陈潮光、陈庆联。

2007 年 6 月 13 调整，组长吴家清，副组长马明华、雍和明、袁新满。

2009 年 5 月 27 日调整，组长王华，副组长马明华、雍和明、于海峰。

2009 年 12 月 16 日，成立人事制度改革工作小组，陈承真担任组长。工作小组任务完成后自行撤销。

2010 年 1 月 14 日人事分配制度改革领导小组调整，组长王华，副组长陈承真、雍和明、于海峰；工作小组由陈承真担任组长。2012 年 3 月 15 日调整，组长王华，副组长马明华、雍和明、于海峰、王廷惠；工作小组由王廷惠担任组长。

（五）工资检查监控小组

为了使工资管理工作更加规范化、制度化、透明化，2007 年 11 月 25 日，学校成立工资检查监控小组，组长吴家清，副组长马明华、于海峰。

2009 年 5 月 27 日调整，组长陈承真，副组长马明华、于海峰。2010 年 1 月 14 日调整，组长陈承真，副组长马明华、于海峰。

2012 年 3 月 15 日调整，组长马明华，副组长吴琦、于海峰、王廷惠。

（六）福利委员会

为满足教职工的福利需求，实现福利的人性化、多元化，2009 年 5 月 27 日，学校成立福利委员会，主任委员王华，副主任委员陈承真。2010 年 1 月 14 日调整，主任委员王华，副主任委员陈承真。

2012 年 3 月 15 日调整，主任委员王廷惠，副主任委员陈承真。

（七）计划生育领导小组

为加强计划生育工作，1992 年 6 月 18 日，学校成立计划生育领导小组，组长李鸿昌，副组长陈景荣。

1992 年 12 月 1 日重组，组长罗国民，副组长符士强。1993 年 12 月 7 日调整，组长罗国民，副组长符士强。1998 年 3 月 9 日调整，组长罗国民，副组长符士强。

2003 年 9 月 22 日调整，组长吴家清，副组长陈潮光。2007 年 10 月 31 日调整，组长吴家清，副组长袁新满。

2009 年 5 月 27 日调整，组长王华，副组长袁新满。2010 年 1 月 14 日调整，组长王华，副组长袁新满。2012 年 3 月 15 日调整，组长王华，副组长袁新满、王廷惠、吴琦。

四、学生工作

（一）学生工作委员会

为确保及时对学生思想政治教育和学风建设等工作中的重大问题进行研究并作出决定，2006 年 10 月 19 日，学校成立学生工作委员会，首届委员会主任马明华，副主任曾小彬。委员会秘书处设在学生工作部。

2009 年 3 月 5 日调整，主任马明华，副主任曾小彬。2010 年 1 月 14 日调整，主任马明华，副主任于海峰。

2012 年 3 月 8 日调整，主任吴琦，副主任于海峰。

（二）学生申诉处理委员会

为确保学校对学生取消入学资格、退学处理以及违规、违纪处分的合法、客观、公正，保障学生的合法权益，2005 年 9 月 19 日，学校成立学生申诉处理委员会，首届委员会主任陈承真，副主任马明华、曾小彬。下设秘书处，设在学生处。

2008 年 11 月 7 日调整，主任陈承真，副主任马明华、曾小彬。下设秘书处，设在监察处。2010 年 1 月 14 日调整，主任陈承真，副主任马明华、于海峰。

2012 年 3 月 15 日调整，主任马明华，副主任吴琦、于海峰。

（三）学生心理健康教育与辅导工作领导小组

为进一步加强和改进新形势下学生心理健康教育与咨询工作，2007 年 1 月 16 日，学校成立学生心理健康教育与辅导工作领导小组，首届领导小组组长马明华，副组长陈廷根；领导小组秘书处设在学生处。2009 年 5 月 27 日调整，组长马明华，副组长陈廷根。2010 年 1 月 14 日调整，组长马明华，副组长陈廷根。

2012 年 3 月 15 日调整，组长吴琦，副组长谢访春。

（四）征兵工作领导小组

2005 年 11 月 10 日，调整征兵工作领导小组，组长马明华，副组长梁耀、陈廷根、陈国栋、林仲豪、罗晓林。下设办公室，挂靠武装部。2006 年 11 月 1 日调整，组长马明华，副组长梁耀、陈廷根、陈国栋、林仲豪、罗晓林。

2007 年 10 月 31 日调整，组长袁新满，副组长梁耀、陈廷根、陈国栋、林仲豪。2008 年 11 月 12 日调整，组长袁新满，副组长郑金栈、陈国栋、陈廷根、林仲豪。2010 年 1 月 14 日调整，组长袁新满，副组长郑金栈、陈国栋、陈廷根、林仲豪。

2012 年 3 月 15 日调整，组长吴琦，副组长郑金栈、陈国栋、谢访春、林仲豪。

（五）咨询委员会与关心下一代工作委员会

为发挥老干部、老专家和优秀中青年教师在办学中的作用，促进学校管理民主化和科学化工作进程，1993 年 5 月 31 日，学校成立咨询委员会，并制定《广东商学院咨询委员会章程》。首届咨询委员会由谭锐汉担任主任，杨振燕担任副主任。

1997 年 5 月 21 日，成立第二届咨询委员会，主任委员温宝光，副主任委员陈汉华。

1998 年 10 月 28 日，成立关心下一代工作委员会（以下简称关工委），温宝光担任会长。2000 年 4 月 4 日，调整关工委，主任温宝光，副主任符士强、黄展杰。

2006 年 1 月 9 日，咨询委员会与关心下一代工作委员会合署。下设秘书处，设在党办院办。同时，调整咨询委员会与关心下一代工作委员会，主任刘次钧，副主任温宝光（常务）、钟永豪。

2006 年 4 月 28 日，学校制定《广东商学院咨询委员会与关心下一代工作委员会章程》。委员由 15 ~21 人组成，每届任期四年；设主任 1 名，副主任若干名。

2008 年 5 月 30 日，咨询委员会与关心下一代工作委员会分开，两个委员会下分设秘书处，咨询委员会秘书处设在党办、院办，关心下一代工作委员会秘书处设在学工部（处）；同时调整咨询委员会与关心下一代工作委员会成员，调整后的咨询委员会由刘次钧担任主任，张裕良担任副主任；关工委由马明华担任主任，陈汉华、熊达棣担任副主任。

2009 年 3 月 5 日，调整关工委，主任马明华。2010 年 1 月 14 日调整，主任仍为马明华。

2012 年 3 月 8 日，调整关工委，主任吴琦，副主任陈汉华、熊达棣。

（六）校友工作领导小组

为加强对校友工作的领导，促进校友工作顺利开展，2007 年 4 月 25 日，学校成立校友工作领导小组，组长吴家清，副组长马明华、雍和明。

2009 年 5 月 27 日调整，组长王华，副组长马明华、雍和明。2010 年 1 月 14 日调整，组长王华，副组长马明华、雍和明。2010 年 10 月 13 日调整，组长王华，副组长马明华、雍和明。2012 年 3 月 15 日调整，组长王华，副组长吴琦、雍和明。

五、党政综合管理工作

（一）校务委员会

为更好地落实“依法治校、民主治校、阳光治校”，加强民主管理与民主监督，2009 年 12 月 17 日，学校成立校务委员会，第一届委员会主任程飚，副主任张建涛、郭景萍。

2009 年 12 月 30 日，学校制定《广东商学院校务委员会章程》。章程规定，校务委员会每届任期两年，设主任 1 名，由校党委书记兼任；副主任 2 名。

2010 年 1 月 14 日调整，主任程飚，副主任张建涛、郭景萍。2012 年 3 月 15 日调整，主任程飚，副主任张建涛、郭景萍。

（二）党风廉政建设责任制领导小组及其办公室

为认真贯彻落实中共中央、国务院《关于实行党风廉政建设责任制的规定》，1999 年 1 月 27 日，学校成立党风廉政建设责任制领导小组及其办公室，组长林维明，副组长罗国民、符士强。

2001 年 5 月 24 日调整，组长陈运森，副组长罗国民，办公室设在纪委。

2007 年 10 月 31 日调整，组长杨维，办公室主任陈承真。2009 年 3 月 5 日调整，组长杨维、王华，副组长兼办公室主任陈承真。

2010 年 1 月 14 日调整，组长程飚、王华，副组长兼办公室主任陈承真。2012 年 3 月 8 日调整，组长程飚、王华，副组长兼办公室主任马明华。

（三）党务公开领导小组和监督小组

为增强工作透明度，保障党员参与民主决策、民主管理与民主监督，2011 年 11 月 23 日，学校制定《广东商学院党务公开实施办法（试行）》，成立党务公开工作领导小组和监督小组，领导小组由党委书记任组长，党委副书记任副组长，监督小组组长由纪委书记担任。首届领导小组组长程飚，副组长陈承真、马明华，监督小组组长陈承真。2012 年 3 月 8 日调整，领导小组组长程飚，副组长马明华、吴琦，监督小组组长马明华。

（四）校务公开工作领导小组和监督小组

为增强工作透明度，接受各方监督，保障师生员工参与民主决策、民主管理与民主监督，2007 年 1 月 17 日，学校制定《广东商学院校务公开实施办法》，成立校务公开领导小组和监督小组，领导小组组长杨维，副组长吴家清；监督小组组长陈承真。2007 年 10 月 31 日，调整校务公开工作领导小组，组长杨维，副组长吴家清。

2009 年 5 月 27 日，调整校务公开工作领导小组和监督小组，领导小组组长杨维、王华，监督小组组长陈承真。

2010 年 1 月 14 日调整，领导小组组长程飚、王华，监督小组组长陈承真。

2011 年 11 月 23 日，学校制定《广东商学院校务公开实施办法（试行）》，成立新的校务公开工作领导小组和监督小组，领导小组由校长任组长，副校长任副组长，监督小组组长由纪委书记担任。首任领导小组组长王华，副组长雍和明、袁新满、杜承铭、于海峰、王廷惠，监督小组组长陈承真。2012 年 3 月 15 日调整，领导小组组长王华，副组长雍和明、袁新满、杜承铭、于海峰、王廷惠，监督小组组长马明华。

（五）国家安全领导小组和治安综合治理领导小组

为维护全校师生员工的安全利益，1988 年 5 月 25 日，学校成立治安委员会，首届委员会由丁衍祥担任主任委员，蔡文阶、何必昌担任副主任委员。

1990 年 11 月 1 日调整，主任委员张裕良，副主任委员陈景荣、罗崇超、沈君彩。治安委员会办公室设在保卫科。

1993 年 5 月 7 日，调整学院治安综合治理委员会成员，主任委员符士强，副主任委员陈汉华。

1996 年 4 月 29 日，学校成立国家安全领导小组，组长张裕良，副组长梁耀。

1997 年 12 月 22 日，调整国家安全领导小组，组长林维明，副组长梁耀。

2000年7月17日，调整治安综合治理领导小组，组长陈庆联，副组长符士强。

2001年7月6日，调整国家安全领导小组，组长陈运森，副组长陈庆联。安全小组办公室设在保卫处。

2001年10月29日，调整治安综合治理领导小组，组长陈庆联，副组长陈潮光。

2003年9月18日，调整国家安全领导小组成员，组长杨维，副组长陈庆联。

2005年5月17日，调整治安综合治理领导小组，组长马明华，副组长陈庆联、雍和明。治安综合治理办公室设在保卫处。

2007年10月31日，调整治安综合治理领导小组，组长袁新满，副组长马明华、杜承铭。

2009年5月27日，调整国家安全领导小组和治安综合治理领导小组，组长杨维、王华，副组长袁新满。两小组办公室设在保卫处。

2010年1月14日，调整国家安全领导小组和治安综合治理领导小组，组长程飚、王华，副组长袁新满。

2011年5月6日，调整国家安全领导小组和治安综合治理领导小组，组长程飚、王华，副组长袁新满。

2012年3月15日，调整国家领导安全小组和治安综合治理领导小组，组长程飚、王华，副组长吴琦。

（六）网络信息安全工作领导小组

为加强信息交流，规范网络信息的收集、整理和发布工作，1998年4月28日，学校成立网络信息发布工作小组，组长符士强，副组长古石阳、陈庆联、涂争鸣。同日，成立计算机信息系统安全保护工作领导小组，组长吴家清，副组长梁耀、胡子健。

2002年1月16日，学校成立网络信息工作领导小组，组长陈潮光，副组长曾小彬。

2004年5月18日，成立网络信息工作综合领导小组，组长雍和明，副组长陈庆联。

2007年10月31日调整，组长马明华，副组长袁新满。

2009年5月27日，网络信息工作综合领导小组更名为网络信息安全工作领导小组，组长马明华，副组长袁新满。2010年1月14日调整，组长马明华，副组长袁新满。2012年3月15日调整，组长马明华，副组长吴琦、贺敏伟。

（七）档案综合管理工作领导小组

为进一步健全和完善学校档案综合管理工作，推进档案工作规范化，1993年5月18日，学校成立档案综合管理工作领导小组，首届组长罗国民，副组长陈庆联、林玮。

1995年3月7日，成立档案鉴定小组；同时调整档案综合管理工作领导小组，组长仍为罗国民，副组长也仍为陈庆联、林玮。1997年5月21日调整领导小组，组长罗国民，副组长陈庆联、林玮。

2004年7月15日，调整领导小组，组长吴家清，副组长涂争鸣、曹阳。下设档案综合管理工作协调小组，协调小组由林玮兼任组长。

2005年6月15日，调整档案鉴定小组成员，组长吴家清，副组长陈国栋。

2007年10月31日，调整领导小组，组长杨维、吴家清，副组长陈国栋。

2009年5月27日，调整领导小组，组长杨维、王华，副组长陈国栋。

2010年1月14日，调整领导小组，组长王华，副组长陈国栋。2012年3月15日，调整领导小组，组长王华，副组长陈国栋。

（八）保密委员会

为加强学校保密工作，1992年4月10日，学校成立保密、安全领导小组，张裕良任组长。

1993年5月7日，调整保密领导小组，组长符士强，副组长蔡文阶、陈庆联。

1994年4月7日，学校制定《广东商学院保密领导小组工作规则》。由党委副书记担任组长，两办主任担任副组长。下设办公室，挂靠院办秘书科。

1994年7月6日调整，组长符士强，副组长蔡文阶、陈庆联。

1994年10月10日，保密领导小组更名为保密委员会。

1999年1月4日，调整保密委员会，主任林维明。

2002年3月29日调整，主任陈运森。

2009年3月5日调整，主任杨维。

2010年1月14日调整，主任王廷惠。2012年3月8日调整，主任王廷惠。

（九）密码工作领导小组

根据中共广东省委办公厅机要局的要求，为做好学校密码工作，2004年9月6日，学校成立密码工作领导小组，组长杨维。2009年3月5日调整，组长杨维。

2010年1月14日调整，组长王廷惠。2012年3月8日调整，组长王廷惠。

六、条件建设与服务保障工作

（一）校园建设工作委员会

为促进基建工作决策科学化，加快校园建设步伐，2001年12月12日，学校成立基建工作领导小组，组长陈庆联，副组长邹承康。

2003年12月10日，撤销基建工作领导小组，成立校园建设工程指挥部，总指挥杨维，常务副总指挥吴家清。

2009年5月27日调整，总指挥杨维、王华，副总指挥袁新满、杜承铭、于海峰。

2010年1月14日调整，总指挥程飚、王华，副总指挥袁新满、杜承铭、于海峰。

2010年4月27日，撤销校园建设工程指挥部，同时成立校园建设工作委员会，主任袁新满，副主任陈廷根、杨科龙。

2012年3月15日调整，主任袁新满、杜承铭、于海峰，副主任陈廷根、杨科龙。

（二）预算与投资委员会

为加强对学校财务工作的领导，提高财务工作决策水平，2001年11月21日，学校成立财务工作领导小组，组长吴家清，副组长陈庆联。2003年9月9日调整，组长吴家清，副组长陈庆联。

2005年3月28日，财务工作领导小组更名为财经工作小组，并进行调整，组长吴家清，副组长陈庆联、陈承真、雍和明。

2007年10月31日调整，组长吴家清，副组长陈承真、袁新满、杜承铭、于海峰（常务）。

2009 年 5 月 27 日，撤销财经工作小组，成立预算与投资委员会，并制定《广东商学院预算与投资委员会章程》。预算与投资委员会设主任 1 名，由校长担任；副主任 2 名，由协助分管财务的校领导和纪委书记担任；秘书处设在财务处。首届主任委员王华，副主任委员陈承真、于海峰。2010 年 1 月 14 日调整，主任委员王华，副主任委员陈承真、于海峰。

2012 年 3 月 15 日调整，主任委员于海峰，副主任委员郭银华。

（三）信息化建设领导小组、专家咨询委员会、实施小组

为保证校园信息化工程的顺利实施和全面应用，2010 年 3 月 17 日，学校成立信息化建设领导小组、专家咨询委员会和实施小组。领导小组组长王华，副组长杜承铭。专家咨询委员会主任杜承铭，副主任贺敏伟及校外专家。实施小组组长杜承铭。

2012 年 3 月 15 日，调整信息化建设领导小组、专家咨询委员会、实施小组成员，领导小组组长王华，专家咨询委员会主任及实施小组组长杜承铭。

（四）实验室工作委员会

为提高实验室工作决策和管理水平，实现实验室建设管理的制度化、规范化和科学化，2010 年 1 月 13 日，学校制定《广东商学院实验室工作暂行条例》，成立教学型实验室管理体制改革工作小组，由杜承铭担任组长。

2011 年 3 月 23 日，学校成立实验室工作委员会，由杜承铭担任主任，陈迥担任副主任。下设办公室，设在资产与设备管理处。2012 年 3 月 15 日调整，主任杜承铭，副主任陈迥。

（五）招投标工作领导小组

为强化招投标工作的执行力，提高招投标工作的效率和质量，2010 年 11 月 10 日，学校成立招投标工作领导小组，组长杜承铭，副组长袁新满、陈承真。下设办公室，设在招投标中心。

2012 年 3 月 15 日调整，组长杜承铭，副组长袁新满、马明华。

（六）图书馆工作委员会

为发挥图书馆的教育和服务功能，更好地为教学、科研和人才培养提供文献信息保障，2006 年 3 月 15 日，成立图书馆工作委员会（以下简称图工委），首届图工委主任徐印州，副主任刁万球。

2007 年 10 月 31 日调整，主任杜承铭，副主任刁万球。

2008 年 10 月 15 日换届，第二届主任杜承铭，副主任李岩（常务）、刁万球。

2009 年 5 月 27 日，学校制定《广东商学院图书馆工作委员会章程》，设主任委员 1 名，副主任委员 1～2 名；下设秘书处，设在图书馆资源建设部。同时调整成员，主任委员王廷惠，副主任委员李岩（常务）、刁万球。

2010 年 1 月 14 日调整（第二届），主任委员王廷惠，副主任委员李岩（常务）、刁万球。

2012 年 3 月 15 日调整（第二届），主任委员王廷惠，副主任委员尹恩山（常务）、刁万球。

（七）爱国卫生委员会

为做好学校的绿化美化和环境卫生工作，1986 年 11 月 28 日，学校成立爱国卫生委员会，主任谭锐汉，常务副主任张彦，副主任李俊旋、陈景荣、陈庆联。

1993 年 6 月 2 日调整，主任委员陈汉华，副主任委员罗崇超、钱贤彬、张生贵、陈庆联。办公室设在总务处事务科。

2003 年 4 月 6 日调整，主任委员陈庆联，副主任委员涂争鸣、赵刚。

2007 年 10 月 31 日调整，主任委员袁新满、杜承铭，副主任委员谢访春、代永华、陈国栋。

2009 年 5 月 27 日调整，主任委员袁新满，副主任委员杨科龙、江元、陈国栋。

2010 年 1 月 14 日调整，主任委员袁新满，副主任委员江元、陈国栋。

2012 年 3 月 15 日调整，主任委员袁新满，副主任委员陈光团、陈国栋。

（八）清欠工作委员会

为做好对学生欠费的催缴工作，确保学校财务正常运转，2010 年 11 月 8 日，学校成立学生学费住宿费清欠小组，组长于海峰。

2011 年 6 月 13 日，学校制订《广东商学院学生欠费清缴工作方案》，并成立清欠工作委员会，首届主任于海峰，副主任马明华、雍和明。下设工作办公室，设在学生处。

2012 年 3 月 15 日调整，主任于海峰，副主任吴琦、雍和明。

七、党委理论学习中心组

2000 年 11 月 15 日，调整党委理论学习中心组成员，组长陈运森，副组长罗国民、符士强。

2002 年 3 月 28 日调整，组长陈运森，副组长吴家清、陈潮光。

2003 年 10 月 20 日调整，组长杨维，副组长吴家清、陈潮光。

2006 年 11 月 30 日调整，组长杨维，副组长吴家清、马明华。

2007 年 10 月 31 日调整，组长杨维，副组长吴家清、马明华。

2009 年 3 月 5 日调整，组长杨维，副组长王华、马明华。

2010 年 1 月 14 日调整，组长程飚，副组长王华、马明华。

2012 年 3 月 8 日调整，组长程飚，副组长王华、马明华。

第五章　本科教育教学工作

学校本科教育教学工作历经规范教学管理、强化教学基本建设（1983—1996），扩大规模、提升教学建设水平（1997—2007）和提高教学质量、凸显教学特色（2008—2013）三个阶段。学校现有本科专业55个，在校本科生21 668人。学校已建成国家级特色专业5个，国家级精品课程1门，国家级双语教学示范课程2门，国家级教学团队1支，国家级实验教学示范中心1个，国家级人才培养模式创新实验区1个，国家级卓越人才培养基地1个，国家级大学生校外实践基地1个；获得国家级教学成果二等奖1项，国家级专业综合改革试点建设项目1项；主持编撰国家级规划教材9种。

第一节　机构设置与调整

教务处是学校负责管理全校本专科生教学、教务工作的组织机构。教务处现设综合岗、教研管理科、教学管理科、学籍管理科、实验教学管理科、通识教育管理科、教材建设与管理科和招生办公室。

教务处机构设置随着学校的发展而不断规范和完善。1983年，学校筹建初期，设立教务组，组长为刘次钧。1984年，学校设立教务处，下设图书馆，负责人为吴森。1985年，教务处下设教务科、图书馆，负责人为黄中坚。

1987年，教务处增设成人教育科，负责学校对外培训和成人教育管理工作；增设科研科，负责学校的科研管理工作；增设中专临时办公室，负责省建行委托中专部的管理工作；图书馆从教务处分出，成为独立单位；设备科从教务处分出，归总务处。1988年8月，教务处增设培训中心、电教中心、高教研究室，分别负责学校的培训、电化教学和高教研究管理工作。1989年9月，陈学存任教务处处长。1990年8月，学校成立专管科研工作的科研处，科研科从教务处分出划归科研处。

1990年10月，赵九宣任教务处处长。教务处增设教学设备科、招生办公室。1992年3月，学校教研杂志《商学教育研究》（季刊）创刊，温宝光任主编，赵九宣、叶辉年任副主编，杂志编辑部设在教务处高教研究室。1996年5月，学校成立经济科学中心实验室筹建组，教务处副处长王玉潜兼任组长。同年10月，学校成立高等教育自学考试领导小组，温宝光任组长、赵九宣任副组长。

1997年6月，王玉潜任教务处处长。同年7月，因学校成人教育发展的需要，成人教育办公室（成人教育科）从教务处分出划归学校新成立的成人教育处；同时，为进一步加强学校电化教学管理并促进其发展，电教中心从教务处分出，成为独立机构。1999年，学校成立广东省第一个文科重点实验室——经济与管理重点实验室，王玉潜兼任实验室主任。《商学教育研究》更名为《法商高教研究》（季刊），杂志编辑部仍设在高教研究室。同年，因后勤社会化的需要，教材科从教务处分出划归后勤集团，成立教材服务中心。

2001 年 3 月，曾小彬任教务处处长。2001 年 6 月，教务处科室调整，调整后的科室有教研管理科、教学管理科、学籍管理科和招生办公室。2001 年 11 月，刘佐太任教务处处长。2002 年 2 月，因学校机构调整，招生办公室从教务处分出，成为独立设置机构（副处级）。2003 年 3 月，学校成立 ERP 实验室，教务处副处长任晓阳兼任负责人。2003 年 3 月，教务处增设实验教学管理科，负责实验和实践教学的管理。2004 年，任晓阳任教务处主持工作副处长，兼 ERP 实验中心主任。

2005 年 1 月，杜承铭任教务处处长。2006 年，为加强对教材使用的管理，教材服务中心从后勤集团分出划归教务处，改设教材建设与管理科。2008 年 7 月，李俊任教务处处长。招生办公室（副处级）挂靠教务处，高教研究室从教务处分出划归新成立的高教研究与评估中心。同年 9 月，学校决定教务处下设综合岗、教研管理科、教学管理科、学籍管理科、实验教学管理科、教材建设与管理科和招生办公室。2010 年 7 月，教务处增设通识教育管理科，负责通识课教育管理工作。

第二节　规范教学管理

从 1983 年建校到 1996 年，学校的教学工作一步步走上正轨，专业设置逐渐增加，教学基本建设逐步加强，教学管理不断规范。1996 年，学校顺利通过教育部组织的本科教学工作合格评估。

一、专业设置与招生

1983 年，学校第一年招生，招收商业会计专业专修班 51 人，专修班借省财贸干部学校场地上课。

1984 年，学校制订“七五”规划，提出鉴于学校创建不久，领导班子尚未配齐，机构尚未建立，办学力量薄弱，但本着“千方百计挖潜力，积极扩大规模，加速发展”的精神，边建校边招生，力争到 1990 年学院在校生达 1 000 人。当年招收第一批本科学生，录取新生总数 91 人，其中本科商业企业管理专业招生 41 人，专科商业会计专业招生 50 人。

1985 年，学校增设本科商业财务会计专业，当年录取新生总数 114 人，其中商业企业管理和商业财务会计 2 个本科专业共招生 80 人，专科商业企业管理专业招生 34 人。

1986 年，增设商业系统急需的烹饪专业，并于 1986 年开始招生，30% 在全国招生，由商业部分配；另外新增专科审计专业。当年录取新生总数 347 人，其中 2 个本科专业共招生 203 人，2 个专科专业共招生 144 人。学校首次面向全国招生，本、专科在山西、山东、江苏、湖南、广西、北京、上海等七个省、市、自治区共招生 91 名。

1987 年，教育部第一次修订的《普通高等学校本科专业目录》颁布实施，商业企业管理专业改为企业管理专业，商业财务会计专业改为会计学专业，新增专科财政税务专业。广东省志愿填报方式由之前的“考后填报志愿”改为“考前填报志愿”。当年录取新生总数459人，其中2个本科专业共招生222人，3个专科专业共招生237人。本、专科在北京、天津、辽宁、黑龙江、上海、江苏、福建、江西、山东、湖北、湖南、四川、山西等十三个省、市共招生88人。

1988年，学校新增统计学、税收、投资经济管理、审计学等4个本科专业。当年录取新生总数685人，其中6个本科专业共招生456人，2个专科专业共招生229人。本、专科在北京、内蒙古、浙江、安徽、湖北、湖南、四川、贵州等八个省、市、自治区共招生66人。

1989年，学校新增专科国际贸易专业。当年共录取新生总数933人，其中6个本科专业共招生409人，3个专科专业共招生520人，本科插班生4人。本、专科在北京、江苏、湖南、海南等四个省、市共招生66人。

1990年，学校烹饪工程专业改为餐旅（技术）专业，原为专科专业的国际贸易专业改在本科批次录取，招生的本科专业增加到7个。当年录取新生总数1 005人，其中7个本科专业共招生555人，2个专科专业共招生450人。本、专科在北京、江苏、湖南、海南等四个省、市共招生56人。

1991年，学校当年录取新生总数1 001人，其中7个本科专业招生517人，7个专科专业招生463人（包括国家任务生、委托培养和自费生），本科插班生21人。本、专科在北京、上海、海南等三个省、市共招生59人。

1992年，为适应新形势要求，学校增设了法律、国际经济法等专业，拓宽了国际贸易、统计、投资经济管理、餐旅等专业的方向。当年录取新生总数1 169人，其中7个本科专业共招生676人，6个专科专业共招生493人（包括国家任务生、委托培养和自费生）。本、专科在北京、上海、海南等三个省、市共招生59人。9月23日，《羊城晚报》报道，我校是考生报考最热门的院校之一。12月11日，广东省人民政府常务会议决定把我校改办为广东法商大学，计划到2000年学生规模达6 000人。

1993年，学校新增涉外会计、国际税收、法学和国际经济法专业，本科招生专业数扩大到11个。当年录取新生总数1 307人，其中11个本科专业共招生664人，10个专科专业共招生643人（包括国家任务生、委托培养生）。本、专科在北京、上海、海南等三个省、市共招生45人。

1994年，根据教育部第二次修订的《普通高等学校本科专业目录》，学校税收专业改为税务专业，投资经济管理专业改为投资经济专业，统计信息电算化专业改为统计学专业，新增旅游管理、经济法等本科专业。

根据广东省人民政府相关政策精神，确定我校当年招生不再区分“公费生”、“委培生”和“自费生”；实行统一录取分数线，统一缴费上学，实行“公费生”、“委培生”和“自费生”并轨运行。在当年的招生中，省招生办投给我校重点线以上的档案数总计765人，占83%，本科线上的档案数223人，占24%，本科线档案最低分高出省招委会划定的本科线10～20分。当年录取新生总数1 465人，其中11个本科专业共招生1 009人，7个专科专业共招生456人。本、专科在北京和海南共招生24人。

1995年，学校本科继续采用“并轨”招生，专科以合同培养形式招生，新增商务英语专业。当年录取新生总数1 512人，12个本科专业共招生1 036人，全部在第一批控制分数线内完成，6个专科专业共招生476人。本、专科在北京、海南、辽宁、云南、陕西等五个省、市共招生36人。

1996年，学校本、专科全部并轨招生。当年录取新生总数1 343人，其中12个本科专业共招生992人，本科插班生29人，5个专科专业共招生322人。本、专科在北京、海南、辽宁、云南、陕西等五个省、市共招生45人。当年，在校生规模达到4 442人。

二、专业建设

（一）人才培养方案建设

建校后，学校坚持培养具有真才实学的，面向世界、面向现代化、面向未来的经济管理专门人才和部分从事第三产业的专门人才的办学宗旨。学校注重抓好低年级学生基础课、公共课教学和高年级学生的专业基础课教学；注重外语教学，加强学生外语听说写译等基本功训练；注重学生智能素质和创新能力、交际能力、组织能力、演艺能力等综合素质培养；注重实践教学，培养学生动手能力和使用计算机的能力，使学生将所学理论知识运用于实践。

进入20世纪90年代后，为适应社会主义市场经济发展和人才市场需求变化，学校明确提出“口径宽、基础厚、素质高、能力强”的人才培养规格，不断优化人才培养方案。1994年，学校对教学计划进行了重大调整和修订，压缩必修课，增加选修课，按学分制要求重新建立课程结构和体系。1995年制订的教学计划，明确了新的课程体系和课程结构，形成了公共基础课、学科（学位）共同基础课、专业课和选向课四大模块，注重综合素质教育，强调同一学科门类的共性教育，打通相近专业的基础课；在学科共同基础课中增加经济法、管理概论、信息管理概论等课程，在公共基础课中加大计算机实际操作比重；试行“两段教育”模式，即一、二年级进行基础教育，三、四年级进行专业教育；重新确立各专业不同方向的共同专业主干课程，以及新的专业系列课程。

（二）课程建设

学校深入开展课程改革，加强课程建设。在课程设置上，根据财经教育自身发展规律和新时期经济社会发展对人才培养的要求，对原有课程进行改造优化，适时增设新课程。在课程教学内容上，淘汰陈旧过时内容，及时修订教学大纲，充实最新教学内容。1996年4月，学校把面向21世纪教学内容和课程体系研究与改革确定为下一阶段深化教学改革、加强教学基本建设最重要的措施之一。同时，学校还大力推进教学手段改革，推广使用投影、录像、幻灯等媒体手段，逐步改变单纯依赖“粉笔 + 黑板”的传统教学手段的局面。截至1996年合格评估，学校使用投影、录像、幻灯等媒体的课程达75门，引进CAI课件4套、自行开发试验CAI课件4套。

学校通过开展课程评估的方式，提升课程建设水平。1993年，学校在对已开设课程进行全面自评摸底的基础上，制定了《广东商学院课程建设规划和实施意见》和《广东商学院课程评估方案》等一系列文件，确定1994—1999年课程建设的总目标和分阶段目标。1995年6月和11月，学校先后组织专家对申报评估的51门第一批建设课程进行评估，评估合格以上的课程有45门，合格率达88.2%。随后，学校确定了第二批课程建设的目标和措施。学校以做好校级课程立项建设为基础，认真完成省级重点课程评估和检查验收工作。1993年，大学英语、统计学、财政学和数理统计学4门课程获批广东省高等学校第一批重点课程；1994 年，中国税制获批广东省高等学校第二批重点课程。

（三）教材建设

学校自建校以来，各系均制定了本系的教材建设规划和执行计划。1995 年，学校进一步加大教材建设力度，制定教材建设“九五”规划与实施意见，建立校、系两级重点教材立项制度，组织完成了校级优秀教材评选和重点教材立项，拨款 20 万元成立教材出版基金，资助优秀自编教材出版。同时，学校还将选用优秀教材作为教材建设的一项主要内容和任务，明确规定所有课程，尤其是主要基础课和专业基础课要优先使用统编教材、优秀教材或最新教材。截至 1996 年本科教学水平合格评估时，学校教师自编了《国际贸易》、《期货贸易》、《市场营销学》、《现代政治经济学》等教材。

（四）教学研究与教学改革

建校后，学校先后建立了校级优秀教学成果奖励、优秀教学成果扶持立项、教学研究与教学改革立项等制度，并制定了一系列鼓励、支持教学研究和教学改革的政策措施。1989 年，古石阳、洪志文的《贯彻新大纲　提高大学英语教学质量》，吕宗媛的《如何提高课堂教学质量》获得广东省普通高等学校优秀教学成果二等奖。1993 年，丁弼昆等教师的《税收专业学生实习组织与管理》、胡土佑等教师的《加强三个层次教学，努力提高大学英语教学质量》获得广东省优秀教学成果二等奖。截至 1996 年底，学校共举办了三次全校性的教学经验交流会，1996 年 4 月举办教学改革与教学建设工作会议（暨第三次教学经验交流会）后，还编辑出版了学校历年来有关教学改革和教学基本建设方面的论文集。

三、教学管理与质量监控

1984 年 2 月，学校正式设立教务处。1985 年，学校设立了会计系、计划统计系、企业管理系、基础教学部、马克思主义教研室。至 1996 年，学校已设立了企业管理系、会计系、餐旅系、税务系、投资与经济管理系、城市管理经济系、国际贸易系、法律系、外语系、社会科学教学部、中文教学部、数学教学部、体育教学部、计算机中心共十四个教学机构。

办学初期，学校注重建立正常的教学秩序，逐步健全各项教学管理规章制度。自 1986 年起，先后制定了《关于加强考试命题、评分工作的要求（暂行规定）》、《广东商学院教学常规工作基本要求》、《广东商学院选修课暂行办法》、《广东商学院教师教学工作量核算试行办法》、《关于贯彻国家教委和省高教局有关学生补考、留级、降级及退学管理规定的办法》等系列规章制度。

学校于 1994 年制定了《广东商学院学分制管理规定（试行）》，决定从 1994 级本、专科开始全面推行学分制，并出台《广东商学院学分制选课管理办法》、《广东商学院学分制重修课程管理办法》、《广东商学院学分制大学英语修读与考核管理办法》等系列配套管理办法。根据学分制要求，各专业开设的课程分为必修课、限制选修课和任意选修课；规定了不同层次学生的最低毕业学分和每个学期的学分修读要求，允许学习成绩好的学生经批准后免听某些课程；学校实行弹性学制，规定学生可以提前毕业，也可以适当延长学习年限。

学校建立了三级听课制度，要求各级领导重视教学工作。1991 年制定实施的《广东商学院关于建立三级听课制度的规定》，提出院、系、教研室领导每学期听课分别不少于12节、14节、16节。1994年推出《广东商学院关于各级领导深入课堂的决定》，把开展全校领导深入课堂活动作为一项制度长期坚持。

学校严把教学质量关，出台《广东商学院教学管理评估方案》，制订《广东商学院教学工作规程》，明确教学工作职责，规范教学管理评估工作和教学工作规程。1994年，学校制订《广东商学院深化教学改革提高教学质量实施方案》，明确了改革的指导方针和目标。1995年召开"迎接国家教委教学评价工作"动员会，1996年顺利通过教育部本科教学工作水平合格评估。

第三节　提升教学建设水平

1996年以后，随着国家高等教育从精英教育转向大众教育，学校办学规模迅速扩大，教学基本建设进一步加强，特色教学建设（实验实践教学）效果明显，教学管理进一步规范和完善，教学质量和水平有了很大提高。2007年，学校获得教育部本科教学质量水平优秀评价。

一、专业设置与招生

1997—2007年，学校从本、专科招生逐步变成以本科招生为主，本科专业增加到42个，招生形式不断变化，招生规模不断扩大，在校生规模达到18 939人。

1997年，广东省调整录取批次后，学校在广东省第一批次录取。当年录取新生总数1 224人，其中13个本科专业共招生929人，本科插班生49人，专科246人。本、专科在北京、辽宁、云南、陕西、湖南、海南等六个省、市共招生70人。

1998年，教育部第三次修订《普通高等学校本科专业目录》，普通高校的招生计划与招生工作自1999年起执行新目录。当年学校在广东省内本科招生调整为本科第二批次录取，录取新生总数1 823人，其中15个本科专业共招生1 287人，本科插班生70人，4个专科专业共招生466人，本、专科在北京、辽宁、云南、陕西、湖南、海南、江西、湖北等八个省、市共招生90人。

1999年，根据教育部要求，学校执行《普通高等学校本科专业目录》（1998年版），将原有的15个本科专业整合为11个本科专业，企业管理专业和房地产经营管理专业合并为工商管理专业，会计学专业和审计学专业合并为会计学专业，投资经济专业和货币银行专业合并为金融学专业，法学、经济法、国际经济法专业合并为法学专业，税务专业改为财政学专业，国际贸易专业改为国际经济与贸易专业，经济信息管理专业改为信息管理与信息系统专业。广东省志愿填报方式改为"考生考后填报志愿"。当年录取新生总数2 170人，其中11个本科专业共招生1 794人，本科插班生97人，3个专科专业共招收279人。本、专科在北京、江西、山东、河南、湖北、湖南、海南、西藏八个省、市、自治区共招生97人。

2000年，学校新设置经济学、财务管理、人力资源管理3个专业，使学校的本科专业涵盖了经济学类、管理学类、法学类、文学类和理学类等五大学科门类。广东省志愿填报方式改为“考生考前填报志愿”。当年录取新生总数 3 358 人，其中 14 个本科专业共招生 2 438人，本科插班生 65 人，专科 855 人。本、专科在北京、江西、山东、河南、湖北、湖南、海南、西藏等八个省、市、自治区共招生 150 人。

2001 年，三水校区改制，成为广东省第一所本科层次“公办民助新机制”的二级学院，针对三水学院的新机制，校党委决定，入读三水学院的新生全部实行“2 +2”模式，即第一、二年在三水学院完成基础课学习，然后返回校本部完成专业课学习。学校新增社会工作、汉语言文学、广告学、计算机科学与技术 4 个招生专业。当年录取新生总数3 857 人，其中 18 个本科专业共招生 3 117 人（校本部 1 587 人，插班生 60 人，三水学院 1 470 人），2 个专科专业共招生 740 人。本、专科在北京、江西、山东、河南、湖北、湖南、海南、四川、福建、西藏等十个省、市、自治区共招生 154 人。

2002 年，全国全面实行了网上远程录取。学校新增电子商务、新闻学 2 个招生专业；广告学（广告设计）专业招录了美术类考生，这是学校第一年开始艺术类专业招生。当年录取新生总数 3 689 人，其中 20 个本科专业共招生 3 536 人（校本部 1 261 人，插班生 310 人，三水学院 1 965 人），2 个专科专业在三水学院共招生 153 人。在北京、江西、山东、河南、湖北、湖南、海南、四川、福建、黑龙江、西藏等十一个省、市、自治区共招收本科生 172 人。

2003 年，广东省实行 A、B 分数线录取，学校校本部在第二批本科 A 线录取，三水学院在第二批本科 B 线录取，新增了金融工程、日语、治安学、物流管理、行政管理、公共事业管理6 个本科招生专业。当年录取新生总数4 217 人，其中 26 个本科专业共录取 3 458 人（校本部 1 589 人，插班生 167 人，三水学院 1 702 人），6 个专科专业在三水学院共招收 759 人。在江西、山东、河南、湖北、湖南、四川、福建、西藏等八个省、市、自治区共招收本科生 111 人。

2004 年，学校新增保险、资源环境与城乡规划管理、信息与计算科学、软件工程 4 个本科招生专业。30 个本科专业录取新生总数 3 658 人，其中省内本科 3 294 人，省外本科 153 人，本科插班生 211 人，招生区域遍及广东、江西、山东、河南、湖北、湖南、四川、福建、安徽、西藏、新疆、浙江、江苏、辽宁、北京等十五个省、市、自治区。

2005 年，根据国家和省有关文件精神，学校在招生工作中开始全面实施“阳光工程”；3 月 8 日教育部审批通过学校法学专业为第二学士学位专业；为了援助西部建设，学校当年开始招收新疆班、西藏班；学校第一年开始招收华侨、港澳台联考学生；新增国际商务专业招生。当年录取新生总数 5 973 人，其中 31 个本科专业共招收本科生 4 503 人（省内本科 4 165 人，省外本科 280 人，第二学士学位 58 人），9 个专科专业共招生 1 470 人，招生区域遍及江西、山东、河南、湖北、湖南、四川、福建、安徽、上海、浙江、江苏、辽宁、河北、广西、陕西、西藏等十六个省、市、自治区，另外招收华侨、港澳台学生 67 人。

2006 年，新增投资学、审计学、会展经济与管理、数学与应用数学、艺术设计 5 个本科招生专业。当年 36 个本科专业录取新生总数 5 000 人，其中省内本科 4 700 人，省外本科 300 人，招生区域遍及广东、北京、江西、山东、河南、湖北、湖南、四川、福建、安徽、上海、浙江、江苏、辽宁、广西、陕西、西藏等十七个省、市、自治区，另外招收华侨、港澳台学生 85 人。

2007年，学校新增税务、动画、酒店管理、土地资源管理、文化产业管理、对外汉语6个本科招生专业。当年42个本科招生专业共录取新生总数4 213人，其中省内3 896人，省外317人，招生区域遍及北京、广东、河北、内蒙古、辽宁、上海、江苏、浙江、安徽、福建、江西、山东、河南、湖北、湖南、广西、四川、云南、陕西、青海等二十个省、市、自治区。另外招收华侨、港澳台学生101人。当年，学校在校生规模达到18 939人。

二、专业建设

（一）人才培养方案建设

学校根据经济社会发展需要，合理确定人才培养目标和规格。20世纪90年代后期，学校确立了“法商结合，文理交叉，适应21世纪社会主义市场经济和广东地区经济发展对人才培养的要求，培养复合型、应用型、富有创新精神的高级专门人才”的培养目标和“基础扎实、知识面宽、能力强、素质高”的培养规格。进入21世纪以后，我国高等教育迈进大众化发展的新阶段，学校顺应时代特征和社会发展趋势，总结办学经验，进一步优化人才培养目标、方向和思路。2007年8月底，学校确定了新的人才培养目标定位，即“培养适应广东和华南地区经济社会发展需要的专业基础厚、实践能力和创新能力强、综合素质高的应用型高等专门人才”；提出了以“以经济管理模拟体验式教学为突破口，深化和拓展实验实践教学改革，增强学生实践能力和创新能力，提高应用型人才培养质量”为本科教学特色建设目标。

学校在人才培养方案建设的顶层设计理念上，坚持处理好基础教育和专业教育的关系，注重加强专业基础教育，打通同一学科门类的基础课程，同时又注重专业基本知识和实际操作能力培养，增强学生发展后劲。学校坚持“知识、能力、素质”三位一体、协调发展。学校将素质教育融合在人才培养方案中，根据2001年第三次教学工作会议出台的《第一、二、三课堂整合方案》，从2002级起设置课外学分，学生除按专业教学计划要求修够规定学分外，还必须修满12个课外学分方能毕业；2005年，大学生素质拓展教学计划开始实施，专业知识和技能训练的第一课堂与发展学生个性和综合素质的第二、三课堂有机结合，促进了学生专业素质和综合素质的协调发展。学校一直重视学生实践能力培养，对实践教学环节进行统筹规划，不断增加课程内外、校内外实验、实训和实习等实践教学环节，不断提高实践课程在人才培养方案中的比重，逐步形成满足人才培养需要的实践教学课程体系。学校坚持探索将学生共性教育和个性化发展有机结合的有效途径。2001年学校第三次教学工作会议出台了《部分公共基础课分层分类教学方案》，对数学、计算机基础、大学英语三类课程试行分层分类教学；同时，法学等专业试办双学位和辅修教育，尊重学生个性，促进因材施教。本阶段的分层分类教学改革，为学校下一阶段以多样化人才培养为导向的分层分类教学体系构建作了有益的探索。

学校根据人才培养需要，与时俱进优化课程体系。1998年人才培养方案中，课程体系从原来的公共基础课、学科（学位）共同基础课、专业课和选向课调整为通识课、学科（专业）基础课、专业课和任意选修课四个模块，学分结构呈现“5541”格局，即每部分学分分别为50学分、50学分、40学分和10学分。2002年，学校将课程体系调整为“五个模块、三种类型”，即通识课、学位基础课、专业课、素质拓展课、综合运用课五个模块和必修课、限定选修课、任意选修课三种类型。五个课程模块相应学分比重分别为

32%、31%、23%、7%和7%，三种课程类型学分比重分别为75%、18%、7%。2005年，学校再次修订人才培养方案，课程体系微调为公共课、学科基础课、专业课、专业拓展课和综合运用课五个模块，其中公共课52学分，专业拓展课和综合运用课均为10学分，学科基础课和专业课学分不再统一规定，允许各专业在学校规定幅度内自主决定。学校课程体系日趋完善，有效适应人才培养需要，课程体系的基本结构在2005年后的较长一段时间内均保持稳定。

（二）课程建设

学校把规范化建设作为课程创新的基础工作来抓。2005年到2007年，学校对所有课程进行了规范，明确了1 000多门课程的院系归属，修订了501门公共必修课、学科基础课、专业必修课的教学大纲和448门选修课的教学大纲，新撰写或修订教案和考试大纲，编写了240门课程的实验实践教学大纲，规范了实验课程的实验指导书和实验报告等的质量要求，完成了《必修课中英文课程简介》的编制工作。

学校紧贴经济社会发展和人才培养需要，加强教学内容、教学方法和教学手段改革，提高课程教学质量。1999年，学校第二次教学工作会议出台《广东商学院关于加强教学内容、教学方法和教学手段改革的决定》，全面推行“三改”工作。在教学内容改革上，学校提出要形成与科学技术发展趋势、新时期人才培养模式相适应的现代化课程体系、课程教学内容和教材体系。在教学方法改革上，学校提出要着眼于学生个性发展、创新精神和实践能力的培养，注重调动学生学习积极性，实现教学方法系统的优化组合。在教学手段的改革上，学校提出要紧紧抓住现代信息技术进入教育领域的机遇，实现教学技术和教学手段现代化，把教学内容和教学方法建立在现代教育技术平台上。“三改”工作对深化课程建设，提高课堂教学质量发挥了重要作用。

学校加强课程评估，以评促建。按照《广东商学院课程建设管理办法》规定，对全校课程定期开展合格课程与优秀课程评估。

学校推进重点课程、精品课程和双语课程建设。2005年底，学校重新修订《广东商学院课程建设管理办法》，实施《广东商学院双语教学管理规定》，2006年底，《广东商学院精品课程建设实施方案》出台，课程建设的规章制度不断完善。2003年学校立项建设校级精品课程14门，2005年立项建设校级重点课程41门，2006年立项建设校级精品课程30门和校级双语课程27门。各类课程建设进展顺利，成效明显。1998年，政治经济学、市场营销学2门课程获批为第四批省级重点课程；截至2007年底，市场营销学、初级财务会计学等5门课程获批省级精品课程。

学校根据应用型人才培养需要，加强实践课程建设。从1999年起，学校充分把握广东省第一个经济与管理重点文科实验室在我校建设的契机，积极探索经济管理类专业教学与计算机应用相结合培养复合型、应用型人才的道路，狠抓35门重点实验课程的建设，其建设成果在2001年7月召开的第二次全国经济管理类实验教学与实验室建设研讨会上展出，得到了与会代表的强烈反响与一致好评。同时，学校不断提高各专业尤其是经管类专业实践教学课时比例，更新教学内容。2006年，学校在经管类专业教学计划中尝试增设专业理论与实践课，截至2007年底，共建成12个经管类专业的专业理论与实践课程。

（三）教材建设

学校一直高度重视教材建设和使用管理，制定实施了《广东商学院教材规划与建设管理条例》、《广东商学院教材管理办法》等管理文件，加大对教材建设的引导和资助力度，规范教材选用和管理。加强校级规划教材立项建设力度，每两年组织一次规划教材的立项，鼓励原创特色优势教材特别是实验教学系列教材建设，严格控制编写教材的内容和编写人员资格的审定。学校将鼓励教师主持或参加国家级、省级规划教材申报与编写作为教材建设重心，对主持、参与国家级、省级规划教材编写者给予2万元资助。2004年起，《市场营销学》、《零售学》等9种由我校教师作为主编或副主编的教材先后获批为"十五"、"十一五"国家规划教材。同时，学校建立了严格的教材选用制度，定期编制《广东商学院教材选用指南》，严格规范教材选用，优先选用国家级规划教材、省部级规划教材、获奖教材和教育部推荐教材，教材使用抽检合格率达100%。2007年，学校首次编制了《广东商学院教材选用指南》，明确了990门课程的教材选用范围，提供了1 895种教材供教师选用，确保了教材选用质量。

（四）教学研究与教学改革

学校围绕教学改革实践开展教学研究，以各级各类教研教改项目引领和推动教学改革。2000年，王玉潜主持的《经济管理类专业实验室建设问题研究》获得教育部新世纪教育教学改革立项，成为学校第一个国家级教研教改项目，该项目在2003年1月顺利通过专家组结项验收。2005年，曾小彬教授主持的《经济管理本科应用型人才培养方式改革探索》获教育部经费资助20万元，成为学校建校以来获得资助经费最多的教学改革项目。从2001年到2007年，学校获得国家级、省级教研教改项目共28项。

学校教学研究和教学改革成果屡获奖励。1997年，曾小彬的《试论目标市场原理在高校专业建设方面的运用》获得广东省高等教育研究优秀成果黄华奖三等奖。1997年，古石阳等的《广东商学院教学改革及其思考》获得广东省高等教育管理科学研究优秀成果吴汉良奖三等奖。1998年，罗国民等的《迎接21世纪 培养高质量人才》获得广东省高等教育管理科学研究优秀成果吴汉良奖三等奖。2001年，王玉潜等的《经济管理学科高等教育实验教学改革与实践》和徐印州等的《〈国际市场营销学〉多媒体教学软件》，分获广东省高等学校第四届教学成果一等奖和二等奖。

从2001年到2007年，学校共获得省级教学成果奖14项。

（五）名牌专业建设

学校大力加强名牌专业建设，实施名牌带动战略，以点带面，点面结合，提升专业内涵建设水平。1997年5月，学校确定企业管理、统计学和法学3个专业为"九五"期间重点建设专业。在2001年12月召开的第三次教学工作会议上，学校出台《名牌专业建设方案》，实施名牌带动战略，将市场营销学、法学和国际经济与贸易3个专业确定为重点建设专业，将统计学、金融学、财政学、会计学、工商管理、信息管理6个专业确定为重点扶植专业，并确立了重点建设专业2003年前达到名牌专业标准、重点扶植专业2005年前达到名牌专业标准的建设目标。学校明确了"师资队伍结构合理，数量充足，水平高；有较好的办学条件和先进的教学手段；教学过程规范，专业改革力度大，教学改革成果显著；学术水平高，学生创新能力强，教学质量高；专业特色鲜明，毕业生就业率高，社会声誉好"的名牌专业建设标准，并在师资队伍、教学条件、课程和教材、教研科研和人才培养特色等方面细化建设目标。经过多年努力，学校名牌专业建设取得明显成效，有效带动专业建设水平的整体提升，截至2007年底，市场营销学、法学和国际经济与贸易等7个专业获批为省级名牌专业。

三、教学质量保障体系建设

至2007年，学院教学机构进行了较大调整，设立了11个学院、3个系（部），分别是：管理学院、会计学院、财税与公共管理学院、金融学院、经济贸易与统计学院、法学院、旅游与环境学院、外国语学院、人文与传播学院、信息学院、国际学院、数学与计算科学系、思想理论教学部和体育教学部。

（一）教学管理制度

学校不断完善教学管理规章制度，突出规章制度的系统性、协调性、科学性和可操作性。2005年，出台《广东商学院本科教学条例》、《广东商学院教师教学质量评价方案》等60余个教学管理文件；2006年，编印《广东商学院教学管理文件汇编》和《教师手册》；2007年，汇编《广东商学院专业建设规划选编》、《广东商学院教学大纲汇编》、《广东商学院教材选用指南》、《广东商学院优秀本科毕业论文（设计）选》、《广东商学院实践教学成果汇编》；2008年，公开出版《人才培养与专业建设》、《教学管理与教学改革探索》文集。

（二）教学质量监控

2001年，学校成立教学督导组。2006年，将教学督导组由原先的非常设机构改制为由专职督导员组成的常设机构，聘有3名教授担任专职督导员，负责对教学工作尤其是教学质量进行监督、检查、评价和指导。2005年，学校评出首届“教学名师”奖获得者，即许义生、左柏云、邓世豹、向子贵、钟育赣、纪宗宜、胡学锋、王学武八位教师；学生首次在网上对任课教师进行教学质量评价；扩建试卷库并完善试卷档案材料管理；首次组织召开广东商学院教学秘书培训暨教学管理工作研讨会。

2005—2007年陆续开展了三次新增专业评估、实践教学评估、实习教学与基地评估、精品实验（实训）项目中期检查、重点建设课程与精品课程检查、年度的试卷毕业论文检查等各类专项评估和检查，2006年和2007年，分别开展了“教学质量年”活动和“教学大练兵”活动。

在此阶段，学校还进一步完善了课堂教学质量评价制度、教学优秀奖励制度、教学事故认定与处理制度，实行了教学质量“一票否决制”。

（三）教学管理信息化水平

充分利用学校现有网络资源以及现代化技术条件，购置和开发相应的教学管理软件，在对教务管理系统功能进行不断完善的基础上，建立学籍数据库、学生成绩数据库、教学计划数据库等，实现学籍管理、学生选课、成绩管理、考试管理、学生评教及其他教学管理等教务工作的网络化，同时，教学管理人员分期、分批参加教学信息化培训。以上措施有效提高了教学管理的信息化水平。

四、实验实践教学改革

为进一步增强学生实践能力和创新能力，提高人才培养质量，学校以经管类跨专业综合实验实践教学改革为突破口，通过实验内容项目化、体系化建设，构建了由课程单项性实验、课程综合性实验、专业综合性实验、跨专业综合性实验和创新创业实践组成的实验教学体系；通过整合、优化实验教学资源，构建了由国家级、省级实验教学示范中心组成的涵盖学校全部学科的实验教学平台体系；通过规范校外教学基地建设，拓展校外教学基地功能，建设了由国家级、省级和校级示范校外教学基地组成的校外实践教学平台体系。其中，经管类实验实践教学具有鲜明的特色并走在全国高校前列。

（一）经管类专业实验实践教学改革

1993年，学校召开“广东商学院深化教学改革工作会议”，明确提出要“把学生培养成德智体全面发展，既有较扎实的基础知识，较宽的专业知识面，较高的外语水平和汉语运用写作能力，能熟练运用计算机和数学模型进行经济管理的适应型和复合型人才”，在此目标指引下，学校先后建立了统计电算化实验室、会计电算化实验室、税收电算化实验室、证券投资实验室等专业实验室，为学校经管类实验教学工作的发展奠定了良好的基础。

1999年，省教育厅投资300万元，在经济管理实验中心的基础上建立了广东省高校第一个经济与管理重点实验室。学校开始了在单项性计算机模拟实践教学的基础上进行课程综合性计算机模拟实践教学的探索。从2000年起，在课程综合性计算机模拟实践教学的基础上，开始进行专业综合性计算机模拟实践教学的探索。从2001年起，在专业综合性计算机模拟实践教学的基础上，开始进行以ERP实验教学为突破口的跨专业综合性计算机模拟实践教学的探索。

（二）实验教学内容项目化、体系化建设

2006年，学校开展了实验教学内容项目化、体系化构建工作，开发建设了1 860个实验项目，构建了涵盖课程单项性实验、课程综合性实验、专业综合性实验、跨专业综合性实验、创新创业实践五个层面，公共基础课实验、学科基础课实验、专业课实验、专业拓展课实验、综合运用课五个模块，与理论教学紧密衔接、四年不断线的实验实践教学内容体系。

2006年5月，为了进一步深化实验教学改革，不断完善实验教学体系，凝练优质实验教学资源，促进优质实验项目研究与开发，学校开展了精品实验项目试点建设工作，建设了28个校级精品实验项目。

（三）实验教学平台体系建设

在进一步深化经管类专业实验实践教学改革的同时，学校也不断加大法学、文学、艺术和理工类专业实验实践教学改革和实验教学资源投入，系统构建了涵盖学校全部学科的实验教学平台体系。

1. 经济与管理实验教学平台建设

2003年，学校进一步健全经管类专业实验室体系，建立了跨专业综合实验教学平台——ERP实验中心，利用这一平台，学校进行了来自23个专业的学生参加的6期企业运作模拟实验教学和校内仿真综合实习试点。

2004年，ERP实验中心被评为广东省IT类重点实验室。2006年，学校将经管类专业实验室与ERP实验中心整合为经济与管理实验教学中心，并获批为两个正式命名的国家级经管类实验教学示范中心之一。2006年开始，经济与管理实验教学中心每年组织一届校内仿真综合实习。

2. 法学实验教学平台建设

1995年，开始建设法学实验教学中心。1996年模拟法庭和司法技术实验室落成，模拟法庭是当时广东省高校唯一的庭审实验场所。1998年侦查学和法医学两门实验课程正式纳入教学计划中。至2004年，实验课程由原来的两门课程、10个实验项目扩充为物证技术学、法医学、侦查学、刑事诉讼法、民事诉讼法、行政诉讼法学六门课程、28个实验项目。在此期间，海珠区法院、芳村区法院、广州市中级人民法院到法学院的模拟法庭进行实案审判（刑事、民事、经济法事等多类案件），获得良好的效果。2002年，建立了治安学专业实验室。2005年购置动态模拟仿真技术软件（如活体指纹电子处理系统、犯罪现场绘图、足迹分析与比对系统等），实现仿真虚拟与硬件实操性的结合。

3. 人文综合实验教学平台与全媒体新闻传播实验教学平台建设

2000年开始，学校建设了广告设计实验室、视音频编辑实验室等10个专业实验室。2005年之后，学校增办艺术设计、播音与主持艺术等8个人文类专业，新建动画创作实验室、录播室和虚拟演播厅等实验室。

4. 信息技术综合应用实验教学平台建设

1993年，学校建立信息技术综合应用实验教学中心。2000年，学校成立信息技术综合应用实验中心，负责全校计算机公共课程实验教学和计算机专业、软件工程专业、信息管理与信息系统专业、电子商务专业以及其他部分专业的计算机实验教学。

5. 资源环境与土地资源综合实验教学平台建设

2006年，学校建设了资源与环境综合实验室，资源环境与土地资源综合实验教学平台开启建设。2007年以后，在前期实验教学平台建设的基础上，学校整合了土地资源管理综合实验室、土地与房地产信息管理实验室、房地产仿真模拟实验室、不动产评估实务实验室、土地与房地产法学实验室和资源环境综合实验室等成立土地与房地产信息管理实验教学中心，主要负责土地资源管理专业、房地产经营与管理专业、资源环境与城乡规划管理专业、城市管理专业、资产评估专业、投资学专业等专业的实验教学工作。

（四）校外教学基地建设与改革

1995年，学校分别与广州花园酒店、广州天河华侨友谊大厦和广东省国家税务局签订了实习基地合作协议，校外实践教学基地作为学生校外实践的主要场所，开始快速发展。

2005年，学校颁发《广东商学院实习教学管理规定》。2006年，颁发《广东商学院教学实习基地建设与管理暂行规定》和《广东商学院教学实习地基地评估方案（试行）》，进一步规范校外教学基地的建设和管理。

2007年3月，学校组织专家对全校教学实习基地进行评估，并走访了部分教学实习基地，评选出了广州市瑞海税务事务所等8个优秀教学实习基地。同年，学校颁发《广东商学院实习经费管理办法（试行）》，对各专业实习经费的标准和使用作出详细规定，同时出台了《关于进一步加强我校实习教学管理和教学实习基地建设管理的意见》，要求每个专业至少建立一个教学实习基地，且每个院系教学实习基地的容量至少要能满足院系40%的学生进行集中实习的需要。

第四节　提高教学质量

学校在2007年获得教育部本科教学水平评估优秀以后，教学工作发展目标更加明确，人才培养思路更加清晰，在进一步优化育人环境、提高教学质量的前提下，强调对学生的个性化教育，彰显教学特色，突出复合型、应用型和拔尖创新人才的培养。

一、专业设置与招生

2008年至今，学校沿着“稳定规模，彰显特色，加强内涵式发展”的方向稳步前进，招生人数趋于稳定，在校生规模稳定在23 000人左右，招收生源质量良好，广东省内出档线处于广东省内二A高校前列，多个省份的录取平均分超过了该省第一批录取最低控制分数线。

2008年，广东省重新实行“考生考后填报志愿”。学校试行大类招生，将金融学、保险、投资学、金融工程4个专业合并为金融学类，将工商管理、市场营销、人力资源管理、物流管理4个专业合并为工商管理类两大类进行招生。新增劳动与社会保障本科招生专业。当年44个本科专业共录取新生总数5 676人，其中省内5 247人，省外429人，招生区域遍及全国31个省、市、自治区，另外招收华侨、港澳台学生85人。

2009年，学校新增社会学、应用心理学、广播电视编导、播音与主持艺术4个本科招生专业，金融工程专业不再并入金融学类招生，而是单独作为一个专业招生。广播电视编导、播音与主持专业为艺术类专业，首次在河北、江西、河南、湖南、山西等5省设立术科单考考点。当年45个本科专业共录取新生6 101人，其中省内5 661人，省外440人，招生区域遍及全国31个省、市、自治区，另外招生华侨、港澳台学生35人。

2010年，广东省高考录取开始实行平行志愿，学校取消试行了两年的大类招生，金融学类拆分为金融学、保险、投资学专业，工商管理类拆分为工商管理、市场营销、人力资源管理、物流管理专业进行招生；新增资产评估、房地产经营管理2个本科招生专业。当年49个本科专业录取新生总数6 050人，其中省内5 557人，省外493人，招生区域遍及全国31个省、市、自治区，另外招收华侨、港澳台学生65人。

2011年，学校首次获得教育部高水平运动队建设资格，招收项目为田径、游泳，并获得广东省高水平运动队建设资格，招收项目为乒乓球。当年首次组织高水平运动员术科测试，招收高水平运动员。当年49个本科专业录取新生总数5 877人，其中省内5 362人，省外515人。招生区域遍及除北京以外的全国30个省、市、自治区，另外招收华侨、港澳台学生93人。

2012年，首次面向香港招收香港免试生、面向澳门招收澳门保送生；参加教育部组织的内地高等教育展，赴香港和澳门进行招生宣传，招收香港免试生和澳门保送生；组织香港免试生面试和澳门保送生考试；新增商务英语本科招生专业。49个本科专业录取新生总数4 219人，其中省内3 708人，省外511人，招生区域遍及全国31个省、市、自治区，另外招生华侨、港澳台学生30人。

2013年，根据教育部《普通高等学校本科专业目录》（2012年版），我校获准招生专业为55个，其中统计学专业拆分为统计学、经济统计学、应用统计学3个专业，资源环境与城乡规划管理专业拆分为自然地理与资源环境和人文地理与城乡规划2个专业，艺术设计专业拆分为视觉传达设计、环境设计和产品设计3个专业，税务专业更名为税收学专业，保险专业更名为保险学专业，对外汉语专业更名为汉语国际教育专业，房地产经营管理专业更名为房地产开发与管理专业。同时，学校成功更名为广东财经大学，并首次在广东省内以广东财经大学的名义招生。55个本科专业录取新生总数5 958人，其中省内5 387人，省外571人，招生区域遍及全国31个省、市、自治区，另外招收华侨、港澳台学生40人，其中6人为香港免试生。

二、质量工程建设

2005年，国家开始启动高等学校本科教学质量与教学改革工程。教育部、财政部于2007年1月联合下发《关于实施高等学校本科教学质量与教学改革工程的意见》；2007年2月，教育部下发《关于进一步深化本科教学改革全面提高教学质量的若干意见》；2009年，广东省教育厅下发《关于实施广东省高等学校教学质量与教学改革工程的意见》（粤教高〔2009〕76号）。本科教学质量工程为学校提高教学质量、培育教学特色提供了重要契机和平台。学校将教学质量工程建设与人才培养模式改革紧密结合，编制质量工程建设总体规划，出台质量工程建设制度政策，着力建设校、省、国三级质量工程项目体系，加大质量工程建设成果的推广应用力度。

（一）加强教学质量工程立项规划和措施保障

2008年10月，学校出台《广东商学院本科教学质量与教学改革工程实施方案（2009—2012年）》。该方案规划了专业建设、课程建设、队伍建设、实践教学和教学研究与教学改革等5大类27小类，包含305项校级项目、59项省级项目、13项国家级项目的建设任务。

2008年，学校出台《广东商学院实验教学与实验室建设总体规划（2009—2012年）》，对未来实验教学改革与实验室建设进行了总体部署，并通过加强实验教学队伍的业务培训、每年选派中青年教师进入企事业单位或政府部门挂职锻炼和着力培育实验教学带头人，不断加强实验教学团队建设，确保实验教学改革的顺利实施。

2009年12月，学校印发《广东商学院本科教学质量与教学改革工程实施方案（2009—2012年）》（修订版），规划了特色专业建设、精品课程建设与教学内容改革、教学名师和教学团队高水平队伍建设、大学生创新能力培养、实践教学改革与创新、应用型人才培养模式改革、质量保障与服务支撑体系建设等7大类35小类，包含598项校级项目、192项省级项目、17项国家级项目的建设任务。

为了把教学质量工程实施方案落到实处，学校制定实施了质量工程建设的配套制度和政策，把质量工程建设情况纳入二级教学单位及其领导班子考核评价范围，把获得省级以上质量工程项目纳入教师岗位设置条件。学校先后制定《广东商学院二级学院目标管理实施方案》、《广东商学院二级学院目标管理考核指标体系》、《广东商学院教学奖励暂行办法》（粤商院〔2009〕127号）、《广东商学院教学项目管理规定》、《广东商学院教学项目经费管理办法》和《广东商学院实践教学经费管理办法（试行）》（粤商院〔2010〕134号）等文件，从多方面进一步规范和推动教学质量工程建设。

2012 年 5 月，学校印发《广东商学院本科教学质量与教学改革工程实施方案（2011—2015 年）》（粤商院〔2012〕35 号），该方案规划了专业建设、课程建设、实验实践教学改革、教师教学能力提升、教学研究与教学改革等 5 大类 40 小类，包含 499 项校级项目、98 项省级项目、16 项国家级项目的建设任务。

（二）开展创新创业教育

2008 年，学校成立“具有企业家精神和潜质的经济管理人才培养模式创新实验区”，培养适应经济社会发展需要的基础扎实，实践与创新能力强，具有国际化视野和企业家潜质，并能反映区域经济和文化特点的“有创意、能创造、善创业”的复合应用型人才。

2010 年，根据广东省教育厅工作安排，学校开展了广东省大学生创新实验项目的立项建设工作。本次共建设 100 项广东省大学生创新实验项目，并先后出台了《广东商学院大学生创新实验项目管理办法》、《广东商学院大学生创新实验项目实施细则》和《广东省大学生创新实验项目经费卡使用说明》等系列管理文件和实施细则。

2012 年，学校制定的《广东商学院广东省大学生创新创业训练计划工作方案》通过教育部专家论证，成为国家级大学生创新创业训练计划参与高校。同年立项建设了 100 项国家级大学生创新创业训练计划项目，并出台了《广东商学院大学生创新创业训练计划项目管理办法》。

2012 年，学校发布了《广东商学院大学生创业教育体系建设方案》，将系统构建以创业教育课程教学、创业模拟体验实验、创业项目设计和创业项目孵化为核心链条的创业教育体系，系统提升学生的创新创业素质和创新创业能力。同年，创业教育学院成立，主要负责与大学生创业教育相关的课程设置、项目开发、创业实践的实施工作和国家级人才培养模式创新实验区日常管理工作。

（三）进一步加大实践教学力度

2010 年，学校颁发《广东商学院实践教学经费管理办法》，大幅提升了生均实习经费额度，生均最高实习经费标准达到 1 200 元/生届。同年，为加强校外教学基地建设，发挥校外教学基地在优化人才培养方案、课程体系和教学内容，提升学生就业竞争力，推动教学、生产和科研良性互动等方面的作用，学校开启了校级示范校外教学基地的立项建设工作，首批开展广州沃尔玛（好又多）等 7 个校级示范校外教学基地建设。2011 年，学校又立项建设广州市瑞海税务事务所等 8 个校级示范校外教学基地。

学校本科教学质量工程建设成绩喜人。2008 年，王学沛主持的法学获批为第三批国家特色专业（教高函〔2008〕21 号）。2009 年，梁碧波主持的国际贸易获批为国家级双语教学示范课程（教高函〔2009〕19 号）。2009 年，邹新月主持的金融学获批为第四批国家特色专业（教高函〔2009〕16 号）。2009 年，曾小彬主持的“经管类跨专业综合实验教学团队”获批为国家教学团队（教高函〔2009〕18 号），曾小彬主持的《经管类专业校内仿真综合实习探索与实践》获国家教学成果二等奖（教高函〔2009〕12 号），曾小彬主持的《具有企业家精神和潜质的经济管理人才培养模式创新实验区》获批为国家级人才培养模式创新实验区（教高函〔2009〕27 号）；学校与广东省教育厅签署共同建设全省首个“广东省大学生就业创业实训基地”的协议，并与广州市海珠区人民政府签署了共建广州市海珠区大学生创业孵化基地协议。2010 年，兰艳译主持的会计学、于海峰主持的财政学获批为第五批国家特色专业（教高函〔2010〕15 号），李曼主持的电子商务物流获批为国家级双语教学示范课程（教高函〔2010〕11 号）。2012 年，应用型、复合型法律职业人才培养基地获批为国家卓越法律人才培养基地建设项目（教高厅函〔2012〕47 号）。2013 年，广州市地方税务局实践教学基地获得教育部国家级大学生实践教育基地建设立项。

截至 2013 年 9 月底，学校构建了一个由 646 项校级质量工程项目、219 项省级质量工程项目、116 项国家级质量工程项目组成的三级质量工程项目体系。按照广东省教育厅的要求，2012 年 10 月，学校组织完成了“十二五”期间省级以上质量工程项目建设情况普查工作。

学校教学质量工程建设获得广东省教育厅的认可和表扬。2011 年 11 月 17 日，广东省教育厅官方网站以“广东商学院狠抓质量工程建设，提升人才培养质量”为题，宣传报道了我校质量工程建设的做法和经验。

三、人才培养模式改革

（一）人才培养方案优化

进一步优化通识教育必修课程。为满足通识课程教学的基准规格要求，将通识教育必修课程模块设置为国防教育、思想政治理论课、语言技能课和身心教育四个模块。

进一步优化通识教育选修课程。在 2008—2011 年教学计划通识选修课模块中设置了方法论系列、自然科学系列、社会科学系列、人文科学系列和艺术系列五个模块；在 2012—2013 年教学计划中将通识教育选修课程应修学分调整为 12 学分，设置了方法论系列、自然科学系列、社会科学系列、人文科学系列、艺术系列、创新创业系列和体育系列七个模块。通过增加文科学生选修自然科学课程的学分和理科学生增加选修人文社会科学课程的学分，促进学生知识结构的文理交融。

学校从 2008 年起陆续出台文件，对参加规定竞赛活动获奖的学生，给予其在当学期若干门必修课程中加分或抵充若干门选修课或在综合测评中加分等待遇。2012 年出台的《广东商学院开放式课程（项目）学分管理办法》，对学生在校期间参加竞赛获奖、公开发表研究论文和作品、公开出版专著（译著）、获得专利和权威职业资格证书、参加创业教育活动、参加经典名著研读的项目给予折算学分。

不断改进和优化实践性教学环节在教学计划中的设置。根据人才培养需求和学校办学需求，在教学计划中陆续对实践性教学环节作出调整和优化：2008 级、2009 级教学计划安排了实验、实训、实习、课程设计、学年论文、毕业论文（设计）、社会实践等实践性教学环节；2011 级、2012 级教学计划安排了实验、实训、实习、课程设计、学年论文、毕业论文（设计）、社会调查、行业调研、创新实践等实践性教学环节；2013 年教学计划安排了实验、实训、实习、课程设计、学年论文、毕业论文（设计）、社会调研 I、社会调研 II 等实践性教学环节。

（二）课程分层分类教学改革

学校以学生发展需要和经济社会发展需求为导向，以培养多样化高素质人才为目标，确立了“在保证人才培养基准质量规格的基础上，促进学生个性化发展和复合型人才培养”的育人理念，构建了课程分层分类教学体系，为学生学习、成才提供多样化的平台和选择机会。

2010年9月起，选取大学英语类、数学类、计算机类及体育类四类课程实施分层分类教学改革。大学英语类课程按艺术、普通、涉外和人文四大类实行分层分类教学改革，数学类课程按经管、理工、数学和人文四大类实行分层分类教学改革，大学英语类课程和数学类课程均按大类和学生水平等级分为A、B两层。不同专业类别分别设定不同的课程、不同的教学内容和教学要求。计算机类课程分层分类课程体系分为三层，第一层实施计算机素养和计算机基础能力教育，计算机应用基础实行新生入学免修考试，通过考试即可获得学分；第二层实施通用性工具应用教育，针对管理类、经济学类、人文类、艺术类和理工类五大类别设定不同的专业应用课程；第三层实施计算机创新能力教育。体育类课程按个人水平和爱好分为基础层、提高层和发展层。基础层面向全体学生，打破学院、专业、班级界限，实行俱乐部化教学，学生按个人兴趣自主选择学习项目。提高层和发展层面向体育特长生，培养体育骨干，实行俱乐部化训练。

大学英语类、数学类、计算机类及体育类四类课程分层分类教学改革顺利推进：2010、2011和2012三个年级共有2 834名学生通过选拔考试，修读大学英语A层（高阶）课程。2010、2011和2012三个年级共有541名学生通过选拔考试，修读经管类数学A层课程。2010、2011和2012三个年级共有511名学生通过计算机应用水平测试，直接取得计算机应用基础课程学分。学校引入“全国高校计算机水平考试”一级考试成绩作为计算机应用基础平时成绩参考，2010—2011学年两个学期参加“全国高校计算机水平考试”的通过率达到67.03%。体育课实行俱乐部化教学，增设了19个选修项目，学生可根据个人兴趣自主选择项目修读。

（三）人才培养模式综合改革

早在2001年，学校就提出培养“适应经济社会发展需要特别是广东经济社会发展需要的知识结构合理、综合素质高、实践能力和创新创业能力强的高等专门人才”的经管类本科人才培养目标定位，经过前期的调查研究，从2005年起全面启动经管类本科应用型人才培养模式改革至今，历经了局部推进、全面推进和拓展深化三个阶段，构建了完整的实践教学体系、网络辅助教学课程体系和课程分层分类教学体系。通过改革，构建了理论教学与实践教学双向互动、课上教学与课下教学相辅相成、共性培养与个性培养融会兼顾的经管类本科应用型人才培养模式。

2009年，广东省文科类本科应用型人才培养经验交流会在我校召开，我校经管类本科应用型人才培养模式改革获得省教育厅及省内高校的高度认可和一致好评。2011年3月，“广东商学院经管类本科应用型人才培养模式综合改革”获批为广东省教育综合改革试点项目。2012年8月，“广东商学院经管类本科应用型人才培养模式综合改革”作为广东省教育改革典型，被广东省教育厅推荐至国家教育体制改革领导小组。学校全面启动了深化经管类本科应用型人才培养模式改革的五大工程：人才培养方案优化工程、人才培养方式创新工程、人才培养平台提升工程、新型师资队伍建设工程和人才培养质量评价改革工程。

经管类本科应用型人才培养模式改革有效提高了学生的综合素质、实践能力和创新创业能力，改革受益学生达21 000余人。该项成果在省内高校中处于领先水平，其中的经管类实践教学改革更是走在全国高校前列。

（四）拔尖创新人才培养

学校集中校内外优质教育资源，实行特殊政策，实施拔尖创新人才培养计划。根据《广东商学院本科教学质量与教学改革工程实施方案》和《广东商学院人才培养模式创新实验区建设方案》，学校自2008年起，构建国家、省、校三级人才培养模式创新实验区体系，加大对拔尖创新人才的培养力度。

2009年10月，学校具有企业家精神和潜质的人才培养模式创新实验区被批准为国家级人才培养模式创新实验区立项建设项目，为此，学校整合相关院系资源，设置了专职机构专职负责实验区人才培养综合改革。国家级人才培养模式创新实验区（以下简称实验区）在教学理念、教学内容、教学组织形式、管理体制和学生活动等方面进行人才培养模式综合改革。作为人才培养模式改革特区，实验区还承担探索省属高校培养拔尖应用型人才的可行路径并积累推广人才培养经验的任务。围绕企业家精神和潜质的培养，实验区构建了融“知识学习、能力培养、素质提升”于一体的教学内容体系，组建课程学习、项目开发、拓展训练等多元教学组织形式；打造专兼结合的教学团队，实施项目驱动式导师制；构建以学生管理为主的教学管理模式，形成过程评估与结果评估兼顾的教学评价体系，为学生建立全程成长档案。实验区改革成效显著，引领全校人才培养模式改革，获校级教学成果特等奖；省级质量工程结项获“优秀”；学生创新实践能力突出，56人次获国际国内创新奖；首届毕业生就业层次高，55人被名企录用，《南方日报》曾对此进行过专版报道。

国家级人才培养模式创新实验区的成立带动了二级学院各专业纷纷展开对专业人才培养目标的研究和探索。2010年，国际会计（ACCA）创新实验区、计算机创新实验区和中国企业国际化的国际商务人才培养模式创新实验区正式立项并启动。2011年，具有企业家精神和潜质的人才培养模式创新实验区、国际会计（ACCA）创新实验区和企业国际化高级商务人才培养模式创新实验区3个实验区被立项为省级人才培养模式创新实验区。2012年，全媒体新闻传播人才培养模式创新实验区和具有财经院校特色的复合型计算机应用人才培养模式创新实验区2个实验区获批为省级人才培养模式创新实验区。至此，国家、省、校三级人才培养模式创新实验区体系正式建立，标志着学校在拔尖创新人才培养方面正在探索出一条新路。

第六章 学科建设和学位与研究生教育

从20世纪90年代开始，学校在学科建设和学位与研究生教育方面，经历了一个从无到有、快速发展、不断优化的过程。学校确立了“优化结构、提升层次、突出重点、提高质量”的学科发展原则和“结构合理、体制健全、管理规范、质量稳定、特色突出”的学位与研究生教育发展思路，大力拓展学科建设门类，提高研究生培养质量，突出研究生创新能力培养，学科建设和学位与研究生教育已成为学校核心竞争力不可或缺的组成部分。

第一节 机构设置与调整

为扩大办学规模、提升办学层次，1994年上半年，学校开展联合培养研究生工作，在科研处增设了研究生管理科，这成为我校研究生教育机构设置的开端。同年9月，我校先后与暨南大学、北京经济学院（现首都经贸大学）、财政部财政科学研究所等院、所开展合作，联合培养硕士研究生。

2003年10月17日，为适应研究生教育的发展需要，学校设立研究生处，与科研处合署办公，处长由科研处处长林洪兼任，副处长由科研处副处长朱信贵兼任。研究生处下设研究生培养科和研究生管理科（研究生招生办公室）两个科室，工作人员为林守忠、黄晓山两人，研究生实行学校直接管理的体制。

2004年4月7日，学校成立学位评定委员会办公室，挂靠研究生处（科研处）。2004年4月26日，研究生处处长林洪兼任学位评定委员会办公室主任，教务处副处长陈倩兼任学位评定委员会办公室副主任。

2005年1月7日，设立研究生处党总支，副书记由研究生处（科研处）副处长朱信贵兼任。同日，李征坤任研究生处（科研处）副处长。

2006年9月29日，朱信贵任研究生处党总支书记。

2007年9月12日，随着学科点的不断增加，为进一步完善研究生管理体制，学校下发了《关于实行研究生教育两级管理体制的决定》，明确研究生教育两级管理体制，将研究生培养工作重心下放至各二级培养单位。

2008年7月3日，学校将研究生处与科研处分别独立设置，编制8人，设处长、总支书记、副处长各1名，林洪、支戈壁分别任处长、书记。2008年9月25日，设立研究生招生就业办公室、研究生培养科、研究生管理科、学位与学科建设科。

2009年3月24日，经党委组织部批准，研究生处党总支成立研究生分党校，负责研究生入党积极分子培训和研究生党员干部培训工作。

2010 年 4 月 27 日，学校下发《关于印发〈广东商学院研究生学生工作管理职能划分细则（试行）〉的通知》，进一步明晰学校与各二级培养单位研究生管理工作职能，加强研究生学生工作。

2010 年 11 月 11 日，为进一步加强研究生思想政治教育和管理工作，学校撤销研究生处党总支，成立党委研究生工作部，与研究生处合署办公，党委研究生工作部部长由研究生处处长林洪兼任，副部长由研究生处副处长李焕荣兼任。

2011 年 1 月 10 日，林守忠任党委研究生工作部副部长（研究生处副处长）。

2013 年 6 月，林仲豪任党委研究生工作部部长（研究生处处长）。林守忠、段丹分别任党委研究生工作部副部长（研究生处副处长）。

为加强专业学位研究生工作，学校先后成立法律硕士教育中心（2008 年 7 月 3 日）、工商管理硕士教育中心（2009 年 9 月 17 日）、金融硕士教育中心（2010 年 9 月 29 日）和保险硕士教育中心（2010 年 9 月 29 日）。至 2012 年底，学校共有 16 个二级研究生培养单位（含 4 个专业学位教育中心）。

第二节　学科建设与发展

一、学科建设起步阶段（1993—2000）

学科建设事业随着学校的发展也在摸索中前行。1993 年 3 月 20 日，广东省高校重点学科工作会议在我校召开，从此开始了我校学科建设的历史。同年 11 月 16 日，学校商业经济学科列入省扶持校级重点学科，学科带头人为罗国民教授，该学科的研究项目为《复关后广东市场发育、外经贸体制改革政策与国际营销策略综合研究》，获广东省高等教育局分三年拨付的专项资助经费共 30 万元。1994 年，学校首次确立商业经济、统计学、投资经济、税收学四个院级重点学科，学科建设的意识开始逐步形成。同年，全国地方财经院校统计学科建设与改革研讨会在我校召开，这是在我校举行的首个学科建设研讨会。1995 年，学校科研工作会议明确了“文理交叉、法商结合”的学科发展思路，力争通过重点学科建设，培养和造就一批中青年学术骨干，营造良好的学术氛围，激发教师科研人员从事科学研究的积极性。

“九五”初期，学校的学科建设思路进一步细化。1997 年 3 月 4 日，学校全面提高教育质量工作会议提出了“改造商科，发展法科，法商结合，文理交叉，拓宽口径，合理配置，建立起以工商管理和法学为主体，以经济学、统计学为基础，兼顾文学和其他交叉学科的学科专业体系，向多学科发展”的思路。在此基础上，学校启动了旨在提高办学实力的“二三一一五工程”，计划在“九五”期间建设两个达到省内先进水平的重点学科，从整体发展战略高度集中人、财、物力资源进行重点投入，确保重点建设的需要。同年 5 月 27 日，根据新颁布的学科、专业目录，结合我校法商学科的特点，学校重新确立了市场营销学、统计学两个院级重点学科以及法学、税收学两个院级重点扶持学科。同时，学校加大了重点学科建设经费的投入力度，强化建设过程的监控与管理。每年投入院级重点学科专项经费 5 万元/个、重点扶持学科 2 万元/个，实行“半年一检查，一年一评估”，评估不合格亮黄牌，连续两次黄牌就取消资格。学校的重点学科建设有力地促进了全院科研工作的发展。四个重点学科承担的国家社科基金课题占全院的70%，承担的省部级社科项目占全院的83%，出版专著占全院的50%，公开发表的论文占全院的54%。“九五”中后期，学校将学科建设水平视为学校办学水平的重要标志，在搞好校级重点学科建设的同时，加强了省级重点学科的申报和建设工作。1998年1月4日，罗国民、林维明教授获聘广东省第二届学位委员会学科评议组成员。2000年3月，我校企业管理学科被评为省高校重点学科（C类），这是学校历史上首个省级重点学科。

二、学科建设攻坚阶段（2001—2010）

2001年2月23日，学校召开的学科建设与科研工作会议提出：学科建设要围绕着学术梯队、研究方向和科研成果这“三要素”来进行。学校下发《关于全面加强学科建设，切实做好申请硕士学科授予权单位工作的实施意见》，进一步明确“以学科建设为龙头”的办学思想。同年4月，学校进行了21世纪第一次校级重点学科的申报和遴选工作，在原有校级重点学科、重点扶持学科的基础上，增设了重点研究方向层次，进一步完善了校级重点学科建设体系。经评审，学校确定国民经济学、企业管理、统计学为院级重点学科，诉讼法学、宪法学与行政法学、金融学为院级重点扶持学科，国际经贸理论与广东对外经贸研究、公共财政政策与理论研究、财务会计应用理论研究、计算机与网络技术为院级重点研究方向。学科建设专项经费资助额度为：每个校级重点学科每年资助5万元、每个校级重点扶持学科每年资助2万元、每个重点研究方向每年资助1万元。学校对已确定的重点学科、重点扶持学科和重点研究方向的学科建设实行滚动年终评估，根据评估的结果确定学科位次的升降。

2002年3月，学校进行了第二次校级重点学科的申报和遴选工作，确定国民经济学、企业管理、诉讼法学为院级重点学科，宪法学与行政法学、统计学、国际贸易学为院级重点扶持学科，金融理论与政策、资本市场与投资、公共财政政策与理论研究、财务会计应用理论研究、商务英语为院级重点研究方向。通过实行年度评估末位降级淘汰制，极大地提高了广大教研人员参与和投身学科建设的积极性，学科的研究方向进一步明确，学术队伍逐步形成和壮大，学术成果显著增加，整个学校的学科建设呈现出蓬勃向上的喜人景象。

2003年9月8日，我校企业管理、宪法学与行政法学、诉讼法学、国民经济学和金融学这5个学科均以高分通过同行通讯评审，获省学位办学科评议组的全票通过成为硕士学位授予权学科。至此，学科建设水平有了质的飞跃。同年12月2日，宪法学与行政法学被评为第七批广东省高校重点扶持学科，企业管理被评为广东省高校扶持学科。

进入“十一五”时期，学校以经济学、管理学、法学为主体，经济学、管理学、法学、文学、理学、工学等多学科协调发展的学科格局逐步显现。继2006年1月获批11个硕士点后，学校于同年6月评审通过宪法学与行政法学、诉讼法学、思想政治教育、国民经济学、财政学、金融学、企业管理、会计学等8个学科为校级重点学科，经济法学、国际法学、西方经济学、统计学、旅游管理、自然地理、计算机应用技术、应用数学、中国语言文学、英语语言文学、社会学、马克思主义中国化等12个学科为校级重点扶持学科，确定管理科学与工程为校级培植学科。同年9月6日，学校印发《广东商学院学科建设“十一五”规划》，提出了“强力打造法学、经济学、管理学三大主体学科，使之成为全省一流水平乃至在国内有一定影响的特色和优势学科”的学科建设目标。2007 年 4 月 13 日，我校宪法学与行政法学学科被评为第八轮省级重点学科，诉讼法学、国民经济学、财政学和旅游管理 4 个学科被评为省级重点扶持学科，标志着学校经、管、法三大主体学科均已形成了“省校两级四层”的重点学科建设体系。同年 10 月 25 日，吴家清、林洪教授被聘为广东省第四届学位委员会学科评议组成员。

学校坚持申报与建设并重的工作思路，加强重点学科建设进度的跟踪和管理。2009 年上半年，学校组织 5 个第八轮省级重点学科以及重点扶持学科进行了全面深入的自我检查，全面总结了各重点学科建设期内在研究方向、标志性成果、学术队伍建设、人才培养、学术交流与合作、基础条件建设等方面取得的成效和存在的不足。同年 6 月 30 日，第八轮省重点学科中期检查工作顺利完成。7 月 1 日至 2 日，学校召开第一次学科建设与研究生教育工作会议，全面总结过去两年我校学科建设与研究生教育工作，着眼对接《珠江三角洲地区改革发展规划纲要（2008—2020 年）》，提出“以重点学科建设为龙头，带动我校科研水平和研究生教育质量的提升”的思路。2009 年下半年，学校采取学科点自查和聘请校外专家检查评议相结合的方式，开展校级重点学科及重点扶持学科验收评估工作。验收评估以《广东商学院校级重点学科建设责任书》和《广东商学院校级重点扶持学科建设责任书》为依据，检查了校级重点学科及重点扶持学科建设目标任务的进展情况，全面总结学科建设成效。2010 年 4 月 29 日，学校印发《广东商学院省级重点学科建设与管理办法》、《广东商学院校级重点学科建设与管理办法》、《广东商学院重点学科建设经费管理办法》，使学科建设走上规范化、制度化轨道。

这一时期，各学科通过主办、承办高级别学术会议，开展高层次学术交流，密切了与其他高校和科研机构的往来，更好地把握了国内外学术前沿，扩大了学校的学科影响力。如 2006 年中国宪法学研究会年会暨宪法与社会主义新农村建设学术研讨会、2008 年中国金融工程年会暨金融工程与风险管理国际论坛、2010 年国民经济发展与国民经济核算学术研讨会、2010 亚运休闲旅游暨首届全国休闲旅游教育学术研讨会等。

2009 年 4 月 10 日，全国财政税收理论暨财政学科建设研讨会在我校召开。来自全国 30 余所院校、科研机构的 60 余名专家教授以及我校财税学院的教师、研究生 110 余人与会，其中 31 名专家教授就财税领域的基本理论研究和热点难点问题以及财政学学科建设进行了深入交流。

2010 年 11 月 29 日，全国高等财经教育研究会学科建设委员会第十次会议在我校召开。省学位办主任杨军，全国高等财经教育研究会学科建设委员会主任委员、上海财经大学研究生部主任陈启杰，哈尔滨商业大学、对外经济贸易大学、中央财经大学、西南财经大学、天津财经大学等 38 所财经院校代表共百余人与会。

三、学科建设提升阶段（2011—2013）

“十二五”时期，学校坚持“以学科引领研究方向、以研究方向凝聚学科梯队、以学科梯队产出研究成果和培养人才、以成果和人才服务社会”的学科建设理念，促使学科建设再上新台阶，不断实现新的跨越。为顺应国家学科目录调整以及优化学科结构和区域布局、按一级学科进行管理的改革趋势，学校新一轮校级重点（扶持）学科遴选，以“优化结构、提升层次、突出重点、提高质量”为原则，强化重点学科的示范辐射作用，促进学科融合，集中力量打造实力雄厚、特色鲜明、相互支撑的学科群，避免出现低水平重复投入。2011 年 1 月 17 日，确定应用经济学、法学、马克思主义理论、管理科学与工程、工商管理等 5 个一级学科为校级重点学科，西方经济学、社会学、中国现当代文学、外国语言文学、新闻学、应用数学、自然地理学、计算机应用技术、行政管理等 9 个学科为校级重点扶持学科。校级重点学科按该一级学科下学校原有硕士学位授予权二级学科点（截至 2010 年 6 月）每个 10 万元/年的标准确定建设经费，其中应用经济学 60 万元、法学 40 万元、马克思主义理论 20 万元、管理科学与工程 10 万元、工商管理 30 万元；校级重点扶持学科建设经费为每个 5 万元/年。3 月 30 日，根据省教育厅工作部署，按时完成第八轮省级重点（扶持）学科验收工作。同年 6 月 16 日，获批中央财政支持地方高校发展专项资金学科建设类项目——地区经济运行仿真实验室。该实验室作为一个有别于教学型、科研型实验室的学科创新平台，先后获批财政专项经费 450 万元。9 月 21 日，学校结合《国家中长期教育改革和发展规划纲要（2010—2020 年）》、《广东省中长期教育改革和发展规划纲要（2010—2020 年）》、《珠江三角洲地区改革发展规划纲要（2008—2020 年）》，制定印发《广东商学院学科建设与研究生教育“十二五”规划》，提出了“进一步发挥经济学、管理学、法学三大学科优势，‘十二五’期间力争获得 5 ~7 个省级重点（扶持）学科，特别要在一级学科层次上实现突破，争取有 1 ~2 个学科迈入全国同类学科先进行列”的目标。同年 12 月 28 日，院长王华当选广东省第五届学位委员会委员，这是广东商学院建校以来首次有专家入选该委员会。

2012 年 12 月 19 日，经学校申报、同行专家通讯评议、现场答辩评审等程序，我校应用经济学、工商管理、法学 3 个一级学科被批准为第九轮广东省优势重点学科。这是继 2011 年我校获批 6 个硕士学位授予权一级学科后，学科建设工作的又一重大突破，改写了学校没有一级学科层次的省级重点学科的历史，进一步彰显了经、管、法三大学科的主体地位。我校经济学和管理学被中国科学评价研究中心评为 2012 年度中国大学分学科门类排行榜前 20% 优势学科。根据中国管理科学研究院《中国大学评价》，我校经济学、管理学、法学连续九年进入全国高校百强行列，2012 年经济学、管理学、法学分列第 39、59、65 位。

第三节　学位点建设与突破

一、探索阶段（1988—2002）

1988 年 5 月 13 日，广东省高等教育局组织的专家评议组一致同意我校具备经济学学士授予权，这标志着我校的学位授予权点建设迈出了坚实的第一步。在开办本科教育的同时，学校开始积极筹办研究生教育。1992 年 6 月 15 日，学校向广东省高等教育局提出招收政治经济学、统计学专业硕士研究生的请示。1993 年 6 月 18 日，广东省高等教育局组织由中山大学、暨南大学、华南理工大学市场学专家教授组成的评审组对我校商业经济专业硕士点进行了初审，专家评审组认为设立硕士点既是广东现代化建设的需要，也是我校发展的需要，同时还对该硕士点的研究方向及课程设置等方面进行了具体的指导；11 月 14

日，广东省高等教育局批准我校挂靠暨南大学联合招收4名商业经济专业自筹计划硕士研究生，学校开始通过联合培养的方式探索试办研究生教育。1994年9月2日，第一届4名研究生新生正式入学，导师组成员为罗国民教授、徐印州副教授、杨荷君副教授，研究方向为国际市场营销和市场发育理论。1995年1月14日，广东省高等教育局批准我校在两个专业共三个方向上采取联合培养的方式招收6名自筹计划硕士研究生，其中商业经济专业与暨南大学联合招收4名，统计学专业与北京经济学院联合招收2名。1996年10月，广东省高等教育厅批准我校在与暨南大学、首都经济贸易大学（原北京经济学院）联合培养研究生的基础上，新增财政税收专业，联合培养单位为财政部财政科学研究所。1997年5月29日，我校与暨南大学联合培养的第一届商业经济专业硕士研究生学位论文答辩举行。答辩委员会主席由时任暨南大学经济学院商学系主任陈己寰教授担任，委员由华南理工大学工商管理学院厉以京教授，广东外语外贸大学梁世彬教授，暨南大学傅汉章教授、杨建华副教授担任，答辩委员会对4名研究生的论文答辩均给予良好的评价。1998年5月19日，我校与首都经济贸易大学（原北京经济学院）联合培养的第一届统计学专业硕士研究生通过学位论文答辩，答辩委员会由周兆麟教授、陈华山教授以及首都经济贸易大学的朱开云教授、刘英骥教授、赵青萍副教授五人组成，由周兆麟教授任答辩委员会主席。

通过与外校联合培养研究生，我校逐步探索、积累经验，同时积极筹划申报硕士学位授权单位事宜。1999年11月8日，学校《新增硕士学位授予单位具体建设规划》制定工作如期完成并上报省学位办。在此次规划工作中，我校共有企业管理、旅游管理、技术经济管理、管理科学与工程、会计学、统计学、财政学、金融学、国民经济学、国际贸易学、诉讼法学、国际法学、宪法学与行政法学、英语语言文学等十四个学科申请进入规划，涉及管理学、法学、经济学、语言学等四大学科门类。2000年2月25日，国家学位与研究生教育发展中心常务副主任、国务院学位研究发展中心主任谢桂华同志视察我校，他从领导班子、教学质量、科学研究、师资队伍、校园环境和硬件等方面，就我校如何加强“争研”的整体条件作了具体指导。2000年11月27日，学校成立“申硕”工作领导小组，罗国民院长任组长，徐印州副院长任副组长；“申硕”工作办公室同时成立，与科研处合署办公，林洪任“申硕”办主任。“申硕”办认真总结了1997年“申硕”失利的经验教训，提出了“苦练内功，充实内涵，加强外联，确保成功”的“申硕”思路。2001年12月4日，国家学位与研究生教育发展中心常务副主任兼学位与研究生评估所所长王战军、省教育厅副厅长罗远芳等来校指导工作。徐印州副院长就我校的基本情况、我校在广东教育事业和社会经济发展中的位置、我校为加强学科建设和争取硕士学位授予权的工作思路及采取的措施和初步成效、我校设立硕士点的可能性与必要性作了汇报。王战军、罗远芳两位领导肯定了我校的整体条件，包括师资队伍、学科建设、科研水平、项目申报等方面所取得的成绩，但也希望我校能进一步找差距，进一步调整，把学科的优势和特色显示出来，把每一个学科点的积极性充分调动起来。

二、快速增长阶段（2003—2013）

（一）学术型学位授予权点建设

2003年9月8日，国务院学位委员会下发学位〔2003〕56号文，正式批准我校为全国第九批新增硕士学位授予单位，所申报的五个学科点悉数成为硕士学位授予权学科点。我校的办学整体条件在全国专家通讯评议中得分名列13所送审的同类院校之首，国民经济学、宪法学与行政法学、诉讼法学等三个“申硕”学科点全国通讯评审通过得票率均为100%，企业管理和金融学的全国通讯评审通过得票率分别达到了94.12%和81.25%。在省学位委员会专家评议组会议评审中，我校所申报的五个学科点均获得了全票通过的优异成绩。“申硕”成功，是我校发展史上具有里程碑意义的重大事件，标志着我校开始由一所教学型院校向教学科研型院校转变。

2006年1月25日，我校财政学、产业经济学、国际贸易学、统计学、法学理论、民商法学、马克思主义基本原理、思想政治教育、英语语言文学、会计学、旅游管理等十一个学科成为全国第十批新增硕士学位授予权学科点，授予权学科点已涵盖经济学、管理学、法学、文学四个学科门类，硕士点规模在全国同批次授予权单位中名列前茅，进入广东省内研究生培养单位中游行列。

在努力扩大学位授予权点规模的同时，我校强化学位授予权点建设的质量意识，于2009年10月对第一批获得硕士学位授予权的国民经济学、金融学、宪法学与行政法学、诉讼法学和企业管理五个学科点开展硕士点评估工作。此次评估遵循“坚持标准、严格要求、实事求是、公正合理”的原则，评估内容包括自我评估、基本状态评价和硕士学位论文抽查三个部分，分别对各学科点获得硕士学位授权以来的学术队伍情况、人才培养情况（特别是人才培养质量）、科学研究情况、条件建设情况等方面进行评估。评估工作按照自我评估、专家评审、意见反馈和学科点整改四个阶段展开。通过评估，学校达到了“以评促建、以评促改”的目的。

2010年1月14日，学校党委印发《中共广东商学院委员会关于加强一级学科硕士点建设的意见》，强调“必须深刻认识学科建设面临的新形势、新任务，必须深刻认识加强一级学科硕士点建设是适应国家授权审核办法改革的客观需求，必须深刻认识一级学科硕士点建设的重要性和紧迫性，全面把握新机遇新挑战，把一级学科硕士点建设作为校党委、行政2010年和今后一个时期工作的重中之重”。这标志着学校学位点建设开始从以二级学科为主转向以一级学科为主。2011年3月3日，应用经济学、法学、马克思主义理论、管理科学与工程、工商管理等五个学科经审核增列为硕士学位授予权一级学科；同年9月，统计学获批对应调整为硕士学位授予权一级学科。至此，我校硕士学位授予权学科涵盖经济学、管理学、法学、文学、工学、理学六个学科门类，覆盖32个二级学科点，硕士点数量是学校2003年初次取得硕士学位授权时的64倍。学校第三轮“申硕”工作取得圆满成功，结束了我校没有一级学科硕士点的历史，优化了我校学位授予权点的建设布局，也为改办大学和“争博”工作奠定了基础。

获得一级学科硕士学位授予权资格后，学校根据《学位授予和人才培养学科目录设置与管理办法》，及时启动二级学科硕士点的自主设置论证和备案工作。按照“成熟一个，发展一个”的原则，经过校外专家的充分论证、校学位评定委员会的认真审议，于2011年12月30日完成区域经济学、数量经济学、国际法、刑法学、经济法学和马克思主义中国化研究等六个目录内二级学科硕士点的自主设置论证和备案工作，于2012年4月30日完成目录外二级学科硕士点应用统计和目录内二级学科硕士点技术经济与管理的自主设置论证和备案工作，进一步丰富和完善了学校的授予权学科体系。

2011年12月26日，国务院学位委员会下发《关于批准部分学位授予单位开展同等学力人员申请硕士学位工作的通知》（学位办〔2011〕83号），学校正式获批成为授予具有研究生毕业同等学力在职人员硕士学位授予权单位。授予同等学力人员硕士学位工作是国家在现行的向毕业研究生授予学位的渠道之外，开辟的一条使具有研究生毕业同等学力人员获得学位的渠道。此次获批将有助于我校扩大研究生教育规模和社会影响，培养更多高层次应用型的专门人才。

（二）专业学位授予权点建设

2007年4月1日，全国法律硕士专业学位教育指导委员会专家组来我校考察指导工作，法学院院长王学沛作《广东商学院全国法律硕士申请和筹建情况汇报》。同年5月22日，学校获批准成为法律硕士专业学位研究生培养单位，实现专业学位授予权点零的突破。随后，申报第八批新增工商管理硕士专业学位授予单位成为学校2009年的五大重点工作之一。相关部门克服任务重、人手少、时间紧、难度大的困难，经过精心、细致的准备，学校在全国教指委组织的评审会和复评答辩会上得到了专家的一致好评，成绩在全国112个申报单位中名列前茅。同年7月2日，学校被批准为新增工商管理硕士专业学位研究生培养单位，为研究生教育布局结构优化奠定了良好的基础。2010年，国家启动专业学位授予权审核制度改革，学校紧紧把握住专业学位实现跨越式发展的历史机遇，于9月2日成为全国首批金融硕士、保险硕士专业学位授予权单位之一，申报成功率达100%，远高于全省经管类专业学位点57%的申报通过率。至此，学校专业学位授予权点增加到4个，以经、管、法三大主体学科为核心的高层次应用型专门人才培养体系日趋成熟。

（三）学位管理机构及制度建设

学校学位管理机构的设立始于1988年。同年6月6日，首届学位评定委员会成立，李鸿昌、谭锐汉分别任正、副主席。1991年5月28日，首届学位评定委员会任期届满，第二届学位评定委员会成立，由11名委员组成，李鸿昌续任主席，谭锐汉、张裕良任副主席。成为硕士学位授予权单位后，学校进一步完善学位管理机构建设和制度建设，学位管理开始步入规范化、制度化的轨道。2004年4月7日，学位评定委员会办公室成立，林洪为学位办主任。2005年3月9日，第三届学位评定委员会成立，由21名委员组成，吴家清为主任委员，徐印州、曾小彬为副主任委员，林洪为秘书长。同年10月12日，根据《中华人民共和国学位条例》、《中华人民共和国学位条例暂行实施办法》，学校制定《广东商学院学位授予规定》，促进了硕士和学士学位授予工作的科学化、规范化；11月14日，学校成立经济学、法学、文学、理工、管理学五个学位评定分委员会，曾小彬任经济学分委员会主席，吴家清任法学分委员会主席，雍和明任文学分委员会主席，向子贵任理工分委员会主席，徐印州任管理学分委员会主席。2009年9月23日，学校对任期届满的学位评定委员会进行了相应调整，成立第四届学位评定委员会，由25名委员组成，王华任主席，雍和明、曾小彬任副主席，林洪为学位办主任。同年12月16日，为更好地规范我校的学位工作，提高学位点建设水平，学校根据国家有关条例，制定并公布《广东商学院学位评定委员会章程》。2012年3月15日，学校对第四届学位评定委员会进行了调整，于海峰接替曾小彬担任学位评定委员会副主席。

第四节　研究生教育

一、研究生教育开创阶段（2003—2007）

从1994年开始，我校与暨南大学、首都经济贸易大学等院校合作联合培养硕士研究生，这项工作为学校申请硕士学位授予权和今后培养研究生积累了丰富的经验。2003年9月8日，国务院学位委员会下发学位〔2003〕56号文，正式批准广东商学院为全国第九批新增硕士学位授予单位，所申报的国民经济学、金融学、宪法学与行政法学、诉讼法学和企业管理五个学科点悉数成为硕士学位授予权学科点。学校自主招收硕士研究生，实行研究生教育工作的帷幕正式拉开。

（一）研究生导师队伍建设

研究生导师是研究生教育的主力军，学校从研究生教育之初就着力打造水平高、结构合理的师资队伍。2003年出台了《广东商学院硕士研究生指导教师遴选办法（试行）》，11月27日，公布了学校第一批硕士研究生指导教师，分别为国民经济学：何东霞、叶祥松、林洪；金融学：左柏云、武一、黄正新；宪法学与行政法学：吴家清、杜承铭、邓世豹；诉讼法学：张晋红、马进保、纪宗宜；企业管理：徐印州、钟育赣、刘佐太。2004、2005、2006年又分别遴选了27、15、58位硕士生指导教师。2005年9月24日至25日，学校召开首次全体硕士生导师工作会议，对研究生教育进行阶段性总结，之后每年学校都定期召开导师研修工作会议，及时总结研究生教育存在的问题，对下一步工作的开展进行科学的规划。

（二）研究生招生和培养工作

2003年9月8日，国务院学位委员会正式批准我校为第九批新增硕士学位授予单位，当月学校即启动研究生招生工作，报考我校2004年研究生招生考试的考生近200人。2004年9月，首批90名硕士研究生入学，其中国民经济学13人，金融学19人，宪法学与行政法学16人，诉讼法学20人，企业管理22人。据统计，在第九批新增硕士学位授予单位中，我校2004年的招生数位居第三。2005、2006年，我校继续在国民经济学、金融学、宪法学与行政法学、诉讼法学和企业管理五个学科点进行招生，招收总人数分别为136、180人，年均增长率达到35%以上。

在这一阶段，学校确定了依据自身办学特色制定研究生培养方案的方针，探索发现和培养创新人才的途径。在培养目标方面，对研究生的基础理论和专门知识方面应达到的广度和深度，科学研究能力或独立承担专门技术工作能力，以及政治思想、道德品质、身心健康等方面所有达到的水平提出了高标准要求。在研究生培养方式方面，实行学科点指导小组负责制和指导教师具体负责制，建立和完善有利于发挥学术群体作用的培养机制。研究生入校后两个月内确定指导教师，在导师的指导下制定出个人培养计划，导师对其课程学习、文献阅读、教学与社会实践、开题报告、学位论文等要求和进度作出计划和安排。在课程设置方面，在二级学科层面开设了学位课、必修课和选修课三种类型的课程，并将专业实践、学术活动与文献阅读作为培养的必需环节列入培养计划。同时，为加强对培养过程的监督，学校实行中期考核制，在第四学期开题报告会前，由导师和所在学科点组成考核小组对研究生进行中期考核，主要考核研究生的思想品德、课程学习和业务能力等情况，对研究生参加科研、学术活动和社会实践的情况进行督促和检查。为提升研究生的科研能力，学校在广东省内首家设立硕士层面的研究生自选研究项目，2006 年正式开始实施，前期投入经费 100 万，共遴选出 540 项研究生自选项目进行立项、资助，此举对研究生掌握科学研究方法、建立科研思维起到了较好的作用。

学校注重加强对研究生教育和管理方面信息、经验的总结和交流。2006 年 7 月 24—27 日，学校成功主办了“新形势下的研究生教育改革与发展”研讨会。来自中国人民大学、武汉大学、华中科技大学等全国 34 所高校的 80 多名研究生教育专家及管理工作者参加了会议。国务院学位办任增林、广东省学位办金正林出席了会议。会议就学位与研究生教育的现状和发展趋势、培养体制、管理体制、导师体制，以及如何提高研究生培养质量的经验探索等问题进行了积极的探讨。此次研讨会是学校招收研究生以来首次举办的关于研究生教育的全国性研讨会，有利于加大研究生教育改革力度、大力发展研究生教育、加强对外合作交流、提高整体办学层次和水平。

2006 年 10 月，学校成功召开了第一次学位与研究生教育工作会议，省学位办副主任、省教育厅科研处副处长王斌伟到会并发表讲话。此次会议就我校学位与研究生教育工作取得的主要成绩、存在的主要问题及原因、大力发展研究生教育的思路与措施、切实做好我校第三轮“申硕”工作这四方面进行讨论。会议下发了《以学科建设为龙头，大力发展研究生教育——广东商学院学位与研究生教育工作会议主题报告》、《广东商学院学位与研究生教育“十一五”规划》、《关于切实做好我校第三轮“申硕”工作的若干意见》、《硕士学位授权学科点学位与研究生教育工作总结》、《广东商学院学位与研究生教育管理文件汇编》、《广东商学院学位与研究生教育论文汇编》等一系列文件，并宣读了《中共广东商学院委员会、广东商学院关于进一步加强学科建设大力发展研究生教育的决定》，为今后几年学校在学位与研究生教育发展问题上指明了方向。通过会议，全校上下就学位与研究生教育发展问题进一步“统一思想、统一认识、统一行动”，增强了“以学科建设为龙头，抓住机遇，大力发展研究生教育”的思想观念。

（三）研究生管理、学术科研和社团活动

学校的研究生日常管理步入正轨，逐步建立了完善的研究生团学组织机构。2004 年 9 月 13 日，学校隆重举行了首届研究生开学典礼；9 月 27 日产生第一届研究生会，聂华丽当选第一届研究生会主席；10 月 15 日召开第一届研究生团总支大会，选举陈海涛为第一届研究生团委副书记。2006 年 1 月，学校举行全体团员代表大会推荐入党积极分子，规范了组织发展程序。2006 年 11 月，顺利举行第二次研究生团员代表大会。

为激励在校研究生认真学习、全面发展，学校加大了对研究生的奖先评优力度。2006 年 1 月，学校依据《广东商学院研究生奖励办法》授予 2 位同学“优秀研究生”二等奖，授予 4 位同学“优秀研究生”三等奖，授予 11 位同学“优秀研究生干部”奖。2007 年 6 月，发文表彰获得 2006 年“南粤优秀研究生”、2007 届“优秀毕业研究生”、2007 届“优秀硕士学位论文”作者，以及成功考取了博士的毕业研究生。

为培养研究生的学术科研能力和创新意识，营造浓厚的学术科研氛围，2005 年 5 月，学校举行以“高校管理与学生权利之保障”为主题的首届研究生论坛，搭建了师生交流的

学术平台，为研究生开展学术活动打下了良好的基础。7 月，组织研究生参加首届华南高校研究生“企业核心竞争力与企业可持续发展”管理论坛，2005 级企业管理专业研究生高汴娜夺取了唯一的一等奖，另有 4 名同学获优秀奖。12 月，举办首次研究生学术活动月，将学术研讨活动扩展到各个研究生班级中，形成一种积极向上的学术氛围；组织法学研究生参加在华南理工大学举办的首届粤港法学研究生研讨会，进一步加强了研究生与兄弟院校同学之间的学术交流。

文体和社会实践活动是提高研究生综合素质，丰富校园文化生活，展现研究生集体和个人风采的重要途径。2006 年 5 月，学校举办首届“研究生英语文化节”，在提高研究生英语交流水平的同时更加深了学生对异域文化的了解。12 月，选派研究生孟洁代表学校参加共青团中央、中国文联、全国学联联合主办，西南大学承办的第四届中国大学生校园歌手大赛，她以出色的表现获得了比赛业余组铜奖。在社会实践方面，2006 年 12 月，研究生共青团员深入学生群体开展调研活动，并完成了《研究生分团委如何在新形势下做好服务研究生团员工作》的调研报告。2007 年我校“三下乡”暑期社会实践活动研究生新疆实践服务团得到广东省团委的表彰和报道，并荣获“广东省大中专学生志愿者暑期‘三下乡’社会实践活动优秀团队”称号。

二、研究生教育快速发展阶段（2007—2013）

2007 年 7 月 3 日，学校隆重举行了“首届硕士研究生毕业典礼暨硕士学位授予仪式”，至此，学校完成了一轮完整的研究生培养，加之本年度硕士学位授权点新增至 16 个，学校研究生教育进入快速发展的新阶段。

（一）规章制度建设

为适应研究生教育的发展和管理模式的改变，学校对研究生管理文件进行了完善和修订。2008 年 9 月 3 日，学校印发《广东商学院研究生考勤管理规定》，进一步加强研究生考勤管理。2009 年 5 月 21 日和 10 月 15 日，分别印发了《广东商学院优秀硕士学位论文评选办法》、《广东商学院优秀毕业研究生评选办法》、《广东商学院优秀研究生评选办法》、《广东商学院优秀研究生干部评选办法》，进一步加强对研究生奖励工作的管理。2009 年 12 月 16 日，印发《广东商学院硕士研究生指导教师招生资格审核暂行规定》，修订了《广东商学院硕士研究生指导教师遴选办法》，进一步加强对导师队伍的管理。2010 年以后，分别印发了《广东商学院研究生学位论文学术不端行为检测暂行办法》、《广东商学院研究生示范课程建设管理暂行办法》、《广东商学院研究生招标课程建设管理暂行办法》、《广东商学院研究生课程教学质量评价暂行办法》、《广东商学院学位与研究生改革研究项目实施管理暂行办法》、《广东商学院研究生优秀学术论文评选暂行办法》、《广东商学院研究生创新创业实践基地建设与管理暂行办法》、《广东商学院硕士学位点评估暂行办法》、《广东商学院示范性硕士点建设与管理暂行办法》、《广东商学院研究生教育督导工作管理暂行办法》、《广东商学院全日制研究生培养工作量核算办法》、《广东商学院硕士学位论文工作规定》、《广东商学院硕士学位论文写作规范》、《广东商学院研究生课程管理办法》、《广东商学院研究生学业奖学金评定办法（试行）》、《广东商学院研究生国家奖学金评定暂行办法》、《广东财经大学优秀研究生指导教师评选暂行办法》、《广东财经大学研究生纪律处分规定（暂行）》等文件，进一步细化课程管理、教学管理、学生管理、学位管理等文件规定。

（二）研究生导师队伍建设

在这一阶段，学校继续探索研究生导师队伍建设的长效机制，硬化导师遴选条件，尝试建设一支能上能下、富有开拓创新精神的动态导师队伍。2008 年学校修订了《广东商学院硕士研究生指导教师遴选办法》，5 月开展了第六批导师遴选工作，严格把关，确认了 19 位同志具备硕士研究生指导教师资格。2009 年开始试行导师招生资格审查，打破了导师身份终身制，导师能上能下以确保导师指导质量。2009 年至 2012 年共遴选了 80 名硕士生指导教师（2009 年 19 位，2010 年 4 位，2011 年 32 位，2012 年 25 位）。2012 年 5 月修订了《广东商学院硕士研究生指导教师遴选办法》，细化了导师科研条件中对项目经费、科研奖励等级的要求，出台了《广东商学院研究生指导教师资格审核办法》，建立研究生指导教师按需设岗、优胜劣汰的竞争机制。

（三）研究生招生和培养工作

2007—2013 年，学校在校研究生规模迅速扩大。2007 年，招生专业扩展到 16 个，当年研究生招生人数为 189 人。2008 年，招生专业扩展到 17 个，增加法律硕士专业学位类别，当年研究生招生人数为 289 人。2008 年，学校还开始了在职研究生教育工作，3 月 15 日，首批 48 名在职人员攻读法律硕士学位研究生报到入学。2009 年，研究生招生人数为 370 人。2010 年，招生专业扩展到 19 个，增加工商管理硕士、法律硕士（法学）2 个类别，当年研究生招生人数为 375 人。2011 年，招生专业扩展到 21 个，增加金融硕士、保险硕士 2 个专业学位，当年研究生招生人数为 464 人。2012 年，学校招生专业扩展到 25 个，增加刑法学、国际法学、经济法学、管理科学与工程 4 个招生专业，当年研究生招生人数为 540 人。2013 年，学校研究生招生人数为 572 人。截至 2013 年 9 月，各类在校研究生达到 1 488 人。

在扩大研究生招生规模的同时，学校及时总结研究生培养过程中存在的问题，顺应国家研究生教育的变革，采取系列措施提升研究生培养质量。2007 年 3 月制定、修订了更科学完善的《广东商学院攻读硕士学位研究生培养方案》，在课程设置中提出涵盖本学科的基本领域，着眼于一级学科（或学科群）的范围，构建适应面较宽的研究生课程体系，同时也重视设置一些与本学科相关的相邻学科和交叉学科的课程，将中级宏观经济学作为经济学、管理学的平台课程。经过近两年的酝酿，2009 年 12 月 30 日，学校正式出台《广东商学院研究生质量工程建设方案（2010—2015 年）》（以下简称《方案》），全面实施研究生教育质量提升举措。该方案在 2010 年具体实施，在 2010 年 11 月 29 日举办的全国高等财经教育学会学科建设委员会第十次会议上交流时，受到兄弟院校的一致好评。

《方案》结合国家研究生教育的发展变化，要求各学科应根据本学科的特点，适应经济社会发展对研究型、创新型、复合型高层次人才培养的多样化需求，科学定位培养目标，科学设计培养方案；着力深化研究生课程教学改革，提高课程教学质量；制定《广东商学院研究生示范课程建设管理暂行办法》，加强研究生课程建设。2010 年立项建设统计学理论与方法研究、计量经济学、现代投资理论、金融工程学四门示范课程，至 2012 年，我校共立项建设八门研究生示范课程。创新课程开设方式及个性化的课程设计，尝试以招标方式开设研究生平台课程，制定了《广东商学院研究生招标课程建设管理暂行办法》，

2010年12月以招投标的方式确立中级宏观经济学为我校第一门招标课程。

《方案》加强了对学位论文的管理，要求严格按《国务院学位委员会关于在学位授予工作中加强学术道德和学术规范建设的意见》（学位〔2010〕9号）精神加强研究生学术道德和学术规范建设，规范学位论文的过程管理。2007年，首次引入CNKI学术不端检测系统，对学位论文文字重合率进行监测并设立专项基金，出台《广东商学院研究生优秀学术论文评选暂行办法》，以培育学校优秀硕士学位论文。2010年，金融学研究生胥爱欢的学位论文入选广东省百篇优秀硕士学位论文，2011年度我校选送的三篇学位论文也全部入选。

《方案》以项目立项的方式推进学校的学位与研究生教育改革。出台《广东商学院学位与研究生教育改革研究项目实施管理暂行办法》，鼓励探索新型人才培养机制和管理模式，深化研究生教学研究。2010—2012年，学校立项研究生教研教改项目29项。《方案》旨在提升研究生创新创业能力实践基地的创建水平，加强与国内重点院校、科研单位、企事业单位及政府部门的实践实习合作，探索创建知识创新型研究生培养基地。

学校根据《方案》制定了《广东商学院研究生教学质量评价暂行办法》，加强对研究生课程教学的检查与评价反馈，从教学督导、学生评价两方面保障课程教学质量的提高。2011年4月，组建了以徐印州教授为组长，林文俏、马玉珍、姚澜、曾文雄教授为组员的督导组，开始对研究生教育开展相关督导工作。

2011年3月，广东省教育厅通过《广东商学院财经类院校应用型硕士研究生教育质量提升综合改革试点实施方案》（粤教规函〔2011〕116号文），2012年4月27日出台《关于做好〈广东商学院财经类院校应用型硕士研究生教育质量提升综合改革试点实施方案〉项目建设工作的通知》，拟定综合改革实施方案的总体框架和具体建设项目及建设方法。

（四）研究生管理、学术科研、社团和毕业生工作

为配合《广东商学院研究生质量工程建设方案》的施行和研究生二级管理体制的推行，2009年11月，学校第一个研究生分会——法学院研究生分会正式成立。2011年3月，举行了首届在职法律硕士生毕业典礼，首届在职研究生顺利毕业。2011年10月，广东商学院与珠海公交集团在珠海举行“广东商学院研究生创新基地”挂牌仪式。

学校进一步规范研究生评先奖优，科学设置研究生奖学金和评优项目，依据《广东商学院优秀毕业研究生评选办法》、《广东商学院研究生国家奖学金评定暂行办法》等文件，2008年至2012年6月，由学校发文表彰获得“研究生学术奖”、“优秀研究生”、“优秀研究生干部”、“南粤优秀研究生”、“优秀毕业研究生”、“优秀硕士学位论文作者”及考取博士的毕业研究生。2013年3月，经过严格筛选及审议，评选出2012年度研究生国家奖学金获得者共24人。

学校更加重视研究生学术科研和创新能力的培养，充分利用校内外各种资源和平台，组织研究生参加高水平学术科技竞赛活动。国民经济学研究生杨科获国家统计局项目的第九届全国统计科学研究优秀成果奖二等奖，国民经济学研究生杨科、曾志镒与统计学研究生景曼、袁琳俐、胡海妹、邱天、邬云云、孙求华等论文相继入选第11、12、13、14次全国中青年统计科学研讨会和第三、四届中国统计学年会以及中日经济统计研讨会并作会议发言。2008年，在第二届广东大学生学术科技节暨第六届“挑战杯”广东大学生创业计划竞赛的决赛中，我校研究生代表队获得广东省银奖；在南中国HR高峰论坛中，获得了优秀 HR 管理论文奖；在广东青年论坛活动中，荣获三等奖。同年，我校金融学研究生高明瑞、统计学研究生童霆等撰写的论文被厦门大学王亚南经济研究院主办、中国科学院预测科学中心和国际学术期刊 *Journal of Econometrics* 协办的“WISE2009”计量经济学与金融学暑期学校选用；统计学专业邱天的论文获省社会科学界联合会年会一等奖，孙求华的论文获省经济学会年会优秀科研成果一等奖。2009 年 5 月和 11 月，学校分别承办了广东省第九届、第十届研究生学术论坛活动。2009 年 12 月，广东省研究生学术论坛工商管理分论坛在我校举行，省教育厅副厅长罗远芳出席，并借此次论坛向各高校传达了“提高研究生质量的关键在于创新”的理念。2009 年起，学校组织研究生代表队参加第六届全国研究生数学建模大赛并荣获三等奖，之后连续三年获该奖项。2010 年，我校 MBA 代表队获第六届中国 MBA 企业案例大赛华南区决赛亚军及全国总决赛优胜奖（全国前十名），2011、2012 年，在第十、十一届全国 MBA 培养院校企业竞争模拟大赛中，均获广东赛区第一名，分获全国二等奖和优秀奖。2012 年 3 月，我校研究生梁启星获第三届全国法学专业研究生企业法务征文大赛一等奖。2012 年 4 月，学校研究生代表队获得首届广东省“法思杯”研究生四校辩论赛冠军。2013 年，我校 2012 级法律硕士法学专业陈丽获得第十二届“挑战杯”广东大学生课外学术科技作品竞赛二等奖。

学校积极引导研究生参加各类公益、文体活动和社会实践活动，促进广大研究生全面发展。2008 年 5 月，发生汶川地震后，研究生分团委研究生会在第一时间发出倡议并号召广大师生通过捐款、献血等方式支援灾区人民。2009—2012 年，学校相继开展研究生心理健康活动月活动普及心理健康知识，以及迎新晚会、研究生文化活动月等系列活动。研究生运动员代表队在 2011、2012 年分获校运会男子团体第六名和第五名，为研究生赢得荣誉。在社会实践方面，2008 年 4—5 月，研究生团委开展“研究生团建的实践与探索”调研活动。2009—2011 年，研究生团委在研究生处党总支的指导下结合学校研究生实际情况，在东莞虎门、广州增城等地，深入格兰仕、广汽本田等企业开展了丰富多彩的社会实践活动，以帮助研究生在实践中受教育、长才干、作贡献。2011 年 3 月，鉴于我校研究生在全国亚运会、亚残运会志愿服务工作中的突出表现，学校授予研究生处“广东商学院亚运会、亚残运会志愿服务工作先进集体”荣誉称号。2012 年研究生暑期实践团队荣获广东商学院 2012 年暑期“三下乡先进单位”、“先进指导教师标兵”等 11 项荣誉。

学校为毕业班研究生提供周到的就业指导和服务，为研究生校友提供完善的沟通、交流平台。2007—2012 届研究生就业率居全省高校前列，总体就业率达到 99%。毕业生中有 16% 在政府部门就业，23% 在事业单位就业，22% 在国有企业就业，34% 在民营企业就业，5% 在外资企业就业；87% 的毕业研究生在沿海发达城市就业，就业行业和区域分布充分反映了学校人才培养的特点，满足了国民经济各行业发展对人才的需求。其中一大批毕业生考取了北京大学、武汉大学、中山大学、厦门大学、西安交通大学等“985”院校以及瑞士巴塞尔大学、法国波城大学等著名高校的博士研究生，毕业后他们都在各自的岗位上发挥着重要作用。2012 年 11 月，广东商学院研究生校友会广州分会成立大会顺利召开，东莞、深圳的研究生校友分会也相继成立，为增进校友之间的感情沟通，促成学校、校友与社会的全方位合作搭建了平台。

第七章 科学研究与管理

科学研究是高等院校四大社会功能之一，服务于学校的人才培养和学科建设。在30年的办学历程中，学校经过不断探索，在办学思路上逐步达成了共识，确立了“以学科建设为龙头，以教学为中心，以科研促教学”的办学理念，科研实力不断提升。进入“十二五”时期，学校人文社科研究整体实力已跃居广东高校前列，并在全国财经院校中占据了举足轻重的地位。

第一节 机构设置与调整

一、科研处机构建制和历届领导

由于科研基础薄弱，自建校至1985年，学校科研工作无人专管。1986年初开始，学校指定教务处李恩经副处长分管科研工作，主要是作年度科研课题计划和科研成果登记。1987年9月，教务处增设科研科，由教务处何启傅副处长分管科研科工作。1990年4月18日，学校请示省高教局，提出我校党政系统拟设立12个处级机构，其中包括科研处。同年4月28日，省高教局批复同意了我校的请示，科研处作为一个处级行政机关正式成立。

2005年1月，学校成立研究生处，与科研处合署办公，合称科研处（研究生处）。2008年3月，学校对校内机构进行调整，科研处（研究生处）分设科研处、研究生处，科研处再次成为学校内设的一个独立的行政机关。

自1990年独立建制以来，按处长任职分届，科研处前后经历了三届领导班子：

第一届（1990年8月至1999年6月）：熊达棣于1990年8月任科研处副处长，1994年2月至1999年1月任科研处处长；赵进军于1994年9月至1997年6月任科研处副处长；吴源鸿于1997年7月至1999年7月任科研处副处长。

第二届（1999年6月至2008年7月）：林洪于1999年6月任科研处处长，朱信贵于2001年4月任科研处副处长。2005年1月，林洪任科研处（研究生处）处长，朱信贵任科研处（研究生处）副处长，李征坤任科研处（研究生处）副处长。2008年7月，科研处和研究生处分设后，林洪不再担任科研处处长，朱信贵、李征坤不再担任科研处副处长。

第三届（2008年7月至2013年6月）：傅道忠于2008年7月任科研处处长，陈红丽于2009年6月任科研处副处长。2013年6月，学校中层干部换届，傅道忠、陈红丽继续担任科研处处长、副处长。

二、历届学术委员会

建校三十年，广东商学院共成立了八届校学术委员会，从第八届开始学校下设学术道德委员会、各学科分委员会等分支机构。每届的成立情况如下：

第一届：1988 年 3 月 30 日，第一届学术委员会成立，李鸿昌、谭锐汉分别任正、副主任。

第二届：1990 年 12 月 4 日，第二届学术委员会成立，李鸿昌、谭锐汉分别任正、副主任委员。

第三届：1992 年 10 月 20 日，第三届学术委员会成立，罗国民任主任委员，温宝光、符士强任副主任委员。

第四届：1995 年 1 月 14 日，第四届学术委员会成立，罗国民任主任委员，副主任委员张裕良、温宝光。

第五届：1997 年 6 月 23 日，第五届学术委员会成立，罗国民任主任，林维明、徐印州任副主任。

第六届：1999 年 11 月 9 日，第六届学术委员会成立，罗国民任主任，林维明、徐印州任副主任。

第七届：2005 年 3 月 9 日，第七届学术委员会成立，吴家清任主任，杨维、徐印州任副主任。2007 年 10 月 31 日，因学校领导班子和校党政领导的分工已作调整，雍和明担任学术委员会副主任，徐印州由于年龄原因不再担任副主任。

第八届：2008 年 11 月 26 日，第八届学术委员会成立，吴家清担任主任，杨维、雍和明担任副主任。2010 年 1 月 14 日，因工作需要，学校对议事机构、协调机构的组成人员进行调整，王华任学术委员会主任，雍和明任副主任。

根据教育部以及广东省对大学去行政化的相关要求，2011 年 3 月，王华主任和雍和明副主任主动请辞校学术委员会主任、副主任职务，王廷惠委员主动请辞委员职务。经 2011 年第六次校长办公会议研究，2011 年第六次党委常委会议确认，2011 年 4 月 21 日学院发文，同意王华辞去校学术委员会主任委员职务，雍和明辞去校学术委员会副主任委员职务，王廷惠辞去校学术委员会委员职务。2011 年，第六次党委常委会议根据 2011 年 4 月 14 日学术委员会会议选举结果，确认叶祥松担任校学术委员会主任委员，2011 年 6 月 9 日学术委员会会议推荐邓世豹、兰艳泽为副主任委员。

2009 年 10 月 15 日，第一届广东商学院学术道德委员会成立，左柏云任主任委员，幸红任副主任委员。

2009 年 10 月 15 日，根据学校的学科设置，首次成立了经济学、管理学、法学（含哲学）、文学与教育学以及理工共五个学术分委员会，邹新月、兰艳泽、邓世豹、张广奎和洪勇分别任各分委员会主任委员。

第二节　科研机构的建设

1992 年，学校成立第一家校内实体科研机构“经济研究所”，学校科研机构建设开始起步。2003 年，法治与经济发展研究所成功申报成为第一批广东省普通高校人文社会科学重点研究基地，学校开始了省市级科研平台的建设。经过 20 余年的建设，科研机构已成为学校科学研究和服务地方经济社会发展的重要平台，研究领域涵盖了经、管、法、文、理、工、艺等学科，结构渐趋合理，形成了省级、市级和校级三级互动，实体和非实体互补的科研平台架构，汇聚骨干人才，形成紧密团队，凝练研究方向，发挥引领和辐射作用。

学校现有省级重点实验室 1 个、省级人文社科重点研究基地 2 个，市级人文社科重点研究基地 1 个，校级实体性科研机构 3 个、非实体性科研机构 37 个。

一、省市级科研平台

（一）广东省电子商务市场应用技术重点实验室

2003 年 10 月 17 日，为适应世界经济全球化发展要求，更好地迎接我国加入 WTO 后广东省贸易面临的重大机遇与挑战，十分有必要加强计算机网络与商贸相结合的科研工作，以促进广东省相关领域的科技进步和经济发展。根据广东省科技整体布局，经过有关专家论证，广东省科学技术厅决定以我校为依托，建设“广东省电子商务市场应用技术重点实验室”，并将该重点实验室列入广东省 2003 年重点实验室建设项目计划（粤科函财字〔2003〕627 号）。

2004 年 4 月 2 日，学校成立广东省电子商务市场应用技术重点实验室，聘任广东商学院徐印州副院长为广东省重点实验室电子商务市场应用技术实验室主任（兼）。该重点实验室是广东省第一家也是唯一一家电子商务类的省级重点实验室。

2005 年 1 月 22 日，陈拥军任广东省电子商务市场应用技术重点实验室主任。

2008 年 7 月 3 日，李征坤任广东省电子商务市场应用技术重点实验室主任。

广东省电子商务市场应用技术重点实验室现有仪器设备价值 410 万元，专职研究人员 10 人，兼职研究人员 60 余人。下设现代信息服务、金融电子商务、电子商务安全与智能等研究中心，拥有技术经济及管理、管理科学与工程（与信息学院联合）两个硕士点。广东省电子商务市场应用技术重点实验室以科研服务社会为宗旨，走政产学研相结合的道路，使重点实验室成为广东电子商务学科发展阵地、电子商务研究开发基地、电子商务产业孵化园地和电子商务人才培训园地。

（二）广东省普通高校人文社科重点研究基地：广东商学院法治与经济发展研究所

2003 年 12 月 31 日，广东省教育厅批准广东商学院法治与经济发展研究所为广东省普通高校人文社科重点研究基地。广东商学院法治与经济发展研究所是广东省第一批批准成立的广东省普通高校人文社科重点研究基地，也是我校第一个省级文科重点研究基地。

2004 年 4 月 2 日，聘任吴家清为广东商学院法治与经济发展研究所所长（兼）。2005 年 10 月 13 日，聘任邓世豹为广东商学院法治与经济发展研究所所长。2008 年 7 月 3 日，钟立国任广东商学院法治与经济发展研究所所长。

研究所依托广东省重点学科——宪法学与行政法学，整合学校法学、经济学和管理学三大学科优势资源，形成了法治基本理论研究、法治与司法体制改革和法治与经济发展等稳定的研究方向。研究所在港澳基本法研究方面取得了较好的成绩，在港澳基本法研究领域初步形成了自身的研究特色。

近十年来，研究所共举办了国际性学术会议与全国学术会议 19 次，其中较有影响的国际会议有作为主办方的“东亚国际民事诉讼法学研讨会”和作为协办方的“中国《刑事诉讼法》再修改国际研讨会”。此外，研究所举办的“法商论坛”也吸引了大批学者进行学术讲座。

研究所积极探索促进科学研究的新路径。2008 年 7 月 26 日，研究所与到访的台湾高雄第一科技大学科技法律研究所周天所长一行三人，就法学研究及法律人才培养等问题交换了经验，并就科学研究、学术交流等事项达成了协议。2010 年 6 月 21 日至 23 日，杜承铭副院长率我所专兼职研究人员访问澳门，参加了“一国两制”与澳门特区法制建设学术研讨会，拜访澳门检察院、澳门理工大学“一国两制”研究中心、中央人民政府驻澳门特别行政区联络办公室研究部等机构，并就有关议题进行了了解及交流。2012 年 9 月 28 日，与中山大学法学院、暨南大学法学院联合举办香港基本法实施十五周年国际学术研讨会。

（三）广东省普通高校人文社科重点研究基地：广东商学院国民经济研究中心

广东商学院国民经济研究中心源于 1995 年设立的现代经济与发展研究所。2007 年 6 月，学校整合力量，成立国民经济研究中心，聘任林洪为国民经济研究中心主任。2008 年 5 月 12 日，广东省教育厅批准广东商学院国民经济研究中心为广东省普通高校人文会科重点研究基地（粤教科〔2008〕34 号）。2009 年 12 月 25 日，变更国民经济研究中心负责人如下：王廷惠副院长兼任研究中心主任；何东霞任研究中心常务副主任；林洪兼任研究中心副主任。

研究中心成立了学术委员会，由 9 位专家组成，负责指导中心发展规划、学术研究以及课题招标等重要工作，现任学术委员会主任为华南师范大学博士生导师吴超林教授。

研究中心现有校内专兼职研究人员 27 人，包括教授 18 人，副教授 7 人，讲师 2 人，其中具有博士学位的研究人员 22 人。研究中心还从全国聘请了 7 位知名学者担任兼职研究人员承担科研工作，这 7 位校外人员既有享有极高声望的专家学者，又有杰出的中青年学术带头人。

研究中心统筹省重点研究基地、省重点扶持学科和硕士点，实行“三位一体”建设与发展，是国民经济学开展学科建设、科学研究、人才培养的高端平台；设立了“国民经济发展研究”、“经济体制改革研究”、“广东流通产业研究”三个持续跟踪和较为稳定的研究方向。研究中心着力营造浓郁的学术氛围，学术交流活跃，除了举办“广商经济论坛”、“学术沙龙”和“研究生吧”之外，还积极举办、承办主题鲜明的全国性学术会议和其他学术研讨会。

（四）广州市人文社科重点研究基地：广东商学院流通经济研究所

广东商学院流通经济研究所前身是广东商学院市场战略研究中心，成立于 2002 年 6 月 13 日，聘任王先庆为中心主任。2005 年 1 月 7 日更名为流通经济研究所，为独立设置的科研机构。2007 年 5 月 28 日，以流通所为依托的“广州市商贸流通现代化重点研究基地”获广州市社会科学规划领导小组批准成立。

该基地的重点研究领域有区域流通产业政策、粤商研究、商贸企业管理、流通渠道、商业网点规划等。其每年举办的“珠三角流通学术峰会”，已成为学界共同交流商贸流通的重要学术平台。流通所整合全校商贸学科资源，扎根于珠三角的流通业前沿实践，以“企业化管理，市场化运作”为理念，深度融入企业及政府流通决策，不断推动珠三角流通现代化进程。流通所的相关研究在国内流通理论和决策研究领域独树一帜，成为华南流通领域重要的决策咨询中心。

2013 年 11 月 12 日，广州市社会科学规划领导小组办公室与学校共建“广州现代物流与电子商务发展研究基地”。

二、校级实体科研机构

1992 年 12 月 17 日，成立经济研究所（系级单位），龚国伟为第一任所长。1999 年 6 月 24 日，学校任命何东霞任所长，这是学校最早的科研机构。

1995 年 6 月 17 日，成立现代经济与发展研究所，陈华山任所长，何东霞任副所长；1999 年 7 月 18 日，现代经济与发展研究所改为经济研究所。

1996 年 1 月 4 日，成立信息经济与技术研究中心和商业经济研究中心，均属系处级单位。罗国民兼任信息经济与技术研究中心主任，聘傅清波、陈拥军任信息经济与技术研究中心副主任。1997 年，罗国民不再兼任主任，徐印州兼任商业经济研究中心主任，钟育赣任主任。

2001 年 9 月 11 日，成立广东商学院风险投资研究所，属正处级建制。2001 年 9 月 19 日，聘任武一为所长。2005 年 1 月 7 日，撤销风险投资研究所。

2002 年 6 月 13 日，成立广东商学院市场战略研究中心，聘任王先庆为中心主任。2005 年 1 月 7 日，市场战略研究中心更名为“流通经济研究所”，为独立调置的科研机构。

2004 年 4 月 2 日，成立民营经济研究所、县域经济研究所、珠江战略研究所、法治与经济发展研究所和广东省电子商务市场应用技术重点实验室。聘任叶祥松为广东商学院民营经济研究所所长，杨维为广东商学院县域经济研究所所长，张伟强为广东商学院珠江战略研究所所长（兼）。2006 年 9 月 29 日，撤销珠江战略研究所。

2005 年 4 月 1 日，经党委研究决定，除经学校 2004 年批准成立的正式科研机构外，其他科研机构一律先予撤销，其负责人自动终止相应职务，撤销机构如下：经济研究所、商业经济研究中心、信息经济与技术中心。

2006 年 9 月 29 日，根据工作需要，经党委常委会研究，决定成立金融与投资研究中心。金融与投资研究中心由科研处直接管理，挂靠金融学院。聘任刘纪显为金融与投资研究中心主任。2008 年 3 月 25 日，撤销金融与投资研究中心。

2008 年 3 月 25 日，成立国民经济研究所。2009 年 9 月 17 日，经党委常委会研究，决定撤销国民经济研究所，其一切工作归入国民经济研究中心。

2008 年 7 月 1 日，成立旅游管理与规划研究所。

2008 年 7 月 3 日，聘何东霞任国民经济研究所所长，王先庆任流通经济研究所所长，杨小川任民营经济研究所所长，刘佐太任县域经济研究所所长，张伟强任旅游管理与规划研究所所长。

三、校级非实体科研机构

为促进学科建设，充分发挥学术研究推动教学质量提高以及为社会服务的功能，学校建成了一批学校不配编制、不定级别、不给办公经费的非实体科研机构。

1999 年 9 月 28 日，成立统计科学研究所，挂靠统计系，聘张涤新任所长。

1999 年 11 月 4 日，成立广东商学院商务智能管理研究所，挂靠工商管理学院，罗国民兼任所长。

2000 年 1 月 3 日，成立广东商学院金融投资研究中心，隶属金融学系，主任由左柏云兼任。

2000 年 6 月 9 日，成立广东商学院企业策划与设计中心，隶属人文社科部，部所合一。中心设主任一名，由部主任兼任。

2003 年 11 月 22 日，成立广东商学院领导科学研究中心，隶属人文与传播学院，聘周振林为中心主任。

2005 年 4 月 1 日，经党委研究决定，除经学校 2004 年批准成立的正式科研机构外，其他科研机构一律先予撤销，其负责人自动终止相应职务，撤销机构如下：统计科学研究所、商务智能管理研究所、金融投资研究中心、企业策划与设计中心、领导科学研究中心。

2007 年 8 月 30 日，为了加强我校与佛山市的交流合作，为佛山市及其周边地区政府机关、企事业单位提供服务，促进佛山市及其周边地区的经济社会发展，并开拓学校“服务兴校”的新途径、新领域，发挥学术优势和人才优势，切实提高科研工作水平和服务能力，经党委常委会研究，学校决定成立佛山经济社会发展研究院。佛山经济社会发展研究院主要面向佛山市及周边地区，开展项目研究与其他合作，积极为地方经济社会发展提供决策咨询等服务。佛山经济社会发展研究院设在三水校区。

2008 年 1 月 16 日，设立广东商学院彩票研究中心，挂靠工商管理学院，胡穗华担任中心主任；设立广东商学院应急研究中心，挂靠法治与经济发展研究所，邓世豹担任中心主任；设立广东商学院经济社会热点问题研究中心，挂靠流通经济研究所，王先庆担任中心主任。

2008 年 7 月 9 日，设立广东商学院商务智能研究中心、广东商学院电子商务安全研究中心，挂靠广东省电子商务市场应用技术重点实验室，分别由林海明、孟晓明担任中心主任；设立广东商学院理财研究中心，挂靠金融学院，赵立航担任中心主任；设立广东商学院人力资源研究中心，挂靠工商管理学院，董福荣担任中心主任；设立广东商学院跨国经营研究中心，挂靠经济贸易与统计学院，王朝辉担任中心主任；设立广东商学院公务员研究中心，挂靠公共管理学院，莫勇波担任中心主任；设立广东商学院会计与资本市场研究中心，挂靠会计学院，许义生担任中心主任（许义生退休后由郭银华担任中心主任）。

2008 年 10 月 15 日，设立财税信息化研究中心，挂靠财税学院，庞磊担任中心主任；设立广东商学院“80 后”文学与文化研究中心（2012 年 4 月更名为“80 后 90 后”文学与网络文化研究中心），挂靠人文与传播学院，江冰担任中心主任。

2009 年 1 月 9 日，设立广东酒店发展战略研究中心，挂靠旅游学院，胡林担任中心主任；设立会展研究中心，挂靠旅游学院，张玉明担任中心主任；设立广东商学院地质遗迹

（地质公园）调查评价与研究中心，挂靠资源与环境学院，李春生担任中心主任。

2009 年 6 月 10 日，设立中国特色社会主义理论体系与广东实践研究中心，挂靠政治与教育学院，邱若宏担任中心主任；设立应用伦理研究中心，挂靠政治与教育学院，谭德礼担任中心主任；设立大学生心理健康教育研究中心，挂靠政治与教育学院，李美华担任中心主任；设立粤港金融创新与风险管理研究中心，挂靠金融学院，刘湘云担任中心主任。

2009 年 10 月 15 日，设立广东商学院知识产权研究中心，挂靠法学院，黎运智担任中心主任；设立广东商学院经济犯罪研究中心，挂靠法学院，谢雄伟担任中心主任；设立广东商学院商业信息处理技术研究中心，挂靠数学与计算科学学院，胡桂武担任中心主任；设立广东商学院数量经济研究中心，挂靠数学与计算科学学院，解保华担任中心主任。

2011 年 4 月 14 日，设立广东镇域经济研究中心，挂靠工商管理学院，马建会担任中心主任。

2011 年 6 月 9 日，设立创业项目策划与训练研究中心，挂靠经济与管理实验教学中心，张建涛担任中心主任。

2011 年 11 月 8 日，设立港澳基本法研究中心，挂靠法学院，朱孔武担任中心主任；设立科技金融研究中心，挂靠金融学院，邹新月担任中心主任。

2012 年 4 月 12 日，设立广东商学院政府采购研究中心，挂靠财税学院，姚凤民担任中心主任；设立广东商学院非营利组织研究中心，挂靠财税学院，黄光担任中心主任；设立广东商学院旅游文化产业研究中心，挂靠旅游学院，方东担任中心主任；设立广东商学院现代物流与供应链研究中心，挂靠工商管理学院，吴金椿担任中心主任。

2013 年 4 月 2 日，设立文化产业研究中心，挂靠公共管理学院，于霞担任中心主任；设立华人社区研究中心，挂靠人文与传播学院，涂争鸣担任中心主任；设立华南商业史研究中心，挂靠人文与传播学院，麦思杰担任中心主任；设立广绿玉文化研究中心，挂靠艺术学院，林强担任中心主任。

第三节　科研管理与成效

从 1988 年学校开始有序开展科研管理工作，到 1995 年科研管理工作逐步走向规范；从 2004 年学校实施校内津贴改革方案，到 2009 年学校进行校院两级管理体制改革，我校科研先后经历了起步、夯实基础、快速发展和攻坚突破四个阶段，科学研究水平稳步提升，科研项目和成果不断取得突破，成效显著。

一、起步阶段（1983—1995）

自 1987 年 9 月教务处增设科研科后，从 1988 年起，学校开始有序地开展科研管理工作。学校逐步制定和完善科研管理文件，规范科研管理，特别是 1995 年学校出台的系列科研管理文件，奠定了我校科研管理制度化、规范化的基础。这个阶段跨越了“七五”、“八五”两个时期，虽然科研项目和成果数量不多，但不少是具有开创性的。

（一）制度与管理

学校初建阶段，科研项目和成果寥寥可数，学校科学研究处于萌芽和自发状态。为了鼓励教职工从事科研活动，学校于1986年出台了广东商学院第一个科研管理文件《广东商学院科研成果奖励条例》。1990年1月，颁发《广东商学院关于科研成果奖励的暂行规定》，1990年5月，颁发《广东商学院科研经费管理暂行细则》。1994年1月，颁发《广东商学院科研编制酬金发放办法》。1995年7月16日，颁发《广东商学院出版基金资助办法》。1995年10月26日，颁发《广东商学院科研经费管理暂行办法》、《广东商学院人文、社会科学研究项目管理暂行办法》、《广东商学院人文、社会科学研究成果登记管理暂行办法》、《广东商学院人文、社会科学研究优秀成果的申报、评选、奖励办法》和《广东商学院学术交流管理暂行办法》，这五个文件是学校第一次全面系统制定（修订）的科研管理文件，奠定了学校科研管理制度化、规范化的基础。

1988年，在学校成立五周年之际，召开了第一次校内学术研讨会。1990—1992年，相继召开了全校性的学术研讨会。1993年，召开“广东商学院建校十周年”学术研讨会，同时评选“广东商学院建校十周年科研优秀成果奖”。

1995年5月，学校召开了“九五”科研工作会议，这也是学校第一次科研工作会议。温宝光副院长作了题为“总结经验，统一认识，深化改革，全面推动我院科研工作”的报告。与会人员在大会上进行了科研工作交流，讨论温宝光副院长的报告和有关科研管理制度。

1995年，学校开始编印《广东商学院科研工作情况通报》（《广东商学院科学研究年报》的前身），1995—1997年每年一期。

（二）建设成效

1. 科研项目

1986—1990年，学校获市厅级以上级别项目9项，科研经费3.78万元，实现了科研项目从无到有的转变。1991—1995年，学校获各类科研项目64项，其中国家社会科学基金项目2项，省部级科研项目5项，市厅级项目35项，科研经费54.33万元。

1988年3月，为适应广东经济发展的形势和贯彻高校科学研究为经济服务的方针，在院长李鸿昌教授的牵头下，组织成立了我校重点研究课题《对外开放经济理论与广东经济发展研究》课题组，李院长亲自担任组长。在总课题下，设立分课题，各学科、各专业老师选择相对应的分课题，开展研究活动。各系室共报了6个选题，实际完成了14篇论文。

1989年，学校第一次获教育厅课题立项与资助，分别为广东高校“七五”社会科学研究规划补充项目2项：李鸿昌承担的《中国私营经济研究》和杨振鄹承担的《商品供求理论与广东开放改革的市场问题》；以及广东高校青年教师“七五”期间第四批文科重点科研项目2项：余波承担的《利用外资不同模式比较研究》和吴慧强承担的《广东省产业结构与投资结构对策研究》。

1989年，学校第一项横向课题立项。投资系万作新副教授受广东省科委委托，承担《广东省涉外投资项目数据库》课题研究，获课题经费2万元。

1990年，为鼓励青年教师科研，学校从科研基金中划出2 000元，资助20个校级项目，每个项目补助100元。虽然资助经费非常微薄，但是学校培养青年教师的科研意识已经开始启动，这也是校级科研项目设立的雏形。

1992年，学校获得第一项国家社会科学基金项目。李鸿昌教授的研究课题《粤港经济合作与珠江三角洲产业技术升级研究》，获得国家社会科学基金项目立项（批准号：92BJB061），实现了我校国家社会科学基金项目零的突破。1994年，傅清波老师的研究课题《国际信息交流中的信息保护研究》，获得国家社科基金青年项目立项（批准号：94CTQ002）。

2. 科研成果

1986年以前，学校的科研活动并无严格的规制和管理，相关的科研统计工作也未正式开展起来。建校初期的三年间，只统计到出版专著1部，发表论文若干篇。1986—1990年，全校公开发表论文103篇，独立或参与出版专著、译著和教材等49部。1991—1995年公开发表的论文比1986—1990年翻了两番，达到480篇；独立或参与出版专著、译著和教材等126部。

1989年9月，谭锐汉撰写的论文《试论社会主义商品经济条件下高等教育体制的改革》获广东省第四次社会科学研究优秀成果四等奖，这是我校教师成果第一次获省级政府优秀成果奖；1993年3月，吴有必撰写的论文《日本发展产业与出口的“雁行形态”道路及启示》获1992年度安子介国际贸易优秀论文三等奖，这是我校第一次获部级优秀成果奖；1994年4月，陈淑君编著的《中国美食诗文》获广东省第五次社会科学研究优秀成果三等奖；1995年12月，于海峰、石卫祥撰写的教材《现行中国税制》获全国普通高等学校税收类优秀教材成果奖。

二、夯实基础阶段（1996—2003）

1995年，系列科研管理文件出台后，学校科研工作进入一个打基础的稳步提升期。这段时期，学校的中心工作是“申硕”，因此学校进一步修订并完善科研管理制度，改进科研管理方式，激励教职工的科研积极性，提升学校科研实力，科研项目和成果数量不断增加，为“申硕”成功夯实了基础。

（一）制度与管理

1996年1月15日，颁发《广东商学院关于科研补贴与成果奖励的暂行办法》，同时废止1990年1月的《广东商学院关于科研成果奖励的暂行规定》、1994年1月的《广东商学院科研编制酬金发放办法》。1998年3月2日，颁发《广东商学院科研经费管理办法》、《广东商学院科学研究项目管理办法》、《广东商学院科研成果登记管理办法》和《广东商学院学术交流管理办法》。1998年，订立《广东商学院权威期刊、核心期刊目录》。2000年11月30日，颁发《广东商学院国家级科研成果奖励实施办法》。2001年1月14日，颁发《广东商学院学术报告与学术讲座管理办法补充规定》；6月22日，颁发《广东商学院科研项目经费配套实施办法》。2002年1月16日，颁发《广东商学院横向科研项目管理办法（试行）》；4月3日，颁发《广东商学院科学研究机构管理办法（试行）》。2003年1月26日，颁发《广东商学院关于科研项目经费配套与科研奖励管理办法的补充规定》。

1997年11月28日至12月1日，学校第二次科研工作会议隆重召开。会议对加强与外界的科研学术交流，营造良好学术氛围，加快我校科研工作的发展步伐，激发教师科研积极性从而提高科研水平产生了积极作用。

1998年，正式编印《广东商学院科学研究年报》，以后每年一期。1998年的《广东商学院科学研究年报》汇编了1993—1997年广东商学院科研成果目录。1998年4月，广东商学院《科研简报》创刊。

2001年2月23—24日，学校21世纪的第一次学科建设与科研工作会议隆重召开，徐印州副院长作了关于加强学科建设与科研工作的主题报告，会议审议了《广东商学院人文社科研究“十五”规划》。

2002 年起，受省教育厅委托，学校开始承担广东高校社科/科技年报工作，具体负责全省高校每年度的教育部科研统计年报工作的培训和审核。我校承担该项工作直至 2009 年。

（二）建设成效

1. 科研项目

1996 年到 2003 年，学校共获得各类科研项目 196 项，其中国家社会科学基金项目 10 项，国家“863”项目子课题 1 项，省部级项目 48 项，市厅级项目 60 项，横向课题 77 项，科研经费共计 680.14 万元。

1998 年 5 月，张书琛主持的《社会主义市场经济中的社会公正问题》获国家社会科学基金一般项目立项（批准号：98BZX033）。1999 年 7 月，何东霞主持的《国有小企业改革的肇庆模式的跟踪调查研究》获国家社会科学基金一般项目立项（批准号：99BJY037）。2000 年 7 月，叶祥松主持的《转轨经济中我国国有公司产权关系和治理结构研究》获国家社会科学基金一般项目立项（批准号：00BJY009）。2001 年 7 月，钟育赣主持的《中国家电市场的企业竞争与“价格战”问题研究》获国家社会科学基金自筹经费项目立项（批准号：01EJY008）；赵崇莲主持的《大学生的人际关系与心理健康研究》获国家社会科学基金青年项目立项（批准号：01CSH001）；庞磊主持的《网络经济中税收电子化及其风险研究》获国家社会科学基金青年项目立项（批准号：01BJY080）。2002 年 7 月，彭文革主持的《论休闲运动教育》获国家社会科学基金一般项目立项（批准号：02CTY001）；赵景峰主持的《经济全球化的马克思主义经济学分析》获国家社会科学基金青年项目立项（批准号：02CJL003）；张书琛主持的《珠江三角洲地区的价值观研究》获国家社会科学基金青年项目立项（批准号：02BZX012）；雍和明主持的《中国辞典史论》（*A Synoptic History of Chinese Lexicography*）获国家社会科学基金一般项目立项（批准号：03BYY040）。

2. 科研成果

1996—2003 年，全校公开发表论文超过 4 100 篇，其中权威期刊论文 41 篇、核心期刊论文 874 篇、被 SCI/EI 等收录 4 篇；独立或第一作者出版的著作 302 部，其中专著 63 部。获得省部级科研成果奖 11 项。

1997 年 12 月，吴源鸿（副主编）编写的《商品学基础教程》获“国内贸易部 1997 年科学进步奖三等奖”；1999 年 9 月，陈华山参著的《世界经济史》获“国家社会科学基金项目优秀科研成果二等奖”；1999 年 9 月，张书琛撰写的论文《社会主义市场经济中的社会公正问题》、叶祥松撰写的论文《国有企业制度创新的八大难题》、张晋红撰写的专著《民事之诉研究》、王学沛撰写的论文《现代刑法观的重塑》、徐印州撰写的论文《新型零售业态的发展对中国商业格局的影响》均获广东省第六次社会科学研究优秀成果三等奖；2000 年 7 月，林洪参编的《统计学案例教材》，林洪、任晓阳、文德才及徐伟强等主持的课题《科技进步与经济增长方式转变问题研究》均获第五届全国统计科研优秀成果三等奖；2002 年 6 月，张涤新撰写的论文《U——过程的贝叶斯再抽样理论及其在假设检验中的应用》获第六届全国统计科研优秀成果二等奖，林洪、尹恩山撰写的论文《基于因特网上的网上调查技术与统计制度方法上的问题分析》获第六届全国统计科研优秀成果三等奖；2002 年 10 月，吴家清撰写的论文《论宪法价值的本质、特征和形态》获国家司法部 2002 年度法学科研优秀成果一等奖，这是我校第一个获部级一等奖的科研成果奖。

三、快速发展阶段（2004—2008）

2003 年 9 月，国务院学位委员会下文正式批准我校为全国第九批新增硕士学位授予单位。新时期的学科建设任务对学校的科研工作提出新的要求。学校从 2004 年开始实施岗位津贴分配方案，对教学科研人员进行岗位科研工作量考核，教职工的科研意识大大增强，科研项目和成果数量得以较快的增长，并实现了国家自然科学基金项目的立项突破。

（一）制度与管理

2004 年 5 月 20 日，颁发《广东商学院科研启动费使用管理暂行办法》；11 月 29 日，颁发《广东商学院学术专著出版资助办法》；12 月 27 日，颁发《广东商学院兼职科研秘书聘用办法》。2005 年 6 月 8 日，颁发《广东商学院关于科研项目申报程序与责任暂行规定》。2006 年 2 月 22 日，颁发《广东商学院科研先进个人和学术标兵评选奖励办法》；3 月 29 日，颁发《广东商学院学术委员会章程》；5 月 10 日，颁发《广东商学院文学艺术作品和体育竞赛获奖成果认定标准与工作量计分办法》；12 月 22 日，颁发《广东商学院学术期刊认定规定》。2008 年 9 月 28 日，颁发《广东商学院科研成果转化管理办法（试行）》。

2007 年 7 月，学校召开了第三次学科建设与科研工作会议，徐印州副院长作了题为“巩固学科建设龙头地位，强化科学研究创新意识，努力提高我校学科建设层次与科学研究水平”的报告，并提交会议讨论了《广东商学院科学研究“十一五”规划》、《广东商学院省级重点学科建设与管理办法》系列文件，而且针对我校科学研究存在的质量与水平问题，修订了《广东商学院学术专著出版资助办法》、《广东商学院科研经费管理办法》、《广东商学院科研项目经费使用规范》等管理文件，得到了广大教学科研人员的肯定与支持。会议为学校建设高水平有特色教学型院校明确了发展目标和方向，取得了良好的效果，对巩固学校学科建设成果、提升科学研究水平起到了积极作用。

（二）建设成效

1. 科研项目

2004—2008 年，学校共获各类科研项目立项 396 项，其中国家级项目 12 项，省部级项目 141 项，厅局级项目 62 项，横向课题 181 项，课题经费 1 767.871 万元。

2008 年 9 月，学校一举获得三项国家自然科学基金项目立项，实现了国家自然科学基金项目零的突破。三个项目分别是：张军主持的一般项目《基于信息隐藏的传感器网络安全研究》（项目编号：60873198）、杨志华主持的面上项目《经验模式分解的理论及其在磁共振波谱分析中的应用》（项目编号：60873088）和杨青生主持的青年项目《基于多智能体与元胞自动机的区域生态安全优化模拟》（项目编号：40801236）。

表 7－1　2004—2008 年学校获国家社会科学基金立项一览表

序号	项目编号	项目名称	负责人	项目类别	立项年度
1	05BSH027	情感的社会学理论探视和现实研究	郭景萍	一般项目	2005 年
2	05BJY025	东部和西部地区之间生态补偿的理论与模式研究	王　翊	一般项目	2005 年
3	06CFX025	秘密侦查法治化与刑事诉讼法的再修改	邓立军	青年项目	2006 年
4	07BTJ012	周期性普查及其经费管理绩效问题研究	林　洪	一般项目	2007 年
5	07BJY095	农村机构改革与农村经济组织创新——“农联模式”及其运行机制研究	叶祥松	一般项目	2007 年
6	08BDJ005	民主革命时期党领导科技事业的历史考察与基本经验	邱若宏	一般项目	2008 年
7	08BZW071	“80 后”文学与网络的互动关系研究	江　冰	一般项目	2008 年
8	08CTY012	我国体育产权理论体系研究	邓春林	青年项目	2008 年
9	08CZZ026	加强地方政府执行力建设的理论思路和现实路径	莫勇波	青年项目	2008 年

2006 年，雍和明教授主持的国家社会科学基金项目《中国辞典史论》（*A Synoptic History of Chinese Lexicography*）（项目编号：03BYY040）鉴定结项等级为优秀，这是我校第一项获国家社会科学基金结项优秀的项目。该项目结项成果《中国辞典史论》（中华书局，2006）本着“以史为序，以论为主，史论结合”的写作方针，结合中外思想史、文化史和语言学史，全面系统地论述了 3 000 年中国辞典的发展历程，被评论为是“辞典史研究领域的巨著”。

2. 科研成果

2004—2008 年，全校公开发表论文超过 7 800 篇，其中权威期刊论文 47 篇、核心期刊论文 3 297 篇、被 SCI/EI 等收录 140 篇；独立或第一作者出版的著作 256 部，其中专著 156 部；获得省部级科研成果奖 10 项。

2005 年 5 月，郭景萍撰写的论文《情感控制的社会学研究初探》、张晋红撰写的论文《关于中间确认判决制度的立法思考》均获广东省首届哲学社会科学优秀成果奖二等奖，徐印州撰写的论文《加入 WTO 对广州商品流通产业的影响及对策》、房文翠撰写的论文《关于证据排队规则的理性思考》、吴家清撰写的论文《论宪法学基本问题》、周振林撰写的论文《论思想政治工作主体社会化》、习万球撰写的论文《中外数学图书馆建设的比较与思考》均获广东省首届哲学社会科学优秀成果奖三等奖；张伟强的著作《中国日本全新世环境演变对比研究》获广东省科学技术奖三等奖。2008 年 7 月，林洪撰写的论文《普查经费投入的博弈分析》获第九届全国统计科学研究优秀成果奖。2008 年 10 月，周松兰撰写的论文《出口商品结构竞争力国际比较——基于传统差别化与替代弹性视角的实证研究》获安子介国际贸易研究奖三等奖。

四、攻坚突破阶段（2009—2013）

2009 年起，学校实行校院两级管理体制改革，改“硬件考核”为“柔性奖励”，制定了科研奖励办法，进一步加大科研激励力度，促进我校科研从“数量型”向“质量型”逐步转变，改革效果明显。学校科研实力得到了大力提升，高层次科研项目和高水平的科研成果不断取得新突破，为学校更名“大学”奠定了坚实的科研基础。2011 年广东省财政厅综合评估广东省高校国家级项目和科研成果政府奖的排名，我校位列第 5 名，获奖励 500 万元。

（一）制度与管理

为进一步扩大教学院部的办学和管理自主权，提高学校整体办学水平和办学效益，2009 年，学校开始实施的校院两级管理体制改革对科研工作提出了新任务和新要求。为了实现下放职权和提升效率，学校对已有的科研管理制度进行了较大调整。2009 年 7 月，学校召开“学科建设与研究生教育工作会议”，雍和明副院长作了题为“抢抓机遇狠抓落实努力开创我校学科建设和研究生教育新局面”的主题报告，并提交会议讨论了《广东商学院科研奖励暂行办法》等系列文件。这些文件成为新时期引导学校科研工作的核心文件。在此阶段，学校进一步完善了学术委员会相关的章程和文件，进一步加强了学术道德建设，充分发挥了学术分委员会的作用。

2009 年 5 月 27 日颁发《广东商学院学术委员会章程（修订稿）》；6 月 10 日颁发《广东商学院学术讲座酬金发放暂行规定》；10 月 15 日颁发《广东商学院科研奖励暂行办法》、《广东商学院纵向科研项目管理办法（试行）》、《广东商学院横向科研项目管理办法》、《广东商学院校级科研项目管理办法》、《广东商学院科研经费管理办法（试行）》、《广东商学院科研创新团队建设与管理办法（试行）》、《广东商学院科研机构管理办法》；11 月 19 日颁发《广东商学院专职科研人员管理办法（试行）》；12 月 2 日颁发《广东商学院学术道德规范建设与管理办法（试行）》和《广东商学院学术道德委员会工作条例》。

2010 年 10 月 27 日颁发《关于整合科研资源、实行院所合一的决定》；2011 年 1 月 19 日颁发《关于修订〈广东商学院认定重要学术期刊目录〉和调整学术论文奖励标准的通知》，6 月 9 日颁发新的《广东商学院学术委员会章程》，9 月 21 日颁发《广东商学院科学研究“十二五”发展规划》。

2012 年 1 月 4 日颁发《广东商学院纵向重大项目申报暂行规定》、《广东商学院科研成果登记管理办法》和《广东商学院学术交流管理办法》。

（二）科研成效

1. 科研项目

2009 年以来共获各类科研项目立项 905 项，其中国家级项目 61 项，国家社会科学基金项目 45 项，国家自科基金项目 22 项，省部级项目 308 项，厅局级项目 220 项，横向课题 316 项，课题经费 6 354. 29 万元。

2009 年，学校获 8 项国家社会科学基金年度项目，立项数在全省高校中排名第三；2012 年，学校教育部人文社科规划基金项目、青年基金项目和自筹经费项目的立项数位居全省高校第二，在全国财经类高校中排名第三，在全国所有高校的排名由 2010 年的第 51

位、2011 年的第 33 位提升至第 15 位。2013 年 6 月，全国哲学社会科学规划办公室公布了 2013 年国家社会科学基金年度项目和青年项目的立项情况，我校共获批 14 项，立项数在广东高校中与华南师范大学并列第 4 位，在全国财经院校中排列第 9 位。

表 7－2　2009 年以来学校获国家社会科学基金项目一览表

序号	项目编号	项目名称	负责人	项目类别	立项年度
1	09BJL005	基于行为博弈的互惠利他行为与演化机制研究	唐　俊	一般项目	2009 年
2	09BXW026	80 后与 90 后：网络一代的传播方式研究	熊晓萍	一般项目	2009 年
3	09BSH040	和谐休闲文化与文明生活风尚建设问题研究	秦　学	一般项目	2009 年
4	09BJL016	二元经济下扩大我国消费需求的理论和对策研究	宁军明	一般项目	2009 年
5	09CJY087	契约安排、政府监管与审计者独立性——新形势下股票市场发展对策研究	赵兴楣	青年项目	2009 年
6	09CZX025	戴维森行动哲学专题研究	刘国锋	青年项目	2009 年
7	09CFX067	多边贸易体制下碳税问题研究	陈红彦	青年项目	2009 年
8	09CJL043	模块化生产环境下中国制造业升级研究	张　伟	青年项目	2009 年
9	09FZX006	对知识和评价的分析（译著）	江传月	后期资助项目	2009 年
10	10BGL051	我国旅游目的地竞争优势比较研究	皮平凡	一般项目	2010 年
11	10BTQ038	金融与期货行业信息资源的协同配置与集成服务研究	赵海军	一般项目	2010 年
12	10BFX026	征税权、纳税人权利与参政议政研究	朱孔武	一般项目	2010 年
13	10BJY069	我国新型现代农业契约链的构建与治理研究	徐忠爱	一般项目	2010 年
14	10CGJ015	金融危机下经济政策国际合作与冲突及中国的对策研究	潘成夫	青年项目	2010 年
15	10CJL017	资产价格波动与金融体系稳定研究	段军山	青年项目	2010 年
16	10CGL043	经济周期视角下投资者心理偏差对资产定价的影响研究	张荣武	青年项目	2010 年
17	11BJY100	农地使用权市场化流转研究	刁怀宏	一般项目	2011 年
18	11BJY138	上市公司价值视角下的外资参股效应研究	苏国强	一般项目	2011 年
19	11BTQ026	面向企业技术创新的信息与知识可视化模式与实证研究	杨　峰	一般项目	2011 年
20	11CJL018	金融稳定约束下中国货币政策规则研究	郭红兵	青年项目	2011 年
21	11CGJ009	金融危机后人民币汇率大国博弈及中国对策研究	刘　刚	青年项目	2011 年

（续上表）

序号	项目编号	项目名称	负责人	项目类别	立项年度
22	11FFX020	区域贸易协定争端解决机制：理论及其条约法实践	钟立国	后期资助项目	2011 年
23	12BGL059	新生代产业工人工作幸福感的提升路径研究	郭　靖	一般项目	2012 年
24	12BZS044	近代民营银行危机的防控与应对研究（1897—1937）	刘永祥	一般项目	2012 年
25	12BJL027	二次人口红利与经济持续增长路径研究	孟令国	一般项目	2012 年
26	12BJL056	人民币国际化视角下中国货币政策与汇率政策动态协调研究	文　彬	一般项目	2012 年
27	12BJY124	城市休闲文化消费主导下旅游转型升级路径及其综合改革研究	刘少和	一般项目	2012 年
28	12CJY006	开放式基金投资风格漂移及风格资产轮换策略有效性研究	郭文伟	青年项目	2012 年
29	12FYY020	英语词典史	雍和明	后期资助项目	2012 年
30	12&ZD023	农民工纳入公共文化体系的财政保障问题研究	刘佐太	国家社科基金重大项目子课题	2012 年
31	13BJL074	创新驱动力的差距、瓶颈与突破：中日韩三国 LED 产业比较	周松兰	一般项目	2013 年
32	13BTQ015	基于经典扎根理论的我国高校图书馆 FOLKSONOMY 实证研究	王翠英	一般项目	2013 年
33	13BJL025	通货膨胀预期陷阱视角下货币政策预期管理研究	黄正新	一般项目	2013 年
34	13BJY166	基于利率期限结构的中国货币政策规则研究	黄德权	一般项目	2013 年
35	13BTY034	职业体育法律制度的域外比较与本土构建研究	邓春林	一般项目	2013 年
36	13BJY182	我国农业保险保费补贴效果评价与适度保费补贴率问题研究	张祖荣	一般项目	2013 年
37	13BFX088	我国宗教法人制度研究	王　坤	一般项目	2013 年
38	13CZS038	粤商与明清时期西江流域土著社会的构建研究	麦思杰	青年项目	2013 年
39	13CZZ034	改革和完善县级人大全口径预算监督研究	林慕华	青年项目	2013 年
40	13CTJ017	我国生态文明建设的统计研究	张　芳	青年项目	2013 年

（续上表）

序号	项目编号	项目名称	负责人	项目类别	立项年度
41	13CGJ025	当代罗马天主教教皇对国际政治事务的介入及其作用机理研究	杨　凯	青年项目	2013 年
42	13CGL152	推进生态城市建设的预算决策议程动力模型及应用研究	邝艳华	青年项目	2013 年
43	13CJL034	基于三元边际框架的我国对外贸易与投资一体化路径拓展研究	王方方	青年项目	2013 年
44	13CGL053	声誉机制的信任基础研究	雷　宇	青年项目	2013 年
45	13FXW003	电视节目主持人影响力研究	贾　毅	后期资助项目	2013 年

表 7－3　2009 年以来学校获国家自然科学基金项目一览表

序号	项目编号	项目名称	负责人	项目类别	立项年度
1	70973029	旅游业跨区域联合发展的竞合机制及其绩效评价研究——以湘黔桂“侗文化旅游圈”为例	张河清	面上项目	2009 年
2	70973028	全球化条件下中国新型金融监管体系构建及其有效性研究	刘晓星	面上项目	2009 年
3	60905038	混合智能优化算法模型研究及其在组合优化中的应用	周雅兰	青年项目	2009 年
4	71072173	中国慈善组织品牌导向及与绩效关系实证研究	黄　光	面上项目	2010 年
5	71073030	基于消费视角的居民资产财富效应测度与调控政策研究	骆祚炎	面上项目	2010 年
6	71073031	羊群行为视角下商业银行信贷传导机制及其效应研究	邹新月	面上项目	2010 年
7	41001019	水文特征变异的尺度研究	李　艳	青年项目	2010 年
8	71172224	经济责任审计创新及其信号传递效应研究——基于财政资金配置效率视角	张　阳	面上项目	2011 年
9	71173052	气候变化下国际贸易新型环境壁垒的贸易福利效应及我国对策研究	黄晓凤	面上项目	2011 年
10	11101096	随机 Dirichlet 级数与 Laplace-Stieltjes 变换的增长性	孔荫莹	青年项目	2011 年
11	71272084	客户需求变更持续响应下的产品配置更新建模、优化及其管理应用	面上项目	袁际军	2012 年

（续上表）

序号	项目编号	项目名称	负责人	项目类别	立项年度
12	71273067	复杂性视角下金融市场极端风险溢出的群体动力学机制与路径研究	刘湘云	面上项目	2012 年
13	71273066	中国货币政策与汇率政策冲突机理及动态调整模式研究	邹新月	面上项目	2012 年
14	71202100	真实型领导对员工创新行为影响的多层次分析	黄　亮	青年项目	2012 年
15	71202099	CSR 活动中的公司伪善：概念及量表开发	王静一	青年项目	2012 年
16	71202098	IT 效力前因及作用机理：能力与情绪视角下的跨层建模	黄曼慧	青年项目	2012 年
17	71202097	家族治理与中小企业私募股权融资：基于社会资本视角	陈建林	青年项目	2012 年
18	71303062	社会—生态系统框架下的农民用水协会治理效率研究：集体行动、治理结构与制度功能	柴　颖	青年项目	2013 年
19	71301032	多渠道供应链中欺诈性仿冒产品的影响及其防治策略研究	张　杰	青年项目	2013 年
20	61300204	隐私信息共享的秘密集合交集协议研究	温雅敏	青年项目	2013 年
21	61300108	基于部分参考图像质量评估的二维矢量图形快速渲染技术研究	沈永珞	青年项目	2013 年
22	41301408	基于元胞自动机和数据同化的溢油模拟	张亦汉	青年项目	2013 年

2010 年，叶祥松教授主持完成的国家社会科学基金项目《农村机构改革与农村经济组织创新——“农联模式”及其运行机制研究》（项目编号：07BJY095）鉴定等级为“优秀”。

2011 年，林洪教授主持完成的国家社会科学基金项目《周期性普查及其经费管理绩效问题研究》（项目编号：07BTJ012）鉴定等级为“优秀”。该项目成果在全国哲学社会科学规划办主页的显要位置作了特别介绍。

2012 年 8 月，全国哲学社会科学规划办第 57 期《成果要报》刊发了广东商学院金融学院潘成夫教授的研究成果《关于我国对外经济再平衡的几点思考》。这是我校第一篇国家社会科学基金项目成果被《成果要报》刊发。该成果是潘成夫教授主持的国家社会科学基金项目《金融危机下经济政策国际合作与冲突及中国的对策研究》的成果之一。

2012 年 9 月，全国哲学社会科学规划办《成果要报》第 68 期刊发了我校法学院陈红彦副教授的研究成果《积极构建符合我国国家战略利益的碳税制度》。该成果是陈红彦承担的国家社会科学基金项目《多边贸易体制下碳税问题研究》的阶段性成果。

2013 年，秦学教授主持的国家社会科学基金一般项目《和谐休闲文化与文明生活风尚建设问题研究》（项目编号：09BSH040）鉴定等级为“优秀”。

2. 科研成果

2009 年以来，全校公开发表论文超过 3 100 篇，其中核心期刊论文 1 536 篇，被 SCI/EI 等收录 175 篇；独立或第一作者出版的著作 167 部，专著 81 部；获得省部级科研成果奖 22 项。

从 2009 年起，我校教师在 CSSCI 来源期刊发表的论文数连续三年进入全国高校前 100 名，稳居全国财经院校前十名。

2009 年 6 月，邓世豹撰写的调研咨询报告《中国法治进程调查报告 2005——以广东省法治环境调查为例》获广东省哲学社会科学优秀成果二等奖，张伟强等撰写的调研咨询报告《梅州市旅游产业化发展规划》、兰艳泽撰写的著作《中国国有控股上市公司债权治理功效研究》、林洪等撰写的论文《国民幸福总值（GNH）的启示与国民幸福研究》、房文翠撰写的论文《接近正义寻求和谐：案例指导制度的法哲学之维》、林海明等撰写的论文《因子分析模型 L 及其解是更好的》、王华等撰写的论文《经营者股权激励、董事会组成与企业价值——基于内生性视角的经验分析》、雍和明等撰写的著作《中国辞典史论》、吴家清等撰写的著作《比较与调适：我国加入〈公民权利与政治权利国际公约〉的宪法调整问题研究》均获广东省哲学社会科学优秀成果三等奖。2009 年 9 月，雍和明（第二作者）参著的《当代词典学》获高等学校科学研究优秀成果三等奖（人文社会科学）；2006 年 8 月，袁建文编写的教材《经济计量学实验》获第八届全国统计科学研究优秀成果三等奖；2008 年 5 月，张伟强（第二作者）参与撰写的论文《中国热带第四纪环境演变初步研究》获广东省科学技术二等奖。

2011 年 7 月，郭景萍撰写的专著《情感社会学：理论·历史·现实》获广东省 2008—2009 年度哲学社会科学优秀成果一等奖，杜承铭等撰写的专著《社会转型期的乡土社会法治：以珠三角为例》、鲁晓明撰写的论文《论美国法中市场份额责任理论及其在我国的应用》获广东省 2008—2009 年度哲学社会科学优秀成果二等奖，张阳撰写的论文《审计师选聘权与独立权——基于制度环境视角》、刘湘云撰写的专著《商业银行利率风险动态综合计量与管理》、袁碧华撰写的论文《有限责任的扩张与限制——以有限责任向中小企业的扩张为视角》、左柏云等撰写的论文《中国货币服务指数的构建和经验检验》、王先庆等撰写的调研咨询报告《广州流通发展报告（2007—2008）》、周松兰等撰写的调研咨询报告《发展现代服务业优化佛山产业结构问题研究》获广东省 2008—2009 年度哲学社会科学优秀成果三等奖。

2012 年 4 月，于海峰撰写的论文《中央政府在地方横向税收竞争中的作用机制分析》获第五次全国优秀财政理论研究成果二等奖。2012 年 7 月，赵兴楣等撰写的论文《政府控制、制度背景与资本结构动态调整》获中国会计学会 2011 年度会计学优秀论文三等奖。

2013 年 3 月，郭景萍撰写的专著《情感社会学：理论·历史·现实》获第六届高等学校科学研究优秀成果奖（人文社科）二等奖，这是我校首次以第一获奖单位获得该奖项。

2011 年 10 月，蔡佳以第一作者在 *Science China Mathematics* 发表 Convergence Rate of Kernel Canonical Correlation Analysis 一文；刘玉记在《中国科学：数学》（2012 年第 7 期）上发表《无限区间上多分数阶微分方程初值问题解的存在与唯一性》一文。

2012 年 6 月，林慕华以第一作者在《中国社会科学》上发表《中国地方人民代表大会预算监督研究》一文。2012 年 9 月，叶祥松和晏宗新在《中国社会科学》发表《当代虚拟经济与实体经济的互动——基于国际产业转移的视角》一文。

五、广东商学院社会科学界联合会

由于我校人文会科总体科研实力已跃居广东高校前列，在广东省委宣传部和广东省社会科学界联合会的大力推动和支持下，2012 年 4 月 17 日，学校成立了广东高校第一家社科联——广东商学院社会科学界联合会。民盟中央副主席、广东省政协副主席温思美，中共广东省委宣传部副部长蒋斌，广东省社科联主席田丰、书记王晓、副书记周钦声、副主席林有能，广州市社科联主席顾涧清以及十多所省内高校社科管理部门领导应邀出席成立大会。

会议审议通过了《广东商学院社会科学界联合会章程（草案）》，选举产生了第一届委员会，王华当选学校社科联第一届委员会主席，雍和明为常务副主席，朱孔武、江冰、邹新月、林强、彭雷清为副主席。会议聘请蒋斌、田丰、王晓、周钦声、林有能、顾涧清为学校社科联顾问。

第四节　社会服务和协同创新

一、社会服务

作为一所地方财经院校，学校始终坚持以广东经济社会的发展需求为导向，“融入发展谋发展”。早在 20 世纪 90 年代，学校就与肇庆市端州区合作，为端州的经济建设出谋献策。“十五”规划以来，学校紧密结合经、管、法学科优势，在广东现代服务业、法治广东、幸福广东等领域开展科学研究和咨询服务，积极参与地方经济社会建设，取得较好的成效。

（一）助力广东现代服务业发展

学校完成的《广东现代服务业发展研究报告》获时任中共中央政治局委员、广东省委书记汪洋批示肯定。我校的广东省现代流通业科研团队先后为全国 15 个省的政府部门、企业、协会和媒体提供咨询、培训和决策服务，其所撰写的关于“收入倍增计划”和“广州建设商贸中心城市”的研究咨询报告先后获朱小丹省长和陈建华市长批示肯定，团队负责人王先庆教授更是“影响中国流通发展与改革优秀人物”。电子商务与市场应用重点实验室牵头起草了《广东省电子商务发展“十二五”规划》，实验室作为发起人成立了“广州市电子商务与网络经济学会”。

（二）助力“法治广东”建设和港澳基本法研究

学校地方法治研究团队主持或参与了《广东省食品安全条例》、《广东省应急条例》、《广东省公共服务促进条例》、《广州行业协会立法》等多项重大地方立法的起草和论证工作，为 100 多项广东地方法规文件的制定提供专业咨询；团队成员杜承铭教授和张晋红教授分别荣获“广东十大优秀中青年法学家”和“广州市十大杰出中青年法学家”称号。港澳基本法研究团队全程参与了由港澳基本法委员会组织的研究工作，是全国人大港澳基本法委员会重要的合作团队；团队成员杜承铭教授更是全国人大常委会港澳基本法委员会基本法研究领导小组成员、广州研究片区负责人。

（三）助力“幸福广东”建设

我校林洪教授于2001年在中国大陆较早提出了“国民幸福指数”（NHI）概念和算法，经过十多年潜心研究，形成了稳定的团队，建构了国民幸福统计理论方法框架，全程参与了“幸福广东”建设的指标体系设计、论证工作。社工专业团队积极开展社会体制和社会管理改革创新研究，向珠三角地区的各级政府提供社工培训，社会工作咨询、督导及综合服务，近三年广州市、区政府购买其服务超过1 000万元。

二、协同创新

得益于长期主动服务于广东地方经济社会发展的基础，学校已打造了具有鲜明财经特色的服务领域。2012年3月，国家推出“2011计划”后，为地方高校应对区域经济社会发展作出更大的贡献提供了更大的平台和发展空间。学校召开全校大会传达“2011计划”，发动有基础、有团队的教学单位和科研机构积极参与各个层面的协同合作，培育协同创新中心，在人才培养、科学研究和社会服务等方面深度打造财经特色。目前，学校已与政府、企业、高校和国外机构在多个领域开展了多层次的协同合作。

（一）校政企三方协同合作

2012年10月19日，我校与广州市社会科学界联合会共建的“广州市现代物流与电子商务协同创新中心”正式挂牌。该中心紧密结合广州市发展新兴现代服务业和推动新型城市化建设的关键领域，与广百集团、梦芭莎集团等知名传统店铺和网络商城签订了合作协议，开展了多项实质性的科学研究和服务咨询工作。目前，中心与海珠区共同筹建“电子商务大道培训学院”，服务于电子商务集聚区各类人才需求；与南方物流集团、广州市交易所集团联合组建“物流与电子商务研究中心”，服务于铁路、公路、水路联合物流运输体系项目。

（二）校政合作

2011年3月29日，我校与广州市地方税务局共建的“税务干部进修学院”正式成立，这是全国税务系统第一家校政合作的培训学院。该学院主要承担广州市地方税务局各类干部培训任务和相关交流合作项目，目前已为广州市税务系统培训干部8 000多人次。2012年11月28日，我校与广东省国家税务局、广东省地方税务局联合成立了“广东纳税服务研究中心”，该中心是全国首家政校合作的纳税服务研究中心，目标是打造具有全国影响力的政校合作的研究和咨询中心。2009年8月26日，我校工商管理学院与佛山市南海区里水镇政府共建的“里水镇经济发展联合研究中心”正式成立，这是全国第一家校镇合作的研究机构，我校与里水镇政府开展“产、学、研、官”多层次合作，为里水镇整体定位、物流园区建设、中小企业转型提出了可具操作性的发展规划。

（三）校企合作

2012年12月26日，我校和深圳市证大速贷小额贷款股份有限公司（以下简称证大速贷）合作，正式成立了中国第一家微金融学院，也是我国第一家关注、研究微金融产业的协同中心。微金融学院以培养中国卓越微金融人才为宗旨，积极开展科学研究和社会服务。目前，该学院已在广州市副市长欧阳卫民的亲自指导下编写《微金融理论、政策与实务》等教材，并与证大速贷签订了《微型金融发展改革创新研究》合作项目。我校还与广东美的微波电器制造有限公司、中国雷琼湖光岩世界地质公园、广东东部物流有限公司、广东省体育彩票管理中心、重庆金算盘软件股份有限公司、广东长荣科技公司和羊彩网等建立了战略合作伙伴关系。

（四）校校合作

我校积极参与国家层面“协同创新中心”的申报。2012年，我校作为主要科研骨干单位，参与了南京大学“南海研究协同创新中心”和暨南大学“华侨华人研究协同创新中心”的申报，其中，“南海研究协同创新中心”获批成为第一批国家级协同创新中心。

（五）国际合作

我校与美国阿肯色州立大学商学院、英国利兹都城市大学、美国玛斯金格姆大学、美国密苏里州立大学、俄罗斯协同大学、美国加州大学和澳大利亚科廷科技大学在人才培养、科学研究等方面签订了长期合作协议。特别是在彩票研究领域，我校与澳大利亚著名物流运输软件供应商 Smart Trans 公司以及马来西亚成功集团建立了长期合作的战略伙伴关系。

第五节　学术交流

1988年，为庆祝建校五周年召开的校内学术研讨会，拉开了学校学术交流活动的序幕。1995年，学校制定了学术交流的第一个管理文件《广东商学院学术交流管理暂行办法》，规范各类学术活动的管理。2000年后，由于学校“申硕”成功、省市级科研平台陆续成立，以及各教学单位日益重视，学校的学术氛围逐渐浓厚，各类学术活动不断丰富。2010年学校实施《广东商学院三水校区素质教育改革总体方案》，作为方案重要组成部分的“善水大讲坛”，在帮助三水校区本科生尽快转换角色、合理规划学习生活、掌握学习方法和构建知识体系等方面发挥了积极作用。2012年，我校成立了广东商学院社会科学界联合会。为发挥好广东高校第一家社科联的带头示范作用，学校对全校的学术交流活动进行了整体规划。

一、主办、承办各类学术会议

建校初期，相关学术交流的管理制度还没有建立起来，学术交流的氛围一般，积极性不高。学校主办或承办大型学术会议较少，仅在1990年11月20日举办过学术研讨会，该次大会共收到论文63篇。

“八五”规划时期，共举办了9场大型学术会议。其中国际性学术会议1场，即1993年8月2日，在广州市南方大厦举行的由中国高等院校市场学研究会主办、我校承办的“韩国市场营销研讨会”，有12位韩国教授、学者与会。举办全国性学术会议4场，分别是全国第三产业发展战略暨商贸体制改革研讨会、全国地方财经院校统计学科建设与改革研讨会（广州会议）、全国科技与经济信息现代化检查技术研讨会、全省高校会计学会会议。

“九五”规划时期，共举办了11场大型学术会议。其中国际性学术会议2场，包括粤港澳经济发展与合作研讨会等。举办全国性学术会议7场，包括全国商业院校学报研究会第七次年会、中国高等教育学会第四次代表大会、中国企业改革与发展研讨会、二十一世纪社会经济和科技发展研讨会、中国法学会宪法学会年会等。

“十五”规划时期，共举办、承办或参办了17场大型学术会议。其中国际性学术会议2场，包括第一届亚洲大学校长论坛、第一届珠江（广州）国际诗会暨学术研讨会。主办全国性学术会议6场，其中包括中国宏观经济管理教育学会2002年年会暨学术与教学研讨会、全国高等财经院校《资本论》研究会2004年学术年会等。

“十一五”规划时期，共举办或协办了34场大型学术会议。其中国际性学术会议7场，主要有2008中国金融工程年会暨金融工程与风险管理国际论坛、第二届珠江（广州）国际诗会暨剑桥同学学术研讨会、2008电子商务与安全国际研讨会、2010亚运休闲旅游暨首届全国休闲旅游教育学术研讨会、第三届电子商务与安全国际研讨会等。主办全国性学术会议13场，包括与国家自然科学基金委员会管理科学部合办宏观管理与政策学科青年基金获得者交流研讨会、中国小说学会第九届年会、全国财政税收理论暨财政学科建设研讨会、金融危机背景下中国会计与财务问题学术研讨会、“国民经济发展与国民经济核算”全国学术研讨会等。

“十二五”规划时期以来，共举办或协办了32场大型学术会议。其中国际性学术会议3场，如第一届IEEE商业管理与电子信息国际学术会议、第三届海峡两岸会计学术研讨会、2012年可持续能源与环境工程国际学术会议。举办全国性学术会议15场，主要有“南方财税论坛2011——财税信息系统运维与安全管理”论坛、“发展与转型”全国学术研讨会暨中国经济发展研究会第十三届年会、“现代流通、内外需求与经济增长”学术研讨会、第三届“公共财政与宪政建设”学术研讨会、“人文岭南·学术圆桌”第三期论坛等。

二、开办各类学术讲座

建校初期，仅举办了数场学术讲座或报告会，邀请高校学者1位、社会企业人士2位、国外学者1位。如美籍教师Roger Everett、省人大常委会副主任罗克明、北京大学经济学教授胡代光、武汉大学经济学教授谭崇台、西南财经大学经济学教授刘诗白等。

“八五”规划时期，共举办约10场学术讲座或报告会，邀请高校学者6位、社会企业人士3位、国外学者1位。如西南财经大学校长刘诗白教授，中科院研究员李京文，国内贸易部教育司司长、中国人民大学博士生导师纪宝成，中国政法大学前校长、博士生导师、我国著名民商法专家江平教授和中国人民大学博士生导师、北京市刑法研究会副会长、我国著名刑法专家王作富教授。

“九五”规划时期，共举办约20场学术讲座或报告会，邀请高校学者10位、社会企业人士5位、国外学者4位。如我国十大青年法学家、武汉大学法学院教授、博士生导师、国务院学位委员会法学组成员、中国国际私法研究会副会长兼秘书长、现任澳门政府立法事务办公室法律专家黄进博士，新华社澳门法律研究部处长赵国强博士，国家体改委综合司副司长范恒山博士，中科院院士、著名数学家、北京航空航天大学理学院院长林群教授，台湾“国立中央”大学原管理学院院长、原管理学术研究中心主任宋铠教授，中国人文社科期刊学报研究会常务副理事长、北京大学学报主编龙协涛教授。

“十五”规划时期，共举办约25场学术讲座或报告会，邀请高校学者15位、社会企业人士5位、国外学者3位，包括诺贝尔经济学奖得主弗农·史密斯，中国人民大学校长纪宝成教授，中国人民大学应用统计科学研究中心主任、博士生导师赵彦云教授，中国工程院院士李京文，中国工程院院士何新贵等。

“十一五”规划时期，2010年9月，三水校区本科素质教育工程的重要品牌“善水大讲坛”（含六个系列讲座、每年共16场）正式启动。这极大地促进了学校的学术交流，拓宽了学术视野。该时期共举办大小型学术讲座或学术报告会达300场次，邀请高校学者230位、社会企业人士44位、国外学者30位来我校讲学或作学术报告，同时，约有13位教授参加校外学术交流。如澳洲莫那什（Monash）大学教授、快乐经济学家、综观经济学创始人黄有光，中国科学院院士杨叔子，《中国法学》杂志总编辑、中国政法大学教授、博士生导师陈桂明，中国法学会法学教育研究会诊所法律教育专业委员会副主任、吉林大学博导、西北政法大学科研处处长汪世荣，日本桐荫横滨大学校长、前日本民事诉讼法学会会长、博士生导师小岛武司，中国社会科学院研究生院教授李海舰，中国社科院研究员黄长著，中国社科院经济研究所研究员、博导王振中，清华大学经济管理学院博士生导师夏冬林教授，中山大学副校长陈春声教授以及美国北亚利桑那州大学教师 Mr. Daniel Paim 等。

“十二五”规划时期以来，共举办约500场学术讲座或报告会，邀请高校学者近340位、社会企业人士近95位、国外学者近10位。如《中国社会科学》杂志社副总编王利民，中国社科院经济研究所所长、《经济研究》杂志社主编裴长洪研究员，国务院参事室特约研究员、原中国人民大学校长纪宝成，中国科学院数学与系统科学研究院副院长汪寿阳教授，中国社科院张曙光教授，中央财经大学金融学院副院长李建军，中国社会科学网总编辑、编审周溯源，中山大学梁庆寅教授，广东省社科院副院长、教授李新家，法国南布列塔尼大学刘全升教授，广东美涂士建材股份有限公司董事长周炜健等。

三、学会组织

建校以来，学校积极参加各类学会组织。经过多年的努力，学校从无到有，从少数到多数，如今加入了越来越多的学会组织，极大地促进了学校的学术发展，增强了学校的知名度。其中，我校教师48人分别参加了61个国家级学会组织，39人分别参加了86个省级学会组织，17人分别参加了19个市级学会组织。如1996年7月15—19日，罗国民院长继任中国高等院校市场学研究会会长，院长助理徐印州继任副秘书长，秘书处设在我校。2004年12月11日，徐印州副院长当选中国商业经济学会副会长。2007年11月，雍和明副院长当选中国辞书学会的常务理事以及广东省外国语言学会和广东省翻译学会的副会长等。2010年4月10—12日，于海峰副院长当选中国财政学会的常务理事及全国高校财政学教学研究会的理事。

目前，挂靠我校的省市级以上学会有两个，即广东省商业经济学会和广州市电子商务与网络经济学会。

广东省商业经济学会成立于1983年，是广东省内从事商贸流通理论教学与研究的最权威、历史最悠久的学术团体，为广东省各级政府出台有关促进现代流通业发展以及大力发展现代服务业等文件提供了理论决策依据。

广州市电子商务与网络经济学会成立于2011年9月23日，学会的主要研究内容是：开展电子商务与网络经济及相关领域的科学研究，提高学科水平，促进电子商务与网络经济校企合作与政产学研用结合，向政府部门提出发展电子商务与网络经济的合理化建议和意见，提供电子商务与网络经济及其相关领域的咨询服务。

第六节　《广东财经大学学报》

《广东财经大学学报》创刊于1986年，曾用名《商学理论与实践》、《商学论坛》、《广东商学院学报》，1998年公开发行，2013年改用现名，是广东财经大学主办的以经济理论、经济管理研究为主的学术理论期刊。目前为全国中文核心期刊（2008、2012）、中国人文社科核心期刊（2008）、CSSCI扩展版来源期刊（2012—2013）、RCCSE中国核心学术期刊（扩展版）（2012）、中国人文社科学报核心期刊和全国百强社科学报（2006、2011）。

一、历任领导

（一）历届主编

第一任：李鸿昌（1987年1月至1992年8月）。
第二任：温宝光（1992年9月至1997年5月）。
第三任：徐印州（1997年6月至2007年10月）。
第四任：于海峰（2007年11月至2009年2月）。
第五任：王廷惠（2009年3月至2013年8月）。
第六任：于海峰（2013年8月至今）。

（二）历届编辑部主任

第一任：李恩经（1986年2月至1987年6月）。
第二任：吴健雄（1987年7月至1997年3月）。
第三任：阎旺贤（1997年4月至2000年6月）。
第四任：曾小彬（2000年7月至2001年3月）。
第五任：刘芳（2001年4月至2005年1月，以主任身份主持工作）。
第六任：刘芳（2005年2月至2013年6月）。
第七任：何剑（2013年7月至今）。

二、发展历程

（一）非正式出版物时期（1986—1998）

1986年12月1日，《广东财经大学学报》（以下简称《学报》）的前身——《商学理论与实践》创刊号出刊，创刊号为16开本，共96页，半年刊。《学报》定位为“以研究商学理论及经济管理为主的学术理论刊物”，创办宗旨是“更好地为经济建设和高教事业服务”。创刊号真实反映了广东商学院当时的学术研究水平及教学研究成果，所刊载论文具有明显的时代气息。

办刊之初，学报编辑部尚未独立设处，与科研处合署办公，由主管科研处的李恩经同志代为主持工作，吴健雄、郭天骥两位同志任编辑。1987 年 9 月 10 日，学院机构调整，李鸿昌院长兼任主编，谭锐汉兼任副主编，学报编辑部定为处级机构，任命吴健雄为副编审任编辑部主任、副主编，编辑有李恩经、郭天骥、刘芳三人。同年 9 月 19 日，《学报》第一届编辑委员会成立，由校内各系 11 位科研骨干教师组成，任期两年，李鸿昌任编委会主任，谭锐汉、吴健雄任编委会副主任。

1988 年 3 月 1 日，《商学理论与实践》更名为《商学论坛》，出版周期改为季刊，页数仍为 96。1994 年 7 月，《学报》作为内部交换资料在广东省新闻出版局登记注册，登记号为 GD－1112。

1992 年 9 月，温宝光副院长兼任《学报》主编。1992 年 11 月，第二届《学报》编委会成立，由院内 13 名委员组成，温宝光副院长任主任，吴健雄任副主任。1997 年 6 月，徐印州副院长兼任《学报》主编，阎旺贤调任编辑部主任，刘芳为编辑部副主任。同年 7 月，第三届编委会成立，由 10 名专家组成，徐印州副院长任主任，阎旺贤任副主任。

1987 年 10 月，学报编辑部成为全国商业系统学报研究会团体会员，吴健雄主任任常务理事。1988 年，学校编辑部加入广东省学报研究会，吴健雄任理事。1993 年 10 月，学报编辑部加入中国高校文科社科学报研究会财经院校联络中心，吴健雄主任任联系中心联络委员。1994 年，学校编辑部被接纳为全国高校文科学报研究会会员。

（二）公开发行后的快速成长期（1999—2008）

1998 年 9 月 14 日，《商学论坛》获准公开发行并更名为《广东商学院学报》，刊号为 CN44－1446/F。《学报》从此进入新的发展阶段。

1999 年 1 月，公开发行后的《广东商学院学报》（1999 年第 1 期）正式出刊，定位为“以研究经济与管理为主的综合性学术期刊”，并确定为季刊。1999 年 12 月，《学报》被《中国期刊网》、《中国学术期刊（光盘版）》全文收录，被《中国学术期刊综合评价数据库》全文收录。1999 年共发文 78 篇，首次被《人大复印报刊资料》转摘 10 篇文章，在全国财经院校学报转摘篇数排名中名列第 44 位。

公开发行后的《学报》与国内的高校学报、各级政府及研究院所等建立了交换关系，还与香港城市大学、台湾“国立”中山大学建立了学报互赠关系。

2000 年 7 月，曾小彬教授任学报编辑部主任。2001 年，《学报》彻底改版，由 16 开改为大 16 开，出版周期为双月刊，封面设计及版式设计改由广州美术学院陈诗豪设计。改版后的《学报》将内容与形式完美地统一，受到业内好评。2001 年 4 月，曾小彬主任调任校教务处长，由刘芳任编辑部副主任主持工作，学报编辑部增设编辑室和编务室。

2001 年第 1 期的《网络经济与经济伦理》（作者张书琛，编辑曾小彬）、2001 年第 4 期的《珠江三角洲镇域经济初探》（作者徐印州，编辑刘芳）在第三届广东期刊优秀作品评奖中分别获优秀文章二、三等奖（社科类）；刘芳在广东新闻出版局和广东省科学技术厅举办的广东省第二届优秀期刊工作者评选中被评为“广东省优秀期刊工作者”。2001 年 7 月，学报编辑部还选派刘芳、汤菲两位编辑携《学报》赴香港参加国际期刊展览，首次在境外宣传和展示了《学报》；12月，《学报》荣获《中国学术期刊（光盘版）》编辑委员会颁发的《CAJ-CD规范》执行优秀奖。2001全年发文近百篇，被转摘39篇，在全国财经院校学报总转摘篇数排名中位列第七，与知名财经学报月刊转摘篇数相当。在全国高校文科学报转摘率排名中，《学报》转摘率为27.56%，排名第43位。2002年8月，《学报》荣获全国高校文科学报研究会评选的第二届全国优秀社科学报。

2003年，《学报》再次改版，实行开放式办刊。校外学者的文章明显增加，著名学者贾康、顾海良、白钦先等均为我刊撰稿。《学报》财经专业特色越来越明晰，稿件质量有所提高。《学报》获评2002—2003年度全国商业院校学报研究会授予的“优秀学报”一等奖。同年2月，再次入选为中国学术期刊综合评价数据库统计源期刊和中国期刊全文数据库全文收录期刊，同时在《万方数据—数字化期刊群》全文上网，被《中国核心期刊（遴选）数据库》收录。2004年3月5日《光明日报》载，《学报》首次在《人大复印报刊资料》复印中心全文转载量在高等院校学报排名中位列第30名。2006年5月，《学报》首次荣获全国百强社科学报，入选中国人文社科学报核心期刊。

2007年11月，于海峰副院长任《学报》主编。同年，《学报》在《人大复印报刊资料》中心全文转载量综合性期刊（全国高等院校学报）排名中升至第20名。

2008年1月，《学报》被评为中国社科院“中国人文社会科学核心期刊”；12月，入编北京大学《中文核心期刊要目总览》2008年版之贸易经济类的核心期刊，从此成为双核心期刊。2008年11月，《学报》出版一百期，在学校的大力支持下成功举办了百期纪念会，精心制作了学报百期纪念特刊，展示了《学报》22年的发展历史。2008年，学校首次成立了由13名国内顶尖学者组成的《广东商学院学报》顾问委员会，增强了对《学报》的学术指导力量。

在2008年12月组织的“广东省优秀期刊工作者”的评选中，欧翠珍荣膺“广东优秀期刊工作者”。汤菲的《国外编辑出版高等教育研究述评》、欧翠珍的《高校学报名栏研究述评》、胡慧河《学术论文评价中的“刊本位”评析》均获评广东期刊优秀论文优秀奖。

（三）稳步上升时期（2009—2013）

2009年3月5日，王廷惠副院长兼任学报主编、第七届编委会主任。

2009年，《学报》引进“玛格泰克在线投稿系统”，实现了作者在线投稿、编辑在线阅稿和编委在线审稿，并更新了网页，大大提高了工作效率和管理质量。《学报》加强专题策划意识，突出优势栏目，办好品牌栏目，寻找到新的突破点和生长点。

2011年，在第四届全国高校社科期刊评优活动中，学报再次被评为“全国高校百强社科期刊”，成为“全国人文社科学报核心期刊”。2012年，再次入选全国中文核心期刊经济综合类核心期刊，且排名居前，入选2011—2013年CSSCI来源刊扩展版（排名居前），入选武汉大学中国科学评价研究中心发布的RCCSE核心学术（扩展版）和《人大复印报刊资料》重点转载来源期刊。2013年5月，再次入选中国社会科学院人文核心期刊之贸易经济类核心期刊。

三、《学报》现状与特色

《广东财经大学报》与广东财经大学的发展同步，经过27年的努力，特别是公开发行后的15年突飞猛进，目前已成长为业内有一定影响力的财经学术理论期刊。《学报》奉行

“关注真问题，反映真学问，依托优势，彰显特色，强调应用，服务广东，严守质量，打造一流财经学术期刊”的办刊目标，遵循“立足广东，面向全国，依托本校学科和人才优势，聚集全国经管学科作者队伍，聚焦经济理论与经济管理理论前沿和实践难点、热点问题，倡导鲜明的现实问题导向，重点刊发经济理论与经济管理类具创新性、学术性、应用性科研成果，着力打造特色栏目，面向高校、科研机构和相关实际部门办财经学术期刊”的编辑方针。常设主要栏目为经济理论、商贸研究、金融研究、财政研究、粤商研究、法和经济学、经济随笔等。

《学报》办刊质量不断提高，社会影响日益扩大。从2001年至今，《学报》的总转摘篇数在全国财经院校排名中一直居前。同时，《学报》在《新华文摘》、《中国社会科学文摘》等高端二次文献转载量日益增多，被转摘篇数占所有转摘量的50%以上。《学报》的影响因子、总引频次等指标稳步提升，与省内学报相比指标居前，部分年度影响因子单向指标更是排进了CSSCI经济类核心期刊行列。

《学报》强化“精品意识”，打造精品学报。其依托本校学科优势，围绕经济学、管理学以及与法学交叉研究领域建设优势栏目，在经济理论、金融研究、财政研究、商贸研究、企业管理等方面均表现出与学校学科优势的高契合度。据2011年度《人大复印报刊资料》转载论文指数排名显示，《学报》在“经济学”学术期刊全文转载排名中转摘率位列第15名，综合指数排名第30名；在“应用经济学”410种期刊中转摘率位列第10名，综合指数位列第25名，显示出《学报》所发学术论文的学术水平与实力。

《学报》精办主打栏目，创办特色栏目。《经济理论》和《商贸研究》栏目是《学报》的常设主打栏目，开办多年，有稳定的稿源和影响力，这两个栏目强调专题策划，不定期推出热点问题讨论，且经过长期积累，建立了稳定的专家队伍，常刊发知名学者的稿件。由于这两个栏目汇聚业内高端作者，故一直保持较高的知名度和转载率，为《广东财经大学学报》赢得了良好声誉。为避免与财经期刊栏目雷同，《学报》独辟蹊径，实行错位发展，增设特色栏目、品牌栏目。如开办《粤商研究》、《法和经济学》、《经济随笔》等专栏，其中《法和经济学》栏目（2013年第4期）被《高等学校学术文摘》专文介绍。

《粤商研究》专栏，则是依托学校“粤”和“商”的地缘优势和学科优势推出的。因其选题的唯一性，所发文章及活动均已引起学界的关注。在省委宣传部出版的改革开放三十年纪念文集中有专文介绍《粤商研究》栏目，《高等学校学术文摘》也对其作过专栏介绍。2012年，《学报》成功参与承办了中国社会科学杂志社“人文岭南·学术圆桌”论坛，组织省内外粤商研究专家就“明清到现代——粤商与华南社会”主题进行研讨。《粤商研究》栏目已与粤商文化的传承及粤商的发展紧密联系在一起，为新粤商崛起贡献了一分力量。

多年来，学报编辑部坚持改革创新，树立开放式的办刊理念，形成切实可行的办刊机制，建立了科学高效的管理体制和运行机制，增强了刊物的活力和竞争力。

第八章　人事管理与师资队伍建设

我校人事工作肇始于学校筹建之初。从筹建学校之时着手申请编制，到建校30周年之际实现全面而系统的制度化、规范化管理，我校人事工作经历了从无到有、逐步完善的发展过程，人事管理、师资建设取得了显著成效，为学校可持续发展提供了重要支持和保障。

第一节　机构设置与调整

1983年1月，广东财经学院筹备领导小组设立了办公室，办公室下设人事、教学、基建、总务等组，人事组的职责包括了人员编制、人事调配、职称评审、教师培养、奖惩考核、考勤、工资福利、离退休、招生、安全保卫及户籍管理等方面的工作。1983年9月，学校向上级主管部门递交《关于申请广东财经学院教职工编制和机构设置的报告》，正式提出设立人事处，下设干部（含师资）科、劳动工资科和保卫科。1984年2月，人事处正式成立，段述迺任负责人（1985年10月正式任命为人事处处长）。

1985年5月，学校制定内设处级机构职责，根据职责分工，人事处下设有干部科、保卫科和学生科。1987年，增设师资科。1989年，学生科从人事处分离。1990年10月，人事处增设工资福利科、老干科、计划生育办公室（简称计生办，与老干科合署），保卫科不再隶属人事处。1994年7月，人事处内设科级机构确定为人事科、劳资科、师资科、离退休人员工作科（简称老干科，与计生办合署）。1999年7月，离退休人员工作科、计划生育管理办公室分别独立设置科室。2000年，档案科独立设置科室。2008年9月，人事处增设综合岗、非事业编制用工管理科。2013年3月，人事处更为名人力资源开发与管理处。截至2013年10月30日，人力资源开发与管理处下设综合岗、人事科、师资科、工资福利科、非事业编制用工管理科、离退休人员工作办公室、人事档案管理科、计划生育办公室、教师发展中心九个科级机构。

人力资源开发与管理处历任处长：

段述迺（1985年10月至1990年7月），

陈景荣（1990年7月至1996年4月），

马明华（1997年7月至2000年7月），

支戈壁（2000年7月至2008年7月），

苏武俊（2008年7月至今）。

人力资源开发与管理处历任副处长：

蔡文阶（1987年9月至1990年8月），

马明华（1992 年 11 月至 1997 年 7 月，1996 年 4 月至 1997 年 7 月主持工作），
温海峰（2000 年 7 月至 2003 年 1 月），
代永华（2003 年 6 月至 2005 年 1 月），
王德斌（2005 年 1 月至 2006 年 3 月），
庞革英（2005 年 1 月至 2013 年 6 月），
喻卫斌（2008 年 7 月至 2013 年 6 月），
王强（2013 年 6 月至今），
陈洁（2013 年 6 月至今）。

第二节　人事工作概述

学校人事工作历经 30 年的发展，其过程基本可划分为探索起步时期、规范发展时期和深化改革时期三个阶段。

一、探索起步时期（1982—1993）

1982 年，广东财经学院筹备领导小组就学院体制、编制等问题积极和省政府沟通并向其汇报，学校人事工作自此起步。这一时期，除了积极开展人事处自身建设，包括处室职能职责的确立以及内部组织框架的搭建外，人事工作重点围绕申请编制核定、人员调配等方面开展，并积极思考人事管理制度化建设。

（一）编制核定工作

1983 年 1 月，广东财经学院筹建办公室正式向上级主管部门报送《关于申请财经学院教职工编制的报告》，申请核定学校编制。在获得教育部批准建校后，1983 年 9 月，学校再次向上级主管部门报送了《关于申请广东财经学院教职工编制和机构设置的报告》，申请核定编制 250 名及成立若干内设机构。1983 年 10 月，广东省委宣传部下发《关于广东财经学院机构设置和教职工编制问题的批复》（粤宣干〔83〕164 号），正式核定学校编制为 250 名，其中教学人员不少于 100 名。此后根据学校发展需要及上级工作要求，申请增加新的编制成为人事年度工作之一，学校编制逐年增加，到 1994 年 6 月时，全校编制已达 620 名。

（二）人事调配工作

学校在筹建之初处于“三无一缺”（无校舍、无教师、无设备、缺资金）状态，以广东财经学院 1983 年 5 月经教育部批准成立时为例，全校仅有十几名教师，教师的最高学历只是本科，最高职称仅为讲师。针对建校初期人员严重紧缺的状况，建校后，学校分别向省计委、省人事局、省高教局等主管部门递交多份报告，请求各主管部门在人员调动、毕业分配等方面给予支持。1983 年 6 月，学校向上级递交了《关于要求调进杨志书等五位同志来我院任教师的报告》。1983 年 9 月，不到半年时间，第一批招聘的教师共 20 人全部到校工作。当时，人事调配审批较严，程序复杂，调动一名教师往往牵涉十多个部门，但人事处工作人员仍能克服重重困难，积极与上级沟通联系，较好地完成了各年度人员补充的

工作。在勤奋工作的同时，人事处还积极探索人才招聘新机制，创新工作方法，为缓解学校人员紧张局面提供了有效的支持。1985 年 4 月，学校通过《南方日报》刊登了学校教师招聘启事，并派人前往北京、长春和哈尔滨等高校较为集中的地区联系毕业生，收到求职信件 500 多封，最后调进教职工 47 名，其中教师 30 名。通过不懈努力，学校师资队伍在数量、质量上均有了较大程度的改善。建校十年时，全校专任教师已达 212 人，其中教授 8 人，副教授 45 人，具有硕士以上学位的教师 49 人。

（三）人事管理制度建设

建校初期，学校人事管理制度几乎一片空白，针对存在的问题，人事处积极思考，探索并逐步建立起一套基本的人事管理制度，相关工作机制也在这一时期逐步提出。1984 年 10 月，制定了《教师校外兼课和报酬管理暂行办法》。1985 年 5 月，制定了校内处级单位职责分工；10 月，制定了《广东商学院干部职工考勤制度试行办法》；12 月，制定了《广东商学院教师工作量试行计算条例》。1986 年，制定了《广东商学院教师任职条件、考核评审实施细则》。1987 年 10 月，制定了《关于解决调进人员问题的几个原则》。1991 年 9 月，制定了《广东商学院人事调配工作暂行规定》。1992 年 10 月，制定了《关于人事工作廉政建设的若干规定》。通过上述文件，学校初步建立起关于收入分配、职称聘任、人事调配、日常人事管理等方面的规章制度，同时还对人事工作的纪律、程序等进行了规范。

二、规范发展时期（1994—2003）

经过十余年的探索和努力，到建校十周年时，学校建设已初具规模，师资队伍建设、人事管理各方面均有了长足发展。得益于前一时期人事工作扎实有效的开展，围绕学校更名广东法商大学、迎接本科教学工作水平评估、争取硕士学位授予权等中心工作，学校对人事管理、人事改革等方面工作有了更全面、更深入的思考。

（一）人事管理制度建设

为进一步规范人事管理，学校在人事管理制度化建设方面做了很多工作。以 1993—1994 年为例，在学校召开的深化教育改革工作会议上，人事处拿出了人员编制管理办法、人事调配工作暂行规定、师资队伍建设规划等 7 个人事管理文件进行讨论。1994 年 5 月 10 日至 13 日，学校专门召开教学、师资工作会议，讨论了《关于采取有力措施充实师资队伍的意见》、《关于广东商学院（广东法商大学）跨世纪人才选拔、培养计划》等多个文件。上述讨论稿件经过征求意见和修改，大部分形成了学校正式文件。人事处还在 1995 年 12 月专门编制了《广东商学院人事管理文件和规章制度汇编》，涉及机构编制、人事调配、师资建设、工资福利及计划生育管理等人事规章制度达 36 个。这一时期，学校人事档案工作目标管理被广东省委组织部授予三级达标证书，学校计划生育管理也连续多年达标。学校在临时工管理、人事档案管理、离退休管理、计划生育管理等方面都陆续制定了一系列规章制度，为规范相关工作起到了积极作用，人事工作制度建设更加全面和规范。

（二）人事制度改革

这一时期，学校在人事制度改革方面也作了积极有益的尝试。1994 年 7 月，学校出台了《关于印发我院人事制度改革有关实施方案的通知》，方案涵盖了机构设置及领导职数配备、人员编制、聘任制、待聘人员、分配制度改革等方面内容。1995 年 6 月，学校成立人才交流中心，积极开展干部人事制度改革探索。1998年12月25日至26日，学校召开中共广东商学院委员会深化校内体制改革扩大会议，会议就学校机构、人事、后勤改革等问题进行了深入研讨，为全面推进校内体制改革做准备。1999年3月23日、25日，学校召开第三届教代会第二次会议，就机构、编制等相关方案进行了讨论，相关文件在当年相继出台。2000年9月，制定了《广东商学院2000年深化人事分配制度改革方案》，将校内津贴分配与个人责任和业绩挂钩。

（三）人员队伍建设

根据学校发展需要，人员队伍建设仍然是这一时期人事工作的重要内容。首先是继续争取上级编制部门支持，学校各年度编制均有不同程度增加，1998年建校十五周年，学校编制达到了800名；到2003年，编制更是达到1 400名，一举解决了困扰多年的编制紧张问题。其次是不断创新思路，强化措施，积极做好人才引进和师资培养工作。学校制定了一系列人才引进和师资培养的文件方案，1995年1月颁发了《关于加强教师队伍建设规划工作的几点意见》，11月颁发了《广东商学院青年教师培养“九五”规划》；1998年4月颁发了《广东商学院重点教师选拔培养和管理办法（试行）》等。根据2001年12月《广东商学院关于引进人才的决定》，学校还提出了“十五”师资建设“双百”工程方案，即到“十五”规划末期，引进和培养教授100名、博士100名。同时，学校还采取一系列切实有效措施推动人才引进和师资培养工作。从1994年下半年起至2000年，陆续选拔50名中青年人才进行重点培养，并列出专项经费资助教师攻读学位、进修课程等。1998年4月，学校举行了首届青年教师教学竞赛。学校投入的人才引进经费也连年增加，为人才引进工作提供了有效支持。通过引进和培养，到2003年末，学校教职工总数达到942人，其中教学科研人员533人，教授达81人，博士和在读博士达100人。

三、深化改革时期（2004—2013）

开展人事管理大讨论、规范人事管理规章制度、积极探索人事改革是上一时期学校人事工作主要特点，到2003年，学校“申硕”工作获得成功，二十周年校庆也圆满落幕，进入全新发展时期。随着国家加快推进事业单位人事制度改革步伐，学校人事工作经过二十年制度和经验的积累，推动更新、更深入的人事制度改革条件已经成熟，建设高素质人才队伍也具备了一定基础，学校人事工作进入深化改革的时期。

（一）人事制度改革

经过前期充分酝酿，2004年11月，《广东商学院校内津贴分配改革方案（试行）》正式发文实施，并于2005年进行修订，再次拉开了学校收入分配、人事制度改革的序幕。通过校内津贴分配改革，进一步明确了教师工作任务，同时激发了教师从事科学研究工作的热情，为学校科研水平的提升奠定了基础。为扩大教学院部自主权，调动工作积极性，2007年，学校决定实施校院两级管理体制改革。经过两年多的思考和论证，2009年8月，人事处牵头起草的《广东商学院教学院部目标管理实施方案》及《广东商学院教学院部目标管理考核指标体系》等校院两级管理文件提交至学校改革与发展研讨会讨论，10月正式发文实施。同年11月17日，院长王华与各二级院部负责人签订了二级管理目标责任书，这是学校创立以来管理体制具有里程碑意义的改革。2009年12月，广东省事业单位岗位设置工作正式启动，要求事业单位通过按需设岗、竞聘上岗、按岗聘用、合同管理，实现事业单位人事制度从身份管理到岗位管理的根本转变。学校成立了人事制度改革工作小组，人事处牵头制定了学校岗位设置系列方案。2011 年 4 月，根据《广东商学院岗位设置与人员聘用实施方案》文件，学校人员聘用工作正式实施，经过竞聘及上级审批，全校在职在册的 1 396 名教职工均按对应岗位进行了聘用。2013 年 4 月，院长王华与教师代表签订了岗位聘用合同。在实施岗位设置与人员聘用基础上，2012 年 7 月，学校又推动了绩效工资改革，通过绩效工资改革，学校首次实现对党政群机关及教辅单位进行两级管理、经费切块和量化考核，这又是一次学校人事管理制度方面的重大改革。

（二）高水平师资队伍建设

这一时期，人才队伍建设工作继续推进，也更突出了高水平师资队伍建设的重要地位。2004 年，学校重点教师选拔培养办法发文实施。2005 年 10 月，学校颁发了《关于进一步加强我校师资队伍建设的意见》。2006 年，学校优秀中青年骨干教师选拔培养办法发文实施。2007 年 11 月，人事处向教育部本科教学水平评估专家作了题为“建设优良师资队伍，切实为教学工作服务”的汇报。2008 年，学校首次以面向国内外公开招聘二级学院院长的方式进行高层次人才引进的尝试，最终成功引进邹新月、张河清两位教授，分别任金融学院、旅游学院院长。2006 年、2011 年，学校分别制定了师资队伍建设“十一五”、“十二五”规划。2011 年 3 月，学校“南岭学者”管理办法发文实施。2012 年 10 月，学校“卓越青年教师”校长特聘教授岗位实施办法发文实施。2013 年 1 月，学校“强师工程”实施方案发文实施。此外，学校还从 2011 年开始启动了珠江学者特聘教授岗位申报工作。随着一系列政策措施的相继推出，学校高水平师资队伍建设取得了前所未有的进步。这一时期，学校教师中的教授、博士比率均有大幅度增长。雍和明、杜承铭两位教授获批国务院政府特殊津贴专家。通过引进和培养，雍和明、邹新月、张河清、刘湘云四位教授入选为教育部“新世纪优秀人才”支持计划。学校在省级教学名师、省级人才培养对象等方面均取得了历史性的突破。

2013 年 9 月，学校首次获批在会计学、宪法学与行政法学两个学科设置珠江学者岗位，厦门大学曲晓辉教授成为学校首位珠江学者讲座教授（会计学学科）。同时，学校还首次获批博士后科研工作站，标志着学校高层次人才培养和学科建设进入了一个新的阶段，为学校高层次人才队伍建设提供了一个重要契机和发展平台，也将为进一步提升学校教学科研水平、增强学术竞争力提供人才保障。

第三节　师资培养与引进

一、师资队伍发展概况

师资队伍建设是关系到高等学校发展的基础和根本，建设一支结构合理、素质优良、富有活力和创新能力的师资队伍是高等教育事业可持续发展的需要。自建校以来，学校一直秉承“人才是建校之基、立校之本、兴校之源”的理念，大力加强师资队伍建设。

学校创建初期，师资队伍数量严重不足，且教师的学历、职称普遍偏低。1983 年，全校只有20名专任教师。1985年，学校获批更名为广东商学院，全校仅有51名专任教师。面对这种窘况，学校多次写报告给省高教局，请求上级主管部门在教师编制、学校经费、工资总额等方面予以特别支持。学校克服重重困难，千方百计调入有丰富教学经验的骨干教师和优秀应届毕业生。在上级主管部门的大力支持下，学校在短时间内通过各种渠道调进教师，充实师资队伍。到1990年，全校教职工人数达到470人，其中专任教师225人，正高6人，副高23人，中级69人，初级127人，有效解决了建校初期教师严重不足的问题。随着学校的建设发展，师资队伍不断壮大，截至2012年底，学校专任教师已达1 181人，相较于办学初期增长了数十倍；师资队伍质量也有显著提高，专任教师中具有硕士学位的教师586人，占专任教师总数的49.62%，具有博士学位的教师383人，占专任教师总数的32.43%，具有高级专业技术职务的教师552人，其中正高职称210人。

二、师资队伍制度建设

建校初期，学校就非常重视相关制度建设，并通过加强制度建设来推进师资队伍建设。

1985年，在学校的“七五”发展规划中，针对当时师资力量极度缺乏的状况，制定了师资队伍建设思路，提出通过从省内外高校引进教师和每年从国内名校接收15~20名优秀应届毕业生等办法来充实师资队伍。

1993年，学校印发了《广东商学院师资队伍建设规划》，这是学校首个师资队伍建设规划，提出学校师资队伍建设的总目标是“建设一支数量适当、素质优良、结构合理、适应广东经济及社会发展需要的又红又专的教师队伍，不断推进教学和科研水平的提高”。在“九五”和“十五”规划中，学校对师资队伍建设都给予高度重视，并结合当时的实际情况提出了阶段性战略目标。

为保证师资队伍建设目标的实现，学校制定了一系列规章制度，先后出台了《广东商学院教职工在职继续教育学习暂行规定》、《广东商学院高级专家延长退休年龄暂行规定》、《广东商学院客座教授（兼职教授）聘任管理暂行规定》等文件，为促进学校师资队伍建设提供了制度保障。

2006年，在总结回顾学校师资队伍建设的成绩及存在问题的基础上，《广东商学院教育事业“十一五”发展规划》提出了“十一五”规划时期师资队伍的建设目标，明确了在结构优化、中青年骨干教师的培养、人才引进以及教师管理机制等方面的具体任务。随后，学校修改并制定了《广东商学院优秀中青年骨干教师选拔和培养办法》等文件。

2011年，根据《国家中长期教育改革和发展规划纲要（2010—2020年）》、《广东省中长期教育改革和发展规划纲要（2010—2020年）》以及《珠江三角洲地区改革发展规划纲要（2008—2020年）》文件精神，学校制定了《广东商学院师资队伍建设“十二五”发展规划》，肯定了“十一五”规划期间取得的成绩，并明确提出“十二五”规划时期师资队伍建设的主要内容是：深化改革，构建科学合理的人事制度体系；健全人才引进培养机制，重点培养和引进一批优秀人才；实施领军人才工程和团队建设计划，打造高层次拔尖人才和教学科研团队；打造和谐校园环境，增强教师的凝聚力。为达成上述目标和任务，学校先后制定了《广东商学院教师社会实践管理办法》、《广东商学院教学科研人员从事博士后研究工作暂行规定》等文件，并对教职工的继续教育文件进行了修订，出台了《广东商学院教职工继续教育暂行规定》。

三、人才引进

人才引进工作始终贯穿于学校的整个历史发展过程。1983 年 5 月，广东财经学院经教育部批准成立时，不仅教师稀缺，连行政教辅人员都极为紧张。经过数年时间的人才引进，有效解决了学校人员不足的问题，保证了学校各项工作正常开展。之后，学校人才引进工作一直紧紧围绕学校更名广东法商大学和广东财经大学、迎接国家教委本科教学合格评价和教育部本科教学工作水平评估、申请硕士学位授予权点等中心工作开展，为学校建设和发展提供了坚实的人才保障。根据各个时期人才引进工作重心和人才引进特点，学校人才引进工作基本可划分规模化发展、规模质量并重发展及质量化发展三个阶段。

（一）规模化发展阶段（1983 年至 1996 年）

从建校到 1996 年通过国家教委本科合格评价，为学校人才引进工作的第一个阶段。这一阶段，为缓解教职人员严重短缺状况，学校人才引进注重规模化发展，重视数量上的突破，主要以调进普通教师和接收应届毕业生为重点。建校后，学校就人员调动、毕业生分配指标等方面工作积极向上级争取，与上级沟通，到 1983 年 9 月首批学生开学时，已调进教师 20 名。到 1987 年 9 月，已调入教师、专业技术人员 171 人，行政干部 40 人，工人 89 人。教师队伍中有教授 1 人，副教授 14 人，讲师 42 人，人才引进工作开局良好。1996 年，以调动、接收毕业生和招工等方式，学校总共增加教职工 500 多人，专任教师也以调进教师和接收应届毕业生为主，为解决教职工队伍数量不足起到了积极作用。这一阶段，学校对人才引进程序、工作要求等作了初步的规范，如 1987 年 10 月，印发了《关于解决调进人员问题的几个原则》；1995 年 1 月，印发了《关于调入人员享受优惠待遇的规定》等。

（二）规模质量并重发展阶段（1997 年至 2007 年）

从 1997 年到 2007 年，通过教育部本科教学工作水平评估，为学校人才引进工作的第二个阶段。这一阶段，人才引进工作围绕学校改名广东法商大学、争取硕士学位授予权点以及迎接教育部本科教学工作水平评估等中心工作开展。由于办学层次提升需要，学校人才引进工作进入规模质量并重的发展时期，除了解决教师数量不足问题外，也更加重视引进具有高级专业技术职称和具有博士学位的教师。以 2000 年到 2007 年学校人才引进工作为例，这八年间，学校补充各级各类人员近 800 人，其中，引进教授（研究员）50 人，引进副教授 107 人，引进教师中具有博士学位或在读博士的达 157 人。

这一时期，学校更加重视人才引进工作的规范化、制度化建设，密集制定了一系列人才引进专门文件。2001 年 12 月印发了《广东商学院关于引进人才的决定》，之后从 2004 年开始根据人才市场变化情况，不断调整学校人才引进政策，平均每年制定一个人才引进文件，保证了学校人才引进工作的顺利开展。1999 年以来，学校设立人才引进专项经费，至 2007 年，已共投入 2 000 多万元经费用于人才引进。

（三）质量化发展阶段（2008 年至今）

从 2008 年至今为学校人才引进工作的第三个阶段。这一阶段，学校师资队伍已具备了一定的规模。围绕学校建设高水平财经大学的需要，随着国家和广东省关于中长期教育改革发展纲要、中长期人才发展规划纲要、珠三角地区改革发展规划纲要及教育部高校创新能力提升计划等一系列战略目标的提出，学校人才引进转入质量化发展时期，着力于引进高层次、高水平学科带头人以及有潜质的优秀博士。

为促进人才规划和人才引进的科学性、合理性，学校于2009年5月专门成立人才引进与师资培养专家委员会，为学校人才引进工作提供决策咨询。2008年，学校以公开招聘二级学院院长的方式面向海内外公开招聘高水平人才，邹新月、张河清两位教授被分别引进担任金融学院、旅游学院院长，两位教授来校后都取得了显著业绩，有力地促进了所在学科点的建设。2008年以来，全校引进具有博士学位的教师共145名。一批刚进校工作的年轻博士，在国家自然科学基金课题、国家哲学社会科学基金课题、《中国科学》等标志性成果方面不断取得突破。

2011年3月，学校印发了《广东商学院南岭学者特聘岗位管理办法（试行）》，提出在数年内以人才费不低于200万元、年薪不低于60万元等超常规办法在学校经、管、法三大主体学科中引进数名高水平领军人才的计划，以此聚集一批在国内有较大影响力的学科带头人，形成一批优秀创新团队，带动学校重点和急需发展的学科达到国内先进水平或省内领先水平。

四、师资培养

（一）师德建设

自建校以来，学校一直重视对教师职业道德的建设，先后制定了《广东商学院教师职业道德规范》、《广东商学院教师工作规范》和《关于进一步加强和改进师德建设工作的实施意见》三个规范性文件，明确规定了教师在教学、科研、育人方面的职业道德标准及其相应的奖惩政策。学校还以名师讲坛、道德模范宣讲会、教师座谈会、校情教育以及各类评先评优活动等形式，大力宣传教师职业道德建设工作，充分发挥先进典型示范带头作用，以增强教师的荣誉感和使命感。学校也因此拥有了一大批获先进个人荣誉称号的教师，先后出现罗国民、颜钰、庄汉城、王先庆、李俊等5位“全国优秀教师”，何维湘、左柏云、田忠辉等3位“广东省师德先进个人”，古石阳、王学礼、陈斯民等3位“广东省高教战线先进工作者”，熊达棣、于海峰、陈国栋、陈茂春、彭雪芬、石卫祥、卢剑灵、吴卫英、王先庆、许义生、唐伟清、朱信贵、龚国伟、黄辉、方莉君、李俊、庞磊、苏时生、李新博等19位“南粤教书育人优秀教师奖”，吴有必、冯灿仪、袁志明、何剑、雍和明、陈廷根、王学武、陈莳、赵景峰等9位“南粤教坛新秀”，郭景萍、肖怡、邓世豹、彭雷清等4位“广东省教学名师”，车嘉丽、黄正新、吴厚德、任晓阳、林强、郭银华、刘红红、田忠辉、骆祚炎、胡玫艳、宁军明、张丹、兰艳泽、吴金椿、邹新月、刘玉记等16位“南粤优秀教师”，吴琦、林洪、黄晓山、郑金栈等4位“南粤优秀教育工作者”；此外，于海峰同志被评为“广东省高教系统教书育人先进个人”，谢华汉同志获得“广东省五一劳动奖章”。

为弘扬中华民族尊师重教的优良传统，增强广大教师献身祖国高等教育事业的光荣感、责任感和使命感，从2000年开始，学校对在教学岗位上辛勤耕耘满三十年的教师进行大力表彰，并颁发“从教三十年荣誉证书”。截至2012年，学校共有77位教师获得了表彰。

在大张旗鼓表彰师德高尚、教学优秀、科研突出的先进集体和先进个人的同时，学校还将师德表现纳入职称评聘、年度考核、评优评先等工作中，重点考察，严格执行师德问题一票否决制，引导广大教师树立以人为本、为人师表以及团结协作、锐意进取、共同进步的精神，不断营造良好师德氛围，真正发挥师德建设在师资队伍建设中的重要作用。

（二）学历学位教育及访学

教师是学校办学最根本、最有价值的资源，教师素质直接决定了教育质量和科研水平。1993 年，学校印发了《广东商学院师资培训计划》，明确提出按照“三高一新一低”的要求来对教师进行培养。为此，学校实施了“学位提升工程”，拿出专项资金，按照“学历提高为主，岗位培训为辅”的继续教育原则，采用“普遍提高，重点培养，在职为主，脱产为辅”的办法，鼓励和支持教师在职攻读学历、学位，改善教师队伍的学历、学缘结构。通过学位提升工程的实施，学校师资队伍的学历结构得到明显改善。

在扎实做好“学位提升工程”的同时，学校还开展了“国（境）内外名校访学工程”，通过与国（境）内外著名高校、科研机构之间的广泛联系和学术交流，扩大教师的学术视野，提高教师的教学水平，明确今后的发展方向以及目标，从而进一步达到促进学科建设与专业建设的目的。部分教师以访学的形式，获得了攻读硕士、博士学位的机会，在加强学术交流的同时，其学位也得到进一步提升，这使得学校的师资队伍结构更趋优化。

（三）中青年教师培养

中青年教师是学校师资队伍主要力量。为逐步提高中青年教师的学术水平和科研能力，学校于 1995 年印发了《广东商学院重点教师选拔和培养计划》，提出了“543 人才培养工作”计划，有针对性地选拔中青年教师进行分级培养，以定向投入的方式，统筹安排中青年教师的科研、进修、学术交流、著书出版等费用。2003 年和 2006 年，学校先后对文件进行了两次修订，并印发了《广东商学院优秀中青年骨干教师选拔和培养办法》，通过对中青年骨干教师进行为期两年的培养，有计划、有重点地培养和造就了一批具有较强创新能力和较高业务水平的学术骨干。经过几年的努力，接受培养的教师其科研能力和学术水平都有了较大提高，有些培养对象甚至已经成为所在学科的中坚力量。

为激发青年教师的积极性、创造性，鼓励有潜力的青年教师潜心钻研、脱颖而出，2012 年学校制定了《广东商学院“卓越青年教师”特聘岗位实施办法（试行）》。2013 年，林慕华、蔡佳两位老师成为学校首批“卓越青年教师”校长特聘教授。

学校还充分利用校内外资源为青年教师发展营造良好氛围，创造有利条件，帮助和指导学校青年教师申报诸如《珠江科技新星专项计划》、《财政部全国会计领军（后备）人才培养工程》等人才培养项目，进一步拓宽了中青年教师的培养渠道，进一步提高了中青年教师队伍整体素质。

（四）高层次人才培养

为贯彻落实“科教兴粤”的战略目标，有计划、有重点地培养和造就一批德才兼备的学术带头人、学术骨干和学术梯队接班人，学校在“广东省高等学校千百十工程”基础上配套制定了《广东商学院重点教师选拔培养与管理暂行办法》，划拨专项资金，对“千百十工程”培养对象进行分级分类资助培养。省级培养对象资助经费为 10 万元、校级培养对象资助经费按职称高低为 3.6 万 ~7.2 万元。2008 年，为进一步调动培养对象的积极性，在培养期内多出优秀成果，学校结合科研管理相关规定，对“千百十工程”第五批培养对象合同进行修订，将原来按级别资助培养的方式调整为按培养期内业绩成果水平资助培养的方式。截至2012年底，学校共有154人入选广东省高等学校“千百十工程”培养对象，其中省级培养对象19人。经培养，一批教师的科研能力和学术水平得到提高，在申报国家自然科学基金项目、国家社会科学基金项目以及省级以上教学质量工程项目等方面取得了丰硕成果。

（五）教师社会实践

教师社会实践能力培养是学校师资培养的重要内容之一。学校于1986年曾安排税务系教师到广州市海珠区税务局参加社会实践。1992年，学校首次印发《关于组织青年教师参加社会实践的通知》，从1993年开始，逐年组织青年教师、干部参加为期一年的社会实践锻炼，并将社会实践锻炼作为转正、定级和晋升职务的必要条件。

随着办学水平提高，为进一步促进理论教学与实践教学有机融合，提高教师实践教学能力和科研水平，促进应用型人才培养，学校制定了《广东商学院教师社会实践管理办法》，将教师的社会实践纳入学校统一管理和规划，根据学科、专业特点，有计划、分批次、分专业派遣教师参加政府科技特派员、博士服务团、政府或企业挂职锻炼等实践活动，这些措施进一步强化了教师参加社会实践的考核实效。

（六）教师视野国际化

因立足改革开放前沿阵地，学校教师国际交流活动开展较早，不仅积极支持和鼓励广大教师参加国际学术会议，以此拓展教师的国际化视野，还先后派出教师到剑桥大学、杜克大学、华盛顿大学、普渡大学、澳大利亚麦考里大学等国外名校访学交流。2005年，学校改变以往分散、随机培训方法，首次选拔6名教学效果好、科研能力强、具有良好发展潜力的中青年教师，赴国（境）外名校访问研修。随后七年间，学校不断总结经验，并投入专项经费，以每年选派10人左右的规模，持续推动国（境）外名校访学。截至2012年底，学校已累计选派教师66人赴国（境）外访学，资助金额达600万元。为巩固访学成果，扩大影响，学校还专门组织了“国（境）外访学归校人员学术报告会”，访学人员除汇报在外学习的收获外，还能对学校建设和管理等工作提出建议和意见，充分体现了学校国（境）外访学工程效益。学校遵循“不求所有，但求所用”原则，采取柔性引进办法，聘请了池田大作等国外知名专家、学者来校进行短期工作和讲学，通过多渠道探索，学校师资队伍国际化水平得到有效提升。

五、职称评聘

职称评聘是师资队伍建设重要工作内容，经过多年探索和建设，学校职称评聘已发展成为一项布局合理、制度严格、程序规范的常规性工作。1986年，学校首次获批成立广东商学院教师职务评审委员会，下设经济学一个学科组。随后，学校出台了《广东商学院教师任职条件、考核评审实施细则》等文件，并制定了相应工作计划。1993年，学校对中评委会进行调整和改进，并新增数学、英语、政法、烹饪、中文5个学科中级职称评审权。1999年，学校重新组建广东商学院教师中级专业技术资格评审委员会，并新增计算机、马列公共课、法律3个学科中级职称评审权。2004年，经省人事厅批示，学校教师中级专业技术资格评审委员会新增管理、体育2个学科评审权。至此，学校中评委会可承担数学、计算机、经济、管理、英语、马列公共课、法律、中文、体育9个学科的中级职称评审工作。2008年，学校获批法学、应用经济学、工商管理3个学科副高评审权，职称评审自主权进一步增加。

近年来，学校以岗位设置与人员聘用等人事制度改革为契机，积极推行职称聘任制度改革。一是探索专业技术职务评聘分开的制度，打破职称重评审、轻聘任的现象，让职称评聘向重点岗位、优秀人才倾斜。二是根据岗位类别性质，探索教学、科研不同类型岗位人员的职称评聘和绩效考评办法。2012年，学校首次进行教学型副教授职称评审，在学校拥有副高评审权的3个学科中，均拿出指标对申报教师按教学型副教授标准进行评审。

第四节　人事分配制度的建设与发展

学校初建时期，正是国家开始走向改革开放的时期，得益于改革开放及社会主义市场经济体制改革，学校的人事分配从一开始就迈入了不断改革和不断创新的建设发展道路。人事分配涉及全校教职工切身利益，因此，建立公平合理的人事分配制度，充分调动各级各类人才的积极性和创造性，对促进学校长期稳定和可持续发展具有十分重要的意义。学校收入分配制度随着学校建设和工作重心转移历经了探索、完善、深化这三个发展阶段。

一、探索阶段

1983年1月至2000年8月，是学校收入分配制度改革探索阶段。在这一阶段，如何建立一套符合学校发展实际的收入分配制度，是亟待解决的问题。

1990年3月，在充分调查研究的基础上，学校第一个收入分配文件《关于教师实行课时津贴的试行方案》正式颁布，由人事部门根据各系、部、室担任的总课时数，计算各系、部、室的总课时津贴款项，各系、部、室结合本单位实际制定分配细则，计发课时津贴，以期逐步建立按劳分配、多劳多得的分配制度。

1993年，为适应高等教育改革发展需要，学校以邓小平同志南方讲话和党的十四大精神为指导，根据《关于今年教育专项资金使用安排的报告》（粤高教人〔1993〕103号）精神，结合人事制度缺乏竞争机制和更新机制，各教学系、部收入差别不大，按劳分配原则没有得到很好落实这一实际情况，先后制定了《教师岗位津贴发放办法》和《广东商学院人事分配制度改革方案》两个文件，推行国家工资与校内津贴相结合的分配体系，把校内收入分配与设岗、聘任、考核等人事制度的改革紧密联系起来。

为加大分配制度改革力度，理顺分配关系，建立竞争和激励机制，创造综合效益，学校于1994年7月在《广东商学院人事分配制度改革方案》基础上出台了《广东商学院分配制度改革实施办法》，执行时间为1994年7月至2000年8月。自此，学校的收入分配制度实现了国家工资和校内津贴的有机整合。

二、完善阶段

2000年9月至2008年6月，是学校收入分配制度改革完善阶段。在这一阶段，学校已逐步形成了一套适合学校校情的收入分配制度。

2000年，教育部《关于当前深化高等学校人事分配制度改革的若干意见》和人事部《关于深化高等学校人事制度改革实施意见》相继出台，为学校分配制度进一步改革和发展理清了思路，指明了方向。学校根据这些文件精神，积极稳妥地推进人事和分配制度改革，经过一段时期的调研、考察、论证和借鉴其他高校津贴分配办法的优点，从本校实际出发，学校制定了以“促教学”为原则的《广东商学院2000年深化人事分配制度改革方案》，并在2000年9月起开始实施。此次分配制度改革，使校内津贴与责任和业绩挂钩，贯彻了“多劳多得，优劳优酬，拉开差距”的原则，在合理定编和实行全员聘任制的基础上，强化编制管理的聘后考核工作，打破了分配制度上的“大锅饭”和“平均主义”，对于促进学校教学科研和管理水平的提高，均发挥了较好的激励调节作用。

2004年9月，为进一步深化人事分配制度改革，以省委办公厅的《广东省深化事业单位人事制度改革实施方案》为契机，学校制定了以“促科研”为目标的《广东商学院校内津贴分配改革方案（试行）》，文件明确指出，校内津贴由岗位津贴和绩效津贴构成，教职工按照各自不同的工作职责、工作岗位和工作绩效，领取不同等级的酬劳。岗位绩效津贴的实施，对于调动教职工的积极性，稳定骨干队伍特别是科研骨干和教学骨干发挥了积极的作用。其中，岗位津贴以所聘职称、职务以及完成岗位职责情况为依据进行发放，对于未完成工作量的教学科研人员和考核结果在基本称职及以下的非教学科研人员，按照规定比例进行扣发；绩效津贴向取得突出成绩和成果的教学科研人员倾斜，在改善科研骨干和教学骨干生活待遇的同时，逐步提高广大教职工的生活待遇。

学校在2004年校内津贴实施后，积极收集意见，并于2005年9月修订了《广东商学院校内津贴分配改革方案（修订稿）》，对教学科研人员的超课时工作量、科研工作量、非教学科研人员的岗位职责等的要求更加细化，进一步明确了教学科研人员根据完成工作量的比例发放相应比例的岗位津贴，非教学科研人员依据考核成绩发放岗位津贴和绩效津贴。这次修订使校内津贴与年终考核联系得更加紧密，在逐步提高教职工收入的同时，充分体现了奖勤罚懒，向教学、科研第一线人员及高层次人才倾斜的发展理念，促进了学校人力资源的合理配置。

三、深化阶段

2008年7月至今，是学校收入分配制度改革深化阶段。在这一阶段，学校的收入分配制度在稳步发展的同时跨上了一个新台阶。

2005年之后，学校的发展步入了一个全新的时期，科研成果在数量上取得了巨大进步，但是与国内外高水平大学相比，质量还有待提高。随着2006年6月国家人事部、财政部《事业单位工作人员收入分配制度改革实施办法》的出台，为进一步引导教师改进教学方法，提高科研水平，培养高水平人才，产出高水平科研成果，扩大教学院部的办学和管理自主权，调动院部的积极性和创造性，建立“绩效考核，绩效与工资挂钩”的管理运行机制，学校自2007年开始探讨校院两级目标管理体制改革，力求使管理重心下移，从而实现责、权、利的有机统一，提升学校的办学活力和办学水平，提高学校的综合竞争力和办学效益。经过两年的充分酝酿，学校于2009年7月相继推出了《广东商学院教学院部目标管理实施方案（试行）》和《广东商学院校内津贴分配调整方案》，在二级院部全面试行目标管理，使教学院部的目标和责任更明确，使每一位教师明确应完成的工作任务，做到岗位有职责，人人有任务。这些方案的实施，调动了教学骨干教师工作的积极性，为学校接下来绩效工资方案的制订及实施打下了良好的基础。

2012 年 7 月，根据我省人事制度改革工作部署，学校将绩效工资改革提上议事日程。通过绩效工资改革，学校对教学、科研、教辅及党政群机关单位推行全面的两级管理、经费切块和量化考核。这又是学校收入分配制度建设发展过程中的一次重大改革。

第五节　离退休人员管理

一、离退休管理机构沿革

学校 1983 年始建校时，教职工多为新调入人员，直到 1987 年才开始有 6 位教职工退休，管理工作由人事处负责。1990 年，学校成立老干科，与人事处计划生育办公室合署办公。1999 年，学校离退休人员达到 145 人。同年 7 月，老干科与计划生育办公室分离，配专职工作人员 1 名。2007 年 12 月，学校离退休人员达到 211 人。为加强离退休管理服务工作，学校于 2008 年 7 月将老干科名称变更为离退休人员工作办公室，并增加专职工作人员编制 1 名。

1987 年，学校退休党员仅有 3 名，由于党员人数少，居住也比较分散，退休党员仍归属原单位管理。随着党员人数增加，1992 年河北党支部成立，1993 年江南大道第一、第二党支部先后成立，1993 年赤岗党支部成立，1997 年水荫路党支部成立，离退休党员管理工作进一步规范。

为切实加强对离退休管理工作的领导，在原来五个直属离退休党支部基础上，校党委于 2001 年成立了中共广东商学院离退休人员总支部委员会，机构设置为副处级，由党委组织部苏时生任副书记；2005 年 1 月改设在人事处，由副处长庞革英兼任副书记；2008 年 7 月与离退休人员办公室合署办公，由彭雪芬同志任副书记。

随着离退休人员的增加，目前学校离退休党员已达 139 人，离退休党支部也增加到 9 个，即 2004 年 4 月成立的离退休校内党支部，2010 年 3 月成立的学校离退休华师（住宅区）支部，以及 2012 年 5 月原赤岗党支部调整设置后的离退休赤岗第一党支部、离退休赤岗第二党支部、离退休磨碟沙党支部。

二、离退休人员管理工作

截至 2013 年 10 月 30 日，学校有离休干部 4 人，退休教职工 293 人。为此，学校离退休管理工作以深入了解、掌握学校离退休教职工生活和身体健康状况为重点，积极落实离退休教职工政治和生活待遇，丰富他们的晚年生活，充分发挥他们的积极作用。

（一）认真落实老同志生活待遇问题

学校贯彻执行中共中央关于离退休干部工作的各项方针政策，保证离退休教职工各项政策性补贴及时、足额发放，促进生活待遇的全面落实。根据学校和离退休教职工的实际，学校制定了《广东商学院离退休人员校内生活补贴发放办法》、《广东商学院离退休人员管理工作暂行办法》等文件，认真落实离退休教职工政治、生活待遇，按照“六个老有”的工作目标，不断推进离退休管理服务工作向前发展。

为关心和方便离退休教职工，学校坚持实施重大节日走访慰问制度，及时探望生病住院及家庭发生变故的老同志。坚持每年组织全体离退休教职工春、秋游活动，离休干部及副厅级退休老领导疗养活动等。建立离退休教职工的定期联系制度，定期走访慰问，帮助离退休教职工解决生活上遇到的困难。认真接待离退休教职工的来信来访，及时向有关领导和部门反映。老同志去世后，协助其家属处理丧葬事宜等善后工作。

（二）开展丰富多彩的活动

为丰富离退休教职工晚年生活，学校积极开展各种有益于老年人身心健康的文娱、体育、参观游览等活动，先后建立了江南大道（1997 年 10 月揭幕，2000 年 3 月又进行了扩大）、赤岗（1998 年 11 月 5 日揭幕）及校本部宿舍区（2001 年 5 月正式开放）离退休教职工活动室。2005 年 6 月 7 日，学校成立了广东商学院离退休教职工合唱团。2012 年 5 月 18 日，成立了离退休教职工乐队。

合唱团、舞蹈队、乐队、乒乓球队以及象棋组等，积极参与省直高校、省直机关组织的合唱比赛、老年人运动会、象棋比赛等活动，获得了多项荣誉，激发了离退休教职工参与文体活动的积极性。学校离退休教职工对内练素质、对外树形象，为广东商学院争得了良好声誉。

三、离退休教职工积极发挥余热作贡献

离退休教职工积极参加关心下一代工作委员会的工作，积极开展爱国主义、集体主义、共产主义理想教育，参与党建工作。对青年学生进行革命传统和国情教育以及社会主义核心价值观的教育。参与教学督导，对青年师生进行成才教育和职业道德教育。

经贸学院退休老教授陈华山一生治学严谨，生活简朴，生前经常资助贫困学生。2012 年陈华山教授去世后，遵照其遗愿，陈华山教授的家人将其个人慰问金共计人民币 12 万元捐赠给学校设立专项助学金。2013 年 1 月，学校正式设立崇文助学金，取名“崇文”，寓意崇尚科学、追崇陈华山教授生前“读百家之书、听百家之言、挑百家之刺、成一家之言”的钻研精神，鼓励学子努力学习、奋发向上。

离退休教职工热爱学校并主动关心国内外大事，积极参与“我为广商添书香”、抗震救灾捐款等活动，在关心学校和学生、凝聚民族精神、构建和谐社会等方面继续发挥余热。

第九章　学生工作与素质教育

学校建校伊始就按照国家要求及社会形势发展需要开展学生工作，经过多年实践，逐步形成“以人为本、德育为先、导教并重、服务同学”的工作理念。学生工作在提高学生思想政治素质，培养学生社会责任感、创新精神、实践能力等方面发挥着重要作用，成为学校育人的关键环节之一。

第一节　机构设置与调整

1987 年 9 月 10 日，学校设立学生科，隶属人事处。同年，根据中共中央《关于改进和加强高等学校思想政治工作的决定》的文件精神，成立学生工作领导小组，由院党委书记刘次钧任组长，院长李鸿昌同志任副组长，指导开展学生工作。学生科与各教学系党总支、团组织、专职政治辅导员一起具体落实学生工作，班主任和任课教师密切配合。

1990 年 5 月，经省高教局批准，学校党政机关设置 12 个处级建制机构，学生工作部正式设立。同年 10 月 15 日，在学生工作部下设学生管理科、学生福利科。

1992 年 12 月 17 日，学校撤销学生工作部学生福利科，其业务并入学生管理科，同时在学生工作部增设学生教育科（兼德育教学研究室）。

1994 年 7 月 13 日，为适应国家大学毕业生就业政策由“统招统分”向双向选择、自主择业转变的改革，学校在学生工作部下增设学生就业指导中心，统筹全校学生的就业指导、毕业生派遣及毕业生质量跟踪调查等事务。2007 年开始，由学生工作部（处）负责人兼任学生就业指导中心主任。

1995 年 9 月 11 日，学校设立学生工作处（2013 年 3 月 12 日改称学生处），与党委学生工作部合署办公。撤销学生工作部思想教育科，设立思想教育教研室，隶属社会科学理论教学部。同年 10 月 25 日，成立学生公寓管理中心，隶属学生工作处（部）。

1997 年 10 月 16 日，学校确定了学工部科级机构设置，设学生管理科、学生教育科、学生就业指导中心 3 个科室。

1998 年 9 月 29 日，针对社会发展日益多元、复杂，学生心理困惑日增的情况，学校在学生处下设学生心理咨询中心，这是广东省高校第一个专门的学生心理咨询中心，心理健康教育与咨询工作正式纳入学生工作的范围。2005 年，学校在三水校区设立分中心。同年，根据省高校心理健康教育与咨询专业委员会要求，心理咨询中心更名为心理健康教育与辅导中心（以下简称“心理中心”）。

2000 年 9 月 4 日，学校设立三水校区管理委员会，下设校区学生工作办公室等机构，学工办主任由学工部副部长兼任。三水校区学工办在学生工作部（处）和三水校区管委会的领导下具体负责校区学生的日常教育、管理、服务工作。

2005 年 2 月 25 日，学校根据上级的工作要求及对家庭经济困难学生的资助工作的需要，在学生工作部下增设助学工作科，学生管理科中的相关职能调整至助学工作科。

2005 年 9 月 19 日，学校成立学生申诉处理委员会，受理学生对取消入学资格、退学处理及违规、违纪处分等的申诉。

2006 年 10 月 19 日，学校成立学生工作委员会，委员会主任、副主任分别由分管学生工作和教学工作的校领导担任，委员由各教学院系、三水校区主管学生工作的党总支书记（副书记）及相关职能部门主要负责人担任。委员会秘书处设在学生工作部。

2007 年 1 月 16 日，学校成立学生心理健康教育与辅导工作领导小组，负责全校学生心理健康教育与辅导的指导、协调及有关工作。

2008 年 9 月 25 日，学校在学生工作部下增设综合岗，至此学工部下属 6 个科级机构的设置延续至今。

学生工作部（处）历任部（处）长：

罗崇超（1990 年 8 月至 1997 年 3 月），

王舒平（1997 月 3 月至 2002 年 1 月），

吴琦（2002 年 1 月至 2005 年 1 月），

陈廷根（2005 年 1 月至 2010 年 4 月），

谢访春（2010 年 4 月至 2013 年 6 月），

胡卫标（2013 年 6 月至今）。

历任副部（处）长：

陈作生（1990 年 8 月至 2001 年 6 月，其中 1997 年 7 月至 2001 年 6 月为正处级），

吴美珍（1993 年 8 月至 1997 年 7 月），

宁伯岩（1995 年 10 月至 1997 年 7 月），

林文强（2000 年 7 月至 2001 年 2 月），

胡卫标（2000 年 7 月至 2001 年 9 月），

林莉（2001 年 2 月至 2005 年 1 月），

袁东卫（2005 年 1 月至 2008 年 7 月），

蔡楷有（2005 年 1 月至 2013 年 6 月），

林宏秋（2008 年 7 月至 2010 年 4 月），

苏宁（2010 年 4 月至 2013 年 6 月），

王德斌（2013 年 6 月至今），

赵崇莲（2013 年 6 月至今），

陈发荣（2013 年 6 月至今）。

第二节　学生教育与管理

一、辅导员队伍建设

1986 年，学校配备了 4 名专职政治辅导员开展学生思想政治教育工作，这是我校学生思想政治教育工作专项化的开端。

1988 年，学校制定了最早的《广东商学院政治辅导员工作条例》，明确“实行政治辅导员制度，是健全我院学生思想政治工作体制，加强与完善学生思想政治工作的重要措施”，并提出定期开展“优秀辅导员”评选活动。

1990 年 5 月，学生工作部成立，辅导员的学校与院（系）双重领导体制逐步确立。2000 年 9 月，三水校区学生工作办公室成立，校区辅导员实行延伸管理和属地管理相结合的体制。为保证工作的连贯性及校园文化的传承，学校原则上给每个学院每个年级至少配备 1 名一线专职辅导员，并实施带班四年连贯制。

为加强辅导员对外交流，提升其工作实践能力及研究能力，2000 年 10 月，学校加入全国政法院校学生工作协作组，每年选派优秀辅导员参加协作组组织的专题研讨会和年会。2008、2009 年，学校先后与浙江工商大学、西南政法大学签订协议，开始辅导员互派与交流合作。同时，学校开始选派辅导员参加由全国高校辅导员工作研究会组织的辅导员国内高校交流活动。2013 年 5 月，学校加入中国高教学会财经教育分会学生工作协作组，开始派遣辅导员参加同类高校的交流学习。此外，学校还不定期选派辅导员到上级机关部门或基层单位进行挂职锻炼，鼓励辅导员参加各项学术活动，申报科研课题，提升辅导员的理论素质和水平。

为确保辅导员的政治待遇及发展，加强辅导员管理，2009 年 7 月 3 日，学校党委下发《广东商学院一线专职辅导员工作规定》，对一线专职辅导员的任职条件、职责、聘用及管理与发展作出了比较明确的规定。2010 年 1 月 4 日，学校党委对相关规定进行了修改、完善，并下发了《广东商学院专职辅导员工作规定》。

2011 年 5 月，学校党委出台《广东商学院一线专职辅导员工作考核办法》，正式建立定性考核与定量考核相结合、目标考核与过程考核相结合、组织评议与师生评议相结合的考核体系，同时将一线专职辅导员考核与学校人事考核对接，纳入学校教职工年度考核工作之中。2013 年 5 月，学校党委再次对该办法进行了修订补充。

在新的时期，学校辅导员队伍建设不断加强，人员数量稳步增加，结构得以优化。2006 年，我校辅导员实现全部硕士以上学位招聘，同时开始招聘部分优秀博士担任辅导员。2009 年 6 月，我校率先在全省高校提拔处级辅导员。截至 2013 年 5 月 30 日，学校现有辅导员 76 人，与学生人数比为 1∶290，其中，副处级 2 人，正科级 37 人；73 人具有硕士学位（其中 3 人为在读博士），3 人具有博士学位；副教授 1 人，讲师 53 人。

校辅导员队伍建设的成果得到了学校领导及上级部门的认可。2007 年，董锦红被评为“广东省高校优秀辅导员标兵”、林栋获得“广东省高校优秀辅导员”荣誉称号。2009 年 6 月，我校在全省进一步加强和改进大学生思想政治教育经验交流会上，介绍辅导员队伍建设经验。2009 年，张丹被评为“南粤优秀教师”。2010 年，张政彪、马世栋、阮方明等获得“广东省高校学生工作先进个人”。2011 年，胡卫标获得“广东省高校学生工作红棉奖”，张丹、彭国辉被评为“广东省高校学生工作先进个人”。2012 年，蔡楷有获得“广东省高校学生工作红棉奖”，董锦红被评为“广东省高校学生工作先进个人”。

二、学生思想政治教育工作

学生思想政治教育工作是学生工作的核心。在早期的实践中，学校学生思想政治教育工作的内容主要包括爱国主义、集体主义、社会主义、马克思主义理论、党的基本路线、时事政策、道德品质教育等。

1985 年，校党委提出“要把思想政治工作摆上重要议事日程”，“把做学生思想政治工作及其劳绩作为教师工作评估和晋升、评定聘任教学职务的重要依据之一”。

1988 年，学校提出不但“各系的专职总支书记要把主要精力集中于做好全系的思想政治工作”，“各系主任也要管思想政治工作”，要求“动员教师做好教书育人工作，把学生的思想政治教育工作寓于教学之中”。

1989 年，学校要求全校师生自觉维护国家的安定团结，加强社会主义“四化”建设。

1990 年，学生工作部成立，学校进一步完善了学生思想政治工作网络。这一时期，学校要求师生都要参加社会实践，不断提高思想政治觉悟，把学生的德育放在育人的首位。2006 年，学校开始开展每个月一个主题的“主题教育月”活动。2008 年，学校承办“南粤杯”大学生辩论赛。2011 年，学校承办红色经典朗诵比赛，并举行纪念建党 90 周年“南粤校园党旗红”系列活动；学工部创办广东商学院“校园之星”评选活动，活动设“学习之星”、“科研之星”、“自强之星”、“公益之星”、“创业之星”、“文体之星”六个奖项。2012 年，开展了第二届“校园之星”评选活动。

1998 年，学工部开始印制《学生工作简报》，定期发布、报道学生工作的相关情况。2006 年，学工部将《学生工作简报》改版为《广商学工》报纸，向师生介绍工作最新情况，对学生进行“三自”教育、感恩教育、心理健康教育及就业观教育等。2013 年 6 月，报纸改名为《财大学子》。

2000 年，学工部工作网站正式建成并运行。2006 年，我校作为代表在广东省高校“大学生主题系列教育活动工作经验交流会”上作经验介绍。

2012 年 7 月，学校印发《广东商学院 2012 年本科新生入学教育方案》，将过去分散的入学教育集中在开学第一周内，并丰富了入学教育的体系，设立校情校纪教育、学习与专业教育、学术资源检索利用指引、素质拓展计划指引、职业规划教育、生活指导教育和安全教育等七大专题。2013 年 6 月，学校又对这一方案作了修改和完善。学生处利用假期完成 2013 年版《学生手册》、《新生学习生活指南》的编印并通过学校主页发布电子版文稿，供新生在暑假期间提前了解相关内容。各学院建立迎新 QQ 群并安排老师和新生班主任助理在假期内值班，接受新生咨询等。

三、学生管理工作

在早期学生管理工作中，学校根据实际需要先后出台了《广东商学院学生考勤管理规定》、《广东商学院学生课堂基本规范》、《广东商学院学生违纪处分试行规定》、《广东商学院校园环境卫生管理暂行规定》、《广东商学院学生实行早读、夜自修制度暂行规定》、《广东商学院学生公寓管理规定》、《广东商学院禁止学生夜归规定》、《广东教育考试违纪、作弊认定及处理办法》、《广东商学院学生早操管理暂行规定》、《广东商学院学生纪律处分条例》、《广东商学院毕业生文明离校规定》等文件。

2000 年以来，学校进一步完善了《广东商学院学生学年综合测评办法》、《广东商学院三好学生及奖学金评选办法》、《广东商学院学生干部评选办法》、《广东商学院学生个人单项优秀奖评定办法》、《广东商学院优秀毕业生和毕业生学习成绩优秀奖评选办法》、《广东商学院优良学风班评选奖励办法》等文件。

1987 年，学校开始在全校开展“如何树立良好的校风、学风”讨论活动。1989 年，学校在“八五”计划和十年规划中，提出“要抓好教风、学风、工作作风”。1991 年，在学生中开展了学习目的、目标、制度的系列讨论。1992 年以后，学校通过抓“三带头”、抓组织落实、抓检查汇报、抓规章制度建设、抓总结评比，组织学生参加社会实践，开展丰富多彩的校园文化活动，严肃学习纪律，抓“五早”，查“晚归”，使学习风气明显好转。

2002 年，学校颁布实施《广东商学院第一、二、三课堂整合方案》，明确了“三个课堂”彼此互补、合作、协同教育的功能，大力促进学生良好学风的形成及综合素质的培养。

2006 年 10 月，学校发布《广东商学院学风建设方案》，实施“五四三二一”工程，全面推进学风建设。2007 年 6 月，学生处、教务处和校风学风督导队开展学生学风联合调查，结果显示学风建设效果明显。2012 年 7 月，学校出台《三水校区“五早一晚”学风建设活动方案》，通过开展“五早一晚”（早睡、早起、早读、早练、早餐、晚自习）学风建设活动，使学生做到“生活有规律，学习有目标，发展有后劲”，形成良好的学习风气。

2008 年，我校作为大学生信用档案建设首个试点高校，9 月完成了试点建档 2 万多份，为广东省建立大学生信用体系的管理规定、运行工作机制和信息安全保障作了有益探索。2012 年 2 月 16 日，教育部到我校召开大学生信用档案建设研讨会。

第三节　学生心理健康教育与心理咨询

一、软硬件建设

1998 年，心理中心成立，由 1 名专职老师负责学生心理健康教育与心理咨询工作，2005 年增至 3 名，截至 2013 年 5 月，心理中心有 4 名专职老师，另有获得心理咨询师证书且目前仍从事专职学生工作的兼职人员 30 多名。1999 年，赵崇莲被选为广东省高校心理健康教育与咨询专业委员会委员，2001 年被选为常委。2011 年，毕明被选为广东省中小学心理健康教育指导委员会委员，2012 年被选为广东省高校心理健康教育与咨询专业委员会委员。此外，赵崇莲于 2002 年，马世栋于 2007 年，鞠鑫于 2009 年、2011 年分别先后获得“广东省高校心理健康教育与咨询工作先进个人”称号；马世栋获 2010—2011 年度“广东省高校学生工作先进个人”称号；莫映桃获 2012—2013 年度“广东省高校心理健康教育与咨询工作先进个人”称号；心理咨询中心获2012—2013年度“广东省高校心理健康教育与咨询工作先进集体”称号。

心理中心成立之初仅有1间工作室，经过十多年的发展，学校在本部有2间办公室、1间咨询室、1间学生值班室；在三水校区有2间办公兼心理咨询室、1间朋辈咨询室、1间心理测评室、1间宣泄室。心理中心除了配有常规的办公设备外，还配有音乐放松椅、心理沙盘、宣泄沙袋、心理健康类书籍、毅心心理档案管理系统等专业设备。

二、制度建设

2002年开始，心理中心内部形成每周业务研讨制度，动态跟踪“2+2”办学模式下两地校区学生的心理问题，保持心理中心专职人员的心理健康水平。2004年以来，学校出台了《心理健康教育与辅导中心工作守则》、《大学生心理健康档案管理规定》、《广东商学院学生心理信息员管理规定》、《广东商学院大学生心理危机干预实施方案》等规章制度。2006年，学校制定了《广东商学院重度精神疾病学生转介处理暂行规定》。

三、心理危机预防监控网络的形成

2000年开始，心理中心对大一新生进行心理健康普查，建立学生心理健康普查档案，并将普查结果进行反馈。2006年4月，学校开始在班级设置心理信息员。2007年1月，学校成立心理健康教育工作领导小组，全面规划和领导我校学生心理危机干预工作。同年，学校购买毅心心理档案管理系统，实现信息化管理。2009年3月，院系二级心理辅导站建立。

四、学生自助心理服务体系的构建

2003年，心理发展互助会成立，同时每个班级选出心理委员，组成学生自助心理服务队。心理中心对心理发展互助会成员和心理委员进行全面、系统、规范的培训与考核。经过严格考核，优秀的互助会成员、心理委员成为朋辈心理辅导员，面向全校学生开展朋辈心理辅导服务、接听心理咨询热线、开展小组心理辅导等。

五、大学生心理健康教育必修课建设

2009年初，经学校研究决定，由心理中心负责开设18学时、1学分的大学生心理健康教育必修课，并筹建心理健康教育教研室。

2009年9月，心理中心面向2009级全体新生，开设了大学生心理健康教育课程。此后两年，在心理中心全体工作人员的共同努力下，课程建设体系完善，效果良好，学生自我完善和自我解决心理问题的能力均有了不同层次的提高。

六、网络心理健康教育阵地建设

2007年，心理中心建立“广东商学院大学生心理健康教育与咨询专题学习网站”。网站上开辟了“基础知识”、“专题学习”、“相关知识”、“测评系统”、“学习资源”、“学术交流”等栏目，方便广大同学进行心理健康知识的学习、讨论与交流。依托毕博网络教学平台，学校陆续构建了普通心理学、心理学概论、大学生心理健康教育等课程的网络资料库以及师生交流的网络平台，使得同学们在课堂之外也可以尽情地学习系统的心理学知识。

七、多层次大学生心理素质教育的形成

2010 年 9 月，学校在三水校区实施素质教育改革总体方案，其中本科一、二年级大学生心理素质教育是重要内容之一。此外，按照学生素质拓展计划的有关规定，每个学生必须完成 1 个学分的心理素质教育拓展活动。加上第一课堂课程教学，从第一、二、三课堂不同层次使大学生心理素质教育覆盖学生日常学习生活的方方面面。

心理中心自成立以来，曾多次受广东省教育厅和广东省高校心理健康教育与咨询专业委员会的表彰，四度被授予“广东省高校心理健康教育与咨询工作先进集体”称号。2009—2010 年度心理发展互助会被评为广东省大学生心理健康服务志愿者联盟先进单位，同年，“心理论坛”活动获评广东省大学生心理健康服务志愿者联盟年度五大精品活动。

第四节　学生奖惩与助学工作

一、学生奖励

1988 年，学校制定和修改了《关于三好学生和先进班级体评选的规定》、《关于优秀毕业生评定的规定》。1992 年，学校出台了《广东商学院德、智、体综合测评办法（试行）》和《广东商学院“三好学生”及奖学金评定条例》。学生综合测评以年级为单位，每年度进行一次，综合测评中德、智、体所占的比例为 30%、60%、10%，各级“三好学生”人数按系学生总人数比例进行评比，奖金分别为一等奖学金 500 元、二等奖学金 350 元、三等奖学金 250 元。

1994 年，学校修订颁发了《广东商学院综合测评办法》和《广东商学院“三好学生”及优秀生奖学金评定条例》，规定学生综合测评成绩由学生平时品德表现分、学业成绩分和平时文体分三项构成，所占比例分别为 20%、70%、10%，各系学生综合测评以班级为单位，各级“三好学生”人数按专业学生总人数比例进行评比，奖金分别为一等奖学金 3 000元、二等奖学金 1 500 元、三等奖学金 750 元。同时新增了新生奖学金，凡高考成绩 800 分以上者均可获得特等奖学金 5 000 元。此外，学校还出台了《广东商学院先进班级体评选办法》。

1995 年，学校新增了《广东商学院“个人单项优秀奖”评定办法》，个人单项优秀奖包括“优秀学生干部奖”、“学习进步奖”、“社会工作贡献奖”和“特别奖”；将《广东商学院先进班级体评选办法》修改为《广东商学院“优良学风班”评选条件和办法》，并进一步完善了相关规定。

1997 年，学校再次完善《广东商学院综合测评办法》和《广东商学院“三好学生”及优秀生奖学金评定条例》，规定综合测评以班为单位，各级“三好学生”人数按班级学生总人数比例进行评比。

1998 年，学校出台了《广东商学院毕业班学生德智体综合测评办法》和《广东商学院“优秀毕业生”和“良好毕业生”奖学金评定办法》，被评为“优秀毕业生”和“良好毕

业生”的学生除获得荣誉证书外，还可分别获得300元和200元奖金。

1999年，学校根据形势要求修订了《广东商学院综合测评办法》，综合测评内容调整为思想品德表现、学业表现、文体表现和素质活动表现四个方面，所占的比例分别为20%、60%、10%、10%。

2002年，学校重新修订《广东商学院“个人单项优秀奖”评定办法》，个人单项优秀奖数量由4个增加到12个，包括“优秀学生干部奖”、“学习进步奖”、“见义勇为奖”（由“社会工作贡献奖”和“特别奖”调整而来）、“道德风尚奖”、“英语学习优秀奖”、“学习成绩优秀奖”、“学术科研奖”、“美术、书画创作奖”、“文艺特别奖”、“体育特别奖”、“宣传特别奖”和“考研奖”。同时，学校将《广东商学院“优秀毕业生”和“良好毕业生”奖学金评定办法》修订为《广东商学院“优秀毕业生”和毕业生“学习成绩优秀奖”评定办法》，并专门出台了《广东商学院优秀学生干部评选办法》，将优秀学生干部评选从“个人单项优秀奖”中单列出来评选。

2005年，学校新的《广东商学院学生年度综合测评办法》、《广东商学院三好学生及优秀新生奖学金评定办法》、《广东商学院优秀学生干部评选办法》、《广东商学院学生个人单项优秀奖评定办法》、《广东商学院优秀毕业生和毕业生学习成绩优秀奖评选奖励办法》、《广东商学院优良学风班评选奖励办法》开始实行。

2007年，为贯彻落实《中共中央、国务院关于深化教育改革全面推进素质教育的决定》和教育部、团中央、全国学联联合颁发的《关于实施“大学生素质拓展计划”的意见》，学校出台了《广东商学院“大学生素质拓展计划”实施方案》，要求学生有计划地修满素质拓展各个模块的学分。

2009年，学生处学生管理科开发了学生综合测评管理系统并在综合测评工作中试运行，效果良好。包括：通过标准化模块及事项规范学生加分，解决学生乱加分现象；与教务系统学生成绩对接，解决学生成绩排名在综合测评中的争议；实现加分信息和综合测评排名情况实时公示，并列出符合条件的获奖候选人名单；根据需求在系统上自动生成各类报表，实现高校学生综合测评工作的“无纸化”。学生综合测评管理系统的运行，既提高了工作效率，又节省人力资源，同时确保了综合测评过程公开、公平和公正，维护了学生的权益。经过2010—2012年的运行和测试，开发组根据实际需要对综合测评系统进行了升级。

二、学生处分

1988年，学校制定并出台了《关于学生违纪处分条例》，使学生在校期间的违纪处罚有章可循。随后，学校根据实际对处分条例进行了重新修订，颁布了《广东商学院学生违纪处分试行规定》，在相当长的一段时间里作为开展学生处分工作的依据。

2005年，学校根据教育部新颁布的《普通高等学校学生管理规定》和《高等学校学生行为准则》有关精神，制定了《广东商学院学生纪律处分规定》和《广东商学院学生申诉处理办法》。同年，学校成立了首届学生申诉处理委员会，委员会由学校分管纪律检查工作的校领导为主任，分管学生工作、教学工作的校领导为副主任，监察处、教务处、学生处、研究生处、校团委等职能部门领导及学校法学院教师代表等作为常务委员，申诉者所在院系学生会或团总支负责人、申诉者所在班代表各1名作为非常务委员。

2007 年，学校对这一方案进行了修改、补充和完善。2013 年，学校印发施行新的《广东商学院学生纪律处分规定》，指出：学生在期末考试、补考（考查）中作弊或协同作弊的，所受纪律处分的等级由“记过”至“留校察看”；学生诚信缺失，在经济困难认定、助学贷款、奖助学金申请、综合测评及其他各类评优评奖中故意虚假陈述或扭曲事实的，取消其该次评选、认定资格，同时给予记过处分。

三、助学工作

（一）绿色通道

2000 年开始，学校根据部委号〔2000〕教电 188 号《关于 2000 年高等学校招生收费工作若干意见的通知》，为新入学的家庭经济困难学生开设“绿色通道”，确保有困难的学生能正常入学。

（二）经济困难学生认定

2007 年 6 月，学校根据教育部和财政部联合下发的《关于认真做好高等学校家庭经济困难学生认定工作的指导意见》（教财〔2007〕8 号）的文件规定，首次进行困难生认定工作，当年认定 2 937 人为家庭经济困难学生。

2008 年，学校下发了《广东商学院家庭经济困难学生认定管理办法》，进一步规范我校家庭经济困难学生认定工作。我校每年认定的家庭经济困难学生人数约占全校学生总人数的 20%，并以此作为国家奖助学金评选、勤工助学活动、各项资助活动的重要参考依据。

（三）国家助学贷款

1994 年，广东省高等教育局下发《广东省普通高等学校贷学金管理办法（试行）》，规定贷款最高金额为 2 000 元。2000 年，国家助学贷款扩大到全国所有的公办全日制普通高校。

2002 年 4 月，学校根据国家相关规定制定并实施《广东商学院国家助学贷款实施办法（试行）》，正式开始为家庭经济困难学生办理国家助学贷款。当年度贷款人数为 235 人。

2004 年 6 月，国务院决定对国家助学贷款政策、实施机制、风险防范、组织领导等方面进行重大调整和完善，建立以风险补偿机制为核心的国家助学贷款新政策、新机制。当年度，有 760 名困难学生获得国家助学贷款；2002—2004 年累计贷款总额达 1 600 万元。国家助学贷款活动的展开，为家庭经济困难学生提供了完成大学学业的重要保障。

2007 年初，国家开发银行广东省分行全面介入我省的国家助学贷款业务，我校作为广东省首批三所试点院校之一，经办网点定为农业银行天河东支行；同年 5 月，顺利完成了 1 556 名学生的贷款审批工作，于 5 月 29 日发放贷款，金额为 866.262 万元，占全省第一批助学贷款总发放额的 68%；9 月，完成 1 385 名学生的贷款审批工作，发放金额 741.866 万元。2008 年，国家开发银行正式启用助学贷款管理系统，自此，学校国家助学贷款工作开始使用网络平台。

（四）国家奖助学金

1995 年，广东省高等教育局下发《广东省普通高等教育奖学金实施办法（试行）》。其中奖学金种类分为国家专项奖学金（额度为学生每年所需缴交的学杂费用）、单位（个人）专项奖学金、优秀学生奖学金三种。优秀学生奖学金又分为综合奖学金和单项奖学金，学校从每年收取的学费中提取25%作为资金来源，分若干等级，最高数额不低于学生当年度的基本生活费用。

2002年，财政部、教育部出台《国家奖学金管理办法》，在普通高校设立国家奖学金，资助标准为每人每年4 000元。当年，学校根据国家规定进行了国家奖学金候选人的推选，22人通过国家审批获得奖学金。

从2005年开始，国家奖学金改名为国家助学奖学金，包括国家奖学金和国家助学金两种形式，国家奖学金资助标准为每人每年4 000元，国家助学金资助标准为每人每年1 500元。2005—2006学年度评选获国家助学金人数为748人，2006—2007学年度评选获国家助学金人数为716人，保证了家庭经济较困难学生的学习生活。

2007年，国家资助体系加入国家励志奖学金，形成了由国家奖学金、国家励志奖学金、国家助学金构成的奖助项目体系。其中，国家奖学金的标准为8 000元/人/年，国家励志奖学金的标准为5 000元/人/年，国家助学金的标准为2 000元/人/年。自2010年秋季开始，国家助学金资助标准由2 000元/人/年提高到了3 000元/人/年。

2007—2012年，学校获国家奖助学金的人数逐年增加，除了国家奖学金人数变化较小之外，国家励志奖学金由2007年的604个名额增至2012年的800个名额；国家助学金由2007年的2 707个名额增至2012年的3 800个名额；资助金额幅度由2007年的875万元增至2012年的1 573万元。

除国家奖助学金外，广东省政府根据《财政部教育部关于印发〈国家助学奖学金管理办法〉的通知》（财教〔2005〕75号）的有关规定，在省内各高校设立“广东省政府助学金”。学校2006年度获此项资助人数共512人，每人1 500元。

（五）社会资助项目

（1）1997年设仲明助学金。由碧桂园总裁杨国强先生捐资设立“仲明助学金”，资助广东省19所高校的困难学子，我校成为这19所高校之一；我校每年受资助学生人数从1997年的10人增至2012年的17人，一次性资助额从每人2 000元增至3 000元。

（2）2005、2006年设有动感地带助学金。由中国移动广东省分公司在全省多间高校设立，我校两年共54人受助，资助标准为每人1 500元次，资助总额达91 000元。

（3）2006年至2008年设有成才助学金。由企业连续资助我校12名困难学生三年，每人每年获助2 500元。

（4）2006、2007年设有福彩助学金，资助标准为每人每年5 000元，资助人数达96人次。

（5）2006年设有体彩助学金，资助标准为每人每年5 000元，资助人数20人。

（6）2013年设崇文助学金。由学校原经济学院教授陈华山捐资12万元设立的“崇文助学金”正式启动。按照《崇文助学金管理办法》，每年将以每人3 000元的标准资助10人。

（六）校内勤工助学

1987年11月27日，学校正式成立学生勤工助学服务公司，开始校内外勤工助学活动，为贫困学子创造了自我锻炼、自我服务的良好环境。1988年10月4日，《广州日报》报道学生勤工助学服务公司服务教师的事迹；同年11月24日，《广州青年报》报道我校勤工助学服务公司的创造性工作经验。

2002年，广东省教育厅下发《广东省普通高等学校学生勤工助学管理暂行办法》（粤教思〔2002〕65号文），明确规定了勤工助学活动的组织和管理等细则，当年度，全校共300多人次参加了各类勤工助学活动，发放勤工助学金总额近30万元。

2003年，学校下发了《关于印发〈广东商学院学生勤工助学活动管理暂行办法〉的通知》，制定了勤工助学活动的组织和管理制度，明确了勤工助学活动的内容和要求，进一步规范我校家庭经济困难学生参加勤工助学活动。2004年，勤工助学岗位进一步开发，达到了200多个，每月发放勤工助学酬金3万余元。

2007年，随着社会经济的发展和人民生活水平的逐步提高，考虑困难学生人数持续增加的实际，学校下发了《广东商学院申报勤工助学岗位规定》，规定学生每人每月参加勤工助学活动时间不超过30小时，酬金标准由8元/小时提高到10元/小时。

经过多年的努力，学校建成并完善了"奖贷勤助补减免"的学生资助工作体系，获得了教育行政主管部门与社会的一致肯定。2007年，学校被指定为广东省高校助学贷款业务的三所试点院校之一，工作经验作为典型向全省高校推广；2008年，作为先进代表在全省奖助学工作总结会上作专题经验介绍；2009年，在全省首次助学贷款工作年度考核中获评优秀；2010年，在国家助学贷款管理工作考核中获评优秀。

第五节　大学生素质教育

2001年，学校制订并实施《学生素质教育方案》。2002年，学校颁布实施《广东商学院第一、二、三课堂整合方案》，形成了一套行之有效的"三个课堂"整合模式，其成果获第五届广东省高等教育教学成果一等奖。2004年，学校党委出台《关于实施"大学生素质拓展计划"的意见》，并推出实施指南、参与指南、职业设计指导指南、项目申报指南、认证指南和学分核定标准等六个配套方案。

2007年，我校与大学城周边6所高校一起被教育部确认为"国家大学生文化素质教育基地"。至2009年，学校已构建成"三个层次、六个方面"的文化素质教育体系。2010年7月，学校党委颁布《广东商学院三水校区素质教育改革总体方案（试行）》，决定在三水校区深入贯彻实施以人文素质教育为重点，以通识课程改革、学生精品活动、"善水大讲坛"和导师制为主要抓手的素质教育改革。

学校推进三水校区素质教育改革以来，已举办了300余场学生精品活动，先后邀请知名学者、企业成功人士、杰出校友作了38场专题讲座；编制了《三水校区"善水大讲坛"讲稿精华汇编》和《三水校区"善水大讲坛"精选（视频DVD）》，为学生提供了丰富的网络资源。一、二年级学生参加各级各类文化艺术活动人数达1.2万人次。2010—2011学年、2011—2012学年共有330余名教师投身于本科生导师工作，其中51人次被评为优秀本科生导师。两学年来，本科生导师共计指导350个班级，指导学生达17 800余人。

学校素质教育工作的深入开展取得了良好效果。2009年以来，我校学生在省级以上征文比赛中获9个一等奖、8个二等奖和2个三等奖；300多个团队2 000余人参加校内外各类竞赛，荣获"U势界"创业项目大赛特等奖、SIFE团队全国五强、国际商业策划大赛第二名、全国软件专业设计与创业大赛三等奖等奖项。2010 年，SIFE 团队拯救戏服文化项目在中央电视台新闻频道《共同关注》栏目播出。同年，新生形象比赛亚军王梓兆同学荣获广东省“金话筒”主持人比赛冠军；新生形象比赛冠军姚梓颖同学则进入 2011 年广东省“珠江小姐”评选决赛。学校辩论队荣获 2011 年广东省第六届法学辩论赛冠军，在同年“捭阖最佳拍档”辩论联赛广东赛区决赛中赢得胜利，并作为广东地区唯一代表队出征“全国最佳辩论联赛群英赛”；2012 年，参加“菁英杯”粤港大学生粤语辩论赛获得冠军，并荣获“南沙湿地杯”羊城大学生辩论赛冠军。学校合唱队被评为“广东省 4A 合唱队”，参加 2012（广州）星海国际合唱锦标赛获银奖。学校街舞队在广东省街舞争霸赛中荣获 2 个冠军、1 个亚军。学生自己创办的期刊《广商青年》和《人文院报》分别于 2011、2012 年荣获“广东省十大优秀校媒”。

第六节　毕业生就业工作

1985 年，学校第一届毕业生毕业，开启了我校毕业生就业工作。1994 年，学校在学生工作部（处）下设毕业生就业指导中心，负责毕业生就业指导工作，正式开启了我校以市场为导向的就业工作新篇章。

一、工作机制

2002 年起，学校开始实行“督查奖励并重”的制度。对本科毕业生总体就业率达到 99% 及以上的学院进行奖励。从 2004 年开始，学校党政“一把手”和各二级学院党政“一把手”签订就业工作目标责任书，以提高认识、明确目标、分清职责、细化分工，为做好毕业生就业工作奠定基础。

二、就业市场

1999 年，学校投入经费建设毕业生就业市场。2006 年开始，学校结合毕业生质量跟踪调查，加强了与用人单位、各地市人力资源和社会保障局的联系，定期赴省内各地市推荐毕业生。

2008 年 12 月 28 日，“广东省 2009 届普通高校毕业生供需见面会（财经政法类专场）”在我校举行，这是在我校举行的首场大型毕业生供需见面会。此后，学校每年均承办财经政法类专场招聘会。

2012 年，学校建立学生就业创业实训基地。利用自有的就业市场，学校每年举办 3 ~ 5 场大型毕业生供需见面会及 2 ~ 3 场行业性或地区性小型供需见面会。其他来校举办专场宣讲会的用人单位一年有 300 多家。

三、就业指导与服务

2000 年，学校就业指导中心网页正式上线，为毕业生和用人单位提供了快捷、便利的信息服务。2012 年 3 月，学校与广州移动公司合作开发的“广东商学院本科毕业生就业资讯短信服务平台”投入使用，毕业生能以手机（短信或 WAP）为媒介实时进行信息收发。

同年5月，“广商就业指导中心”微博开始发布各类信息，进一步拓宽了贴近学生实际的信息渠道。

2002年9月，学校开始在大三第二学期和大四第一学期以必修课形式开设大学生就业指导课程（1个学分）。2010年，课程调整为大学生职业发展规划与就业指导，只在大三开设，充实了职业发展、创业要务、心理调适、社会适应等内容。为促进就业指导重心前移，2010年，学校面向低年级（大一、大二）学生开设选修课程——职业生涯与发展规划，学生反响异常热烈。随着课程的发展，就业指导课师资队伍建设也逐步加强，就业指导中心定期组织校内培训，并选送教师参加国家和省的相关培训。目前，学校共有4名高级职业指导师、4名职业指导师、2名创业咨询师。

2006年，大学生职业生涯发展协会（2012年改名为广东商学院学生职业生涯发展促进会）成立，标志着学校就业指导从第一课堂向第二、三课堂延伸。协会成立后，通过开展丰富多彩的就业指导活动，如政策宣传周、就业论坛、职业规划大赛、模拟招聘大赛、就业指导讲座等来引导学生转变就业观念，提高学生的就业竞争力、就业率和就业层次。

四、学生创业教育与实践

2009年6月，作为广东省首批两所示范院校之一，“广东省大学生就业创业实训基地”正式在我校挂牌，结合学生本科专业的教学实际，对学生按照“创业意识—创业精神—创业能力—创业实践”的思路进行系统化、一体化的训练培养。

2012年11月，学校申报并顺利通过“广州市大学生创业孵化示范基地”评审，获得了广州市财政10万元的基地建设资助经费。

2009年开始，学校从多方面推进创业教育与实践，包括组织学生参加各项创业大赛、组织创业培训与实践及同步推进校外与校内创业基地建设等。2009年，我校参赛团队“互联网服饰品牌——PUPAI普派”在广东省“第一届‘U势界’大学生创业大赛”中获得特等奖及扶持资金300万元，其团队负责人颜锦泉也被评为“广东省2010年大学生创业先进个人”。2012年，吴志伟、郑琦斌和李玉莹三位同学组成“榕岐团队”参加教育部全国高等学校学生信息与就业指导中心主办的首期华图教育全国大学生创业大赛，并获得二等奖。2012年5月，首期SYB培训班在我校举办，40名学员全部通过了考核，获得由中国就业培训技术指导中心签发的创业培训合格证书。同年6月，学校在广州长江（中国）轻纺城建立创业基地，为学生创业实践提供机会。

五、毕业生跟踪调查

2000年，学校开始建立“毕业生质量跟踪调查制度”，定期到各地市人社局、用人单位走访，召开校友座谈会，及时掌握用人单位对我校人才培养质量的反馈意见以及毕业生对母校教学、管理与服务的评价，最后形成调查报告反馈到校领导和各教学、管理部门。

2005年开始，就业指导中心于每年10月对即将毕业的学生进行“就业意向调查”，细致掌握其就业观念、就业意向及对学校就业指导与服务的需求。对已经毕业的学生进行“就业流向分析”，动态掌握毕业生在地域、行业、薪资水平等方面的变化。

2011年开始，毕业生质量跟踪调查采取了网上问卷调查与实地访谈相结合的方式，进一步提升了调查的客观性和科学性。

第十章　党群工作

党群工作是学校工作的重要组成部分，服务于学校的人才培养和学科建设，是教学、科研等活动顺利开展的保障。经过多年来的建设和不断探索，学校逐步形成了健全的组织规范和运行机制，取得了较大成绩。

第一节　历次党代会

一、第一次党代会

1987 年 9 月 23 日至 24 日，中共广东商学院第一次代表大会召开。本次大会共有代表 43 名，分为 4 个代表组；另有列席代表 4 名。省委宣传部领导出席大会并作重要讲话。

刘次钧同志代表中共广东商学院临时委员会作《团结奋斗，为开创我院工作新局面而努力》的工作报告。报告从五个方面认真总结了学校在筹建和建校初期取得的成绩，客观分析了存在的问题，明确了第一届党委的四项工作任务：①深入进行坚持四项基本原则、反对资产阶级自由化的教育；②全面正确地贯彻党的教育方针，坚持社会主义办学方向；③加强党的思想建设和组织建设；④贯彻落实中央 18 号文件和省高校思想政治工作会议精神，大力加强思想政治工作。

大会审议并通过了临时党委的工作报告。

本次大会党委委员候选人 8 名，纪委委员候选人 4 名。大会选举了刘次钧、李鸿昌、谭锐汉、丁衍祥、李俊旋、张彦、陈学存 7 名同志为中共广东商学院第一届委员会委员，丁衍祥、凌义祥、古石阳 3 名同志为纪委委员。

9 月 24 日下午，中共广东商学院第一届委员会和中共广东商学院第一届纪律检查委员会分别召开第一次全体会议，选举刘次钧同志为党委书记、丁衍祥同志为纪委书记。

二、第二次党代会

1993 年 12 月 24 日至 25 日，中共广东商学院第二次党员大会召开。本次大会共有 302 名党员参加，其中正式党员 228 名，分为 19 个代表组；另有列席代表 12 名。省委高校工委书记庞正同志出席大会并作指导性讲话。

张裕良同志代表中共广东商学院第一届委员会作《解放思想、实事求是、抓住机遇，为加快我院的改革和发展而团结奋斗》的工作报告。报告从四个方面总结了第一次党代会以来学校取得的成绩，明确了新一届党委的工作任务：①全面实施《综合改革总体方案》，基本完成学院在机构、教学、科研、人事与分配、后勤管理等方面的改革目标；②认真贯彻省政府的决定，筹建好法商大学；③建立一支数量充足、结构合理、素质较高的教师队伍；④切实改善教职工的工作和生活条件。符士强同志代表中共广东商学院纪委作《加强党风和廉政建设，促进学院的改革和发展》的工作报告。

大会审议并通过了党委工作报告和纪委工作报告。

本次大会党委委员候选人 9 名，纪委委员候选人 6 名。大会选举了张裕良、陈汉华、罗国民、徐印州、凌义祥、符士强、温宝光 7 名同志为中共广东商学院第二届委员会委员，马明华、王富松、王舒平、古石阳、符士强 5 名同志为纪委委员。

会后，中共广东商学院第二届委员会和中共广东商学院第二届纪律检查委员会分别召开第一次全体会议，选举张裕良同志为党委书记，符士强同志为副书记；选举符士强同志为纪委书记，王富松同志为副书记。

三、第三次党代会

1998 年 6 月 19 日至 20 日，中共广东商学院第三次代表大会召开。本次大会共有代表 116 名，分为 6 个代表组；列席代表 8 名；主席团成员 13 名，林维明同志为团长。省委高校工委副书记唐善新同志参加大会并作指导性讲话。

林维明同志代表中共广东商学院第二届委员会向大会作《同心同德，艰苦奋斗，开创新局面，迈向新世纪》的工作报告。报告从四个方面认真总结了第二次党代会以来的各项工作，并明确提出了今后五年的主要奋斗目标：①办学水平上一个层次，取得硕士学位授予权；②稳步协调地扩大规模，适度发展成人教育，提高办学效益；③师资总量增加，整体结构优化，各学科均有带头人，梯队合理；④校园面积、基础设施、教学科研设备和图书资料，与规模发展相配套；⑤学科、专业、课程体系和人才培养模式形成特色，教育教学质量全面提高，科学研究上新台阶，社会服务功能增强，教职工工作、生活条件逐步改善；⑥机构精简，人员精干，管理效率和水平显著提高；⑦校园精神文明建设取得明显成效，形成具有自己传统、特色的优良校风和育人环境；⑧将学校改办成广东法商大学，综合办学实力明显增强，为 2010 年进入全国同类院校先进行列奠定坚实的基础。符士强同志代表中共广东商学院第二届纪律检查委员会向大会作《加强党风廉政建设，为推进学院的改革、建设和发展而努力奋斗》的工作报告。

大会审议并通过了党委工作报告和纪委工作报告。

本次大会党委委员候选人 11 名，纪委委员候选人 9 名。大会选举王舒平、古石阳、吴家清、陈庆联、林维明、罗国民、钟育赣、徐印州、符士强 9 名同志为中共广东商学院第三届委员会委员，丁海湖、马明华、刘邦云、赵岳、黄志明、符士强、曾小彬 7 名同志为纪委委员。

6 月 22 日，中共广东商学院第三届委员会和中共广东商学院第三届纪律检查委员会分别召开了第一次全体会议，选举林维明同志为党委书记，罗国民、符士强同志为副书记；选举符士强同志为纪委书记，黄志明同志为副书记。

四、第四次党代会

2006 年 6 月 18 日至 19 日，中共广东商学院第四次代表大会召开，本次大会共有代表 177 名，分为 9 个代表组；列席代表 24 名；主席团成员 22 名，杨维同志为团长。省委组织部副部长林华景、省委教育工委副书记谭泽中在大会上作重要讲话。

杨维同志代表中共广东商学院第三届委员会作《抓住机遇，科学发展，全面提升广东商学院的办学水平》的工作报告。报告从四个方面认真总结了第三次党代会以来学校取得的成绩和经验，客观分析了学校存在的问题和“十一五”时期学校发展形势，明确提出了今后五年的五大任务：①全面加强和改进党的建设与思想政治工作，为学校的改革、发展与稳定提供强大的政治保证、思想保证和组织保证；②全力以赴加强条件建设，力争尽快更名为广东法商大学；③加强专业建设和教学工作，确保在2007年教育部本科教学工作水平评估中达到“争优保良”目标；④继续加强学科建设和学术研究，为“申博”创造必备条件；⑤加快校园建设，改善办学条件，完成北校园首期工程和其他重要工程项目建设，建设环境优美的现代化校园。陈承真同志代表中共广东商学院纪委作《全面履行党章赋予的职责，加强党风廉政建设，促进学校改革和发展》的工作报告。

大会审议并通过了党委工作报告和纪委工作报告。

本次大会党委委员候选人23名，纪委委员候选人9名。大会选举马明华、支戈壁、何东霞、吴家清、吴琦、杜承铭、杨维、苏武俊、陈廷根、陈国栋、陈承真、林仲豪、钟育赣、袁新满、曾小彬、谢访春、雍和明17名同志为中共广东商学院第四届委员会委员，于海峰、兰艳泽、陈承真、庞华新、柳国斌、赵岳、赵明7名为纪委委员。

6月19日下午，中共广东商学院第四届委员会和中共广东商学院第四届纪律检查委员会分别召开第一次全体会议，选举杨维、吴家清、陈承真、马明华、曾小彬、雍和明、袁新满7名同志为常委，杨维同志为党委书记，吴家清、陈承真、马明华3名同志为副书记；选举陈承真同志为纪委书记，赵岳同志为副书记。

五、第五次党代会

2012年1月9日至10日，中共广东商学院第五次代表大会召开。本次大会共有代表199名，分为10个代表组；另有列席代表25名；主席团成员23人，程飚同志为团长。

程飚同志代表中共广东商学院第四届委员会向大会作《坚持科学发展，提升办学实力，为建设高水平财经政法大学而努力奋斗》的工作报告。报告从六大方面总结了第四次党代会以来学校取得的成绩和经验，客观分析了存在的问题和挑战，明确提出了今后五年的奋斗目标：经过五年的努力，逐步把学校建设成为以经济学、管理学、法学为主体，经济学、管理学、法学、文学、理学、工学等多学科协调发展的特色鲜明的高水平财经政法大学。具体要做好以下五方面的工作：①全力以赴，力争2013年成功更名为广东财经政法大学，切实提升学校办学层次；②苦练内功，积极创造条件，力争成为博士授予权立项建设单位；③积极推进，五年内完成北校区建设，进一步完善办学条件；④加强创新，逐步建立现代大学制度，提升学校管理水平；⑤提高党的建设科学化水平，营造风清气正、团结干事的良好氛围，努力构建和谐校园。陈承真同志代表中共广东商学院第四届纪律检查委员会向大会作《深入推进反腐倡廉建设，为学校建设和发展提供坚强的政治保证》的工作报告。

大会审议并通过了党委工作报告和纪委工作报告。

本次大会党委委员候选人23名，纪委委员候选人9名。大会选举于海峰、马明华、王华、王廷惠、邓世豹、邓惠毅、兰艳泽、古海、吴琦、李俊、杜承铭、苏武俊、陈廷根、陈国栋、林仲豪、袁新满、程飚、谢访春、雍和明19名同志为中共广东商学院第五届委员会委员，马明华、王伟、王小波、古海、苏时生、庞华新、钟立国7名同志为纪委委员。

1月10日下午，中共广东商学院第五届委员会和中共广东商学院第五届纪律检查委员会分别召开第一次全体会议，选举程飚、王华、马明华、吴琦、雍和明、袁新满、杜承铭、于海峰、王廷惠9名同志为中共广东商学院第五届委员会常务委员会委员，程飚同志为党委书记，王华、马明华、吴琦3名同志为副书记；选举马明华同志为纪委书记，古海同志为副书记。

第二节　党的思想建设、组织建设和党风廉政建设

一、党的宣传思想文化建设

自1983年建校以来，学校历届党委高度重视宣传思想工作，为学校的改革、发展、稳定提供可靠的思想保障和强大的精神动力。

（一）宣传机构设置

学校创立初期，由学校党委办公室负责抓党的基本路线教育和建设有中国特色社会主义理论的教育，解决全校师生党员深层次的思想认识问题。随着我国改革开放的深入，学校宣传思想工作不断发展。

1990年3月16日，省高教工委批复同意学校设立党委宣传部。

2001年10月，统战部与宣传部合署办公。

2002年3月26日，统战部与宣传部分开，改与党委办公室合署。

2008年，学校成立新闻中心，与党委宣传部合署办公。

党委宣传部历任部长为黄展杰、涂争鸣、陈国栋、林文强（代）、林仲豪（代）、邓惠毅、彭翠峰，历任副部长为杨立明、杨长春、罗玉燕，历任新闻中心主任为杨立明、黄晓山。

（二）思想理论建设

1. 思想理论建设历史变迁

理论教育肩负着宣传党的基本理论、路线、方针政策和培养人才的重要使命，根据社会发展和学校建设需要几经变迁。

学校于1983年组建马列主义备课小组，1984年正式成立马列主义教研室，其后陆续改名为马列主义理论教学研究部、社会科学理论教学部、人文社科系、政治与教育学院（思想理论教学部）。

1992年12月17日，学校召开思想政治工作暨思想政治教育研讨会。

1996年5月，学校组织召开全国商业院校首届宣传思想工作研讨会。

1998年4月9日至10日，为配合全国教育思想、教育观念的大讨论，学校召开了“广东商学院面向21世纪高质量人才培养国际研讨会”。

2000年4月，学校召开宣传思想工作会议，省委宣传部副部长胡中梅到会并讲话，充分肯定了我校的宣传思想工作。

2. 党委中心组理论学习和专项学习教育活动

学校党委积极开展学习型党组织建设，深入推进理论武装工作。1994 年开始，宣传部组织学校党委中心组理论学习活动，规范党委中心组理论学习工作，建立中心发言人制度和考勤制度，采用邀请专家学者作辅导报告、实地考察、分组讨论等多种学习形式；每年制订党委中心组学习计划，一年中针对不同主题学习 4 ~5 次；指导各二级单位按计划进行政治理论学习；各二级院系党总支每月组织教职员工开展理论学习 2 次。

根据不同时期的专项教育任务，积极开展学习实践活动：

1999 年 6 月至 2002 至 6 月，开展“讲学习、讲政治、讲正气”的“三讲”教育活动。

2005 年 7 月至 2005 年 12 月，开展保持共产党员先进性教育活动。

2006 年 2 月至 2006 年 4 月，组织教育思想观念大讨论，编辑出版《教育思想与观念探索》论文集。

2008 年 1 月至 2008 年 5 月，组织解放思想大讨论。

2008 年 7 月至 2009 年 12 月，学习实践科学发展观，编写《简报》38 期，建立专题网站。

2010 年 4 月至 2012 年 12 月，开展创先争优活动，编写《简报》36 期，建立专题网站等。

3. 思想政治理论课变迁

坚持以“两课”为主渠道，加强学生的政治理论、思想道德教育和社会实践。理论联系实际，开展课堂讨论和组织实地参观。1990 年 8 月 24 日，宣传部部长黄展杰率第九批师生共 94 人前往肇庆市开展为期 1 周的社会调查活动。学校把理论灌输与现实教育结合起来，坚持每学期组织学生参加社会实践和指导学生利用寒暑假开展社会调查活动。

为进一步加强大学生思想政治教育，1996 年开始在全校学生中开设形势与政策课，每 2 周一次课。

2005 年，学校制定落实了《广东商学院关于进一步加强和改进学生思想政治教育的实施意见》，在全省高校中率先制订和实施新的思想政治理论课课程设置“05 方案”，深化思想政治理论课教学改革。适时组建了以党委书记为组长、分管副书记和副院长为副组长的思想政治理论课教学协调小组，校党委成员还直接参与编写教材、给学生讲课等工作，深入教学、科研第一线探索加强学生思想政治教育工作的新途径。

2006 年 3 月 6 日，省教育厅副厅长李小鲁来我校三水校区检查指导学生思想政治教育工作。

4. 社会主义核心价值体系教育和师德建设

加强意识形态领域的管理。按照“既严格管理，又活跃学术”、“学术研究无禁区，课堂讲授有纪律”的原则，切实把好论坛、报告会的审批关，把好校园横幅标语、宣传橱窗、海报、展览等宣传内容的审批关，把握好师生的思想动态，开展立体式的、形式多样的主题校园活动和主题社会实践活动，培养师生的社会主义核心价值观。

长期以来，学校把师德建设作为一项长期工作来抓，营造爱岗敬业、尊师重教、颂扬高尚师德的良好氛围。建校 30 年来，涌现出一批师德先进人物。

5. 思想政治理论研究成果和交流与培训

学校组织编写和出版多部思想政治教育著作，包括《大学生行为引导》（中南工业大学出版社，1994）、《大学生爱国主义教育导论》（中南工业大学出版社，1995）、《高校精神文明探论》（中南工业大学出版社，1998）、《大学生行为学》（中南工业大学出版社，1999）等。

从2004年开始，学校组织哲学社会科学骨干教师参加广东省哲学社会科学教学科研骨干研修班的学习。每年暑假和寒假共3批6期选送老师参加学习。2009年11月21日，广东省普通高校第三十期思想政治教育骨干培训班在我校开班。

（三）宣传文化建设

1. 校园广播的开设与建设

1985年，开设广东商学院广播台，由党委宣传部主管，这也是学校开设的第一个学生社团。2000年，在三水校区开办广播台。2000年10月开始，三水校区广播台改由三水校区学生工作办主管。自1994年开始，广播台负责主办广东商学院司仪大赛，至今已成功举办了16届，极大地丰富了学生的课余生活。

2011年5月27日，成立广播台台友会。

2. 《广东财经大学报》和校园新闻网的创办与发展

（1）《广东财经大学报》的创办与发展。

1990年12月18日，《广东财经大学报》编委会成立，学院党委副书记张裕良任主任，宣传部部长黄展杰任副主任。党委宣传部负责学校精神文明建设的同时，也负责出版《广东商学院报》。

1991年1月10日，《广东财经大学报》创刊号出版，报头由时任党委书记的刘次钧题写。《广东财经大学报》作为学校党委的机关报，遵循实事求是的工作原则，充分发挥其在思想政治教育和新闻宣传中的作用。

2004年1月，《广东财经大学报》由月刊改为半月刊。

2008年1月，院报改版，由四开改为对开，报头字体改为毛体。

2008年至今，《广东财经大学报》在广东高校校报好新闻评选中累计获得一等奖19项，二、三等奖54项。

（2）校园新闻网的创办与发展。

2007年6月1日，创办广东财经大学新闻网，更加及时有效地宣传报道学校动态。

2010年6月，我校新闻网获评广东省高校优秀宣传思想工作网站新闻类网站三等奖。

为树立良好的社会形象，学校先后多次在《中国教育报》、《光明日报》、《南方日报》、《羊城晚报》、《广州日报》、《信息时报》、《南方都市报》等主流媒体上推出若干专题报道，取得了良好的宣传效果。

3. 校园舆论氛围的营造

学校充分发挥校报、广播、新闻网、宣传橱窗和横幅标语等宣传主阵地的功能，营造浓厚的舆论氛围。围绕相关主题活动，在校本部和三水校区多次同时举办大型专题图文展览。如举办1998年校庆15周年展览、制作校庆15周年画册，每年9月推出教师节光荣榜；2008年开始于每年6月举办毕业生图文展，每年4月举办学习两会精神图片展，每年3月举办学习雷锋精神图片展、学习《珠江三角洲地区改革发展规划纲要（2008—2020年）》谋划学校事业新发展图文展；2011年举办庆祝建党90周年图文展等，促使宣传工作质量不断提高，宣传效果不断增强。针对各个敏感阶段的形势，加强师生思想动态的调研分析，尤其加强网络舆情的监控力度，维护积极、健康、向上的校园网络舆论。

4. 校园文化

以中国特色社会主义理论体系为指导，学校组织开展丰富多彩的精神文明创建活动和校园文化活动。1999 年组织学生参加广州地区大学生辩论赛获得冠军，其中，1997 级法学院学生陈广鹏获“最佳辩手”称号。每年党委宣传部都与校团委联合组织大学生暑期“三下乡”社会实践活动、全校师生的合唱节比赛、全校司仪大赛。此外，2003 年组织拍摄《雏凤清声》20 周年校庆宣传片；2006 年统一制作全校标识牌，努力提升学校的道德风貌和文化内涵；2009 年拍摄《树高千尺根愈深》学校“申博”宣传片；2012 年拍摄《木棉花开别样红》更名“广东财经大学”形象片。

5. 法制宣传教育

根据不同时期的形势，学校长期开展法制宣传教育工作。如积极做好“四五”、“五五”、“六五”普法的相关工作，增强全校师生的法制观念，为依法治校创造良好的条件；每年按时完成普法工作计划、总结和评优材料的上报工作。2010 年 4 月，学校组织全校干部进行普法考试。由于法制宣传教育落实到位，广东商学院被评为“2001—2005 年广东省法制宣传教育先进集体”，2006 年法学院邓世豹教授被评为“全国‘四五’普法先进个人”，2011 年法学院被评为“2006—2010 年广东省法制宣传教育先进集体”，党委宣传部陈蓉同志被评为“2006—2010 年广东省法制宣传教育先进工作者”。

二、党的组织建设

（一）第一时期：成立临时党委（1983—1986）

1984 年 7 月 3 日，省委批准成立广东财经学院临时党委。由于学院初办，学院筹备领导小组和临时党委团结、带领全院师生员工，贯彻执行“边建校、边招生，早出人才、快出人才、出好人才，为四化建设服务”的建校方针，取得初步成效。1986 年 11 月，省委批准成立广东商学院临时党委，刘次钧同志任临时党委副书记，委员为谭锐汉、李俊旋、吴森、段述迺。校领导班子重视加强政治思想工作，成立党委办公室，配备了系总支书记，建立了必要的规章制度。

（二）第二时期：明确领导体制，发展壮大党的组织（1987—1992）

1987 年 9 月，广东商学院党委正式成立，第一次党员大会召开，产生中共广东商学院第一届委员会。1989 年，经历政治风波后，学校党委坚定立场，反对资产阶级自由化，采取措施净化校园政治环境，坚持党委领导地位，理顺党政关系，加强党的建设。1990 年，校党委根据全国高校党建会议精神及省委教育工委指示要求，建立了 10 个党总支、1 个直属党支部、31 个党支部。党总支具体为：党务政工部门党总支、教学行政部门党总支、总务处党总支、会计系党总支、企管系党总支、投资系党总支、税务系党总支、经济系党总支、餐旅系党总支、统计信息系党总支，基础部直属党支部。

1990 年 11 月，党校成立，先后举办五期入党积极分子培训班，培训 700 多人次；各党总支成立党章学习小组，共 1 500 多名学生参加学习。据统计，从 1990 年至 1992 年共发展学生党员 204 名，学生党员数占学生总数的 5.6%，达到省委教育工委的要求。在党员评议、支部评估的基础上，从 1986 年至 1992 年，学校共评选出 32 名优秀共产党员、7 名优秀党务工作者、6 个先进党支部。

（三）第三时期：加强党的领导，推动学校改革发展（1993—1997）

1993 年 12 月，学校召开第二次党代会。校党委深入贯彻邓小平同志南方重要谈话精神，以邓小平理论为指导，解放思想，实事求是，明确学校改革与发展的奋斗目标，制订《综合改革总体方案》。在深化改革过程中，学校坚持党的领导，不断完善党的组织机构建设，党总支增加至 13 个，具体为：机关第一党总支（党务）、机关第二党总支（行政）、机关第三党总支（总务）、会计系党总支、投资系党总支、企管系党总支、税务系党总支、餐旅系党总支、国贸系党总支、统计学系党总支、法律系党总支、城管系党总支、外语系党总支。党支部增加至 46 个。

1993 年至 1997 年共发展学生党员 1 134 名，学生党员数占学生总数的 7%，达到省委教育工委的要求。在党员评议、支部评估的基础上，从 1993 年至 1997 年学校共评选出 70 名优秀共产党员、10 名优秀党务工作者、11 个先进党支部。古石阳、余佩两位同志被评为“广东省高校优秀共产党员”，支戈壁、林莉两位同志被评为“广东省高校优秀党务工作者”，陈国栋、谢访春、胡卫标三位同志获“广东省优秀思想政治教育工作奖”。

（四）第四时期：全面推进党的建设，实施固本强基工程（1998—2005）

1998 年 6 月，学校召开第三次党代会。校党委在加强对学校工作统一领导的同时，坚持不懈地以邓小平理论武装党员干部，深入开展学理论、学党章活动，通过“三讲”教育和先进性教育活动全面推进党的建设。2003 年，学校进行校、院体制改革，实行校院两级管理体制，党的组织机构也作了相应调整，成立了 18 个党总支、5 个直属党支部、104 个党支部，其中教工支部 60 个、学生支部 44 个。党总支为：三水校区党总支、机关第一党总支、机关第二党总支、机关第三党总支、工商管理学院党总支、法学院党总支、会计学院党总支、经济贸易学院党总支、信息学院党总支、金融学院党总支、财税学院党总支、统计学系党总支、旅游与环境学院党总支、外国语学院党总支、人文与传播学院党总支、后勤集团党总支、离退休教工党总支、花都学院党总支。直属党支部为：体育部直属党支部、数学部直属党支部、图书馆直属党支部、成教学院直属党支部、教育技术中心直属党支部。

2004 年 6 月，为充分发挥先进典型的示范、辐射和带动作用，校党委把三水校区党总支、工商管理学院教工第二党支部确定为学校实施固本强基工程的示范点，按照“班子建设好、工作业绩好、群众评价好”的目标进行验收。

截至 2005 年底，全校共有党员 2 772 人，其中教工党员 678 人，占教工总数的 57. 3%；副高以上职称教工党员 226 人，占教工党员总数的 33. 33%；具有硕士研究生以上学历的教工党员 296 人，占教工党员总数的 43. 66%；学生党员 1 988 人，占学生总数的 12%；离退休教工党员 106 人。

在党员评议、支部评估的基础上，从 1998 年至 2005 年共评选出 202 名优秀共产党员、42 名优秀党务工作者、28 个先进党支部。

（五）第五时期：夯实党的执政基础，开展城乡基层党组织互帮互助活动（2006—2010）

2006 年 6 月，学校召开第四次党代会，选举产生了 17 位委员，设立了常务委员会。为贯彻党的十七大精神，进一步统筹城乡基层党建工作，校党委根据省委组织部的要求，从 2008 年起至 2010 年，全校教职工党支部与揭东县 68 个农村党支部开展为期三年的互帮互助活动。通过“一帮一”结对共建，推进城乡基层党组织之间的信息互动交流，帮助农村党支部解决实际问题，取得良好效果，获得广东省委组织部颁发的“城乡基层党组织互帮互助先进党支部”荣誉称号。

学校基层党组织设置有了新的发展，2005 年至 2006 年，学校分别成立三水校区分党委、华商学院党委，一些二级学院经过重整、合并后，党组织重新设置，当时共设有 18 个党总支，新增研究生党总支、数学计算科学系党总支、思想理论教学部党总支和增城教学点党总支。直属党支部中，数学部直属党支部改为数学计算科学系党总支。

2008 年，党总支增至 22 个，新增了机关第四党总支、公共管理学院党总支、艺术学院党总支、继续教育学院党总支、资源与环境学院党总支，同时，经济贸易学院与统计学系合并，设经济贸易与统计学院党总支。党支部增加至 239 个，其中，教工党支部 110 个、学生党支部 123 个、离退休干部党支部 6 个。

截至 2010 年底，全校共有党员 4 146 人，其中教工党员 975 人，占教工总数的 68.86%；副高以上职称教工党员 321 人，占教工党员总数的 32.92%；具有硕士研究生以上学历的教工党员 391 人，占教工党员总数的 40.10%；学生党员 3 047 人，占学生总数的 13.94%；离退休教工党员 124 人。

在党员评议、支部评估的基础上，从 2007 年至 2009 年共评选出 134 名优秀共产党员、34 名优秀党务工作者、20 个先进党支部。2006 年，赵小宁同志被评为“全省高校优秀党支部书记”，林仲豪同志被评为“全省高校优秀党务工作者”。

（六）第六时期：创先争优，全面开展“基层党组织建设”活动（2011—2013）

从 2010 年 5 月开始，学校党委深入开展创先争优活动，经济贸易与统计学院党总支教工第二党支部被选为省级创先争优群众评议典型。

2012 年 1 月，学校召开第五次党代会，选举产生了 19 位委员。校党委明确提出了建设高水平财经政法大学的奋斗目标。同年 3 月，校党委全面开展“基层党组织建设年”活动，顺利完成基层党支部自测自评、分类评级工作；校党委试点实施“坚持四个结合探索学生党组织共建长效机制”书记项目，荣获“全国高等财经院校党建工作优秀科研成果奖”一等奖。

2013 年 3 月，校党委以锐意进取的改革精神，重新调整了学校基层党组织设置，成立 15 个基层党委、9 个党总支、5 个直属党支部。具体为：三水校区党委、经济贸易学院党委、金融学院党委、财政税务学院党委、工商管理学院党委、会计学院党委、公共管理学院党委、地理与旅游学院党委、法学院党委、信息学院党委、数学与统计学院党委、外国语学院党委、人文与传播学院党委、艺术学院党委、华商学院党委，政治与教育学院（思想政治理论课教学部）党总支，国际学院党总支、创业教育学院（国家级人才培养模式创新实验区）党总支、继续教育学院党总支、机关第一党总支、机关第二党总支、机关第三党总支、机关第四党总支、离退休教工党总支，体育教学部直属党支部、经济与管理实验教学中心直属党支部、广东经济与社会发展研究院直属党支部、教育技术中心直属党支部、图书馆直属党支部。

截至 2012 年底，全校共有党员 5 604 人，其中教工党员 1 101 人，占教工总数的 76.61%；副高以上职称教工党员 381 人，占教工党员总数的 34.60%；具有硕士研究生以上学历的教工党员 476 人，占教工党员总数的 43.23%；35 岁以下专业技术人员党员 359

人，占教工党员总数的32.61%。学生党员4 370名，占学生总数的17.76%；离退休教职工党员133人。

在党员评议、支部评估的基础上，2011年共评选出78名优秀共产党员、20名优秀党务工作者、12个先进党支部。2012年，学校党委被省委教育工委授予“广东省教育系统创先争优工作优秀组织奖”，信息学院党总支被评为“广东省委教育工委创先争优先进基层党组织”，陈国栋、段丹同志被评为“广东省委教育工委创先争优优秀共产党员”。

三、党风廉政建设

（一）组织机构建设情况

1986年1月，广东省委批准成立中共广东商学院临时党委，1986年12月16日成立了纪检筹备组，谭锐汉任组长，抽调两名干部开展纪检日常工作，从教育、制度和清理等方面，抓端正党风工作，维护党纪的严肃性。

1987年9月23日至24日，学校召开第一次党代会，选举产生了学校纪律检查委员会。1990年5月2日，学校设置纪委（监察、审计合署办公）为处级建制机构，自此健全了学校党风廉政建设的组织机构。历任纪委书记有丁衍祥、张裕良、符士强、陈潮光、陈承真、马明华，历任纪委专职副书记有凌亦生、王富松、黄志明、赵岳、赵明、古海、邓惠毅，历任监察处处长有黄志明（兼）、赵岳（兼）、赵明、陈迥、古海（兼）、邓惠毅（兼），历任监察处副处长有雷海燕、赵明、陈丽清。刘邦云曾任监察室主任，郑成兆曾任监察室副主任。历任纪委办公室主任有赵明（兼）、庞华新、陈木河。此外，苏时生、庞华新、陈木河曾任正处级纪检监察员。

（二）纪检监察干部队伍建设情况

学校采取措施，不断加强纪检监察干部队伍建设，逐步形成了一支思想、业务过硬的纪检干部队伍。1986年纪检筹备组成立时，筹备组组长和两名工作人员均为兼职。1990年之后逐步配齐了纪检干部。近几年，学校进一步配齐、配强纪检工作人员，截至2013年，配备专职纪检监察干部8人，其中，专职纪委副书记兼监察处处长1人，纪委办公室主任（正处级）1人，监察处副处长1人，正处级纪检监察员2人（其中1人派驻三水校区），科级及以下纪检监察员3人。学校基层党委（党总支部、直属党支部）委员会设纪检委员。纪检部门还聘请了特邀监察员。学校党委重视对纪检工作人员的选拔，加强对他们的管理和业务培训，提高其理论水平和实际工作能力，充分发挥纪检干部队伍在党风廉政建设中的积极作用。

（三）党风廉政工作开展情况

1. 教育

教育是党风廉政建设的基础。学校坚持“教育为主、预防为辅”的方针，坚持将日常教育与专题教育相结合，正面教育与警示教育相结合，采取多种形式开展党风党纪教育和廉洁教育，不断增强广大党员尤其是党员领导干部的党性观念和遵纪守法观念，增强立党为公、反腐倡廉意识和防腐蚀能力。

第一次党代会之后，学校主要开展了党内法规教育和反腐败教育，组织党员和干部学习党章和党报党刊登载的正反两方面的典型事例并开展讨论，观看党纪教育专题录像片，阅读经济犯罪案例剖析材料，参观大型反贪污受贿展览。

第二次党代会之后，学校主要对全校党员和干部进行了以党规党纪、党的优良传统作风、党的路线方针政策和反腐倡廉为内容的党性党风党纪教育，如坚持每年开展党风党纪学习月活动。1996 年，学校组织全体党员参加中纪委组织的党纪政纪条规知识竞赛，取得优异成绩。

第三次党代会之后，校党委在全校范围内开展了党员理想信念教育、“三讲”教育、“三个代表”重要思想学习、保持共产党员先进性教育等活动。纪检监察部门重点抓好处级以上领导干部和关键岗位上的党员教育，以树立马克思主义世界观、人生观、价值观和正确的权力观、地位观、利益观为根本，着重进行理想信念和思想道德、党的优良传统和作风、党纪政纪和国家法律法规教育。抓好一年一度的“纪律教育学习月活动”，广泛组织党员师生学习《中国共产党党内监督条例（试行）》、《中国共产党纪律处分条例》、《中国共产党党员权利保障条例》、《建立健全教育、制度、监督并重的惩治和预防腐败体系实施纲要》等重要党内法规。2004 年，学校开展以“为民、务实、清廉”为主题的“纪律教育学习月活动”，邀请省纪委副书记为学校科级以上党员干部和副高以上党员教师作《中国共产党党内监督条例（试行）》的学习辅导报告。2005 年，学校举办了两期处、科级领导干部培训班，还组织机关部处主要负责人和重点部门科级干部到广东四会监狱开展警示教育。

第四次党代会之后，学校党委进一步加强党风廉政教育。2006 年，开展了“理想、责任、能力、形象”教育活动，把贯彻落实胡锦涛总书记在中纪委六次全会上的讲话精神与深入学习贯彻《党章》教育活动、加强反腐倡廉紧密结合在一起，开展了“认真学习贯彻党章，增强拒腐防变能力”为主题的“纪律教育学习月活动”。2007 年，开展了“严纪律、正风气、树形象、促和谐”主题教育活动，开展了以“加强作风建设，勤政廉政为民”为主题的“纪律教育学习月活动”，重点解决干部作风方面的突出问题，树立八种新风气和新形象。2008 年，开展了解放思想学习大讨论及以“增强党性观念，推进科学发展”为主题的“纪律教育学习月活动”，结合学校破解难题、本科教学评估整改、民主评议政风行风、治理商业贿赂等工作，把纪律教育、专题学习、改进作风、健全制度与解决实际问题有机结合在一起；邀请广州市人民检察院领导作《职务犯罪的特点与高校高发案部位的分析》专题报告。2009 年，开展了深入学习实践科学发展观活动及以“加强作风建设、保障科学发展”为主题的“纪律教育学习月活动”，营造风清气正的教书育人环境，健全教育防范机制。2010 年，按照“加强制度教育，筑牢思想防线”要求，组织学校党政领导和各单位负责人以及重要部门副处级、科级干部参观广州监狱并听取服刑人员现身说法，教育和警醒领导干部。2011 年，开展了以“以人为本，执教为民”为主题的“纪律教育学习月活动”，邀请省纪委副书记作反腐倡廉专题辅导报告。

第五次党代会以来，校党委更加注重增强教育工作的针对性和实效性。深入开展党性党风党纪教育和警示教育，2012 年开展了以“加强思想道德建设，保持党的纯洁性”为主题的“纪律教育学习月活动”，邀请省教育纪工委书记为全体中层干部、人财物等重点部门和关键岗位科级以上干部作了《深刻认识当前反腐败斗争形势，增强高校党员干部拒腐防变能力》的专题报告，组织广大干部观看反腐倡廉警示片。2013 年，党委部署落实中央“八项规定”的教育与学习，进一步推进领导干部作风建设。以为民、务实、清廉为主要内容开展党的群众路线教育实践活动，纪检监察部门组织校领导、各二级单位财务“一支笔”及重点部门和重点岗位科级以上干部参观了省反腐倡廉教育基地，并同步开展以“严纪律、正作风、促廉洁”为主题的“纪律教育学习月活动”。

2. 制度

制度是党风廉政建设的保证。多年来，学校持续建立健全有关党风廉政方面的纪律、制度，保障学校各项工作的廉洁、健康和科学开展。

1991 年，学校制定《学院处以上领导干部保持廉洁的八条纪律》。1992 年 10 月，进行了党风和廉政制度执行情况大检查，学校以抓好领导班子的检查和制度建设为重点，建立和修订《广东商学院党政领导干部保持廉洁的若干规定》、师生员工接待日制度等，颁发《关于改进我院机关工作作风的决定》。1993 年，制定《广东商学院处以上干部关于廉洁自律的规定》。1994 年，制定《中共广东商学院委员会委员勤政廉政的自律规定》、《关于在招生工作中加强廉洁自律的规定》和《关于在毕业生分配就业工作中严肃纪律，加强廉政建设的规定》。

1998—2000 年，学校先后制定了《广东商学院党风廉政建设责任制》、《关于重申严格执行党风廉政建设有关制度的通知》、《广东商学院院系（处）领导班子党风廉政建设责任制实施办法》、《广东商学院校级领导党风廉政建设岗位责任》、《党风廉政建设岗位责任书》等有关规定，建立党委统一领导、党政齐抓共管、纪委组织协调、部门各负其责、群众支持参与的党风廉政建设领导体制和工作机制，实行“谁主管、谁负责”的分工负责制，一级抓一级，层层明确责任，坚持将党风廉政建设与学校中心工作和其他任务一起部署、一起检查、一起考核。2001 年 12 月，校党政“一把手”与各部门负责人签订了《党风廉政建设责任书》。2005 年 5 月，签订第二轮《党风廉政建设责任书》。

2006 年，学校制定《广东商学院贯彻落实〈建立健全教育、制度、监督并重的惩治和预防腐败体系实施纲要〉实施办法》，坚持标本兼治、综合治理、惩防并举、注重预防的方针，把惩防工作体系融入各项制度建设中，构建学校反腐倡廉制度体系。2009 年，学校印发《广东商学院工作过错责任追究暂行办法》、《广东商学院关于加强机关工作作风建设的意见》两个文件，使机关工作作风的转变取得了明显效果。同年，按照中央三部委《关于加强高等学校反腐倡廉建设的意见》精神，对党风廉政责任书进行了修订并组织签订工作。2012 年，制定了《中共广东商学院纪律检查委员会全委会议事规则》和《广东商学院纪检监察信访工作实施办法（试行）》等。2013 年，印发了《广东商学院廉政风险防控方案》，针对重点领域和重点部位的工作实际与廉政风险预防，按照更加注重治本、预防、制度的要求，构建“分岗查险、分险设防、分权制衡、分级预警、分层追责”的预警防控模式，推进廉政风险防控机制建设。

3. 监督

监督是党风廉政建设的关键。学校一直将领导干部廉洁自律作为监督重点，纪委坚持协助党委加强党内监督，做好贯彻民主集中制、重要情况通报和报告、述职述廉等的监督检查工作，紧密结合领导干部思想建设和作风建设实际，协助党委抓好民主生活会的开展，积极开展批评与自我批评，促进领导干部思想作风、工作作风和生活作风的改进。根据学校不同发展时期的工作重点，纪委做好重点工作的监督，不断促进学校规范管理。

第一次党代会之后，学校党委始终抓好领导班子思想和作风建设。纪检监察部门协同组织部门广泛征求党内外群众对学校党政领导班子的意见，及时向有关领导反映，并提出改进意见。在1992年党风和廉政制度执行情况大检查中，学校党委围绕执行制度、加强领导班子建设等问题召开民主生活会，认真诚恳地开展批评与自我批评，加强了领导班子的思想和作风建设。加强招生、毕业生分配和人事调配等监督工作，防止不正之风。

第二次党代会之后，党政领导班子成员按上级要求，在广泛征求党员干部与群众意见和建议的基础上，每年召开专题民主生活会，开展批评与自我批评，进行自查自纠。纪检监察部门通过开展廉洁自律检查工作，使领导干部普遍受到党风廉政和纪律教育，增强其廉洁自律的自觉性。纪检监察部门协助组织、人事部门对干部选拔、职工考干、临工转正及聘任进行考察，加强对招生、毕业分配、基建项目招标投标、住房改革等工作的监督。

第三次党代会之后，学校加强领导干部廉洁纪律监督，坚持开好民主生活会。2000年，建立《领导干部廉政卷宗》。纪检监察部门围绕学校重点工作，加大对重要部门和重点岗位工作环节的监督检查力度，扩大事前、事中、事后监督工作范围。2001年、2002年，对学校三水校区干部队伍建设、设备物资采购、基建工程招投标、财务收支加强监督检查，规范管理，堵塞漏洞。2004年，开展机关工作作风民主测评工作，促使机关各单位联系实际，查不足，找差距，切实转变机关工作作风，增强为师生员工服务的意识。2005年，积极推动校务公开，加强监督检查，加强对学校重大事件和重要工作环节的监督，促进“阳光收费”、“阳光招生”、“阳光采购”等阳光工程的实施。

第四次党代会之后，学校严格执行党内监督制度，强化行政监督，不断完善权力运行约束机制。一是强化对领导干部行使权力和廉洁从政情况的监督，加大贯彻《廉政准则》、报告有关个人事项、述职述廉、参加民主生活会和公务支出情况的监督力度；加大领导班子决策、用人的监督力度。二是强化对关键部门和关键岗位的监督，加大学校干部选拔任用、人事招聘、职称评聘、评先评优、招生录取、财务管理、工程建设、物资采购、资产管理、招投标管理、后勤管理等的监督力度，促进相关工作依法合规开展。三是做好专项治理工作，按照上级部署，开展“小金库”、工程建设领域突出问题和教育乱收费等专项治理工作，对存在的问题及时提出改进意见和建议。

2006年，学校加大对领导干部执行廉洁从政各项规定的监督检查，坚决防止违反规定收送现金和有价证券，“跑官要官”，放任或纵容配偶、子女及其身边工作人员利用领导干部职权和职务影响经商、办企业或从事中介活动谋取非法利益、参加赌博等违纪行为的发生，坚决防止利用公款旅游特别是出国（境）旅游的不正之风。

2007年，深入开展治理商业贿赂专项工作，针对图书教材采购、基建维修项目招标和施工管理等方面提出意见和建议。

2008年10月，省委巡视组对学院开展了巡视工作，学校进一步加强对党员领导干部报告个人重大事项、廉洁自律、党内民主生活会、述职述廉和作风建设等制度的监督检查。同年，按照省行评办的部署和要求，学校制定了《广东商学院民主评议政风行风工作实施方案》，成立了由学院“一把手”任组长的行评领导小组，对机关工作作风进行了大检查、大评议、大整改，重点对机关工作作风、教风学风、教学与学习条件、后勤保障等方面的问题进行了整改。

2009年，继续抓好政风行风评议“回头查”工作，推动作风建设再上新台阶。学校对公开工作职责和办事程序、挂牌上岗、严明工作纪律、改进会风、完善机关作风督察和投诉受理机制等提出了一系列具体明确的要求。加强会风督察和通报，基本形成了工作作风建设的长效机制。

2010 年，加强对贯彻落实《中国共产党党员领导干部廉洁从政若干准则》（以下简称《准则》）的监督检查，在组织处级以上干部学习《准则》的基础上，要求领导干部对照《准则》“52 个不准”进行自查自纠，并填写执行情况报告表，进一步强化领导干部落实《准则》的自觉性。

2011 年，开展“小金库”专项治理工作，对教育收费进行认真、细致的检查。

第五次党代会以来，认真贯彻落实党风廉政责任制，推动党风廉政建设和反腐败工作的深入开展。2012 年 6 月，学校加强对党风廉政建设制度落实情况的监督检查，根据省委组织部、省委教育工委、省教育厅出台的《关于进一步加强对高等学校若干重大问题监督管理的意见》、《广东省普通高等学校贯彻执行“三重一大”决策制度的暂行规定》、《广东省高等学校领导干部廉洁自律暂行办法》等重要文件要求，认真自查，落实整改。2012 年 6 月 26 日，省教育纪工委检查组对我校党风廉政建设制度贯彻落实情况进行检查，要求学校加强惩防体系制度建设，进一步增强各级领导干部依纪依法履职的执行力。2013 年，党委把监督执行中共中央的“八项规定”作为改进党风、政风、校风的一项经常性工作来抓，坚决杜绝不良风气；结合工作实际，针对干部选拔、人事招聘、招标管理、资产管理、基建修缮、工作作风等工作开展监督检查。2013 年 7 月开展整治庸懒散奢等不良风气工作。2013 年 7 月开始，学校党委深入开展党的群众路线教育实践活动，纪检监察部门做好督导工作。

4. 信访处理和案件查处

纪检信访和案件查处工作在党风廉政建设和反腐败斗争中具有重要的地位和作用。学校党政主要负责人对重要信件亲自批阅，对重要案件亲自督办。对群众的来信来访，纪检监察部门做到件件有登记，事事有回音；对上级和校领导交办的重要信访件，都进行认真调查研究和核查，并写出调查报告上报；对检举失实又在群众中造成不良影响的，调查后即就地澄清，讲明真相，消除误解，增强团结，保护干部；对带苗头性、倾向性、突发性和反映“热点”问题的信访件，及时把问题在萌芽状态解决；对未构成违纪而属工作失误的则在调查核实后，对有关人员进行批评教育，并责成有关部门完善管理；对违法违纪案件，依法依纪进行查处，或配合有关部门对相关违法违纪人员进行惩处，维护党纪、政纪、法纪的严肃性。

总之，建校以来，在校党委的正确领导下，纪检监察部门积极发挥“教育、监督、保护、惩处”四项职能，不断推进学校党风廉政建设，保障学校事业健康发展。

第三节　干部工作

建校以来，校党委高度重视干部工作，通过健全制度、规范管理、培训教育、完善选拔等措施，大力加强干部队伍建设，提升干部队伍综合素质、管理能力和服务水平，为学校发展提供了坚强的组织保证和人才支持。

一、干部管理机构沿革

1990 年 3 月 16 日，学校党委设立组织部，从此学校组织干部工作有了专门的机构和工作人员。1990 年 11 月起，由凌义祥同志任组织部部长。

2000 年 6 月起，由马明华同志担任组织部部长一职。

2001 年 12 月起，由黄志明同志任组织部部长，内设组织建设岗、干部管理岗。

2004 年，学校中层干部换届，组织部与统战部合署。2004 年 10 月起，由吴琦同志任组织部部长兼统战部部长，内设组织建设岗、干部管理岗、统战工作岗。

2008 年 7 月，学校中层干部换届，组织部与统战部合署，增设专职统战部部长岗位，吴琦同志任组织部部长，苏时生同志任统战部部长。2008 年 12 月，学校定编定岗，组织部（统战部）内设干部管理岗、组织建设岗、党校培训岗、统战工作岗。

2013 年 6 月，陈国栋任组织部部长。

历任组织部副部长包括王舒平、邓惠毅、苏时生、何雄卫、杨长春。

二、干部制度建设

学校干部制度建设从无到有，不断规范，现已形成了一整套较为系统的适应学校发展的干部工作机制，使我校干部工作在选拔、任用、培训、教育等方面都做到有章可循、规范管理。

在 1983 年到 1987 年，学校处于建设初期，校党委对干部配备、培训、教育“一手抓”，确保了干部队伍健康发展。

1987 年 9 月至 1998 年 5 月（第一次、第二次党代会期间），校党委对干部制度建设进行积极探索，构建起干部工作的制度框架。1993 年，学校党委颁发了《关于开展党员评议、支部评估和中层干部考核的意见》，对中层干部进行集中考核，确保干部队伍建设有章可循。

1994 年，学校对干部管理体制进行改革，颁发了《关于我院聘任科级干部的试行办法》，适当下放干部管理权限，确定了“下管一级”的干部管理体制，在干部管理上实行处级和科级分开管理模式，校党委主要管理处级干部的选拔、考察和任免，科级干部由二级单位按照规定职数、任用条件进行推荐、考察和集体讨论决定任用人选，并报组织部审核，分别按党政系统下文任免。通过下放科级干部管理权限，调动二级单位的工作积极性。

1998 年 6 月至 2011 年 12 月（第三次、第四次党代会期间），校党委根据学校的发展实际和需要，先后就干部选拔、任免、考核、交流等方面制定了一系列重要文件，干部工作基本上建成了一套比较完整的制度，为学校的高速发展提供了人才建设方面的制度保障。

在干部任免方面，学校相继出台了《广东商学院科级干部任职条件及聘任暂行规定》和《广东商学院干部选拔任用工作规定》，规范了干部选拔任用程序，增加了聘任制、任前公示、任职试用期等内容，建立了竞争上岗制度。2004 年之后，校党委根据新时期干部队伍建设需要，对之前的文件进行了修订及补充，印发了《广东商学院干部选拔任用工作规定》、《关于我校处级女干部退休年龄的通知》。2007 年，根据科级干部队伍建设实际，出台了《关于科级干部选拔任用的补充规定》，确保在干部选拔中，选好人、选对人。

在干部管理方面，通过制定《广东商学院中层干部年度考核办法（试行）》、《广东商学院后备干部管理办法》、《广东商学院关于党员领导干部报告个人有关事项的实施办法》等规范性文件，增强了干部年度考核工作的科学性，有效加强中层领导干部队伍建设，提高了干部队伍素质，增强了领导班子战斗力，为学校的高速发展提供了切实可靠的保证。

在干部培训教育方面，出台了《广东商学院干部教育培训工作实施办法》。

2012 年 1 月至今（第五次党代会之后），校党委于 2012 年下发了《关于修订〈广东商学院干部选拔任用工作规定〉的通知》，根据新时期干部队伍建设的发展需要，结合当前干部队伍建设的实际，对原有的规定进行了适当修改，使干部选拔任用更加规范合理。

三、干部选拔任用工作

校党委坚持“四化”方针和德才兼备原则，执行党的干部政策，贯彻干部选拔任用工作条例，推行干部聘任制、岗位任期制和交流轮岗制，加大差额推荐、差额考察、差额酝酿的工作力度。2003 年 1 月起，实行提拔任用干部党委委员投票表决制。2005 年 1 月起，党委对提拔任用的干部实行试用制，试用期为一年，加大监督力度。2006 年 1 月起，对中层正职干部的选拔任用实行党委全委会投票表决制，对中层副职干部选拔任用实行党委常委会投票表决制。

1983 年学校成立时，干部队伍主要由各单位有相关工作经验和组织能力的干部抽调组成。在学校发展过程中，陆续补充了一大批教育人才。这个时期，校党委通过选举和委任两种方式进行干部选拔。

1987 年第一次党代会召开后，校党委按照干部队伍建设“四化”的要求，积极推进干部队伍年轻化、知识化。在这个阶段，中层领导干部选任主要按照《党政领导干部选拔任用工作暂行条例》（中发〔1995〕4 号）的规定进行，选拔“四化”型人才进入领导干部队伍。

2000 年 6 月，校党委按照省委、省高教工委的部署要求，制定了《广东商学院 2000 年中层领导干部选拔任用实施方案》，首次在全校范围内公开选任中层领导干部，古石阳等 82 位同志经过报名、推荐、资格审查、面试、考察、公示等程序的选拔，走上了中层干部领导岗位。

2004 年 4 月，面向社会公开选拔基建处处长，这是学校第一次面向社会公开选拔任用中层干部。通过媒体（报纸、校园网）公布职位、资格条件、选拔程序和办法，共有 15 位来自全国各地符合条件的人选报名。学校组织统一考试（笔试、面试），确定差额考察人选 3 人，最后选定时任十九冶金建材公司深圳公司副经理（正处级）杨科龙同志担任基建处处长。

2004 年 11 月，对成人教育学院院长、科研处副处长等职务采取校内竞争上岗的方式进行干部选拔，成人教育学院院长职位因符合条件人选不足 3 人，由竞争上岗改为选任上岗。科研处副处长一职，经 3 名人选竞争，最后选定李征坤同志。

2005 年 5 月，面向社会公开招聘外事处副处长，在 6 名符合条件的报名者中，选定曾衍桃同志任外事处副处长。同年 5 月，为了确保增城教学点工作的顺利开展，校党委在校内公开选聘增城教学点综合科、教务科、学生科、保卫后勤科科长等职务的科级干部。

2008 年，学校在国内知名网站和报纸刊登招聘信息，面向海内外招聘二级学院院长和教学部主任。在 42 位应聘学者中，彭雷清、邓世豹、叶祥松、邹新月、周振林、姚凤民、张河清、唐晓春、张军、曹山柯、涂争鸣、洪勇、刘苍劲、陈拥军14位教授脱颖而出，获得聘任。

2010年，学校新提拔的6名处级干部中有5名以竞争性选拔的方式产生，占新提拔干部人数的83%。2011年，党办校办副主任、研究生工作部（研究生处）副部（处）长、人文与传播学院党总支副书记3个职位通过公开选聘的方式选拔，实行竞聘演讲和全体中层干部大会民主推荐，进一步拓展干部选拔任用工作的知情权、参与权、选择权和监督权，提高选人用人公信度。

2013年3月，学校制定了《广东商学院中层领导干部换届实施方案》，启动新一轮中层干部换届工作，采取资格竞争和大平台调配方法，全部岗位以竞聘的方式选拔合适人选，全体参加竞聘人员进行竞聘演讲。经公开报名、资格审查、民主推荐、竞聘演讲、确定考察人选、组织考察、党委讨论决定等环节，5月30日，校党委确定新一届中层干部164人（不包括非领导职务），其中正处级72人，副处级92人，包括新提拔正处级19人、新提拔副处级44人。

四、干部培训教育

校党委重视干部培训工作，积极拓展培训载体，注重培训实效，分批次、分层次、分类别对全校科级以上干部进行了大规模培训。

（一）发挥党校作用，拓展党校培训功能

校党委利用党校阵地，把干部教育培训和专项教育活动有机结合起来，将2000年的“三讲”教育、2005年的先进性教育和“三个代表”重要思想学习教育、2008年学习实践科学发展观、2010年创先争优活动和2013年7月5日开始的党的群众路线教育实践活动等专项教育活动与干部培训教育紧密结合，通过扩大规模、拓宽渠道、拓展形式、创新内容、改进方式等，加强干部培训教育工作。2003年以来，学校举办各类干部培训18期，集中培训或调训56次，支出教育培训经费180多万元。其中，参加境外培训班4期，共150人次；参加国家行政学院、省委党校培训20期，共120人次。

（二）多种培训模式结合，加大干部培训力度

以中层干部集中培训、各二级单位自主组织培训等模式，对全校的干部进行轮训。2008年以来，以学校党校为主基地，重点举办了中层领导干部培训、科级以上干部纪律教育、党支部书记培训、政治辅导员专题培训、工会干部培训、教学科研秘书培训、资产管理员培训、新进教师校情教育等培训班共98个，培训干部8 956人次；选派到国家高级教育行政学院、教育部中南教育管理干部学院、广东省委党校、广东省行政学院等单位进行学习培训共47人次；选派到国外和国内高校进行学习培训共148人次。通过学校的培养，曾在我校工作的干部有13人被提拔到外单位担任副厅级以上职务。

（三）分批次送中层正职干部到国外著名大学培训

2011年8月15日至9月4日，组织部部长吴琦同志率领干部培训团一行20人赴英国伦敦城市大学接受培训，同时访问了格拉斯哥大学、谢菲尔德哈勒姆大学、剑桥大学和牛津大学。2012年1月31日至2月20日，纪委专职副书记古海同志率领干部培训团一行20人赴美国加州州立大学富乐敦分校接受培训，同时访问了南加州大学、加州州立大学、斯

坦福大学和哥伦比亚大学。

（四）创新培训方式方法，提供广阔培训平台

根据上级要求，结合学校实际，在2009、2010年，组织所有未取得相关信息化培训证书的干部参加广东省信息中心组织的培训考试，共有56名处级干部、100名科级干部在学习考试中顺利通过，获取结业证明。2011年起，根据当前干部培训的具体需求，切实抓紧、建好学校干部网络培训平台工作，全体中层干部按要求，在广东省干部培训网络学院注册，并完成网络学习的学分要求。2011年，共有139人次的中层领导干部参加了广东干部培训大讲坛专题选学。

建校三十年以来，校党委通过坚持原则选好配强干部队伍、依靠完善制度规范管理干部队伍、强化培训教育提升干部综合能力，打造了一支高素质、有朝气、有干劲的干部队伍，为学校更好、更快发展提供坚强的组织保证和人才支持。

第四节　统战工作

一、统战工作机制的建立与健全

统战工作是党建工作的重要组成部分，校党委高度重视，认真贯彻执行党的统战工作方针政策，建立健全统战工作机制和制度，不断强化统战工作地位和作用。1984年建校初期，校领导班子尚未配齐，机构尚未健全，由当时第一负责人——临时党委副书记刘次钧主管统战工作，统战工作职能由办公室、教务处、人事处、行政处、教学部5个部门执行。对刚调入学校的民主党派人士，刘次钧率先垂范登门拜访慰问，帮助他们解决工作和生活中遇到的困难。1990年10月15日，党委成立了统战部，与党办合署，党办主任段述迺兼任统战部部长，先后担任党委书记的刘次钧、张裕良分管统战工作，从此，学校统战工作有了专门机构和兼职工作人员。

1993年，统战部依然与党办合署，党办主任蔡文阶、古石阳先后兼任统战部部长，张裕良、林维明也先后担任党委书记并分管统战工作。1994年，出台了《广东商学院统战部工作职责》。1996年，校党委颁发了《关于进一步加强我院统战工作的意见》，进一步明确了学校统战工作的主要对象、任务和要求，积极创造与民主党派合作的条件，认真做好党外干部培养、选拔和推荐工作，建立了座谈会、通报会、联谊会以及校领导联系民主党派基层组织等制度。

2001年10月，部分机构进行调整，统战部与宣传部合署，宣传部部长林文强、林仲豪（代）先后兼任统战部部长，设统战科级岗位、配专职统战主任科员，陈潮光副书记分管统战工作。2003年3月，部分机构进行调整，统战部又与党办合署，党办主任陈国栋兼任统战部部长，陈运森、杨维先后担任党委书记分管统战工作。2004年，中层干部换届，校内机构进行相应调整，统战部与组织部合署，由党委委员、组织部部长吴琦兼任统战部部长，设统战科级岗位、配专职统战主任科员，由党委书记杨维亲自抓统战工作，并要求各基层党总支书记负责本单位统战工作，配备统战委员，建立统战工作联系网络。

2008年，中层干部换届，统战部与组织部合署办公不变，考虑到统战工作任务增加，设专职统战部部长岗位，由苏时生担任，杨维、程飚先后担任党委书记分管统战工作。2012 年，根据上级有关文件精神，学校领导分工相应调整，由党委副书记吴琦分管组织、统战工作，但党委书记程飚依然主管统战工作。

经过三十年的不断探索发展，学校统战工作形成了由校党委统一领导，统战部牵头协调，有关部门和基层院部各负其责、共同配合，校内各群团共同参与、互相协调的统战工作机制，促进了统战工作的有效开展。

二、党外知识分子组织架构的建立

（一）民主党派支部建设

自建校以来，校党委就把帮助党外知识分子建立组织、加强组织建设作为一项政治责任。1987 年 7 月 13 日，根据已有 7 名民盟成员调入我校的情况，学校主动请示并协同中国民主同盟广东省委员会，成立了我校第一个民主党派基层组织——中国民主同盟广东商学院支部，选出罗启文副教授为主任委员。1989 年 12 月 28 日，第二个民主党派支部——中国民主建国会广东商学院支部成立，选出吴厚德副教授（后为教授）为主任委员。1993 年 9 月 28 日，九三学社广东商学院支社成立，选出黄大成副教授为主任委员。1997 年 5 月 6 日，中国国民党革命委员会广东商学院支部成立，选出宁伯岩高级工程师为主任委员。1997 年 10 月 20 日，中国农工民主党广东商学院支部成立，选出李作俊副教授为主任委员。2002 年 4 月 29 日，中国民主促进会广东商学院支部成立，选出黄晓兰副教授为主任委员。

到 2013 年 5 月，8 个民主党派在我校都有成员，除致公党、台盟因人数不够尚未成立基层组织外，其他党派都建立了组织。各民主党派组织，机构健全，运作良好，稳步发展，较好地带动了各自党派成员参与学校和国家的建设发展。其中，中国民主建国会广东商学院支部在 2004—2012 年连续九年被评为中国民主建国会广东省委员会先进基层组织，2010 年还被评为民建全国优秀基层组织。

（二）无党派人士组织建设

对于未参加党派的知识分子，校党委也与他们加强联系沟通，对他们政治上一视同仁、工作上放手使用、生活上给予关心照顾。在 1986 年党办和团委联合举办的“为我院教学、管理工作进一言研讨会”中，充分听取无党派知识分子意见，对此，谭锐汉副院长在总结会议上对此给予表扬肯定，让他们产生了认同感。成立统战部后，校党委要求工作人员了解他们的情况，让他们感受组织的存在，有归属感。1991 年 9 月 7 日，学校召开党外人士座谈会，邀请无党派知识分子参加，开启了重大举措和决策召开座谈会、通报会、联谊会等都邀请无党派知识分子代表参加征求意见的新历程。

跨入新世纪，党委加强做好无党派知识分子工作。坚持“重点培养、合理分流”的原则，在尊重个人意愿的前提下，及时吸收具备党员条件的人员加入党组织。同时，重点举荐优秀的、有代表性的知识分子加入民主党派；举荐无党派知识分子代表参加省、海珠区第一届知识分子联谊会。2008 年，全省开展无党派人士主题教育活动，统战部按校党委的指示，以活动为契机，对无党派知识分子进行了摸底，建立了具有副高以上职称无党派知识分子信息库，把具有正高职称、博士学历，担任中层干部、各级人大代表、政协委员的无党派人员定位为学校无党派人士，并给予服务和管理，以增强他们的归属感。

（三）涉外统战组织建设

学校党委非常重视海外统战工作。结合学校毗邻港澳，有归国华侨及侨眷的情况，1993 年 9 月 29 日，学校成立归国华侨联合会，由黄大成副教授任会长。学校积极协助联合会联系成员，宣传党的侨务政策，介绍改革开放形势、现代化建设进程以及学校发展情况。通过上门慰问、支持负责人参加省侨联活动、组织节日联谊活动和参观考察等方式，增强成员的归属感和荣誉感。学校鼓励侨联成员保持与亲属的联系，通过书信、探亲介绍祖国建设成就和党的方针政策。

2010 年，学校开始建立归国留学人员信息库，进行相应的服务与管理。借 2011 年广州市欧美同学会换届之机，在征得个人同意的前提下，推荐我校归国留学人员为会员。2005 年，学校开始有港澳台学生、国外留学生、国际教育交流与合作项目的学生，为此，统战部协助学工部、外事处进行相应的统战政策指引工作，使学校统战工作有组织地向学生方面拓展。

目前，学校 8 个民主党派共有成员 157 人，设有 6 个民主党派支部；具有副高以上职称的无党派知识分子近 100 人；各级人大代表 3 人；各级政协委员 4 人；曾担任省市政府参事 2 人；归侨、侨眷 73 人；归国留学人员 57 人。

三、统一战线思想政治基础的强化

校党委一直注重党外知识分子的学习和思想建设。学校创建时期，遇上 1986 年学潮和 1989 年政治风波，为排除资产阶级自由化思潮的影响，校党委组织了形式多样的学习活动，引导党外知识分子学习《建设有中国特色的社会主义》、《坚持四项基本原则，反对资产阶级自由化》等相关资料和中央 16 号文件精神，提高大家的思想认识水平，明确了走社会主义道路的方向，以便于与校党委一道维护学校稳定和教学秩序。之后，校党委积极开展对马列主义、毛泽东思想特别是邓小平理论的学习，通过研讨会、报告会等方式进行党的基本路线、爱国主义、集体主义和社会主义教育，使党外知识分子进一步坚定了社会主义信念。

步入 21 世纪后，党委坚定不移地抓党外知识分子的政治理论学习，年初传达“两会”精神和党的统一战线方针政策，年末以联谊会的方式集中组织党外知识分子举行有针对性的专题政治讲座等。学校统战联谊会从开始的半天座谈、校领导通报情况，发展到目前的一整天时间，包括半天政治专题讲座、半天各民主党派汇报一年工作情况和党委书记通报学校工作情况、晚上举行联谊晚会等，内容进一步充实丰富，并且从 2005 年开始形成制度。特别是近四年来，统战部精心组织联谊会：2008、2009 年各民主党派支部介绍情况以总结为主；2010 年进行创新，要求以介绍工作亮点为主；2011 年以支部为单位进行文艺表演，把工作情况汇报融入表演当中；2012 年各支部选出成绩突出的教师代表，让他们介绍自己教书育人、科学研究和参政议政的经验。一年一次的新春联谊会，在进行专题政治学习的同时，也给党外知识分子提供汇报情况、展现才华的机会，由于各机关职能部门负责人、各二级党总支书记均参加，使活动达到了学习交流、增进感情的目的，成为党外知识分子期待的一年一度的活动项目。

四、党外知识分子优势的发挥

（一）在教学科研岗位建功立业

调动党外知识分子的积极性，服务学校发展，是统战工作的出发点和落脚点。一直以来，校党委尽可能改善他们的工作、生活条件，特别是近年来学校出台了一些激励措施，鼓励他们为教学科研作出贡献，涌现出不少优秀党外知识分子教师和科研工作者。据不完全统计：党外知识分子中，享受政府特殊津贴者有3人，获省级以上先进个人奖励者13人，省级“千百十工程”培养对象7人，获省部级以上科研成果奖励者13人；近五年承担国家级科研项目10项；近四年教师节表彰大会4个发言的优秀教师代表中，党外知识分子占了3个；2012年，在国内顶尖学术期刊上发表论文三篇，其中一篇就由党外知识分子刘玉记教授撰写。

（二）积极参与学校各项管理工作

凝聚党外知识分子的智慧，对学校的改革、发展和稳定起着至关重要的作用，也是统战工作的根本任务和着力点。一直以来，校党委鼓励和支持党外知识分子对学校各项工作建言献策、参与管理。从建校初期的上门拜访，举办座谈会了解情况、听取意见，到现在形式多样的走访慰问、座谈会、专题会议、情况通报、征询意见、联系交友、组织调查研究、参观学习、挂职锻炼等，不断拓宽民主渠道和见证渠道，让党外知识分子更加深入地了解国情、省情、校情，为民主监督、建言献策、参政议政提供了帮助，促进了学校的科学决策。如及时通报2007年教学评建工作进展、近年三水校区教工住房建设情况等；2008年的《中共广东商学院委员会关于践行科学发展观、推动学校科学发展的决定》和《广东商学院践行科学发展观推动学校科学发展行动纲要》；2009年的校院两级管理体制文件；2010年定编定岗系列文件和“十二五”规划；2011年党代会筹备、北校园建设等重大制度和决策出台之前，以及校领导民主生活会前，都广泛征求各民主党派、侨联、各级人大代表、政协委员、无党派代表人士的意见和建议。2000年以来，校党委聘请了多名关心学校发展的民主党派成员、无党派人士担任学校党风建设、纪检监察工作特邀监察员和校务公开监督员，就学校干部任用、重点基建项目、大额设备、图书采购等进行监督。2009年学校所设专家治校、教授治学管理模式的5个委员会中均有党外知识分子参与并认真履职。

（三）为党和政府参政议政

校党委鼓励民主党派成员结合自己的专业特长，围绕党和政府的中心工作，积极调查研究，认真撰写提案，促使民主党派成员参政议政的积极性和能力不断增强。近十年来，共提交提案、建议近300件，内容涉及国企改革、高等教育、基础教育、科技创新、文化建设、公共医疗卫生服务、文明城市创建、开发历史文化旅游资源等多个方面。其中，担任省政府参事的民建成员吴厚德教授，十年里平均每年提交不少于12份的高质量的参政议政书面材料，多次得到省委书记、省长的批示，每年都获得省参事室的表彰。

五、党外干部的培养选拔

校党委高度重视党外干部的培养、选拔和使用，将其作为巩固统一战线的基础性、战略性工作来抓。一是注重使用，做到成熟一个，使用一个。建校初期，两个招收本科学生专业之一的企管系主任就由民建成员杨振燕担任，学校对他充分信任，使之有职、有责、有权建设企管系，这让企管系有了好的起步。之后，学校陆续任用了不少党外人士担任院系部班子成员和部分机关处室负责人。二是注重培养。学校定期选送党外干部到中央社会主义学院、国家行政学院及省、市社会主义学院参加培训学习，或选派到国外学习培训，或作为国内高级访问学者进行培养。另外，还选派党外干部到地方挂职锻炼。三是注重管理。干部上任后将被纳入整个干部管理体系进行管理，要求其参加所在党总支的理论学习，参加每年一次的“纪律教育月活动”，列席同级党内民主生活会，使他们不断提高政治素质，增强廉政意识、自律意识。同时，通过年度述职考核、届满考核跟进管理。四是制订规划。把党外后备干部队伍建设纳入学校干部队伍建设总体规划，保证党外后备干部队伍在整个干部队伍中占有一定比例。五是注重举荐。把优秀党外干部举荐到地方政府、各民主党派机关、人大、政协、司法机关担任职务。六是加强民主党派班子配备。校党委一直以来把协助民主党派配备班子成员作为一项政治责任，选齐配强班子成员。建校前十年，高职称人员少，但学校对成立的民主党派支部都协助配备了副高以上职称主任委员。截至目前，几经换届，6 个民主党派主任委员均是学科骨干，包括 3 个博士教授、2 个硕士教授、1 个本科教授。

目前，学校党外人士中有 15 人担任中层干部，占中层干部数的 10. 3%。举荐担任厅级以上干部的有王学成等 5 人，民革省委中央委员、省委副主委各 1 人，民革、民盟、民进省委委员各 1 人，九三学社省委常委 1 人，省、市人大代表各 1 人，省政协委员 3 人，市政府参事 1 人，海珠区人大、政协代表各 1 人。

六、统战宣传工作和理论研究的加强

统战宣传工作是提高党员干部对统战工作重要性的认识、扩大统一战线社会影响的一项重要工作。建校以来，校党委就把统战宣传工作纳入工作计划，通过校报、广播、宣传栏、网络等宣传党的统战理论方针政策、工作信息和党外知识分子先进人物事迹。统战部也及时上报统战工作情况，使相关部门了解掌握我校统战工作，扩大统战工作影响力。近五年来，在组织部、统战部网页上有百条统战理论方针政策和相关统战知识，平均每年上报省委统战部和《广东高校统战》进行新闻报道的工作信息近 50 条，统战部获评 2009、2010、2011 年广东省高校信息优秀单位。

为了加强理论研讨，校党委于 2000 年成立了统战部理论研究小组，由思教部教师、统战部专职干部、党外人士组成，积极开展统战理论学习和研究。2001 年广东省高校统战理论研究会成立时，我校被选为理事长单位，2010 年又被选为副秘书长单位，先后 4 次承担编辑出版《广东高校统战》的责任，2 次获得优秀编辑奖。2010 年来，我校提交广东高校研究会、省委统战部、中央统战部的统战理论研究论文数逐年递增，获奖论文数不断增加，获得了 2010 年广东省高校统战理论研讨会优秀组织奖。同年，我校承办广东省第十届统战理论研讨会，为此，学校精心组织，对广东省高校统战理论研究会在 2010 年的工作进行了回顾，编写了《十年印记》一书，并制作了光盘。这一举措得到省委统战部、高校工委和各高校的高度赞扬。之后，学校又出版了《广东高校统战工作的实践与创新》一书，扩大了我校统战工作的影响力。

第五节　工会工作

一、机构沿革及概况

广东财经大学工会成立于1987年7月7日。在成立之前，工会职能归附在校党委办公室，1990年8月独立办公。截至2013年5月，共有在职工会会员1 519人，分工会组织26个，其中教学单位工会17个、机关工会6个、教辅工会2个、校区工会1个，专职工会干部5人，兼职工会干部89人。校工会成立至今，共召开了六届工会会员代表大会、五届教职工代表大会。

校工会自成立以来，顺应时代的发展，从理念、内容、机制等方面积极构建有时代特点、体现学校教职工实际需求的工会工作体系，推动工会工作由传统的文体型、福利型向民主型、维权型、服务型转变。2000年至2005年，校工会围绕学校人才建设“双百”工程，强化人文关怀的工作理念，创新校企合作、网上建家两种工作方式，实施“放心工程、宽心工程、舒心工程和省心工程”。2008年以来，校工会坚持“着眼大局、维护权益、优化服务、促进和谐”的工作思路，实施聚人心工程、暖人心工程、强素质工程、促健康工程四大工程，从维护知情权、参与权、监督权向维护发展权、共享权扩展，工会工作凸显特色，各项工作卓有成效。2004年，被省教育工会授予“先进教工之家”荣誉称号。2006年，被省总工会授予“模范职工之家”荣誉称号。2011年11月，被中华全国总工会授予“全国模范职工之家”荣誉称号。

二、工会工作的展开

（一）稳步推进民主建设

1991年1月，学校建立教代会制度，召开了首届教代会，并制定了《广东商学院教职工代表大会暂行条例》，条例规定每四年或五年举行一次换届大会，以制度的形式确定了教代会的地位和作用，使其成为学校凝聚人心、集中民智、促进发展的重要载体和有效途径。2006年9月，广东省纪委、省委组织部、省总工会等九个部门联合出台《关于进一步加强我省基层职工民主管理工作的指导意见》，学校据此于2007年4月制定了《广东商学院教职工代表大会与工会会员代表大会工作规程》（以下简称《工作规程》）。2007年12月，广东省委办公厅、广东省政府办公厅为进一步加强高校的民主管理，出台了《广东省普通高等学校教职工代表大会工作规定》，学校又据此于2011年4月对《工作规程》进行了修订，对教代会职权、议事规则、召开时间作了更加详细的规定，如规定在每年3、4月份召开教代会，学校每年预算需经教代会审议方可执行，等等。至此，学校章程、发展规划、管理体制改革方案、岗位设置津贴分配方案等重大议题、方案均提交教代会审议，真正实现教代会工作常态化，教代会职权得到进一步强化，教代会工作真正纳入依法治校、民主治校、阳光治校的进程中。

学校遇到涉及教职工利益的重大事项，均依托工会，通过工会收集民意，准确地掌握决策事项的民意基础，使学校的决策得以顺利推行。如三水校区教工宿舍项目，在2007年

7 月，项目尚未启动就饱受争议，不得不暂时搁置。2008 年，时逢广州房价不断升高，巨大的购房压力为该项目带来转机。同年 12 月，学校召开了第五届教代会暨第六届工代会第一次会议，首次将三水校区建教工宿舍列入教代会议题，就价格定位、权属、基础设施、选房办法等重要事项征求代表意见。2009 年上半年，向全校教职工开展实名问卷调查，广泛征询民意。学校依照民意进一步明确了产权与使用权、建设安排、退出机制、基础设施建设等事项，并于 2009 年 7 月与 9 月正式启动了第一期报名工作。同时应广大教职工的要求，先后于 2010 年 4 月、2013 年 5 月启动了第二期、第三期报名。

（二）拓宽服务内容

校工会在不同时期与相关中小学、幼儿园建立良好的合作关系，以解决青年教工的后顾之忧。1993 年至 2001 年，与穗花小学签订合作协议，解决居住在校内教工子女入读穗花小学的难题。2001 年至 2006 年，与华师附小、广州市 113 中学建立合作关系，解决居住在华师教师新村的教工子女的入学问题。2001 年 3 月起，与赤岗小学签订合作协议，解决住校内及磨碟沙高教花园的教工子女入学问题。2002 年 9 月起，与大塘幼儿园建立合作关系；2005 年起，与海军幼儿园建立合作关系，以解决居住在校内及磨碟沙高教花园的教工子女入托问题。

长期以来，校工会及时关爱有需要的群体，建立了生育必访、生病住院必访、家庭困难必访、教职工去世必访的“四必访”制度，将送温暖活动常规化和制度化，及时帮助困难教职工渡过难关。

校工会积极推行互助保障计划，为教职工构筑医疗保障体系。自 2001 年起，校工会响应省总工会的互助保障计划，为教职工办理职工互助保险，为女教职工办理女工安康互助保险，2008 年起，按最高参保份额参保（职工医疗参保份额最高为 5 份，女工安康参保份额最高为 3 份）。经过十二年的推行，互助保障计划已深入人心，教职工的参保意识明显增强。

2000 年，广东省政府取消了福利分房政策；2003 年，在商品房市场的起步阶段，考虑到教职工对住房需求大，校工会与多家开发商签订团购协议，为教职工争取更多优惠，先后有 250 多位教职工在房价处于低位时购买了房子，使教职工获得了福利。

（三）突显工会“大学校”作用

校工会紧密围绕学校的中心工作，把提升教职工综合素质作为重点工作来抓，实施旨在提高教职工师德师风、教学技能、文化素养等的“强素质工程”。2007 年，会同教务处、人事处举办了第一届青年教师教学竞赛，此后每两年举办一届。每届评选出的“授课十佳青年教师”已成为各教学院系的教学科研骨干，该项赛事也成为学校推动青年教师健康成长、提高整体教学水平的重要平台。2009 年起，每年 9 月校工会都会同有关部门举办师德建设主题教育月系列活动，开展“迎新教工活动”、“尊师重教活动”、“青年教工座谈会”、“表彰‘三育人先进’”等系列活动，在情融广商、严谨治学、倡导风范等方面营造爱岗敬业、尊师重教，颂扬高尚师德的良好氛围。

（四）强化健康理念

长期以来，教工文体活动得到广泛开展。1990 年至 2005 年，校工会每年组织教职工参加校运会，定期举办篮球赛、排球赛、乒乓球赛和卡拉 OK 大赛。1994 年，成立了教工艺术团。2008 年，校工会重新规划文体活动的开展，普及面和参与面广的项目每年举办一次，如羽毛球赛、登白云山活动；参与面一般但属传统项目的隔年交替举办，如篮球赛、排球赛、趣味运动会、乒乓球赛；同时，每年穿插举办一些专项赛事，兼顾了不同爱好的教职工，如书画摄影比赛、插花比赛、厨艺大赛等。此外，大力发展教工协会，2003 年起先后成立了羽毛球协会、乒乓球协会、足球协会、网球协会、棋牌协会、游泳协会、理财协会等。

校工会不断提升文体活动的内容和层次。2003 年至 2005 年，启动了特色暑假休养计划，先后组织了“申硕骨干”、“千百十工程”培养对象及连续三年获优秀教学奖教师共三批教学科研骨干赴外省休养。2008 年起，会同人事处启动教职工暑期健康营活动，该活动惠及每一位教职工，分期分批组织教职工参加。从 2011 年起，健康营活动采取更灵活的方式，由分工会自行组织。

三、历届教职工代表大会、工会会员代表大会

（一）首届工会会员代表大会

1987 年 3 月 19 日，学校召开教职工大会，李鸿昌院长、人事处段述迺处长传达了教师聘任制及工资调整文件精神。

（二）首届教职工代表大会暨第二届工会会员代表大会

1991 年 1 月 15—16 日，学校召开首届教职工代表大会暨第二届工会会员代表大会，正式代表有 100 名，另有列席代表 1 名、特邀代表 9 名。党委书记刘次钧致开幕词，会议听取了院长李鸿昌作的《团结奋斗，继续前进》学院工作报告；审议并通过了丁衍祥副院长所作的广东商学院第一届工会工作总结报告和《广东商学院教职工代表大会暂行条例》，选举产生广东商学院首届教代会、第二届工代会委员。会议选举张裕良为工会主席，温宝光、张生贵为工会副主席。

（三）第二届教职工代表大会暨第三届工会会员代表大会

1994 年 6 月 9—14 日，学校召开第二届教职工代表大会暨第三届工会会员代表大会第一次会议，140 名正式代表、19 名列席代表、13 名特邀代表参加了大会，省教育工会任振池出席会议并致辞。会议听取了党委书记张裕良所作的《发扬主人翁精神，积极参与民主管理，为推进我院教育的改革和发展作出新贡献》工作报告、院长罗国民所作的《继往开来，同心同德，共图法商发展大业》学校工作报告，审议了《关于广东商学院教职工住房分配管理暂行办法修改意见》、《广东商学院赤岗新建住房分配意见》、《广东商学院全员聘任制实施办法》及《广东商学院 2010 年教育事业发展规划》。会议选举产生了广东商学院第二届教代会、第三届工代会委员。会议选举符士强为工会主席、张生贵为工会专职副主席、何维湘为工会兼职副主席。

1995 年 6 月 5—8 日，学校召开第二届教职工代表大会暨第三届工会会员代表大会第二次会议，140 名正式代表、19 名列席代表、13 名特邀代表参加了这次大会。会议听取、审议了院长罗国民作的《同心同德，群策群力，积极准备，迎接国家教委对我院教学工作的评价》学校工作报告。

（四）第三届教职工代表大会暨第四届工会会员代表大会

1998 年 1 月 7—9 日，学校召开第三届教职工代表大会暨第四届工会会员代表大会第一次会议，145 名正式代表、28 名列席代表参加了大会。会议审议并通过了院长罗国民所作的《同心同德、励精图治、深化改革、加快发展，把充满生机和活力的广东商学院带入 21 世纪》学校工作报告，审议了党委副书记、工会主席符士强所作的《发扬主人翁精神，积极参与民主管理，为学院的改革和发展作出新贡献》工会工作报告，审议了《广东商学院（广东法商大学）教育事业 2000 年至 2010 年发展规划》、《广东商学院教职工住房分配办法》和《广东商学院创收管理办法》。会议选举了第三届教代会、第四届工代会委员会委员，选举符士强同志为工会主席、张生贵为专职副主席、王大维同志为兼职副主席。

1999 年 3 月 23—25 日，学校召开第三届教职工代表大会暨第四届工会会员代表大会第二次会议，145 名正式代表、28 名列席代表参加了大会。会议主题是“全面推进校内体制改革”。大会审议了罗国民院长的《励精图治，继往开来，全面推进校内体制改革》学校工作报告以及《广东商学院机构改革方案（草案）》、《广东商学院编制管理办法（草案）》、《广东商学院后勤改革方案（草案）》，通过了第三届教职工代表大会暨第四届工会会员代表大会第二次会议决议。

2001 年 4 月 13—14 日，学校召开第三届教职工代表大会暨第四届工会会员代表大会第三次会议。大会审议了《广东商学院“十五”计划和 2010 年规划》、《广东商学院规定项目收费管理办法》和《广东商学院房产分类管理暂行规定》等。127 名正式代表、11 名特邀代表参加了大会。

（五）第四届教职工代表大会暨第五届工会会员代表大会

2003 年 6 月 27—28 日，学校召开第四届教职工代表大会暨第五届工会会员代表大会第一次会议，157 名正式代表、10 名列席代表、24 名特邀代表参加了大会。大会审议了吴家清院长作的《抢抓新机遇，探寻新思路，谋求新发展，全面提高广东商学院的办学水平》学校工作报告，党委副书记、工会主席陈潮光作的《围绕中心，群策群力，为全面提高我校的办学水平而努力奋斗》工会工作报告；讨论了《广东商学院院内津贴分配改革方案》；审议了《广东商学院 2001、2002 年工会经费审查情况报告》及王大维同志作的提案工作报告；选举产生了广东商学院第四届教代会、第五届工代会委员，选举陈潮光为工会主席、吴美珍为工会专职副主席、方忆冈为工会兼职副主席。

2004 年 9 月 24 日，学校召开第四届教代会第一次联席会议，专题审议与增城太阳城发展有限公司联合筹办广东商学院华商学院事宜。学校党政领导、教代会委员、教代会各代表团正副团长、二级教学院系党政主要负责同志参加了会议，并实地考察了位于增城的华商学院工地。

2005 年 11 月 4—5 日，学校召开第四届教职工代表大会暨第五届工会会员代表大会第二次会议，学校党政领导杨维、吴家清、陈承真、马明华、徐印州、曾小彬、雍和明出席，153 名正式代表、20 名列席代表、9 名特邀代表参加了会议。大会讨论了院长吴家清作的学校工作报告，听取了工会专职副主席吴美珍作的工会工作报告，审议了《广东商学院教育事业“十一五”发展规划（讨论稿）》，听取了党办、院办主任陈国栋作的《强化管理、深化改革，全面提高我校办学效益的若干意见（讨论稿）》说明，听取了财务处处长苏武俊作的《2003、2004 年学院财务状况报告》、人事处处长支戈壁作的《校内津贴分配改革方案实施情况报告》以及提案工作小组副组长张伟强作的提案工作报告，讨论广东商学院改大学、定新校名的事宜。大会共收到提案 47 件，包括建设发展方面的 1 件，教学方面的 8 件，科研方面的 8 件，管理方面的 25 件，校园文化建设方面的 3 件，基建方面的 2 件。

2006 年 3 月 2 日，学校召开第四届教代会第二次联席会议。会议传达了《中共广东省委关于充分发挥工会在构建和谐广东中作用的意见》（粤发〔2006〕1 号）文件精神，推荐了任晓阳为 2006 年广东省劳动模范候选人。

2007 年 4 月 13 日，学校召开第四届教职工代表大会暨第五届工会会员代表大会第三次会议，150 名正式代表、24 名列席代表、5 名特邀代表参加了会议。大会审议了吴家清院长所作的学校工作报告、校工会主席陈承真作的工会工作报告、财务处处长何剑作的学校财务收支情况的报告，听取了曾小彬副院长关于学校教学评建工作进展情况通报，讨论了《广东商学院教职工代表大会与工会会员代表大会工作规程（讨论稿）》和提案工作报告。

2007 年 4 月 24 日，学校召开第四届教代会第三次联席会议，学校党政领导、院工会委员、部门工会主席，教代会代表团正副团长和相关职能部门负责人共 40 多人参加了会议。会议专题审议关于购买广东省化学工业学校校舍事宜，认为应在省教育厅的推动和支持下加快购买广东省化学工业学校校舍的工作进度。

2007 年 7 月 20 日，学校召开第四届教代会第四次联席会议，校工会委员、部门工会主席，教代会代表团正副团长和相关职能部门负责人近 40 人参加了会议。会议专题讨论三水校区拟建教工周转房事宜。会议认为，该事项是学校为教职工办好事的表现，不仅可以改善三水校区的工作和生活条件，而且有利于三水校区校园文化建设，因此，学校在制定具体政策时既要考虑有利于三水校区的长远建设和发展，又要尽可能满足教职工的利益诉求，以增加该事项对教职工的吸引力。

（六）第五届教职工代表大会暨第六届工会会员代表大会

2008 年 12 月 12—13 日，学校召开第五届教职工代表大会暨第六届工会会员代表大会第一次会议，校领导杨维、吴家清、陈承真、马明华、曾小彬、雍和明、袁新满、杜承铭、王廷惠出席，省教育工会主席詹必富到会祝贺并致辞，179 名正式代表、26 名列席代表、15 名特邀代表参加了会议。大会审议了院长吴家清作的学校工作报告，党委副书记、工会主席陈承真作的工会工作报告，讨论审议了《广东商学院章程》、《广东商学院二级学院目标管理实施方案》、《广东商学院校院两级财务管理体制改革方案》、《关于 2007 年学院财务状况的报告》等文件，讨论了三水校区拟建教职工工作周转房事项，审议了提案工作报告。选举产生了广东商学院第六届工会委员会，选举陈承真为工会主席、王小波为工会常务副主席、郑红艳为专职副主席、方东为工会兼职副主席。会议共征集提案 61 份，其中，立案 5 份，作为意见建议 32 份，直接答复 24 份。

2009 年 9 月 28 日，学校召开第五届教代会第一次联席会议，专题讨论和审议“校院两级管理改革方案”。

2009 年 11 月 25 日，学校召开第五届教代会第二次联席会议，专题讨论《广东商学院二级教代会实施细则（草案）》。

2010 年 1 月 12 日，学校召开第五届教代会第三次联席会议，专题讨论《广东商学院校内津贴分配方案（征求意见稿）》。

2010 年 4 月 22 日，学校召开第五届教代会第四次联席会议，专题讨论调整南校园规划和在仲景园建学生宿舍等事项。

2010 年 10 月 28—29 日，学校召开第五届教职工代表大会暨第六届工会会员代表大会第二次会议，校领导程飚、王华、陈承真、马明华、雍和明、袁新满、杜承铭、于海峰、王廷惠出席，152 名正式代表参加了会议。大会审议了院长王华作的学校工作报告，党委副书记、工会主席陈承真作的工会工作报告，财务处处长何剑作的学校财务报告，工会专职副主席郑红艳作的提案工作报告，讨论《广东商学院“十二五”发展规划（讨论稿）》、《广东商学院岗位设置管理文件（讨论稿）》、《广东商学院机动车辆停放及收费管理办法》以及班车改革事项。大会通过了广东商学院第五届教代会暨第六届工代会第二次会议决议及《广东商学院福利费使用办法》，并对广东商学院第五届教代会第四次联席会议决议进行了确认。

2011 年 4 月 19 日，学校召开第五届教职工代表大会暨第六届工会会员代表大会第三次会议。校领导程飚、王华、陈承真、马明华、袁新满、杜承铭、王廷惠出席，178 名正式代表和 25 名特邀代表与列席代表参加了会议。大会审议了《2010 年学校财务决算报告》、《2011 年学校财务预算方案》、《2010 年工会经费决算及 2011 年工会经费预算方案的报告》、《2010 年教职工福利费使用情况及 2011 年教职工福利费预算方案的报告》四大财务经费相关文件，以及《关于教职工住房公积金单位缴存部分调整方案》和《提案工作报告》等；讨论了《广东商学院二级单位教职工代表大会实施办法（试行）》，通过了广东商学院第五届教代会暨第六届工代会第二次会议决议、《广东商学院教职工代表大会与工会会员代表大会工作规程（修订稿）》。

2011 年 7 月 1 日，学校召开第五届教代会第五次联席会议，专题审议《班车改革方案》。

2012 年 4 月 10 日，学校召开第五届教职工代表大会暨第六届工会会员代表大会第四次会议，校领导王华、马明华、吴琦、雍和明、袁新满、于海峰、王廷惠、陈承真出席，178 名正式代表、25 名特邀代表与列席代表参加了会议。大会听取了校长王华作的学校工作报告、财务处处长何剑作的《关于我校 2011 年预算执行情况和 2012 年预算草案的报告》、资产与设备管理处处长陈迥作的《关于北校区餐旅教学实验楼和行政楼引资工作的报告》，审议了《关于 2011 年工会经费决算及 2012 年工会经费预算方案的报告》、《关于 2011 年福利费使用情况及 2012 年福利费预算方案的报告》和《提案工作报告》，通过了广东商学院第五届教代会暨第六届工代会第四次会议决议。

第六节　共青团工作

共青团广东财经大学委员会是在校党委和共青团广东省委领导下的先进青年的群众组织。作为党的助手和后备军，它是联系广大青年的桥梁和纽带，担负着贯彻党的教育方针，围绕学校党政中心工作，团结和教育广大青年学生，服务广大青年学生成长成才的职能。学校于1984年9月成立临时团委，在引领青年、组织青年、服务青年方面做了大量工作。

一、组织建设

（一）历次团代会

1. 第一次团代会

学校于1984年9月成立临时团委。1985年12月25日，共青团广东商学院第一次代表大会召开，38名代表出席了会议。陈庆联同志代表广东商学院临时团委作《加强思想政治工作，为开创我院共青团和青年学生工作新局面而努力》的工作报告，并获大会审议通过。大会选举产生了5名团委委员，陈庆联当选团委书记，马明华当选团委副书记。

2. 第二次团代会

1994年5月26日至28日，共青团广东商学院第二次代表大会召开，150名代表出席大会。学校党委副书记符士强发表题为“听从党的召唤，投身跨世纪的进军，做合格的社会主义建设者和接班人”的讲话，林仲豪同志代表广东商学院第一届团委作《团结进取、锐意改革，努力开创我院共青团工作的新局面》的工作报告，并获大会审议通过。大会选举产生了第二届团委委员，林仲豪当选团委书记。

3. 第三次团代会

1999年3月30日，共青团广东商学院第三次代表大会召开，165名代表出席大会。学校领导凌义祥发表讲话，林文强同志代表广东商学院第二届团委作《抓住机遇，务实创新，为把我院共青团工作推向21世纪努力奋斗》的工作报告，并获大会审议通过。大会选举产生了第三届团委委员，林文强当选团委书记。

4. 第四次团代会

2002年3月16日，共青团广东商学院第四次代表大会召开，317名代表出席大会。学校领导陈潮光发表讲话，彭翠峰同志代表广东商学院第三届团委作《真抓实干，开拓创新，努力开创我校共青团工作新局面》的工作报告，并获大会审议通过。大会选举产生了第四届团委委员，彭翠峰当选团委书记。

5. 第五次团代会

2006年6月7日，共青团广东商学院第五次代表大会召开，348名代表出席大会。学校领导马明华发表讲话，彭翠峰同志代表广东商学院第四届团委作《与时俱进、务实创新、乘势而上，推动我校共青团工作再上新台阶》的工作报告，并获大会审议通过。大会选举产生了第五届团委委员，彭翠峰当选团委书记。

6. 第六次团代会

2009年11月8日，共青团广东商学院委员会第六次代表大会召开，300名代表出席大会。学校领导程飚、马明华发表讲话，罗贤甲同志代表广东商学院第五届团委作《扬青春风采、促科学发展、创和谐校园、努力开创我校共青团工作新局面》的工作报告，并获大会审议通过。大会选举产生了第六届团委委员，罗贤甲当选团委书记。

（二）团学组织

建校初期，学校成立临时团委，下设团支部，后逐渐建立系团总支。2002年至2006

年，成立三水校区团工委和增城教学点分团委，构建了“一体两翼”的团组织工作格局。同时适时调整团组织机构设置，设立了12个二级团委和2个直属团总支。积极探索与学校人事制度改革相适应的团组织设置方式，在三水校区非事业编制人员中成立了三水校区职工团总支。2006年至2009年，基层组织建设取得新发展，构建了“2+2”的团工作格局，完善了团委、分团委、团总支、团支部四级团组织。2009年后，学校团委下设1个团工委（即共青团广东商学院三水校区工作委员会）、14个二级学院团委、3个直属团总支。团工委的发展先后经历共青团三水校区总支委员会（2000年）、共青团三水学院分团委（2001年至2003年）、共青团三水校区分团委（2003年至2006年）、共青团三水校区工作委员会（2006年至今）四个时期。

学校团委多次被评为“广东省五四红旗团委”，2009年首次获“广东省五四红旗团委标兵”称号。2012年，学校团委首获共青团最高荣誉——“全国五四红旗团委”称号，罗贤甲获“全国优秀共青团干部”称号，周文艳同学获“全国优秀共青团员”称号，为我校首次获此荣誉的学生。

建校之初，校级学生组织仅有学生会，至今发展为九大学生组织，分别是校团委秘书处、学生会、青年志愿者协会、社团联合会、艺术团、红十字会、信息中心、广商青年杂志编辑社、学生素质拓展中心。校学生会从1983年建校起即成立，伴随着建校30周年见证了16届学生干部的成长，现是中华全国学生联合会、广东省学生联合会团体会员，广东省学生联合会副主席单位。2009年至2010年，校学生会主席黄冉担任广东省学生联合会执行主席，成为我校第一位担任此职的学生。2011年至2012年，校学生会副主席何龙担任广东省学生联合会执行主席，成为我校第二位担任此职的学生。2011年，校学生会获共青团广东省委员会颁发“广东省先进学生会”称号。

二、引领青年

（一）理想信念教育

学校共青团组织自成立以来，多管齐下，努力推动以理想信念教育为核心的思想政治工作。在学校成立之初，社会处于改革开放大变革时期，学校各级团组织以引导青年树立崇高的共产主义理想、培养“四有”新人作为工作重点。1989年，学校各级团组织以维护安定团结的政治局面为工作要点。1995年至1998年，学校各级团组织把加强和改进青年思想政治工作作为最根本的政治任务，先后举办“爱党、爱国、爱校”主题系列活动、迎接香港回归祖国活动、学习十五大精神活动。1999年至2001年，学校共青团结合邓小平理论、党的十五大精神和“七一”讲话的学习，举办了各类培训班，指导各级团组织成立“邓小平理论学习社团”和“三个代表”理论学习小组。会计学院的邓小平理论学习小组和工商管理学院的邓小平理论学社被共青团广东省委员会授予“广东省学习邓小平理论优秀社团”的称号。2002年至2005年，结合党的十六大、抗击“非典”工作、中共中央国务院《关于进一步加强和改进大学生思想政治教育的意见》、“保持共产党员先进性教育活动”等，校团委开展了形式多样的理想信念教育活动，邀请十六大代表、团省委万庆良书记来校作学习十六大辅导报告，举办以“树立崇高信念，增强时代使命感”为主题的系列活动等。2006年至2008年，学校各级团组织用社会主义核心价值体系引领青年，学习实践邓小平理论和“三个代表”重要思想，贯彻落实科学发展观，以宣传促进学习，组建宣讲团、报告团，走进乡村、社区宣传党的创新理论。2009 年至 2013 年，围绕党的十八大胜利召开和建团 90 周年，举办“与信仰对话——‘科学发展新成就’校园报告会”和“青春奋进、祖国腾飞”大型文艺晚会，组织全校基层团组织以“献礼十八大”为主题开展团日活动竞赛等。

（二）爱国主义教育

1985 年至 1994 年，学校共青团组织对广大青年进行爱国主义教育，先后组织了参观“黄埔”、“虎门”史迹等活动。1995 年至 1998 年，学校共青团组织先后举办以“爱党、爱国、爱校”为主题的系列活动，如“我爱中华、我爱法商，为教学评价作贡献”的竞赛活动、迎接香港回归祖国活动、学习十五大精神系列活动等。1999 年至 2001 年，举办庆祝建国 50 周年，澳门回归祖国，纪念“五四”运动、“一二·九”运动，庆祝建党 80 周年，抗议北约暴行，反对“两国论”，揭批“法轮功”等活动。2002 年至 2005 年，学校共青团组织以建团 80 周年、世界反法西斯暨中国抗日战争胜利 60 周年、“一二·九”运动 70 周年、邓小平同志 100 周年诞辰等各类纪念日和重大历史事件为契机，开展爱党、爱国、爱社会主义教育，弘扬团结统一、爱好和平、勤劳勇敢、自强不息的中华民族精神。2006 年至 2008 年，结合改革开放 30 周年、“五四”运动 90 周年、新中国成立 60 周年等重大纪念节庆，以及北京奥运、抗震救灾等国家大事，开展“高举团旗跟党走”、“我与祖国共奋进”、“我为团旗添光彩”等主题教育实践活动。2009 年至今，学校共青团组织继续深入贯彻落实科学发展观，围绕“广州亚运”，开展具有亚运特色的主题教育活动，如通过招募亚运志愿者，弘扬“奉献、友爱、互助、进步”的志愿文化。

（三）道德规范教育

学校共青团组织以“贴近青年、树新风、促和谐”、“雷锋月”、“文明诚信月”等活动开展道德规范教育。弘扬志愿精神，加强青年志愿者制度化、规范化、项目化建设，重点打造“雷锋月”、“志愿服务月”、“暖冬计划”、“普法进社区”、“向日葵计划”、税法宣传等志愿服务项目。在抗击 2008 年冰雪灾害期间，志愿者协助政府抗击灾害。在汶川地震期间，学校志愿者开展爱心墙签字、烛光哀悼、抗震救灾爱心传递晚会等活动，组织捐款捐物，筹得赈灾款项 40 多万元；在广州市创建卫生城市和创建文明城市期间，大街小巷都活跃着学校志愿者的身影；在“扶贫帮困送温暖”活动中，积极为贫困生解决实际问题。此外，他们还创建了“广东商学院普法基地”。

三、服务青年

（一）服务青年成长

学校共青团组织积极开展校园文化活动，形成了一批具有商学院特色的“拳头”产品和“常规节目”。于 1993 年 3 月筹建成立的学生艺术团，一直活跃于校内外的舞台上。1995 年至 1998 年，学校共青团组织以社团为龙头，以学术文化节、合唱比赛和主题文艺晚会等文体活动为载体开展多种形式的学生文化生活。1997 年，学校参加由省高教厅、团省委、南方日报社、广东电视台联合组织的“跨世纪的风采”广东大学生形象设计大赛，法律系周文同学获亚军、姚博文同学获“最佳服饰奖”，学校团委获得组织奖。1999 年至 2001 年，学校探索将团的工作纳入素质教育的整体评价体系，以适应高等教育体制改革和素质教育的要求。2002 年至 2005 年，学校共青团组织以“抓品牌，出精品，上档次”为原则开展校园文化活动，逐步打造了共青团“形象之星”大赛、新生自我规划设计大赛、法商论坛、街舞大赛、交谊舞大赛、司仪大赛等品牌活动，各级学生组织也根据自身的不同性质和专业特点，逐渐形成了比较有代表性和影响力的品牌活动。2006 年至 2008 年，学校各级团组织从提高学校的文化底蕴着眼，遵循“高雅与通俗共存、主流与前卫共融、展示与参与结合”的原则，积极引导，精心组织，形成“政治文化是灵魂、道德文化是基础、学术文化是核心、文体文化是关键”的校园文化格局。如组织学生参加第二届全国大学生艺术展并荣获声乐类二等奖；在第三届香港国际青少年艺术节广东赛区选拔赛中，我校的管乐四重奏获得最高奖项——青年 A 组钻石金奖。2009 年以来，学校团组织举办了“青春献祖国、永远跟党走”纪念建团 90 周年文艺晚会和“青春奋进，祖国腾飞”喜迎党的十八大文艺晚会。此外，学校的校园文化项目获奖颇多，如参加广东大学生校园文化节活动，获一等奖 5 项、二等奖 4 项、三等奖 13 项、优秀奖 2 项；参加全国和广东省第三届大学生艺术展演活动，获全国优秀组织奖和广东省优秀组织奖，并获一等奖 10 项、二等奖 13 项、三等奖 11 项，共计 36 项。校合唱队被评为“广东省 4A 合唱队”，参加 2012（广州）星海国际合唱锦标赛获银奖。校辩论队参加“南沙湿地杯”第二届羊城大学生辩论赛获得冠军，参加“菁英杯”粤港大学生粤语辩论赛获得冠军。校 SIFE 团队“弱势青少年成功技能”项目进入全国五强。

（二）服务青年成才

共青团在服务青年成才方面主要围绕素质教育、大学生素质拓展和创新创业教育来展开。

1. 素质教育

学校团委从成立之初就提出要以协助学院培养“四有”新人为己任，围绕培养复合型人才开展工作。2009 年，根据《广东商学院三水校区素质教育改革总体方案》的部署和要求，学校团委与学工部稳步推进学生素质教育十大精品活动，围绕“在快乐阅读中成长、在创新实践中成长、在能力拓展中成长、在文艺熏陶中成长”四个主题，培养学生求知、求真、求善、求美的综合素质。

2. 大学生素质拓展

学校大学生素质拓展体系构建的发展历程可分为几个阶段。2001 年前，为尝试阶段。当时，第一、二、三课堂各自为政，第二、三课堂活动处于零散、无序、分散的状态，为此，学校开始尝试合理规划第二、三课堂活动。2001 年至 2003 年，为探索阶段。2001 年，学校第三次教学工作会议出台了《“三个课堂”整合方案》。经过三年的教育教改实践，初步改变了长期以来存在的“三个课堂”相互脱节、各自为政的局面，在“三个课堂”整合思想的指引下，开始系统思考第二、三课堂活动，探索依托大学生素质拓展计划整合第二、三课堂活动，构建科学的大学生素质拓展培养体系的思路。2004 年至 2006 年，为形成阶段。2004 年 3 月，学校印发了《大学生素质拓展计划实施意见》。2005 年，在第四次教学工作会议上，推出了大学生素质拓展计划实施方案和 6 个配套文件。以大学生素质拓展计划统领第二、三课堂活动，将第二、三课堂活动划分为 6 个模块，设置 8 个素质拓展学分，每模块设置最低学分要求，学分指向具体活动，使第二、三课堂活动模块化、学分化。2007 年至今，为提升阶段。2007 年 3 月，学校出台了完善后的大学生素质拓展计划实施方案和5个配套文件，把第二、三课堂活动调整为5个模块，将同一模块中相同性质的若干活动归结为同一项目，设置10个素质拓展学分，分设必修、限选、任选项目和学分，学分指向项目，实现了第二、三课堂活动的模块化、学分化、课程化管理，并向信息化管理推进，形成了较为科学的大学生素质拓展培养体系。

3. 创新创业教育

创新创业教育一是坚持知识、素质、能力协调发展和第一、二、三课堂全方位育人的思路，三个课堂联动。第一课堂普及创新创业知识，培养创新创业精神；第二课堂强化创新创业体验和训练，培养创新创业技能；第三课堂强化创新创业实践和实战，提升创新创业能力，促进创新创业成果转化。二是坚持高校、政府、企业三方联动。2009年，以《珠江三角洲地区改革发展规划纲要（2008—2020年）》的颁布和实施为契机，制定并实施《广东商学院对接珠三角现代服务业发展行动纲要》，各二级学院也分别制订并实施对接方案。

4. 各项成绩

1985年至1995年，在省委高校工委举办的多次社会实践征文比赛中，我校学生多次获奖。在全国“大学生看中国”的征文比赛中，税务系陈济华同学获得了三等奖；在1993年广东省大学生科技行动中，李晓常等四位同学获得了“积极分子”称号。1995年至1999年，学校团委和各团总支组织大学生在寒暑假期间进行社会实践活动。

（1）“挑战杯”系列竞赛获奖。

1999年，有1件作品夺得“挑战杯”全国大学生课外科技作品竞赛三等奖。2001年，荣获“挑战杯”广东大学生课外科技作品竞赛“挑战杯银奖”、“优秀组织奖”和“最佳布展奖”，我校参赛作品1件一等奖、2件二等奖、3件三等奖和1件优秀奖。2002年至今，参加全国全省“挑战杯”系列竞赛共获18个国家级奖项、142个省级奖项。其中，2005年，获“挑战杯”课外学术科技作品竞赛全国特等奖，获特等奖的两名同学被复旦大学破格免试招收为硕博连读生；2009年，获全国2个二等奖、1个三等奖，总分排名全国第24；2010年，在“挑战杯”创业计划竞赛中，获金奖4项、银奖4项、铜奖3项，获金奖数、获奖总数和获奖率均列全省高校第三。

（2）数学建模比赛获奖。

2009年以来，参加数学建模竞赛，获省级及以上奖项50个，其中，国际级9个（一等奖3个、二等奖1个、三等奖5个）、国家级8个、省级33个。

（3）“U势界”创业项目大赛获奖。

在2009年首届广东省大学生“U势界”创业项目大赛中，全省69所高校417个团队角逐1个特等奖、1个一等奖、6个扶持奖、20个创意奖和420万元奖金，我校取得唯一的特等奖，以及1个扶持奖和4个创意奖，获得奖金303.4万元。在第二届大赛中，我校6个项目从全省500余个项目中胜出，获扶持奖，占扶持奖总数的20%，共获得扶持金18万元，最后4个项目入围总决赛，占总决赛项目数的20%，名列第一。

（4）管理模拟决策大赛获奖。

在2009年首届全国大学生管理模拟决策大赛中，我校学生从全国150多所高校的12 000多支队伍中胜出，获得总决赛亚军。在2010、2011年的第二、三届大赛中，我校获得总决赛最具开拓精神奖和一等奖。

（5）创意创业实践大赛获奖。

2007 年，参加国际大学生企业家联盟 SIFE 公益创业实践大赛，在中国区总决赛获“The First Group”奖，入围国际赛并获得代表中国区交流发言资格。2009 年，参加“谷歌杯”第二届中国大学生公益创意大赛，我校 17 个项目从全国 766 所高校的 6 252 个项目中胜出进入复赛，入围复赛数量名列全国高校第 5 位，最终有 3 个项目进入总决赛。2009 年，参加“佛山国际创意产业园杯”珠三角高校创意创业大赛，我校学生团队从 150 支团队中胜出，获得唯一的一等奖，以及 15 000 元奖金和价值 35 000 元的上海世博会之旅。2010 年，我校人才培养创新实验区学生刘森华参加由雅虎中国主办的“环游地球 80 天”大型环保公益创意活动并胜出（全国 38 000 多人参赛，经过 89 天的层层选拔，160 人晋级复赛，32 人晋级决赛，最终 8 人入选），获得 80 天免费环游 10 个国家的奖励，是唯一获此奖励的在校大学生。

（6）在创业方面的成绩。

2005 年，国际经济与贸易专业学生陈校在校期间和他的团队一起开发的中客网是当时全球最大的中文博客搜索引擎。2009 年，工商管理学院普派团队获得广州市聚晖电子科技有限公司 300 万元的扶持资金。2009 年，我校 SIFE 团队“振兴中华戏服文化”创意项目表现出色，赢得媒体和社会的广泛关注，中央电视台进行了专访报道。2010 年，我校市场营销专业毕业生颜锦泉获得广东省人力资源和社会保障厅等 8 部（委、厅）授予的“广东省 2010 广东大学生创业先进个人”称号。2011 年，我校企业管理专业毕业生周炜健获得广东省人力资源和社会保障厅等 8 部（委、厅）授予的“广东省 2011 广东大学生创业先进个人”称号。2011 年，我校成为“华图教育大学生创业基金”（由教育部全国高等学校学生信息咨询与就业指导中心和华图教育集团共同发起成立）第一期资助计划资助院校，是唯一列入该计划的非部属院校。

第十一章 校友工作

建校三十年来，广东财经大学为社会输送了大量高素质人才，校友分布各行各业，足迹遍及广东省和海内外。截至2013年5月，毕业生校友共计9万余人。

在探索与实践符合学校发展的校友工作新思路过程中，学校校友工作管理体制经历了分散型管理和集中型管理两个阶段，校友工作管理机构也经历了一个从无到有并不断健全与完善的阶段。

2013年，学校校友会正式在广东省民政厅注册成立，标志着我校校友工作进入了稳步发展时期。

第一节 校友工作管理体制与机构

一、校友工作管理体制

建校以来，学校一直非常重视校友工作，校友工作管理体制经历了一个由以各二级教学单位自行管理为主的分散型管理体制逐步向由学校校友工作管理机构统一管理的集中型管理体制的演变过程。

（一）分散型管理体制的运行

自1985年学校第一届毕业生——1983级商业会计专业干部专修班学员毕业开始，至2007年3月学校校友工作办公室成立为止，学校的校友工作管理都是以各二级教学单位分散管理为主，即以各二级教学单位为主体，主要以班级聚会的形式开展校友联络工作，部分地区校友自发组织并成立了当地的校友联谊组织，部分二级院系在条件比较成熟的地区，也相继成立了二级单位的地方校友联谊组织。

早期校友组织的建立和校友活动的开展，虽然比较松散，但为校友与校友之间、校友与母校之间的沟通和联系创造了初始平台，也为学校校友工作的发展奠定了一定的基础。

（二）集中型管理体制的形成

随着学校毕业生校友人数的不断增加，分散型管理体制已经不能适应校友管理工作的需要。2007年3月，经学校党委常委会研究，决定成立专门负责校友工作管理的机构——校友工作办公室，负责全校的校友管理工作。

2007年7月14日，学校颁发了《广东商学院关于加强校友工作的意见》，这是建校以来出台的关于校友工作管理方面的第一个文件。

校友工作办公室的成立和《广东商学院关于加强校友工作的意见》的正式颁发，标志着我校校友工作由分散型管理体制向集中型管理体制转变。

二、校友工作管理机构

2007年以前，由于学校没有成立专门负责校友管理工作的机构，校友工作主要依托各二级教学管理机构进行，对外联络则主要由学校办公室和学生工作部（处）负责，如参加广东省高校校友工作研究会举办的各种活动以及接待来访的兄弟院校从事校友工作的领导与嘉宾等工作。

2007年3月22日，学校决定成立校友工作管理机构——校友工作办公室（副处级），王青任主任，办公室定编2人，挂靠学校办公室，负责全校的校友管理工作。

2007年4月25日，学校正式成立了由吴家清院长担任组长，学校党委副书记马明华、副院长雍和明担任副组长，两办、学生处、团委、教务处、研究生处、人事处、外事处、成教学院、国际学院、组织部、宣传部、工会等单位主要负责人以及各教学院系党总支书记为组员的第一届广东商学院校友工作领导小组。

2007年4月27日，学校召开了广东商学院第一次校友工作领导小组会议。参加人员有吴家清院长、马明华副书记、雍和明副院长及其他学校校友工作领导小组员；会议讨论了由校友工作办公室起草的《关于加强我校校友工作的意见》和《学校校友工作办公室工作开展实施方案》。

2007年7月，学校正式颁发的《广东商学院关于加强校友工作的意见》中要求各二级单位成立校友工作小组，并明确要求各教学院系校友工作小组组长由各所在院系党总支书记兼任，副组长由分管学生工作的副书记和其他负责人担任，由院系办公室主任、政治辅导员和班主任等若干人担任组员；研究生处、成教学院、外事处和人事处也应参照各教学院系成立校友工作小组。各单位校友工作小组负责本单位的校友工作（人事处负责教职工校友工作），并积极支持和配合学校校友工作办公室开展校友工作，要求做到校友工作有领导分管、专人负责、任务落实，并充分利用广大教师和学生社团的力量开展校友工作。

截至2007年12月底，在校友工作办公室的积极推动和全校各二级单位的大力支持与配合下，学校共成立了包括研究生处、成教学院在内的13个二级单位校友工作小组，从而全面建立起了由“校友工作领导小组—校友工作办公室—各单位校友工作小组—教师、学生社团”有机组成的全校性校友工作网络。

至此，学校校友工作管理机构基本健全。

2009年5月27日，第二届广东商学院校友工作领导小组成立。王华院长担任组长，学校党委副书记马明华、副院长雍和明担任副组长，组员为调整后的各二级院系党总支书记、相关二级单位的主要负责人。

2012年3月15日，第三届广东商学院校友工作领导小组成立。王华院长担任组长，学校党委副书记吴琦、副院长雍和明担任副组长，组员为调整后的各二级院系党总支书记、相关二级单位的主要负责人。

2013年3月12日，学校印发《广东商学院机构设置及中层领导职数核定方案》，决定将校友工作办公室更名为校友总会办公室，为独立副处级建制单位，不再挂靠学校办公室。

第二节　校友工作的开展

在学校领导的直接指导下，校友工作开展顺利，大致经历了联系发动、积极推进、稳步发展三个阶段。特别是自2007年3月校友工作办公室成立以来，我校校友工作逐渐步入了规范化、集中化、常态化的发展轨道。截至2013年7月，学校共成立二级单位校友会组织8个、地区校友联谊组织11个、跨地区校友联谊组织6个。

一、联系发动阶段

由于原来实行的是分散型管理体制，校友组织管理相对松散。为尽快规范校友管理工作，从2007年4月开始，校友工作办公室首先开展的工作是联系校友和各地区校友组织。校友工作办公室工作人员通过到各二级教学院系调研、拜见退休老领导和老教师、联系知名热心校友等多种渠道，采用走访和电话联系等方式，主动与原来已成立的广东商学院地区校友联谊组织取得联系，收集各地区校友联谊组织机构成员名单，并重点走访了部分知名的热心校友。

对于还没有成立校友联谊组织的地区，在确定地区校友工作联系人并初步建立校友工作联系点的基础上，通过热心校友联系和发动当地广大校友积极参加当地的校友组织。

截至2008年3月，学校已在广东省大部分地级市建立了校友联谊组织或校友工作联系点，为各地校友联谊组织的换届和新成立工作初步奠定了基础。

二、积极推进阶段

（一）各二级教学单位校友工作的开展

1. 广东商学院法学院校友会

2007年5月12日，广东商学院法学院校友会成立大会暨十年毕业生聚会庆典在实验楼209室举行。校党委书记杨维、院长吴家清、副院长雍和明，相关职能部门负责人以及法学院领导班子、教师代表和各届校友约300人参加了本次大会。大会审议并通过了《广东商学院法学院校友会章程》和广东商学院法学院校友会委员名单，正式成立广东商学院法学院校友会。

2008年11月8日，广东商学院法学院校友会中山分会正式成立。学校副院长杜承铭、法学院领导班子及法学院校友会会长黄慰宏等参加成立庆典大会。

2. 广东商学院信息学院校友会

2008年10月25日，广东商学院信息学院举行校友会成立大会。校党委书记杨维、相关职能部门负责人以及信息学院部分教职工和各届校友参加了本次大会。大会审议并通过了校友会理事会成员名单，以及《广东商学院信息学院校友会章程》。

3. 广东商学院艺术学院校友会

2008年10月25日，广东商学院艺术学院在校庆25周年之际举行“校友会成立大会”。院长吴家清、艺术学院领导班子、教师代表和各届校友代表出席了大会。

4. 广东商学院外国语学院校友会

2008 年 10 月 25 日，广东商学院外国语学院举办了校友座谈会暨广州校友会成立大会。外国语学院领导班子、教师代表和校友代表等出席了大会。大会审议通过了校友会章程，并推选出第一届校友会理事会成员。

5. 广东商学院人文与传播学院校友会

2009 年 11 月 21 日，广东商学院人文与传播学院校友会成立大会举行，人文学院领导班子、教师代表和校友代表等出席了大会。大会审议通过了校友会章程，并推选出第一届校友会理事会成员。

6. 广东商学院会计学院校友会

2010 年 6 月 5 日，广东商学院会计学院校友会成立大会在东莞大岭山镇举行。来自广州、深圳、佛山、珠海、惠州、肇庆、茂名等地的 30 多名校友代表以及会计学院全体党政班子成员参加了此次成立大会。大会审议通过了校友会章程，并推选出第一届校友会理事会成员。

7. 广东商学院研究生校友会

2008 年 10 月 25 日，广东商学院研究生校友座谈会暨研究生校友分会成立大会在学校举行。广东商学院原主管研究生工作的副院长徐印州教授与研究生党总支书记支戈壁参加了会议。大会审议通过了校友会章程，并推选出第一届校友会理事会成员。

2012 年 5 月 12 日，广东商学院东莞地区研究生校友会召开成立大会。广东商学院东莞地区研究生校友、校研究生处领导班子及全体工作人员出席了大会。大会审议通过了校友会章程，推选出第一届校友会理事会成员，并产生了第一届东莞地区研究生校友会会长、副会长与秘书长。

2012 年 11 月 27 日，广东商学院研究生校友会广州分会成立大会召开。院长王华、副院长雍和明，相关单位负责人、导师代表和百余名校友代表出席大会。会上，校友代表对广州分会的筹备工作报告及章程（草案）进行了审议，成立了由 45 名提名理事组成的理事会，并经由理事会选举产生了 15 名常务理事。

8. 广东商学院金融学院校友会

2012 年 11 月 10 日，广东商学院金融学院校友会成立大会举行。校党委书记程飚、副院长于海峰，华南师范大学副校长、原投资系第一任书记钱贤彬，原广东商学院副院长、投资系第一任主任温宝光，金融学院建院以来的各届党政领导、辅导员、教师代表以及 1988 年建院（系）以来历届校友代表 160 多人到会。金融学院党总支书记黄正新与 1996 级校友梁建波主持会议。校友会筹备组负责人、1998 级校友、执行会长林赟作筹备工作报告。大会审议、表决并通过了校友会宗旨、章程、财务管理制度、会徽和组织架构等事项。

（二）各地区校友联谊组织校友工作的开展

1. 推进地区校友联谊组织的成立和换届

（1）校友联谊组织的成立。

2003 年 10 月，广东商学院珠海校友会、东莞校友会、深圳校友会、揭阳校友会、惠州校友会、茂名校友会、佛山校友会、顺德校友会先后正式成立，并推选产生了第一届校友会理事会和校友会领导机构。

2003 年 10 月 25 日，广东商学院 1987 级财税校友联谊会正式成立，并推选产生了赖国华（1987级税务专业）为联谊会会长。

2004年1月，广东商学院阳江校友会正式成立，并推选产生了第一届校友会理事会和校友会领导机构。

2008年8月16日，我校第一个省外的省级校友分会——广东商学院海南校友会成立大会在海口市举行。学校党委副书记马明华、副院长于海峰、校友工作办公室主任王青等与70多名在海南工作的广东商学院校友欢聚一堂，共同庆祝广东商学院海南校友会的正式成立。大会审议通过了海南校友会章程和海南校友会第一届理事会理事候选人名单，推选校友陈川志（1988级会计专业）为第一届广东商学院海南校友会会长。

2009年12月5日，广东商学院学生会校友联谊会成立大会举行。学校副院长雍和明、相关部门负责人以及历届校团委的教师代表应邀参加大会。学校1985级到2007级的100多名历届学生会干部校友到会。大会审议通过了广东商学院学生会校友联谊会章程，推举产生了广东商学院学生会校友联谊会第一届常务理事会，推选校友张广前（1995级税收专业）为第一届广东商学院学生会校友联谊会会长。

2010年1月，广东商学院校友高尔夫俱乐部在广州成立，校友梁行（1991级国际贸易专业）出任队长。

2010年8月，广东商学院清远校友会成立大会在清远市举行。学校副院长雍和明、相关部门负责人以及历届校友代表出席了大会。大会审议通过了广东商学院清远校友会章程，推举了校友黄文坚（1989级企业管理专业）为第一届广东商学院清远校友会会长。

2011年5月，广东商学院广播台校（台）友会正式成立。

2011年7月，广东商学院商骄同学（校友）联谊会正式成立。大会推选产生了第一届理事会和领导机构，校友唐芳艺（2004级保险专业）出任会长。

2012年11月，广东商学院商融会正式成立。大会推选产生了第一届理事会和领导机构，校友何锦波（1988级投资经济专业）出任会长。

（2）校友联谊组织的换届。

2008年4月，广东商学院惠州校友会第二次校友大会在惠州学院举行。学校相关部门负责人、部分教师及校友代表参加会议。会议审议通过了惠州校友会章程修正案、惠州校友会第二届理事会理事成员名单，选举产生了惠州校友会第二届会长、副会长、秘书长、副秘书长等新一届惠州校友会领导，推选校友欧伟平（1990级税收专业）为第二届广东商学院惠州校友会会长。

2009年1月29日，广东商学院揭阳校友会第三次校友代表大会暨校友理事会成员第三次换届工作会议在揭阳市召开，学校副校长于海峰到会，揭阳籍教师应邀参加会议。大会选举产生了广东商学院揭阳校友会第三届校友理事会和校友会领导机构，推选了校友林德山（1987级企业管理专业）连任广东商学院揭阳校友会会长。

2009年12月19日，广东商学院阳江校友会换届暨第二届阳江校友联谊会在阳江市凤凰大酒店举行。院长王华、相关部门负责人以及部分教师代表应邀参加会议。阳江市政协党组成员、市政府副秘书长关崇佳到会并代表阳江市委常委、常务副市长钟毅致辞。阳江籍校友和在校学生代表以及其他地市校友会的代表共200余人与会。会议推选了校友梁红雨（1989级税收专业）为第二届广东商学院阳江校友会会长。

2011年6月25日，广东商学院佛山校友会校友代表大会召开。校友会第二届理事会主要成员、大会筹备委员会成员以及来自各行各业的校友代表近70人参加了会议。学校副院长于海峰以及校友办、部分学院领导代表应邀出席大会。会议听取并通过了第二届理事会会长陈耀泉所作的工作报告、副会长方宏彦所作的财务报告；审议通过了《广东商学院佛山校友会章程（修订）》；推选出新一届校友会理事会成员；产生了新一届校友会的会长、副会长与秘书长。会议推选校友罗睿（1993级法学专业）为第三届广东商学院佛山校友会会长。

2012年11月，广东商学院校友高尔夫俱乐部顺利换届，校友卢健雄（1986级企业管理专业）被推选为第二届校友高尔夫俱乐部队长。

2. 推进各地区校友联谊组织开展校友活动

（1）广东商学院海南校友会活动。

2010年8月13日至16日，广东商学院海南校友会成立两周年庆祝活动在海口市举行。校党委书记程飚到场祝贺并讲话，校党委副书记陈承真、党委组织部部长吴琦、工商管理学院党总支书记莫云光、校友工作办公室主任王青等参加庆祝活动。

2012年1月3日，广东商学院海南校友会在海口市举行广东商学院海南校友会2012年新年聚会，海南省各届校友30余人参加了聚会。聚会由1987级的校友负责承办，校友会秘书长周国辉主持聚会，校友会会长陈川志和副会长杨新宇到会并致辞。

2012年9月2日，广东商学院海南校友会成立四周年庆祝活动在海南省军区迎宾馆举行。海南省各届校友50余人参加了聚会。聚会由1989级的符松副会长等校友负责主办并提供赞助。校友会秘书长周国辉主持聚会，学校海南籍退休教师张杏华、校友会会长陈川志、副会长符松到会并致辞。

（2）顺德、清远两地校友会活动。

2011年8月20日，广东商学院顺德、清远两地校友会联谊会在清远市举行。院长王华到场祝贺并讲话。校友清远市委常委、秘书长刘汉球，广东美涂士建材股份有限公司董事长周炜健分别代表清远及顺德校友会致辞。两地校友会校友和在校学生代表共70余人与会。

（3）广东商学院校友高尔夫俱乐部活动。

2010年12月19日，首届广东高等院校“翰林杯”高尔夫精英赛在广州南沙高尔夫球会举行。2011年1月、11月，2012年10月、12月又多次举办了各种形式的高尔夫精英赛。

（4）广东商学院学生会校友联谊会活动。

2010年12月4日，广东商学院学生会校友联谊会成立一周年庆祝活动在三水校区举行。三水校区管委会部分领导、相关部门负责人以及历届学生会校友近40人参加庆祝活动。

2011年12月10日，广东商学院学生会校友联谊会成立两周年庆祝活动在广州市从化举行。

2012年12月15日，广东商学院学生会校友联谊会成立三周年庆祝活动在广州市南沙区资讯科技园举行。

（5）广东商学院佛山校友会活动。

2012年6月10日，利泰集团“东风日产杯”全国高校佛山校友会羽毛球团体赛在佛山岭南明珠体育馆拉开战幕。广东商学院佛山校友会与汕头大学、华南理工大学佛山校友会并列总积分第一，勇夺冠军。

2012 年 12 月 15 日，广东商学院佛山校友会与凤凰网广州站、南海创鸿城联合举办“粤凤凰高校校友发展论坛——暨广东商学院佛山校友会联谊交流会”活动，为校友间、校友与母校间搭建良好交流的平台。

（6）广东商学院广播台校（台）友会活动。

2011 年 5 月 27 日，广播台 25 周年校友交流会在广州举行，历届广播人欢聚一堂，共叙情谊。学校相关部门负责人到会并致辞。

（7）广东商学院揭阳市校友会活动。

2013 年 4 月 27 日，广东商学院揭阳校友会与 2009 级毕业生联欢晚会在广州举行，揭阳校友会代表郭怡乐（2001 级国际贸易专业）、广东省揭阳商会副秘书长江明辉（1998 级法学专业）、佛山市揭阳商会名誉会长吴文城，以及各届揭阳籍校友和部分在校生近 110 人参加了晚会。学校相关部门负责人到会并致辞。

（三）校友工作机制的建立和完善

1. 校友联络员制度的试行

2009 年 5 月，学校校友工作办公室创新校友联络机制，颁布《广东商学院班级校友联络员制度》，旨在加强校友联络以及对在校生校友意识的培养。同年 6 月，首次召开了广东商学院毕业生班级校友联络员暨聘任仪式会议，主管校友工作的学校党委副书记马明华出席并作重要讲话。

截至 2013 年，学校共推选聘任班级校友联络员近 1 500 人。实践证明，广大校友联络员在联络校友、发动和组织校友活动、宣传和传递母校资讯等方面起到了重要作用，也加强了母校与校友、校友与校友之间的沟通联系，加深了校友与母校之间的感情。

2. 广东商学院校友日的确定

2010 年 10 月 15 日，学校召开第二届校友工作领导小组会议，对《广东商学院校友会章程（讨论稿）》和广东商学院校友日的确定等校友工作进行了讨论，并达成了基本共识。在征求部分校友和地方校友会意见的基础上，经校长办公会议审定，将每年 10 月的第四个星期六，定为广东商学院校友日。

3. 校友数据管理系统的建立

自 2010 年 11 月开始，为配合学校校友管理系统的建设与开发，校友工作办公室组织勤工俭学学生，对历届毕业生信息资料进行整理并电子化。这为建立完善的校友数据管理系统，有效地掌握校友信息，加强校友联络、传递母校资讯提供了基本数据支持。

4. “寻访校友足迹”大学生社会实践活动的开展

2011 年 7 月，学校校友工作办公室与校团委联合，首次推出了“寻访校友足迹”大学生社会实践活动。活动以学校“大学生暑期社会实践活动”为依托，以“寻访校友足迹、感悟人生经历、寻找人生坐标、传递母校问候”为主题。首届“寻访校友足迹”大学生社会实践活动共有 14 个学院的 17 支寻访队伍申报参与，参与学生人数达 200 余人，走访了广东省内 12 个地级市共 35 名校友。目前，寻访实践活动还在继续推行，学生热情参与，校友反响热烈，校友情感得以培育和增强，校友情谊得以维系和发展。

5.《广商校友通讯》的首次发行

为向校友及时传递母校资讯，2012 年 4 月，学校校友工作办公室编印出版了第一期有关校友工作的内部专刊——《广商校友通讯》，共印刷 3 000 本，发至学校各部门及各地区校友和校友联谊组织。同时，学校为传播母校资讯、报道校友业绩、联络师生情谊、凝聚校友力量，正加快进行校友刊物——《广商校友》的筹备工作。

（四）校友与母校的情谊联系和发展

建校以来，广大校友心系母校，用实际行动回报母校。通过个人、班级或以地区校友联谊组织的名义，以各种方式表达对母校的关切之情。

在关心学校建设与发展方面，广大校友以个人或者各级校友会的名义，以实物或者货币形式，向图书馆捐赠图书。这对拓展图书馆纸质图书资源建设渠道、增加图书馆纸质图书的藏书数量均起到了重要的支持作用。另外，1987 级企业管理专业 1 班的校友向母校捐赠校训石，这不仅体现了校友对母校的深情厚爱，也代表了广商一代代校友继承母校校训，在社会上积极开拓进取的精神。

在关心和关注在校生成长成才方面，广东商学院惠州校友会成立了“广东商学院惠州校友助学金”，每年资助 3 ~ 4 名品学兼优但家庭经济困难的在校生完成学业，通过实施助学成才计划回报母校。1988 级烹饪工程专业校友借毕业 20 周年班级同学聚会之机，倡导本班同学捐款，共资助旅游学院 2010 级 10 名品学兼优但家庭经济困难的学生直至毕业。

校友们对母校的情谊，对在校生的关爱，充分体现了校友们回报母校和报效社会之心。

三、稳步发展阶段

通过联系发动和积极推动，各地校友工作开展顺利。

目前，校友工作办公室在还没有成立校友联谊组织的部分省内外地区，已经初步确定了校友工作联系人与联系点，并在条件相对成熟的地区开展了筹备工作。如 2011 年 5 月 22 日，广东商学院北京校友座谈会在北京举行，校党委副书记马明华、校友工作办公室主任王青及在京工作的 20 多位校友代表出席了座谈会。

随着 2013 年学校校友总会的报批成立和正式挂牌，校友工作的开展已经进入了稳步发展阶段。

第三节　校友总会的筹备与成立

随着学校校友工作的深入开展以及各级校友组织的相继成立，学校校友管理工作机制也日趋完善。广大校友非常关心关注母校的校友工作，迫切希望母校尽快成立校友总会，学校领导对校友总会的申报工作也非常重视，到 2012 年底，申报注册成立广东商学院校友总会的条件基本成熟。

一、前期筹备阶段

2008 年 10 月 25 日，在学校校友工作办公室的统筹组织下，学校召开第一届广东商学院各地校友会负责人座谈会。会议就如何开展地区校友工作、筹备成立广东商学院校友总会等问题进行了充分讨论。吴家清院长出席并作讲话。

为加快成立广东商学院校友总会的进程，在学校领导的关心与指导下，学校校友工作办公室对成立广东商学院校友总会的必要性和可行性进行了系统调研。通过积极参加中国高等教育学会校友工作研究分会、中国高等教育基金会工作研究分会，以及广东省高校校友工作研究会所组织的活动，及时了解国内校友工作的发展趋势和理论导向。同时，在学校领导的直接指导下，积极与广东省民政厅社会组织管理局相关处室进行沟通，获取政策上的支持和业务上的直接指导。如学校领导、校友工作办公室及相关职能部门，专程或利用出差机会，多次拜访各地校友组织和部分热心校友，听取他们对筹备和成立广东商学院校友总会的建议和意见。

2012年6月16日，第二届广东商学院各地校友会负责人座谈会在校本部举行。院长王华及相关职能部门领导出席了座谈会。与会代表审议并通过了《广东商学院校友总会章程（草案）》。此次座谈会的召开，对校友总会的申请成立有着重要的指导意义。

二、申请成立阶段

2012年12月28日，在广东省民政厅的指导和支持下，学校正式向广东省民政厅社会组织管理局提交《关于成立广东省广东商学院校友会的申请函》，申请登记成立校友总会。

2013年1月10日，广东省民政厅社会组织管理局通过“广东省广东商学院校友会”的名称核准，正式受理我校校友会的筹备申请。

2013年1月30日，广东省广东商学院校友会发起人座谈会在学校办公楼第一会议室召开。广东省民政厅副厅长王长胜、科长李志华，校党委书记程飚、院长王华、校党委副书记吴琦、党办校办主任陈国栋、校友工作办公室主任王青、党办校办副主任黄晓山以及校友会发起人等与会。会议审议并通过了广东省广东商学院校友会筹备组负责人名单、广东省广东商学院校友会注册资金出资额及出资方式、筹备组暂定会址（注册资金人民币三万元整，由广东商学院全额资助；暂定会址为广东省广州市海珠区仑头路21号广东商学院行政办公楼501室）。所有发起人在成立表决确认栏签名同意。省民政厅副厅长王长胜充分肯定了座谈会的成效，认为会议正规、合法、有效，同意广东商学院在广东省民政厅注册校友会成立工作中先行先试，对广东商学院校友会的成立表示大力支持，并建议我校抓紧成立广东商学院教育基金会。

2013年2月6日，广东省民政厅社会组织管理局发文（粤社管函〔2013〕31号），正式批准发起成立广东省广东商学院校友会。同时，按照登记成立要求，学校配合办理好开设银行验资专用账户、提交验资报告等相关工作事宜。

2013年3月，校友工作办公室更名为校友总会办公室，独立建制；5月，曹阳被任命为校友总会办公室主任。

2013年7月4日，学校向广东省民政厅社会组织管理局发函（粤商院函〔2013〕29号），申请“广东省广东商学院校友会”变更名称为“广东省广东财经大学校友会”。

2013年7月13日，广东省广东财经大学校友会第一次会员大会暨成立大会在校本部召开。会议审议并通过了《广东省广东财经大学校友会章程（草案）》以及广东省广东财经大学校友会执行机构、负责人和法定代表人名单。

第十二章　三水校区

三水校区成立于 1999 年 12 月，是广东财经大学在空间上的延伸，是学校“一体两翼”办学格局中的“西翼”。校区位于广东省佛山市三水区云东海街道，占地面积 1 680 亩。截至 2013 年 9 月，校区在校学生达 9 712 人。历经 14 年的建设与发展，三水校区已成为广东财经大学不可或缺的有机构成部分。

第一节　筹创历程与校区建设

一、三水校区的创设与诞生

1999 年，国家教育部颁布《中共中央国务院关于深化教育改革全面推进素质教育的决定》（中发〔1999〕9 号文件），提出“进一步扩大高等学校招生、专业设置等自主权，高等学校可以到外地合作办学”。中国高等教育开始进入大众化阶段。

“十五”期间，广东省确定广东商学院为重点建设和发展的 9 所万人大学之一。历经 16 年的建设和发展，至 1999 年，学校全日制本专科在校生已达 5 879 人，但距万人大学的目标尚有一定差距。2000 年，为加快广东商学院万人大学的建设步伐，省政府安排学校扩大招生规模，计划招生 3 000 人。此一招生任务较学校 1999 年招生人数净增 1 500 名。当时学校校园面积仅 280 亩，校舍面积、运动场所、教学设备等均与建设万人大学的目标存在较大差距，成为制约广东商学院进一步发展的主要瓶颈。

学校主动适应高等教育大众化新形势，积极拓展办学空间。广东省三水市（现佛山市三水区）为提升三水市及周边县市的知名度和经济竞争能力，改善投资环境，欲在区内建设一所高等院校，但根据国家高等教育发展的政策和布局安排，实现这一愿望几无可能。学校拓展办学空间的需求和三水市迫切发展高等教育的愿望为三水校区的创建提供了契机。

1999 年 7 月，在与三水市政府多次研究了合作办学的可行性后，学校与三水市政府达成办学共识：三水市政府无偿提供建校所需的 1 500 亩土地；三水市政府及健力宝集团、恒福集团等大中型企业负责提供校园建设资金；学校利用自身品牌，制定人才培养方案、提供师资力量和教育管理技术等，负责分校的教学管理工作；逐步把“广东商学院三水分校”办成华南地区一流的集经济、管理、法学和文学等多学科于一体的高等教育基地。

1999 年 9 月 2 日，学校向广东省高教厅上报《关于广东商学院与三水市人民政府合作建设广东商学院三水分校的请示》，首次提出了实行一校两制、与三水市合作办学的设想。12 月 2 日，广东省高教厅厅长许学强到三水校区视察，发表重要讲话，同意学校与三水市合作办学，并建议学校对原请示报告中提到的“一校两制”的办学模式进行修改。随后，学校和三水市人民政府磋商并达成共识，决定将“一校两制”的办学模式修改为“一校两区”的办学模式，并于12月7日再次向广东省高教厅提交《关于批准我院增设三水校区的请示》。报告中提出：三水校区将实行“一校两区”的办学模式，隶属于广东商学院，与校本部相对独立。12月9日，广东省高教厅下发《关于广东商学院设立三水校区的批复》，同意学校与三水市人民政府合作办学。

二、建设历程

1999年12月10日，学校与三水市人民政府签署《关于（合作）兴建广东商学院三水校区合同书》，并召开新闻发布会。根据合同，“校区建设采取银行贷款（由广东省人民政府担保、贴息并还本）、企业资助、引入社会资金等方式解决，计划在2000年秋季初步建成投入使用，全部建设项目在三年内完成。三水校区计划2000年招生1 500人，最终发展规模为10 000人。学院在校全日制学生总规模将达16 000人以上”。

2000年1月1日，三水校区建设工程奠基，时任副省长卢钟鹤发来贺电，称赞“此举是响应省委、省政府关于率先基本实现现代化号召的重要举措”。6月20日，三水校区首期工程正式动工兴建。10月8日，三水校区（一期）正式落成。同日，学校举行三水校区（一期）落成暨2000级新生开学典礼。首届三水校区学生共1 500名，分别来自法学院和工商管理学院。

三水校区的建设，拓展了学校的办学空间，为学校事业的发展提供了新的办学条件，广东财经大学的发展步入了一个新的时期。

第二节　机构设置与历任领导

一、机构设置

三水校区实行延伸与集中相结合的管理体制，设党委和管委会。校区党委下设党政财务党支部、学工团委党支部、教学教技党支部、后勤图书党支部、设备保卫党支部、工商管理学院学生党支部、法学院学生党支部、会计学院学生党支部、经济贸易学院学生党支部、信息学院学生党支部、金融学院学生党支部、财政税务学院学生党支部、公共管理学院学生党支部、地理与旅游学院学生党支部、外国语学院学生党支部、艺术学院学生党支部、人文与传播学院学生党支部。校区管委会下设党政办、学工办、团工委、教学办、设备办、后勤办、保卫办、教育技术分中心、图书分馆、财务科。三水校区常驻工作人员有328人，其中，行政教辅管理人员有151人，后勤服务及安保人员有177人。校区统一执行学校“2+2”的教学运行模式，以一、二年级学生为主，另有少量成教生。

校区党委和校区管委会负责校区的党建与思想政治工作及日常管理工作，协调二级院系和相关职能处室延伸到校区的有关工作。在学校党委、行政的统一领导指挥下，学校相关职能处室和教学单位的教学、管理、服务等方面的职责及校风、学风、校园文化建设等延伸到三水校区并由校区集中管理。

二、历任领导

1999 年 12 月至 2000 年 9 月，学校设三水校区建设工作领导小组，罗国民为组长，陈庆联为副组长，组员包括周建雄、王玉潜、赵刚、张建涛、邹承康、黄志明。2000 年 9 月，学校设三水校区管理委员会，撤销三水校区筹建办公室。罗国民为分管校领导，邹承康任校区党总支书记兼副主任，曹阳、吴源鸿、胡卫标、黄虹、李岩、袁东卫、柳国斌为委员。

2001 年 9 月至 2004 年 9 月，三水校区改制为三水学院，撤销三水校区管理委员会，增设三水学院党总支。曾小彬为分管校领导，马明华任院长，吴源鸿、赵明、江元任副院长，党总支书记先后由邹承康、林文强、林仲豪担任。

2004 年 6 月至今，三水学院复为三水校区。校区设党委和管委会。陈庆联、马明华、于海峰、杜承铭先后为分管校领导兼分党委书记、管委会主任。林仲豪、罗晓林、谢访春（现兼任校区党委书记）先后任常务副主任；林仲豪、胡卫标、陈光团、罗贤甲先后任分党委副书记；傅道忠、代永华、郑金栈、杨烨、陈倩、袁东卫、苏明华、柳国斌先后任副主任。

第三节　校区办学模式的调整与变更

一、“一校两区”办学模式时期

2000 年初至 2001 年 5 月，是三水校区“一校两区”办学模式时期。时学校设有三水校区董事会（由学校、三水市、省高教厅、社会贤达人士组成，履行协调咨询和监督职能），并设三水校区管理委员会，在学校党委和院长领导下，全面负责校区的各项管理工作。三水校区与校本部协同运作，协同管理，不实行独立核算，招生、录取、就业、收费、管理全部与校本部一致。学生学习采用“2＋2”的教学模式，即大学一、二年级在三水校区学习公共基础课程，三、四年级回广州校本部继续完成学业，使学生能够享受两个校区不同的求学环境和人文氛围，充分满足学生专业学习和求职就业的需要。

三水校区成立一年后，取得了较好的社会效益，满足了学校发展外延式扩张的需求，弥补了广州校区办学空间的不足。但“一校两区”的管理运行因空间阻隔而带来管理成本的上升，学校财政状况和有限的收入来源难以满足新校区建设的巨大资金需求，“我校历经 17 年建设，校本部仍未完全配套，存在巨额投资缺口”，“银行贷款还本付息的压力等诸多困难制约，也使得三水校区面临很大困难。至 2000 年底，我院已为三水校区累计投入了 1 亿元的银行贷款，给学院的运作带来了很大的压力”，而“根据省规划列我院为‘十五’期间 9 所重点建设院校之一和校本部发展至 1.2 万人以上规模的任务要求，即使省厅近年能安排巨额资金投入，主客观因素也同时决定着我们必须集中力量优先发展校本部而令三水校区建设资金难以为继（建成 3 000 人规模、已投资 1.3 亿元）”。上述问题的存在，促使学校的师生员工和领导班子努力思索解决问题的对策，寻求通过自我积累得以发展的出路。

二、“公办新机制”时期

为满足珠三角经济快速发展带来的对经济类人才的巨大需求及广大考生和家长对不同办学形式的需要，学校思考的焦点集中到对办学模式和办学机制的创新上。经过多方论证和慎重研究，学校在2001年先后提出了“民办公助”、股份制建设、“公有民办”等多种体制建设的设想，以摆脱三水校区建设过程中的困境。

2001年1月10日，学校向广东省教育厅上报《关于广东商学院三水校区建设方案的请示》，首次提出了包含政府加大投入、“民办公助”机制建设、股份制建设、政府承诺还本付息在内的四种解决建设资金缺口的方案。2月27日，学校再次上报《关于广东商学院三水校区实行民办公助体制的请示》，正式提请批准三水校区按“民办公助”体制办学，以改善三水校区的办学条件及支持校本部的建设和发展。4月4日至11日，学校党委就三水校区发展问题广泛征求校内各方面意见，形成三水校区改制的校内共识。在此基础上，学校党委形成了三水校区建设方案并提交教代会审议。4月13日至14日，学校第三届教职工代表大会第三次会议召开，审议通过了以改制为核心的三水校区建设方案。4月24日，学校向省教育厅上报《关于广东商学院三水校区改办成三水学院实行公有民办体制的请示》，提请批准三水校区按“公有民办”体制办学，以契约式合作的方式，把三水校区改办为独立运作、独立核算、有特色、有优势的民办性质、本科层次的二级学院。5月11日，广东省教育厅批准三水校区改制，同意将三水校区改名为三水学院，作为广东商学院的二级学院。该二级学院实行“国有民办”性质的办学体制，在学校统一领导下，相对独立办学，财务独立核算，并按民办机制运作，其办学经费由该二级学院自行筹措。三水校区终于成为广东省公立高校办学体制改革的试点，成为广东省第一所本科层次的民办二级学院。9月10日，学校党委印发《关于印发〈三水学院内部管理体制改革试行方案〉的通知》，标志着三水校区改制（由统一分数线、统一录取、统一交费标准的校区转换为公办民助二级学院，由校本部延伸管理转换为相对独立运作）正式启动。同日，广东商学院三水学院正式成立。

三、“回归校区”时期

三水学院的成功改制，在广东高校探索新的办学模式上作了开拓性、创造性的探索，取得了较好的办学效益和较高的社会知名度。然而，在高等教育规模的快速增长过程中，“由于种种原因，一些独立学院（原民办二级学院）在办学过程中出现了不少问题和矛盾，对相关的政策急需进一步明确，管理工作亦应加强和规范”。2003年4月，教育部下发了《教育部关于规范并加强普通高校以新的机制和模式试办独立学院管理的若干意见》（教发〔2003〕8号）（以下称《若干意见》），对独立学院提出了“9个独立”的要求：独立的校园、独立的办学设施、独立的教学组织和管理、独立进行招生、独立颁发学历证书、独立进行财务核算、独立法人资格、独立承担民事责任、独立填报《高等教育基层统计报表》。并指出，自2003年起，凡普通高等学校试办的独立学院与《若干意见》规定不一致的要立即停办或停止招生。8月，教育部又下发《教育部关于对各地批准试办的独立学院进行检查清理和重新报批工作的通知》（教发函〔2003〕247号），对已经省级人民政府或省级教育行政部门批准试办的独立学院（原民办二级学院）进行检查清理和重新报批工作。通知中明确指出，不符合《若干意见》要求的学校，要坚决停办；暂不符合《若干意见》要求的学校，要提出限期整改意见和具体措施，使其尽快符合标准。

针对这种情况，学校结合自身实际，决定将已实行三年的国有民办的相对独立运作的三水学院改为校区的办学体制，实行延伸与集中相结合。2004 年 6 月，学校党委研究通过《中共广东商学院委员会关于加强和改善三水校区管理的意见》，将三水学院改为与校本部同一办学体制的分校区——三水校区（即由原来的“国有民办”体制改为“公办”体制）。三水校区根据学院的统一规划和发展要求，结合地缘特点和自身工作的需要，建立起在学校党委统一领导下相对独立运作、精简高效的管理体制，实施校区集中管理与校本部延伸管理相结合的模式，在进一步强化延伸管理的基础上强化集中管理。

第四节　素质教育的改革与实践

一、校区素质教育改革的背景

经过十年的发展，三水校区取得了令人瞩目的成绩，但异地办学也给校区的发展带来了一系列的问题，特别是两年在三水校区学习、两年在校本部学习的“2+2”教学培养模式，对学生四年专业学习的整体性有所影响。2010 年，《国家中长期教育改革和发展规划纲要（2010—2020 年）》发布，提出把实施素质教育作为教育改革发展的主题。这为学校解决异地两校区办学产生的问题提供了思路。

2010 年 3 月 29 日，学校成立由党委书记程飚、院长王华为组长，副院长杜承铭为常务副组长的三水校区学生素质教育改革工作领导小组。7 月 12 日，学校党委印发《广东商学院三水校区素质教育改革总体方案（试行）》，拉开了三水校区素质教育改革的序幕。

《广东商学院三水校区素质教育改革总体方案（试行）》有以下特点：一是考虑低年级学生的特点和两校区办学现状及常驻校区教师队伍尚未形成等具体情况，力求打造符合校区实际、有校区特点和广商特色的素质教育品牌；二是明确校区素质教育改革应以人文素质教育为重点，逐步实现科学与人文的贯通、互补和平衡；三是着力搭建平台，主要包括学生综合活动平台、网络信息平台、师生交流互动平台、学生创新创业实训平台、学生素质拓展训练平台等五大平台。

二、校区素质教育改革的实践

在素质教育改革实践过程中，三水校区全面贯彻学校各项改革措施，逐步形成具有校区特色的素质教育品牌。

（1）通识课程改革。为更好地贯彻“因材施教”、“教师主导、学生主体”、“知识、能力、素质协调发展”的育人理念，充分发挥通识课程在素质教育中的重要作用，切实提高人才培养质量，校区配合学校开展了系统的通识课程教学改革。大学英语、数学、计算机和体育四门课程实施了分层分类教学改革。体育课程实施俱乐部化教学，提供了 16 个体育选项供学生选择，学生可根据自己的兴趣爱好自主选课。必修课程分层分类教学改革有效实现了因材施教、因需设课，充分调动了学生的学习积极性和主动性。同时，根据素质教育的需要，不断完善通识教育选修课程体系，开设多系列的通识选修课程模块，包含自然科学系列、社会科学系列、人文科学系列、艺术系列、方法论系列、体育系列、创新创业系列等7大模块共计162门通识课程；拓展课程开设的渠道，包括网络授课，取得了较好的效果；加强对通识选修课程课堂教学质量的管理，通过督导听课、召开学生座谈会、发放调查问卷的方式，对通识选修课程的课堂授课质量进行监控。

（2）十大精品活动。为系统整合、提升和创新学生第二、第三课堂活动，培养学生求知、求真、求善、求美的综合素质，塑造德能兼备、身心健康、人格健全，具有社会责任感和创新创造精神的高素质应用型人才，校区在学校的统一部署下形成了由三水校区管委会统筹，团工委、学工办具体管理实施，各二级教学院（部）、学生组织、社团执行及反馈的学生精品活动四层联动机制。通过“我读我悦”书香博客创建活动、“我读我悦”书香班级创建活动、“创意行”创新创业大赛、“青春行”社会调研活动、“能言善辩”演讲辩论大赛、“潜能开发”团队训练、“青春健心”抗压训练、“新生风采”形象设计大赛、“魅力语言”司仪大赛和“舞动青春”舞蹈大赛等十大精品活动的开展，全方位地提升学生的综合素质。

（3）善水大讲坛。“善水大讲坛”是三水校区学生素质教育的主要载体之一，旨在通过校内外知名学者、成功人士、学校领导、杰出校友、优秀学长等开设的专题讲座和沙龙等，帮助学生尽快转换角色，合理规划学习生活，掌握学习方法，构建知识体系，了解社会，拓展视野，提升境界，健康成长，努力成才。“善水”有三层含义：一是“智者乐水，仁者乐山”；二是“上善若水，水善利万物而不争，此乃谦下之德也”；三是“三水”、“山水”的谐音，乃三江汇合之地，寓意兼容并包、兼收并蓄。“善水大讲坛”共设置了“大学与成长”、“做人做事做学问”、“华夏文化”、“社会聚焦”、“环球视野”及“广商人的故事”六个系列讲座。

（4）本科生导师制。为贯彻落实全过程育人、全方位育人的现代教育理念，加强师生沟通和交流，将教师主导作用和学生主体地位、教师课堂教学和课外教育、学生全面发展和个性化发展有机融合，全面提高育人成效，学校在三水校区一、二年级学生中推行本科生导师制。校区每个班级均配备专业导师，公共必修课程配备课程导师，导师由各教学单位选派优秀教师担任。

第五节　社会服务与对外交流

三水校区充分发挥地缘优势，积极探索与当地政府、企业的合作与联系，积极服务地方经济和社会发展。

2007年，三水校区成立佛山经济社会发展研究院，把校区的区位优势、学校的学科优势及品牌优势和科研力量融入佛山经济社会发展中。佛山经济社会发展研究院成立后，积极开展社会服务、咨询、培训、课题研究、项目论证等工作。研究院成立以来，年均获得纵向项目13个、横向项目8个，近三年科研经费达310万元，先后建设了15个社会实践基地，与佛山市三水区云东海街道共建了社区文化活动中心、绿道等。

2012年起，校区积极配合学校在三水校区开办面向佛山市党政领导干部及商业界精英的 MBA 在职研究生教育；积极配合税务干部进修学院完成培训任务。此外，还与四会监狱合作开展培训。同时，校区还与云东海街道筹备合作共建体育场馆。三水校区充分利用现有的体育运动场馆优势，与云东海街道洽谈共建社区健身俱乐部，努力为本地社区体育服务作出贡献。

完善校区周边环境和配套设施。三水校区地处三水城郊，周边人口密度小，道路交通欠发达，一直以来仅有一辆公交车（610 路）接驳至三水城区。2012 年，三水校区积极协调政府有关部门，开通了 635 路公交车直达学校东门，2013 年 1 月更新增 1 条公交线路（634 路）至学校西门。至此，校区共有 3 条公交线路接驳至三水城区，方便了广大师生与周边群众的出行。2012 年，校区与云东海街道联系，争取修建并完成学海路（大学路口至校区东门段）道路、绿化、路灯等交通设施的建设，工程造价 400 万元，使东门换新颜，大大方便了师生的进出交通，并使三水校区能以优美的形象迎接广大师生和来宾。

第十三章 图书馆工作

历经三十年的发展，图书馆经历了从无到有、从小到大，稳步前进，茁壮成长的历程。图书馆工作从传统的手工操作走向计算机管理，至2003年，数字图书馆开通运行。图书馆馆舍面积不断扩大，服务工作不断深化拓展，专业队伍不断发展壮大。在2007年教育部专家对我校进行的本科教育评估中，图书馆的各项评估指标均获优秀。

第一节 图书馆建设与发展

一、始创阶段（1983—1987）

1983年，我校建校，图书馆随之诞生。初期的图书馆在仑头临时校区的教学楼开辟了两间课室作书库和阅览室，当时只有6名工作人员。1985年，图书馆首次引进图书馆学专业的毕业生3人。

1986年8月，学校迁到现校址，把教学楼二楼整层作为临时图书馆。图书馆设采编组、流通组和报刊组。1986—1987年，图书馆共引进图书馆学专业毕业生7人，工作人员增至19名。

二、发展阶段（1988—1999）

在此阶段，图书馆建成独立馆舍，升格为处级单位，实现了计算机管理，步入良性发展阶段。

（一）新馆落成，图书馆走向计算机管理

1988年12月，学校举办校庆5周年和图书馆落成庆典活动。新馆面积达9 000平方米，庭院式结构，经广州地区25所高校的有关专家学者检验评估，该图书馆构思巧妙，设计新颖，布局合理。

1989年，我馆引进“深圳大学图书馆计算机信息管理系统”（简称SULCMIS），图书馆工作从传统的手工操作走向了计算机管理。1990年初，通过省高教系统专家组鉴定，我馆成为广东省首批实现计算机自动化管理的高校图书馆。1996年，我馆在全省高校图书馆计算机应用评估中获第四名，受到高教厅的表彰和奖励，并被授予“计算机应用先进单位”。1999年，多媒体电子阅览室建成开放，多媒体电脑通过校园网络加入中国教育科研网，实现同国际互联网的接轨，通过现代电子技术，为读者提供了无限的信息空间，标志着我馆在开展现代信息技术服务上有了新的起色。

1999年，我馆申请加入中国高等教育文献保障体系（CALIS）华南地区文献信息中心，并于12月份正式签订协议，成为CALIS华南地区文献信息保障系统建设参与成员馆之一。副馆长习万球入选CALIS华南地区文献信息中心专家组成员。

（二）图书馆升格为处级单位，组织管理架构逐步完善

随着学校办学规模的不断扩大，1987年9月，图书馆升格为处级单位。但因当时图书馆没有馆长，图书馆领导工作由教务处李恩经处长负责。1990年10月，图书馆设立办公室，工作人员有30多人。1992年，图书馆下设办公室、文献流通部、文献处理部、报刊服务部、技术情报服务部。至此，图书馆的组织管理架构得以完善。

为了更好地为教学科研服务，1993年，图书馆成立情报部，开始进行深层次的信息服务。随后引进大批图书馆学专业和计算机专业的毕业生，建立了一支年轻化、专业化的图书馆队伍。同时，图书馆的管理制度不断完善和健全。

三、拓展阶段（2000—2008）

在此阶段学校从一个校区发展为两个校区，图书馆相应建立了三水校区馆。同时信息技术在图书馆得到应用，数字图书馆开通运行，图书馆服务工作不断深化拓展。

（一）三水校区图书馆的建立和发展

2000年9月，三水校区在迎来第一届新生的同时设立了图书馆。三水校区馆临时设在第一教学楼的两间课室内，面积仅为192平方米，每天由广州校区图书馆的人员轮流去值班。2001年，三水校区馆搬至新建成的实验楼，面积增加到1 144平方米，并由校本部委派固定的管理人员长驻三水进行事务管理，工作人员由三水校区直接进行招聘。

2004年9月，随着三水学院回归为校区的办学体制，三水校区几乎集中了全校本科一、二年级的学生，学生人数的不断增加，使校区图书使用的供需矛盾日益突出，三水校区图书馆的建设也被提上日程。2005年，学校启动了三水校区图书馆建设项目。2007年1月，新馆奠基，同年8月完成主体封顶。

（二）数字图书馆开通运行

2001年，《市场营销全文数据库》项目先后获得CALIS华南地区文献信息中心和广东省教育厅立项资助。为整合图书馆的信息资源，提升图书馆的服务层次和管理水平，2002年，我馆开始规划数字图书馆建设。9月，校本部多功能视听室建成并投入使用。10月，我校数字图书馆正式开通运行，原国家图书馆副馆长、中山大学教授谭祥金先生为开通仪式揭幕。数字图书馆的建设标志着我校图书馆现代化建设迈向新的里程碑。丰富的数字资源改善了我校的文献信息资源体系，先进的网络储存技术、智能化的数字资源管理和建设系统，改变了原有的管理和服务模式，深化了服务内容，使图书馆的馆藏资源得到了全面、高效的整合与组织，为读者提供了更为广泛、先进、方便的文献信息服务，满足了我校教学科研的需求。2006年9月，广东省教育厅下拨专项经费150万元，在我馆建立经济学、管理学及法学学科数字资源中心。

（三）机构、馆舍的整合变化与制度建设

2003年9月，情报部更名为信息咨询部。2004年3月，信息检索课程被纳入学校的教学计划，正式开展教学。为进一步优化校内文献资源建设，实现文献资源共享，2005年1

月，学校各院系资料室并入图书馆统一管理，学校把综合楼六楼划拨给图书馆使用，并成立学科阅览部，图书馆面积增加了890平方米。2008年8月，校本部图书馆布局调整，四楼原报告厅、电子阅览室改造为书库，原多功能厅改造为电子阅览室。

2008年，采编部更名为资源建设部，流通部更名为流通服务部，报刊部与学科阅览部合并更名为报刊阅览部，技术部更名为网络技术部，新增设数字资源中心，同时成立信息检索教研室，挂靠在信息咨询部。

为适应我校教学和科研事业发展的需要，充分发挥图书馆的教育和服务职能，更好地为教学、科研和人才培养工作提供文献信息保障，2006年3月，成立了第一届学校图书馆工作指导委员会。

2008年9月，重新修订和补充图书馆各项规章制度，编印《图书馆规章制度汇编》（以下简称《汇编》），《汇编》集岗位职责、馆务管理制度、业务工作规程和读者管理制度共计80多条，使图书馆各项管理工作进一步规范化、制度化、专业化和系列化。同年10月，新一届图书馆工作委员会换届并召开第一次工作会议。

（四）行业协作交流

在图书馆快速发展的同时，我馆在图书馆界的影响和交流也不断扩大和加强。2005年10月，刁万球馆长被聘任为全国高等学校图书情报工作指导委员会期刊专业委员会委员。2006年1月，广东商学院图书馆成为广东省高校图工委常委委员馆，刁万球馆长担任图工委常委委员，李岩副馆长担任图工委秘书处副秘书长。2006年6月，我馆成功举办第五届全国财经院校图书馆馆长工作会议，会议特邀两岸三地（港、澳、台）图书情报界学者出席并作学术演讲，并安排与会代表赴港、澳高校图书馆参观学习。

四、壮大阶段（2009—2013）

在此阶段，三水校区新图书馆投入使用，广州北校园新图书馆动工兴建，制定实施图书馆“十二五”规划，图书馆馆舍面积不断扩大，专业队伍不断发展。

（一）两校区馆舍不断增加

从2009年2月起，三水校区2.1万平方米的新图书馆各服务区逐步对读者开放使用。三水校区馆设流通阅览部、技术网络部和办公室。11月，隆重举办了三水校区新图书馆开馆典礼。

随着图书的大量增加，为了合理配置馆舍，2012年1月，广州校区报刊阅览部整体搬迁至综合楼六楼，原报刊部的场地扩展为流通书库。2012年12月，3.3万平方米的广州北校园新图书馆开工兴建。

（二）行业影响

2009年3月，李岩馆长当选全国高等财经教育研究会图书资料专业协作委员会副主任委员，广东省高等学校图书工作指导委员会常务委员、秘书长，秘书处设在我馆。5月，李岩馆长当选为广东省中心图书馆委员会常务委员、第三届教育部高等学校图书情报工作指导委员会委员。2011年11月，刁万球书记被聘任为广东图书馆学会常务理事，尹恩山馆长被聘任为广东图书馆学会理事。

（三）经管法数字资源中心建设持续进行

2010 年 12 月，广东省经济学、管理学及法学数字化教育教学资源中心建设通过专家组论证验收。2011—2012 年，增建了五种特色数据库。2013 年 5 月 10 日，广东省经济学、管理学及法学数字化教育教学资源中心资源建设项目评审会通过了对《经典教学图片库》、《教研教改项目库》、《试题库》、《经典名著导读库》、《商贸广州数据库》二期建设项目的评审，同意立项建设。

（四）制定实施图书馆“十二五”规划

2010 年，研究制定了图书馆“十二五”发展规划，从服务理念转变、资源建设、队伍建设、服务创新方面规划图书馆的发展。连续 3 年共引进硕士毕业生 7 人，其中 5 人为图书情报专业，使我馆的专业队伍不断发展壮大。

发展至今，两校区图书馆面积达到 3 万多平方米。另外，面积达 3.3 万多平方米的广州北校园新图书馆正在建设中。

历任图书馆馆长（负责人、直属党支部书记）一览表

负责人	职　务	任　期
曾瑞玲	临时负责人（科长）	1984.3—1987.9
李恩经	教务处处长兼图书馆负责人	1987.9—1988.3
苏诚泰	图书馆副馆长	1988.3—1990.8
	馆　长	1990.8—1992.11
郑万伏	副馆长	1992.11—1994.9
	馆　长	1994.9—1997.7
杨芙珍	副馆长	1994.9—1995.10
刁万球	副馆长	1997.3—2000.7
	馆　长	2000.7—2008.7
	直属党支部书记	2008.7—2013.1
李　岩	副馆长	2000.7—2008.7
	三水校区分馆馆长	2000.9—2005.1
	馆　长	2008.7—2010.1
潘燕娥	副馆长兼三水校区分馆馆长	2005.1—2009.6
	副馆长	2009.6—2013.6
张为华	副馆长兼三水校区分馆馆长	2009.6 至今
尹恩山	馆　长	2010.4 至今
吴卫英	直属党支部书记	2013.6 至今
汪　倩	副馆长	2013.6 至今

第二节　资源建设

图书馆紧密围绕学校教学与科研需要，以学科专业建设为导向，侧重经济学、管理学、法学类文献资源建设，历经三十年的建设与发展，已建成印刷型文献和数字化文献相结合的文献保障服务体系。

一、纸质图书资源

1993 年，我馆藏书量仅有 12 万多册。1996 年，国家教委对我校进行本科教学合格评价，对藏书数量有明确要求。为此，省厅和学校非常重视，增大对图书经费的投入，图书馆积极响应，全力以赴。同时，我馆制定了《广东商学院图书馆藏书建设“九五”（1996—2000）规划》。1997 年，馆藏图书增加到 25 万多册。

1997 年以来，我馆在力求藏书数量有较大增长的同时，狠抓藏书质量的提高，建立了严格的采购制度，采购人员、部门主任、馆长层层把关，提高购书质量。

我馆还接受了亚洲之桥基金会、美国亚洲基金会、美亚之桥基金会、美国驻广州领事馆、香港科技大学、建设银行广州分行、西蒙与舒斯特公司北京代表处 PH 工商管理书架，以及一些出版单位、海外学者、院内外专家教授及学生的捐书，改善了藏书现状。

2001 年起，根据“争硕”和提高教学科研水平的需要，学校加大了图书馆建设力度，增加了图书经费的投入。2003 年，我馆的藏书量达 70 万册。2005 年，随着各院系资料室的并入，纸本图书增至近 88 万册。

2006 年 1 月，我馆实行中外文图书的政府招标采购。2007 年 1 月，实行中外文报刊的政府招标采购，为规范图书和报刊采购提供了制度保障。2007 年，根据评估指标要求，学校加大对图书经费的投入，纸本图书增至 164 万多册。2008—2011 年，馆藏图书每年以 8 万多册的数量增长，2011 年达到 198 万多册。

2011 年，为进一步规范资源建设工作，成立了纸质图书、数字资源建设工作小组。为充分发挥学校图工委在图书馆资源建设方面的决策咨询作用，资源购置事宜由学校图工委员投票决定。2012 年，为配合学校更名的工作，图书馆加大采购力度，同时积极组织、接受校友、出版机构和学生捐赠图书共 22. 1 万册，馆藏纸本图书增至 236 万多册。

截至 2013 年 9 月，我馆共有纸质图书 239. 8 万册，电子图书 133 万册，中外文期刊 1 518种（含外文期刊 122 种），报纸 100 多种。

二、数字资源

在数字资源建设方面，我馆坚持以引进权威资源为主、自建特色资源为辅的原则。数字资源建设主要经历了单机版、局域网和互联网三个阶段：

1995 年，我馆购买了《全国报刊索引》光盘版，实现了对全国报刊文献篇名的计算机检索服务。随后购入《智洋剪报资料》，实现对剪报资料的计算机检索服务。1997 年起，开始订购《人大复印报刊资料》全文数据库（光盘版）、《中国学术期刊全文数据库》（光盘版）、《中国法律法规大典》（光盘版）等。

1999 年，图书馆购买了光盘塔服务器，实现了《人大复印报刊资料》、《中国学术期刊全文数据库》等光盘资源的全文检索和下载。

在引进权威资源的同时，大力自建特色资源。从 2003 年至今，我馆共引进了 50 多种中外文数据库（其中 13 种外文数据库），数据库内容已基本涵盖我校所有的学科专业。在自建特色资源方面，2001 年，我馆开始自建《市场营销全文数据库》，这是广东高校文献资源保障体系的子项目，至今已有数据 12.5 万多条。自 2002 年至今，率先将我馆的录音带、录像带、CD、VCD 等载体资源进行数字化工作，并采用流媒体技术，建立馆藏视听资源数据库，现有资源 2 万多种。同时建立了《馆藏中文期刊篇名数据库》（1999—2009 年）、《馆藏外文期刊篇名数据库》（1999—2009 年）、《书评数据库》、《就业参考全文数据库》、《电子商务全文数据库》、《学科导航库》（2005 年起）、经济学和管理学及法学数字化教育教学资源中心（2006 年起）、《广东商学院硕士论文数据库》（2007 年起）、《参阅资料数据库》（2010 年起）、《商贸广州专题数据库》（2011 年起）、《大学生创业学习数据库》（2011 年起）、《国民经济发展研究资料库》（2012 年起）、《经济体制改革研究资料库》（2012 年起）、《流通产业研究资料库》（2012 年起）等共 15 种特色数字资源。

第三节　读者服务工作

图书馆秉承“读者第一，服务至上”的宗旨，不断完善读者服务工作，研究探索图书馆服务创新内容。

图书馆的服务时间从最初的周开放 42 小时，不断增加到 2000 年起的 81 小时，随后又不断增加到 2009 年起的 105 小时。服务形式从开始的闭架借阅，到 1990 年起实现计算机管理后的开架借阅，再到 2009 年起实行“藏借阅查”一体化服务。服务内容由起初的单纯图书借阅服务，不断发展到今天的多形式、深层次服务。

一、开展深层次信息服务

长期以来，图书馆在履行教育职能的同时，注重履行情报职能：①积极开发为教学科研服务的一、二次文献。如编辑《参阅资料》（1994 年起，已编辑 133 期）、编印各种主题的专题资料（1995 年起，已编辑印刷 34 辑）、编制期刊专题索引（1997 年起，已编辑装订 73 册）、编印《西文文献博览》（2004 年起，已出刊 12 期）、按专题剪辑报纸资料（1995—2006 年）。②开辟专栏，指导阅读。从 1998 年起，利用橱窗出版期刊博览（报刊部）、书林漫步（流通部）、经济视点（信息咨询部）、新书通报（资源建设部）。③建立特色数据库。2001 年起，建立《市场营销全文数据库》，现已建有 15 种特色资源数据库。④为教学科研人员开展课题服务。1995 年起，为我校教学科研人员开展课题检索服务。2008 年 9 月，建立学科馆员制度，学科馆员深入到各学院，主动开展学科服务。

二、建立多层次读者教育体系

2002 年开始进行不定期培训。

2004 年上半年，开设了“信息检索”全校任选课；2011 年，开设了“信息素养教育与图书馆利用”公共限选课。

2006 年，开始进行正规的新生入馆教育。

三、开展阅读宣传推广活动

2007 年起，每年在两校区定期举办“4 · 23 世界阅读日”宣传推广活动（三水校区从 2009 年起）。

2008 年 6 月，图书馆创办《法商图苑》（2009 年 11 月改名为《广商图苑》），至今共出刊 19 期。该刊以“阅读育人、交流相长、馆藏富学、文化润心”为办刊宗旨，设置阅读欣赏、雅风社谈、象牙农场等栏目，为阅读爱好者发表阅读体验与推荐书评等。

2009 年，成立雅风书友会，定期在两校区举办“雅风论坛”读书活动（三水校区从 2011 年起）。

2009 年 4 月，我校首届图书馆学生工作委员会（图学委）成立大会在三水校区图书馆召开。图学委的成立，架起了图书馆联系读者的桥梁，并开展了内容丰富的各项活动。

2009 年下半年，跟人文与传播学院合作，定期举办“图书馆 · 人文论坛”学术讲座，以及开展“田老师讲论语”国学活动。

四、资源共享服务

2007 年 9 月，开通广州校区和三水校区馆间图书委托借阅服务，使图书馆资源得以共享。

2009 年 12 月，与国家图书馆正式签订协议，开展馆际间的文献传递与馆际互借服务。

五、与读者互动工作

2011 年，开通了图书馆微博，公开馆长电子信箱。

2012 年起，两校区图书馆正式开设“馆长接待日”；开展“以读者为中心”服务创新工作，系统研究设置学科服务部和学习中心的服务内容与服务模式。

第四节　数字图书馆建设

一、自动化系统建设历程

图书馆起步虽晚，但一贯注重新技术在图书馆中的应用。1989 年，引进“深圳大学图书馆计算机信息管理系统”（简称 SULCMIS），实现了图书馆业务工作的自动化管理。1990 年初通过省高教系统专家组评审，成为广东省首批实现计算机自动化管理的高校图书馆。1992 年，自动化系统升级为 SULCMISⅡ，网络系统改换为 NOVELL，实现了图书采购、编目、流通、检索及报刊管理的集成化管理。1996 年，系统改用星型网络结构，网络系统平台升级为 WINDOWS NT，并接入校园网，同年，启动 WEB 服务。1998 年，自动化系统升级为 SULCMIS Ⅲ，实现了基于 Internet 的国际互联网资源共享与服务。

二、数字图书馆建设历程

1993 年，由校友辛一山出资 25 万元建成电脑学习室，进行计算机应用、会计电算化等上岗证书培训。1999 年，购买了光盘塔服务器，实现了数字资源的全文检索和下载。2000 年，改造网络综合布线。2001 年，更新了服务器、业务用机和多媒体电子阅览室。

2002 年 3 月，学校投入专项资金 60 万元，建成多功能视听室和第二电子阅览室。9 月，投入 200 万元专款用于数字图书馆项目建设，购置了 SUN StorEdge 6320 网络存储设备、APC 电源阵列、服务器、计算机以及一批数字资源。我馆坚持以“先进、实用、高效、安全”为原则，建成了一个基于 SAN 架构的网络存储硬件平台、数字图书馆建设与管理系统软件平台、网络安全防范管理平台相融合的整体化数字图书馆。2003 年，数字图书馆开通运行。2004 年，采用三层架构开发技术，开发了多种馆藏特色数据库。2006 年，构建了全国高等财经院校图书馆联盟管理平台，受到各高等财经院校图书馆的充分肯定。2007 年，购置了 FUJITSU ETERNUS 4000 存储设备、VPN 路由设备以及防火墙、服务器等设备，改善了数字图书馆设施，提高了服务质量。2008 年，图书馆主机房重新装修改造，改造网络综合布线。同年，图书馆主页改版，并开通校外访问服务。

2009 年，三水校区图书馆落成并投入使用。新馆是一所集藏、借、阅、查于一体的现代化图书馆，将传统服务与数字服务相融合。无线网络覆盖整个楼宇。设有基于校园一卡通的自助式借还、复印、上机、付费自助服务平台。整个建筑采用了先进的结构化综合布线系统，配置了先进的计算机网络系统。

图书馆重视现代化建设，在数字资源建设方面，现有 70 种中外文数据库（含自建特色数据库 15 种），馆内存储容量达 45TB。在服务支持方面，建设了校外访问平台、图书馆个性化服务平台、两校区委托借阅平台、一卡通自助服务平台、读者互动交流平台等。在技术管理方面，两校区的主机房全部采用报警、消防一体化的智能化管理，服务器有 35 台，采用 VMware vSphere 虚拟化管理，多媒体电子阅览室有 256 台计算机，采用无盘技术管理，另有防火墙、VPN、磁带库等设备。数字图书馆建设已成为我校图书馆从传统走向现代、适应信息时代发展需要和开展新型服务的必然选择与发展方向。

第十四章　后勤服务与管理

建校三十年来，后勤人以“三服务、两育人”为宗旨，在学生公寓、饮食服务和绿化保洁等后勤管理与服务方面大胆探索，精益求精，不断加强设施建设，积极推进后勤改革，逐步走出了一条适应学校发展需要的社会化、市场化和自我管理相结合的道路，满足了学校不同时期发展对后勤管理与服务工作的需要。

第一节　机构设置与调整

1983 年，学校成立总务组，负责人为富业良。1984 年，成立行政处，张彦任处长，内设机构总务处，负责人为陈汝成、成步云。1985 年，设总务处，张彦任处长。1987 年 10 月 13 日，广东高校后勤研讨会常务理事会在我校举行，教务处的设备科被并入总务处的校产科，成立校产设备科，隶属总务处。1989 年，成立总务处，李俊旋任处长，内设基建办公室、行政科、房产维修科、校园管理科、交通科。1990 年，叶锡强、周建雄任总务处副处长；3 月 16 日学校决定撤销基建处，改为基建科，归属总务处领导；10 月 15 日，总务处撤销园林科、房产维修科，设房管科、水电科、教学大楼学生宿舍管理科，制定了《广东商学院教职工宿舍分配暂行规定》、《广东商学院房屋水电管理办法》。1991 年，设立维修科、事务科、交通科。1992 年 5 月 20 日制定了《广东商学院用水收费试行办法》，12 月 17 日总务处房产科更名为房产维修科，行政科更名为事务科。1993 年，钱贤彬任总务处处长，成立总务处办公室、房改办公室。1994 年，蔡宝生任总务处副处长，邹承康任副处长兼基建办主任。1995 年，成立学生公寓管理中心，宁伯岩同志任学生处副处长兼学生公寓中心负责人，制定了《总务处职责范围》、《总务处长、副处长岗位职责》。1996 年，制定了《广东商学院总务处管理文件及规章制度汇编》，涉及房产管理与维修、水电管理与维修、医疗管理、交通管理、校园（住宅区）绿化卫生安全管理、物资资产管理、财务管理、基建工作、膳食管理、教学大楼管理、服务公司规章制度、处（科）职责范围及（科）长岗位职责。1997 年，服务公司划归校产办管理。12 月 4—6 日，中国商业高等教育学会后勤管理研究会 97 课题研讨会在我校召开。1998 年，钱贤彬任总务处处长，陈迥、邹承康任副处长。

1999 年学院撤销了总务处、校产科、学生公寓管理中心等机构，组建了后勤管理处，赵刚任处长，郑金栈任副处长，庄建理任第三党总支副书记，同时将具有经营性质的后勤服务单位组建成物业管理服务中心、校园管理服务中心、交通服务中心、学生公寓管理中心、教工食堂、学生第一食堂、学生第二食堂和幼儿园等 8 个经济实体。2000 年，黄虹任后勤处副处长，朱湘冰任机关第三党总支副书记。12 月 24 日我校以高分通过了省教育厅专家组的后勤规范分离验收。2003 年 3 月 26 日学院设立后勤服务集团党总支，赵刚任总支书记；后勤服务集团下设集团办公室、财务部、交通服务中心、学生公寓服务中心、服务公司、教材服务中心、校园服务中心、三水学院综合服务中心、饮食服务中心。撤销后勤管理处，其职能并入资产与设备管理处。3 月 31 日成立后勤服务集团，郑金栈任总经理，冯东海、苏明华、方彤任副总经理。4 月 1 日副院长陈庆联主持后勤服务集团签约仪式，4 月 23 日主持挂牌仪式。2004 年，后勤服务集团成立饮食服务中心，完成了后勤服务集团副经理以下人员竞聘上岗工作，各部门负责人与被聘用员工（正式工）签订“聘用合同书”。制定了《关于加强食堂管理的通知》、《广东商学院校内个人出租房管理暂行规定》、《广东商学院后勤实业服务工作监督管理暂行办法》、《广东商学院校内商铺经营管理暂行办法》、《广东商学院校园环境管理暂行办法》、《广东商学院水电管理暂行规定》、《关于实行食堂、餐厅伙食供应最高限价管理暂行规定》、《广东商学院开展节能实施办法》。2005 年，撤销后勤服务集团下属的教材服务中心。2006 年，代永华任后勤服务集团总经理，江元任后勤服务集团党总支书记兼任副总经理，冯东海、方彤任副总经理。后勤服务集团下设综合办公室、财务部、广东商学院服务公司、饮食服务中心、三水综合服务中心、交通服务中心、修缮服务中心、学生公寓服务中心。制定了《广东商学院校园车辆管理规定》、《关于调整我校居民生活用水和经营服务用水价格的通知》。2008 年，江元任后勤服务集团总经理，苏明华任后勤服务集团党总支书记兼副总经理，方彤任副总经理。7 月，学校将资产与设备管理处后勤监管职能调入新成立的基建与后勤管理处，杨科龙任该处处长，冯东海和张海松任副处长。后勤服务集团制定了《广东商学院后勤服务集团员工手册》。12 月 1—4 日副院长袁新满、总经理江元、副总经理方彤等一行五人参加了在湛江召开的广东省高等教育学会后勤管理工作委员会 2008 年年会。来自全省 80 余所高校的后勤同仁共 200 多人到会。在这次会议上，我校首次当选为广东省高等教育学会后勤管理工作委员会副理事长单位。会议表彰了广东省高校后勤管理系统 2006—2008 年先进集体、先进个人、突出贡献奖和优秀论文获奖者。我校袁新满副院长荣获优秀论文三等奖，江元、方彤、张海松荣获先进个人奖，郑时汝荣获突出贡献奖。我校被广东省教育厅后勤产业办、广东省高校伙食专业委员会授予“广东省高校伙食工作先进集体”，成为广东省高校伙食专业委员会会员单位。2009 年，后勤服务集团党总支并入机关第三党总支，苏明华任机关第三党总支书记。12 月，后勤财务部荣获广东省教育厅“2008 年度企业财务决算工作先进单位”。

2010 年 1 月，撤销后勤服务集团，设立后勤服务与管理处。江元任后勤服务与管理处处长，方彤、张海松任副处长。后勤服务与管理处下设综合科、事务科、饮食服务中心、公寓中心、维修中心、交通中心。制定了《广东商学院水电管理规定》。10 月 19 日上午，广东省教育厅后勤产业办领导到我校指导后勤工作，对我校后勤改革的成功经验与实践探索给予了肯定。2011 年 6 月，陈光团任后勤服务与管理处处长，杨科龙任机关第三党总支书记，黄存社、张海松任副处长。设综合科、事务科、饮食服务中心、公寓中心、维修中心、交通中心。全面修订了后勤服务与管理处内部管理制度，制定了《广东商学院物资和服务采购管理规定（修订）》、《关于重申加强节能节电工作的通知》、《广东商学院后勤服务投诉工作办法》等。2011 年 4 月，广州亚运会组委会赠送食堂“服务周到，爱心助亚运”锦旗及突出贡献奖牌一面，表彰我校学生食堂为亚运会供应快餐所作出的贡献。2012年4月，被广东省高校伙食专业委员会评为“广东省高校伙食工作先进集体”；5月，被广东省高校后勤管理研究会评为“广东省高校后勤工作先进集体”。2012年5月广东省高校后勤管理研究会将广商酒店评为“广东省高校后勤工作优秀企业”。2012年12月，被广州市海珠区爱国卫生运动委员会评为“广州市海珠区2010—2011年度爱国卫生运动先进集体”。2012年12月，被中国高等教育学会后勤管理分会授予“广东商学院全国高校后勤十年社会化改革先进院校”。

2013年6月17日起，后勤服务与管理处领导班子调整，冯东海任处长，杨科龙任机关第三党总支书记兼副处长，陈立任副处长，黄存社任副处长兼三水校区后勤管理工作办公室主任。6月30日，中国教育后勤协会在北京召开中国教育后勤协会成立大会暨第一次会员代表大会。我校后勤处冯东海处长和来自全国各地高等学校、职业院校、中小学校及教育行政部门、社会服务企业等近五百名代表参加会议。大会表决通过了协会章程、会费管理办法，选举产生了中国教育后勤协会理事会理事240名。我校和中山大学、华南师范大学等8家广东单位当选为中国教育后勤协会第一届理事会理事单位，袁新满副校长被选举为中国教育后勤协会第一届理事会理事。

第二节　社会化改革

改革开放以来，我校的后勤工作逐渐打破了计划经济体制下“学校办后勤”的固有格局，大力推进后勤社会化改革。根据国务院和广东省关于高校后勤社会化改革要建立“市场提供服务、学校自主选择、政府宏观调控、行业规范自律、职能部门监管”的新型后勤服务保障体系的相关精神，以“三服务、两育人”为宗旨，以提供“优质服务和强有力的后勤保障”为目标，勇于探索，积极实践，历经几个阶段的改革，后勤服务与管理水平、经济效益和保障能力不断提升，在学生公寓、饮食服务和绿化保洁等方面引进社会资源为学校的整体发展提供强有力的后勤保障服务，走出了一条适应广商发展需要的路子。

到目前为止，改革主要经历了以下几个主要阶段：

一、市场化改革　推行承包责任制（1993年8月至1999年7月）

1993年8月，我校出台了《广东商学院综合改革总体方案》，要求后勤改革逐步推行管理职能与服务职能分离，逐步建立起后勤工作能主动适应教学、科研需要和为师生员工提供优质服务的后勤运行机制。改革后勤管理制度，第一阶段是在1994年，后勤工作逐步实现管理职能与服务职能分离，推行承包责任制，实行“对内有偿服务”、“对外经营服务”；第二阶段实现“小机关，大服务，多实体”，并创造条件向社会化迈进，改革住房和医疗管理制度。

随后制定了《广东商学院改革实施方案》，确立了根据《中共中央关于教育体制改革的决定》和《中国教育改革和发展纲要》，及广东省委、省政府《关于加快高等教育改革和发展步伐的决定》的精神，深化学校后勤部门改革，进一步调动广大职工的积极性，解放生产力，不断提高服务质量，增强后勤部门的经济实力，优化育人环境，搞好“三服务、两育人”。简言之，就是以服务为中心，积极为师生服务、为学校发展服务、为社会服务，以实现后勤管理企业化、校内服务社会化的目标，建立起自收自支管理的实体化运行机制的指导思想。我校主要进行了以下几个方面的改革：

调整机构，转换职能。在管理体制上建立起了企事业化或半企业化的管理新体制。通过实行内部管理体制的高速、机制转换，从单纯行政管理过渡到管理服务型、经营服务型。对外经营服务创收，对内有偿服务，逐步达到自收自支、自我完善，适应市场经济体制的要求。

劳动人事制度的改革。总务处属下各单位严格定编、定岗、定工作量，实行全员逐级聘任合同制和目标管理制。按需设岗、按岗定酬、择优选聘，不分干部工人，公平竞争。总务处具有调配、选拔、聘用、奖惩处内（处级干部除外）各级各类人员的职能。干部实行考核聘任制，总务处属下各单位正职通过处内外公平竞争、择优聘任；需要配副职的单位，副职由正职提名，经处考核批准。正副职由处任免，聘期两年。任职期间享受科级待遇。总务处有权对该单位实绩或履约情况给予续聘或解聘。工作人员实行逐级聘用合同制，凡在总务处工作的干部工人（含合同工）统称工作人员，由各单位逐级聘用，并签订合同，合同期两年。专业技术人员可根据岗位设置的需要和本人的素质水平，实行低职高聘或高职低聘，并享受相应的岗位工资。

财务体制改革。总务处设财务室，实行“一支笔”审批制度。在学校财务部门监督指导下开展工作，严格执行国家制定的财经方针，增加收入，弥补经费不足，改善职工生活和工作条件。

分配制度改革。坚持按劳分配的原则，制定科学、合理的分配办法，充分体现奖勤罚懒，奖优罚劣，使职工利益与贡献直接挂钩。根据不同单位的情况和特点，实现“一处多制”的分配方式。

强化监督机制。建立群众、社团、职业监督部门和处办公室相结合的多极监督网络，健全宏观控制的综合指标体系，开拓信息反馈渠道。在微观上放开，在保证“三服务、两育人”的前提下，在政策允许范围内，实现自主确定经营服务项目和分配形式等。总务处代表学校与属下各单位负责人签订契约，形成甲乙方关系，控制各单位活动，并通过向属下各单位增加或减少经费和奖惩来调节制约。

二、小机关和多实体（1999 年 7 月至 2003 年 3 月）

1999 年 3 月，根据《中共广东商学院委员会关于深化改革的若干决定》的原则和要求，学校制定了《广东商学院后勤改革方案》，确立了遵循党的十五大和九届人大精神，以邓小平同志建设有中国特色的社会主义理论为指导，根据 1999 年省高等教育工作会议精神，坚持“三服务、两育人”的宗旨，转变思想，更新观念，适应市场经济的要求，改革管理体制，转换运行机制，建立竞争和激励机制，通过事企分离，实现“小机关，大实体”，通过改革，不断提高服务质量和服务水平，为学院教育事业上规模、上水平、上档次提供优质的后勤保障；寻求自我发展，逐步建立完善的企业管理制度，最终实现后勤服务社会化。确定了成立后勤服务总公司和后勤保障处，建立“小机关，大实体”的管理体制，达到机构精简，资源合理配置，降低成本，增加收益，保证供给；后勤服务总公司切实完善企业管理制度，在人事编制上与学校逐步脱钩，实现后勤自我约束、自我发展；通过与社会第三产业的互补、渗透、结合、融合和磨合，最终实现后勤服务社会化的改革目标，建立了新的管理体制和运行机制，在人事制度上引入了竞争机制，在分配制度上引入了激励机制，在实际运行过程中引入了监控机制，改革了财务管理制度，将行政拨款改为收费服务制。

（1）机构设置：后勤处（甲方）下设综合科、基建财务科、产业科，设学生公寓服务中心、交通服务中心、修缮服务中心、教材服务中心、幼儿园、物业中心、校园中心、三水校园服务中心和服务公司（具备法人资格）等二级部门。

（2）运行机制：后勤处（甲方）代表学校与各中心签订合同，实行宏观管理和指导与各中心自主经营、独立核算、自担责任相结合的管理体制和运行机制，有独立的二级财务，建立了相应的人事用工制度、企业分配制度、内部监控制度。

三、小机关和大实体（2003 年 4 月至 2009 年 12 月）

根据国办发〔2002〕01 号文及粤高教设〔2000〕15 号文精神，按照《广东商学院深化后勤改革总体方案》（粤商院党〔2003〕12 号）及其附件《广东商学院后勤服务集团机构设置与人员编制方案》、《广东商学院后勤服务集团劳动人事管理办法》、《广东商学院后勤服务集团人员聘任（用）暂行办法》、《广东商学院后勤服务集团原事业编制人员行政级别晋升暂行规定》、《广东商学院后勤服务集团财务管理办法》的要求，我校成立了广东商学院后勤服务集团，并与其签订了《广东商学院后勤服务合同书》（于 2003 年 4 月 1 日签订），建立了新的后勤管理和运行机制，进行了资产经营管理制度、人事制度、分配制度、财务制度、监控制度的改革。

（1）机构设置：后勤处先后并入资产后勤处和基建后勤处，代表学校对后勤服务集团进行管理和提供服务。新成立的后勤服务集团，下设综合办公室、财务部，设学生公寓服务中心、交通服务中心、修缮服务中心、饮食服务中心、三水校区综合服务中心、服务公司（具备法人资格）等二级部门；集团设立党团、工会组织。

（2）运行机制：学校按照国家的法律法规和高校后勤社会化改革的要求及《广东商学院后勤服务合同书》，为后勤集团提供校内市场、政策和必要的物资、人员及经费支持，对集团进行监督管理；集团实行统一领导、宏观管理，主要功能体现在人、财、物的统一调控、规划发展、制定政策、指导经营、协调关系、监控考核等，各中心拥有一定的经营自主权、人事权和分配权，并在集团的归口管理下，完成集团下达的经济指标和工作任务；集团按照《广东商学院后勤服务合同书》规定的管理、服务和经营权利及义务要求，承担学校的后勤保障服务任务，建立相应的人事用工制度、企业分配制度、内部监控制度等；双方建立以经济合同为基础的契约关系，形成“甲方授权，乙方受控，租赁经营，有偿服务，合理收费”的运行机制。

四、小机关和多实体（2010 年 1 月至今）

2009 年 12 月 30 日，第 19 次校长办公会（《校长办公会议纪要》第 19 期）听取了人事处苏武俊处长关于后勤服务与管理处设置方案的起草情况汇报，并进行了讨论。会议决定：同意后勤服务与管理处（简称“后勤处”）内设综合科、后勤事务管理科 2 个科室及饮食服务中心、公寓中心、交通中心、维修中心 4 个中心；学校财务处设后勤财务科，派驻后勤处，办公地点设在后勤处；后勤处综合科、后勤事务管理科和财务处后勤财务科各定编3人，各设科长1名；保留服务公司，挂靠后勤处，由后勤处负责人任法人代表；同意后勤处机构职责，三水校区公寓管理业务划归后勤处，后勤处对三水校区后勤工作实行延伸管理；后勤处各科室、中心具体职能及运作方式，由后勤处提出方案报学校审定。2010年3月17日，校长办公会（《校长办公会议纪要》第3期）听取了江元等同志关于后勤服务与管理处人员编制、管理体制及运行模式的建议汇报并决定：原则通过后勤服务与管理处人员编制（其中综合科增加1名非事业编制工程预算岗）、管理体制与运行模式；由人事处会同后勤处，按照“精简高效”的原则并根据工作内容，对后勤处各个中心的人员编制进行重新核定，按照工作量和岗位性质核定工资待遇；后勤处会同人事处、财务处、审计处等部门，对材料中有关经费数据进行重新核算，对加班费等开支必须从严把关；后勤处务必按照相关财务制度，对后勤风险基金和后期管理费等加强管理、规范使用；三水校区的后勤工作人员采取以属地管理为主的模式，后勤处副处长兼三水校区后勤办主任应驻三水校区工作，具体事宜由袁新满副校长带领后勤处等相关部门负责人到三水校区调研后决定；对公寓管理、维修服务等后勤事务进行调研，适时引进正规物业公司进行管理。

（1）机构设置：撤销后勤服务集团，成立后勤处，下设2个科室、4个中心。分别是综合科、事务科；公寓中心、交通中心、维修中心、饮食服务中心。

（2）运行机制：后勤处及其科室按学校机关行政处室运作；公寓中心、交通中心、维修中心由学校按人员和项目核拨经费实行半企业化运作模式管理；饮食服务中心按企业化运作，独立核算、自主经营、自负盈亏。

截至2013年9月，我校后勤保障与服务通过社会化改革引进的社会化服务项目有：

1. 住房制度改革

1996年我校根据《广东省贯彻国务院关于深化城镇住房制度改革的决定实施意见》（粤府〔1995〕44号）、《广州市深化住房制度改革实施意见的通知》（穗府〔1995〕86号）和中共广东省委、广东省人民政府关于加快教育改革和发展步伐有关房改的决定，以及广东省高校住房改革领导小组《关于我省高校住房制度改革实施意见》、广东省高教厅《关于高等学校出售住房的通知》（粤高教基〔1993〕13号），结合我校实际情况，制定了《广东商学院住房制度改革实施细则》，实行了住房改革。

2. 校本部租赁赤沙公寓

（1）AB栋学生宿舍：2000年9月1日，我校与广州市海珠区沙洲物业管理部签订《学生公寓租赁合同书》，租赁1号楼（AB栋）作为学生宿舍，合同有效期至2012年8月31日。

（2）2号楼（新西楼）：2002年2月10日，我校与广州市海珠区沙洲物业管理部签订《学生公寓租赁合同书》，租赁2号楼（新西楼）作为学生宿舍，合同有效期至2014年2月10日。

（3）3、4号楼：2003年8月10日，我校与广州市海珠区沙洲物业管理部签订《学生公寓租赁合同书》，租赁3、4号楼作为学生宿舍，合同有效期至2015年8月10日。

3. 绿化保洁项目

（1）校本部绿化保洁服务项目：2008年1月1日，我校与广州东华物业管理有限公司签订《广东商学院本部校园绿化保洁服务委托合同书》，合同有效期至2010年12月31日；2011年4月1日我校与广东华信物业管理有限公司签订《广东商学院本部校园绿化保洁服务委托合同书》，合同有效期至2014年3月31日。

（2）校本部垃圾清运：2009年1月1日，我校与广州市海珠区官洲街道市容环境卫生监督检查所签订《垃圾清运合同》，合同有效期至2013年12月31日，每年一签，委托其负责我校校本部垃圾清运工作。

（3）校本部除“四害”：2009年1月1日，我校与广州市海珠区官洲街除“四害”管理消毒站签订《灭鼠杀虫服务承包合同书》，合同有效期至2013年12月31日，每年一签，委托其负责我校校本部除“四害”工作。

（4）三水校区绿化、保洁，教学楼、实验楼和行政楼的物业服务，防杀白蚁，除“四害”及防蛇，垃圾清运等服务项目：2011年5月，我校与广东建工恒福物业有限公司签订《广东商学院三水校区校园绿化保洁服务委托合同书》，委托该公司负责以上项目的服务，合同有效期至2014年4月30日。

（5）三水校区生活污水处理站设施代运行管理：2012年9月1日，我校与广州市中绿环保有限公司签订《环境保护运营合同》，合同有效期至2014年8月31日。

（6）校本部北校区绿化保洁服务项目：2013年3月1日，我校与广东宏德科技物业有限公司签订《广东商学院北校区绿化保洁服务合同书》，合同有效期至2014年3月31日。

4. 食堂外包项目

（1）校本部第二学生食堂：2006年7月10日，我校与东莞市和旺实业投资有限公司签订《广东商学院本部校区学生第二食堂承包经营合同》，校本部第二学生食堂由东莞市和旺实业投资有限公司承包经营管理，合同有效期至2014年7月9日。

（2）校本部学生第三食堂：2008年3月1日，我校与广州市堡龙酒店物业管理有限公司签订《广东商学院学术交流中心大楼承包合同》，其中校本部学生第三食堂由广州市堡龙酒店物业管理有限公司经营管理，合同有效期至2023年2月28日。

（3）三水校区第一食堂：2009年7月10日，我校与东莞市瑞丰膳食管理有限公司签订《广东商学院三水校区第一食堂餐饮服务委托合同书》，三水校区第一食堂由东莞市瑞丰膳食管理有限公司承包经营管理，合同有效期至2017年7月9日。

（4）三水校区第三食堂：2009年7月15日，我校与东莞市鸿泰兴膳食管理服务有限公司签订《广东商学院三水校区第三食堂餐饮服务委托合同书》，三水校区第三食堂由东莞市鸿泰兴膳食管理服务有限公司经营管理，合同有效期至2017年7月14日。

（5）两校区热水系统委外管理项目：2012年3月1日，我校与广州市精准节能科技有限公司签订《广东商学院学生宿舍热水供应系统委托管理合同书》，校本部学生公寓第17～28、34、35栋，AB栋，新西楼，平房，以及三水校区学生公寓第1～8栋、第10～21栋，教师公寓第13～15栋热水供应实行委外管理，合同有效期至2022年2月28日。

（6）教职工广州市内上下班交通班车改革：2012年7月4日，校长办公会决定，从2012年9月开始，我校实行广州市内教职工上下班交通班车改革，停开广州市内教职工上下班班车。

（7）电梯委外管理。

校本部电梯维修服务外包：2010年12月1日，我校与广州嘉立电梯工程有限公司签订《广州市电梯日常维护保养合同》，委托该公司负责校本部13台电梯的日常维护保养，合同有效期至2012年11月30日；2012年12月1日，我校与广州市国海电梯工程有限公司签订《广州市电梯日常维护保养合同》，委托该公司负责校本部15台电梯的日常维护保养，合同有效期至2013年11月30日。

三水校区图书馆电梯维修服务外包：2011年9月1日，我校与广州升菱电梯工程技术有限公司签订《电梯保养合同书》，委托该公司负责三水校区图书馆电梯的日常维护保养，合同有效期至2013年8月31日。

（8）校本部零星修缮工程：2009年3月10日，后勤服务集团《总经理办公会议纪要》决定广东商学院服务公司负责修缮工程合作单位的选择招标工作。2010年1月后勤处成立后，成立招标工作小组，负责后勤处招标工作，修缮工程引进社会化服务，3 000元以上至10万元以下，由通过招标产生的合作单位施工；10万元以上至30万元，由学校招标中心招标。

（9）校本部大宗物资采购工作：2009年3月10日，后勤服务集团规定，后勤服务集团实行大宗物品采购工作，包括饮食服务中心的粮、油、米、冻品及副食品等材料的采购招标，修缮服务中心、三水综合服务中心的维修材料和集团及各中心办公用品等的采购招标，由广东商学院服务公司负责此项工作，每月对所采购的材料进行价格市场调查和动态管理并报集团综合办。2010年1月后勤处成立后，成立招标工作小组，负责后勤处招标工作。

（10）车辆定点维修和购买保险服务：

车辆定点维修：与我校先后签订《广东商学院公务车维修服务协议》的修理厂有华通名车修理厂（2004年至2012年4月和2012年5月至2014年5月）、广州市海珠区海印汽车修理厂（2004年至2009年）、广东林机汽车贸易有限公司（2004年至2011年）、广州星时达汽车专业维护有限公司（2008年至2009年）、广州市辉颐汽车销售服务有限公司（2009年至2012年4月和2012年5月至2014年5月）、广州车匠汽车维修服务有限公司（2012年5月至2013年5月）、广州市天树汽车修理有限公司（2013年5月至2014年5月）。

车辆购买保险服务：为我校车辆保险的公司是中华联合财产保险股份有限公司（2004年至2009年）、中国人寿财产保险股份有限公司广东省分公司（2009年7月至2011年7月）、中国人民财产保险股份有限公司广州市分公司（2011年7月至今）。

第三节　服务与管理现状

目前后勤服务与管理处的主要职责是贯彻执行上级有关高校后勤工作的方针政策，全面负责学校饮食、交通、维修、绿化保洁、学生宿舍、节能管理等后勤的管理与服务工作；负责制定后勤管理的各项规章制度，并对各部门的履行情况进行监督、检查和考核；负责职工队伍的教育、管理和培训；负责后勤管理与服务方面预算经费的管理、使用和监督；负责社会化后勤服务合同的监管；完成学校领导交办的其他工作。现设有综合科、事务科、饮食服务中心、交通中心、维修中心、公寓中心。三水校区后勤实行延伸与集中管理的体制和运行机制。

综合科是后勤处下属的行政科室，现有3人，其中在编2人，非编1人。岗位设置：科长1人，综合岗1人，秘书1人。制定了《后勤处综合科工作手册》。工作职责：负责后勤处文件起草、文书处理、档案归档管理；负责后勤处、机关第三党总支及广东商学院服务公司印章的保管；协助后勤处领导建立与完善各项管理规章制度；收集信息、调查研究、收集资料、综合情况，协助后勤处领导了解决策执行情况，做好信息反馈工作；负责会议通知、记录、会议纪要的整理及有关会务、各种活动的策划组织和安排，以及宣传和保密等工作；协助后勤处领导做好与学校各职能部门的沟通、协调与联络；为各科室、中心开展工作做好上传下达、综合协调工作；负责后勤处非事业编制合同工合同管理、计划生育、工资发放等工作；负责广商酒店、广东华信物业管理有限公司、校本部商铺及本部各外包食堂员工的计划生育工作；根据学校资产与设备管理处的有关规定，做好后勤处固定资产的管理、设备申报等工作；负责后勤处网站的管理与维护工作；负责后勤处党务、机关第三党总支、机关三分工会的事务性工作；参与绿化保洁承包合同每月的月检工作及车辆保险、车辆定点维修厂家选择、食堂大宗物品采购等招标评标工作。

事务科是后勤处下属的行政科室，按学校机关行政科室运作，成立于2010年1月，现有在编职工3人，非编职工1人。岗位设置：科长1人，主任科员2人（物业管理岗、工程管理岗各1人），工程预算岗1人。工作职责：负责校本部委外服务项目的合同管理、零星修缮工程的合同管理及预决算审核工作；负责校本部绿化保洁及物业服务的监督管理、垃圾清运监管、除“四害”、白蚁防治监管工作；负责学校爱卫会的日常工作；负责办理学校服务公司证照年审、租用赤沙学生公寓租金、税金缴交及学校节能管理的日常工作等。委外服务项目情况：①校园绿化保洁服务。服务项目（内容）：校本部绿化管养、卫生保洁；教学楼、实验楼、综合楼、研究生楼的物业服务；防杀白蚁。②学生宿舍热水供应服务。服务项目（内容）：校本部学生公寓、三水校区学生公寓、教师公寓第13～15栋热水供应。③垃圾清运服务。服务项目（内容）：校本部垃圾清运服务。④除“四害”服务。服务内容：负责校本部和教工住宅区的除“四害”服务。

饮食服务中心：职能是为全校约2.4万名学生、教职员工提供安全、卫生的饮食服务；按国家《食品安全法》的要求加强校园食品的安全管理，确保校园食品安全，保障师生健康；加强对学校自营食堂的管理工作，重视成本核算，提高效益；加强对外包食堂的卫生、质量监督管理；加强对饮食中心员工的教育培训，培育一支服务良好的饮食队伍。中心按企业模式运作，自负盈亏。目前，广州校区、三水校区各有三个学生食堂，校本部食堂由后勤处饮食中心负责管理，其中本部一食堂由饮食中心直接经营管理，本部二、三食堂由社会餐饮企业经营管理，饮食中心负责食品安全卫生监督管理。三水校区食堂由三水校区后勤办管理。其中校区二食堂由校区后勤办直接经营管理，校区一、三食堂由社会餐饮企业经营管理，校区后勤办负责食品安全卫生监督管理。食堂基本情况如下：

学校现有食堂6个，校本部和三水校区学校各自办1个、对外承包2个，建筑面积29 367.23平方米，就餐位7 800个。

饮食服务中心是学校后勤服务与管理处下设的一个中心（按科室职能设置），接受后勤处的业务管理指导，饮食中心兼顾三水校区食堂的业务指导。员工队伍状况：学校事业编制员工6人，其中科长1人，副科长1人，食品安全监督员1人，食堂经理2人，采购员1人。非事业编制员工队伍，外包食堂的员工由经营公司负责聘用、管理、绩效核发，饮食中心不参与直接管理，员工约有220人。学校自营食堂的员工由中心负责聘用、管理、绩效核发，按学校要求统一签订劳动合同，员工约有80人。经营特色：学生食堂的经营基本上分为大众餐和特色风味两大块，大众餐是指保证满足学生基本生活所需的饮食服务，如普通米饭、面食、蔬菜、肉类等，品种丰富，价格合理；特色风味是有地方特色的饭菜品种，这些品种的原材料较贵，制作要求高，成本相对大众餐来说要高，主要面向经济能力好的学生。

维修中心是学院后勤处下属的二级中心实体。中心现共有员工42名，其中，在编员工14名（三水校区4名），非编员工28名（三水校区14名）。机构设置：本部：经理1名，副经理1名，水电班班长1名（兼水电维修工），仓管员1名，水电抄表员1名，工程管理员1名，收费员2名，木工2名，核算员1名，水电维修工14名。三水校区：经理1名，水电部部长1名，土木部部长1名，办事员1名（兼仓管员），水电班班长2名（兼水电维修工），水电维修工14名。工作职责：负责处理水电抄表中的异常情况，并核实用水、用电性质和用量变化情况，了解水电量波动大的用户的用水用电情况及计量装置是否正常；负责全年度维修材料计划，尽量做到均衡使用材料，做好统计，避免浪费；负责电梯的维护、保养管理，保障电梯安全、舒适地使用；负责空调、饮水机的维修保养管理、学生宿舍电风扇维修更换；负责学校供电、供水设施的维修、保养工作；负责零星土木维修工程的管理工作；负责修缮专项工程的管理工作；负责编写及完善员工的岗位职责和各项管理规章制度，现有的岗位分为经理、副经理、核算员、水电部部长、土木部部长等10种岗位，现有的管理规章制度有《维修材料领用制度》、《维修工具使用管理规定》、《水电收费管理部职责》、《设备保养制度》、《员工管理规定》等。

公寓中心是学院后勤处下属中心，本部公寓中心由学校按人员和项目核拨经费，实行半企业化模式运作，三水校区公寓中心按照学校机关行政科室运作。现有在编职工9人（本部8人，三水校区1人），非编职工99人（本部45人，三水校区54人），党员21人（本部16人，三水校区5人），负责42栋学生宿舍楼、学生床位的管理与服务工作。机构设置：本部：经理1名，主任科员1名，科员2名，巡查员4名，管理员45名；三水校区：经理1名，管理员54名。中心工作职责：为学生提供全天24小时安全管理服务；协助保卫处做好学生宿舍消防安全工作；负责学生住宿安排和宿舍管理工作；负责学生公寓内水电、家具的检查维修跟进和协调工作；负责编写及完善员工的岗位职责和各项管理规章制度；组织中心员工业务学习，提高员工业务技能和职业素质，加强职业道德教育；完成领导交办的其他工作任务。

交通中心是学院后勤处下属的二级中心实体，中心现有车辆共24辆，其中大客车7辆，面包车5辆，小车12辆。现共有员工24名，其中在编员工9名，非编员工15名。机构设置：经理1名，调度员1名，安全员1名，班长3名（兼司机），核算员1名，驾驶员20名。中心车辆结构配置：6辆大客车保障两校区班车任务，10辆小车保障校领导上下班接送任务，1辆大客车、5辆面包车、2辆小车保障各二级单位公务用车。工作职责：负责往返两校区的行政人员办公、教师授课及校领导上下班接送等班车任务及各二级单位公务用车任务；负责学校各单位用车的登记与结算工作，并依据学校每年下拨的各单位用车指标执行，结算方式为校内往来项目转账；负责对车辆进行维护保养及检查工作，由安全员带头，每月两次对中心车辆进行安全检查，及时跟进每辆车的维护保养、维修检查等日常工作；负责编写及完善员工的岗位职责和各项管理规章制度。现有的岗位分为经理、调度员、安全员、驾驶员、核算员、小车班班长、大车班班长等7种岗位。现有的管理规章制度：《车辆管理及使用规定》、《车辆维修规定》、《车辆粤通卡、加油卡的使用规定》、《员工招聘与解聘的原则和程序》、《员工管理规定》等管理规章制度。

第十五章　校园建设

三十年来，我校的校园建设经历了从无到有、从小到大、从少到多、从不配套到逐步完善，满足学校办学规模不断发展并达到国家教育部关于更名大学的校园用地、校舍建筑面积指标要求的过程，为学校的可持续发展创造了良好的物质条件。

第一节　机构设置与调整

广东财经大学校园建设的机构设置随着学校发展和校园建设任务的变化而调整。

一、历史沿革

（一）筹建阶段

1980 年 9 月，省人民政府在决定筹建广东财贸学院后，即成立了由省人民政府财贸办公室牵头、省文教办、省高教局和省市财贸系统有关单位负责人组成的筹备小组负责筹备工作。当时，筹备工作的主要任务之一是尽快选定校址。

1982 年 11 月，省人民政府决定在筹建广东财贸学院的基础上筹建广东财经学院。由于筹建任务繁重艰巨，省人民政府决定并成立了由杨德元副省长任组长、省财贸办公室、省高教局等部门负责人组成的筹备领导小组负责筹建工作。筹备领导小组下设办公室，内设人事、教务、基建、总务四个组，其中基建组负责校址选定、校园规划、征地与建设的具体工作。

（二）建校至今

1983 年 5 月，国家教育部正式批准成立广东财经学院。校园建设工作仍由筹备领导小组下设的办公室基建组具体负责。

1984 年 10 月，学校临时党委决定调整内部机构，学校办公室下设基建科，负责校园规划的完善、征地与建设工作。

1987 年 5 月，学校决定成立单独建制的基建处。

1989 年 9 月，学校撤销基建处，基建工作并入总务处，下设正科级建制的基建办公室。

1993 年 2 月，基建办公室从总务处分离，单独设置正科级建制的基建办公室，直属学校领导。同年 11 月，基建办公室归属总务处管理。

2001 年 11 月，基建办公室从总务处分离，单独设置正处级建制的基建办公室。

2004 年 4 月，基建办公室更名为基建处。

2013 年 5 月，基建处更名为校园建设处。

（三）校园建设议事协调机构的历史沿革与调整

在校园建设和发展过程中，特别是 1999 年创建三水校区、2001 年启动北校园征地建设以来，为了加强对基建工作的领导，增强重大基建工程项目决策的科学性和规范性，确保校园建设依法依规开展，学校成立了相应的议事协调机构，负责重大基建工程项目决策前的论证与协调：

2000 年 4 月，成立三水校区筹建办公室基建工作小组，负责三水校区规划、征地与建设工作中重大事项的论证协调。

2001 年 4 月，成立广州校本部北校园征地工作领导小组，由主管副院长任组长，成员由相关职能部门负责人组成，负责北校园征地工作中重大事项的论证与协调。同年 12 月，撤销北校园征地工作领导小组，成立基建工作领导小组，由主管副院长任组长，成员由相关职能部门负责人组成，负责两校区的校园征地、规划调整、前期报建与施工建设过程中重大问题的论证与协调，为学校决策提供依据。

2003 年 12 月，撤销基建工作领导小组，成立校园建设工程指挥部，由学校党委书记任总指挥，院长任常务副总指挥，主管基建、后勤、资产设备的副院长任副总指挥，成员由相关职能部门负责人组成。

2010 年 4 月，撤销校园建设工程指挥部，成立校园建设工作委员会，由主管基建后勤的副院长任主任，成员由基建、财务、后勤、资产设备、招投标、审计、监察等职能部门负责人组成。

2012 年 3 月，校园建设工作委员会主任调整为由主管基建后勤、招投标、财务的副院长担任，成员由基建、财务、后勤、资产设备、招投标、审计、监察等相关职能部门负责人组成。

二、历任领导

（一）筹建阶段

1980 年 9 月，省人民政府决定筹建广东财贸学院的校址选定工作主要由筹备小组成员集体负责。

1982 年 11 月，省人民政府决定在筹建广东财贸学院基础上筹建广东财经学院，并成立了由杨德元副省长任组长、省财贸办公室主任胡广恩、省高教局副局长黄其江等为副组长的筹备领导小组。领导小组下设办公室，内设人事、教务、基建、总务四个组，办公室副主任李俊旋兼任基建组组长，负责校园选址、规划、征地与建设的具体工作。

（二）建校至今

1983 年 5 月，国家教育部正式批准成立广东财经学院。基建工作仍由筹备领导小组办公室副主任李俊旋同志负责。

1984 年 10 月，学校临时党委决定调整内部机构与人员时，任命李俊旋为学校办公室主任，下设基建科，负责校园规划、征地与建设工作。

1987 年 5 月，学校成立基建处，任命李俊旋为基建处处长。

1989 年 9 月，学校撤销基建处，并将基建工作并入总务处，下设正科级建制的基建办公室，李俊旋任总务处处长，叶锡强任基建办主任。

1993 年 2 月，基建办公室从总务处分离出来，单独设置正科级建制的基建办公室，直属学校领导，任命邹承康为基建办公室主任。同年 11 月，基建办公室归属总务处管理，总务处副处长邹承康兼任基建办公室主任。

2001 年 11 月，基建办公室从总务处分离出来，单独设置正处级建制的基建办公室，邹承康任主任。

2004 年 4 月，基建办公室更名为基建处，杨科龙任处长。

2010 年 4 月，学校任命陈廷根为基建处处长。

2013 年 5 月，基建处更名为校园建设处，陈廷根任校园建设处处长。

第二节　校园建设历程

从 1980 年开始筹建广东财贸学院、1982 年改为筹建广东财经学院、1983 年正式成立广东财经学院、1985 年改名为广东商学院，到 2013 年更名为广东财经大学，校园建设经历了四个时期：艰难建设时期（1980—1992）、快速发展时期（199—1999）、跨越拓展时期（2000—2009）、上新台阶时期（2010 年至今）。实现了从无到有、从小到大、从少到多、从不配套到逐步完善，不断满足学校规模快速发展并达到国家教育部关于更名大学的校园用地、校舍建筑面积指标要求的目标，为学校的可持续发展创造了良好的物质条件。

目前，校园总用地面积为 2 380 亩，已建成的校舍总建筑面积约 66 万平方米。（注：已建成的校舍总建筑面积中，不包括 1999 年国家实行房改政策后产权归属教职工的校内教工宿舍，赤岗、江南大道教工宿舍以及华南师范大学、磨碟沙高校教师村宿舍的建筑面积）。

一、艰难建设时期（1980—1992）

筹建伊始，学校既无一寸土地，也无任何校舍资产，建设资金非常短缺。筹备小组和学校克服重重困难选定校址，多方筹措资金征地建设，艰难取得可喜成绩，共完成校园征地 212. 58 亩，建设校舍 103 034 平方米，投入资金约 5 200 万元，基本满足了全日制在校生 3 100 多人的校舍需求。

（一）校址选定与校园建设用地征用

广东省委、省人民政府 1980 年 9 月决定筹建广东财贸学院后即成立了筹备小组，先后在当时的广州市郊区东部柯木塱、小新塘，北部的三元里、江村、钟落潭（省农行干校），西部的横沙、南海（佛山兽医专科学校）等地选择校址。由于种种原因，校址一直未能确定下来，筹建工作进展缓慢。

基于这种情况，1982 年 5 月，筹备小组牵头单位省财贸办公室会同广州市财贸办公室向广州市委提出书面报告，希望广州市委召集有关部门共同研究以早日确定校址问题。之后，根据广州市委、市政府的指示精神，筹备小组与广州市城市规划局初步拟定广州市郊区河南新滘公社赤沙大队所属的松岗约 400 亩山坡地作为校园建设预用地。同年 7 月 11 日，省财贸办公室、省高教局向省人民政府提交由筹建广东财贸学院改为《关于筹建广东财经学院的报告》（附筹建计划任务书），其中把“赤沙大队”作为建校校址列入报告的主要内容。同年11月1日，省人民政府以《关于同意筹建广东财经学院的批复》（粤府函〔1982〕220号）同意“在原已批准筹建的广东财贸学院的基础上，筹建广东财经学院”，校址“可建在广州市郊赤岗赤沙大队”（1984年经广州市有关部门批准，校址门牌编号确定为：仑头路21号），并成立了由杨德元副省长任组长、省财贸办公室主任胡广恩、省高教局副局长黄其江等为副组长的筹备领导小组，立即开展实质性的筹建工作。筹备领导小组下设办公室，内设人事、教务、基建、总务四个组，其中基建组具体负责校园规划、征地与第一期校舍建设工作。

1983年3月，广州市城市规划局批准在赤沙现址征地76.41亩，用于建设第一期校舍教学楼（编号为第15栋）、培训楼（编号为第8栋）、行政楼及教工宿舍第4、5、6、7、9、10、11、12、13、14栋等。1984年3月，获广州市城市规划局批准征地60.06亩，用于建设第二期校舍图书馆，配电供水房，学生宿舍第17、18、19栋及风雨操场（后规划调整，风雨操场改建为第26、27栋学生宿舍）、学一饭堂等。1987年2月，广州市城市规划局批准征地76.11亩用于建设第三期校舍第20、21、22、23、24、25栋学生宿舍，田径运动场和学二饭堂等。

在获得广州市规划部门批准征地的同时，广州市房地产管理部门也批准办理了土地征用手续。

（二）校舍建设

1983年5月国家教育部正式批准成立广东财经学院后，由于赤沙校址仍然处于办理规划、征地手续和着手第一期校舍设计阶段，当年9月迎来的第一批干部进修学员51人只好借用在广州市郊三元里的广东省财贸干部学校校舍上课。1984年2月，学校利用省人民政府财贸办公室支持的300万元购买了位于广州市郊区新滘公社仑头村的广州船舶公司技工学校三栋约6 000平方米的校舍，从广东省财贸干部学校迁往该处临时办学。1984级、1985级新生均在此入学就读。与此同时，学校加快赤沙校址的征地、规划与设计、建设等工作。

但是，建校伊始，资金短缺，征地和校舍建设举步维艰。为了尽快解决筹建工作中的征地与校舍建设资金等问题，1983年6月18日，杨德元副省长主持召开了省人民政府经济委员会、计划委员会、高教局、人事局、劳动局、商业厅、财政厅等部门负责人和学校筹备领导小组成员会议，听取了筹备领导小组的工作汇报，并作出了相关决定事项。根据省人民政府办公厅1983年8月1日发出的《工作会议决定事项（12）》，其中关于征地和基建投资问题的表述为：“会议认为，增设广东财经学院将对我省教育事业发展起到重大作用，省直有关部门和广州市要大力协作，给予支持，尽快把学院建成。会议决定事项如下：一、学院征地问题。国务院批准财经学院规模5 000人。按照国家关于高校用地标准，用地面积应为25万平方米。目前征地10万平方米，相距还很大，且分期征地，影响统一布局。这是当前学院建设需要解决的紧迫问题。会议认为，解决征地问题，是学院建设的关键，请广州市人民政府、市城规局给予大力支持。会议要求，在7月15日前解决好征地事宜，迅速设计动工。二、学院的基建投资问题。原计划任务书提出总投资2 400万元。但由于近年来建筑材料价格和各项费用大幅度增长，投资需要相应加大。会议研究决定，学院总投资现在暂不确定。为了保证学院迅速动工兴建，今年由计委拨款50万元；由省经委牵头，在省财贸和部分工业厅局中动员自筹资金100万元，以解决先期施工资金。”从此，征地和校舍建设有了一定的资金保障，但资金仍然非常紧缺，因而校舍建设进展缓慢。

1984年，学校得知国家商业部为完善部属院校的布点而计划在广州设立一所商学院的消息时，学校领导及时向广东省人民政府报告。广东省人民政府与国家商业部联系商谈并达成了联合办学的共识，于1985年6月决定将广东财经学院改名为广东商学院。根据1985年10月国家商业部和广东省人民政府正式签订的《关于商业部资助广东商学院办学的协议》（粤府函〔1986〕183号），明确了“商业部资助广东省人民币两千万元，用于建设广东商学院。一切基建事宜由广东省负责”。至此，校园建设注入了关键的资金保障，校园征地与建设进度明显加快。

至1986年9月，学校利用国家商业部的资金支持和省的财政拨款，建成了第一期校舍教学大楼、培训楼、教授宿舍楼第13～14栋、讲师宿舍楼第9～12栋并投入使用。江南大道教工宿舍区也开始动工建设。至此，学校正式由仑头搬迁到赤沙现址办学。同年10月6日，学校举行了隆重而简朴的1986级新生开学典礼。

从仑头迁到赤沙现址办学后，由于省财政拨款依然有限，学校的征地与校舍建设资金深感不足。为解决建设资金紧缺问题，学校利用自身优势，主动出击，大胆地走出了一条联合办学的新路子，先后与省经委、商业厅、粮食局、供销总社、审计局、税务局、建设银行及省市相关部门联合办学，由他们提供一定的办学资金，学校负责为他们培训在职员工或培养全日制学生，以上部门或单位的资金支持在一定程度上缓解了学校建设资金的不足，加快了校园建设进程。从1987年到1992年，学校利用省财政拨款和有关厅局联合办学的经费支持，先后建成了第二、第三期校舍学一饭堂，第17、18、19、20、21、22栋学生宿舍，第4、5、6、7栋教工宿舍，图书馆、行政楼、田径运动场也在这一时期建成并投入使用。其中，1988年12月11日学校举行了隆重而简朴的“热烈庆祝广东商学院建校五周年暨图书馆落成大会”。

二、快速发展时期（1993—1999）

学校紧紧抓住邓小平同志南方讲话精神，解放思想，多方筹措资金，拓展办学空间，加快校园建设步伐，进入了快速发展时期：广州校本部（赤沙校址）南校园继续征地建设新校舍，计划北拓征地建设北校园并作出了艰苦努力；创建了三水校区，办学空间得到了极大的扩展。新增校园用地1 568.41亩，校园总占地达1 780.99亩；新增校舍55 627平方米，校舍总建筑面积达158 661平方米；投入征地和校舍建设资金约1.5亿元，基本满足了全日制在校生10 000多人的校舍需求，为学校下一步的跨越式发展创造了条件。

（一）校园建设用地征用

1992年2月邓小平同志南方讲话精神发表后，在全国高校兴起了一股兄弟院校纷纷南下广东考察学习如何扩大开放加快高校改革与发展的热潮，我校也迎来了许多前来考察交流的同类院校同行。学校在介绍办学历程与经验体会的同时，积极谋划未来的改革与发展战略。当年12月11日，省人民政府常务会议决定将广东商学院改办为广东法商大学，计划到2000年在校全日制学生规模达6 000人。当天下午，副省长卢钟鹤、刘维明召见学校党政领导，部署包括扩大办学空间、加快校园建设等相关改办大学事宜。1993年9月7日，省人民政府正式函请国家教委批准将广东商学院改办为广东法商大学。由于当时国家教委对由学院改名大学的学科数量、在校生规模、校舍建筑面积等指标要求刚刚作了调整（1993 年 8 月各项基本指标要求均已调高）等原因，改办大学未获批准。

与此同时，学校为了规模发展和改办大学的成功，在校园建设上作出了不懈的努力。1993 年和 1994 年，广州市城市规划局先后批准学校征用赤沙村 30.76 亩和 29.51 亩土地，用于建设第四、五期校舍实验楼、综合楼、外教楼、医院楼和后勤保障楼、体育馆等（后因规划调整，后勤保障楼、体育馆分别建成第 28、29 栋学生宿舍）；批准征用海珠区赤岗东路麻纺厂职工宿舍南侧 8.14 亩土地，用于建设赤岗教工宿舍区。

在省高教局的指导支持下，学校在扩大征用校园东侧用地基础上计划北拓征地建设北校园，以满足学校发展和改办大学的校园用地、校舍建筑面积的基本指标要求。经过努力，广州市政府规划部门批准学校征用与田径运动场、学一饭堂、学二饭堂北面一墙之隔的果林菜地约 212 亩，用于建设北校园，并划定了用地“黑线图”。由于建设资金等诸多原因，征用北校园用地的计划一直停滞不前，广州市政府根据当时征地政策的相关规定，拟将该地块收回作其他用途。学校得悉这一情况后，及时向省、市政府有关部门说明情况并请求保留征用此地块建设北校园，以满足学校发展的需要。2001 年底，广州市政府规划部门再次批准我校可以继续征用此地块用于建设北校园，并划定用地“红线图”。这为学校未来发展奠定了坚实的物质基础。

1999 年国家对高等教育实行大众化战略后，为进一步拓展办学空间，学校主动与东莞市政府、河源市政府、佛山市政府商讨多校区异地办学的合作方案。经过多方论证，最终确定与佛山市属的三水市政府合作办学，并于 1999 年 12 月 10 日签订了合作办学协议，由三水市政府无偿划拨云东海旅游经济区 1 500 亩土地建设广东商学院三水校区。2000 年元旦举行了三水校区奠基仪式，正式拉开了建设三水校区的序幕。广东省发展和改革委员会 2006 年 3 月正式确认了三水校区建设项目可行性研究报告书，明确校园用地 1 500 亩，校舍建筑面积 32.65 万平方米，计划投资 7.725 亿元。

（二）校舍建设

1993—1999 年，学校校舍建设进入了快速发展时期。通过多方筹措资金，建成了广州校本部第 23、24、25、26、27 栋学生宿舍；建成了实验楼、学二饭堂、医院楼、幼儿园及赤岗教工宿舍等校舍。

1998 年 8 月，国家教育部决定在条件许可的部分院校先行试点扩大招生规模。当年，我校充分挖掘潜力，临时扩招了近 800 名新生。这时虽然刚刚建成第 26、27 栋学生宿舍，但为了解决扩招后部分学生的住宿问题，学校临时借用校园西侧的部队营房作学生宿舍用。

1999 年，广东省教育厅划拨省人民政府投资建设的位于华南师范大学内的广东高校教师新村 98 套宿舍给学校，解决了教职工的住房困难。

三、跨越拓展时期（2000—2009）

为响应国家实行高等教育大众化号召，根据广东省委、省人民政府的指示要求，学校在扩大招生规模的同时，积极争取省市政府的支持，继续拓展办学空间，加快校园征地和基础设施及校舍建设：一是完成了广州校本部北校园的征地与规划调整工作；二是划拨置换了与广州校本部南校园一墙之隔的广东省石油化工职业技术学校广州校区土地及校舍给我校使用；三是基本建成了三水校区。在这一时期，学校新增校园用地 599.28 亩，校园总占地面积达2 380. 27亩；新增校舍309 755平方米，校舍总建筑面积达468 416平方米；投入建设资金近9亿元；全日制在校生规模达2万人，实现了学生规模与校园建设跨越式发展的目标。

（一）校园建设用地征用

1. 北校园建设用地征用

1999年开始，各高校纷纷扩招，高校规模发展进入了超速时期。2000年，广东省委、省人民政府决定在广州市番禺的小谷围建设具有广东改革开放特色的大学城，省教育主管部门建议我校作为第一批进驻学校列入计划，以解决现有校园狭小、不利于快速发展的困境。当时，学校考虑到与三水市政府合作办学建设三水校区已开始、校舍建设正在如火如荼地进行，北校园征地条件基本成熟，进驻大学城的大笔资金虽然政府批准可以通过银行贴息贷款解决，但日后的巨额还款会给学校带来沉重的负担，因而作出了不进驻大学城办学、继续争取广州市政府尽早批准征用北校园建设用地和办好三水校区的决定。之后，学校争取到广州市政府的支持，于2001年11月由广州市城市规划局批准我校征用南校园北侧围墙以北、黄埔涌以南、华南快速干线东侧372. 82亩果林菜地用于建设北校园，并划定征地红线范围。到2002年11月，先后获得广东省计划委员会批准北校园建设项目立项和广州市国土局批复完成建设用地的预审工作。随后的用地勘测定界工作进展顺利。但是，到了2003年7月学校向广州市国土局申请北校园建设用地报批手续时，适逢国家全面开展土地调查整顿工作阶段，被要求暂停。而到2005年初，广州市国土局通知我校可以重新启动北校园建设用地报批手续时，又由于政府有关部门认为本地块属于广州市“万亩果园”保护范围，不予批准我校提出的征地申请。

2006年2月，经多方艰苦努力，广州市政府批准我校提出的征用北校园建设用地372. 82亩的申请，并作为广州市第七批次用地计划上报省人民政府审批。可以说，这时候的北校园征地经历“一波三折”后“柳暗花明又一村”，总算“走出了广州市门”。

广东省人民政府对我校北校园的征地工作给予了极大的关心与支持。在广州市政府批准征用北校园地块后，省人民政府即将用地申请上报国务院审批。经国务院同意，国土资源部于2006年12月批准我校征用北校园建设用地372. 82亩。2008年3月，我校领取了该地块的《国有土地使用证》。2009年12月广州市规划局最终批准北校园修建性详细规划方案，为正式动工建设北校园创造了实质性的前提条件。

2. 划拨置换化校校园

扩招后，学生宿舍的不足成为制约学校规模发展的最大瓶颈。为了解决扩招后学生的住宿困难，学校不得已而为之，从2001年起租用赤沙村临时建筑供学生住宿，到2005年共租用新西楼、AB栋和3、4号楼，解决了3 500多个学生的住宿问题。2006年前后的几年里，还动员部分有条件的学生在校外租房自行解决住宿问题。但由于所租用的宿舍特别是3、4号楼地处典型的“城中村”，环境条件差，不利于学生的学习和生活，学校一方面加快三水校区学生宿舍的建设，另一方面加快校本部校园规划调整与学生宿舍建设进度。2007年，适逢与南校园一墙之隔的广东省石油化工职业技术学校在佛山市征地扩大办学空间，学校主动联系和商谈划拨置换事宜，得到省财政厅、教育厅的大力支持，经省人民政府同意，省财政厅于2008年10月批准无偿调拨广东省石油化工职业技术学校广州校区给我校使用。作为对该校异地办学的补偿，学校给予了8 000万元的经费支持。至此，学校新增用地约46.73亩，新增校舍21 907平方米。

3. 三水校区教工宿舍用地划拨

为优化三水校区人文环境，2008年学校决定征用校区西北面300亩土地规划建设教工宿舍，所需征地款3 000万元列入当年学校预算计划。在与当地政府商谈征地事宜时，适逢广东省重点工程广贺高速公路即将动工建设，并规划穿越校区南侧约117亩校园土地。但在与省、市交通部门和当地政府商谈用地划拨时由于补偿问题未能达成共识。后经过多方努力，当地政府同意无偿划拨校区西北面300亩土地给我校建设教工宿舍，我校则无偿让出校区南侧约117亩土地支持政府建设交通设施。这样，通过无偿划拨，三水校区新增183亩校园建设用地。

（二）校舍建设

1. 广州校本部校舍建设

因南校园可建用地少，经过挖潜和筹措资金，2000年建成外教楼，供外教和部分青年教工住宿；2004年建成综合楼，其中1～6楼作教室用，7～9楼作部分教学院部教研办公用；2006年将原后勤保障楼和停车库改建成第28栋学生（研究生）宿舍及地下停车场。

2. 三水校区校舍建设

为适应扩招形势快速发展的变化，1999年学校与三水市政府达成无偿划拨1 500亩土地建设三水校区后，当地政府全力支持，特事特办，学校即开展校园用地的划拨与规划建设工作。2000年新年伊始即举行校舍建设奠基仪式，6月1日正式动工建设。同年9月底，建成第一期校舍第一教学楼、田径运动场、学生宿舍第1～3栋及学生饭堂、教师生活楼等，确保了2000级第一批新生1 500人借用东莞市沙头角驻地部队营房完成入学军训后于10月6日返回校区如期开展正常的教学活动。

为完成扩招任务，学校连年扩大招生规模，三水校区学生宿舍的建设成为每年基建工作的重中之重。在2000年到2009年的10年时间里，21栋学生宿舍共12 500多个床位几乎都是年初动工，日夜奋战，到当年9月建成完工后即投入使用，有时候施工人员仍在进行工程收尾工作，而新生已入学报到要马上入住。尽管如此，社会各界都表示理解和支持，许多学生家长都说："学校已尽最大努力解决扩招所带来的学生住宿问题了。"与之相配套，2002年建成的实验楼、风雨操场，2004年建成的教师公寓楼，2005年建成的学二饭堂，2007年建成的第二教学楼以及2008年建成的图书馆、行政楼等校舍，都是在时间紧、任务重、多方筹措资金的情况下建设起来的。

四、上新台阶时期（2010年至今）

从2010年开始，为适应学校办学上水平、上质量和规模发展的要求，学校实施"更名、申博、北校园建设"三大战略，校园建设进入了全新的上新台阶时期：全面拉开了北校园基础设施和单体建筑的建设，标志着校园建设的重点从三水校区转移到北校园上来；利用原广东省石油化工职业技术学校校园重新规划建设学生生活区，将彻底改善学生的生活居住条件；进一步完善三水校区基础配套设施，全新规划建设教工宿舍区，校区基础配套设施和人文环境将彻底改观。从2010年开始至今，建成和即将建成并投入使用的校舍建筑面积达251 200平方米，投入资金7亿多元。也就是说，这4年的校舍建设量相当于再建设一个现有南校园的校舍建筑面积。这些办学条件的改善，将为学校办学上规模、上水平提供可靠的物质基础。

2010 年至今的校园建设项目主要包括：

（一）广州校本部建设

1. 校园规划调整

北校园修建性详细规划方案经广州市规划局 2009 年 12 月批准后，学校即开展立项建设可行性报告的研究与论证，经广东省发改委 2010 年 8 月批准，北校园建设项目可建校舍总建筑面积为 200 799 平方米，总投资 9.46 亿元。这就为建设好北校园提供了政府层面的强力支持。根据《广东商学院校园基本建设“十二五”发展规划》提出的“建设北校园、完善南校园、建成原化校学生生活区”建设目标，学校向广州市规划局申请整合北校园、南校园、原化校校园的修建性详细规划调整方案（即“三规合一”方案），2013 年 5 月由广州市政府组织的规划委员会会议批准了校园控制性规划调整方案，校舍建筑容积率由原来的 0.81（实际为 0.94）增加到 1.24。这就意味着在加快建设北校园的同时，在南校园现有校舍基础上可以新建 13 万平方米建筑面积的学生宿舍。2013 年 8 月，广州市规划局批准了我校提交的广州校本部总校区（即“三规合一”）修建性详细规划调整方案，明确了新建学生生活区各单体建筑的技术指标。根据国家教育部关于普通高等院校校舍建筑面积基本指标要求核算，广州校本部规划建筑全部建成后，将至少可以满足全日制在校生 2.3 万人以上的教学和住宿需求。

2. 校舍建设

广州校本部北校园校舍建设能否按计划推进，直接关系到学校 2012 年更名大学目标能否如期实现。因此，北校园的建设被列为学校各项工作的“重中之重”。2010 年动工建设的道路管网、配电增容、外供水等基础设施配套工程正式拉开了北校园建设大会战。经过一年多的努力，2011 年底前这些基础设施工程全部建成并投入使用。为了争取时间尽快建成北校园教学楼、实验楼和研究生楼，施工单位积极配合，在配电增容工程未完工未达到正常供电的情况下自行发电解决前期施工用电困难，终于在 2012 年 5 月建成并交付使用，保证了当年 9 月新学期开学后正常的教学秩序不受影响。

为了在国家教育部 2012 年更名大学专家组来校实地考察前动工建设更多校舍，以达到更名大学所需要的相关指标要求，学校千方百计争取政府部门和社会各界对校园建设的支持，先后于 2011 年、2012 年动工建设北校园二级学院教研办公楼、图书馆、田径运动场及地下停车场工程和三水校区教工宿舍工程。其中，北校园二级学院教研办公楼已建成投入使用，图书馆和田径运动场及地下停车场工程进展顺利，将于 2014 年建成并投入使用。综合体育馆、行政楼和餐旅教学实训楼正按既定计划开展设计或前期报建工作。

在全力建设北校园的同时，为解决学生宿舍严重不足的困难，学校顶住多方压力，克服重重困难，在 2011 年仅用了 5 个多月的时间建成了被称之为“稳定工程”的南校园第 29 栋学生宿舍，及时解决了从三水校区迁回校本部学习的 3 000 名学生的住宿问题。目前，学校正在开展南校园第 30、32 栋学生宿舍的前期报建工作，计划 2015 年建成并投入使用，将可解决 7 000 名学生的住宿问题，一直以来困扰着学校规模发展的瓶颈问题将得到彻底解决。第 33、34 栋学生宿舍将根据学校未来发展的需要逐年建设。

（二）三水校区建设

1. 校园规划调整

三水校区经过10年建设已基本成型后，面临着如何进一步发展和营造更加良好的校园文化环境等问题。学校从2010年起向当地政府规划部门提出校园规划调整申请，佛山市规划局支持学校建设，于2011年1月正式批复同意我校提出的修建性详细规划调整方案，该方案新增规划建设教工宿舍12万平方米、第三教学楼15 000平方米、学生宿舍50 000平方米等建设项目。

2. 校舍建设

由于校园建设的重点开始转移到广州校本部北校园，根据省教育厅的要求，原计划2011年动工建设第三教学楼及学生活动中心的设计及前期报建工作暂停，三水校区校园建设的重点为逐步完善基础配套设施。2010年以来的主要工程包括北区道路管网、配电增容和外供水供气工程，沁湖、涟湖改造工程和连接图书馆与教学楼间的拱桥工程及园林绿化等工程，这些基础配套工程的完善，改善了校区人文环境。

为降低办学成本，进一步优化校区人文环境，提高教育教学质量，同时，也为了将学校改革发展的成果惠及广大教职工，经政府相关部门批准，学校于2012年正式动工建设800多套、建筑面积约12万平方米、投资约2.7亿元的三水校区教工宿舍。目前工程施工进展顺利，将于2014年建成并投入使用。

2013年6月19日，国家教育部以教发函〔2013〕107号文批准广东商学院更名为广东财经大学，这一成功更名预示着学校办学和校园建设将再上新台阶。

第十六章　其他保障工作

第一节　固定资产与实验室管理

一、机构设置与调整

1983 年至 2003 年 2 月，学校教学设备由教务处采购和管理，其他设备由总务处采购和管理。

2003 年 3 月，为了加强和规范管理固定资产，学校设立了资产与设备管理处，负责学校固定资产（含房产）、物资和服务采购、实验室建设等，下设综合科、资产管理科、设备管理科、实验室建设科。

2004 年 10 月，资产与设备管理处增设后勤产业科，负责房产管理工作、按合同对后勤服务集团进行监管及其他后勤事务工作。

2008 年 7 月，资产与设备管理处后勤管理职能划归基建与后勤管理处，后勤产业科保留房产管理职能，其他管理职能及部分人员划归基建与后勤管理处，后勤产业科改为房产管理科。

2010 年 1 月，资产与设备管理处增设实验室管理科，负责学校实验室的宏观管理、考核评估和协调监督工作。

历任资产与设备管理处处长为谢访春、陈迴。历任副处长为陈庆建、江元、张海松、梅金玲、黄存社。

2013 年，资产与设备管理处改为设备与实验室管理处，陈迴担任处长，张海松、王青、梁山担任副处长。

二、固定资产与实验室管理

（一）房产管理

1983 年 5 月，广东财经学院经教育部批准成立。同年 9 月，学院在“三无一缺”（无校舍、无教师、无设备、缺资金）的状况下，借用三元里财贸干部学校的校舍，挂起了学院的牌子。

1984 年 2 月，学校利用省财办支持的 300 万元开办经费购置了仑头原广州船舶公司技工学校的房子（总建筑面积不足 1 万平方米），学校从三元里迁址至仑头。

1984 年 9 月，学校在赤沙征得第一期建设用地，自此，学校全面拉开了建设新校园的序幕，学校从仑头迁址至现校址。

1992 年至 1995 年，学校征得赤沙第四期、第五期以及赤岗宿舍区的建设用地，共 68.41 亩。

1999 年 12 月，经省高教厅批准，学校与三水市人民政府正式签署（合作）兴建广东商学院三水校区合同书。根据合同，三水市人民政府无偿提供 1 500 亩土地作为广东商学院三水校区建设永久用地。三水校区一期工程于 2000 年 6 月正式动工兴建。

与此同时，在广州校区学生公寓不足的情况下，以 1999 年国务院决定快速启动高校后勤社会化改革、要求各高校积极推进学生公寓社会化建设为契机，学校探索引进社会资源合作办学模式，与当地赤沙村经济联合社合作，由赤沙村经济联合社出资出地在我校围墙边建设学生公寓供我校租赁使用。自 2000 年起，先后合作兴建 4 栋学生公寓，面积共计 23 568 平方米。

2002 年 11 月，广州校区北校园征地几经努力，正式获省政府立项。2006 年 12 月，正式取得国土部批文。自此，学校增加用地面积 372.82 亩。

2008 年 10 月，省财政厅下达《关于同意将广东省石油化工职业技术学校广州校区无偿调拨给广东商学院使用问题的复函》，标志着省政府正式同意将广东省化工学校现校园约 46.73 亩土地无偿划拨给我校使用，从而使我校增加了校舍建筑面积 21 907 平方米。

截至 2013 年 10 月 31 日，用地总面积达到 2 380 亩，校舍建筑总面积达到 659 165 平方米，其中，教学科研行政用房面积达到 356 568 平方米。

（二）仪器设备管理

2003 年 3 月资产与设备管理处成立之前，学校教学设备和其他设备分别由教务处和总务处管理。至 2002 年，学校仪器设备价值为 3 030 万元，主要保障学生生活和教学的基本需求。

2003 年 3 月，资产与设备管理处成立后，学校仪器设备统一由资产与设备管理处采购和管理。

2003 年 12 月至 2004 年 12 月，完成学校建校以来第一次全面的、彻底的固定资产清查工作，摸清了全校固定资产总量、总值、分布和使用状况。查清了时点为 2004 年 12 月 31 日止全校固定资产的台件数为 26 565，原价值为 321 351 813.06 元（约 3.213 亿元）。2003 年 10 月，完成 22 个涉及固定资产管理、物资和服务采购、实验室建设、后勤管理等管理文件的编制工作，并由学校发文实施。自此，实现了摸清家底、建章立制、规范管理、提高水平、强化服务的管理目标。

2005 年，投入 700 万元完成综合楼配套设备设施建设并投入使用，不仅改善了教学场地不足的状况，也改善了教学单位的办公条件。

2006 年和 2007 年，学校共投入 2 000 万元完善校园网，使校园网信息点达到 2.5 万个，实现了校本部和三水校区的异地互联。

2008 年至 2012 年，投入 3 200 万元新建和改造 13 栋学生宿舍楼的配套设施；2008 年和 2009 年，投入 1 100 万元改造了 23 栋学生宿舍楼的热水系统，改善了学生住宿条件，彻底改变了学生无热水洗澡的局面。

2008 年和 2009 年，投入 1 900 万元完成了三水校区图书馆配套设备设施的建设。

2010 年至 2012 年，投入 2 000 万元完成广州校区第二综合楼、第二教学楼、第三教学楼、研究生楼、经管实验楼和三水校区行政楼的配套设备设施的建设，学校教学、科研和办公条件得到根本改善。

2011 年 1 月，完成 16 个涉及固定资产管理、物资和服务采购、实验室建设与管理等管理文件，提出了管理工作制度化、规范化、科学化、标准化和精细化的目标。

2012 年，投入 770 万元加快数字化校园建设。

截至 2013 年 10 月 31 日，学校固定资产总值 163 818 万元，其中教学科研仪器设备总值达到 10 685 万元。教学科研仪器设备中的教学用计算机数 5 066 台，平均百名学生配备教学用计算机达到 21.4 台。

（三）实验室建设与管理

1984 年至 1992 年期间，学校实验室初步建立，主要满足基础课程的实验室教学需求。

1984 年，我校第一个实验室——商品学实验室成立，归企业系管理。

1986 年，学校建立饮食分析实验室、烹饪工艺实验室，归属餐旅系管理。

1986 年，建立了第一个 48 座的语言实验室，归外语系管理。我院从在 1983 年建校初期只有几部收录机、十几盒录音带的条件下，一直坚持开展外语的电化教学工作。于 1987 年和 1991 年又相继建立了两个 48 座的语言实验室，在一定程度上满足了英语教学的需要。

1987 年，建立计算机中心实验室，直属学院管理。

1992 年，建立会计电算化实验室，归会计系管理。

1993 年至 1996 年，扩充 300 多平方米的计算机实验场地，新建了两个 48 座的先进语言实验室，添置了 200 多台计算机。至此，学校共有基础及专业技术实验室 6 个，即计算机科学实验室、商品学实验室、餐饮实验室、语言实验室、经济科学中心实验室和司法技术中心实验室，实验室用房面积达到 3 380 平方米。

1994 年 10 月，学校组织开展对全校教学单位的实验室评估工作，成立了评估领导小组和评估组，以主管教学工作的温宝光副院长担任领导小组组长，教务处赵九宣处长担任评估组组长。通过评估整改，整个实验室面貌发生了较大的变化，大部分实验室基本达到了合格要求。

1996 年 4 月，学校根据实验室管理的需要，对实验室管理体制进行调整，下发《关于调整我院实验室管理体制的通知》，成立直属学院的经济科学中心实验室，由原城管系、会计系、税务系、投资系实验室组成。该实验室为现在国家级实验教学示范中心经济与管理实验教学中心的前身。

1997 年，经济科学中心实验室升格为处级建制，更名为经济管理实验中心。

1999 年，经济管理实验中心被广东省教育厅评为广东高校第一个经济与管理教学提高型重点实验室——广东省高校经济与管理重点实验室，并获得广东省教育厅 300 万元的投资，以此为契机，我校将实验教学推广到经管类所有本科专业。

2003 年，为进一步建立健全经管类专业实验室体系，建立跨专业的综合实验教学平台，进行跨专业、跨学科经管类综合实验教学，学校建立了 ERP 实验中心。

2003 年，广东省科技厅同意以我院为依托，建设省级重点实验室——广东省电子商务市场应用技术重点实验室，实现了我校科研型重点实验室零的突破。

2004 年，ERP 实验中心被广东省教育厅评为广东省 IT 类重点实验室。

2005 年，以省级经济与管理重点实验室为基础的经济管理实验中心被评为省级实验教学示范中心。

2006 年，对教学型实验室管理体制进行了改革。为了进一步加强我校实验室的规范管理，提高实验资源的使用效益，实现实验教学资源共享与实验教学一体化管理，学校对实验室进行了大规模的整合和调整，颁布关于整合实验室的决定，将经济管理实验中心和 ERP 实验中心合并，成立经济与管理实验教学中心。除经济与管理实验教学中心和电子商务市场应用技术重点实验室以外，全校其他实验室（含语音室、摄影棚、绘画室、音乐室、计算机房等）成建制全部并入教育技术中心。

2006 年，经济与管理实验教学中心被评为国家级实验教学示范中心，是全国首批两个经管类国家级实验教学示范中心之一。

2009 年，以司法技术中心实验室为基础的法学实验教学中心被评为省级实验教学示范中心。

2010 年，第二次教学型实验室管理体制改革工作正式启动。实验室实行校院两级管理体制，本着分类指导、存量调整和用管统一原则，对集中与分散管理的实验室实行分类指导，对跨学科、共享程度高的实验室仍实行学校集中管理，分别归口到经济与管理实验教学中心和教育技术中心进行管理；达到规定条件的单一学科、共享程度低的专业实验室下放到有关二级教学单位进行管理。资产与设备管理处增加校级实验室宏观管理职能，增设实验室管理科，进行宏观管理。

2010 年，为了提高实验室建设与管理决策的科学合理性，学校成立实验室工作委员会。该委员会是实验室建设、高档仪器设备布局管理、人员配置培训等重大问题的决策咨询机构。

2011 年，制定了《广东商学院实验室建设“十二五”规划》，绘制了学校未来五年实验室建设的发展蓝图。

2011 年，制定了《广东商学院校本部实验用房规划分配方案》，完成广州校区实验用房的重新规划和调整，优化实验室布局，实现了实验室资源的整合和共享。

2011 年，以传媒技术综合实验室为基础的人文综合实验教学中心被评为省级实验教学示范中心。

2012 年，以信息技术综合实验室为基础的信息技术综合应用实验教学中心被评为省级实验教学示范中心。

2012 年，学校将新建成的实验大楼全部给国家级实验教学示范中心——经济与管理实验教学中心使用，经济与管理实验教学中心实验用房面积达 10 953 平方米，进一步巩固和提升其在国内的领先地位，充分发挥示范作用，将其打造成“校内综合、省内共享、国内辐射”的具有国际竞争力的高端实验教学平台。

第二节 信息化建设

信息技术对教育发展具有革命性影响。为迎接信息社会的到来，学校积极推进信息化建设，从 1996 年开展至今，经历了三个阶段：创建校园网，迎接信息化社会的到来（1996—2002）；加快校园网建设，实施教学信息化工程（2003—2009）；建设数字化校园，构筑信息化财经大学（2010—2013）。

一、接入中国教育科研网

1988 年 8 月 8 日，广东商学院初创电化教育管理机构——电教室。当时为科级建制，归属教务处，负责全校的电化教育和实验室管理工作。到 1995 年，学校投入 18 万元，为所有教室配备了投影仪和银幕。此时学校尚未接入互联网，电教室主要负责为教师制作教学幻灯片、拍摄学校重大活动场景、播放电视教学片等。

1996 年 3 月，学校通过 DDN（Digital Data Network）的形式接入中国教育科研网，是全省高校中第一批接入中国教育科研网和国际互联网的单位之一，标志着广东商学院正式接入互联网。这条专线的速度是 64Kbps，一开始只能给网络中心、办公楼、图书馆提供服务。到了 1997 年，DDN 专线升级为 128Kbps，并开始对校内教工提供电话拨号接入互联网的服务。

1997 年，电教室从教务处独立出来，成为单独建制的电教中心，负责多媒体课室和实验室建设管理，并开始注重对教师进行教育技术推广普及应用。1998 年，学校进行机构改革，将电教中心更名为现代教育技术中心，在原本的功能职责的基础上，增加了计算机基础教学和校园网建设和管理的工作任务。

二、校园网二期工程

1999 年 9 月，学校投入 150 万元开展校园网二期工程建设，建成 1 500 多个网络信息点，2001 年，启动学生宿舍网络建设，首批接入互联网的是学生宿舍第 19、24 栋，校园网开始对学生提供网络服务。接入校园网的建筑包括办公楼、实验楼、图书馆以及两栋学生宿舍楼，校园网接入中国教育科研网的出口带宽达到 10M。

这一阶段是教学信息化建设的前期准备阶段，这个阶段的多媒体课室建设、校园网建设以及相关机构的设置为教学信息化的建设实施奠定了基础。

三、进一步改革组织机构，加快信息化基础设施建设

2002 年 5 月，根据教学改革和人才培养的需要，学校进行新一轮的机构改革，将现代教育技术中心更名为教育技术中心，全面推进我校的校园网建设和教学信息化工作。

2005 年 12 月，学校对实验室进行整合，除经济与管理实验教学中心和电子商务市场应用技术重点实验室以外，全校所有实验室（含语音室、摄影棚、绘画室、音乐室、计算机房等）成建制全部并入教育技术中心。教育技术中心下设办公室、网络信息部、研发部、电教部、信息技术综合实验室、传媒技术综合实验室、司法技术综合实验室、商品学实验室、三水校区教育技术中心。

（一）校园网三期工程

2003 年 6 月，教育技术中心启动校园网三期工程规划设计工作。同年 12 月，由教育技术中心牵头，学校开展教学信息化工程规划设计。

2004 年 9 月，学校投入 890 万元，启动校园网三期工程建设。此次工程设计要求铺设室外光缆 15 千米，建设网络信息点 1.2 万个，配备小型机 1 台、高档服务器 10 台、存储容量 3T，完成广州校区办公室、教学区、教工家属区、学生宿舍区的全网覆盖。

2005年11月，校园网三期工程建设通过专家组的验收。经过校园网三期工程的建设，我校拥有了13 000多个信息接入端口、15千米光缆、2台锐捷S6810万兆核心路由交换机、13台锐捷S4900汇聚交换机、225台S2150G接入交换机、1台SUN 6800小型机、1台SUN 6320存储（3T）、30多台各种应用服务器、1个100M中国公用计算机网出口、1个100M中国教育科研网出口。我校校园网初具规模，为教学信息化工程的实施奠定了良好的网络基础。

（二）校园网四期工程

为建设三水校区校园网，实现三水校区与校本部的网络互联，2006年6月，学校正式启动校园网四期工程建设，铺设室外光缆28千米，新建1个先进的数据中心和1.3万个网络信息端口，实现了校本部和三水校区所有办公楼、教学楼、实验室、科研所、图书馆、教师宿舍、学生宿舍等建筑千兆接入校园网，全校网络端口总数达到2.5万个。校园网接入中国教育科研网的出口带宽100M，接入中国电信国际互联网的出口带宽300M，三水校区与校本部的网络互联带宽达1 000M。比较完备和先进的网络基础设施为我校开展教学、科研、管理、生活、娱乐等各种活动提供了优良的网络环境，为我校全面开展教学信息化工程建设提供了先进的软硬件平台。

（三）多媒体课室与实验室建设

学校不断增加投入，升级改造和新建多媒体教室，提升各类实验室的信息化和现代化水平。到2007年7月，我校共建成多媒体课室188间，各类信息化的实验室63间，为人才培养提供了先进的信息化教学设施，成为广东省第一所实现全部课室多媒体化的高校。

四、教学信息化工程

2003年，学校下达《关于做好教学信息化规划工作的通知》，要求制定教学信息化规划。历经两年的研究准备，2005年4月完成并制定了《广东商学院教学信息化建设规划(2005年6月至2007年7月)》，我校教学信息化工程正式启动。

整个工程由六个部分组成，分别是教学信息化研究子工程、教学信息化队伍培育子工程、教学信息化（软件、硬件）平台建设子工程、数字化教学资源建设子工程、教学信息化推广应用子工程与教学信息化制度创新子工程。

2005年底，学校引进了Blackboard网络教学平台，依托500项校级教改项目，全校教师在Blackboard平台上自主建设了网络课程7门、自主学习型网络课程15门、网络辅助教学课程323门、专题学习网站11个、多媒体课件项目139项、其他专项试验与配套建设项目5项，共计建成数字化教学资源850GB（非课程录像）。通过授权合同形式引进优质影视资源3 000多部，约700GB。发动、引导学生创建学习创新网站和主题学习社区，经过两届评选，从100多个学生学习创新网站中评选出优秀学习创新网站23个。通过专家讲座、集中培训、个别辅导、网络学习等方式开展教师队伍培训，累计培训教师超过5 000人次。搭建了由四个中心（学生中心、教师中心、资源中心、管理中心）和若干个应用系统（网络辅助教学系统、数字图书馆系统、跨专业综合模拟实践系统、大学生素质拓展管理系统、精品课程网站系统、大学英语学习系统、企业管理远程培训系统、法律与司法技术学习系统、大学数学学习系统、学生学习创新网站和主题学习社区系统、素质教育视频点播系统、教务管理系统和在线服务支持系统等）构成的教学信息化集成平台。

2007年，基于教师参与教学信息化建议的实践与思考，收集并评选出教师教学信息化优秀教研教改论文80余篇，出版了《信息技术支持下的高校教学改革研究与实践——广东商学院教学信息化研究论文集》。

2007年9月，学校承办了全国财经类高校教学信息化发展战略研讨会。

2008年，学校启动教学信息化推广应用工程，促进已经建成的500项数字化教学资源全面投入教学应用。之后继续投入，鼓励、支持教学院系建设一批教学信息化示范课例、示范课程、示范专业以及三大课堂互联互动示范项目，促进教学质量进一步提高。编制了《各类项目建设指南》，通过建立指南、组织培训、典型示范、评价指导等方式，不断优化教师课堂教学和资源建设，促进师生交流互动和学生网上学习。

2008年12月，通过学校教学工作会议，全面深化落实《广东商学院教学信息化推广应用总体实施方案》，推动教学信息化资源建设成果在学校本科教学中深化应用，追加投入300万元，建设一批教学信息化应用项目。

2009年3月，开展教学信息化推广应用试点期立项，建设示范课例15个、示范课程10个、示范专业2个。同年，以教学信息化工程实践为依托的《以提高人才培养质量为目标的教学信息化系统研究与实践》项目获第六届省级教学成果二等奖。

2009年3月，受广东省教育厅高教处和广东省高等学校教育技术中心委托，学校承办了"广东省高校优质教学资源建设与应用研讨会"。随着推广应用的进一步推进，学校在教学信息化建设方面的影响也进一步扩大。

2009年11月，受全国高校教育技术协作委员会委托，学校承办了全国高校教育技术协作委员会第六届年会暨学术交流会。

五、信息资源共享的云平台建设

2009年，为全面推进我校教育信息化和数字化校园建设，加快构筑信息化财经大学的网络基础设施，学校决定成立信息化建设与管理办公室（挂靠在学校办公室），负责对我校信息化工作全面统筹、规划、设计、建设和管理。

2010年1月，信息化建设与管理办公室正式挂牌成立，全面启动以共享互联为核心的信息化建设工作，同步启动校园一卡通建设工程。2010年12月27日，校园一卡通系统技术方案通过专家论证。2011年9月9日，数字化一期技术方案通过专家论证。

2012年5月7日，覆盖全校的无线校园网技术方案通过专家论证。

2012年10月31日，通过国际招标，学校正式与江苏金智科技股份有限公司签署数字化校园（一期）建设合同。

2013年5月，集教学、科研、管理、实验于一体的统一云计算平台正式开通并投入运行，初步实现了全校核心计算资源的统一规划、统一建设、统一分配和统一管理。

2013年，以共享数据中心、统一身份认证和统一门户等三大平台为核心，以打通学生管理一条线和教师管理一条线的应用系统建设为目标的信息化一期建设项目全面上线运行。

经过多年的数字化校园建设，目前，我校校园网已达到较大规模，实现了包括办公楼、教学楼、实验室、科研所、学生宿舍、教工宿舍等在内所有建筑的网络互联，校内所有建筑联网率达100%，全部学生宿舍与教工宿舍联网率达100%。校园网总出口带宽达到

3.4G（电信3.1G，教育网300M），校本部与三水校区通过1 000M MSTP电路实现互联。校园网采用双核心三层结构，主干1 000M，100M交换到桌面。经过多年的发展，校园网共计建成光纤约1 296芯公里，信息点约39 000个，入网计算机数约30 000部。目前，网络中心运行的各类操作系统的PC服务器82台、SUN 6800小型号机1台（14个CPU）、IBM P740小型机2台（16个核）、网络存储4套（存储容量80T），万兆核心网络设备4台、防火墙等网络安全设备4台，其他交换机近1 000台。完备的设施为我校开展网络应用提供了优越条件。

六、信息技术与教育教学的深度融合

2010年9月，教育技术中心负责开发建设三水校区学生素质教育改革工程信息化平台，建成三水校区学生素质教育专题网站，每年开展新生数字化学习培训。

2010年10月，受广东省高等学校教育技术中心委托，学校承办了“广东省高校Blackboard网络平台建设与应用经验交流会”。

2011年10月，人文综合实验教学中心被评为省级实验教学示范中心。

2012年7月，由教育技术中心参与的《三水校区学生素质教育改革研究与实践》获第七届校级教学成果奖特等奖，由教育技术中心主持的《信息技术与高校本科财经教学深度融合的研究与实践》获第七届校级教学成果奖一等奖。

教育信息技术在学校教学模式改革和人才培养模式创新中发挥了重要的引领和支撑作用。截至2013年5月，学校教学信息化推广应用工程共有三批，立项123个，其中，示范课例46个、示范课程75门、示范专业2个，第一、第二批示范课例和示范课程全部通过验收。学校教师已建设各类数字化课程资源近1 000门，其中400门为教师自发建设，已建成的各种数字化教学资源总量达3.2TB。

学校教学信息化的系统研究与实践有效推动了教学观念、教学方法、教学手段的转变，带动了全校课程建设和教学改革工作，实现了教学时空、教学资源、教学形式的全面拓展，取得了显著成效，并获得省级教学成果奖二等奖。

七、信息化建设体制机制的改革与创新

为加快我校教育信息化和教育现代化的建设步伐，全面、深入、扎实地推动信息技术与教育教学的深度融合，我校已着手开展信息化建设、管理、运行、维护等规章制度和规范的制定工作，逐步形成主管校领导负责、领导小组决策、主管部门规划与推进、信息化建设专家组技术支持、各部门积极参与并分享建设成果的信息化建设和管理机制，进一步理顺了资源共建共享机制，对全校教学、管理、科研和实验的支撑平台进行统一规划、统一建设、统一分配、集中管理、共享使用。

学校已开始采用云计算技术，对服务器、存储、小型机、网络带宽等计算资源进行统一的池化分配、管理和监控，保证资源的动态按需使用，达到节约投入、节省能源、使用环保的效果。已完成构建学校信息化一体两翼的异地灾备系统技术方案的规划设计，完善了数据资源的备份保障措施，保证了学校各类服务和系统的高可用性。

同时，正在采用新建与改造相结合的方式，建设以一卡通和共享数据中心为支撑、以统一身份认证和统一信息门户为基础的信息共享平台，构建统一的网上交流平台，以实现

学校管理、各项服务和交流的全面信息化、网络化。

目前，以一体两翼（本部数据中心为主体，本部和三水校区网络中心数据及应用级灾备中心为两翼）的教学、科研、管理和实验的一体化信息资源共享云计算平台为特色，以高安全、高可靠、高可用为目标的数字化、智能化校园建设正在扎实地向前推进。

第三节　财务、审计、保卫、招投标工作

一、财务工作

1983 年建校时成立了财务科，隶属于学校办公室管理，负责学校的财务核算工作。1989 年，基建处下属的基建财务科划归学校财务科管理。1991 年，基建财务科重新划归基建处。1994 年，基建财务科划归后勤处财务科，负责学院的基建财务核算和药费的报销工作。同年，学校财务科改设财务处，并设置了会计科和财务管理科两个业务科。1999 年，学校基建财务和后勤财务合并到学院财务处。随着学校机构调整和事业发展的需要，2010 年 7 月，财务处设立了管理科、会计一科、会计二科、基建财务科、后勤财务科、三水校区财务科以及综合岗。学校财务人员由建校初的 2 人发展成为目前的一支拥有 20 多人的高素质的专业人才队伍，其中博士 1 人，硕士 5 人。12 人取得了中级职称，7 人取得了高级职称。历任财务科、处负责人包括严秀逢、宋树柏、王敬副、张建涛、苏武俊、何剑、喻卫斌。历任副处长包括刘建兰、胡汇祾、高春燕、刘利军。

在资金管理方面，建校初至 2003 年，学校资金来源主要是财政编制拨款和学费收入。学校财务实行统一领导、集中管理的财务管理体制，预算安排上实行总额控制、经费包干的方法，以收支平衡、略有结余的原则保证事业发展对各项资金的需求。2003 年以后，学校形成以财政生均综合拨款、学费收入为主和其他收入为辅的多渠道经费来源格局，为学校的发展提供了更为有力的资金保证。财务处在加强对外与上级主管部门联系的同时争取各方支持，千方百计筹措资金。2000 年，财务处首次与三水建行签订全面合作协议，取得首批信用贷款用于三水校区校园建设。近几年来，财务处又与中国银行、工商银行、农信社等多家金融部门合作，争取学校建设资金贷款。特别是在 2012 年，全年筹资 1 亿多元用于北校园建设，保障了实验楼、院系办公楼及时完工以及图书馆、田径运动场的前期建设资金需要，解决了学校建设过程中对基础设施的需求，为学校可持续发展奠定了物质基础。

在会计核算和财务管理方面，1998 年学校财务处由手工记账全面转为会计电算化系统，开始使用天财财务管理软件，至此会计核算方法由收付记账法改为借贷记账法。为了提高管理水平和方便教职工，财务处不断开发和应用信息化系统。在 1991 年，财务处开发了工资发放系统；结合工作实际和需要，学校财务处启用了学生收费管理及查询系统和各类支出项目查询系统，用于学生和教职员工对学费和项目支出明细的查询。近年来，学校财务处信息化建设又上新台阶：首先是 POS 机开始在学校财务处推广和使用；接着，2012 年 4 月，财务处启用了工资查询系统；2012 年 12 月，学校财务处开始使用“报账易”系统，方便了师生，提高了工作效率。

建校三十年来，学校财务工作以制度建设为基础，并适时修订和调整。2001 年，学校

财务处制定了《广东商学院预算管理办法》和《广东商学院创收管理办法》，确定了经费审批程序和规范了学校的财务管理。由此开始，学校财务制度由最初的执行省财政厅制度逐步发展为制定和颁布广东商学院内部的财务管理规章制度，其中包括预算管理、资金管理、会计核算、内部控制、收入分配、岗位责任制及职业道德等一系列制度，保障了事业的发展。为了系统、全面地宣传和学习财务制度，方便广大教职员工掌握政策和规定，2012 年 1 月，学校财务处组织编写了《广东商学院财务制度汇编》。

二、审计工作

1990 年 10 月学校设置监察审计室，由监察审计室承担内部审计职能，刘邦云任主任，彭道淳任副主任并分管审计工作。当时监察审计室与纪检委员会合署办公。1993 年 4 月，纪检委员会、监察审计室分开办公。2000 年 4 月，监察审计室改为监察审计处，与纪检合署；同年 7 月，黄志明任处长，雷海燕任副处长。2001 年 4 月将审计与监察职能划分，监察审计处分设为监察处、审计处，审计处单独办公，雷海燕任副处长。2003 年 7 月至 2008 年 7 月，兰艳泽任处长；2008 年 7 月至 2013 年 6 月，赵岳任处长；2008 年 7 月至 2012 年 10 月，刘建兰任副处长。现任审计处长为庞革英，副处长为胡汇祾。

我校审计工作自 1990 年起步至今，经历了 23 年的发展，走过了“创建摸索”和“逐步规范”两个阶段，经历了组织机构从无到有，审计队伍从小到大，审计业务能力从弱到强的发展历程。

1985 年 1 月教育部成立审计室，开始摸索教育审计工作。在这一历史背景下，我校于 1990 年设置了监察审计室，承担了审计的职能，在组织建设上保障了审计工作的开展。根据《中华人民共和国审计条例》（1988 年）、国家审计署《关于内部审计工作的规定》（1989 年）、国家教委《教育系统内部审计工作规定》（1990 年），我校于 1991 年及时制定了《广东商学院内部审计工作实施办法》，从制度上对审计工作进行规范。我校内部审计部门接受审计机关和省高教局审计室的业务指导，同时，也非常重视与上级审计部门的交流和工作配合。1991 年 10 月，我省高教局审计培训班在我院开班。1997 年 3 月，广东高教审计工作会议在我校召开。

2001 年，我校成立审计处，将审计职能与监察职能划分开来，并不断完善制度建设，先后出台了《广东商学院有关行政负责人经济责任审计实施办法（试行）》（2001 年）、《广东商学院后续审计实施办法》（2004 年）、《关于财务审签项目送审范围的通知》（2004 年）、《广东商学院基建、修缮工程项目审签办法》（2004 年）、《广东商学院内部审计管理办法（试行）》（2005 年）、《广东商学院内部审计质量控制办法（试行）》（2007 年）、《广东商学院审计审签事项规定》（2011 年）。审计的内容包括财务收支审计、经济责任审计、年度财务预决算审计、内部控制审计、专项经费审计等，建立并逐渐完善基建修缮工程和物资（服务）采购的全过程审签机制。审计在促进增收节支、完善制度、促进管理、加强经济监督等各个方面发挥了重大作用。

为提高审计人员素质，我校每年均派审计人员参加由国家内审协会和省内审协会主办的业务培训。同时，审计处积极协助相关部门承办各类审计学术活动。2007 年 11 月，我校审计处承办省教育厅主办的“广州及附近地区教育审计工作经验交流、研讨会”。2011 年 4 月 21 日，广东省审计厅厅长蓝佛安来我校作学术报告，院长王华为蓝佛安颁发客座教授聘书。2012 年 11 月 23 日，国家审计署总审计师孙宝厚访问我校，并作题为“审计与国家治理”的学术报告。

三、保卫工作

保卫处的前身是保卫科，成立于 1983 年 10 月，冯伍为第一任科长，隶属人事处。1988 年 3 月，刘邦云为第二任科长，干部编制为 3 人。同期，成立了校卫队。1990 年 9 月，郑成兆成为第三任科长，同时，保卫科脱离人事处，成为党委直属机构，干部编制为 5 人。1983 年至 1993 年期间，学校处于发展初期，且位于郊区，周边及社会治安情况较为复杂，保卫任务艰巨，保卫人员迎难而上，努力排除各种干扰，确保学校的顺利发展。

随着学校教学事业的发展，为应付日益繁重的保卫任务，保卫科于 1994 年升格为保卫处，梁耀任处长，干部编制为 7 人，校卫队编制为 36 人。2001 年 10 月，学校成立武装部，与保卫处合署，梁耀兼任武装部部长，负责学校的学生军训和征兵工作。2003 年，学校开设军事理论课，武装部负责实施，对新生开展国防教育。2008 年 7 月至今，郑金栈任保卫处处长，兼任武装部部长，干部编制为 12 人，校卫队校本部编制为 83 人，三水校区为 75 人。

保卫处历任副处长包括王小波、陈立、曾忠诚、方彤彤。

目前，学校的保卫队有两支，一支是干部队伍，另一支是校卫队伍。干部队伍有 12 人。学校以建设一支专业、精干、稳定的干部队伍为目标，不断优化干部的年龄、学历和专业结构，通过推动干部在职进修、短期专业培训等途径，提高干部的专业水平和业务能力，建成了一支业务能力强、政策水平高、吃苦耐劳的干部队伍。

两个校区的校卫队有 150 多人。校卫队伍是保卫工作的主力军，学校以打造一支“遵纪守法，爱岗敬业，文明执勤，热情服务，保障有力”的校卫队伍为目标，通过建立完善的管理制度，树立严明的队纪和良好的队风，突出抓好队员的招聘、培训、监督、考核、奖惩等环节，经常性地开展实战演练，不断促进队伍建设，提高队伍的战斗力。在保卫处的领导下，校卫队伍在维护校园安全稳定的工作中硕果累累，成绩斐然。

自 2003 年以来，以每年为一个考核周期，学校与各单位签订《校园治安综合治理目标管理责任书》，全面落实治安管理责任制。同年，学校开始推进视频监控系统建设。2008 年后，视频监控建设迎来了高峰期，此后每年不间断投入建设，组网建成了覆盖全校园的治安视频监控网络，在防范和打击校园违法犯罪活动方面发挥了积极作用。学校在 2003—2013 年的 10 年间投入两个校区的视频监控网络建设资金，累计达到 1 200 万元。2011 年学校实行了新的《广东商学院校园车辆管理暂行规定》，对校园的交通车辆进行进一步的规范管理。

进入 21 世纪以来，随着我国社会的转型，保卫工作任务也随之进行了调整。2008 年 7 月，保卫处提出保卫工作必须以服务师生为根本宗旨，要围绕学校的教学、科研这一中心开展工作，大力推进平安校园建设。

四、招投标工作

2010 年，学校成立独立建制的招投标中心，统一负责全校工程、货物和服务招标工作。招投标中心为原独立建制的副处级单位，于万红担任主任。2013 年改设为正处级单位，设主任1名，副主任1名，以及综合岗、货物招标科、工程招标科，于万红担任主任，张东海担任副主任。

2010年10月，招投标中心牵头起草并出台了《广东商学院招标投标管理办法（试行）》。2012年3月，出台了《广东商学院评标专家和评标专家库管理办法（试行）》，初步实现学校招投标工作的制度化、规范化。2010年9月建成广东商学院招投标网站。2012年对网站进行了改版升级，完善了公开、公平、公正的招投标工作平台。2011年完成评标专家库结构设计，招聘组建了评标专家库。2012年3月通过自主开发设计的《评标专家库使用管理软件系统》，实现了评标专家抽取制。目前，我校已成为广东省高校中全面建成并系统使用评标专家库的少数高校之一。

招投标中心成立后，先后完成了以加快校园建设和优化办学条件为中心的各项招标任务，有力地配合了学校校园建设、更名大学等中心工作的推进。

教学院部编

第十七章　工商管理学院

工商管理学院是广东财经大学成立最早的二级学院，其前身可追溯到建校初期的企业管理教研室，学院在市场营销、商业企业管理、人力资源管理、战略管理等学术领域形成了优势和特色。学院一直努力构建特色鲜明的应用型、创新型人才培养模式，迄今已向社会输送过万名毕业生，他们在各级政府机关、各类企事业单位发挥着重要的作用，深受用人单位的好评。

第一节　概　述

一、历史沿革

工商管理学院是我校成立最早、在校学生规模最大的二级学院之一。1983 年，学校尚未设置系级单位，只分为两个教研室，即基础教研室和业务教研室。1984 年招收第一个本科班，即企业管理专业。因此，业务教研室实际上就是企业管理系的前身。

1999 年，广东商学院进行机构改革，企业管理系与餐旅系合并为工商管理学院。2002 年，旅游学系从工商管理学院分出独立建制。2005 年，工商管理学院改名为管理学院。2008 年管理学院改名为工商管理学院。

经过三十年的发展，工商管理学院已经发展成为全校学生人数最多、师资力量较强、学术科研成果丰硕的二级学院。1999 年，学院提出了“运筹帷幄、追求卓越、倾力赚取、回报社会”的院训。多年来，学院秉承院训，开拓创新，精益求精，在各项工作上取得了长足发展。

二、学院（系）历任领导

（一）历任系主任、副主任，历任院长、副院长

1985 年至 1987 年，王学礼、吴源鸿任企业管理系副主任。

1987 年至 1989 年，杨振鄰任企业管理系主任。

1990 年至 1994 年，陈特杰任企业管理系代主任、主任，吴源鸿任企业管理系副主任。

1994 年至 1996 年，闫旺贤任企业管理系主任，敖利玲任企业管理系副主任。

1997 年至 1999 年，钟育赣任企业管理系主任，冯灿仪、敖利玲任企业管理系副主任。

1999 年至 2005 年，钟育赣任工商管理学院院长。

1999 年至 2000 年，冯灿仪、刘德琪任工商管理学院副院长。

2000 年至 2005 年，王海忠任工商管理学院副院长。

2001 年至 2005 年，彭雷清任工商管理学院副院长。

2005 年至 2008 年，钟育赣任管理学院院长，彭雷清、吴金椿任管理学院副院长。

2008 年至 2013 年，彭雷清任工商管理学院院长，吴金椿、刘晓斌任工商管理学院副院长。

2013 年 6 月至今，彭雷清任工商管理学院院长，刘晓斌、任巍任工商管理学院副院长。

（二）历任党总支（党委）书记、副书记

1985 年至 1990 年，罗崇超任企业管理系党总支书记。

1990 年至 1996 年，何启傅任企业管理系党总支书记。

1997 年至 2000 年，陈国栋任企业管理系党总支副书记（主持工作）。

2000 年至 2002 年，冯灿仪任工商管理学院党总支书记，袁东卫任工商管理学院党总支副书记。

2002 年至 2003 年，钟育赣兼任工商管理学院党总支书记。

2003 年至 2004 年，刘佐太任工商管理学院党总支书记。

2005 年至 2008 年，莫云光任管理学院党总支书记，文波任管理学院党总支副书记。

2008 年至 2013 年，莫云光任工商管理学院党总支书记。

2009 年至 2013 年，陈发荣任工商管理学院党总支副书记。

2013 年 6 月至今，何雄卫任工商管理学院党委书记，黄东阳任工商管理学院党委副书记。

三、内设机构

工商管理学院现有工商管理一级学科硕士学位授权点，企业管理二级学科硕士点，以及工商管理、市场营销、人力资源管理和物流管理四个本科专业。

工商管理学院有 5 个研究中心，分别是 2008 年成立的广东商学院彩票研究中心、2008 年成立的人力资源研究中心、2011 年成立的广东商学院镇域经济研究中心和广东商学院工商管理学院—里水镇经济发展联合研究中心、2012 年成立的广东商学院现代物流与供应链研究中心。此外，根据专业发展和需求，设置 6 个专业教研室，分别是企业管理教研室、战略管理教研室、市场营销教研室、经营管理教研室、人力资源管理教研室、物流管理教研室。

此外，工商管理学院设置学院办公室和辅导员办公室，分别处理学院的日常事务、学生事务及学生思想政治工作等，为学院师生提供必要的教学支持和管理服务。

四、师资队伍

（一）概况

1984 年企业管理系刚成立时，师资队伍相对匮乏，经过三十年的发展，工商管理学院现有教职工 69 人，其中，在编在岗专业教师 55 人，行政人员 14 人（含办公室主任 1 人，辅导员 8 人，教学秘书 2 人，科研秘书 1 人）。在专业教师中，教授 14 人，占专业教师总数的 25.45%；副教授 20 人，占专业教师总数的 36.36%；拥有博士学位的有 26 人（博士后研究人员 3 人），在读博士 8 人，国内访学 1 人，国（境）外访学 4 人，博士和在读博士占专业教师总数的 61.82%。专业教师年龄结构：30～39 岁教师 17 人，占全体教师的 30.91%；40～44 岁教师 11 人，占全体教师的 20%；45～49 岁教师 14 人，占全体教师的 25.45%；50 岁以上教师 13 人，占全体教师的 23.64%。专业教师学源结构："985" 学校有 25 人，"211" 学校有 20 人，两者占教师总数的 81.82%。同时，拥有学校客座教授 17 人、硕士生实践导师 1 人、本科生实习基地实践导师 7 人；学院客座教授 9 人、本科生实习基地实践导师 1 人。

（二）获奖情况

工商管理学院高度重视教学队伍建设，2009 年，市场营销专业骨干课程群教学团队获批广东商学院首批校级教学团队，2011 年，工商管理专业骨干课程群教学团队获批广东商学院校级教学团队。两支校级教学团队在学院教学建设中起到了中坚和表率作用。肖怡教授、彭雷清教授被评为"广东省教学名师"，吴金椿教授、陈茂春讲师被评为"广东省南粤优秀教师"。

（三）社会兼职

工商管理学院不仅拥有大批优秀的教学团队，同时还创造了各种条件支持优秀教师队伍为社会提供各种专业性的服务。在三十多年的发展中，学校涌现出了众多优秀的社会服务代表人物。

其中，彭雷清教授兼任广东商业经济学会副秘书长、广东省技术经济学会副理事长、中国高等院校市场学研究会常务理事、全国贸易经济教学研究会理事、广东省消费经济学会理事，应邀担任广东省经贸委、广州市经贸委项目评审专家，担任广东连锁经营协会"优秀门店"评比活动的专家评委；任巍教授兼任广东省人力资源与社会保障厅专家咨询委员会专家委员、山东大学商学院劳动经济研究所特聘研究员、中国人力资源教学与实践研究会理事、广东省劳动学会常务理事、广东省人力资源协会常务理事；董福荣教授兼任广东省人力资源协会副会长、广州市人力资源协会副会长、广东省人力资源与社会保障厅专家咨询委员会专家委员、中国人力资源教学与实践研究会常务理事；张建涛教授兼任花都胡忠医院、广州市建材集团有限公司独立董事；肖怡教授兼任广东连锁经营协会常务理事、广东商业经济学会理事、广东省价格协会理事、中国商业联合会培训部认证专家、历届广东"优秀门店"评比活动的专家评委；刘俊教授兼任广东省职业鉴定人力资源管理师专家组组长、广东省就业促进会人力资源委员会委员；赵小宁副教授兼任中国高等院校市场学研究会理事、广东商业经济学会常务理事；胡穗华副教授获聘财政部第一届彩票监管和评审专家。

第二节　专业建设

一、本科专业建设

1984 年，广东商学院最早成立了企业管理系，同年，企业管理专业专科和本科开始招生；1996 年，在企业管理专业开设市场营销方向；1998 年，市场营销本科专业首次招生；2000 年，人力资源管理本科专业首次招生；2003 年，物流管理本科专业首次招生。

在专业建设发展改革的各个时期，工商管理学院始终突出教学研究、教学改革及教学质量工程项目的建设，强调科学研究成果、教学研究与改革成果、质量工程项目建设成果等在教学活动中的运用与转化，进一步完善和优化专业人才培养方案。例如，近年来在人力资源管理专业上实施了“3 +1”（即学生前三年完成第一课堂教学环节，第四年着重于校内外进行实践教学和实习工作）人才培养模式的改革与实践，提升学生的实践能力和动手能力，按照学院人才培养的目标和社会需求，培养更多服务于地方社会经济建设的应用型人才，从而不断提升专业建设的层次与水平。

经过三十年的专业建设，工商管理学院已形成和凝练了专业特色：一是以社会需求为导向，进一步依托学院和社会资源，与相关党政机构、企事业单位及高校间逐步形成了互动的专业建设环境和氛围；二是逐步推进实施全程实践实验教学模式，紧密结合人才培养目标，满足社会需求；三是构建了多层次、立体化专业知识结构，提升学生专业综合素质，彰显专业核心竞争力。

近五年来，工商管理学院的专业建设取得了长足的发展，获得了许多标志性成果。在专业建设方面，市场营销专业先后于 2003 年和 2007 年分别被评为广东省首批省级名牌专业、省级特色专业和国家级特色专业，工商管理专业分别在 2010 年、2011 年和 2013 年获批广东省特色专业、省级重点建设专业和省级专业综合改革试点专业。以上项目皆获得广东省财政资金的支持。

在课程建设方面，目前工商管理学院有 5 门课程属于省级精品课程，10 门课程属于校级精品课程。2005 年市场营销学课程获批广东省精品课程，零售学和管理学两门课程分别于 2007 年和 2009 年获批广东省精品课程，物流学和分销渠道管理分别在 2012 年和 2013 年获批广东省精品资源共享课程。在校级课程建设成就方面，校级精品课程有 10 门，分别是战略管理、人力资源管理、物流学、分销渠道管理、薪酬管理、生产与作业管理、物流系统分析与设计、供应链管理、组织行为学、创业学，1 门校级双语教学示范课程（全球市场营销），1 门校级教学信息化示范课程（物流学），7 门教学信息化示范课例（物流学、劳动关系、渠道管理、人力资源管理、物流系统分析与设计、市场营销学、管理学）。

在教材建设方面，有 2 部国家“十一五”规划教材，分别为《零售学》和《企业连锁经营管理》；一部国家首批“十二五”规划教材《零售学》。有 7 部校级教材建设立项，分别是《人力资源管理》、《薪酬管理》、《市场营销学》、《组织行为学》、《物流系统分析与设计》、《生产运作管理仿真综合实习教程》、《人力资源管理仿真综合实习教程》。

在教学团队建设方面，工商管理学院目前已有两个校级优秀教学团队，分别是 2009 年获批的市场营销专业骨干课程群教学团队和2011年获批的工商管理专业骨干课程群教学团队，两个教学团队担负着两个专业的专业建设、课程建设、教材建设等重任，目前已取得阶段性建设成果。

在实践教学建设方面，工商管理学院十分重视实践教学环节，学院从2000年开始逐年举办一次“品牌策划推广大赛”，每次都有不少知名企业参与，学生们也踊跃参加。此外，学生还踊跃参与省级、国家级“挑战杯”大赛并多次获得较好成绩。通过这些平台，学生获得了很好的实践锻炼机会。在校外实践教学方面，与企业或中介服务机构建立实践教学基地40余个，其中广州沃尔玛（好又多）商场、中国南方人才市场两个基地分别于2012年和2013年获批广东省校外大学生实践教学基地，东莞北潢物流有限公司获校级校外实践教学基地立项。广东东部物流有限公司、中国南方人才市场两个基地获校级教学成果奖培育立项。学生在全国及全省科技作品、创业计划、挑战杯、物流设计等各级各类竞赛活动中屡获殊荣，近5年来，共100多人次获国家级奖励，270多人次获省级奖励。

二、研究生教育

工商管理学院企业管理硕士点现有硕士生指导教师22人。近三年来，硕士点共承担科研项目90项，其中省部级以上项目24项，共获得科研经费672.2万元；出版学术专著11部，在《管理世界》等期刊发表论文216篇，其中多篇被EI、ISTP等检索收录和《人大复印报刊资料》全文数据库转载。在校研究生积极参与导师科研项目，在《经济管理》、《经济地理》、《现代管理科学》等期刊上发表了大批科研成果。企业管理硕士点学科从2004年开始招生，至2012年9月，培养了毕业研究生145人，就业范围包括政府机构、教学与科研单位和各类企业等。

企业管理硕士点致力于培养德、智、体全面发展，热爱祖国，热爱社会主义，拥护中国共产党，拥护改革开放，遵纪守法，勤奋学习，品行端正，掌握经济学基础和管理学专业理论、方法，熟练掌握一门外语，能独立进行科学研究，善于发现、解决企业实践问题，身心健康的高级管理专业人才。

浓郁的学术氛围及良好的教育教学质量，保证了专业基础厚、实践能力和创新能力强、综合素质高的复合型高等专门人才的培养。毕业研究生备受社会欢迎，2010届、2011届、2012届毕业研究生总体就业率达100%，毕业研究生就业层次高，就业质量好。

第三节　学科建设与发展

1993年11月16日，工商管理学院商业经济学科被列入广东省扶持校级重点学科，学科带头人为罗国民教授，研究方向是复关后广东市场发育、外经贸体制政策与国际营销策略综合研究。市场营销学早在1997年就被评为广东商学院校级重点学科。2000年，企业管理学科被评为第六轮广东省高校重点学科（C类），2001年、2002年、2006年和2010年被评为校级重点学科，2003年被评为第七轮广东省高等学校扶持学科，2012年被评为第九轮广东省重点优势学科。

工商管理学院自1994年起与暨南大学、北京经济学院联合培养硕士研究生，至2003

年共联合培养硕士研究生 54 人。2004 年获批企业管理二级学科硕士点，开始自主招收、独立培养硕士研究生。2010 年获批工商管理一级学科硕士点。至2012 年9 月，共有145 人获得硕士学位。目前在校研究生有 52 人。

截至 2013 年，工商管理学院已发展成为一个具有省级重点优势学科、工商管理一级学科硕士点的研究生培养单位，下设市场营销、商贸企业管理、物流与供应链管理、人力资源管理、战略管理五个研究方向。

在科研工作方面，经过多年的发展，学院下设了多个研究中心。1996 年 1 月 10 日，广东商学院商业经济研究中心成立；2008 年，广东商学院彩票研究中心成立，系广东省第一家彩票研究学术机构；2008 年，经学校批准成立了人力资源研究中心；2011 年，广东商学院镇域经济研究中心、广东商学院工商管理学院—里水镇经济发展联合研究中心成立；2012 年，广东商学院现代物流与供应链研究中心成立。

工商管理学院自成立以来一直重视科研工作，教师积极参与科学研究。学院自建院以来共承担科研项目 210 余项，其中省部级以上项目 47 项，获得科研经费 1 010 余万元；在《管理世界》、《财贸经济》等期刊上发表论文 1 400 余篇；出版学术专著 14 部，参与编写教材 20 余部，有 3 部教材入选“十一五”国家级规划教材，一部入选“十二五”国家级规划教材；获得专利 4 项，其中软件著作权 1 项。

目前，学院共承担在研科研项目 63 项，其中国家级项目 3 项，省部级项目 19 项，横向项目 25 项，科研经费共计 348. 3 万元。

第四节　党团与学生工作

一、党团工作

工商管理学院党总支随着学院的不断壮大也在不断地发展，每一届发展的学生党员人数约占学生总人数的 30%，至今为社会输送了 5 200 多名优秀党员。截至 2013 年 4 月，工商管理学院在校教职工 69 人，其中党员 36 人（含县域经济研究所 3 人）；在校学生 2 524 人，其中党员 306 人（本科生 252 人，研究生 38 人，实验区 16 人）。

党总支在历年各种党建工作和评优中屡获佳绩。2003 年，教工第二党支部被确定为学校党建“固本强基”工作示范点；2005 年，教工第二党支部获“省委教育工委先进基层党组织”称号；2010—2012 学年度，教工第二党支部获校“创先争优先进基层党组织”称号。2007 年，教工第二党支部书记赵小宁副教授当选为广东省第十次党代会代表。

工商管理学院党总支始终坚持“围绕中心抓党建，抓好党建促发展”，把“以教学为中心、以育人为根本、以党建为保证”作为根本宗旨，将党建工作有机地融入学院发展这一中心工作中去，切实发挥党建工作的服务职能和保证作用。

在团学工作方面，始终坚持“党建带团建”，严格选拔优秀学生担任学生干部，以党员标准严格要求，保证团学干部在党总支的带领下，坚持原则，提高能力，服务学生，努力实现共青团做好党的助手和后备军的政治目标。多年来，学院学生团学工作一直得到学校的肯定，2010 年和 2012 年被评为共青团广东省委“五四红旗标兵”。

二、学生工作

工商管理学院始终坚持以学生为本，围绕思想道德建设和学风建设，求真务实，大力开展校园文化活动，培养学生综合素质，学生总体就业率每年保持在99%以上。学生创办的《工商学子》记载了工商学子成长成才的历史轨迹。

学院以管理学本科教育培养目标为切入口，全面推进学生的素质教育，使学生富有思想觉悟和团队意识，具备创新能力和实践能力。经过十多年的积累，形成了特色鲜明，符合学生培养目标的三大品牌：卓越论坛、品牌策划推广大赛、专业名著读书演示大赛。

同时，学院注重加强师生的互动，提高学生在教学工作方面的参与度，于2003年成立教学支持中心，并在三水校区低年级成立教学支持中心基础部，开发了专业案例手册，收集并整理了大量专业资料在全学院范围内共享。经过10年历届成员的努力和建设，教学支持中心积极参与学生学术科研活动，在教与学、学生科研人才储备、提高学院学生学术科研水平方面发挥了重要的作用，师生参加“挑战杯”、全国大学生物流设计大赛、广东大学生“U势界”创业项目大赛等课外学术科研、科技创新活动，屡获佳绩。例如，2003年，温荣辉团队获得第三届“挑战杯”全国大学生课外学术科技作品竞赛一等奖；2009年，朱郁森团队获得第十届全国大学生“挑战杯”课外学术科技作品竞赛二等奖；2009年，颜锦泉“普派”团队获得第一届广东省大学生“U势界”创业项目大赛特等奖，并获创业资金300万；2012年，彭海明“睿翼”团队在全国大学生管理决策模拟大赛中获二等奖。

第五节　对外交流与社会服务

一、对外交流

工商管理学院在学术等方面与校外交流频繁，每年举办各类讲座20余场。曾聘请香港城市大学周南教授和苏晨汀教授，澳大利亚国立大学陈镇雄教授，美国北卡罗来纳大学彭布罗克分校（University of North Carolina at Pembroke）工商管理学院终身教授约翰·奕·斯帕兰（John E Spillan），香港浸会大学营销系主任彭嘉诺教授（Gerard P. Prendergast），北京大学符国群教授和张志学教授，中国人民大学伊志弘副校长、徐二明教授和吕一林教授，南京大学赵曙明教授，华南理工大学蓝海林教授，中山大学陆亚东教授和李新春教授，西安交通大学庄贵军教授，暨南大学李从东教授和卫海英教授，澳门科技大学行政与管理学院博士生导师孙立云博士等来我院讲学。还聘请了广州百货企业集团有限公司董事长荀振英、广东万和集团有限公司董事长卢础其、珠海公交集团董事长范锦文、宝供物流企业集团有限公司董事长刘武等专家就管理的实际经验方面与学院师生进行交流。

工商管理学院积极主办、协办学术会议。2008年协办中国管理研究国际学会（IACMR）第三届年会，2008年协办中国消费者行为国际研讨会——全球视角与研究方法，2010年主办中国人力资源开发教学与实践研究会第十一届年会。

2009年工商管理学院与美国阿肯色州立大学合作开办MBA项目，2010年开始招生。

2010 年、2011 年共有 2 人参加该项目并赴美深造。

二、社会服务

自建院以来，工商管理学院共承担各级各类横向项目 90 余项，获得经费总计 700 余万元。学院老师因为社会服务质量好、完成项目水平高，受到相关机构的认可和好评。如彭雷清教授 2002 年承担了项目《广东省人才中介职业资格考试教材》，2008 年承担了项目《佛山市三水区“十一五”规划实施中期评估报告》、《华利集团对子公司考核机制建设与经营激励方案设计》，2009 年承担了项目《企业薪酬调查研究》、《广佛都市圈内里水镇功能定位与产业发展规划》，2010 年承担了项目《广东省批发市场体系建设“十二五”规划》，2011 年承担了项目《顺商发展研究报告》、《广弘控股食品业务板块商业模式研究》、《佛山市三水区园区企业综合成本降低研究》、《北潢物流企业经营管理专题研究》，2012 年承担了项目《中国移动通信集团广东有限公司三水分公司 2012 年度培训项目》，2013 年承担了项目《珠海公交巴士有限公司培训服务项目》；董福荣教授 2009 年承担了项目《职业能力开发评价信息化公共服务平台企业人力资源管理职业社区建设》，2010 年承担了项目《广州毕盛广告有限公司人力资源管理咨询与服务》，2011 年承担了项目《公司薪酬制度》、《广州市劳动用工情况调查研究》、《AAA 级和谐企业员工满意度问卷调查及分析报告》，2012 年承担了项目《广州市劳务派遣立法调研》。

经过积累，广东商学院彩票研究中心在彩票行业形成了自己的品牌。胡穗华副教授 2007 年承担了项目《佛山城区体育彩票营销策划方案》、《企业营销渠道价值评估》，2008 年承担了项目《彩票专管员咨询方案》，2009 年承担了项目《广东省体育彩票站点管理咨询》、《企业品牌价值评估》，2010 年承担了项目《广东省体育彩票财会人员管理咨询》、《企业无形资产价值评估》，2011 年承担了项目《广东省体育彩票专管员管理咨询》、《企业客户关系价值评估》，2012 年承担了项目《广东省福利彩票营销管理培训服务》、《福建体育彩票营销宣传效果评价指标体系构建——事件营销子项目》；陈又星副教授 2008 年承担了项目《羊彩网彩票频道策划》，2009 年承担了项目《广东省体育彩票专管员业务指导案例集》，2012 年承担了项目《广州福彩投注站经营状况调研及对策》、《广东省福利彩票高级管理培训服务》，2013 年承担了项目《广东省体育彩票经费使用绩效评价体系构建》；王静一副教授 2010 年承担了项目《广东省体育彩票营销业务人员管理咨询》；王红艺讲师 2010 年承担了项目《广东体育彩票专管员后备队伍建设方案之专题讲座》，2013 年承担了项目《广东体育彩票促销效果评价指标体系构建》。

工商管理学院的教师为各级各类机构提供智力咨询服务。钟育赣教授 2001 年承担了项目《东莞邮政市场营销战略研究》；张建涛教授 2010 年承担了项目《发展项目研究》、《广州市黄埔区德味食品经营部“养生餐厅、土特产食品”业务发展项目研究》、《广州迈高公司企业管理再造研究》；徐辉教授 2008 年承担了项目《抚州市新生婴儿性别比数据分析及其建模》；肖怡教授 2009 年承担了项目《荔湾区招商会方案策划文稿》，2010 年承担了项目《广州黄埔现代商业物流配送基地预可研报告》，2012 年承担了项目《海南省琼山区凤翔商贸城概念规划》、《广东省经济和信息化委员会广东消费结构转型升级研究》；吴金椿教授 2009 年承担了项目《仓储管理系统（WMS）项目技术支持服务》，2012 年承担了项目《广州市晶邦液压密封技术有限公司 ERP 系统应用绩效评价》、《广州市供销合作总社系统果蔬农产品冷链物流建设规划可行性研究报告编制》；平海教授2011年承担了项目《广东烟草粤东区域现代物流建设规划编制》、《家电物流干线运输服务规范》，2012年承担了项目《家电物流配送中心仓储作业规范》；聂正安教授2010年承担了项目《里水镇经济和社会发展“十二五”规划纲要》；马建会教授2011年承担了项目《广佛都市圈里水镇产业总部区发展规划》；刘晓斌教授2008年承担了项目《管理咨询服务》，2009年承担了项目《广州市供销系统管理咨询服务》、《报刊发行营销咨询研究》，2011年承担了项目《佛山市三水物流园区及电子商务中心战略发展规划》；林勋亮教授2011年承担了项目《佛山三水港发展战略规划》；刘楼副教授2009年承担了项目《广州城市基础设施建设投融资集团规制和激励实施方案》，2010年承担了项目《广州逸泉国际大酒店有限公司管理研究》、《广州城建开发伟城实业有限公司管理研究》，2011年承担了项目《广东广弘控股股份有限公司发展战略规划书（2012—2016）》，2012年承担了项目《广东广弘控股股份有限公司培训服务项目》；郭靖副教授2005年承担了项目《前台税收人员工作压力及其相关因素的系列研究》；陈舜副教授2009年承担了项目《杨伟国先生财富管理思想研究》；徐北妮副教授2011年承担了项目《企业经营策划》；阳明明讲师2012年承担了项目《三水港中期经营预测报告》。

第十八章　法学院

法学院成立于1999年，前身为1993年设立的法律系。经过20年的建设发展，法学院在师资队伍建设、人才培养、专业建设、科学研究与学科建设方面取得较大成绩，拥有省重点学科、省级人文社会科学重点研究基地，是学校首批获硕士授予权、首个获专业硕士学位授予权的教学院系。2012年法学专业入选首批国家卓越法律人才教育培养基地。至2013年6月，法学院共向社会输送专科层次人才646名，本科层次人才6 222名，研究生层次人才586名。

第一节　概　述

一、历史沿革

1993年2月2日，学校成立法律系筹备小组。1993年4月，法律系成立，是年开始招收法学和国际经济法两个专业的全日制本科生，次年增设经济法专业。1999年，根据教育部专业调整，将法学、经济法和国际经济法三个专业合并为法学一个专业，同年5月4日法律系改建为法学院。2002年申报治安学专业获教育部批准，2003年开始招生。2005年获法学第二学位授予权。2003年宪法学与行政法学被评为省重点扶持学科，法治与经济发展研究所被批准为广东省人文社会科学重点研究基地。2003年宪法学与行政法学、诉讼法学获得硕士学位招生资格，2004年开始招收硕士研究生。2007年获法律硕士专业学位授予权，2011年获法学一级学科硕士学位授予权，2012年法学一级学科获批省优势重点学科，同年法学专业入选国家卓越法律人才教育培养基地。

二、学院（系）历任领导

（一）历任系主任、副主任，院长、副院长

1993年至1994年，庄春泉任法律系副主任。

1994年至1997年，吴家清任法律系主任，王学沛任副主任。

1998年至1999年，王学沛任法律系主任，王学成、纪宗宜任副主任。

1999年至2001年，王学沛任法学院院长，纪宗宜、邓世豹任副院长。

2002年至2005年，王学沛任法学院院长，纪宗宜、邓世豹（兼）任副院长。

2005年至2008年，王学沛任法学院院长，邓世豹（兼）、钟立国任副院长。

2008年至2013年，邓世豹任法学院院长，房文翠、彭真军任副院长。

2013 年至今，邓世豹任法学院院长，房文翠、鲁晓明任副院长。

（二）历任党总支（党委）书记、副书记

1993 年至 1994 年，周建雄任法律系副书记。

1994 年至 1997 年，黄志明任法律系书记。

1998 年至 1999 年，黄中坚任法律系书记，柳国斌任副书记。

1999 年至 2001 年，钱贤彬任法学院书记，柳国斌任副书记。

2002 年至 2005 年，柳国斌任法学院书记，文波任副书记。

2005 年至 2008 年，柳国斌任法学院书记，王伟任副书记。

2008 年至 2013 年，王伟任法学院书记，赵崇莲任副书记。

2013 年至今，王伟任法学院书记，陈静任副书记。

三、内设机构

法学院现有 1 个省级人文社会科学重点研究基地——法治与经济发展研究所，现任所长邓世豹（兼），1 个法律硕士教育中心，现任中心主任邓世豹（兼），1 个法学一级学科硕士学位授权点，1 个法学一级省级优势重点学科，2 个法学和 1 个治安学本科专业。

法学院于 1994 年设立经济法教研室和刑法学教研室。1997 年增设国际法教研室、法学理论教研室。2000 年将教研室改为学科组，设立法学理论学科组、宪法学与行政法学学科组、民商法学科组、刑法学科组、诉讼法学科组、经济法学科组、国际法学科组、治安学科组八个学科组。2008 年将学科组改为系，设立法学系、民商法学系、刑法学系、诉讼法学系、经济法学系、国际法学系、治安学系七个教学系。行政设有党政办公室、教务办公室、学生工作办公室、研究生管理办公室等。

四、师资队伍

（一）概况

法学院经过二十年的发展，由最初的 8 名专职教师，发展到现有教职工 95 人，专职教师 83 人，其中教授 30 人，具副高以上职称 63 人，具有博士学位和在读博士教师 48 人，入选广东省“千百十工程”培养对象教师 15 人次，其中省级培养对象 3 人。博士生导师 1 人，硕士研究生导师 42 人。

（二）获奖情况

1996 年，吴家清被评为全国优秀教师，2003 年获得“国务院政府特殊津贴专家”称号。2010 年，杜承铭教授获“广东十大优秀中青年法学家”称号，2013 年享受国务院特殊津贴专家待遇，同年入选国家教育部法学专业指导委员会委员。2006 年，张晋红等获得首届“广州十大杰出青年法学家”称号。2013 年，房文翠等教授获得“广州十大杰出青年法学家”称号。2006 年，邓世豹获“全国四五普法先进个人”称号，2010 年被评为广东省教学名师。2010 年，纪宗宜、邓世豹、房文翠被评为广东商学院教学名师。

（三）社会兼职

马进保曾任广东省第 9 届人大代表，第 10 届人大常委会委员（1999 年），广州市政府参事（1999 年），全国人大基本法研究领导小组成员（2008—2013 年）。房文翠担任广东省人民代表大会第11、12届人大代表，广东省第12届人大常委会委员。张晋红担任广州市第13、14届人大代表，广州市人民政府法律咨询专家。杜承铭担任广州市海珠区第14、15届人大代表，人大常委会委员，广东省政府决策咨询专家，全国人大基本法研究领导小组成员。袁碧华担任广州市海珠区第15届人大代表，广州市人大立法咨询专家。邓世豹被聘为广东省第10、11、12届人大常委会立法顾问，广州市第13、14届常委会立法顾问，广东省社工委第1、2届咨询专家，广州市人民政府第2届决策咨询专家，国家食品药品监督总局首届咨询专家。2011年12月12日，广东省人民检察院聘任邓世豹、谢根成、蒋石平、孙占利、罗筱琦五位教授为广东省人民检察院第二届专家咨询委员会委员。

第二节　专业建设

一、本科专业建设

1993年开办法学专业。1998年11月26日，海珠区人民法院应我院法律系邀请，到我院模拟法庭进行现场公审，这是广东省首次在校园里公开审理案件。2002年法学专业经教育部组织评估合格。同年，治安学被教育部批准设立，2003年正式开始招收治安学专业本科生。2002年法学专业被遴选为广东省名牌专业，成为广东省高校首个法学名牌专业。2005年，经过教育部批准，获得法学第二学位授予权，成为学校唯一获得第二学位授予权的专业。2007年宪法学被评为省级精品课程。2008年法学专业被国家财政部、教育部批准为国家级特色专业建设点，2010年被确认为广东省首批特色专业。2010年，法学实验教学中心入选广东省法学实验教学示范中心。2012年，作为广东省唯一省属院校入选首批国家卓越法律人才教育培养基地。

二、研究生教育

2003年，学校获批硕士学位授予权，宪法学与行政法学、诉讼法学是学校首批五个获得硕士学位招生学科中的两个。2004年，法学院招收硕士研究生，标志着法学院人才培养层次的提升。2007年，经过国务院学位委员会评审，法学院获得法律硕士专业学位授予权，2008年开始招收在职法律硕士。2008年，增设法学理论，民商法学获得硕士学位授予权。2011年获得法学硕士学位授予权一级学科点，增设刑法学、经济法学、国际法学三个硕士学位授权学科。2013年招收全日制硕士研究生193名。

第三节　学科建设与发展

一、科学研究

（一）科研概况

法学学科着力围绕中国法治建设中的理论和实践问题，突出对广东省经济、社会发展中重大法律问题的研究，形成了特色鲜明的研究方向，取得了丰硕的科研成果，奠定了法学院在全省高校法学院系中的地位。法学院教师在《法学研究》、《中国法学》等期刊上发表科研、教研论文 3 000 余篇，其中核心期刊 1 500 余篇；出版专著 70 余部，出版教材 60 余部；承担科研、教研项目 200 余项，其中国家级项目 4 项，省部级项目 100 余项；获得科研、教研奖励 40 余项，其中省部级奖励 10 余项；举办各种学术会议 40 余场次。

（二）代表性科研项目

王坤主持 2013 年国家社会科学基金项目《我国宗教法人制度研究》。钟立国主持 2011 年国家社会科学基金项目《区域贸易协定争端解决机制：理论及其条约法实践》。朱孔武主持 2010 年国家社会科学基金项目《征税权、纳税人权利与参政议政研究》。陈红彦主持 2009 年国家社会科学基金项目《多边贸易体制下碳税问题研究》。邓立军主持 2009 年国家社会科学基金项目《秘密侦查法治化与刑事诉讼法的再修改》。邓世豹主持 2007 年司法部《法治建设与法学理论研究》重点研究项目《当代中国公民宪政意识及其发展实证分析》。

（三）代表性论文

陈红彦论文《碳税制度与国家战略利益》，发表于《法学研究》2012 年第 2 期；张晋红论文《法院调解的立法价值探究——兼评法院调解的两种改良观点》，发表于《法学研究》1998 年第 5 期，《民事诉讼合并管辖立法研究》发表于《中国法学》2012 年第 2 期，《关于中间确认判决制度的立法思考》发表于《中国法学》2002 年第 5 期；马进保论文《澳门特殊文化现象及其对政治发展的影响》，发表于《政治学研究》2010 年第 3 期；房文翠论文《关于证据排除规则的理性思考》，发表于《中国法学》2002 年第 4 期；杜承铭论文《论表达自由》，发表于《中国法学》2001 年第 3 期；吴家清论文《论宪法价值的本质、特征与形态》，发表于《中国法学》1999 年第 2 期。

（四）省部级以上科研成果奖

学院教师获省部级以上科研成果奖较多，累计获司法部优秀科研成果奖一等奖 1 项、广东省政府优秀科研成果奖二等奖 5 项和广东省政府优秀科研成果奖三等奖 6 项。

二、重点研究基地与省重点学科

2003 年，法治与经济发展研究所被批准为广东省人文社会科学重点研究基地，是省内高校首个法学类人文社会科学重点研究基地。

在 2003 年第七轮广东省重点学科评估中，宪法学与行政法学被批准为广东省重点扶持学科。在 2007 年第八轮广东省重点学科评估中，宪法学与行政法学被评为省级重点学科，诉讼法学被评为省级重点扶持学科，占该轮广东省高校法学四个重点学科的一半。在 2012 年第九轮广东省重点学科评估中，法学一级学科被批准为广东省优势重点学科。

第四节　党团与学生工作

一、党的建设

1993 年，法律系成立教工党支部，1994 年成立学生党支部，支部书记由辅导员担任，同年法律系成立了党总支，黄志明任总支书记。2004 年，开始招收宪政专业和诉讼专业研究生，并设立研究生党支部。2013 年 4 月，法学院党总支更名为法学院党委。至 2013 年 6 月，法学院党委设有 8 个教工党支部、5 个研究生党支部、21 个本科生党支部；有教工党员 64 人，占教职工总数的 67%，研究生党员 223 人，占研究生总数的 74%，本科生党员 343 人，占本科生总数的 18.8%。2005 年开展的“党员先进性教育”活动，强化了对党员队伍的建设与管理；2009 年开展的“创先争优”活动，激发了党员的积极性和创造性；2012 年开展的“书记项目”活动，推进了基层组织建设工作。同年，在法学院与公检法司等社会实践基地协同创新的基础上，学生党支部与教工党支部、中山第二市区检察院第六党支部、越秀区法院党支部、三水区公安局党支部共建，搭建了学生党支部与社会各单位交流合作的平台。

二、学生工作

1993 年 4 月，学校成立法律系，是年 9 月招收第一届学生 91 人。同年，法学系成立团总支学生会。法学院遵循“明理、重法、励志、博学”的院训，重视学生工作，注重辅导员、团委书记对学生的教育引导作用，充分发挥学生组织的自我管理、自我教育和自我服务。1999 年，举办第一届“法之航”学术文化节，如今已成功举办了 14 届。从 1994 年至今，已举办了 18 届“法制宣传月”活动。由学生主办的刊物《法苑报》、《启航》、《扬帆》、《新法律人》等记载了法学院学生成长成才的历史轨迹。

法学院积极探索围绕第一课堂的第二、三课堂法学人才培养基本思路，以三大课堂有机整合、促进全体学生成长成才的原则精心打造学生品牌活动，以学术文化节、法制宣传月、班际辩论赛、全员读书会、班级风采大赛、法律知识竞赛、模拟法庭、法律援助中心、体育嘉年华等为载体，努力营造辩论文化、书香文化、班级文化、阳光健康文化，培养学生核心竞争力，倾力打造思想品德好、综合素质高、专业功底实、适应能力强、有发展后劲的卓越法律人才。学生先后获得诸多殊荣：获国际级奖项近十项，如宋依琳同学多次获得世界和平书画展国际青少年儿童书画大赛金、银、铜奖；获国家级奖项近四十项，如在第三届和第十一届“挑战杯”全国大学生课外学术科技作品竞赛中获得三等奖；获省级奖项近百项，如 2011 年、2012 年分别荣获广东省第六届、第七届高校法学辩论联赛冠军和季军，2012 年获“挑战杯”广东大学生课外学术科技作品竞赛一等奖、践行《珠江三角洲地区改革发展规划纲要》贡献奖。在校生国家司法考试通过率高，2007—2012 年共 806 名在校生通过国家司法考试，平均通过率超过 40%，在全省高校法学院中名列前茅。毕业生就业层次较高，就业面较广，进入公、检、法等机关的人数约占毕业生总数的 30%，进入政府部门的约占 24%，攻读硕士研究生的约为 20%，还有部分同学进入大型企事业单位或从事专职律师工作。

第五节　对外交流与社会服务

一、对外交流

法学院对外交流广泛。在法律系成立之初的 1994 年 6 月 25 日，香港顾恺仁律师事务所高级合伙人、中国银行香港分行法律顾问、英国仲裁学会会员、香港法律公证人协会会员顾恺仁先生在我院法学院设立“顾恺仁奖学金”，并于当年10月5日颁发首届“顾恺仁奖学金”。1999年11月，学校与华东政法学院正式签署《广东商学院和华东政法学院加强校际协作协议书》。2002年9月8—22日，应格鲁吉亚阿扎尔自治共和国邀请，徐印州副校长率我校专家代表团赴格鲁吉亚为其起草经济特区法，法学院钟立国教授、刘波副教授随团参加。2009年8月20日，澳门法制研究会代表团到我院访问交流。我国著名法学家江平教授、王作富教授、黄进教授、霍宪丹教授、赵秉志教授、陈光中教授、李昌麟教授、吴汉东教授、许崇德教授、韩大元教授、李龙教授、周叶中教授、童之伟教授、邵建东教授、张卫平教授、台湾大学蔡茂寅教授，以及日本桐荫横滨大学校长、前日本民事诉讼法学会会长、博士生导师小岛武司教授，美国波士顿大学 Dan Partan 教授等国内外知名教授来法学院讲学。2004年12月，举办“宪政、人权与地方法制建设”学术研讨会。2007年11月，广东省人民政府应急管理办公室与我院联合主办的“政府应急处理与公民权利保障”学术研讨会在广州召开。2008年11月，“改革开放与中国经济法的发展学术研讨会暨广东省法学会经济法学研究会2008年年会”在我院举行。2009年4月，举办“国际法与港澳珠江三角洲法制建设全国学术研讨会”。2009年12月，主办“东亚民事诉讼法专题国际学术研讨会”。2010年11月，2010年度（第八届）“中国法经济学论坛”在我院举行。2010年12月，承办“特别行政区制度的理论创新与实践学术研讨会”，举办第二届“公共财政与宪政建设全国学术研讨会”。2011年12月，承办“宪法与科技发展学术研讨会暨闽粤宪法学研究会2011年年会”。2012年6月，举办第三届“公共财政与宪政建设全国学术研讨会”。2012年7月，举办“香港终审法院与基本法实施学术研讨会”。2012年9月，与中山大学、暨南大学合办“香港基本法实施十五周年学术研讨会”。

二、社会服务

法学院邓世豹应邀牵头起草《广东省食品安全条例》、《广东省高校学生实习与毕业生见习条例》、《广东省促进公共文化服务条例》、《广东省社会科学普及条例》等地方性法规，为广东省的民主立法、科学立法作出了贡献。法学院分别应省法制办、广州市法制办邀请承担广东省和广州市首个政府规章的立法后评估工作，进行《广东省经营性收费管理规定》的立法后评估工作和《广州市残疾人机动轮椅车管理办法》的立法后评估工作。由法学院教师牵头开发的“广州市行政执法综合法律知识考试系统”和“广东省行政执法综合法律知识考试系统”运行，每年全省10 000名公务员通过该系统考试取得执法资格，促进了广东省的依法行政工作。

第十九章　会计学院

会计学院是广东财经大学成立最早的二级学院之一，其前身为成立于1983年的会计教研室。经过30年的努力，学院的会计学、财务管理、审计学等专业得到了长足发展，并形成了优势和特色。学院一直以来致力于“高素质、应用型”人才的培养，迄今已为社会输送了6 000多名毕业生，他们在各行各业中创造了优异的成绩，发挥了重要的作用，深受用人单位的好评。

第一节　概　述

一、历史沿革

会计学院前身为成立于1983年的会计教研室，1985年成立会计系，1999年改名为会计学院。

1983年广东财经学院招收专科学生（干部专修商业会计班），学员共51人，这是会计专业的第一届学生，也是广东财经学院的第一届学生，进修班借省财贸干部学校上课。1985年财务会计专业本科学生入学，学生人数40人，这是广东财经学院的第一届本科学生（同年招收的还有企业管理专业）；1986年新增审计学专科；1988年招收涉外会计专业及审计学专业本科学生；1992年复招涉外会计专业本科学生；1998年由于专业调整审计专业停止招生，2006年恢复招生；2000年招收财务管理专业本科生；2005年、2006年两届会计学专科学生安排在增城教学点（华商学院）上课；2007年停止招收专科学生；2009年起在非管理学位专业在校生中招收会计学专业双学位学生；2010年起在全校大一学生中招收成建制国际会计（ACCA）实验班；2011年实验班先后获批为校级创新实验区、省级创新实验区。截至2012年7月，会计学院本专科学生毕业人数达6 292人。

二、学院（系）历任领导

（一）历任系主任、副主任，历任院长、副院长

1983年至1985年，陈学存任会计教研室负责人。

1985年至1988年，陈学存任会计系主任。

1988年至1992年，陈学存任会计系主任，彭惠媛任副主任。

1992年至1993年9月，陈学存任会计系主任，彭晓雷任副主任。

1993年9月至1994年3月，黄正廉任会计系主任，彭晓雷任副主任。

1994 年 3 月至 1996 年 1 月，黄正廉任会计系主任，陶敦勤任副主任。
1996 年 1 月至 1996 年 11 月，许义生、陶敦勤任会计系副主任，许义生主持工作。
1996 年 11 月至 1999 年，许义生任会计系主任，陶敦勤、兰艳泽任副主任。
1999 年至 2000 年 7 月，许义生任会计学院院长，陶敦勤、兰艳泽任副院长。
2000 年 7 月至 2003 年 7 月，许义生任会计学院院长，兰艳泽、车嘉丽任副院长。
2003 年 7 月至 2005 年 7 月，许义生任会计学院院长，车嘉丽任副院长。
2005 年 7 月至 2008 年 7 月，许义生任会计学院院长，车嘉丽、郭银华任副院长。
2008 年 7 月至 2013 年 6 月，兰艳泽任会计学院院长，陈美华、邢风云任副院长。
2013 年 6 月至今，车嘉丽主持行政工作，陈美华、邢风云任副院长。

（二）历任党总支书记、副书记

1986 年 10 月至 1992 年，梁荣中任党总支书记。
1992 年至 1993 年 9 月，陈学存兼任党总支书记，庄建理任副书记。
1993 年 9 月至 1996 年 3 月，庄建理任党总支书记。
1996 年 3 月至 1998 年 11 月，赵岳、林文强任党总支副书记，赵岳主持工作。
1998 年 11 月至 2000 年 7 月，赵岳、莫云光任党总支副书记，赵岳主持工作。
2000 年 7 月至 2001 年 11 月，赵岳任党总支书记，莫云光任副书记。
2001 年 11 月至 2005 年 7 月，陈迥任党总支书记，莫云光任副书记。
2005 年 7 月至 2008 年 7 月，陈迥任党总支书记，梁希琴任副书记。
2008 年 7 月至 2013 年 6 月，车嘉丽任党总支书记，张传瑜任副书记。
2013 年 6 月至今，车嘉丽任党委书记，张传瑜任党委副书记。

三、内设机构

1985 年会计系成立时只设会计教研室，1987 年增加审计教研室和经济法教研室，1989 年增加财务管理教研室，1993 年增加会计模拟电算化教研室，1997 年更名为会计电算化教研室。1993 年建立会计电算化实验室，1994 年建立手工会计实验室，1997 年学校整合实验资源成立经济管理实验中心，会计电算化实验室划归实验中心，2004 年手工会计实验室也划归实验中心。2005 年学校对图书资源进行调整，会计系资料室整体划归图书馆。2008 年把教研室改为系，学院下设会计系、财务管理系、审计系、会计咨询与服务中心，撤销会计电算化教研室。

会计系办公室于 1991 年成立，处理学院（系）的日常事务与管理服务。后来，随着学生人数的增加，设立了辅导员办公室，处理学生日常管理与思想政治工作。

四、师资队伍

（一）基本情况

1985 年，会计系成立初期教职工只有 8 人，其中专业教师 7 人，行政人员 1 人，副教授 1 人。2013 年，学院教职工有 60 人，其中专业教师 50 人，行政人员 10 人，教授 16 人，副教授 21 人，具有博士学位的教师 22 人。同时，聘请了 8 名客座教授，23 名校外硕士生导师。

（二）获奖情况

1998年，陈药获“南粤教坛新秀”称号，许义生（1997年）、车嘉丽（2004年）、郭银华（2007年）、兰艳泽（2012年）先后获“南粤优秀教师”称号；董锦红2007年被评为“广东省优秀辅导员标兵”，2013年被评为“广东省学生工作先进个人”；苏武俊（2004年，省级）、兰艳泽（2004年，校级）、艾健明（2004年，校级）、张荣武（2008年，校级）、李丽青（2008年，校级）、孙燕东（2010年，校级）、汤海溶（2010年，校级）、庄学敏（2010年，校级）、张阳（2012年，省级）、雷宇（2012年，校级）、刘晓华（2012年，校级）、陈建林（2012年，校级）、郭剑花（2012年，校级）13人先后入选“千百十工程”培养对象；2009年，张荣武入选全国会计学术类领军（后备）人才；2005年，许义生被评为校级名师；张阳（2006年）、金小军（2006年）、陈建林（2012年）3人先后在学校青年教师课堂教学竞赛中获“十佳教师”称号。

（三）社会兼职

会计学院拥有一支学历高、能力强、结构合理的优秀教师队伍，他们一直努力从事教学、科研工作，为社会培养了大批人才。同时，他们积极为社会提供各种专业性服务，涌现出众多优秀的社会服务代表人物。

王华教授兼任中国会计学会常务理事兼会计教育专业委员会副主任委员，中国商业会计学会副会长，中国金融会计学会、广东省会计学会、广东省注册会计师协会顾问，广东省第五届学位委员会委员、学科评议组成员；兰艳泽教授兼任广东省审计学会副秘书长、广东省第十一届人大财经委咨询顾问、广东省会计学会理事、广州市审计学会常务理事；车嘉丽教授兼任广东省会计学会理事、广州市财政会计学会理事；苏武俊教授兼任广东省教育会计学会常务理事；郭银华教授兼任澳门科技大学MBA导师、中山大学MPA导师、广东电力发展股份有限公司独立董事等等。

第二节　专业建设

一、专业建设与课程建设

会计学专业于2004年被评为广东省名牌专业，2010年获批为国家级特色专业；财务管理专业于2009年获批为校级特色专业。2005年初级财务会计学获批为省级精品课程，2013年转型为省级精品资源共享课程，2006年中级财务会计学、财务管理获批为校级精品课程，2009年会计学获批为校级精品课程，2009年西方会计获批为校级双语示范课程，2010年预算会计获批为校级精品课程，2011年成本管理会计获批为校级精品课程，2011年中级财务会计学获批为校级教学信息化示范课程。

二、教材建设

1988年由陈学存主编了《审计学》内部教材，在随后的30年里先后编写出版了《工业会计学》等15本教材，具体如下：

1991年，陈学存主编，《工业会计学》，高等教育出版社。

1992 年，陈学存主编，《会计学原理》，中山大学出版社。
2001 年，许义生主编，《中级财务会计学》，中山大学出版社。
2002 年，许义生主编，《初级财务会计学》，中山大学出版社。
2002 年，陈玉珍主编，《财务管理学实验》，科学出版社。
2003 年，葛敬东主编，《高级财务会计学》，中山大学出版社。
2003 年，车嘉丽主编，《管理会计》，中山大学出版社。
2003 年，肖仰烈主编，《财务管理》，中山大学出版社。
2003 年，刘德银主编，《审计学》，中山大学出版社。
2008 年，兰艳泽、车嘉丽主编，《会计学》，科学出版社。
2010 年，许义生、张阳主编，《财务管理基础理论与实务》，暨南大学出版社。
2011 年，王华主编，《中级财务会计》，大连出版社。
2011 年，陈美华主编，《高级财务会计学》，暨南大学出版社。
2012 年，郭秀珍、许义生主编，《初级财务会计学》，暨南大学出版社。
2012 年，郭银华、艾健明主编，《财务管理专题理论与实务》，暨南大学出版社。

三、教研项目

2002 年车嘉丽主持的《WTO 与大众化教育下财务管理人才培养模式的研究》，2005 年许义生主持的《会计学专业教学改革与实践》，2009 年兰艳泽、陈建林主持的《基于二元化研究生课程体系和创新能力》，2011 年郭秀珍主持的《基于信息技术平台的〈中级财务会计学〉课程教学模式研究》，2011 年艾健明主持的《会计学专业研究生创新型人才培养模式研究》先后获省级教研立项。

2005 年由许义生、车嘉丽、刘良惠、葛敬东、陈药完成的《会计学专业综合配套改革与实践》教学改革项目获第五届广东省高等教育省级教学成果二等奖。2005 年由陈玉珍、车嘉丽、郭银华、郑臣喜建设的《〈财务管理学〉网络课程》获省教育厅网络课程二等奖。

四、研究生培养

2004 年获工商管理专业财务管理方向硕士学位授予权，并于当年开始招收第一批财务管理硕士研究生。2006 年取得会计学硕士学位授予权，2007 年开始招收第一批会计硕士研究生，2007—2013 年，共招收硕士研究生 131 人。2010 年第一批会计硕士研究生 17 人毕业，并取得会计学硕士学位，截至 2012 年 6 月，共有毕业硕士研究生 61 人。2011 年包含会计学专业及财务管理专业在内的工商管理一级学科被授予一级学科硕士点。

第三节　学科建设与发展

一、重点学科

2006 年，会计学科被评为广东商学院重点学科。

2012 年，工商管理一级学科获省级重点一级学科，会计学（会计信息披露与审计监督）和财务管理（财务治理与投融资决策）为工商管理重点一级学科的两个重要研究方向。

二、科研立项

2001 年 12 月，兰艳泽主持的项目《知识经济下的财务管理创新》（01JD630008）首获教育部人文社科研究项目立项支持。此后，艾健明（2005 年）、庄学敏（2009 年）、郭剑花（2011 年）、雷宇（2011 年）、郭秀珍（2011 年）、刘晓华（2011 年）、陈建林（2012 年）、杨志强（2013 年）及张建平（2013 年）分别获此项目的立项支助。

2002 年 3 月，许义生主持的横向课题《广东省邮政普遍服务成本分析及补偿机制研究》首获 15 万元资金支持。此后，车嘉丽（2010 年，40 万元）、兰艳泽（2009 年，20 万元）、郭银华（2009 年，8 万元）、陈药（2009 年，5 万元）等先后获得重大横向课题立项支持。

2004 年 7 月，许义生主持的项目《财务管理理论结构创新研究》（03/04L15）、葛敬东主持的项目《网络环境下企业会计信息外部集成生产模式的设计》（03/04L12）首获广东省哲学社会科学规划项目立项支持。此后，刘红兵（2006 年）、张荣武（2007 年）、兰艳泽（2008 年）、车嘉丽（2009 年）、陈美华（2010 年）、陈建林（2010 年）及孙燕东（2012 年）分别获此项目的立项支助。

2004 年 7 月，兰艳泽主持的项目《对我国国有控股上市公司债务治理效应的研究》（04009940）首获广东省自然科学基金项目的立项支持。此后，汤海溶（2009 年）、邢风云（2011 年）、郭剑花（2011 年）、张阳（2011 年）及陈建林（2012 年）分别获此项目的立项支助。

2009 年 7 月，赵兴楣主持的项目《契约安排、政府监管与审计者独立性——新形势下股票市场发展对策研究》（09CJY087）首获国家社会科学基金项目立项支持。2010 年 7 月，张荣武主持的项目《经济周期视角下投资者心理偏差对资产定价的影响研究》（10CGL043）获国家社会科学基金项目立项支持。

2011 年，张阳主持的项目《经济责任审计创新及其信号传递效应研究——基于财政资金配置效率视角》（71172224）首获国家自然科学基金项目立项支持。2012 年，陈建林主持的项目《家族治理与中小企业私募股权融资：基于社会资本视角》（71202097）首获国家自然科学基金项目立项支持。

2011 年 7 月，邢风云主持的项目《广东省上市公司内部治理审计实施与推进研究》（2011B070300035）首获广东省软科学研究项目立项支持，此后赵国宇《股权激励提升企业核心竞争力的路径与效果研究》（2012B070300002）亦获该项目立项支持。

三、学术论文

2003 年，许义生在国家级权威期刊《财政研究》上发表论文《现代企业财务管理总目标探析》。此后，又有多篇文章在国家级权威期刊上发表，具体包括：马崇明《统计研究》（2006 年第 7 期），葛敬东《会计研究》（2006 年第 7 期），陈建林《经济管理》（2010 年第 4 期）、《管理评论》（2011 年第 9 期、2012 年第 4 期），张阳《中国行政管理》（2010 年第 8 期）、《会计研究》（2007 年第 10 期），许义生《财政研究》（2008 年第 6 期），赵兴楣《会计研究》（2011 年第 3 期），郭剑花《金融研究》（2011 年第 2 期）、《财经研究》（2012 年第 8 期），张荣武《会计研究》（2011 年第 3 期、2010 年第 1 期），刘晓华《经济管理》（2012 年第 4 期），雷宇《会计研究》（2012 年第 4 期）、《财经研究》（2012 年第 5 期），李丽青《南开管理评论》（2012 年第 12 期）。

2003 年，刘红兵在国外重要期刊上发表论文 Fuzzy Eliminating - error Logic。此后，刘红兵、郭银华、张阳、李丽青等在国外重要期刊上发表论文 13 篇。

四、重要著作

1997 年，兰艳泽出版专著《合并会计报表实务》。之后，马崇明等人出版专著多部，主要包括:《中国现代化进程分析研究》（马崇明，2003 年），《公允价值计量基础研究》（陈美华，2006 年），《中国国有控股上市公司债权治理功效研究》（兰艳泽，2006 年），《企业 R&D 投入与税收政策研究》（李丽青，2007 年），《中国投资银行声誉机制研究》（尹蘅，2008 年），《环境会计问题研究》（郭秀珍，2008 年），《我国国有控股上市公司的非效率投资行为及其治理机制研究》（艾健明，2008 年），《审计师选聘权与独立性——基于制度环境视角》（张阳，2008 年），《国有企业交易成本研究》（苏武俊，2008 年），《管理者自利条件下的公司盈利能力与资本结构研究》（汤海溶，2009 年），《基于审计契约安排的独立性互动机制研究》（赵兴楣，2010 年），《财务治理效率论》（张荣武，2010 年），《中国证券市场个人投资者投资绩效研究》（庄学敏，2011 年），《中国会计准则的国际协调与盈余质量研究——来自 B 股公司的经验证据》（刘晓华，2010 年），《审计合谋的预警与防治机制研究》（赵国宇，2011 年），《我国上市家族企业代理成本的治理研究》（陈建林，2011 年）等。

五、获奖成果

兰艳泽的《广东省高教系统内部审计质量控制的现状和对策》2008 年获广东省教育审计论文评选特等奖，《中国国有控股上市公司债权治理功效研究》获广东省 2006—2007 年度哲学社会科学优秀成果奖三等奖；张阳的《审计师选聘权与独立性——基于制度环境视角》获广东省 2008—2009 年度哲学社会科学优秀成果奖三等奖；张荣武的《产权保护、公允价值与会计稳健性》2011 年获中国会计学会优秀论文一等奖。

六、学术交流

自会计学院（系）成立三十年来，学院积极加强与各界的学术交流，营造浓厚的学术氛围，有力促进了学院科学研究。这些年来，学院先后邀请国内著名会计学家郭道扬、吴水澎来我校讲学，并邀请国内著名学者孙宝厚、周守华、夏冬林、王化成、谢德仁、魏明海、宋献中、林庆云（旅日学者）、刘国常、胡玉明、谭跃、肖序、石本仁、林树、李向梅及政企界人士蓝佛安、陈德俊、魏巍等来我校开办学术讲座，聘请他们担任我院名誉教授，指导我院的学术研究工作。2012 年，台湾东吴大学廖则竣教授来我校讲学，分别为本科生、研究生及我院教师作学术讲座。

1991 年，与暨南大学联合承办了全国会计学会学术交流会，会议在暨南大学举办。2005 年 5 月，举办广东商学院第一届会计学术研讨会。2009 年 11 月，举办全国性学术研讨会——“金融危机背景下中国会计与财务问题学术研讨会”。2009年2月，成功申请广东省研究生学术论坛，并承担会计分论坛的组织工作。2010年11月，承办中国会计学会会计教育分会常务理事会议。2011年11月，承办第三届海峡两岸学术会议和承办《会计研究》编审会议。2012年6月起，定期举办“资本市场财务与会计学术论坛”，至今已举办4期。

同时，会计学院积极委派教师参加国内外学术会议、学术交流，先后委派刘红兵、张阳、李丽青、张荣武、孙燕东、陈建林、汤海溶等年轻学者前往美国及我国台湾地区做访问学者，委派马崇明、刘德银等前往国内知名高校访问学习。

七、学术平台

2008年，创建会计与资本市场研究中心，重点研究资本市场财务与会计问题，研究中心第一任主任为许义生（2008—2009），第二任主任为郭银华（2009—2013）。

2011年，创建广东商学院科研创新团队——资本市场财务与会计科研创新团队，团队负责人为王华，主要学术带头人有兰艳泽、艾健明、张荣武、张阳、陈建林、赵兴楣、雷宇、郭剑花、刘晓华等。该团队于2012年被学校评为优秀科研团队。

第四节　党团与学生工作

一、党的建设

1986年10月，成立会计学院党总支，下设教工党支部和学生党支部。2004年，教工党支部在教研室建立，并在毕业班上建立学生党支部。

1987年，广东财经学院召开首次党员代表大会，选举产生第一届学院党委，会计系主任陈学存当选党委委员。

2005年，会计学院党总支被评为校“先进基层党组织”。2008年，财务管理教工党支部被评为校“先进基层党组织”。2009年，办公室教工党支部被评为校“先进基层党组织”。2011年，会计系教工党支部被评为校“先进基层党组织”。2012年，会计学院党总支被评为校“创先争优先进基层党组织”。

二、学生工作

1985年，会计系开始招收财务会计专业本科学生，1987年成立了团总支、学生会，2006年成立分团委，2010年改为团委。2006年在三水校区设立团总支和学生分会，2012年改设团工委和学生分会，并在2011级和2012级分别成立团总支和年级委员会。

会计学子在认真学习之余积极开展课外活动。1987年举办第一届歌咏比赛；1989年组织学生干部与广东人民广播电台联欢，电台向学校图书馆捐赠图书；1991年5月代表学校参加广州市残联在文化公园举办的“庆祝全国第一个助残日文艺晚会”演出；2006年7月主要由会计学院、经济贸易学院学生组成的合唱团参加团省委庆“七一”文娱晚会；2008年12月与新加坡国立大学举行友谊辩论赛。2000年举办第一届爱心跳蚤市场及真账实操大赛，2003 年创办第一届“财会杯”科研大赛并邀请广州地区大学同台参与，这两项活动已成为会计学院的学生品牌活动。1986 年出版第一份学生刊物《朝晖》，1988 年 9 月会计系学生会与暨南大学会计学院学生会联合出版刊物《当代会计大学生》，1994 年创办学生党刊《财会党刊》，2005 年会计系团总支、学生会创办《晨韵》。2005 年至 2010 年先后利用暑假组织学生党员和积极分子到肇庆市端州区下属街道与村委挂职锻炼，2011 年暑假则到广州市天河区街道、社区挂职锻炼。

在学生科研活动方面，2006 年蔡少彬、林曼红、林晓霞等同学的《旭辉新型发光材料有限公司商业计划书》项目获第五届“挑战杯”全国大学生创业计划竞赛铜奖，2009 年林壮镇、林键、温海星同学的《夯实粮食基础，从流通抓起——基于层次分析法的广州市大米流通模式创新探讨》获第十一届“挑战杯”全国大学生课外学术科技作品竞赛三等奖，2012 年戴适然等同学的《涉外家庭服务》项目获第八届“挑战杯”广东大学生创业计划竞赛银奖。

第五节　对外交流与社会服务

一、对外交流

1999 年 5 月许义生教授参加了在台湾淡江大学举办的两岸会计与管理研讨会，2011 年我院与台湾政治大学合作，每年派老师到该校学习交流，2012 年 5 月邀请台湾中正大学廖则竣教授来我院讲学，2013 年 3 月与英国利兹都会大学达成合作办学协议。

二、社会服务

会计系自 1985 年成立后，努力为社会培养大量人才，同时也积极参与社会服务工作，为社会各行业、各单位培训财会人员。1989—1992 年，与珠海市财政局联合对珠海外商企业经理、会计人员进行培训。1990 年，根据会计制度改革，与广州市财政局、中山市财政局联合对会计人员进行培训。2008 年，成立会计咨询服务中心，专职负责企事业单位会计咨询服务与培训工作，负责人为陈药。2008—2013 年，与多个大企业集团或事业单位，包括省机场集团、省南方航空、省粤冠路桥、省现代农业集团、省科技局、华南理工大学、省监狱管理局等合作开展财务人员后续教育培训工作，并与化州市、茂名市、潮州市等地方政府合作开展财会人员后续培训工作，年均培训在职会计、审计人员 2 000 余人。2010 年，与广州普金计算机科技股份有限公司合作举办了财务人员后续教育远程教育培训。

第二十章　经济贸易学院

经济贸易学院是广东财经大学成立最早、师生人数最多的二级学院之一，其前身最早可以追溯到建校初期的统计学系和经济学系。学院现设有国际贸易、国际商务、经济学、经济统计 4 个本科专业，国民经济学、产业经济学、国际贸易学、统计学、区域经济学、数量经济学、应用统计学 7 个学科学位硕士点和保险硕士专业学位。学院的教学、科研、学科建设及研究生教育、学生工作、党建和思想政治工作等始终保持良好的发展势头，为学校的建设和发展提供了强有力的支持。

第一节　概　述

一、历史沿革

经济贸易学院的前身最早可以追溯到 1985 年成立的统计学系和 1989 年成立的经济学系。

统计学系在建校初期即成立，原名为计划统计系。1987 年 4 月 24 日，统计系成立，开设统计学本科专业，授予经济学学士学位。1993 年 4 月改名为城市经济管理系，1999 年改为现名。

1986 年，基础学科部马列主义教研室开设政治经济学与理论课程。1989 年 7 月 14 日，政治经济学教学团队从马列主义教研室分化出来，成立经济学系，与马列主义教研室形成“一个机构、两个牌子”。经济学系当年开始招收国际贸易专业专科生，次年开始招收国际贸易专业本科生。1990 年，马列主义教研室与经济学系分设。1993 年，经济学系更名为国际经济贸易系。从 1994 年开始，国际经济贸易系只招收国际贸易专业本科生，同年，政治经济学教研室从国际经济贸易系划出，并与马列主义教研室合并。

因国家本科专业调整，国际经济贸易系于 1999 年更名为国际经济与贸易系，原国际经济贸易专业更名为国际经济与贸易专业。2000 年，学校对二级教学单位进行调整，国际经济贸易专业和经济研究所合并组建经济贸易学院（经济研究所继续保留）。

2005 年统计学系与经济贸易学院合并，成立经济贸易与统计学院。

2000 年，于 1995 年设立的现代经济与发展研究所合并到经济贸易与统计学院，2008 年 5 月成立国民经济研究所，同月该研究所独立，更名为国民经济研究中心。2010 年 10 月，学校决定整合科研资源，实行院所合一，国民经济研究中心、流通经济研究所、民营经济研究所合并到经济贸易与统计学院。

2013 年 3 月，经济贸易与统计学院改名为经济贸易学院，国民经济研究中心挂靠经济贸易学院。

二、学院（系）历任领导

（一）统计学系

1. 历任系主任、副主任

1985 年至 1989 年，唐锦俊任统计系副主任。

1989 年至 1991 年，周兆麟任系主任。

1991 年至 1992 年，周兆麟任系主任，钟永豪任副主任。

1992 年至 1997 年，钟永豪任系主任，王玉潜、戴念昆任副主任。

1997 年至 2000 年，曾小彬任系主任，胡学锋任副主任。

2000 年至 2002 年，张涤新任系主任，许永甲任副主任。

2002 年至 2005 年，许永甲任系副主任（主持工作）。

2. 历任党总支书记、副书记

1989 年至 1991 年，杨慎辉任党总支书记。

1991 年至 1992 年，蔡文阶任党总支书记。

1992 年至 1997 年，蔡文阶任党总支书记。

1997 年至 2000 年，吴美珍任党总支书记。

2000 年至 2005 年，宋笑平任党总支书记。

（二）经济贸易学院

1. 历任系主任、副主任，历任院长、副院长

1989 年至 1992 年，刘云彬任经济系主任。

1992 年至 1997 年，徐印州任国贸系主任，余波任副主任。

1997 年至 2000 年，何维湘任国贸系主任，王衡生、吴有必任副主任。

2000 年至 2002 年，何东霞任经济贸易学院院长，叶祥松、李俊任副院长。

2002 年至 2008 年 7 月，何东霞任经济贸易学院（2005 年改经济贸易与统计学院）院长，叶祥松、李俊任副院长。

2008 年 7 月至 2013 年 6 月，叶祥松任经济贸易与统计学院院长，崔建华、许永甲任副院长。其间，因叶祥松院长调离学校，2012 年 12 月至 2013 年 5 月，由朱信贵主持院务工作。

2013 年 6 月至今，林洪任经济贸易学院院长，崔建华、晏宗新任副院长。

2. 历任党总支（党委）书记、副书记

1989 年至 1992 年，陈庆联任党总支书记。

1992 年至 1997 年，黄中坚任党总支书记。

1997 年至 2000 年，吴琦任党总支副书记。

2000 年至 2002 年，吴琦任党总支书记，代永华任副书记。

2002 年至 2008 年 7 月，陈晴晔任党总支书记，林宏秋任副书记。

2008 年 7 月至 2013 年 6 月，朱信贵任党总支书记，罗玉燕任副书记。

2013 年 6 月至今，朱信贵任党委书记，林可任副书记。

（三）国民经济研究中心

1995 年至 2000 年，陈华山任研究所所长，何东霞任副所长。

2007 年，林洪兼国民经济研究中心主任，何东霞兼副主任。

2008 年至 2010 年，何东霞任国民经济研究中心主任，赵景峰、林洪任副主任。

2010 年至 2013 年，何东霞任国民经济研究中心常务副主任，王廷惠兼中心主任，林洪兼中心副主任。

2013 年 6 月至今，林洪任国民经济研究中心主任，黄晓凤任常务副主任。

三、内设机构

1989 年，计统系分计算机、计统、数学三个教研室。1999 年，统计科学研究所成立。

经济系成立之初，设国际贸易研究室、政治经济学教研室、马列主义教研室、办公室和资料室。1989 年，成立了 3 个教研室，包括政治经济学教研室、哲史教研室和外贸教研室。1993 年，经济学系更名为国际经济贸易系，除保留原有的国际贸易研究室、政治经济学研究室、办公室和资料室外，增设外贸英语研究室。2000 年，经济贸易学院设国际经济与贸易系、经济系，除继续开设国际经济与贸易本科专业外，当年开始招收经济系专业本科生。2005 年，原经济贸易学院与统计学系合并为经济贸易与统计学院，设有国际经济与贸易、经济学、统计学、国际商务 4 个本科专业。2013 年，学院设有经济学系、国际贸易系、经济统计学系、国际商务系；设有统计与运筹科学研究中心、粤韩经济研究中心、产业经济研究中心、跨国经营研究中心；设有保险硕士中心和学院办公室、教学办公室与学生工作办公室等机构。

四、师资队伍

（一）基本情况

1985 年，计划统计学从会统教研室分出来，原教研室共有教师 10 人，2 人担任教学和辅导工作，其余教师为 1983 级专科班讲授统计学原理等课程。1986 年，共有教师 8 人，没有教辅人员。1987 年，计划统计系共有教师 9 人，没有教辅人员。1989 年，统计系有教授 9 人、讲师 11 人、研究生（未定职称）4 人，具有讲师以上职称的教师占 48.7%。1998 年，专业教师 17 人，其中高级职称 7 人，中级职称 10 人。2001 年，统计学系任职教师共 13 人，其中具有博士学位的教师 3 人，占全系教师的 23.08%；具有硕士学位的教师 4 人，占全系教师的 30.77%；具有学士学位的教师 6 人，占全系教师的 46.15%。

经济学系成立之初，教职工不足 20 人。1991 年，专业教师 33 位。

2005 年，原经济贸易学院与统计学系合并为经济贸易与统计学院，拥有教师 64 名。2008 年，经济贸易与统计学院有教职工 63 人，其中专任教师 54 人，专任教师中有教授 9 人，副教授 20 人，其中取得博士学位的 9 人，在读博士 9 人。2013 年，经济贸易学院有教职工 87 人，专任教师 72 人，其中教授 17 人，副教授 25 人，具有博士学位教师 37 人，硕士学位以上教师占教职工的 66%，入选“千百十工程”培养对象教师 8 人，广东商学院教学名师 3 人。

（二）获奖情况

在经济贸易学院的发展历史上，有一些优秀教师获得省级以上奖项：吴有必获 1994 年

“南粤教坛新秀”；何维湘获 1997 年广东省“师德建设先进个人”；赵景峰获 1997—1998 年广东省“南粤教坛新秀”；刘纪显、王曼华、朱信贵获 1998—1999 学年度广东省“南粤教书育人优秀教师”；李俊获 1999—2000 年广东省“南粤教坛新秀”，2000 年被评为“全国优秀教师”；2008—2009 年宁军明获“南粤优秀教师”；2009 年，邱启彬被评为广东省优秀团总支书记，入选广东省首届辅导员“年度人物入围奖”；李兰平获“2011 年省助学贷款工作先进个人”。

（三）社会兼职

经济贸易学院拥有优秀的师资队伍，他们不仅为学院的教书育人、科研创新作出突出贡献，同时为社会提供各种专业性的服务。在 30 年的发展过程中，涌现出众多优秀的社会服务代表人物。例如，林洪兼任中国统计教育学会常务理事，国家（省）社科、自科基金项目通讯评审专家等；崔建华兼任中国宏观经济教育学会理事、广东消费经济学会常务理事；徐忠爱兼任民进广东省委经济工委委员、广东经济学会理事、广东消费经济学会理事、广东企业社会责任联合会常务理事；袁建文兼任中国投入产出学会常务理事、中国商业统计学会常务理事；屈韬兼任亚洲家庭与消费协会会员、广东省商业经济学会理事会理事、国家国际商务单证培训认证专家委员会委员、FIATA 国际物流培训师；黄晓凤兼任广东新兴经济体研究会副会长、广东国际经济研究会副会长。

第二节　专业建设

一、本科专业建设

1985 年，计划统计系从会统教研室分出，为 1983 级专科班授课，主要讲授会计学原理、专业会计、统计学原理、国际金融与贸易、中国经济地理、计算技术 6 门课程。1986 年，计划统计系教学计划的课程设置上报省高教局与国家教委审核批准，开设统计学原理与商业统计、国民经济学、国际金融与贸易、中国经济地理、计算技术等课程。1987 年，增开国民经济计划、工业统计与分析、商业统计、商学理论与实践、社会经济调查方法课程。1989 年全系在校学生增加到 3 个班，其中 2 个本科班，1 个专科代培班，承担校内各班的高等数学、统计学原理、国民经济计划、经济地理、计算机应用等 14 门课程。1998 年，城市经济管理系共承担 21 门课程，总授课时数达 1 398 时。1998 年，开设统计学、数值分析、房地产投资分析等 19 门课程。

2002 年，国际经济与贸易被列为学校重点建设专业。

2005 年，经济贸易与统计学院申报并被批准开设微观经济学、宏观经济学、经济计量学、国际贸易、数据处理技术与 SPSS、统计学 6 门网络辅助课程，开办“国际贸易实务”专题学习网站 1 个，“国际结算”、“国际投资”、“世界经济”多媒体课件 3 个。

2006 年，通过国际贸易专业名牌专业评估。

2007 年，宏观经济学、微观经济学、国际贸易等学科基础课和中级宏观经济学、中级微观经济学采用双语教学。

2008 年，经济计量学被评为省级精品课程；微观经济学、国际贸易被评为省级精品课程的培育课程；社会主义经济理论等4门课程成为校级精品课程的培育课程。

2009年，国际贸易获批国家级双语教学示范课程。微观经济学获准申报广东省精品课程，社会主义经济理论、投入产出分析、国际贸易3门课程被批准为校级精品课程。《品牌管理》获学校通识课程项目立项。

2010年，国际贸易获批为教育部双语教学示范课程。

2011年，《中国企业国际化的商务人才培养模式实验区》获批为广东省创新人才培养实验区项目。

2012年，统计学实验教学团队项目作为校级教学团队已立项；国际贸易课程教学团队、国际商务专业教学团队、西方经济学课程教学团队、政治经济学课程教学团队也进行了院级立项培育建设。

二、研究生专业建设

1995年，经广东省教育厅批准，城市经济管理学系与北京经济学院（现为首都经贸大学）联合招收、独立培养统计学专业自筹经费硕士研究生。

1997年，经广东省教育厅批准，城市经济管理学系与厦门大学合作举办会计学专业研究生课程进修班，共招收50名学员。

2003年，国民经济学被批准为全国第九批硕士授权学科点；2006年产业经济学、国际贸易学、统计学被批准为全国第十批硕士授权学科点。

2010年，保险硕士被批准为全国第十一批硕士授权专业学位点。

2012年，统计学被批准为一级学科硕士点。

2013年，我院有1个一级学科科学学位硕士点、7个二级学科科学学位硕士点和1个专业学位硕士点，分别为国民经济学、产业经济学、国际贸易学、统计学、区域经济学、数量经济学、应用统计学、保险硕士。硕士生导师33人。至2012年7月已经向社会输送了6届毕业生，共计147人。近三年就业率皆为100%。

第三节　学科建设与发展

一、学科建设

1993年，学院统计学专业获批为校级重点学科。2000年，国民经济学被确立为校级重点扶持学科。2005年，国民经济学确定为校级重点学科。2006年，国民经济学被评为省级重点扶持学科，统计学和西方经济学被评为校级重点扶持学科。2008年5月，学校整合力量，以国民经济学学科为依托，在国民经济研究所的基础上成立国民经济研究中心，并获批为广东省普通高校人文社会科学重点研究基地。2012年，应用经济学一级学科获批为广东省优势重点学科，下设的6个二级学科中，学院占有产业经济学、国际贸易学、国民经济学、区域经济学4个学科。

二、科研成果与项目

1985年至2002年，教师发表论文214篇。2003年以来，发表论文1 008篇，其中在核心期刊上发表论文 329 篇，在数量和质量上均比 2002 年以前有较大幅度的提升。在《中国科学》、《中国社会科学》、《管理世界》等权威期刊及 *China & World Economy*、*Health Policy*等境外核心期刊上发表论文取得了突破性的进展。

1985 年至 2002 年，出版著作 37 部，其中专著 7 部。2003 年以来，出版著作 49 部，其中专著 27 部，教材 19 部。1994 年后共承担科研项目 212 项，获经费 761.32 万，其中，获得国家社科项目 11 项，获经费 62 万元，包括何东霞《国有小企业改革的肇庆模式的跟踪调查研究》（1999.05—2002.06），获经费 2.5 万元；叶祥松《转轨经济中我国国有公司产权关系和治理结构研究》（2000.05—2002.10），获经费 4 万元；王翊《东部和西部地区之间生态补偿的理论与模式研究》（2005.05—2007.12），获经费 7 万元；叶祥松《农村机构改革与农村经济组织创新——“农联模式”及其运行机制研究》（2007.06—2009.06），获经费 9 万元；林洪《周期性普查及其经费管理绩效问题研究》（2007.06—2009.06），获经费 9 万元；宁军明《二元经济下扩大我国消费需求的理论和对策研究》（2009.07—2011.06），获经费 10 万元；唐俊《基于行为博弈的互惠利他行为与演化机制研究》（2009.07—2012.08），获经费 8 万元；徐忠爱《我国新型现代农业契约链的构建与治理研究》（2010.07—2012.06），获经费 12 万元。还有，周松兰的项目《创新驱动力的差距、瓶颈与突破：中日韩三国 LED 产业比较》、张祖荣的《我国农业保险保费补贴效果评价与适度保费补贴率问题研究》、王方方的《基于三元边际框架的我国对外贸易与投资一体化路径拓展研究》。此外，获省部级以上项目 38 项，经费达 206.5 万元。

2003 年以来，获得各类项目 127 项，各类项目经费 605.62 万元。科研成果获奖 27 项，其中省部级以上获奖 10 项：袁建文《经济计量学实验》获第八届全国统计科学研究优秀成果三等奖；叶祥松《现代企业前沿问题研究》获陕西省第八次哲学社会科学优秀成果三等奖；林洪《普查经费投入的博弈分析》获第九届全国统计科学研究优秀成果二等奖；周松兰《出口商品结构竞争力国际比较——基于传统差别化与替代弹性视角的实证研究》获第十五届“安子介国际贸易研究奖”三等奖；林海明《因子分析模型 L 及其解是更好的》获广东省 2006—2007 年度哲学社会科学优秀成果三等奖；林洪《国民幸福总值（GNH）的启示与国民幸福研究》获广东省 2006—2007 年度哲学社会科学优秀成果三等奖；叶祥松《农村机构改革与农村经济组织创新——“农联模式”及其运行机制研究》获国家社科基金一般项目结项鉴定优秀；林洪《周期性普查及其经费管理绩效问题研究》获国家社科基金一般项目结项鉴定优秀；周松兰《发展现代服务业优化佛山产业结构问题研究》获广东省 2008—2009 年度哲学社会科学优秀成果三等奖；朱信贵、黄晓凤、李宏《广东现代服务业发展研究》获广东省 2010—2011 年度哲学社会科学优秀成果二等奖，获时任广东省委领导同志的批示和高度肯定。

第四节　党团与学生工作

一、党的建设

1989 年，计划统计系正式建立了党总支，设置了总支委员，划分计统、数学 2 个党支部，在学生中调整了团组织成员，发展了1名学生党员。

2005年，经济贸易学院和统计学系合并，设置教工学生党支部共11个，当年发展学生党员93人。

2009年，递交入党申请书的人数达365人，从党校毕业的学生有266人，发展党员193人，转正党员125人。7月18日至21日，学院党总支全体党员远赴革命圣地井冈山，开展“科学发展，创先争优”活动。

2012年，转正党员181人，发展党员213人，从党校毕业的学生有282人，占全院学生的28.2%。2月28日，教工第二党支部承担广东省教育工委“创先争优”群众评议现场点评活动，广东卫视、南方日报等多家媒体作了宣传报道。

2013年，经济贸易学院党总支有21个党支部，其中有3个教工党支部，15个本科学生党支部，3个研究生党支部。教工党员有66名，本科学生党员有428名，研究生党员有57名。当年1月16日至17日，学院党总支组织全体党员过组织生活，在肇庆市德庆县开展学习十八大活动。

二、团学工作

1988年统计学专业招收本科生，1989年招收专科生；1989年国际贸易专业招收专科生；2000年经济学专业招收本科生；2005年国际商务专业招收本科生。1988年，统计系团总支、学生会成立，1990年，国际贸易系团总支、学生会成立。以培养学生的“王者风范”为理念，即“做人要担当、诚信、乐观、明礼；学习要求知、博学、经世、攀登；工作要敬业、团结、奋进、成就”，努力培养勤奋、好学、求真、务实，综合素质较高和能力较强的专门人才。举办有专业特色的如“English Fair”、“地球村”、“经英之星”、“模拟广交会”、“模拟商务谈判”、“创业点子大比拼”、青年志愿者行动及学术文化节等活动提高学生综合素质。刊物《经纬》等记载了学生的成长感悟。学生素质高，涌现出“‘五四红旗团委’优秀团干部”邱勋来、省学联执行主席“广东省优秀学生干部标兵”何龙、“广商的菲尔普斯”王翕然、2012年度“感动南粤校园”苏树权等优秀学生。

学生积极参加“挑战杯”竞赛、数学建模大赛、“U势界”创业项目大赛及科研立项等科研活动，获奖累累。

2006年，叶秀梅、张怡怡、谢张一获第五届“挑战杯”全国大学生创业计划竞赛国家金奖共2项，马飞岸、王樱键获国家级铜奖1项。2008年，梁枢明、方壮浩获第六届“挑战杯”全国大学生创业计划竞赛银奖1项。2009年，胡颖获第十一届“挑战杯”全国大学生课外学术科技作品竞赛二等奖1项。2009年，莫鲜花获“高教杯”全国大学生数学建模大赛广东省二等奖1项，余钊卓获天翼杯数学建模模拟赛省级优胜奖1项。2010年，杨伟山获“2010年高教社杯全国大学生数学建模比赛”全国本科组二等奖，邓雨婷获广东省三等奖。2010年，李佩蓉、余春汛获第七届“挑战杯”全国大学生创业计划竞赛铜奖2项。2012年，林竞捷、沈欢欢获国际大学生数学建模竞赛三等奖2项。2013年，许逸翰、林欣欣、张敏琪获美国大学生数学建模竞赛一等奖3项，黄俊煌获美国大学生数学建模竞赛二等奖1项。

2002年，薛一凡获广东省大学生广播之星大赛冠军。2008年，朱田田、谭佩仪、招胜佑、陈婷获第六届“挑战杯”广东大学生创业计划竞赛金奖1项，林晓岚、梁如章、林斯韵、罗建海、邓宝琪获第六届“挑战杯”广东大学生创业计划竞赛银奖共3项，刘宏生、罗瑞涛、徐尚梅、曾超卓、田启霖、杨慧敏、张子欣获第六届“挑战杯”广东大学生创业计划竞赛铜奖共2项。2009年，胡颖获第十届“挑战杯”广东大学生课外学术科技作品竞赛特等奖1项，尹蔚、梁静、陈荣泉、许蕴蕙获第十届“挑战杯”广东大学生课外学术科技作品竞赛二等奖1项，江晓娜、杨景欢、徐晓瑜、郑元获第十届“挑战杯”广东大学生课外学术科技作品竞赛三等奖3项，欧景安获第一届广东大学生“U势界”创业项目大赛创意奖1项，江伟东、李委芳获第一届广东大学生“U势界”大学生创业项目大赛扶持奖1项。2010年，李佩蓉、范金珍、余春汛获第七届“挑战杯”广东大学生创业计划竞赛金奖2项，李小平、柯莉莉、张嘉训、江伟东、李委芳获第七届“挑战杯”广东大学生创业计划竞赛银奖共3项。2011年，贝健凤、朱嘉玮获第十一届“挑战杯”广东大学生课外学术科技作品竞赛二等奖2项，陈秋丽获第十一届“挑战杯”广东大学生课外学术科技作品竞赛三等奖1项。2012年，“绿之梦”、“承文”团队获第八届“挑战杯”广东大学生创业计划竞赛银奖2项，“扬帆起航”团队获第八届“挑战杯”广东大学生创业计划竞赛铜奖1项，郑立铭参加《艾晨斯咖啡文化管理有限公司》的项目获第八届“挑战杯”广东大学生创业计划竞赛铜奖1项，“绿之梦”团队参加第二届广东大学生“U势界”创业项目大赛获扶持奖，陈浩杰、潘晓晓、欧阳志明获全国大学生数学建模竞赛省级银奖3项。

2011年，学院团委获广东省“五四红旗团委”奖，成为广商历史上第一个获此殊荣的基层团委。2008级国商1班何龙年担任2011—2012学年广东省学联执行主席，是学校历史上第二位担任此职的同学。

学院关心困难学生的成长。2002年12月18日，成立“贫困学生助学基金”，基金累计142 568.04元，至今共资助了113名困难学生。2012年11月，与深圳市奔达康集团的慈善基金会达成协议，设立“奔达康助学金”，在2012—2014年三年间，每年注入基金3.2万元，每年资助20名经济困难学生。2009年，为急需救助的患急性白血病的王东升募捐了17多万元。

至今，统计专业、国际经济贸易专业培养了23届学生，经济学专业培养了10届学生，国际商务专业培养了5届学生，共7 328名毕业生。学生就业率均超99%，多年达100%。毕业生中约80%已成为所在单位的业务骨干，约30%进入了领导管理层或作为单位的后备干部培养，涌现一批知名企业的创始人、高层管理人员等杰出校友。

第五节　对外交流与社会服务

一、对外交流

1986年，计划统计系派教师到中山大学、暨南大学和商业厅、省统计局进行学习、了解系的建设工作。1989—1999年，城市经济管理系积极参加省内外的学术活动，多人次参加省内外的学术研讨会。

1998年，城市经济管理系聘请香港城市大学素质教育委员会主席、原教务长、管理科学院讲座教授陈乃九先生及中科院系统研究所的林群院士为客座教授；选派许永甲、张祖荣两位教师去北美精算协会复旦大学国际精算师培训班学习并参加北美国际精算师考试；开办SPSS与SAS软件学习班；通过张涤新教授，与香港大学、香港城市大学、中科院的林群院士和德国洪堡奖得主朱力行教授及新加坡大学的胡飞芳博士建立起了经营性的联系；通过林洪教授，与中国人民大学统计系、国家统计局建立起了良好的关系。当年，国际经济贸易系派屈韬老师到上海高校国际商务实习中心专门进修进出口贸易模拟操作实习课程。

学院历任领导高度重视国际国内的学术交流。2003年以来，我院派出7名教师在美国、加拿大、英国、澳大利亚等国做交流访问学者，有近30人次去美国、英国、法国、加拿大、日本及中国台湾、香港、澳门等国家和地区参加国际性学术会议和进行学术考察，与美国和加拿大有关高校进行教学、科研方面的合作交流。近年来，学院同中国社会科学院经济研究所、广东省经济学会、广东《资本论》研究会、中国商业经济学会等学术机构举行全国性学术会议。学院每年派出教师20多人次参加全国学术会议，还聘请一些国内知名学者作为客座教授，每年邀请国内知名经济学家来院作学术报告。学院同国内兄弟院系在教学、科研、管理、人才培养等方面开展了实质的交流与合作。

2005年，围绕国内外经济热点问题，经济贸易与统计学院邀请汤敏、李珍等国内外知名专家作学术报告4场；就国家级、省级科研基金申报和学术交流，邀请本校和本院教授专家作专场报告4场；派出18人次赴北京、厦门、上海、深圳等地参加学术会议。

2007年，学院围绕国内外经济热点问题和“迎评”工作，邀请中山大学校长助理、岭南学院经济学教授、博士生导师王郡作学术报告。

2008年，学院有20余人次参加全国性学术会议和国际性学术会议。邀请了《中国社会科学》杂志社副总编辑、《中国工业经济》杂志社社长、《经济学动态》总编辑部主任等著名学者来经济学院讲学。

2009年，学院与《经济研究》学术期刊编辑部合作举办“金融稳定与产业发展”的全国性学术论坛，邀请到了中国社科院经济研究所刘树成主任、《中国社会科学》杂志社主编，以及全国财经类院校校长、博导等专家近50名。

2010年，国际贸易获批成为国家级双语教学示范课程，微观经济学获批成为广东省精品课程，国际结算获批成为校级双语示范课程。学院还积极开展全英课程教学，亚洲经济课程成为与美国北卡罗来纳大学的国际交流项目。

屈韬主持的《国际贸易实务》获批为教学信息化示范课程2011年校级教研教改项目——教学信息化推广应用第二批示范课程项目立项。

2012年，中级宏观和微观经济学立项作为校级双语示范课程培育项目。

国民经济研究中心自2008年5月成立以来，围绕三个研究方向，先后成功主办、承办、协办学术会议10次，举办“广商经济论坛”19次，开办学术沙龙13次。先后邀请30余人次国内外著名专家学者到中心做学术报告。在信息建设方面，中心与广东商学院图书馆共建了国民经济文献资料中心，创建了《广东经济研究数据库》、《国民经济发展研究数据资料库》、《经济体制改革研究资料库》、《流通产业研究资料库》等电子文献数据库。中心主办刊物《国民经济评论》（以书代刊，刊物主编为王廷惠教授）已正式刊发。中心定期出版中心简报，刊登中心研究人员学术研究成果和中心的重大工作动态，截至2013年9月共编辑了9期。

二、社会服务

学院注重发挥财经学科优势，积极服务地方政府和企业。近年来，学院坚决贯彻学校《关于进一步加强社会服务工作的意见》等文件精神，制定了强化社会服务的行动计划，面对珠三角地区乃至广东省未来经济社会的发展，积极调整科研方向，整合科研资源，紧密结合《珠江三角洲地区改革发展规划纲要（2008—2020）》，立足当前，放眼未来，加强校地合作、校企合作，服务于广东经济发展。近年来，学院共承担各级各类横向项目40余项，其中产业经济学学科点承担了“湛江市社会经济发展综合规划”、“佛山市工业适度重型化、高端化、信息化发展研究”等地方经济发展的重大课题。此外，学院也为广州、湛江、佛山、肇庆、中山等市承担了一大批研究项目。近5年来，各类横向项目到位科研经费近400万元，为地方经济发展作出了重要贡献。

第二十一章　信息学院

信息学院是广东财经大学成立的第一个工科类学院。学院以学科建设为龙头，着力优化学科专业结构，一直致力于信息技术与经管类学科的交叉与融合，坚持“以信息技术为支撑，以其在经济、管理、商贸等领域的应用为特色”的学科发展思路，成为学校第一个工学类一级学科硕士点，在信息安全、物联网、商务智能等方面形成了一定的优势和特色。学院以创新人才培养模式为主线，致力于培养“信息技术立足，经管理论占优，综合素质高”的复合型、应用型IT人才，为广东省信息化建设服务。

第一节　概　述

一、历史沿革

信息学院始于1992年成立的计算中心，主要承担了全校的计算机公共课程教学任务，开设了BASIC程序语言、DBASE数据库等课程，同时负责筹办网络中心，开通国际互联网。1997年，学校成立了经济信息管理系，开设了经济信息管理本科专业，并于次年招生。2000年，在国家高等教育大发展之际，学校整合上述两个单位的资源，成立了信息学院，以期促进信息学科专业的发展，并加强信息技术在经、管、法等学科中的渗透，提升大学生的信息素养。

2001年，开设了计算机科学与技术专业。2002年，开设了电子商务专业。2004年，开设了软件工程专业，信息管理与信息系统专业也被评为广东省名牌专业。2010年，电子商务专业被评为广东省特色专业。目前，学院有在校全日制本科生、研究生1 670人，已向社会输送毕业生3 708名。

2008年以来，获得1项国家级教研、7项省级以及多项校级教研项目，获得2项省级教学成果奖。学生积极参加各类竞赛活动，获国家级奖励17项、省级奖励54项。

2010年，管理科学与工程学科获得一级学科硕士点授予权，管理科学与工程、计算机应用技术为校级重点（扶持）学科。该学科承担并完成一批科研项目，其中国家自然科学基金4项、部省厅级课题20余项。公开发表学术论文200多篇，其中有70余篇学术论文被SCI、EI、ISTP等收录。

二、学院（系）历任领导

（一）历任主任、副主任，历任院长、副院长

1992年至1998年，卢宪祖任计算中心主任，朱伟雄、司徒抗卫任副主任。

1997 年至 2000 年，龚国伟任经济信息管理系主任，陈拥军、傅清波任副主任。

1998 年至 2000 年，胡子建任计算中心主任，司徒抗卫任副主任。

2000 年至 2005 年，胡子健任信息学院院长，张军、尹恩山任副院长。

2005 年至 2013 年，张军任信息学院院长，赖庆、吴文兴任副院长。

2013 年 6 月至今，贺敏伟任信息学院院长，吴文兴、朱树人任副院长。

（二）历任党总支（党委）书记、副书记

1997 年至 2000 年，马芝蓓任总支书记。

2000 年至 2003 年，涂争鸣任总支书记，王伟任总支副书记。

2003 年至 2005 年，陈廷根任总支书记。

2005 年至 2013 年，林莉任总支书记，庞华新（2005—2006）、王德斌（2006—2013）任总支副书记。

2013 年 6 月至今，莫云光任党委书记，陈莎莉任党委副书记。

三、内设机构

2000 年信息学院成立之初，设立了计算中心、信息系；2002 年，增设计算机系；2003 年，增设电子商务系；2004 年，增设软件工程系；2005 年至今，信息学院共有信息系、计算机系、电子商务系、软件工程系、实验室、计算机中心、办公室、辅导员办公室等部门。2010 年，管理科学与工程学科获得一级学科硕士点授予权。2012 年，成立广东省复合型计算机应用人才实验区。

四、师资队伍

（一）基本情况

1997 年信息系刚成立时，师资队伍相对匮乏，经过十多年的发展，信息学院现有教职工 79 人，专任教师 65 人，行政人员 14 人，其中教授 12 人，副教授 25 人，博士 30 人，在读博士 12 人，有 12 位广东省“千百十工程”培养对象；聘请了 2 名客座教授。

（二）获奖情况

信息学院高度重视师资队伍建设。建成了学校首届科研创新团队——“信息安全与智能商务”团队，以及一支校级教学团队——“信息技术综合应用”团队。胡玫艳教授获评“广东省南粤优秀教师”，毛光喜副教授获评“广东商学院教学名师”。

（三）社会兼职

信息学院不仅拥有优秀的科研创新团队和教学团队，而且创造条件支持优秀教师为社会提供专业服务。例如贺敏伟教授，为广州市“天云计划”专家组成员、中国计算机学会高性能计算专业委员会委员、广东省计算机学会理事、广东省高等教育学会信息网络专业委员会常务理事，曾任江门市计算机学会理事长、江门市（全国信息化试点城市）信息化专家委员会成员、江门市科学技术奖评审委员会委员兼信息学科专家组组长、广东省自然科学基金评审专家、广东省科技项目省级鉴定专家成员、华中地区教育 CAI 软件评审专家，为中港宝田摩托车实业有限公司等多家企业 ERP 实施顾问，主持过出口企业电子商务部工作，参与多家电子商务网站的策划及运维，曾接受国际知名电子商务传媒“环球资源”网（Global sources. com）、中国出口商杂志专访。朱树人教授是中国计算机学会高级会员、2007 年国家科学技术进步奖计算机系统结构和软件组评审委员、2010 年国家科学技术进步奖计算机组会议评审委员、世界银行贷款项目《劳动和社会保障部湖南劳动力市场建设》技术咨询顾问、湖南省劳动和社会保障厅信息化咨询专家，曾任航空工业部南方航空动力机械公司计算中心计算机管理信息系统开发室主任、高级工程师。

第二节　专业建设

一、本科专业建设

1997 年设立经济信息管理本科专业。2001 年设立计算机科学与技术本科专业。2002 年设立电子商务本科专业。2004 年设立软件工程本科专业。

在专业建设中，坚持“技术立足，经管应用结合，综合素质全面发展”的指导思想，不断修订专业人才培养方案，保证专业建设满足社会在不同时期的人才需求。

专业初建时期（1997 年至 2004 年）：着重于专业课程体系及各门课程内容体系的构建与完善，完成教师队伍建设，形成了与人才培养目标基本相适应的专业人才培养方案和一支专业的教师队伍，2004 年信息管理与信息系统专业被认定为广东省级名牌专业。

专业建设发展时期（2005 年至 2008 年）：着力于专业特色与专业方向建设，设立与经济、管理相结合的专业方向；优化专业人才培养方案，规范教学过程和教学文档，加强实践教学体系建设，构建了“课程实验、课程设计、专业综合实践、毕业实习与毕业设计”等四层次的实验实践教学体系，立足于培养基本理论扎实的工程实践型和技术管理型人才的目标，培养出既懂技术又懂管理的复合型人才。

专业建设提升时期（2008 年至今）：突出教学研究与教学改革及教学质量工程项目的建设和信息技术在教学中的应用，进一步完善和优化专业人才培养方案。以提高教学质量为根本，以质量工程建设为抓手，争取标志性教学成果建设取得突破，加强专业建设、课程建设、教学团队建设，实践教学改革。在专业建设、课程建设、实验教学体系建设、大学生实习基地建设、人才培养实验区建设等方面都取得了较为突出的成就。

经过 16 年的专业建设和发展，信息学院逐步形成和凝练了专业特色。一是形成和设立了计算机技术在经济管理应用专业方向的“IT 金融”、“IT 审计”等；二是进一步构建和完善了实践教学体系建设，构成四层次实践教学体系、校内与校外协同的实践教学基地；三是以实验区建设为基础，探索进一步培养具有经济管理应用特色的人才培养模式。

2004 年，信息管理与信息系统专业获批为广东省名牌专业。2010 年，电子商务物流获批为国家级双语示范课程，电子商务专业获批为广东省特色专业；信息技术综合应用实验教学示范中心获得广东省省级示范中心立项；IT 服务外包工程实践能力中心获批为广东省省级大学生实习基地。

信息学院负责全校计算机课程教学，设立了计算机公共基础教研室。计算机公共课程随着计算机技术的发展逐步发展和改革，至今已形成一个适合财经院校计算机公共课程的三层次的分层分类体系。

课程建设初期（1983 年至 1994 年）：计算机公共课程由计算中心负责，经历了 BASIC 程序语言、DBASE 数据库等课程的教学。

课程建设发展期（1994 年至 2009 年）：逐步形成以 Windows 为核心的课程教学体系，设立了 2 门课程，即计算机应用基础和计算机应用信息系统，主要是计算机基础知识、办公系统应用、数据库应用等相关内容的教学，以实践教学改革和网络考试改革为主要方向，并于 1997 年获得广东省教学成果二等奖。计算机应用基础课程覆盖全校所有专业，计算机应用信息系统覆盖经济和管理类专业。

课程提高和完善期（2009 年至今）：自 2009 年开始，主要进行了三个方面的改革，一是构建了一个具有财经特色的四层次的分层分类课程体系；二是以网络自主学习为特色，并强化实践教学的计算机应用基础课程的教学模式改革；三是与广东省考试管理中心合作，改革考核方式，由广东省考试管理中心命题，计算机自动阅卷，成绩计入平时成绩。

2009 年，构建了具有广东商学院财经特色的四层次分层分类体系，包括：第一层次，信息素养和基本应用工具教育；第二层次，针对专业应用技术和应用软件教育；第三层次，拓展和深入应用计算机技术教育；第四层次，专业应用与融合计算机课程。在 2010 年的教学计划中开始实施。

二、研究生教育

一级学科管理科学与工程硕士点隶属于信息学院。2012 年招收首批硕士研究生。本学科特色：工学与管理科学的结合，特别是与信息技术的结合，突出对学生创新能力与工程实践能力的培养。管理科学与工程学科培养德、智、体全面发展，具有较高管理素质、合理知识结构、较强科学研究能力和解决实际问题的能力，面向现代服务业管理岗位需求的高级人才。在校研究生积极参与导师科研项目，在《管理科学》、《系统工程理论与实践》、《系统工程》、《系统工程与电子技术》、《计算机学报》等重要学术期刊上发表了大批科研成果。

第三节　学科建设与发展

2005 年，计算机应用技术为学校重点扶持学科，2010 年，管理科学与工程为学校重点学科。2011 年，管理科学与工程获得一级学科硕士学位授予权，设有信息系统与安全、电子商务、知识管理等研究方向，有硕士生导师 11 人。本学科科研项目与成果如下：

2005 年以前，省部级项目 1 项，公开发表论文 50 多篇。2005 年至 2008 年，省部级项目 2 项，公开发表论文 160 多篇，被三大索引检索论文 20 多篇。2008 年以来，科研项目立项取得了重大进展，为学校实现了当年国家自然科学基金项目零的突破，得到了学校的奖励。在现已获批的项目中，国家自然科学基金项目 4 项，教育部项目 3 项，广东省自然科学基金项目 12 项、广东省科技计划项目 1 项、广东省社科项目 1 项、软科学项目 1 项，市厅级项目 10 项，横向项目 2 项，获得科研经费 300 多万元。出版著作 1 部，软件著作 2 部，公开发表学术论文 216 篇，其中 C 类以上期刊 100 多篇，D 类 20 篇，被三大索引检索论文 70 篇。

第四节　党团与学生工作

一、党团工作

1997年，信息系招收第一届学生37人，同年成立团总支、学生会。2001年举办第一届“IT学术文化节”，至今共举办了13届。一直以来，学院注重培养学生“团结、进取、拼搏”的精神，秉持“IT技术立足，经管理论占优”的人才培养理念，注重打造具有IT特色的学生活动，提升学生综合素质。

2000年，成立了信息学院党总支，包括教工党支部和学生党支部，其中教工党支部包括信管教研室党支部、电商教研室党支部、计算机教研室党支部、软件教研室党支部、计算机中心党支部和办公室党支部，党员数量达到55人。至2013年，本科生党员数量达到236人。2012年，开始招收研究生，专门设置研究生党支部。

2005年9月27日，我院党总支结合学院特色，创新成立了党章理论学习社。同年，党总支创建了“旗帜飘扬”党建网站和《旗帜飘扬》党刊。

2007年12月，为了进一步贯彻落实党的十七大精神，以改革创新的精神全面推进党的建设的伟大工程，我院党总支开展了以“旗帜飘扬”为主题的系列教育活动。此次的主题教育包括“学习十七大精神”海报设计大赛，贯彻十七大精神，加强支部建设、党团干培训等系列活动。

2009年1月，在南沙资讯科教园会议室开展信息党建研讨会。同年11月，开展了“学习贯彻党的十七届四中全会精神”的组织生活活动。

2012年3月，根据学校党委组织部转发的省委教工委《关于开展党员专题组织生活会的通知》的精神和要求，我院党总支积极贯彻落实，组织全体教工党支部和非毕业班学生党支部开展了11场专题组织生活会。

2012年3月，成立了信息学院“三爱一奉献”和基层组织建设年工作领导小组。同年12月，我院党总支就学习和贯彻党的十八大精神进行工作布置，开展了多种形式的学习活动。

信息学院党总支在不断地学习、不断地进步，取得了优异成绩。2011年7月，李烁获得广东省教育系统“品学兼优、全面发展模范共产党员”称号。2012年9月，我院党组织被评为省委教育工委“创先争优”先进基层党组织。

信息学院团委学生会在党总支的领导下，开展了丰富多彩的学生第二、第三课堂活动，多次得到学校表彰。

二、学生工作

历年来，我院学生多次获得各种奖励。主要包括：在2007年“挑战杯”全国大学生课外学术科技作品竞赛中，有3件作品获省级奖，1件作品获二等奖，2件作品获三等奖；在2007年全国大学生英语竞赛中，有2位同学进入决赛，其中1位同学获特等奖；2009年，2005级信管2班被评为全国先进班集体，2004级电子商务专业的徐永财同学率团队在

"挑战杯"全国大学生创业计划竞赛中获省级特等奖，并在全国决赛中获得银奖，2004级电子商务专业的吴桂纯同学被评为"广东省普通高校三好学生"；2011年，2007级软件专业的李烁同学被评为广东省教育系统"品学兼优、全面发展模范共产党员"；2012年，2009级计算机专业的陈禧同学、电子商务专业的周仰华同学获得美国国际大学生数学建模竞赛一等奖；2013年，2011级软件专业的陈佳润、2010级软件专业的郭宗烁和潘国威三位同学获得美国国际大学生数学建模竞赛一等奖。

信息学院毕业生就业率连年在99%以上。历届毕业生除就职于各级机关、事业单位外，还大量就职于如IBM、百度、腾讯等各种IT企业，发挥着自己的专业特长。多名同学考取了"985"、"211"大学的研究生。此外，还有不少同学毕业后出国深造。

第五节　对外交流与社会服务

一、对外交流

信息学院在学术等方面与校外交流频繁，每年举办各类讲座多场。聘请了中国工程院何新贵院士、台湾逢甲大学张真诚教授、北京中科院吕述望教授、华中科技大学王能超教授、湖南大学信息科学与工程学院李肯立教授、华南理工大学唐韶华教授等人。

信息学院积极举办、协办的学术会议有"电子商务国际会议"、"信息安全国际会议"等。

信息学院注重提高教师的专业水平，先后派张军到英国伦敦大学进修，魏定国到美国蒙莫斯大学做访问学者，王志坚到美国伊利诺伊大学香槟分校做访问学者，杨志华到加拿大康考迪亚大学做访问学者，黄曼慧到美国南佛罗里达大学做访问学者，李曼先后到英国格林威治大学、美国北亚利桑那大学进修，黑霞丽到美国天普大学进修等等。

二、社会服务

信息学院一直为政府和企业提供软件开发、决策咨询和员工培训等服务。自建院以来，信息学院共承担各类横向课题12项，获得经费总计70余万元。提供服务的机构包括广东省教育厅信息技术骨干教师信息技术培训班，获经费15万元，梅州电视大学成教班三年，获经费30多万元。

第二十二章　金融学院

金融学院前身可追溯到建校初80年代末的投资经济管理系，学院在金融学、国际金融、投资学、金融工程、保险学等专业领域形成了办学优势和特色，一直努力构建“厚基础、宽口径、重实践、强能力”的应用型金融人才培养体系，培养实践应用型、数理分析型、市场营销型的应用型金融人才，迄今已向社会输送了5 700多名毕业生。

第一节　概　述

一、历史沿革

金融学院前身是1988年建立的投资经济管理系，设有投资经济专业。1998年，增设货币银行学专业。1999年，根据教育部关于高校本科专业调整的精神，将投资经济和货币银行学合并为金融学专业，改名为金融学系，2003年更名为金融学院。金融学科一直是广东商学院的重点建设学科，于2003年获得金融学硕士学位授予权，成为本校第一批硕士学位授予单位之一。2005年，金融学专业被评为广东省名牌专业，2007年11月，金融学专业本科教学评估获得专家组的好评，货币银行学、国际金融学分别于2006年、2011年被评为广东省级精品课程。金融学专业2009年被批准为国家级特色专业，金融学科2010年获得全国首批金融硕士（MF）专业学位授予权。学院获评为2004年中国教育工会广东省“先进教工小家”。学院在2009—2012学年度教学院部目标管理期满考核中获优秀，2011年7月，“金融市场投融资研究”科研团队被学校评为优秀科研团队。1997年以来学院获教学质量工程项目共82项，其中省部级以上项目5项，校级以上教学成果奖8项；公开出版教材17部，获广东商学院校级教材立项6部；国家特色专业1个，校级特色专业1个；省级精品课程2门，省级精品开放课程3门，校级精品课程4门。

学院现有在校全日制本科生1 913人、研究生364人，教职工55人，专任教师45人，其中教授17人，副教授13人，具有博士学位的专任教师31人，教育部新世纪优秀人才支持计划2人，广东省“千百十工程”省级培养对象4人，广东省宣传部思想战线优秀人才“千百十工程”（第二层次）培养对象1人，广东省师德先进个人1人，南粤教书育人先进个人5人，广东省理财规划师专家组成员4人。

二、学院（系）历届领导

（一）历任主任、副主任，历任院长、副院长

1988年至1992年，温宝光任投资经济管理系主任。

1992 年至 1997 年，何锡瑾任投资经济管理系副主任。

1993 年至 1995 年，吴慧强任投资经济管理系副主任。

1997 年至 2005 年，左柏云任投资经济管理系、金融学系主任，王学武任副主任。

2001 年至 2005 年，阙紫康任投资经济管理系、金融学系副主任。

2005 年至 2008 年，黄正新任金融学院院长，刘湘云、赵立航任副院长。

2008 年至今，邹新月任金融学院院长。

2008 年至 2013 年，刘湘云任金融学院副院长。

2008 年至 2010 年，刘晓星任金融学院副院长。

2011 年至今，段军山任金融学院副院长。

2013 年至今，刘刚任金融学院副院长。

（二）历任党总支（党委）书记、副书记

1988 年至 1993 年，钱贤彬任投资经济管理系党总支书记。

1993 年至 1995 年，支戈壁任投资经济管理系党总支副书记。

1995 年至 2000 年，支戈壁任投资经济管理系、金融学系党总支书记。

2000 年至 2008 年，何剑任金融学系、金融学院党总支书记。

2003 年至 2008 年，黄虹任金融学院党总支副书记。

2008 年至 2013 年，黄正新任金融学院党总支书记，梁希琴任党总支副书记。

2013 年至今，刘湘云任金融学院党委书记，梁希琴任党委副书记。

三、内设机构

1988 年投资经济管理系设有投资教研室、金融教研室、工程教研室、办公室。1998 年增设货币银行学专业，设置有投资教研室、国际金融与保险教研室、货币银行教研室、办公室。1999 年全国高校专业调整，投资经济与货币银行专业合并为金融学专业，投资经济系改为金融学系。2003 年 5 月金融学系改名为金融学院。学院目前设置有货币银行学教研室、国际金融教研室、投资学教研室、金融工程教研室、保险学教研室、实验室教学中心、院行政办公室、院教务办公室、辅导员办公室。

2000 年 1 月成立广东商学院金融投资研究中心；2004 年成立广东商学院理财研究中心；2009 年 9 月成立广东商学院粤港金融创新与风险管理中心；2010 年 9 月学校成为全国首批金融硕士专业学位（MF）授权点之一，依托金融学院成立了金融硕士教育中心；2011 年 11 月成立广东商学院科技金融研究中心；2012 年 12 月 26 日与上海证大集团旗下的深圳市证大速贷小额贷款股份有限公司正式签约成立“广东商学院证大微金融学院”。

四、师资队伍

（一）基本情况

1988 年投资经济管理系成立初期有教职工 16 人，其中副教授 5 人。1997 年全系教职工 25 人，其中行政人员 6 人，教师 19 人，教授 2 人，副教授 6 人，硕士 6 人，本科 13 人。2005 年金融学院教职工 31 人，其中行政人员 6 人，教师 25 人，教授 8 人，副教授 9 人，博士 5 人。2008 年金融学院教职工 50 人，其中行政人员 12 人，教师 38 人，教授 9 人，副教授 16 人，博士 19 人。2013 年金融学院教职工 56 人，专任教师 44 人，其中教授 17 人，副教授 13 人，具有博士学位专任教师 31 人。2008 年学院引进学科带头人邹新月。

（二）获奖情况

1998 年，王先庆被评为全国优秀教师。2007 年，左柏云获广东省师德建设先进个人奖，先后有何剑（1995 年）、王学武（1996 年）、黄正新（2004 年）、骆祚炎（2009 年）、邹新月（2012 年）5 人获“广东省南粤优秀教师”称号，左柏云、王学武（2005 年）2 人获广东商学院首届教学名师奖。2005 年黄正新、赵立航、王学武、林文俏、宋建军 5 位教授先后成为国家理财规划师认证专家。2004 年 9 月，黄正新荣获中国教育总工会广东省委员会师德座右铭一等奖。

骆祚炎、刘晓星、刘湘云为 2007 年广东商学院第二批优秀中青年骨干教师 A 级培养对象。刘湘云（2008 年）、骆祚炎（2008 年）、段军山（2010 年）、刘刚（2010 年）、郭文伟（2012 年）等成为“千百十工程”校级培养对象，武一（2003 年）、刘晓星（2009 年）、骆祚炎（2009 年）、刘湘云（2012 年）成为“千百十工程”省级培养对象，邹新月（2009 年）成为广东省宣传部思想战线优秀人才“千百十工程”（第二层次）培养对象。邹新月（2005 年）、刘湘云（2013 年）被评为“教育部新世纪优秀人才支持计划入选者”。

（三）社会兼职

学院教师热心服务社会各界，积极担任社会兼职工作。如左柏云曾任广东金融学会常务理事、广东省经济学会常务理事，现任广东省消费经济学会常务理事、中国宏观经济管理教育学会常务理事及副秘书长。李建浔自 1997 年至 2011 年期间，担任广州市海珠区人大代表、广州市人大代表、广东省政协委员。邹新月担任中国软科学研究会第四届理事会理事，国家自然科学基金、国家社会科学基金、教育部基金同行评议专家，广东省经济学会第十一届理事会常务理事及学会副秘书长，广东省人大常委财经咨询专家，东莞证券独立董事，珠海农商行独立董事。黄正新担任广东省金融学会常务理事、广东省经济学会理事、广东省经济科学发展智库促进会理事。赵立航担任中国理财管理协会副会长、中国注册理财规划师协会副理事长、广东省社会保险学会常务理事、广东保险学会常务理事、国家理财师专家组专家、广东人才资源和社会保障厅咨询委员会专家。

第二节　专业建设

一、本科专业建设

金融学院专业建设始终以培养学生的创新能力、实践动手能力为宗旨，以全面提高学生实践应用和宏观管理的综合素质为目标，采取优化师资结构、建设教学团队，明确专业定位、完善培养方案，强化课程建设、突出实验教学，加强综合素质、培养应用人才等措施。多年来，专业建设取得了长足的发展。

专业初建时期（1988 年至 1997 年）：着重于专业课程体系及各门课程内容体系的构建与完善，探索实验实践教学模式，形成了与人才培养目标基本相适应的专业人才培养方案。

1988 年建立投资经济管理系，设立投资经济专业，下设投资经济方向、投资金融方向、企业投资方向。投资经济专业于 1988 年开始招生。

专业建设发展时期（1998 年至 2007 年）：着力于专业的交叉与融合，以“知识、能力、素质”为培养主线，强调专业人才培养方案的优化，突出应用型人才培养结构，构建实验实践教学体系，强化信息技术在教学活动中的应用，构建了金融理论知识与实务能力、信息化的实务与素质的“三位一体”专业知识架构，专业建设与社会发展、人才需求高度吻合。

1998 年增设货币银行学专业并开始招生。

1999 年成立金融学系，开设金融学专业，下设投资方向、保险方向、货币银行方向和国际金融方向。金融学专业开始招生。

2003 年成立金融学院，开设金融学和金融工程两个专业并开始招生。金融学科是广东商学院校级重点学科，2003 年获得金融学硕士学位授予权，成为本校第一批硕士学位授予单位之一。

2004 年增设保险专业并开始招生。

2005 年金融学专业被评为广东省名牌专业。

2005 年增设了投资学专业，2006 年开始招生。

2006 年金融学科被确立为广东商学院校级重点学科。

2007 年金融学院在原有金融学专业基础上，开设了金融学方向和国际金融方向；在投资学专业的基础上，开设了投资学方向和投资理财方向。

2007 年投资金融专业专升本自考班开考，为建设银行培养专业人才。

学院大力进行课程建设，1997 年投资项目评估课程被列为校级重点课程；证券投资学、国际金融、货币银行学分别在 1998 年、2002 年被评为校级优秀课程；国际金融、货币银行学分别在 2003 年、2004 年被评为校级精品课程；货币银行学课程于 2006 年被评为省级精品课程。2000 年何剑等人、2004 年左柏云等人分别获得广东商学院教学成果奖二等奖、特等奖。2005 年左柏云等人获广东省教育教学成果奖二等奖。

1994 年至 2007 年期间，金融学院公开出版了 11 部教材：《项目评估理论与实务》（1996 年）、《国际金融》（1994 年）、《金融学》（1999 年）、《投资通论》（1999 年）、《货币银行学》（2000 年）、《银行会计学》（2001 年）、《证券投资学》（2001 年）、《投资决策经济分析》（2001 年）、《国际金融》（2003 年）、《非传统寿险理论与实践》（2004 年）、《国际金融》（2007 年）。商业银行业务管理、证券投资学、投资决策经济分析、金融工程学、投资学、金融计量学、统计软件等 7 门课程开设了实验项目。证券投资学、国际金融、保险学、货币银行学、金融工程学、国际结算票据、投资决策经济分析、金融市场学、建筑工程概预算等 9 门课程研发了多媒体教学课件。建设了 7 个实习基地：2001 年 9 月，广东邦兴投资有限公司实习基地挂牌；2002 年 7 月，中国平安保险广州分公司（寿险）实习基地挂牌；2003 年 4 月，西北证券有限责任公司广州营业部实习基地挂牌；2006 年 12 月，中天期货教学实习基地建立；2007 年 5 月，香港盈科实习基地建立；2007 年 5 月，深圳东盛实习基地挂牌；2007 年 7 月，安信证券股份实习基地建立。

专业建设提升时期（2008 年至今）：以科学发展观为指导，探索金融学等专业实验实践教学方式，创新金融专业人才培养模式，将金融学院建设成为“立足广东，面向华南”的具有较大影响力的应用型金融人才培养基地。

2008 年 6 月，金融学专业双学位班开始招生。

2009 年 1 月，召开专业建设研讨会，决定整合投资学专业，不设方向招生。

2009 年 9 月，金融学专业被批准为国家级特色专业。

2010 年 9 月，金融学科获得全国首批金融硕士（MF）专业学位授予权。2011 年开始招生。

2012 年 3 月，投资学专业被批准为校级特色专业。

2012 年 12 月，国家特色专业金融学通过中期检查。

金融学院以金融学（含国际金融方向）、金融工程、投资学和保险 4 个专业，形成了以金融学专业为核心的金融大类专业群。另拥有校级直属研究培训机构广东商学院证大微金融学院。2008 年以来获教学质量工程项目共 64 项，其中省部级以上项目 3 项，教学成果奖 5 项，以赵立航、林孝贵、黄德权、段军山、刘湘云为负责人的教学成果分别获广东商学院第七届校级教学成果奖一等奖、二等奖、特等奖。2008 年至今先后公开出版了 6 部专业教材：《货币银行学》（2008 年）、《保险理财规划理论与实践》（2010 年）、《金融企业运作管理仿真综合实习教程》（2010 年）、《管理信息系统・理论・应用・实验》（2011 年）、《金融投资学・理论・应用・实验》（2012 年）、《金融工程理论与应用》（2012 年）。其中金融实验系列教材有 4 部。《国际金融管理》、《管理科学计算机方法教程》、《基于校内仿真综合实习的金融综合实验教程》、《商业银行经营与管理》、《金融投资学》和《国际金融》6 部教材获得校级立项。省级精品课程货币银行学通过中期检查，新增 1 门省级精品课程——国际金融（2011 年）；新增商业银行业务管理、投资学、公司金融、投资银行理论与实务等 4 门校级精品课程和金融经济学、外汇交易、国际结算 3 门双语教学课程。2013 年 8 月货币银行学、国际金融、商业银行管理获广东省精品开发课程立项；9 门课程立项为广东商学院开放课程建设项目；有 9 门课程为广东商学院教学信息化示范课程、课例。

二、研究生教育

1999 年至 2001 年，金融学系与湖南财经学院联合培养了一届金融硕士。2003 年 6 月，金融学专业获得广东商学院首批硕士学位授予权，设金融理论与政策、资本市场投融资、金融工程、银行风险管理与保险等四个研究方向。自2004年招收硕士研究生以来，已有150余人获得硕士学位，学院所培养的研究生已成为银行、证券等金融领域的精英。金融学院现有校内硕士生导师22人，其中教授17人，副教授5人，具有博士学位的有17人。硕士点严把研究生培养质量，自2010年金融学院实施研究生学位论文预答辩以来，硕士生学位论文水平得到了显著提高，由邹新月教授、刘湘云教授、林孝贵教授等指导的金融学研究生硕士学位论文连续三年入选广东省优秀硕士学位论文。2010级金融学研究生覃波等连续两年参加全国研究生数学建模竞赛并获全国三等奖。毕业研究生付明卫考取北京大学，胥爱欢和黄均华考取厦门大学，张少华考取中山大学，李思龙和宋贺考取上海财经大学，苏帆考取中南财经政法大学，田苗考取中央党校博士生。

2010年9月，广东商学院成为全国首批金融硕士（MF）专业学位授权点之一，依托金融学院成立了“金融硕士教育中心”。金融硕士设银行管理、证券与投融资、风险管理与保险等三个方向。2011年首次招收金融专业硕士研究生74名，2012年招收金融专业硕士研究生118名，2013年招生130名。金融硕士教育中心先后与佛山集成金融集团、广东壹马投资有限公司、河北邯郸银行建立了研究生联合培养基地，金融硕士采用双导师制培养，2011年以来聘请包括银行、证券等金融机构在内的高管人员52人担任金融硕士校外实践导师。

第三节　学科建设与发展

一、学科发展历程

金融学科于2006年被评为校级重点学科，2009年校级重点学科终期检查鉴定为优秀，2011年应用经济学（金融学）被评为校级重点一级学科。2012年11月，由金融学科牵头申报的应用经济学一级学科，获批为广东省第九轮优势重点学科。

二、科学研究成效

2008年至今，我院共获各类课题立项91项，其中国家自然科学基金项目6项（2009年刘晓星，2010年邹新月、骆祚炎，2012年邹新月、刘湘云、袁际军），国家社会科学基金项目13项（2010年段军山、潘成夫，2011年刘刚、苏国强、郭红兵、刁怀宏，2012年孟令国、文彬、郭文伟，2013年黄正新、黄德权、张芳、朱顺泉），教育部人文社科项目18项，国家统计局重点课题1项，省自然科学基金项目3项，省哲学社科项目6项，省科技厅项目5项，横向课题13项。共发表论文450篇，其中发表在核心期刊上的论文240篇，在《金融研究》等权威期刊上发表论文19篇，出版学术著作20部、教材6部。2012年8月，潘成夫教授《关于我国经济再平衡的几点思考》被国家社科基金规划办《成果要报》刊发。2013年，苏国强博士获广东省哲学社会科学成果奖二等奖，2011年，刘湘云教授、左柏云教授分获广东省哲学社会科学成果奖三等奖，左柏云、黄正新、刁怀宏等获广东金融学会成果奖5项，段军山等获广东省社科联学术年会奖2项。2007年8月，黄正新荣获中国教育总工会广东省委员会教育成功案例评选三等奖。

第四节　党团与学生工作

一、党务与工会工作

金融学院党总支成立于1988年，2013年3月改名为广东商学院金融学院党委。金融学院党委现有教工支部3个，教职工党员36名，学生党支部8个（含研究生支部1个），研究生党员123名，本科生党员154名，先后由黄正新、王向荣、黄德权、孟令国、孙桃丽等担任教工支部书记。基层组织工作落实到位，按上级要求定期开展支部组织活动。

2012年，我院总支承担了校党委程书记的“书记项目”子课题，先后与人民银行增城支行、三水支行签订了学生党组织共建协议，撰写了《广东商学院金融学院以“书记项目”推进学生党建工作创新》论文，发表在2013年第1期《广东党建》杂志上。

学院工会积极响应号召，多次组织爱心捐款，学院教职工们积极对汶川大地震、玉树地震灾害及广东扶贫等进行捐款、奉献爱心活动。1999年至今，由何剑、黄正新先后兼任金融学院工会主席。

学院策划组织全体教职工赴韶山（2008年、2010年）、东莞（2009年）、广西（2011年）、安徽（2012年）等地学习、调研；组织教职工去珠海（2011年）、从化（2012年）等地开展健康营活动，丰富教职工们的业余生活，营造团结、和谐的学院氛围。

二、团委工作建设

金融学院团总支成立于1999年，2004年改名为金融学院分团委，2010年改名为金融学院团委。现有广州校区团总支1个、三水校区团总支1个，共有学生团员青年1 831人，占学生总数的95.7%。

学院团委按上级要求定期开展各项素质拓展活动，丰富广大团员青年的课余生活，发挥广大团员在学习、生活和实践等方面的模范带头作用。

学院团委结合学生所学的专业，积极搭建学生理论知识与社会实践的对接平台，于2004年先后创设了理论与实践相结合的模拟炒股大赛、银行技能大赛和投资理财规划大赛等专业品牌活动，积极培养学生的实操能力。

学院团委2011年和2012年先后两次被评为广东商学院“五四红旗团委”。

三、学生工作

在人才培养方面，截至2013年9月，在校全日制本科生1 913人，毕业校友共约5 200名。学院已经初步建设成为珠三角金融应用型人才培养基地。通过创新培养方案和实验实践教学，提高学生的综合能力，本科毕业生有近50%通过证券从业人员资格考试、理财规划师资格考试、银行从业人员资格考试和期货从业人员资格考试，2010年、2011年、2012年毕业生就业率分别高达100%、99%、98%，用人单位对金融学专业毕业生满意度达98%以上。三年来，学院学生获国家级奖励8项、省级奖励30项。

1994 年，1991 级本科学生刘鸿燕被评为“全国三好学生”。1998 年，投资系学生李倩如考上暨南大学研究生，这是我系也是全校首次有应届毕业生直接考上研究生。1999 年，投资系学生获全国大合唱比赛第三名。2003 届毕业生卢亮、黄轮彪分别考上北京大学、中国人民大学等高校研究生。这是我系第一次有应届毕业生直接考上北大、人大研究生。近 5 年来，在“挑战杯”全国大学生课外学术科技作品竞赛及“挑战杯”全国大学生创业计划竞赛中共获省级以上奖励 12 项；在全国大学生数学建模大赛中获省级以上奖项 9 项；广东省大学生创新实验项目立项 15 项；省级（含省级）大学生英语竞赛等奖项 6 项；校级科研立项 30 项。特别是 2005 年 11 月由黄正新教授指导的 2002 级学生赵伟、王宇雯和萧月华三位本科同学的学术论文《对我国菲利普斯曲线的实证分析》，荣获第八届“挑战杯”全国大学生课外学术科技作品竞赛特等奖，参赛选手赵伟、王宇雯两位同学被复旦大学国际金融学院破格录取为硕博连读研究生；2009 年 5 月由段军山、刁怀宏等老师指导的尤培钎、周婕、俞莹莹三位同学的论文《失业与经济增长：奥肯定律的修正及来自中国的数据验证》，荣获第十届“挑战杯”广东大学生课外学术科技作品竞赛一等奖，同年获得第十一届“挑战杯”全国大学生课外学术科技作品竞赛二等奖；2010 年唐翊同学在全国大学生英语竞赛中获得全国特等奖。2012 年 8 月 30 日金融学院学生创业典范——艾晨斯咖啡馆获华图教育第一期大学生创业基金决赛银奖。

第五节　对外交流与社会服务

一、对外交流

1998 年，由投资系牵头，广东商学院与中山市政府在中山市三乡镇联合举办了一次全国性学术会议。2002 年 11 月，由金融系牵头在广东商学院召开“中国宏观经济管理教育学会年会暨学术讨论会”。2007 年 5 月 13 日，在广东各金融机关、行业协会和学会的大力支持下，“粤港金融论坛”在我院举行，该论坛由广东商学院、香港大中华注册理财师协会和广州财策管理咨询有限公司联合主办。2008 年，我院为香港盈科保险公司举办了理财营销培训班和保险管理培训班，黄正新院长带队亲赴香港担任主讲嘉宾。

2008 年 4 月 12 日至 13 日，我院成功举办了中国金融工程年会暨“金融工程与风险管理”国际论坛，广东省人民政府副秘书长李捍东，著名经济学家、辽宁大学经济学院白钦先教授，武汉大学经济与管理学院叶永刚教授，上海交通大学安泰管理学院副院长吴冲锋教授，以及中国人民大学、南开大学、中南财经政法大学等全国各地近 50 所高校及港澳台的专家学者 120 多人参加了年会。2010 年 8 月，与会计学院联合举办上海银行管理人员培训班。2010 年 12 月 9 日至 10 日，召开国家自然科学基金委员会管理科学部宏观管理与政策学科青年基金获得者交流研讨会，国家自然科学基金委管理科学部主任、中国工程院院士郭重庆和相关领导到会，国内高校和研究机构的百余位经济界知名学者、公共管理专家和高校才俊出席了盛会。2013 年 6 月 3 日，中意人寿广东分公司、中信银行白云支行、深圳学道培训中心与我院理财研究中心合作举办了“理财营销模式研讨会”，会上签署了合作举办青少年理财素质教育活动的协议。2013 年 7 月 6 日金融硕士校外导师李丹儿、李金生、赵桂萍、张运勇、艾东等31人来校座谈。学院先后邀请白钦先（辽宁大学）、程恩富（中国社会科学院）、汪寿阳（中国社会科学院）、乌家培（中国社会科学院）、张亦春（厦门大学）、张礼卿（中央财经大学）、陈学彬（复旦大学）、朱孟楠（厦门大学）、杨列勋（国家自然科学基金管理学部）、李仁贵（《经济学动态》杂志社）、郑红亮（《经济研究》杂志社）、李海舰（《中国工业经济》杂志社）、施祖辉（《财经研究》杂志社）、杜化宇（台湾“国立”政治大学）、李建军（中央财经大学）、郑志瑛（邯郸银行）、石彬（波士顿阿凯迪资产管理公司）、刘晓星（东南大学）及广东省高校知名学者、金融机构高管人员等共计90余人次来学科点交流讲学。

学院成立以来，先后有多位老师被学校派往国外知名大学访问、交流、学习。包括左柏云（2000年，美国）、何剑（2003年，美国）、刁怀宏（2006年，美国）、刘刚（2009年，加拿大）、邹新月（2011年，英国）、黄正新（2012年，美国）。

二、社会服务

1997年至2005年期间，学院与建行广州黄埔支行、建行广东阳江分行联合办学，共培养函授学生350余人；1997年至2003年期间，学院与广东省建行联合办投资银行专业自考班，为省建行培养了250余名学员，毕业学员现多已成为广东省金融机构中层管理人员。

2005年，学院同广东省劳动保障厅职能鉴定中心签订了参与广东理财规划师培训的委托协议，成为广东省大学中最先作为国家理财规划师培训认证试点的单位。此后，学院先后与珠海、深圳、东莞、肇庆、香港等地培训机构签订了合作办班协议并举办了多期培训班。

自2008年开始，金融双学位班顺利开办，在校学生468人，已毕业人数392人，60%的双学位毕业生以金融学专业在金融机构等部门就业。2011年，由邹新月教授带领的高校科研团队完成广东银监局《广东银行业“十二五”改革发展规划》等委托系列研究报告，广东省委领导给予了充分肯定。2012年6月，学院社会养老保险待遇估算系统、理财素质教育与理财咨询、爱心保险险种、校园理财卡等9个金融服务项目参加首届中国（广州）国际金融交易博览会，赢得了金融实务界精英的赞赏。2012年12月26日，与上海证大集团旗下的深圳市证大速贷小额贷款股份有限公司正式签约成立“广东商学院证大微金融学院”，并着力开展微金融研究与全国小贷行业培训。2013年，广东商学院理财研究中心研发的国家理财师网络培训课程在深圳保宝网正式上线。

近年来，学院教师与珠三角企事业单位积极开展合作项目研究，以赵立航教授为首的科研团队，先后与广州财策管理咨询有限公司、广东保险学会、深圳市永兴元科技有限公司、深圳市学道职业培训中心等单位开展保险产品设计与开发、国家理财规划师培训等研究项目。邹新月、刘湘云等负责的高校科研团队受广东省银监局、广东省经济和信息化委员会等委托已开展“微型金融发展改革创新研究”、“佛山高新技术产业开发区科技金融协同创新实施方案”、“广东最大100家企业分析报告”、“广东最大100家工业企业分析报告”、“东莞农村商业银行人力资源管理规划”、“广东银行业十二五发展规划”、“仲恺东盈村镇银行建设的管治模式、市场定位和发展规划研究”等方面的研究。

第二十三章　财政税务学院

财政税务学院是广东财经大学成立较早的具有传统优势的二级学院。学院依托财税部门与社会中介机构资源，依托政企校合作平台，强化合作，彰显为地方经济服务的优势与价值；依托财税实践实验课程体系，提升专业人才的实践能力和适应能力；构建突出财税基础理论与实务、财会知识与技能、信息技术方法与手段的专业知识机构，彰显专业的核心竞争力。

第一节　概　述

一、历史沿革

1986 年 7 月 30 日，广东省高教局批复同意广东商学院与原广东省税务局共同开办税务专业，专门为广东税务系统培养专门人才。1986 年 10 月 14 日，财政税务系成立，1987 年开始招生。1987 年 4 月 24 日，广东省高教局批复，同意学院新开税务本科专业。1988 年，财政税务系更名为税务系。1988 年，招收第一届税务专业本科生。1990 年，增设了国际税收专业。1999 年根据教育部专业目录调整方案，税务专业调整为财政学专业并保留税务方向，税务系更名为财政税务系。1999 年起招收财政学专业本科生，继续依托广东省国家税务局与地方税务局既有资源，充分发挥和依托原税务专业的优势，突出财政学专业中的税务方向优势，以此发展和完善财政学专业。

2002 年 3 月 29 日，财政税务系更名为财税与公共管理学院，新增行政管理专业与公共事业管理专业，实现专业的交叉与融合。2007 年，税务专业恢复招生。2008 年 4 月，更名为财税学院。2009 年，新设资产评估专业。2011 年，新设注册税务师专业方向。2011 年 3 月，与广州市地方税务局共建广东商学院税务干部进修学院。2013 年 4 月更名为财政税务学院。

在学科建设上，1994 年，学院与财政部财政科学研究所联合举办在职人员硕士研究生班；2004 年，与我校国民经济学专业联合培养财税理论与政策方向研究生；2006 年，获财政学硕士学位授予权。1997 年，税收学被确定为校级重点扶持学科。2006 年财政学学科被评为校级重点学科，2007 年 4 月被评为广东省重点（扶持）学科，2012 年 11 月被评为广东省优势重点学科。2010 年，广东商学院与广东省财政厅签署共建财政学学科协议。2010 年，财政理论与政策研究创新团队作为国民经济人才培养与创新团队之一，获中央财政支持地方高校发展专项资金支持。2011 年，公共财政研究创新平台获中央财政支持地方高校发展专项资金支持。2008 年，与广东财税部门和广州普金科技计算机股份有限公司联合成立财税信息化研究中心，2012 年，广东商学院与广东省国家税务局、广东省地方税务局共建纳税服务研究中心，设有南方财税论坛，编辑和出版《政府采购研究》、《纳税服务研究》杂志。

在专业建设上，2006 年，财政学（含税务）专业被评为广东省名牌专业；2010 年，财政学（含税务）专业获批国家级特色专业建设点，被评为广东省特色专业。

二、学院（系）历任领导

（一）历任系主任、副主任，历任院长、副院长

1986 年 10 月至 1993 年 11 月，丁弼昆任财政税务系、税务系（1988 年后）主任。

1987 年 9 月至 1993 年 12 月，王学礼任财政税务系、税务系（1988 年后）副主任。

1992 年 12 月至 1993 年 12 月，罗晓林任税务系副主任。

1994 年 1 月至 1994 年 8 月，王学礼任税务系副主任（主持全面工作）。

1994 年 1 月至 1997 年 6 月，罗晓林任税务系副主任。

1994 年 1 月至 2000 年 6 月，于海峰任税务系副主任。

1994 年 9 月至 2000 年 7 月，王学礼任税务系、财政税务系（1999 年 5 月后）主任。

1997 年 7 月至 2000 年 7 月，丁予君任税务系、财政税务系（1999 年 5 月后）副主任。

2000 年 7 月至 2002 年 2 月，于海峰任财税系（1999 年 5 月后）主任、傅道忠任财政税务系（1999 年 5 月后）副主任。

2002 年 3 月至 2008 年 6 月，于海峰任财税与公共管理学院院长。

2002 年 3 月至 2005 年 12 月，傅道忠任财税与公共管理学院副院长。

2005 年 12 月至 2008 年 6 月，姚凤民、周振林任财税与公共管理学院副院长。

2008 年 6 月至 2013 年 6 月，姚凤民任财税学院院长，庞磊任副院长。

2013 年 6 月至今，姚凤民任财政税务学院院长，庞磊、赵和云任副院长。

（二）历任党总支（党委）书记、副书记

1986 年 10 月至 1990 年 8 月，丁弼昆兼任财政税务系、税务系党总支书记。

1988 年 3 月至 1990 年 7 月，吴祥水任税务系党总支副书记。

1990 年 8 月至 1991 年 6 月，吴祥水任税务系党总支书记。

1991 年 7 月至 1992 年 10 月，谢访春任税务系党总支副书记。

1992 年 11 月至 1997 年 5 月，谢访春任税务系党总支副书记。

1997 年 6 月至 2000 年 6 月，谢访春任税务系、财政税务系（1999 年 5 月后）党总支副书记。

2000 年 7 月至 2003 年 6 月，谢访春任财政税务系党总支书记。

2003 年 7 月至 2008 年 6 月，朱湘冰任财税与公共管理学院党总支书记。

2005 年 12 月至 2008 年 6 月，古海任财税与公共管理学院党总支副书记。

2008 年 6 月至 2013 年 6 月，胡卫标任财税学院党总支书记。

2013 年 6 月至今，黄虹任财政税务学院党委书记，董锦红任党委副书记。

三、内设机构

1986 年，财政税务系设财金教研室、税务教研室、办公室。1991 年，财金教研室改为

财政教研室。1990 年，增设国际税收教研室。1994 年，设财税信息化实验室。1999 年，国际税收教研室合并至税务教研室。2004 年 6 月，设行政管理教研室、公共事业管理教研室。2005 年 6 月，设文化产业教研室。2009 年，设资产评估教研室。1987 年至今，设有辅导员办公室。

2009 年以后，财政税务学院设财政系、税务系、资产评估系、财税信息化实验室、办公室；设立广东纳税服务研究中心，广东商学院财税信息化研究中心、政府采购研究中心、非营利组织研究中心。

四、师资队伍

（一）基本情况

1986 年，财政税务系成立时仅有教职工 6 人，其中教师 5 人，副教授职称 1 人，行政人员 1 人。1987 年至 2002 年，新增教职工 38 人，调动或退休的教师有 16 人（行政人员调整为 10 人），其中教授 2 人，副教授 12 人，共有硕士学位的教师 8 人。

2003 年，拥有 11 名教授、副教授，具硕士以上学位的专职教师有 15 人，具博士学位的教师有 2 人。在年龄结构方面，近 90% 的专职教师年龄在 40 岁以下。

2003 年至 2008 年，新增教职工 43 人（含行政管理、公共事业管理专业教师），调离或退休的教师有 9 人。在专任教师中，有教授 13 人，占专业教师总数的 26%；副教授 16 人，占专业教师总数的 32%；讲师 17 人，占专业教师总数的 34%；博士和在读博士 14 人，占专业教师的 28%；硕士 33 人，占专业教师的 66%。

2009 年至 2013 年，新增教职工 12 人，其中政治辅导员 1 人。至 2013 年 6 月，共有教职工 49 人（含校领导 1 人，双肩挑 1 人，其他 2 人），其中行政人员 9 人，专任教师 40 人。专任教师中有教授 6 人，副教授 17 人，讲师 17 人，具高级专业技术职务的教师占专业教师总数的比例达 57.5%；拥有博士学位的有 22 人，博士后研究人员 2 人，在读博士 1 人。专任教师中博士和在读博士的比例达 57.5%。教师年龄结构方面，30～39 岁教师 18 人，占全体教师的 45%；40～44 岁教师 8 人，占全体教师的 20%；45～49 岁教师 9 人，占全体教师的 22.5%；50 岁以上教师 5 人，占全体教师的 12.5%。教师学源结构方面，毕业于“211”以上学校的有 32 人，占教师总数的 80%。同时，拥有客座教授、硕士生实践导师共 22 人，本科生实习基地实践导师 10 人。

（二）获奖情况

财政税务学院先后有吴厚德、于海峰、石卫祥、庞磊、卢剑灵、方莉君、张丹获“南粤优秀教师”称号，石卫祥获“广东省优秀班主任”称号。2011 年，胡卫标获第三届广东省高校学生工作“红棉奖”，张丹获“2011 年广东省高校学生工作先进个人”，姚凤民获省级教学成果二等奖。庞磊 2009 年入选第三届广东省宣传思想战线优秀人才“千百十工程”第三层次培养对象，以其为主要参与人的教改项目《以培养学生创业能力为导向的市场营销本科专业人才培养模式的探索和实践》于 2004 年获广东省教学成果一等奖。

（三）社会兼职

吴厚德教授 1988 年被选为民建中央委员（第七、第八两届）、政协广东省委员（第八、第九两届），曾被聘为广东省监察厅特邀监察员，民建广东省委员会常委、民建广东省委员会经济委员会主任和工商书院院长。1995 年获全国民建优秀会员和民建广东省委员会优秀会员（即“双优”会员）奖。1994—1996 年被广东省政府聘为广东省高等学校教师高级职称经济学科组评委会委员。2001—2010 年（两届）被时任广东省省长卢瑞华和黄华华聘为广东省人民政府参事，10 年间撰写参事建言 61 篇，其中 3 篇被时任省委领导同志批示，42 篇被广东省委省政府领导批示和被有关部门采用，7 篇被国务院参事室采纳。

于海峰教授兼任中国财政学会常务理事、中国财政学会基础理论研究会常务理事、中国财政学会外国财政专业委员会理事、全国高校财政学教学研究会理事、中国税收教育研究会副会长、广东省财政学会副会长、广东省税务学会副会长、广东省地方税收研究会理事、广东省注册税务师协会理事、广东省经济学会常务理事、广东省文化产业促进会常务理事、广州财政管理学会副会长、广东省人大常委会立法顾问、广州市人大常委会财经工委预算咨询专家、广西钦州市人民政府经济顾问、北京大学中国公共财政研究中心研究员、财政部财政科学研究所教授及硕士研究生导师、武汉大学兼职教授、澳门科技大学教授及硕士研究生导师、广东商学院佛山经济社会发展研究院院长、广东商学院财税信息化研究中心学术委员会主席等职。

姚凤民教授兼任中国财政学会理事、中国税收教育研究会常务理事、广东省财政学会副秘书长、广东省政府采购研究会副会长、广东经济学会理事、广东省税务学会理事、广东农村经济研究会常务理事、广东预算会计研究会常务理事、广东资产评估协会常务理事、广东省地方税收研究会常务理事、广东国际税收研究会理事、广州市人大财政预算监督专家库成员、广州市国家税务局特约研究员、广东纳税服务研究中心主任、广东商学院政府采购研究中心主任。

傅道忠教授兼任广东财政学会理事，广东政府采购研究中心、广东纳税服务研究中心研究员。

庞磊教授任广东商学院财税信息化研究中心主任、理事长，兼任广东财税法研究会理事、广东纳税服务研究中心副主任。

石卫祥副教授曾任广州市海珠区政协委员、全国注册税务师兼职教师，兼任中国税收教育研究会理事、广东省德睿企业顾问公司高级顾问、广东省企业社会责任研究所常务理事、广东财税法研究会理事、广东纳税服务研究中心研究员。

闫学英副教授兼任广州市税务学会理事、广东纳税服务研究中心研究员、华南师范大学副教授、广州市诚瑞税务师有限责任公司职业注册税务师。

赵丽萍博士兼任广东省地方税收研究会理事、广州市地方税收研究会理事、广东省财税法研究会理事、广东省地方税务局特聘教授、广东省国税培训师资库成员、广东纳税服务研究中心研究员。

赵合云副教授兼任广东资产评估协会理事。龙笔锋副教授兼任广东税务学会学术委员，谭楚玲副教授、谢颖、文旗兼任广东政府采购研究会理事。周少君博士担任《经济学》（季刊）等刊物的匿名评审专家。

第二节　专业建设

一、专业建设

1986年设立税务专业，1987年税务专业开始招收专科生，1989年税务专业开始招收本科生。1989年设立国际税收专业方向并于1990年招收专科生，1991年国际税收专业方向开始招收本科生。1999年根据教育部专业目录调整方案，税务专业调整为财政学专业，并在财政学专业下保留设置税务专业方向，同年财政学专业开始招生。2002年新增行政管理专业和公共事业管理专业。2007年，税务专业恢复招生。2009年，设立资产评估专业并于2010年开始招生。2011年，设立注册税务师专业方向并于同年开始招生。

专业建设中，始终与行业部门联系紧密，强调为地方经济建设服务，突出财税应用型人才的培养目标，加强与地方相关部门共建，不断修订专业人才培养方案，保证专业建设满足社会在不同时期的人才需求。

专业初步建设时期（1987年至1997年）：着力于专业课程体系及各门课程内容体系的构建与完善，探索实验实践教学模式，形成了与人才培养目标基本相适应的专业人才培养方案。

专业建设发展时期（1997年至2007年）：着力于专业的交叉与融合，以“知识、能力、素质”为培养主线，强调专业人才培养方案的优化，突出具有应用型、复合型知识结构的人才培养，构建了实验实践教学体系，强化信息技术在教学活动中的应用，构建了财税理论与实务、会计知识与能力、信息化的实务与素质的“三位一体”专业知识架构，专业建设与社会发展、人才需求高度吻合。

专业建设提升时期（2007年至今）：突出教学研究与教学改革及教学质量工程项目的建设，强调科学研究成果、教学研究与改革成果、质量工程项目建设成果等在教学活动中的运用与转化，进一步完善和优化专业人才培养方案，实施“3+1”（即学生在校四年的学习中，前三年完成课堂教学环节，第四年着重于校内外实践教学）人才培养模式的改革与实践，并实现了大学四年实验实践教学不间断以及“三专”（即专门的机构、专职的教师、专设的课程）的实验实践教学模式，充分依托财政税务等社会实践部门资源，提升学生的实践能力，培养品德高尚、业务素质过硬、专业就业领域相关度高、服务于地方社会经济建设的应用型人才，不断提升专业建设的层次与水平。

经过25年的专业建设和发展，逐步形成和凝练了专业特色。一是以地方社会经济发展为导向，进一步依托财税部门资源，坚持开门办学，与财税部门、相关企业及高校逐步形成协同创新的专业建设环境和氛围；二是依托国家经济与管理实验教学示范中心，实施全程实验实践教学，与人才培养目标紧密结合，进一步强化专业人才实践能力的培养；三是构建了“三位一体”的财政学专业知识结构，提升学生的专业综合素质，彰显专业核心竞争力。

2006年，财政学（含税务）专业获批为广东省名牌专业；2010年，财政学（含税务）专业获批为国家级特色专业，同时获批为广东省特色专业；2010年税务专业获批为校级特色专业。

二、课程体系

（1）专业初步建设时期，税务专业课程分为必修课和选修课两大类，其中必修课由政治理论课、共同基础课、专业基础课和专业课构成，选修课由指定选修课和任意选修课组成。课程学习以学时数计，税务专业总学时数为 2 701，其中必修课总学时数约为 1 289。

（2）20 世纪 90 年代初期，学校开始实施学分制。课程结构调整为必修课、限制选修课和任意选修课三类。税务专业的限选课设置了税务类、财务会计类、专业英语类和其他类共四类选课方向，并规定了每类课程选修的最低学分。任选课可从本系内选修或跨系选修，但必须达到最低学分要求。课堂教学之外，增设了实践教学环节，属必修环节，但不计学分。学校规定修读最低总学分为 165，其中必修课 115 学分，限选课 34 学分，任选课 16 学分。

（3）20 世纪 90 年代后期，专业课程体系进行了较大的调整，财政学专业课程结构由通识课、学科基础课、专业课、任意选修课四类构成，除任选课之外，其他三类均设置了必修课和选修课。其中，通识课最低修读 50 学分，学科基础课 50 学分，专业课 40 学分，任意选修课 10 学分。

（4）2007 年以后，专业课程体系进一步完善，课程结构由公共课、学科基础课、专业课、专业拓展课、综合运用课五大类组成，学科基础课和综合运用课均为必修课程，公共课、专业课、专业拓展课分别由必修课程、限制选修课程或任意选修课程组成。2012 级财政学专业应修总学分为 168，其中通识课 66 学分、学科基础课 47 学分、专业课 44 学分、综合运用课 11 学分。2012 级税务专业应修学分为 166，其中通识课 67 学分、学科基础课 47 学分、专业课 41 学分、综合运用课 11 学分。2012 级资产评估专业应修总学分为 168，其中公共课 67 学分、学科基础课 48 学分、专业课 42 学分、综合运用课 11 学分。

三、实验实践教学

财政税务学院校外实践教学始于 1989 年第一届税务专业专科生的毕业实习。实验教学始于 1992 年税收管理电算化实验室的设立，且在广东省财税局的支持下，建立了实验室机房，引进了当时国内领先的实验教学软件（TOA 税务办公自动化系统）。1998 年实验室更名为财税管理信息化实验室，同年实验室机房并入学校经济与管理实验中心。经过多年的努力，财税信息化实验室逐渐成为全国经济管理实验教学示范中心——广东财经大学经济管理实验中心的重要组成部分。

在实验教学方面，先后开设了税收财务电算化、税收管理信息化、财政信息系统实务、税务专业综合实验、财政学专业综合实验、资产评估专业综合实验等实验课程。在建设初期，实验教学主要以单项实验项目为主，逐步建设形成了“课程实验→专业实验课→专业综合实验课→跨专业实验课→跨专业仿真综合实习”的专业实验教学体系，课程实验项目共 85 项。1993 年引进了税务办公自动化（TOA）软件；1994 年引进了万能财务核算软件；1998 年出版了《计算机在税收管理中的应用》实验教材；2001 年税收财务电算化、税收管理电算化课程通过了学校首届实验课程的评估；2004 年采购了兰贝斯财政管理软件作为财政学专业实验教学软件；2005 年开始参与校内仿真综合实习的建设工作，承担了其中涉税业务的设计与教学工作；2006 年从广东省国家税务局引进了 CTAIS 软件（国家金税工程三期税收征管软件）替代 TOA 软件作为税务专业实验教学软件；2009 年出版了校内仿真综合实习系列教材之《税收征管仿真综合实习教程》；2010 年规划出版实验系列教材，共 6 部，现已出版其中的《政府采购实验教程》、《财政管理信息化实务与实验教程》、《税务专业综合实验教程》、《税收管理信息化实务与实验教程》4 部，2014 年 6 月将完成全部出版任务。

在实践教学方面，一直强调实践教学工作，不断完善实践教学体系，重视校外实践教学基地的建设。1989 年第一届毕业生在省内税务系统进行毕业实习，之后的各届毕业生均开展了以毕业实习为主的各项校外实践教学活动。1995 年与广东省国家税务局、广东省地方税务局正式签订了共建实习基地协议，之后分别在 2001 年与广州市地方税务局，2002 年与广州市国家税务局、广州力为税务师事务所，2003 年与广州市地方税务局涉外稽查局、阳江市国家税务局、龙门县国家税务局，2006 年与广东正中珠江会计师事务所，2007 年与广州市瑞海税务师事务所、海珠区赤岗街道办，2008 年与佛山市三水区国家税务局，2009 年与广州普金计算机科技股份有限公司，2010 年与广州市地方税务局、中山市永信会计师事务所等单位签订共建实习基地协议或共建校外实践教学基地协议。目前稳定的校外实践教学基地有 12 个，每年可接收参加各类校外实践教学活动的学生约千人。经过多年的建设，逐步形成了以“社会调查”、“行业调研”、“专业实习”、“学年论文”、“毕业论文”、“毕业实习”为基础的实践教学体系，构建了“四个层次、四个系列、四个模块、四个阶段”的学院实验实践教学模式。

四、教研教改与质量工程项目建设

1988 年，丁弼昆和吴厚德主编的《财政学》教材出版。

1994 年，财政学和中国税制获批为省级重点课程。

1999 年，《财政学课程内容简介》、《〈税收管理〉多媒体教学软件》、《防伪税控机多媒体教学课件》获校教研教改项目立项。

2000 年，《财税专业课程网络教学研究》项目获校重点教研教改研究项目，《财政专业创新人才培养的课程与教学改革内容》、《财政学教学方法与手段的研究》项目获校教研教改一般项目立项，《税收学概论》、《财政学》教材获校重点教材立项。

2003 年，中国税制、财政学课程获批为校级精品课程。

2004 年，中国税制网络辅助教学课程、财政学网络辅助教学课程、财政政策专题学习网站获校教研教改项目。

2005 年，中国税制网络课程、国际税收网络辅助教学课程、税收管理网络辅助教学课程、西方财政学网络辅助教学课程、政府预算管理网络辅助教学课程、税收概论网络辅助教学课程、税务行政学自主学习型网络课程、政府采购学多媒体课件、地方财政学多媒体课件、国有资产管理多媒体课件等获校级教研教改立项。

2006 年，财政学（含税务）专业获广东省名牌专业，财税管理信息化专业学习网站、纳税检查网络辅助教学课程、税收会计网络辅助教学课程、电子政务网络辅助教学课程、行政学说史网络辅助教学课程、财政投融资多媒体课件、公债经济学多媒体课件等获校级教研教改立项。

2008年，政府预算、税收管理信息化课程获批为校级精品课程，获4项校级教研教改立项。

2009年，财税专业远程实验教学平台构建研究项目获广东省教学成果培育项目。

2010年，财政学（含税务）专业获批为国家特色专业、广东省特色专业，获4项校级教研教改项目立项。

2011年，税务专业获批为校级特色专业，财政学教学团队被评为校级教学团队，瑞海税务师事务所实习基地获批为校级示范校外教学基地。

2012年，财政学课程获批为广东省精品资源共享课，“广东商学院—广州市地方税务局实习基地”获批为省级大学生实践教学基地，“政产学互动财税应用型人才培养”成果获校级优秀教学成果二等奖。

2013年6月，“广东财经大学—广州市地方税务局实习基地”获批为国家级大学生实践基地；瑞海税务师事务所实习基地获批为省级大学生实践基地。

五、研究生教育

财政学学科2007年拥有硕士学位授权点，设有财政理论与政策、税收理论与政策、财税信息化三个研究方向。2011年聘有硕士生实践导师4人。至2013年7月已向社会输送三届毕业生，共计34人，就业率100%。

第三节　学科建设与发展

1987年至2002年，教师发表论文145篇。2003年以来，教师发表论文505篇，在核心期刊上发表论文138篇，分别比前期提高356%、397%，在数量、质量方面有大幅度提升。在《管理世界》等权威期刊及*Appetite*、*Journal of Software*、*International Marketing Review*等境外核心刊物上发表论文情况取得突破性进展。

1987年至2002年，出版著作23部，集中于教材、工具书。2003年以来，出版著作29部，其中专著14部，合著3部，教材12部。

1994年以来共承担科研项目86项，经费350.42万元。其中，2001年获得国家社会科学基金项目1项，经费4.5万元；2010年获得国家自然科学基金项目1项，经费26.5万元。2013年6月，获国家社会科学基金项目1项，经费18万元。2003年以来，各类项目57项，各类项目经费344.8万元。科研成果获奖13项，2012年获得财政部二等奖1项。

第四节　党团与学生工作

一、党团工作

财政税务系1987年成立教工党支部，由12名教工党员组成，支部书记由系主任担任。1994年至2002年，设置教工党支部2个。2002年起，设置教工党支部3个。2013年3月，财税学院党总支更名为财政税务学院党委。至2013年，教工支部有3个，党员数量达到36人。1988年成立学生党支部，支部书记由党总支书记担任。随着学生党员数量的增加，学生党支部按高低年级设置。2013年，本科生党员数量达到330人。2007年开始招收研究生，研究生单独设置党支部。

党总支对学生党员的发展和教育从一开始就高标准、严要求，着重打造和实施“精英培育工程”。严格按党章规定的程序和要求，成熟一个发展一个。在学生入党时采取一票否决制，无故旷课一次一票否决，无故迟到、早退两次一票否决。认真做好入党积极分子的培训学习，新生一入校，就建立入党积极分子学习小组。在新生班配备高年级党员，帮助做好入党积极分子的选拔和教育工作。抓住学校党校开办之机，对入党积极分子进行全面的党章、党史的教育活动。认真做好学生党员的教育和管理，使他们不仅能在组织上入党，更重要的是在思想上入党，在思想上始终能以党员的标准严格要求自己，发挥党员的先锋模范作用。通过实施“精英培育工程”，学生党员思想素质过硬，模范带头作用好，影响力和辐射力强。学生入党热情高涨。自1988级至1992级连续5年，学生毕业时，我院的学生党员发展比例均达到30%。从1993级开始，我院招生规模增长速度快，入党积极分子成比例地增加，此番势头延续至今。至2013年，在校学生共有1 513人，递交入党申请书的共有1 489人，占在校学生总数的98.41%。

一直以来，学院注重利用各种平台和载体丰富党建工作，效果较好。比如，三水校区学生党支部与三水区地方税务局机关第二党支部、三水区国家税务局办税服务厅党支部共建，搭建了学生党支部与社会交流合作的平台，让学生党支部与国家机关单位、企业等双向互动，资源共享，优势互补；让学生党员在实践中进一步拓展视野，认识社会，增长才干。对教职工党员，紧密依托“创先争优”、“基层组织建设年”等平台，结合教学、科学研究和社会服务等关键环节有针对性地开展党建工作，让党建工作真正落到实处，让党员队伍成为推动本单位事业发展的核心力量。

党总支一直重视师德师风建设，以进一步改进工作作风。成立由党总支书记、院长任组长的师德建设工作小组，建立教职工考核指标体系和工作机制；采取定性评价和定量考核相结合、自我评价和群众评议相结合的方式，对教师的师德、职责履行情况及教学质量进行综合考评，严格执行师德一票否决制，促使教工党员严于律己，恪守职业操行，为人师表，教书育人。此外，坚持以制度强化教师行为规范和道德规范，严格执行学校的相关规章制度，强化制度对师德师风的导向作用。其主要成效有两个方面：一是教工党员成为推动教学、科研发展的核心力量。多年来在学院教工党员课堂教学评价中，获得的学生评价均在90分以上。二是财税学院校友资源丰富，关系和谐，师生联系密切。

二、学生工作

财政税务学院前身为1986年7月在广东省税务局的支持下成立的税务系。1987年，招收第一届学生113人。同年，成立团总支，确立“勤奋、诚实、团结、进取”的系训，以及致力于培养“品德第一，业务第一”的高素质人才的理念。重视班主任工作，充分发挥班主任对学生的教育引导作用。注重打造和凝练学生特色活动，锻炼和提升学生综合素质。1987年至1992年税务系每年都主办大型学生活动“青春在税务中闪光”。1991年举办第一届税务系学术文化节。1991年至今，已成功举办了22届税法宣传月活动。由学生主办的刊物《聚宝盆》、《异想天开》、《税苑之声》等记载了财税学生成长的历史轨迹。

财政税务学院学生工作一直秉承税务系的人才培养理念和教育管理传统，经过多年的探索与实践，形成了符合财税学院特色的学风建设、学生班级导师制、社会实践、税法宣传、素质教育、日常管理与思想心理教育、学业规划和职业规划相结合的"六位一体"的学生工作格局，培养了高素质的专业人才。

三、毕业生质量

财政税务学院毕业生就业结构与层次较好，用人单位对毕业生的反响好，多年来就业率一直名列前茅。1987 级至 1993 级学生均分配到税务系统就业，1994 级至 2008 级学生毕业时约有 30% 进入税务、海关等系统工作，其他学生主要在银行、大中型企业、中介服务企业等就业。截至 2013 年，我院共向财税等部门输送了 25 届 4 500 名毕业生。

毕业生中涌现出一批先进个人。如卢伟雄获"中国十大杰出青年卫士"、"全国税务系统纪检监察先进工作者"、"全国反走私先进个人"等称号；杨靖宇被公安部授予国家二级英模；佘文洪获"全国税务系统优秀税务工作者"；林汝书、缪建威、李家驹、陈瑞兰、廖彩霆、林宇泳、殷国建等 7 人获"国家级税收征管能手"（占广东省获奖人数的 64%），15 人获"广东省国税系统税收征管能手"，9 人获"广东省国税系统稽查能手"，15 人获"广东省地税系统税收征管能手"，150 余人次获省厅局级奖励。此外，还涌现出了广州东毅摩托车有限公司、东泽电子有限公司董事长兼总经理唐虎城，阳江林涛房地产有限公司董事长兼总经理梁红雨等多名企业家。

毕业生中，刘汉球任中共广东省清远市委常委、市委秘书长，罗得力任广州国家税务局党组成员、广州市开发区国家税务局局长，60 余人任广东省内财税部门、政府部门的处级干部，1 000 余人任省内县区财税部门科技领导，绝大部分毕业生成为财税部门的业务骨干，为广东的社会经济发展作出了积极的贡献。

第五节　对外交流与社会服务

一、对外交流

1987 年至 2002 年，先后有原广东省税务局陈流明局长、余荣渊副局长，国家税务总局涉外税务管理司司长王选汇，中国税务出版社总编贾绍华，国家税务总局科研所刘佐所长，财政部科研所原所长何盛明，现任所长贾康及副所长王朝才、苏明、白景明、刘尚希，中国社科院财经战略研究院高培勇院长，北京视野咨询中心主任钟朋荣，中国人民大学陈共教授，吴俊培、杨灿明、钟晓敏、马俊等高校和科研院所专家教授来我院开展学术报告近百场。2003 年以来，聘请国内财政学专家和学者来我校开展学术讲座 60 余场；举办学科与专业建设研讨会 10 余次，其中，2009 年 4 月举办全国财政税收理论暨财政学科建设研讨会，2010 年 12 月举办中国税收教育研究会第四次研讨会，2011 年 12 月举办中国财政学教学研究会常务理事会暨财政学研究生教育研讨会；参加国内学术会议 100 余人次。

学科点聘请了 20 余名来自财政部、国家税务总局及省国地税部门、中国社会科学院和国内著名高校的专家为客座教授或硕士生合作导师。

二、社会服务

税务系成立后，积极发挥服务社会的功能，在专业教育、专业培训以及政策咨询上多方位多层次开展社会服务工作。

（一）专业教育服务

1988 年开始，税务系开始举办面向全国的税务专业函授教育，先后培养了 4 000 余名社会人员。1994 年开始，与财政部科学研究所研究生部联合开展在职人员硕士学位教育。1996 年至 1999 年，与税务部门合作开办税务专业自学考试。1999 年后，作为主考单位积极做好财税专业自学考试工作。

（二）业务部门培训服务

1989 年至 1992 年，学院接受原广东省税务局的委托，举办了县区局长轮训班；1990 年后开办了税务系统大专专业证书班，与税务部门合作积极开展业务培训如稽查培训、“六员”培训。1995 年，原税务系承办了我校与新疆维吾尔自治区合作举办的“社会主义市场经济理论和企业经济法规知识”培训项目，历时三年，受到新疆维吾尔自治区领导的高度重视，其规模之大、讲座教授层次之高、企业积极性之高涨、学员求知欲之强烈、社会效果之显著，在新疆历史上是前所未有的。

1999 年后，积极扩大社会服务的影响，培训业务涉及财政、税务和企业部门。先后承担广西钦州市组织部、钦州市人大、钦州市财政局、钦州市卫生局、来宾市地税局业务知识培训。此外，还先后持续承担了省内梅州市地税局、开平市财政局、惠州地税局、海陵岛地税局、茂港地税局、高州地税局、河源地税局、英德地税局、广州市国税局等部门的业务培训。

（三）政策咨询服务

吴厚德教授是民建中央委员及政协广东省第七、第八届委员会委员，曾任民建广东省委员会常委和民建广东省委员会经济工作委员会顾问。吴厚德教授从 2001 年开始，连续两届被聘为广东省人民政府参事。在 2001 年至 2007 年期间，他一共撰写了 39 份参事建议，其中 17 份得到有关领导批示和被有关部门采用，年年获得省政府参事“优秀议政奖”和“积极贡献奖”。2008 年，他撰写了 12 篇参事建议，参与了 14 场参事调研活动，并参与撰写了 4 篇调研报告，参与审议了 2009 年省《政府工作报告》等 5 份报告、决定和条例材料，再次受到省参事室、文史研究馆的表彰和奖励。其中他撰写的《关于开征燃油税的建议》被国家有关部委采纳，国家从 2009 年 1 月 1 日起取消了公路养路费，开征燃油费；撰写的《关于如何优化发展目标的对策思路》等 4 篇建议被《广东调研》、《广东政协》、《当代广东》等刊物刊登；撰写的《未雨绸缪，警惕国际粮价飙升的背后玄机》等 4 篇建议得到副省长李容根、宋海、肖志恒、佟星等的批示和肯定；撰写的《汶川大地震的深刻反思与启示》建议得到省政府副秘书长李春洪的批示，并转省应急办、支援四川汶川工作组领导阅；撰写的《物价上涨的背景及其调控思路》建议被省物价局认为有参考价值，从而邀请其参加专家座谈会并发表意见；参与撰写的 4 篇调研报告也得到原广东省省长黄华华和副省长宋海、万庆良、肖志恒及省政府副秘书长李春洪、颜学亮的批示和肯定。

于海峰教授2006年被聘为广西钦州市人民政府经济顾问，20世纪90年代以来，被聘为广州市地税局战略顾问，2010年后被聘为广东省人大常委会立法顾问、广东省财政专家咨询委员会咨询专家，积极建言献策。石卫祥副教授为广州市海珠区政协第十一届常务委员，积极参政议政。姚风民教授受聘为广州市人大财经工委预算咨询专家、广东省财政厅自行发债顾问，积极为社会服务。

财税专业教师积极为企业界开展税务培训和咨询工作，为社会中介机构提供指导工作，取得了较好的经济和社会效益。积极参与税务系统干部能级考核方案设计与试题库建设工作，参与广州市国税局、地税局干部选拔的考试工作。

（四）合作服务

2008年，与财税部门、广州市普金科技计算机股份有限公司联合成立财税信息化研究中心，积极为财税部门信息化建设提供支持。2010年，学校与广东省财政厅签署联合共建广东商学院财政学学科的协议，积极为广东财政发展提供服务。2011年，学校与广州市地税局共建广东商学院税务干部进修学院，积极为广州地税4 000余名干部提供培训服务，取得良好的社会效益。受广东政府采购研究会委托，主办《政府采购研究》杂志。2012年，与广东省国家税务局、广东省地方税务局联合成立广东纳税服务研究中心，主办《纳税服务》杂志，积极为广东纳税服务提供合作平台。

第二十四章　公共管理学院

公共管理学院是我校最年轻的二级学院之一，是2008年由原财税与公共管理学院分开单独成立的二级学院。学院坚持以科研促教学，并逐步形成了优势和特色，学生就业竞争力不断提高，迄今已为社会输送了1 500多名毕业生，他们在各行各业中创造了优异的成绩，发挥了重要的作用，深得用人单位的好评。

第一节　概　述

一、历史沿革

2002年，财税系更名为财税与公共管理学院，开设了行政管理、公共事业管理两个专业，2003年正式招收本科生。2007年开设了文化产业专业。2008年开设了劳动与社会保障专业。

2008年3月，学校调整内设机构，正式成立公共管理学院。

2013年6月，学校调整内设机构，公共管理学院原四个专业和原资源与环境学院的土地资源管理、房地产开发与管理两个专业一并成立新的公共管理学院。

2007年，公共管理学院前身行政管理、公共事业管理两个专业首届毕业生有82名。2011年文化产业有第一届毕业生。2012年，劳动与社会保障专业首届毕业生毕业。截至2013年6月，公共管理学院已有毕业生1 500多人。

二、学院（系）历任领导

（一）历任院长、副院长

2008年6月至2013年6月，周振林任公共管理学院院长。

2009年6月至2013年6月，陈建斌任公共管理学院副院长。

2013年6月至今，庄大昌任公共管理学院院长。

2013年6月至今，方东、张向阳任公共管理学院副院长。

（二）历任党总支（党委）书记、副书记

2008年6月至2010年10月，古海任公共管理学院党总支书记。

2010年10月至2013年6月，林宏秋任公共管理学院党总支书记。

2013年6月至今，林宏秋任公共管理学院党委书记，龚义荣任副书记。

三、内设机构

公共管理学院设行政管理、公共事业与社会保障、文化产业管理、土地与房地产管理四个系，设有行政办公室和学生工作办公室，分别处理学院日常事务、学生事务及学生思想政治工作等。

学院设有广东财经大学人才评估培训中心，下设人才评估培训中心和公务员培训中心。

四、师资队伍

（一）基本概况

公共管理学院建院初期，共有教职工26人，专职教师21人，其中教授6人，副教授4人，讲师13人。2013年9月，教职工总数为52人，专职教师43人，其中教授10人，副教授11人，讲师21人，助教1人，具博士学位的有31人，具硕士学位的有7人，在读博士4人。学院拥有一批优秀的教师队伍。其中，有受国务院表彰并享受国务院政府特殊津贴的专家1人，广东省“千百十工程”培养对象7人，海外留学（访学）归国教师4人，并聘请了13名国内著名专家学者担任客座教授。

（二）社会兼职

公共管理学院积极创造条件支持优秀教师队伍为社会提供各种专业性的服务。其中，周振林教授任中国领导科学学会常务理事、广东省统战学会理事、广东省反邪教学会理事；庄大昌教授任广东省地理学会理事；方东教授任广东省文化产业促进会监事；张向阳教授任广东省社会心理学会理事；张艳萍教授任国家、广东省社科规划项目、教育部教育科学研究项目评审专家库成员，广东省高校专业技术资格评委库成员，广东省社会保险学会副秘书长；杨黛教授任广东省社科规划项目、广州市文化产业发展专项基金项目评审专家库成员，广东省农村经济学会常务理事，《南方农村》杂志社学术委员会委员，佛山市顺德区大良街道社区管理工作顾问；李晓燕副教授任广东省社会政策研究会常务理事兼副秘书长、广州市海珠区社会创新咨询委员会专家委员、佛山市社会工作委员会咨询专家、广东省卫生经济学会理事、广东省社会保险学会理事、佛山市珠江三角洲文化发展战略研究会副主任兼常务理事。

第二节　专业建设

一、本科专业建设

公共管理学院是在原财税与公共管理学院的两个公共管理学科教研室的基础上建立起来的。目前，学院拥有行政管理、公共事业管理、文化产业管理、劳动与社会保障、土地资源管理、房地产开发与管理六个本科专业。

2002年，工商管理学院成功申办行政管理本科专业；2003年，法学院成功申办公共事业管理专业；2004年，行政管理本科专业和公共事业管理本科专业划归财税与公共管理学院。

2005 年至 2007 年，公共事业管理（文化产业管理方向）本科开始招生。2007 年，文化产业管理本科专业获得招生权。2008 年，劳动与社会保障专业获得本科招生权。2011 年，文化产业管理本科专业获得学士学位授予权。2012 年，劳动与社会保障专业获得学士学位授予权。

2007 年 2 月，旅游与环境学院成功申办土地资源管理专业。2010 年 3 月，资源与环境学院成功申办房地产经营与管理专业。2012 年，根据国家教育部《普通高等学校本科专业目录和专业介绍》，房地产经营与管理专业更名为房地产开发与管理专业。2013 年 6 月，学校调整内设机构，公共管理学院原四个专业和原资源与环境学院的土地资源管理、房地产开发与管理两个专业一并成立新的公共管理学院。

2012 年，行政管理专业获批成为广东商学院校级特色专业。

二、课程建设

公共管理学院近年来先后建成校级精品课程 4 门，校级双语示范课程 1 门，校级示范校外教学基地 2 个，校级通识教育选修课 1 门，校级教学信息化推广应用示范课程 4 门，校级教学信息化推广应用示范课例 2 门。

2010 年，公共部门公共关系学获批成为校级精品课程，公共政策获批成为校级双语示范课程。

2011 年，政治学原理获批成为校级精品课程。

2012 年，土地管理学、土地管理信息系统获批成为校级精品课程。

2012 年，公共部门公共关系学、土地经济学获批成为教学信息化推广应用第二批示范课程。

2013 年，地籍测量学、土地管理学、土地资源学获批成为教学信息化推广应用第三批示范课程。

2010 年，公共部门公共关系建设获批成为教学信息化推广应用第一批示范课例。

2012 年，基于交通网络的路径优化设计获批成为教学信息化推广应用第二批示范课例。

三、实践教学

公共管理学院高度重视实验室与实习基地的建设，现已建成实验室 2 个，校外实习基地 8 个，较好地满足了学生实践教学的需求。实验室和校外实习基地包括土地资源管理综合实验室和房地产仿真模拟实验室、广州市民政局、海珠区民政局、越秀区文化馆、广州大剧院、中国（广州）文化创意产业博览会、江门市民政局、深圳 MapGIS 中地数码有限公司、广东金宝集团、广东省社会政策研究会、佛山珠三角文化战略研究会、广州市时代地产集团有限公司等。

2013 年 8 月，我院土地与房地产信息管理实验教学中心获批成为省级实验教学示范中心。

第三节 学科建设与发展

一、学科建设

2011 年 1 月，学校评审确定行政管理为校级重点扶持学科。

二、科研项目

近几年来，我院教师教学科研成果丰硕，承担国家级项目 5 项，省部级项目 24 项，市厅局级项目 10 项，校级课题 26 项，横向课题 21 项，到位科研经费 450 余万元。其中，国家社会科学基金项目 4 项，包括莫勇波教授的《加强地方政府执行力建设的理论思路和现实路径研究》（08CZZX026），张伟博士的《模块化生产环境下中国制造业升级研究》（09CJL043），林慕华教授的《改革和完善县级人大全口径预算监督研究》（13CZZ034），杨凯博士的《当代罗马天主教教皇对国际政治事务的介入及其作用机理研究》（13CGJ025）；国家自然科学基金项目 1 项，即李艳博士的《水文特征变异的尺度研究》（41001019）。

三、学术论文

建院五年来，我院教师发表科研、教研论文 470 余篇，其中核心期刊以上论文共 267 篇，共出版学术著作 27 部，其中专著 16 部。2012 年 6 月，我院林慕华教授以第一作者在《中国社会科学》发表了《中国地方人民代表大会预算监督研究》一文，这是我校教学科研人员在《中国社会科学》杂志首次以第一署名单位和第一作者发表学术论文，是我校教学科研人员在国内顶尖学术期刊上发表论文的重大突破。

公共管理学院经过近年的办学实践，在坚持以教学工作为中心的基础上，不断提高科学研究水平，同时探索“以科学研究为广东经济社会服务”的新路子，形成了为区域社会公共部门提供服务、与公共管理学科的教学和科研共同发展的鲜明特色和优势，人才培养质量、办学规模、社会影响不断提高，为地方社会服务的能力不断增强。

第四节 党团与学生工作

一、党的建设

公共管理学院成立于 2008 年 6 月，学院党总支同时成立。古海任公共管理学院第一任党总支书记。2013 年 6 月，学院设立党委，由林宏秋任公共管理学院党委书记，龚义荣任党委副书记。

公共管理学院党总支（党委）自成立以来，紧紧围绕人才培养这个中心任务，广泛开展党的建设与精神文明创建活动，强化基层组织和教学管理干部队伍建设，大力加强大学生思想政治教育，深入开展师德师风建设，形成良好的院风，为推进学院各项改革提供了思想政治保证和组织保障。

学院现有教师52名，其中党员44名，占在编教职工人数的84.62%；在校学生1 539人，其中党员学生141名，占在校生总数的9.16%。在校生中，申请入党的学生有780人，占非党员学生人数的55.79%，其中，入党积极分子203人，占申请人数的26.03%，占在校生非党员学生人数的14.52%。

二、学生工作

公共管理学院自2008年独立成立之初，就十分重视班主任工作，充分发挥班主任对学生的教育引导作用。注重打造和凝练学生特色活动，锻炼和提升学生的综合素质。自2010年起，结合学校倡导的专业导师工作，学院大力开展学生素质教育。班导师与辅导员从不同角度各有侧重地加强学生的日常生活教育和专业素质以及综合素质的培养，在实践中不断深化对素质教育的认识，不断丰富素质教育的内容，不断推进全面的综合素质教育。

学院积极开展学风建设，加强学生行为规范教育和日常管理，致力于营造良好的学习氛围，建立良好的管理工作规范。不断完善团学组织自身的组织建设，在落实好常规性工作的前提下，引导广大学生刻苦学习文化知识，积极投身于社会实践。

学院重视学生的思想政治教育工作，坚持把学生的思想政治教育与学生的日常管理相结合，坚持以关心、关注贫困生的日常生活和学习为切入点，营造和谐的氛围。每年秋末冬初，学院都开展“冬日送暖”活动，为贫困学生送衣送被。对于个别生活特别困难的学生，除了帮助其申请学校的勤工助学岗位外，还从学生的活动经费中每月给予适当的补助，使学生之间形成互相关心、互相帮助的和谐氛围，也让困难学生感受到集体的温暖。

学院注重引导学生树立正确的世界观、人生观、价值观，全面提高全体团员的综合素质。积极开展有益学生身心发展的课余活动，推动校园文明建设，创造富有特色的校园文化氛围，不断加强文体建设，丰富学生的第二课堂，加强与其他兄弟院系和校级组织的联系，增进了解，加深友谊，共同致力于校园的文化建设。

在每年新生入学教育阶段，学院就重视引导学生从一年级开始做好职业规划，鼓励学生积极报考研究生。对于毕业班的学生，重视对他们进行个性化辅导，让每个毕业生都尽可能找到令自己满意的岗位。学院近三年来的就业情况良好。2010届，学院两个专业共有148名毕业生；2011届，有122名毕业生；2012届，有260名毕业生，均实现就业率100%。2012届成功考取国内外（含港澳）硕士研究生者达16人。在2013届毕业生中，学院有8人考取了国内高校硕士研究生。

学生实习单位主要有广州市民政局、海珠区民政局、广州市文化馆、广州大剧院、中国（广州）文化创意产业博览会、江门市民政局、深圳MapGIS中地数码有限公司、广东金宝集团及庐山地区、华东地区、龙门地区的野外实习教学基地等。学生通过专业学习，在实习单位充分发挥专业优势，结合工作实际，把理论与实践相结合。学生在实习中，工作积极主动，为所在实习单位策划各种宣传推广活动，深受所在单位领导的肯定。学生也从中学到在课堂和课本上学不到的知识，为自己的职业规划厘清了思路，也使自己在就业道路上明晰了方向。

第五节　对外交流与社会服务

2010年10月，受美国能源基金会委托，由庄大昌教授牵头承担了《深圳企业一次能源清洁化与低碳化改造政策研究》（G-1010-13511）的专项研究课题，这是我校第一个项目经费达到100万元的国际合作项目。

2011年6月，受佛山市政府研究室委托，由我院周振林教授牵头承担了《区级大部制背景下佛山市直机关建设研究》的专项研究课题。课题组成员经过深入细致的调查研究，在实地考察的基础上，围绕在区级大部制背景下佛山市直机关的职能配置、机构设置、职权划分、管理制度和运行机制的现状、问题、对策等进行专项研究，并顺利按合同要求，高质量地完成了研究报告，为佛山市大部制改革提供了理论依据和改革建议，也为公共管理学院开展社会服务探索出了一条成功的路子。

此外，周振林教授的《2011年度广东省国省道新改建项目资金绩效评价》（广东省财政厅，2012年），张伟博士的《人民币升值对广东外经贸的影响与对策研究》（广东省对外贸易经济合作厅办公室，2011年）、《广州汽车零部件产业发展战略研究》（2009年），张艳萍教授的《我省社会保险费基费率问题研究——以基本养老保险为例》（广东地方税收科学研究所，2011年），龙国智副教授的《市区街体制改革研究》（深圳市宝安区，2009年），尹来盛博士的《东莞水乡片区域发展规划》（2012年），杨黛教授的《顺德大良街道物业小区文化建设研究》（2012年），张庆霖博士的《韶关中药产业发展规划》（2012年）等一批横向课题项目的立项及研究成果，是我院迈向为经济社会提供服务发展阶段的良好开局，这对扩大我院乃至我校的社会影响产生了积极的效果。

第二十五章　地理与旅游学院

地理与旅游学院是我校2013年新成立的二级学院，目前有教职工54人，在校学生1 255人，由原旅游学院和原资源与环境学院的资源环境与城乡规划管理专业（2012年拆分为自然地理与资源环境专业、人文地理与城乡规划专业）组建而成，其前身可追溯到建校初期的烹饪工程系。学院一直努力构建特色鲜明的应用型、复合型、创新型人才培养模式，目前设有自然地理与资源环境、人文地理与城乡规划、资源环境与城乡规划管理、旅游管理、酒店管理、会展经济与管理等5个本科专业，已向社会输送了近6 000名毕业生，他们在各类政府机关、企事业单位中发挥着重要作用，深受用人单位的好评。

第一节　概　述

一、历史沿革

地理与旅游学院的历史可以追溯到1986年成立的烹饪工程系，其发展历经烹饪工程系、餐旅系、旅游学系、旅游与环境学院、旅游学院和资源与环境学院、地理与旅游学院六个阶段。

1985年4月29日，原商业部高教司批复广东省高教局，同意广东财经学院开办烹饪工程专业，专门培养以粤菜为主的烹饪人才，同时将广东财经学院更名为广东商学院。1986年5月，烹饪系成立。1986年7月，第一届烹饪工程专业三年制专科开始正式招生，成为学校最早的专科专业。1989年，烹饪系改为餐旅系，烹饪工程专业停止招生，酒店管理与技术专业二年制专科开始正式招生。1994年正式开设旅游管理本科专业，招收第一届旅游管理专业本科生，并增设了酒店管理专业方向。1999年根据教育部专业目录调整方案，旅游类本科专业统一调整为旅游管理专业，不再保留酒店管理方向，餐旅系与企业管理系合并，成立工商管理学院。

2002年6月，旅游学系从工商管理学院分离，恢复独立建制，开办旅游管理本科专业。2004年7月，旅游学系改名为旅游与环境学院，新增资源环境与城乡规划管理本科专业。2006年7月新增会展经济与管理本科专业。2007年7月新增土地资源管理和酒店管理两个本科专业，其中酒店管理专业是1998全国本科专业目录调整后教育部同意开办的全国第一个酒店管理本科专业。

2008年4月，旅游与环境学院一分为二，分别成立旅游学院和资源与环境学院。新成立的旅游学院设旅游管理、酒店管理、会展经济与管理三个本科专业，新成立的资源与环境学院设资源环境与城乡规划管理、土地资源管理两个本科专业。2010年3月原资源与环境学院新增房地产经营管理专业。2010 年 10 月，学校发文，旅游学院与“旅游管理与规划研究所”实行院所合一。2013 年 4 月，学校调整内设机构，原资源与环境学院的资源环境与城乡规划管理专业与原旅游学院合并，组建成立地理与旅游学院。

在学科建设上，2005 年，自然地理学被列为广东商学院校级重点扶持学科。2006 年，原旅游学院获旅游管理硕士学位授予权。2007 年 4 月旅游管理获批成为广东省重点（扶持）学科。2012 年 11 月学校工商管理学科获批成为广东省优势重点学科，旅游学科成为该优势重点学科的六个建设方向之一。在专业建设上，2010 年，旅游管理（含酒店、会展）专业获批成为广东省特色专业，资源环境与城乡规划管理专业获批成为校级特色专业。

地理与旅游学院经历了 27 年的变迁整合，学院同仁励精图治，艰苦奋斗，奋发进取，使学院得到了长足发展。学院的建设与发展始终植根于广东经济建设的沃土，始终把为地方经济和社会发展服务放在首要位置；始终紧密依托社会各种资源，依托政企校合作平台，强化合作，彰显为地方经济服务的优势与价值；依托学校的国家级经济与管理实验教学示范中心与完备的校外实习基地体系，提升专业人才的实践能力和适应能力，构建了基础理论与实务、管理知识与技能、信息技术方法与手段相结合的专业知识结构，彰显专业核心竞争力。

截至 2013 年，地理与旅游学院已有 25 届毕业生，其中各专业情况为：烹饪工程专科 3 届，酒店管理专科 11 届，旅游管理专科 1 届，旅游管理本科 16 届，资源环境与城乡规划管理本科 6 届，会展经济与管理本科 4 届，酒店管理本科 3 届，土地资源管理专业本科 3 届，为全国特别是华南地区输送了近 6 000 名优秀人才。

已毕业班级如下：

烹饪工程专科：1986 级、1987 级、1988 级；

酒店管理专科：1989 级、1990 级、1991 级、1992 级、1993 级、1994 级、1995 级、1996 级、2000 级、2001 级、2003 级；

旅游管理专科：2000 级；

旅游管理本科：1994 级、1995 级、1996 级、1997 级、1998 级、1999 级、2000 级、2001 级、2002 级、2003 级、2004 级、2005 级、2006 级、2007 级、2008 级、2009 级；

资源环境与城乡规划管理本科：2004 级、2005 级、2006 级、2007 级、2008 级、2009 级；

会展经济与管理本科：2006 级、2007 级、2008 级、2009 级；

酒店管理本科：2007 级、2008 级、2009 级；

土地资源管理本科：2007 级、2008 级、2009 级。

二、学院（系）历任领导

（一）历任系主任、副主任，历任院长、副院长

1986 年 5 月至 1989 年 11 月，屠惠康任烹饪系主任。

1988 年 3 月至 1989 年 11 月，庄汉城任烹饪系副主任。

1989 年 12 月至 1993 年 3 月，庄汉城任餐旅系副主任（主持全面工作）。

1991 年 3 月至 1993 年 3 月，邬思章任餐旅系副主任。

1993 年 4 月至 1997 年 7 月，屠惠康任餐旅系主任。
1993 年 4 月至 1999 年 7 月，黄明超任餐旅系副主任。
1997 年 7 月至 1999 年 7 月，刘德琪任餐旅系副主任（主持工作）。
1999 年 7 月至 2000 年 7 月，刘德琪任工商管理学院副院长。
2002 年 4 月至 2004 年 6 月，敖利玲任旅游学系副主任（主持工作）。
2004 年 6 月至 2005 年 1 月，敖利玲任旅游与环境学院副院长（主持工作）。
2005 年 1 月至 2007 年 6 月，张伟强任旅游与环境学院院长。
2005 年 1 月至 2008 年 6 月，唐晓春、张玉明任旅游与环境学院副院长。
2007 年 7 月至 2008 年 6 月，敖利玲兼任旅游与环境学院负责人（主持工作）。
2008 年 7 月至 2013 年 6 月，唐晓春任资源与环境学院院长，庄大昌任副院长。
2008 年 7 月至 2011 年 7 月，张河清任旅游学院院长。
2009 年 6 月至 2011 年 9 月，方东任旅游学院副院长。
2011 年 9 月至 2013 年 5 月，方东任旅游学院副院长（主持工作）。
2013 年 6 月至今，唐晓春任地理与旅游学院院长，陈建斌、皮平凡任副院长。

（二）历任党总支（党委）书记、副书记

1987 年 3 月至 1988 年 9 月，杨儒光任烹饪系党总支副书记。
1988 年 9 月至 1989 年 9 月，庄汉城任烹饪系党总支副书记。
1989 年 9 月至 1992 年 11 月，庄建理任烹饪系党总支副书记。
1990 年 8 月至 1992 年 11 月，王富松任餐旅系党总支书记。
1992 年 11 月至 1997 年 7 月，陈国栋任餐旅系党总支副书记。
1997 年 7 月至 1999 年 7 月，林仲豪任餐旅系党总支副书记。
2002 年 4 月至 2004 年 6 月，王伟任旅游学系党总支副书记。
2004 年 6 月至 2005 年 1 月，王伟任旅游与环境学院党总支副书记。
2005 年 1 月至 2008 年 6 月，敖利玲任旅游与环境学院党总支书记。
2008 年 6 月至 2011 年 5 月，敖利玲任资源与环境学院党总支书记。
2008 年 6 月至 2013 年 6 月，曹阳任旅游学院党总支书记。
2011 年 5 月至 2013 年 6 月，江元任资源与环境学院党总支书记。
2013 年 6 月至今，江元任地理与旅游学院党委书记，黄洁娜任党委副书记。

三、内设机构

地理与旅游学院现有工商管理一级学科下的旅游管理二级学科硕士点及自然地理与资源环境、人文地理与城乡规划、资源环境与城乡规划管理、旅游管理、酒店管理、会展经济与管理等六个本科专业。

截至目前，地理与旅游学院成立了 4 个研究中心，分别是 2009 年成立的会展研究中心、地质遗产研究中心、广东酒店发展战略研究中心以及 2011 年成立的旅游文化产业研究中心。此外，根据专业发展和需求，设置了 5 个学系，分别是自然地理学系、人文地理学系、旅游管理学系、酒店管理系和会展经济与管理系。根据实验课程建设需要，设有资源与环境综合实验室。

此外，地理与旅游学院设置学院办公室和辅导员办公室，分别处理学院日常事务管理和学生政治思想工作，为学院师生提供必要的教学支持和学生管理。

四、师资队伍

（一）基本情况

经过20多年的发展，地理与旅游学院现有教职员工54人，其中，专任教师42人，专任教师中教授7人，占专任教师的16.7%；副教授15人，占专任教师的35.7%；博士24人，占专任教师的57.1%。从教师学源结构来看，最高学历毕业于中科院、“985”等研究机构和高校的有31人，占全体专任教师的73.8%；最高学历毕业于“211”高校的有8人，占全体专任教师的19%。从教师年龄结构来看，35岁以下的专任教师11人，占专任教师的26.19%；35～45岁的教师17人，占专任教师的40.48%；45岁以上的教师14人，占全体专任教师的33.33%。中青年教师占绝大多数，初步形成了学历结构、职称结构、专业结构、年龄结构较为合理的师资队伍。另有专职行政人员7人，辅导员5人。此外，根据学科、专业建设需要，聘有学校名誉教授2人（中国科学院院士南京大学王颖教授、长江学者南京大学高抒教授）、客座教授7人、本科生实习基地实践导师20余人。

（二）获奖情况

1人（张河清）入选教育部跨世纪拔尖人才培养对象；1人（唐晓春）入选第二批“千百十工程”的省级培养对象；1人（张河清）入选广东省高校第六批“千百十工程”的省级培养对象；2人（庄大昌、秦学）入选广东省高校第四批“千百十工程”的校级培养对象；2人（皮平凡、刘少和）入选广东省高校第五批“千百十工程”的校级培养对象；4人（杨青生、桂拉旦、李星、张玲）入选广东省高校第六批“千百十工程”的校级培养对象；先后有8人（庄大昌、秦学、刘少和、陈德宁、皮平凡、张玲、杨青生、李艳）成为广东商学院优秀中青年骨干教师培养对象。1989年，庄汉城副教授获“全国优秀教师”称号。

（三）社会兼职

地理与旅游学院拥有优秀的教学团队，同时尽力创造各种条件支持优秀教师队伍为社会提供各种专业性服务。学院在二十多年的发展中，涌现了许多优秀教师代表。

唐晓春教授任中国地理学会海洋地理专业委员会副主任、中国第四纪科学研究会海洋海岸专业委员会副主任、广东省突发事件应急管理专家、广州市突发事件应急管理（自然灾害类）专家、广东省教育厅突发事件应急管理专家；李春生教授任广州市突发事件应急管理（自然灾害类）专家、广东省地质学会常务理事、广东省地质学会科普专业委员会副主任委员、广东省珠宝玉石首饰行业协会理事；阎伍玖教授任广东省环境科学学会理事、广东省环境管理标准化技术委员会委员，受广东省教育厅推荐，作为教育部聘任专家，参加了2011年、2012年教育部考试与教育教学评价工作；陈德宁副教授任广东南方软实力研究院专家；方东教授先后兼任内蒙古自治区市场营销学会副会长、广东省文化产业促进会监事；吴建华教授兼任广州市国际会展专业委员会高级顾问、广州市经贸会展服务中心理事、亚洲海洋学会副秘书长。

第二节　专业建设

一、专业教育沿革

（一）专科专业

1986 年 5 月，设立烹饪工程专业并开始招生。《羊城晚报》港澳海外版曾报道广东商学院烹饪工程专业招收首批粤菜烹饪科学生的消息。

1990 年增设酒店管理专科专业。

（二）本科专业

旅游管理本科专业是在 1986 年烹饪工程系的烹饪工程专科专业和酒店管理专科专业基础上发展起来的，1994 年正式设立。2004 年至 2006 年，旅游管理专业设酒店管理专业方向，2004 年至 2005 年设会展经济与管理专业方向，2010 年获批为校级特色专业、省级特色专业。

资源环境与城乡规划管理本科专业从 2004 年开始招收第一届学生，经过几年的发展，该专业在 2009 年被选定为校级特色专业，进入了学校本科专业建设的先进行列。根据 2012 年教育部本科专业目录调整，资源环境与城乡规划管理专业一分为二，分为自然地理与资源环境和人文地理与城乡规划两个本科专业，从 2013 年开始招收第一届学生。

酒店管理本科专业是在酒店管理专科专业基础上发展起来的。2007 年，教育部正式批复同意学院新增酒店管理本科专业。当时的广东商学院是自 1998 年教育部本科专业目录调整后全国第一个获准开办酒店管理本科专业的高校。

2006 年，教育部正式批复，同意学院设置会展经济与管理本科专业，这是广东省第一个会展经济与管理本科专业。

二、教学工作

（一）专业建设规划

学院各专业根据教育部本专科专业设置标准以及社会对专业人才的需要，及时进行专业发展规划的制订和修订工作。

2006 年，为迎接教育部本科专业评估工作，学院组织进行各专业建设规划以及课程建设规划、师资队伍建设规划的修订工作。

2011 年，学院组织进行各个专业“十二五”发展规划的编写和评审工作。

（二）人才培养模式改革

1. 资源环境与城乡规划管理专业“打通大基础，突出特色课，强化实践性”模式的教学改革

为了落实应用型人才培养目标，资源环境与城乡规划管理专业以“打通大基础，突出特色课，强化实践性”为总体建设思路，以“统筹规划、分类建设、突出重点、注重实效”为基本原则，把各专业课程按合格课程、重点建设课程、精品课程、选修课程、网络课程等进行分类分批建设。资源环境与城乡规划管理专业韶关地区的课程野外实习、庐山

地区的专业野外综合实习、华东地区的学科野外综合实习和大亚湾地区的野外实习教学都日趋规范与成熟，已形成一个完整的实习体系。2010 年广东商学院丹霞山教学研究实习基地被评为校级优秀野外教学实习基地、校级示范校外教学基地。2012 年大峡谷校级示范校外教学基地获得学校立项。

2. 旅游管理专业“体验式教学”、“体验式学习”模式的教学改革

旅游管理专业从学生的素质、能力、技能培养角度入手，依据旅游管理应用型专业特征，提出了基于“体验教育”的“体验式教学”、“体验式学习”模式的教学改革新思路。体验教育是针对传统教育（学校课堂教育、间接知识教育、专业学科教育）的弊端，基于素质教育、职业技术教育的发展而提出的。

体验式教学不是放任学生自由地体验式学习，尽管师生都可以成为体验的主体，但教师是遵循体验教学原则的设计者、组织者、引导者。其教学原则包括：①计划性原则；②系统性原则；③过程化原则；④互动化原则；⑤自主性原则；⑥创造性原则。

按照师生是否亲历旅游休闲活动、旅游服务管理工作现场，可以将旅游管理教育的体验式教学分为虚拟体验式（间接体验）教学、真实体验式（直接体验）教学，前者以学校课堂教学、实验教学、实训教学为主，后者以现场实践教学为主。体验式教学是体验教育价值观、认识论与方法论的实现过程。其通过建构、选择学习主体可实际感知的环境和过程，引导学习主体在实际体验中获得知识、能力，故其教学效果与体验形式直接相关。对于原理性理论知识而言，课堂讲授是基础方法，并具有良好效果；但对于操作性实务知识而言，则需要借助体验方法，使学习主体在模拟的虚景、实景中，或在实际工作、生活中自我建构知识、发展能力，唯有如此，体验式教学才能真正实现。

3. 酒店管理专业“3＋1”人才培养模式

“3＋1”人才培养模式的基本内涵是，将酒店管理专业本科四年中的理论教学部分整合，集中在前三年内完成，用最后一年的时间来安排学生的专业顶岗实习、社会实践，或与国外同类大学相同专业的教育过程相衔接，在国外大学修读规定学分并进行实习，从而实现理论教学与实践教学科学而紧密的结合，实现在更加广阔的国际背景中完成酒店管理专业教育。“3＋1”人才培养模式改革借助培养方式的创新、课程体系的调整、师资队伍的优化等来实现应用型本科人才培养理念和培养成效的提升，从而为新的历史时期高等教育创新发展提供有益的经验。

酒店管理专业“3＋1”人才培养模式的建设目标：首先，与广东商学院省属重点院校的形象和声誉相吻合；其次，本专业的发展密切联系广东建设“全国旅游综合改革示范区”的方针要求；最后，追求在教学和科研的某些领域达到在国内知名的程度。要立足于现有学科和专业，通过教学改革、师资队伍建设、课程建设、教材建设和教学条件建设等，突出酒店管理专业的特色，最终将我院酒店管理专业建设成省内最具特色的本科专业，在招生规模、综合实力和办学特色方面走在广东省高校和国内同类院校前列。

（三）课程建设

学院建有校级精品课程 4 门：自然地理学（唐晓春主持）、旅游文化学（吴建华主持）、旅游学（张玲主持）、服务管理（陈玲主持）。校级重点课程 2 门：地球科学概论（唐晓春主持）、自然科学前沿专题（唐晓春主持）。广东省教育教学资源库开放课 2 门：旅游资源开发与管理（张伟强主持）、景区经营与管理（余敏主持）。

（四）实践教学

地理与旅游学院高度重视实验室与实习基地的建设，现已建成的资源与环境综合实验室有仪器设备 221 台（套），固定资产达 216.8 万，基本满足了资源环境与城乡规划管理等专业的教学需求。目前，有校外实习基地 20 余个。

2007 年，长隆酒店和丹霞山教学研究实习基地被评为校级优秀教学实习基地。

2010 年，长隆酒店实习基地被评为校级示范校外教学基地，丹霞山教学研究实习基地被评为校级优秀野外教学实习基地。

2012 年，大峡谷校级示范校外教学基地获得学校立项。资源环境与城乡规划管理专业野外实习教学团队获“校级优秀团队”称号。

（五）教研教改成果

2002 年以来，学院教师共担任校级教研教改课题、校级教研教改立项 19 项，其中 3 项是重点项目，发表教研教改论文 56 篇。2010 年校级教改项目重点项目：《构建复合型文化（创意）产业人才培养机制与平台问题的研究》（方东主持）、《以职业经理人为目标导向的酒店管理本科人才培养模式创新研究》（皮平凡主持）、《校地、校企合作培养应用型人才的研究与实践——以旅游管理专业为例》（刘少和主持）。

2011 年校级教改项目——教学信息化推广应用第二批项目立项 2 项：《基于信息化平台的现代服务业服务质量管理教学课例》（桂清波主持）、《基于 BB 平台的 PBL 教学模式在〈旅游心理学〉教学中的应用》（李萍主持）。

（六）教材建设

2004 年，学院作为总主编单位组织了华南地区 20 多所高校，共同承担“21 世纪高等院校旅游管理专业联编教材（21 部）”的编写任务，主编教材 4 部——《旅游学教程》、《旅游资源开发与管理》、《旅游规划原理》、《旅游市场营销》；担任副主编 6 部。2005 年编辑出版了《酒店前台与客房管理》电子教材，主编、参编了 3 部旅游管理专业教材；2006 年主编出版了《现代酒店英语实务教程》、《现代餐饮英语实务教程》教材（世界图书出版公司）。2009 年担任副主编以上的教材有《旅游与饭店业市场营销学》、《现代酒店管理》。学院教师主编校级规划教材 1 部。2006 年唐晓春参编出版普通高等教育“十五”国家级规划教材《现代地貌学》（高等教育出版社）1 部。

第三节　学科建设与发展

一、学科建设

地理与旅游学院是由地理和旅游两学科融合而成的学院。其中，地理学科的“自然地理学”，2005 年被学校列为校级重点扶持学科。经过 5 年的建设，初步建成了自然灾害防治和灾害经济学、城市环境与可持续发展、资源开发与区域规划三支学科队伍，形成了较稳定的研究方向。2011 年，自然地理学再次被学校列为校级重点扶持学科。

旅游学科建设所依托的母学科经历了从工学到管理学的发展历程。学院学科建设始于工学门类的食品科学与工程类，发展壮大于管理学门类的工商管理类。2006 年，获得旅游管理硕士研究生学位授予权，标志着学院办学层次、办学水平迈上了一个新台阶。在全体专职教师中，有硕士研究生导师9人。已经毕业的研究生有14名（2007级、2008级、2009级），现有在校研究生9名。

2007年，旅游管理学科获批为省级重点扶持学科；2012年，工商管理学科获批为省优势重点学科（旅游管理学科为其六个研究方向之一）。在旅游规划、旅游企业管理、旅游营销与目的地管理、商贸会展管理、旅游资源与环境、旅游文化与休闲等领域形成了特色和优势。

二、科学研究

2001年以来，我院教师先后承担各级科研项目100余项，其中主持（完成）国家自然科学基金、国家社会科学基金等国家级课题8项，主持（完成）教育部规划项目、广东省重大科技专项、广东省科技计划项目、广东省社会科学基金项目、广东省软科学项目等省部级科研项目22项，承担市厅级课题18项，还承担了政府和企事业单位委托项目横向科研项目56项，目前在研科研项目的经费有300余万元。教师科学研究和教学研究成果获全国多媒体课件竞赛二等奖和广东省科技进步一等奖各1项。

2013年3月，唐晓春教授以研究平台科研骨干的身份，代表广东商学院加入南京大学获批的国家级首批“2011计划”之中国南海研究协同创新中心。

近年来，我院教师在学校认定的AⅡ类权威期刊上发表学术论文1篇，在BⅡ类权威期刊上发表学术论文13篇，在C类权威期刊上发表学术论文46篇，在D类权威期刊上发表学术论文56篇。在全国百佳出版社出版专著3部。

三、学术交流

我院教师积极参加国内外各类学术活动，增进交流，扩大影响，组织教师专门就学科和专业建设问题，先后6批次赴香港理工大学、北京联合大学旅游学院、北京工商大学、天津商业大学、青岛大学、上海师范大学、江西财经大学、湘潭大学、暨南大学深圳旅游学院等开设了旅游专业的相关院校进行专题调研，学习和借鉴先进的办学经验及做法。

2010年5月，2010亚运休闲旅游暨首届全国休闲旅游教育学术研讨会在我院的协办下召开。

2012年5月，与广东省文联联合举办广东省“第四届广东省文化创意产业论坛暨阳江旅游文化产业高峰会”。

2012年12月，由原资源与环境学院主办，香港工业技术研究中心协办召开的“2012可持续能源与环境工程国际会议”，共有来自美国等共12个国家和地区的180余名科学家和学者出席。

第四节　党团与学生工作

一、党建与思想政治教育工作

截至2013年10月，学院党委共设有6个教工党支部，1个研究生党支部，8个本科生党支部。教工党支部建在系，由系主任担任支部书记，高年级学生党支部设在专业，低年级学生统一设置一个学生党支部。拥有教工党员40人（其中预备党员1人），研究生党员2人，本科生党员110人（其中预备党员51人）。

学院认真贯彻民主集中制原则，建立了学院党政联席会议制度、党内定期民主生活会制度，院党委每年认真开好领导干部民主生活会，通过建立、完善和落实各项制度，规范了学院和党建各项工作的开展。在院党委的领导下，开展了韶山红色之旅、帮扶贫困山区、捐助灾区等活动，和院工会一起组织教职工创造性地开展丰富多彩、广大职工喜闻乐见的活动，例如每周一次的羽毛球健身活动，每年一次的师生球类竞赛与交流活动，每年一次的登山活动等，增强党组织的凝聚力和党员的社会责任感，坚定了广大党员的理想信念，增强了学院全体教职工的归属感，为学院的发展和学校改革的顺利推进营造了和谐的氛围。特别是在迎接本科教学评估、中层干部换届与调整、学校申请更名大学等重要时期充分发挥了党支部的战斗堡垒作用和党员的先锋模范作用。

学院党委十分重视宣传工作，注重加强舆论引导。充分运用网络、报纸、宣传栏宣传马克思主义和马克思主义中国化的最新理论成果，宣传党的基本理论和政策，宣传学校的中心工作，结合学院教学、科研、管理等方面的工作，积极宣传学院的办学特点和特色工作。

在学校的干部培养和换届选举、党代会和教代会等各项工作中，根据校党委的工作要求，学院党委认真做好干部考察、代表推选等工作，充分发挥党内外的民主监督作用。

二、学生工作

我院紧紧围绕人才培养质量这个根本，始终坚持“全面发展，形成特色”的目标，以及复合型、应用型、外向型的创新型人才规格要求，抓制度建设以规范学生行为，抓队伍建设以加强对学生的指导，抓学生课外活动建设以吸引学生，积极探索构建具有专业特色的学术文化节系列活动，学风建设取得良好效果。

近五年我院各专业的毕业生均已100%就业，达到全校同期就业率前列。毕业的学生有较强的分析问题、解决问题能力，能较快地适应各类工作，受到用人单位好评。

近年来各专业毕业生考研的人数连年递增，尤其是资源环境与城乡规划管理专业，6届395名毕业生已有40位毕业生考取研究生（38位为国内研究生），资源环境与城乡规划管理专业考研总升学率为10.13%。特别是在2013届全校50个专业6 073名毕业生中，考取研究生的有135人，出国留学读研究生的有45人，共计180人，占毕业生总人数的2.96%。资源环境与城乡规划管理专业2013届83位毕业生中有18位考取国内外硕士学位研究生，占全校的10%，升学率达21.69%，在全校50个专业中位列第一。

在文体活动方面，我院学生在全校性的文体竞赛活动中屡获殊荣。每年举办很多专业性强、形式多样、学生喜闻乐见的第二、第三课堂活动，如华南高校地理科学展示大赛、旅游文化节、旅游线路设计大赛、旅游形象大使比赛、资环文化周、标本展暨GPS寻点大赛等等，注重拓宽学生的知识面，注意提高学生运用计算机的能力及外语水平，重视学生整体素质和创新能力的培养及训练，致力于把学生培养成具有扎实的基础理论知识、有创造能力和开拓精神并能脚踏实地地从事实际工作的人才。

从2008年起，我院资源环境与城乡规划管理专业，代表学校参加由中国地理学会和中山大学主办的华南高校地理科学展示大赛，与中山大学、香港中文大学等10余所大学的学生同台竞技，连续6届获得二等奖，充分展示了资源环境与城乡规划管理专业的办学水平和学生的实力。

已经毕业的校友非常关心学院的发展。2009年，1986级的陈中伟等校友捐资资助家庭经济困难的在校学生和奖励每年的优秀应届毕业生；2010年，在1988级校友高国盛、朱武信等校友的倡议和支持下，1988级校友们慷慨解囊，募集资金9万余元作为爱心助学金，按照每生每年3 000元、连续三年的标准资助旅游学院2010级10名家庭经济困难、品学兼优的学生，直至他们毕业。2012年，1998级旅游1班的校友捐资在北校园种树。

第五节　社会服务与对外交流

一、对外交流

学院十分重视国内外学术交流，近年来先后派出多位教师前往美国、以色列等国的著名大学做访问学者；逐年派出多位青年教师赴国内名校做博士后研究或攻读博士学位。

学院鼓励教师积极进行对外交流，扩大影响，每年都选派多名教师赴相关院校进行专题调研，学习和借鉴先进的办学经验和做法，支持教师参加国内外各种学术交流会议或者活动。

二、社会服务

学院积极利用高校教育优势资源，以学院相关方向的学术骨干为基础，联合校外相关领域专家学者以及政府、行业的相关人士，充分利用区位优势，积极开展相关科学研究和社会服务，参与国家和区域创新体系建设，主动为地方经济建设和社会发展服务。紧扣地方经济、文化和社会发展需要，推进校地双方产学研项目合作。

学院陆续制定了社会服务方面的管理文件，如《社会服务及创收管理办法》（2009年）、《社会服务及创收管理办法实施细则》（2011年）。

2003年，学院与海珠区石溪发展公司进行了酒店管理培训，与培正学院举办了调酒师培训。

2003年7月，学院与广东佛山华杰烹饪服务技术培训中心合作，开办了高级中式烹调师、服务师培训班，合作期为2年。

2003年4月，学院与中山大学下属广州国际商贸学校合作，开办了英国国家高等教育文凭 BTEC HND，合作期为 3 年。

2004 年 7 月，学院与广东中山市旅游职业技能培训中心合作，开设了成人高等教育专科专业旅游与酒店管理，学制三年。

2005 年 7 月，学院与民航局属下的广州碧水湾度假村合作，开设了成人高等教育专科专业酒店管理，学制三年。

2010 年，学院与广州市旅游局合作，开办了旅游局系统干部旅游管理业务培训班。

2012 年 12 月，学院与广东省中旅集团合作，开办了中旅南海湾旅游产业园“园区管理与服务”干部培训班二期。

近年来服务于地方发展的项目主要如下：

《清新县骆坑“十里竹海”旅游景区总体规划》、《广东江门林业高新技术示范区规划设计》、《梅州市梅江区玉水村旅游开发规划》、《梅州市客家文化生态旅游示范区规划纲要》、《梅州市梅江旅游发展总体规划》、《蕉岭县旅游发展总体规划（2007—2015）》、《太湖县罗河谷景区旅游发展规划》、《广州开发区》、《萝岗区文化产业第十二个五年发展规划》、《第八届中国国际中小企业博览会暨中泰中小企业博览会绩效试评估》、《商务会展会议实训方案》、《天然食品添加剂生产项目生态评价》、《〈广东国际农业科技成果博览会〉项目研究报告》、《第七届中国国际中小企业博览会暨中澳中小企业博览会绩效试评估》、《三水区旅游产业品牌经营与营销策划》、《南海区旅游业发展“十二五”规划》、《云峰湖国际旅游度假区总体规划》、《国际商务会展员实务多媒体教学辅助系统》、《广州新电视塔投标书》、《南海西樵山旅游产业品牌经营与营销策划》、《广州经贸会展服务中心积极应对国际金融危机研究报告——以广佛春季欢乐购物节与广货北上为例》、《惠州旅游品牌塑造与营销策划研究》、《2010 年（广州）台湾产品博览会项目研究报告》、《广州开发区会展中心深度运营报告》、《会展策划师（四级）职业技能鉴定试题库建设》、《广东实用性人才市场与教育研究》、文化部委托的《广东省小微文化企业发展现状》等。

第二十六章　外国语学院

外国语学院原为外语系，往前可追溯到建校初期成立的外语组、外语教研室和后来的大学外语教学部。学院在词典学、语用学、翻译学等学术领域具有一定的优势和特色，有英语、商务英语、日语三个本科专业和英语语言文学硕士点。在校本科生和研究生千余人，毕业生因功底扎实、综合素质高、工作表现出色，赢得了用人单位的好评。

第一节　概　述

一、历史沿革

1984 年 10 月，广东财经学院临时党委决定教学部下设外语组，负责学校的外语教学工作。1985 年 6 月，学校更名为广东商学院后，成立基础部，下设外语教研室。1992 年，外语教研室有了一定的发展，成立了大学外语教学部。

1995 年，外语系正式成立，开始招收第一批本科英语专业学生。2003 年 2 月，新增本科日语专业。同年 5 月，外语系更名为外国语学院。2005 年 7 月，外国语学院取得了英语语言文学硕士学位授予权。2007 年开始招收第一批英语语言文学硕士研究生。

2008 年 7 月，公共外语教学从外国语学院分离出来，成立了独立的公共外语教学部。2012 年，新增本科商务英语专业，并于同年 7 月正式开始招生。

2013 年 3 月，公共外语教学部更名为公共外语教学中心，并入外国语学院。

二、学院（系）历任领导

（一）历任系（部）主任、副主任，历任院长、副院长

1984 年 10 月至 1985 年 5 月，古石阳任外语组负责人。

1985 年 6 月至 1990 年 5 月，古石阳任外语教研室主任。

1990 年 6 月至 11 月，缪鹏飞、刘声武任外语教研室主任。

1990 年 12 月至 1992 年 8 月，胡土佑任外语教研室主任。

1992 年 9 月至 1995 年 5 月，颜钰任外语教学部主任，古石阳、缪鹏飞任副主任。

1995 年 6 月至 1997 年 6 月，颜钰任外语系主任，缪鹏飞任副主任。

1997 年 7 月至 1999 年 5 月，颜钰任外语系主任，缪鹏飞、雍和明任副主任。

1999 年 6 月至 2000 年 6 月，雍和明任外语系主任，缪鹏飞任副主任。

2000 年 7 月至 2003 年 4 月，雍和明任外语系主任，杨蒙、唐伟清任副主任。

2003 年 5 月至 2003 年 8 月，雍和明任外国语学院院长，杨蒙、唐伟清任副院长。

2003 年 9 月至 2004 年 12 月，杨蒙任外国语学院副院长（主持工作）。

2005 年 1 月至 2006 年 8 月，曹山柯任外国语学院副院长（主持工作），黄华、李新博任副院长。

2006 年 9 月至 2008 年 6 月，曹山柯任外国语学院院长，黄华、李新博任副院长。

2008 年 7 月至 2010 年 6 月，曹山柯任外国语学院院长，李新博、张广奎任副院长。

2010 年 7 月至 2013 年 6 月，张广奎任外国语学院院长，李新博任副院长。

2013 年 6 月至今，张广奎任外国语学院院长，陈冬纯、曾文雄任副院长。

（二）历任党总支（党委）书记、副书记

1996 年 6 月至 1999 年 6 月，雍和明任外语系党总支副书记（主持工作）。

2000 年 7 月至 2003 年 4 月，刘克峻任外语系党总支书记。

2003 年 5 月至 2004 年 12 月，刘克峻任外国语学院党总支书记。

2005 年 1 月至 2008 年 6 月，杨蒙任外国语学院党总支书记。

2005 年 1 月至 2006 年 9 月，陈木河任外国语学院党总支副书记。

2006 年 10 月至 2008 年 6 月，苏明华任外国语学院党总支副书记。

2008 年 7 月至 2013 年 6 月，彭翠峰任外国语学院党总支书记，李天德任外国语学院党委副书记。

2013 年 6 月至今，苏明华任外国语学院党委书记，李天德任外国语学院党委副书记。

三、内设机构

1992 年，外语教学部设大学英语教研室和专业英语教研室两个教研室。1995 年外语系设三个教研室，分别是大学英语第一教研室、大学英语第二教研室和专业英语教研室。

2003 年 2 月，外国语学院设英语系、日语系、公共英语教学部、多媒体教育中心和外语培训中心。

2006 年 9 月，外国语学院对原有的教研室进行了调整，设立了四个教研室，分别是英语语言文化第一教研室、英语语言文化第二教研室、国际商务英语教研室和日语教研室。

2013 年 6 月，公共外语教学中心并入后，外国语学院又增设了大学英语第一、第二、第三教研室等 3 个教研室，学院共有 7 个教研室。

四、师资队伍

1985 年外语教研室有 6 名教师。1993 年教师增加到 21 名，其中教授 1 名，副教授 5 名。

2003 年外国语学院有教职工 83 名，其中行政人员 10 人，专任教师 73 人。专任教师中教授 1 名，副教授 21 名，具博士学位的教师 2 名，具硕士学位的教师 46 名。

2008 年公共外语教学部独立后，外国语学院有教职工 56 名，其中行政人员 9 人，专任教师 47 人。专任教师中，教授 7 名，副教授 9 名，具博士学位的教师 7 名，具硕士学位的教师 32 名。至 2013 年 6 月，外国语学院有教职工 128 名，其中行政人员 9 人，专任教师 119 人。专任教师中，教授 5 名，副教授 16 名，具博士学位的教师 10 名，具硕士学位的教师 94 名。

他们当中，雍和明曾获广东省政府授予的“南粤教坛新秀”荣誉称号；李新博获得广东省2001年“南粤教书育人优秀教师”称号；雍和明、曾文雄、曾衍桃为广东省“千百十工程”培养教师；雍和明、张相明荣获广东省2006—2007年度哲学社会科学优秀成果三等奖；邓安琪荣获第三届“外研社杯”全国高校外语教学大赛三等奖。

第二节　专业建设

一、本科专业建设

外国语学院现有英语（国际商务翻译方向和国际商务管理方向）、商务英语、日语（国际商务方向）三个本科专业。专业教师不断锐意创新，改进教学内容，改革教学方法和手段，优化课程体系，取得了明显成效。英国文学、美国文学、英汉笔译、汉英笔译、高级英语、基础日语等课程是校级精品课程；商务洽谈、当代商学概论、管理学概论、电子商务、国际市场营销、国际贸易实务等课程为校级开放课程建设项目；旅游日语为校级教学信息化示范课程；英语写作 II 为校级教学信息化示范课例；美国文学校级精品课程获“2011年广东省计算机教育软件大奖赛”高等教育组“网络课程”项目一等奖；“英语专业主干课程群”教学团队获校级教学团队。

（一）英语专业

英语（国际商务）专业经过18年的发展，办学规模已由1995年的每届2个班共计60人增至目前的每届6个班共计180多人；2003年被确定为“校级重点建设专业”；在2004年11月教育部高校英语专业本科教学工作评估（试点）中获得了“良好”等级；2011年被评为校级特色专业。

1995年办学之初，英语（国际商务）专业以培养复合型国际商务经营管理高级外语人才为目标，注重学生实践能力的培养。2003年，英语（国际商务）专业逐步由英语（国际商务）本科专业教育向研究生教育层次拓展；建立“英语＋国际商务专业方向”的课程体系和“全英授课”的商务英语教学模式；以素质教育为手段，以特色建设为目标，实现“基础厚、口径宽、能力强、素质高”的人才培养目标和形成“国际型、复合型、应用型、创新型”的英语专业人才培养特色。2006年以后，英语（国际商务）专业分为国际商务翻译和国际商务管理两个专业方向，在课程设置和人才培养模式上进行了改革和创新，并形成了非常鲜明的特色和亮点，即以“复合型知识结构＋应用型实践能力＋创新型工作能力＋职业生涯可持续发展能力”为人才培养路径、以“语言文学＋国际商务”为专业课程体系、以“通识课＋专业技能课＋专业知识课＋专业方向课＋综合运用课”为本科课程模块、以“全英授课”为商务课程教学模式、以“第一课堂（理论教学）＋第二课堂（素质拓展）＋第三课堂（实践教学）”为立体化育人平台，不断优化学生的知识结构、素质结构和能力结构，全方位综合打造学生的核心竞争力。经过不断的探索和创新，英语专业的教学质量一直保持较高的水平，每年专业四级、八级通过率均高于全国平均水平。毕业生就业率多年保持在100%，有不少学生被英国、美国、澳大利亚、新西兰、加拿大、法国等国外大学，以及北京大学、中山大学等国内著名大学录取为硕士研究生。

（二）日语专业

日语（国际商务）专业经过10年的发展，现已由原来的每届1个班共计30人增至每届2个班共计60人。专任教师人数从专业创建时的4人增加到14人，其中教授1人、副教授2人，博士研究生2人、硕士研究生12人，其中2人拥有日本知名大学的博士学位，3人拥有日本知名大学的硕士学位。2005年11月日语专业顺利通过了广东商学院新增专业评估，2007年4月顺利通过了广东省学位办的资格评估，并取得了日语学士学位授予权。日语专业注重培养学生扎实的日语语言基础、良好的文化知识结构和较强的跨文化交际能力，使学生成为能够熟练运用日语在政府涉外部门或外向型企业从事翻译、管理等工作的复合型、应用型专门人才。近年来，日语专业有90%左右的学生获得了日本颁发的日本语能力测试证书，毕业生就业率一直保持在100%。有多名学生考取了日本大阪大学、青山学院、横滨国立大学、广岛大学，以及中国中山大学、四川大学等国内外知名大学的硕士研究生。

（三）商务英语专业

商务英语专业于2012年9月开始招收第一批学生，两个班共51人。该专业主要开设英语语言文化类、国际商务知识类和通识类三类课程，设置了实践性教学和专业实验两个环节，旨在培养具有扎实的英语语言与文化基础、系统的国际商务知识、较强的信息技术运用能力和良好的跨文化商务交际能力，能够熟练运用英语在政府涉外部门、跨国公司或外向型企业从事外事、商务、管理和翻译等工作的复合型、应用型专门人才。

二、研究生专业建设

学院在2005年7月教育部英语语言文学硕士点资格评审中，取得94分的优异成绩，并免评获得了英语语言文学硕士学位授予权。英语语言文学专业硕士点现设有英美文学、词典学理论与实践、语用学、翻译理论与实践等研究方向，在校研究生26人。开设有西方文艺理论、语言学概论、英美经典文学研究、词典学、翻译理论与实践等专业学位课程，第一学年开设研究方法与论文写作课程，旨在为研究生学术论文写作打下坚实的基础。硕士研究生的培养采取集体培养与指导教师具体负责相结合的培养模式，将导师定位为研究生培养的第一责任人，重点培养研究生的科研和学术能力，从基础理论、专业研究、实践能力等方面对研究生进行全面的素质教育，以培养具有较为系统的专业理论知识、较强的实践能力、较高的综合素养和富有创新精神的高层次专门英语人才。至2013年已毕业研究生共42人，就业率一直保持在100%的水平，毕业研究生大部分在高职高专院校就业，少数就职于中学或其他教育机构。

第三节　学科建设与发展

外国语学院一直重视学科建设，2005年英语语言文学获硕士学位授予权，2006年英语语言文学被确定为校级重点扶持学科，2011年外国语言文学获批为校级重点扶持学科。雍和明教授是外国语言文学学科负责人。

一、学术队伍建设

外国语学院成立之初，学院建有三支学术梯队，即语言学研究方向、英美文学研究方向、翻译理论与实践研究方向。在这些学术梯队的主要成员中，雍和明教授为澳大利亚麦考瑞大学语言学博士，广东外语外贸大学兼职教授、硕士研究生导师，中国辞书学会常务理事，中国辞书奖双语词典评奖委员会委员；曹山柯教授为硕士研究生导师；李国庆教授分别被中山大学、暨南大学和广东外语外贸大学聘为博士论文评审专家；曾衍桃教授被广东外语外贸大学学位委员会聘为硕士论文指导教师，并被确定为广东省“千百十工程”校级培养对象。

经过10年的发展，外国语学院目前已经形成了五支科研与教学实力比较雄厚的学术梯队：以雍和明教授为学术带头人的词典学研究方向、以张广奎教授为学术带头人的英美文学研究方向、以曾文雄教授为学术带头人的翻译理论与实践研究方向、以陈冬纯教授为学术带头人的应用语言学研究方向和以李春植教授为带头人的日语语言与文化研究方向。学术梯队成员在本学科领域具有一定的学术地位，其中雍和明教授是享受国务院政府特殊津贴专家和教育部新世纪优秀人才，被聘为澳大利亚莫道克大学荣誉教授，担任苏州大学博士生导师，广东外国语言学会、广东省翻译学会副会长等学术兼职；张广奎教授担任英国*Verse Version*期刊的主编，具有在剑桥大学等国外名校访学的经历；曾文雄教授是广东省“千百十工程”校级培养对象，也是曼彻斯特大学翻译研究中心访问学者。

二、科研成果

自外语专业创办以来，取得了丰硕的科研成果，截至2013年4月，共发表学术论文507篇，其中核心刊物论文90余篇；共出版学术专著、教材和工具书等51部，其中专著、译著10多部。2003年以来承担省级以上研究课题16项，获省部级以上科研奖励1项。

科研成果中以词典学领域的研究成果尤为突出，雍和明教授的专著《交际词典学》提出了“词典交际论”，被学界评为当前四个词典理论流派之一。*Bilingual Lexicography from a Communicative Perspective*是“我国辞典学者在国外出版的第一部辞典学专著”，标志着词典交际理论获得国际学术界的认同。*Terminology*，*International Journal of Lexicography*和*Journal of Australian Association of Applied Linguistics*等国际权威学术期刊发表评论，称之为“优秀著作”。雍和明教授的《中国辞典史论》和《英语词典史》获得国家社会科学基金项目立项资助，《当代英语介词词典》等获得教育部人文社科项目立项资助，“Chinese Lexicography in the 20th Century”和《交际词典学》获得广东省哲学社会科学项目立项资助。

此外，马弦教授的《思想与创作——亚历山大·蒲柏研究》、曾衍桃教授的《词汇语用学：理论与应用研究》获得教育部项目立项资助，马弦教授的《蒲柏诗歌的伦理思想研究》、曹山柯教授的《语言学的文学批判》、张广奎教授的《诗艺与诗译——中英诗歌美学比较与诗译美学研究》与《经典的译介与流变》、曾文雄教授的《中西译学的哲学思想比较研究》和李新博副教授的《后现代语境中的讽喻与追寻》获得广东省哲学社会科学项目立项资助。王成宇教授的《试析〈福〉的语言策略》和张广奎教授的《从〈激进的策略：媒体时代的诗歌创作〉看帕洛夫的传媒诗学观》均发表在A类期刊上（国际A&HCI全文收录）。刘德秦副教授的《日本人优秀论刍议》发表在B类学术期刊上。雍和明教授的

Bilingual Lexicography from a Communicative Perspective，*Chinese Lexicography*：*A History from 1046 BC to AD 1911*，*Chinese Dictionaries Three Millennia* 及《中国辞典史论》、《交际词典学》，张广奎教授的《大众诗学——卡尔桑伯格诗歌及诗学研究》、《愉悦与变革：经典的美学》，曾文雄教授的《语用学的多维研究》、《语用学翻译研究》，刘德秦副教授的《从小到大说日本语——一本彻底解密日本的百科全书》、《汉字造字新解》，王龙吟博士的《语料库在外语教育中的应用——理论与实践》、《语料库语言学的研究与应用》、《模式语法视角下的二语词汇习得》等著作在学术界有一定的影响。

三、研究生教育

外国语学院鼓励研究生积极参与各类学术活动，参与导师的科研项目，撰写学术论文，参加专业实践活动。2009 年成立了外国语学院研究生分会，每年举办诗歌朗诵大赛，每两周举办“读·点·东·西”读书报告会等活动。2013 年，在张广奎教授主编的 *Verse Version* 期刊的基础上，研究生分会成立了“VV 诗社”，定期邀请校内外诗人来校开展诗歌交流活动。通过参与各类学术活动，研究生的文化素养和学术水平不断得到提高。截至 2013 年，获得“优秀研究生”荣誉称号的 12 人次，“优秀毕业研究生”称号的 9 人次，优秀硕士学位论文的 4 人次，研究生学术奖的 1 人次，国家奖学金的 2 人次。研究生发表论文 75 篇，11 人参与导师科研项目，其中 3 人参与了国家社会科学基金项目。

第四节　党团与学生工作

一、党团工作

外国语学院党总支现有党支部 7 个，其中教工党支部 2 个，党员 27 人；本科学生党支部 3 个，党员 155 人；研究生党支部 1 个，党员 17 人；另设已毕业学生党支部 1 个。

党总支重视党员的发展与教育。按照“坚持标准、保证质量、改善结构、慎重发展”的方针，有计划、有步骤地开展党员发展及预备党员转正工作，把班级团支部推优和党小组推荐结合起来，把党内民主和党外民主结合起来，进行发展对象的民主评议和双选，坚持“成熟一个，发展一个”的原则，努力建立一支思想过硬、立场坚定、表现突出的党员队伍。彭翠峰荣获“广东省教育系统优秀党务工作者”称号。

党支部加强学生入党引导教育，努力拓展党员发展后备队伍。把党的基本知识教育融入新生教育的内容中，让新生尽早接受党的思想教育；举行党团知识竞赛，进一步牢固学生对党的基本知识的理解。积极分子培养推行“一卡一表”方案，加强培养过程监督。“一卡一表”方案，是以义工卡、大学生综合素质测评表等形式，有针对性地培养积极分子的社会责任感、党员意识、综合素质和能力。义工卡记载了积极分子完成每个社会实践项目的结果；综合素质测评表分别给予学业成绩、思想政治品德、社会工作能力以不同的权重，全面考察积极分子的政治觉悟、入党动机、品质思想和职业素养。一年的培养期结束后，党支部、培养人考查“一卡一表”的记载，综合打分，确定发展对象。党员发展实行“三投票三公示一答辩”制度，提高了公信力，保证了党员发展质量。“三投票”即推选入党积极分子投票、发展预备党员投票、预备党员转正投票；“三公示”即推优公示、发展公示、转正公示；“一答辩”是指预备党员转正时必须召开答辩会，预备期满的学生面对支部全体党员和学生代表就党的知识、理想信念、作用发挥等方面公开答辩，接受询问，与会人员现场评议并投票表决，进一步完善学生党员发展制度，提高党员发展质量。

党支部采取集体学习和党小组自主学习的形式，通过阅读时文、书籍，听报告会，观看相关视频，撰写思想体会，进行时事讨论，外出参观学习等灵活多样的活动，加强党员的理论学习和教育。

学院加强党支部建设，增强党支部的凝聚力、战斗力。在学生党支部设立学风建设督察部，检查课堂纪律，严肃学风。在学生党支部内成立党小组、党章学习小组，建立班级负责制，协助参与学生管理；在学生宿舍设立党员发展对象责任岗，形成一个党员带好一个寝室，几个寝室带好一个班级，若干个班级带动全院的思想及学习氛围。完善党支部各项工作制度，建立健全理论学习、组织生活、考核、评优、党员培养发展等制度。开展“五个一”活动，即每个党员联系“一个团支部”、“一个宿舍”、“一位困难的同学”，“干一件实事”和“写一篇学习心得”，发挥党员的先锋模范作用。提出“阳光正气、拼搏进取”的党支部建设口号，开展团队形象建设，将党支部打造成一支富有战斗力、影响力的优秀团队。创建首个实习基地临时学生党支部——东莞实习临时学生党支部，开展院企党建工作交流。

党总支积极搭建党员活动平台，开展深入学习“实践科学发展观”、“纪律教育月”、“创先争优”、“基层组织建设年”、“三爱一奉献”等主题教育实践活动，举办中英双语版党建手抄报比赛、党建知识竞赛、党建带团建、志愿者助残、观看红色电影、党员风采比赛等形式多样的活动，使党员们拓宽了视野，提高了能力，提升了素质。

党总支积极进行党建网络化建设，加强网上党建各项工作和党内先进事迹的宣传。利用院刊、院报、学院网站、橱窗以及微博、QQ 群等信息平台，开辟红色专栏，宣传党建活动中涌现出的先进典型和先进事迹。通过飞信、微博、QQ 群、电子邮件、各班党小组等多渠道快速转播信息，通过学院网站以及支部微博、院报等做好党支部工作信息公示。

二、学生工作

1995 年外语系招收了第一批学生，共 60 人，1997 年成立了外语系团总支、学生会。2003 年学生增加至 90 人，成立外国语学院团总支、学生会。2010 年 3 月，外国语学院团总支改名为外国语学院分团委。截至 2013 年 5 月，外国语学院共有学生 965 人。

外国语学院学生工作一直坚持“满足学生发展需求、引领学生发展方向”的人本管理理念，建立了学生工作由学院党政领导齐抓共管的管理模式，形成了书记/院长—辅导员/专任教师兼班主任—学生干部/高年级学生任副班主任—各班学生“一条龙”的学生教育管理服务体系。学院逐步建立和完善了《外国语学院学生党建工作条例》、《外国语学院优秀团支部评选办法》、《外国语学院综合测评办法》、《外国语学院学生日常考勤暂行规定》等各项规章制度，使学生教育管理工作更加规范、科学、有序，更好地为学生的成长成才服务。

外国语学院学生工作注重加强学生的思想道德教育，重视良好学风的建设，重视对学生综合素质的培养。学生工作以实施大学生素质拓展计划为重点，充分发挥“三个课堂”

活动在外语专业学生能力培养中的重要作用，以英语文化节和日语文化节为主线，组织开展听、说、读、写、译五方面的语言能力训练活动，形成了英语沙龙、英文手抄报比赛、英语作文比赛、英语口语大赛、英语演讲比赛、英语电影原声配音大赛、英语戏剧大赛、英语辩论赛、英语口译大赛、日语作文比赛、日语演讲比赛、日语口译大赛、日语红白歌会等具有外语专业特色的品牌活动，倾力打造具有扎实的外语语言基础、广博的文化知识、良好的跨文化交际能力和基本的国际商务知识的复合型、应用型、创新型的外语专业人才。

2003 年以来，学生参与各类外语竞赛成绩斐然，获省部级以上奖励近百项，如廖贇同学在广东省大学生英语口语比赛中获得冠军；黄冬梅、廖贇两名学生在第七届“外研杯”全国英语辩论大赛分赛区中获得华南地区第一名，在全国总决赛中获得第三名，其中廖贇同学还荣获大赛最佳辩手奖；罗燕平获第十一届“外研杯”全国英语辩论赛总决赛最佳辩手；王亮获第 23 届广州地区大学生日语演讲比赛最高奖——“兵库县知事奖”；杨银燕在广东省 CASIO 译天下杯日语作文比赛中获第一名，等等。

学院积极推进就业工作，做好毕业生就业服务及帮扶工作。切实做好每届毕业生就业服务工作，主动邀请用人单位到学院招聘，推荐毕业生到用人单位就业，并特别关注经济困难以及就业困难的毕业生，认真做好就业指导及经济帮扶工作。每届毕业生的总体就业率均达到 100%。

学院扎实推进学生综合测评和家庭经济困难学生资助工作。严格按照相关工作条例和程序，做好贫困学生认定、建立贫困学生档案及做好贫困学生的帮扶等工作，无学生因经济困难辍学。工作过程无过错，学生无不良反映。

学院认真开展学生心理健康辅导工作。认真完成每级新生心理测评，建立档案，并对存在心理问题的学生进行细致辅导和情况跟踪，通过辅导员的关心、辅导，与家长积极沟通，获得家长的支持和配合，家庭与学校共同努力，保障学生的身心健康。

学院认真抓好学生社会实践活动，努力提高学生综合素质。认真抓好暑期“三下乡”社会实践工作，每年暑期组织学生进行行业调查、校友寻访以及“三下乡”志愿服务等社会实践活动，引导青年学生在实践中发扬吃苦耐劳的精神，积极提高自身的素质和专业技能，获得良好效果。

学院积极开展新生适应教育和学生素质拓展辅导工作。对新生进行适应教育、校规校纪教育、安全教育等，使新生尽快适应大学的学习和生活；以讲座的形式对新生进行素质拓展指导，使学生明白如何结合专业开展第二、三课堂活动，以及做好职业生涯规划，明确能力开发、素质训练的方向和目标，为新生大学四年学习生活打下良好的基础。

学院认真抓好思想教育工作。学院以党建工作为龙头，坚持以科学发展观为指导，以党员争优秀、支部争一流为目标，积极发挥学生党支部的战斗堡垒作用和党员的先锋模范作用。强化学生的思想政治教育，积极引导广大学生进一步坚定理想信念，树立正确的世界观、人生观和价值观，促进学生成长成才。

第五节　对外交流与社会服务

一、对外交流

外国语学院非常重视对外的学术交流与合作。2008 年以来，学院先后主办和协办了“第二届珠江国际诗会暨剑桥同学学术研讨会”、“第十一次中南/华南地区 2008 年英语教学协作会议”、“诗歌与诗学的对话：中美诗歌诗学协会第一届年会”等会议。雍和明、曾文雄、杨婕、张相明等教师分别参加了“中印大学校长论坛”、“第十八届世界翻译大会”、“第十一届全国语用学研讨会暨 2009 语用学及其应用国际学术研讨会”、“第三届对外汉语学习词典学国际研讨会”等国内国际学术会议。

学院一直高度重视与国外大学的交流与合作。在学校、国外合作院校和爱国华侨的支持与资助下，从 1998 年起学院先后选派李国庆、李新博、罗天法、黄华、郭艳茹、刘声武、简悦、杨蒙、段真、曹山柯、龙千红、刘克峻、黄秀红等十多位教师前往美国加州曼隆学院、英国格林威治大学访学交流，同时还派送了马弦、曾衍桃、曾文雄、赵丽娟、王龙吟、田野、张广奎等到剑桥大学等海外高校做访问学者。邀请暨南大学梁栋华、蒲若茜教授，澳大利亚悉尼大学教授、当代语言学家韩礼德，英国诗人、剑桥大学教授 J. H. Prynne，剑桥诗人 John Wilkinson 和 Marianne Moris，英国牛津大学出版社主任编辑 John Davey，美国艺术与科学院 Perloff 教授，对外经济贸易大学王立非教授，中山大学区鉷、王东风教授，北京外国语大学王克非教授，加利福尼亚大学黄运特教授等来学院作学术报告。学院还与美国北卡罗来纳大学彭布罗克分校合作了“1 +2 +1 中美人才培养计划”之教师交流项目。

二、社会服务

外国语学院社会服务工作成果斐然。通过广泛宣传，深入动员，大力发展双学位教育，分别招收英语和日语双学位学生；并在三水校区举办了日语和法语的培训班，为三水校区学生的语言学习提供了帮助和指导。

第二十七章　人文与传播学院

人文与传播学院成立于2002年1月，其前身为中国文化教学部和人文社科部。学院现有中国语言文学、应用社会学与心理学、新闻传播3个系，10个本科专业（专业方向）。学院主动适应国家特别是广东经济、社会发展对人才的需求，团结务实，抢抓机遇，稳步发展。经过十余年的建设发展，已由一个基础课教学部成长为校内本科专业最多、规模最大并具有诸多专业增长点的二级学院。

第一节　概　述

一、历史沿革

人文与传播学院成立于2002年1月，其前身为中国文化教学部和人文社科部。1992年8月，成立中国文化教学部、外语教学部、体育教研室，为处级建制。中国文化教学部下设中文教研室、艺术教研室。1999年广东商学院进行机构改革，中国文化教学部与思想政治理论教学部合并，组建成立人文社科部。2001年人文社科部更名为人文社科系。2002年1月，人文社科系更名为人文与传播学院。

2004年、2008年学校机构调整，思想政治理论教研室、艺术设计教研室及广告学相关专业（专业方向）从人文与传播学院先后分离，独立建制，成立政治与教育学院、艺术学院。

人文与传播学院坚持“求实创新，和谐发展”的理念，主动适应国家创意产业的发展和和谐社会建设的需求，充分发挥地缘优势，加强与政府部门和企业的联系，以本科教学质量工程建设为契机，通过学科建设和专业建设双管齐下，苦练内功，经过十余年的建设与发展，已成长为校内本科专业最多、规模最大的二级学院。目前，人文与传播学院文化创意产业和和谐社会建设两条专业结构链基本形成，并将在保持各专业相对独立发展的前提下，进一步整合专业，拓展专业之间的联系，探寻新的突破和特色；重点加强现当代文学、社会学、新闻学校级重点扶持学科建设，力争将人文与传播学院建设成为一个学科较齐整、专业成系统、办学显特色、就业高比率，在全省有一定学术地位和专业声望的二级学院。

二、学院（部、系）历任领导

（一）历任部、系主任、副主任，历任院长、副院长

1992 年至 1993 年，陈淑君任中国文化教学部主任，温带光任副主任。

1994 年至 1997 年，温带光任中国文化教学部副主任（主持全面工作），司马晓雯任副主任。

1997 年至 1999 年，司马晓雯任中国文化教学部副主任（主持全面工作），郭水华任副主任。

1999 年至 2001 年，刘苍劲任人文社科部、人文社科系主任，司马晓雯任副主任。

2002 年至 2004 年，刘苍劲任人文与传播学院院长，司马晓雯、张书琛任副院长。

2005 年至 2013 年，涂争鸣任人文与传播学院院长。

2005 年至 2006 年，张书琛任人文与传播学院副院长。

2005 年至 2013 年，江冰任人文与传播学院副院长。

2006 年至 2013 年，马持节任人文与传播学院副院长。

2013 年 6 月至今，江冰任人文与传播学院院长，马持节、贾毅任副院长。

（二）历任直属党支部、党总支（党委）书记、副书记

1992 年至 1993 年，陈淑君任中国文化教学部直属党支部书记。

1994 年至 1997 年，温带光任中国文化教学部直属党支部书记。

1997 年至 1999 年，司马晓雯任中国文化教学部直属党支部书记。

2000 年至 2001 年，杜承铭任人文社科部、人文社科系党支部书记。

2002 年至 2004 年，杜承铭任人文与传播学院党总支书记。

2003 年至 2004 年，张荣国任人文与传播学院党总支副书记。

2005 年至 2013 年，司马晓雯任人文与传播学院党总支书记。

2005 年至 2010 年，苏宁任人文与传播学院党总支副书记。

2011 年至 2013 年，吴瑛任人文与传播学院党总支副书记。

2013 年 6 月至今，涂争鸣任人文与传播学院党委书记，吴瑛任党委副书记。

三、内设机构

学院现有 3 个系、12 个教研室、2 个办公室：中国语言文学系、应用社会学与心理学系、新闻传播系，古代文学与大学语文教研室、现当代文学教研室、文艺学与外国文学教研室、语言与写作教研室、汉语国际教育教研室、社会工作教研室、社会学教研室、应用心理学教研室、新闻学教研室、编辑出版教研室、广播电视编导教研室、播音与主持艺术教研室，学院办公室和学生工作办公室。

学院现有 3 个研究中心：80 后文学与新媒体文化研究中心、华人社区研究中心、华南商业史研究中心。2 个独立法人社会服务机构：广州市洋城社会工作服务中心、广州市乐翔社会工作服务社。

广东财经大学普通话测试站挂靠人文与传播学院。

四、师资队伍

（一）概况

人文与传播学院现有教职工 80 人，专任教师 71 人，行政人员 9 人。其中，教授 14 人，占专任教师总数的 19.72%；副教授 29 人，占专任教师总数的 40.85%；获博士学位的有 33 人，在读博士 3 人，博士和在读博士占专任教师总数的 50.70%。45 岁以下中青年教师 48 人，占全体教师的 67.61%；省级教学名师 1 人，省级“千百十工程”培养教师 8 人，校级青年骨干培养教师 7 人，国内访学 13 人，国（境）外访学 3 人，教师学历结构和职称结构合理，形成一支学科背景好、教学科研能力强的高素质师资队伍。

（二）获奖情况

社会学系郭景萍教授 2008 年荣获第三届“广东省高等学校教学名师”奖；中文系田忠辉教授被评为“广东省南粤优秀教师”，获“全省师德先进个人”荣誉称号；新闻系郑臣喜副教授荣获“广东商学院教学名师”奖；中文系创意写作教学团队荣获“校级优秀教学团队”。

郭景萍教授的论文《情感控制的社会学研究初探》荣获广东省首届哲学社会科学优秀成果二等奖，其著作《情感社会学：理论·历史·现实》（上海三联书店，2008）先后荣获广东省 2008—2009 年度哲学社会科学优秀成果一等奖及教育部第六届高等学校科学研究优秀成果（人文社会科学）二等奖，实现了我校获广东省哲学社会科学优秀成果一等奖以及教育部人文社会科学优秀成果奖（第一单位）的重要突破；张书琛教授的论文《社会主义市场经济中的社会公正问题》荣获广东省第六次社会科学研究优秀成果三等奖。

（三）社会兼职

郭景萍兼任教育部高等学校社会学学科教学指导委员会委员、中国社会学会理事、广州市社会学人类学学会副会长。江冰兼任中国小说学会副秘书长、中国当代文学研究会常务理事、广东省中国文学学会副会长、广东省当代文学研究会副会长、广州市文艺批评家协会副主席。涂争鸣兼任广东省社会学学会副会长、广东省伦理学会常务理事。田忠辉兼任广东省政协委员、中国小说学会理事、广东省文艺学研究会副会长、广东省当代文学研究会副秘书长。熊晓萍兼任民盟广东省妇女委员会副主任、民盟广东财经大学总支副主委。马持节兼任广东省高校新闻传播类教学指导委员会委员。童远忠兼任广东省社会工作学会副会长、广州市社会工作学会副会长。张莉萍兼任广东省社会工作学会常务理事、广州市社会工作协会常务理事。

第二节　专业建设

一、专业开办

早在 1988 年，本科专业开办之前，基础教学部中文教研室就创办了财经秘书专修班，学员是来自全省各地的青年干部，共 20 余人。1993 年，中国文化教学部开办了成人教育全日制中英文秘书班。2000 年人文与传播学院本科专业开始招生。

2000 年开办汉语言文学专业，2001 年开办社会工作专业和广告学专业（广告设计、广告策划与经营管理 2 个方向），2002 年开办新闻学专业和广告学（玩具与游戏设计方向），2003 年开办新闻学（编辑出版方向），2006 年开办对外汉语专业（2013 年改为汉语国际教育），2007 年开办社会学专业、应用心理学专业，2008 年开办广播电视编导专业，2009 年开办播音与主持艺术专业，2010 年开办汉语言文学专业（商务文秘方向）。

二、课程建设

人文与传播学院近年来先后建成了校级精品课程 9 门、校级重点课程 2 门、校级教学信息化示范课程 5 门、校级教学信息化示范课例 3 门、网络辅助课程 43 门。其中，校级精品课程有 2007 年的中国当代文学史、广播电视学、社会心理学，2009 年的基础写作、社会学概论、出版现代技术，2011 年的大学语文、社会工作概论、应用语言学。每年都有 3 门课程入选。校级重点课程有中国当代文学史和广播电视学。校级教学信息化示范课程有社会学概论、广播电视学、电视节目制作、基础写作、普通心理学。校级教学信息化示范课例有广播电视编导专业导学、中国历代文学作品选读、中国古代文学Ⅱ。网络辅助课程在 2007—2008 年期间共建成 43 门：美学概论、出版现代技术、中国古代文学史Ⅰ、新闻学概论、中国古代文学史Ⅱ、传播学概论、中国古代文学史Ⅳ、摄影基础、应用写作、大学语文、中国现代文学史Ⅰ、中国现代文学史Ⅱ、广告学概论、中国当代文学史Ⅰ、艺术概论、中国当代文学史Ⅱ、中国历代文学作品选读、百篇文章、基础写作、文体写作、文学概论Ⅰ、文学概论Ⅱ、现代汉语、现代汉语Ⅰ、现代汉语Ⅱ、社会心理学、语言学概论、个案工作、广播电视学、当代社会问题、大众传播学、国外社会学理论、中国新闻事业史、社会调查、新闻采访与写作Ⅰ、社会调查研究方法、新闻事业管理、社会工作概论、新闻评论、社会行政、社会学概论、编辑出版综合实务、中国社会思想史。

三、教材建设

学院先后出版教材 11 部，具体包括《现代经济写作》、《经济写作》、《实用口语交际艺术》、《新编大学语文》、《新编经济写作》、《电视广告创作基础》、《实用新闻写作》、《大学语文》、《电视广告创意与制作》、《应用文写作教程》、《播音与主持艺术发声训练》。

四、实验室建设

2005 年建成视音频编辑实验室、玩具游戏实验室、苹果（广告设计）实验室，与美国品尼高公司签署合作协议，挂牌成立“广东商学院美国品尼高联合影视技术培训中心”。2007 年建成社会工作实验室、基础绘画教室、玩具工艺制作教室、动画游戏实验室。2008 年建成动画设计实验室、艺术设计实验室、新闻摄影实验室。2009 年建成播音与主持艺术（录播）实验室、虚拟演播厅。2010 年设计建成北校区实景演播厅主体框架和三水校区心理学实验室。2011 年开始吸引社会资金，投入北校区综合实景演练厅的建设。几乎每年都有新的实验室挂牌成立。

五、实习基地建设

境内实习基地包括：2004 年建成的汕头市澄海区玩具生产基地、广州奥迪动漫玩具有限公司、东莞市点石广告有限公司等，2006年建成的广州市团校、南方人物周刊杂志社、羊城晚报社、江门市残联康复医院等实习基地，2007年建成的广州白云自愿戒毒中心、广东省广告股份有限公司、广州购书中心、风尚周报社、赤沙小学等实习基地，2008年建成的广东省高等教育出版社实习基地，2009年建成的东莞市大众社会工作服务中心实习基地，2010年建成的南方新闻网、东莞日（时）报社、茂名电视台、广州市萝岗区香雪社会工作服务中心等实习基地，2011年建成的南方都市报、南方日报社、广东经济出版社有限公司、广州力富视频科技有限公司、广州市星空社会工作发展中心、广州市曙光社会工作服务中心、广州市少年宫特殊教育中心、广东狮子会、中国四达国际经济技术合作公司广州分公司等实习基地，2012年建成的中央人民广播电台华夏之声、广州市洋城社会工作服务中心、广州市社会（儿童）福利院、广州华心市场信息咨询有限公司、广东商学院心理咨询中心、赵广军生命热线、世界宣明会东莞项目部等实习基地。境外实习基地包括香港基督教服务处、香港明爱社会工作服务部、香港协青社等。

六、本科教学工程项目

人文与传播学院于2011年获批为省级人文综合实验教学示范中心，下属的3个系也在本科教学工程建设方面取得不俗的成绩。2011年中文系的创意写作教学团队获批为校级建设项目，2012年汉语言文学专业获批为校级特色专业。应用社会学与心理学系的社会工作专业2009年获批为校级特色专业建设点，2010年获批为省级特色专业建设点，2012年获批为省级专业综合改革试点专业。2012年社会工作本土化实践教学团队获批为校级建设项目。2012年江门市残联康复医院获批为省级大学生实践教育基地。新闻传播系于2012年获批为校级全媒体新闻传播人才培养创新实验区，2013年又获批为省级全媒体新闻传播人才培养创新实验区和省级全媒体新闻传播实验教学示范中心。2013年，新闻学专业获省级专业综合改革项目；同年，基于协同创新机制的新闻学专业综合改革研究获省立项。

第三节　学科建设与发展

人文与传播学院虽然建立时间不长，但坚持以学科建设为龙头，尤其在2005年以后，把科研和学科建设摆到了重要位置，凝聚了一批勤于科学研究、专心学科建设的教师，并逐步形成学术氛围。

在2007年广东商学院第二轮学科建设中，中国现当代文学、社会学申报立项为校级重点扶持学科。在2011年第三轮学科建设中，中国现当代文学、社会学、新闻学申报立项为校级重点扶持学科。在2012年广东商学院第二轮创新团队建设中，80后文学与新媒体文化研究团队申报立项为校级创新团队。

人文与传播学院不仅有突出专业背景的3个校级重点扶持学科，还有整合全院乃至全校资源组建而成的80后文学与新媒体文化研究中心（2007，主任江冰）、华人社区研究中心（2013，主任涂争鸣）和华南商业史研究中心（2013，主任麦思杰）3个校级科研机构。80后文学与新媒体文化研究中心交叉学科研究，方向凝聚，成果丰硕，80后专题研究达到国内领先水平。2007年，江冰教授的论文《论“80后”文学》被《新华文摘》转载，在学术界影响广泛，有较高的引用率，相关论文入选“新世纪本领域最有影响的35篇论文”。华人社区研究中心在华人社区服务、华人社区舆情、华人文化社区等多个领域开展广泛的研究。华南商业史研究中心则围绕明清西江流域商业演变、近代华南商业史、南中国海商业网络等多个方向，以粤商研究推动华南商业史研究，已在《社会学研究》、《民族研究》等刊物发表论文。

在强有力的学科支撑下，近年来人文与传播学院的教师先后主持国家社会科学基金项目5项，包括张书琛的《珠江三角洲地区的价值观研究》(2002)，郭景萍的《情感的社会学理论探视与现实研究》（2005)，江冰的《“80后”文学与网络的互动关系研究》(2008)，熊晓萍的《80后与90后：网络一代的传播方式研究》(2009)，麦思杰的《粤商与明清时期西江流域土著社会的构建研究》（2013)，贾毅的《电视节目主持人影响力研究》(2013)。此外，获教育部人文社会科学研究项目19项，广东省哲学社会科学规划项目13项，其他省部级项目6项，广州市社会科学规划项目6项，校级科研项目46项，其他横向项目25项；在人民出版社、中华书局、上海三联书店、中国社会科学出版社、中央编译出版社等知名出版社出版著作17部。2011年，中文系贝先明副教授的语言学论文《方言接触中的元音表现》在SSCI国际权威刊物 *Journal of Chinese Linguistics* 上发表。

从2005年起，每月一期的“人文论坛”已经成为人文与传播学院乃至广东财经大学的知名学术品牌。2003年起学院还坚持举办每年一度的学生广泛参与的“学术文化节”。除了人文论坛、学术文化节等定期开展的学术活动，人文与传播学院紧跟学术前沿，多次主办或承办国家级、省级的大型学术会议，如中国小说学会第九届年会（2007)、全球传媒研究协会（GCRA）第五届国际研讨会（2011)、中国社会学年会“情感社会学与社会建设”论坛（2011)、“网络文艺与文化竞争力——第三届广东文化创意产业论坛”(2012)、广东省中国当代文学学会年会（2011、2013）等。

第四节　党团与学生工作

一、党团工作

人文与传播学院党总支成立以来，在学校党委、行政班子的带领下，始终高举中国特色社会主义伟大旗帜，坚持以马克思列宁主义、毛泽东思想、邓小平理论和“三个代表”重要思想为指导，深入贯彻落实科学发展观，以科学发展为主题，以改革创新为动力，推进学院各项事业顺利发展。

党总支重视学院班子的政治建设、思想建设、作风建设，重视学院党团组织建设，组织机构健全，组织生活正常。建立健全充分反映党员和党组织意愿的党内民主制度，完善党总支内部的议事和决策机制，妥善处理相关事务。在党员发展过程中，始终坚持组织原则，遵循“坚持标准、保证质量、改善结构、慎重发展”的方针，通过细化制度保障党员发展的公平、公开、公正。制定了《人文与传播学院党员发展程序》、《人文与传播学院党员行为规范》等规定，完善党员发展和管理的制度，保障党员质量。

党总支强化创新意识，创造性地开展工作，丰富组织生活方式，适时策划组织多项大型教育活动："永恒的长征"——纪念红军长征胜利系列活动、"辉煌十七大，我眼中的广东"、"铭记国殇，守护大爱"——纪念汶川地震一周年图片展、"风雨历程　铸就辉煌"——献礼建党89周年红色经典晚会。通过开展特色活动，提升党团员的自身修养与素质，增强党总支的凝聚力。

党总支积极承办组织并参与学校的一些大型活动。指导学校辩论队参加共产党员先进性教育辩论赛，荣获广东高校C组一等奖；在广东"南粤杯"首届全省大学生辩论赛中荣获亚军；在广州大学城及周边地区大学生素质教育建设中，与校团委合作编写《高校人文素质教育论》一书；在广东省廉政文化进校园反腐倡廉歌曲创作大赛中，《为了我们共同的爸爸妈妈》荣获一等奖；在中共广东省委教育工会、广东省教育厅、中共广东省委教育纪工委主办的纪念建党90周年广东省高校反腐倡廉"鲜红的旗帜"文艺汇演中，人文与传播学院组织的诗朗诵"反腐倡廉，以民为天"荣获一等奖；参与承办了全省高校"'南粤杯'读经典、树新风、强素质、展形象"红色经典朗诵比赛，人文与传播学院的诗朗诵"与妻书"、"沁园春·雪"分别荣获二、三等奖，为学校争得了荣誉。

党总支充分发挥学生党团员的模范带头作用，2007年开始，学生党员创办学生支部宣传活动，关注社会热点，锻炼自身能力，进行舆论引导。2012年初开始定期深入乡村，开展"岁月光影"项目，关注老年人问题，同老人聊天，记录他们的人生感悟，并提供力所能及的帮助。2013年上半年创办"四点半学堂"，服务农民工子弟，解决部分农民工子弟放学后无人看管的无助局面。通过各种活动，引导学生关心当前世界和国家形势，树立大学生党团员的责任意识。

二、学生工作

人文与传播学院历来重视人才培养，本着"和谐发展、人文日新"的办学理念，注重学生人文气质和人文精神的塑造和凝练，致力于学生全面发展、成长成才。

学院从2000年开始招生，从汉语言文学1个专业开始，曾先后进行了15个专业的招生，目前设有10个专业，至2012年共有102个班级，招生4 766人。现有在校本科生2 166人。

2004年至2012年，我院10个专业方向毕业生共2 528人，除2009年受全球金融危机影响，其余各年就业率均为100%，平均对口就业率为20%左右。有85名学生先后考取北京大学、南京大学、厦门大学、中山大学、南开大学等国内名牌高校硕士研究生，其中考上"985"、"211"等名校研究生的占85.7%。

2001年至今，学生获国际奖项7项，国家级奖项136项，省级奖项166项，市级奖项46项。学生工作项目"人文英才实训工程"获评2012年广东省高校学生事务管理精品项目。

（一）学生组织

人文与传播学院团委和学生会是中国共产主义青年团的基层组织，在学院党总支的指导下开展工作，广州校区和三水校区分别设置团委和学生会。由辅导员任团委和团总支书记，分别负责指导两校区学生，从2002年至今已十一届。

广州校区分团委、学生会，下设组织部、素质拓展部、记者团、网络宣传部、青年志愿者协会、学术部、文体部、生活部、就业促进部等9个部门；三水校区分团总支、学生会，下设主席团、秘书处、组织部、学术部、新闻中心、青年志愿者协会、素质拓展部、公关部、网络宣传部、生活部、体育部、艺术团和辩论队等13个部门。除此之外，本部团委2012年起还与南方都市报合作设立了南都校园工作站，负责沟通校园，接轨社会。

（二）学生活动

1. 品牌活动

从2002年开始，每年3—5月举行人文学院学术文化节，现已举办11届，学生品牌活动有：

戏剧之夜：是中文系与青果文学社共同创作的戏剧表演节目，由中文系学生征集优秀剧本，并经青果文学社与专业老师的精心挑选，最终选取最优秀的剧本进行修改，编排成一台反应社会问题、贴近学生生活的戏剧。

“社工月”系列活动：由社工系创办，包括以社会工作专业为主的、实务式的活动和展示，也包括以社会学与应用心理学专业为主的、理论性的论坛和调研活动。从2012年开始，还开展社会调查研究大赛。

广商新闻频道：由新闻系创办，以策划一个电视频道为主要形式，在约两个小时内现场播放若干栏目以及广告，现已举办8届。

2. 特色活动

一报一刊：《人文院报》于2011年6月创刊，11月改版；2012年5月获得“广东省十佳校媒”称号。《青果》是学生文学刊物，2001年创刊，由中文系学生主办。2006年10月成立青果文学社，下设编辑组、活动组和话剧组。

迎新“五个一”工程：从2009年开始，学院根据相关专业特点，积极探索新生入学教育的新形式，通过整合过去的迎新活动，提出了“五个一”的特色教育活动，即召开一次家长座谈会、一次新生座谈会、一次开学典礼、一次游园会、一次师生迎新联欢会，使学院第一时间与新生及其家长沟通信息、交流思想、融洽感情。

学习经验交流会：从2004年至今已举办了10届，于每年的5—6月举行，主要形式是学院领导带领专业老师和优秀应届毕业生代表到三水校区与一、二年级的学生进行交流，使学生及时了解和掌握最新的毕业生动态以及就业、升学和考公务员的详细信息，尽早对大学生活和人生规划形成更为清晰的认识。

第五节　对外交流与社会服务

一、对外交流

人文与传播学院对外交流活动频繁，一直以来，以会议、讲座、支教、外访等多种形式，积极开展国际学术交流活动。2011年12月在广州协办全球传媒研究协会（GCRA）第五次国际会议。2012年11月27日，与外事处、外国语学院联合举行了《出版业历史回顾及前景展望》的全英讲座，英国牛津大学出版社主任编辑约翰·戴维（John Davey）应邀主讲。应用心理学专业于2012年3月29日请来了哈佛大学心理学博士、香港城市大学心理学教授岳晓东作题为“怎样做最好的自己——心理面面观”的心理讲座。同时，岳晓东教授还受聘为我校客座教授，副院长王廷惠教授为其颁发了聘书。10 月 23 日，纽约城市大学史丹顿岛学院兼任讲师王怡女士来我校作《答案从心里找》的讲座。

除了“请进来”，人文与传播学院的教师还积极“走出去”。2011 年 5 月，中文系江冰教授应邀访问了澳大利亚科廷大学等 11 所与广东商学院合作办学的大学；同年 11 月，江冰教授参加中国作家代表团，应邀出席第 28 届美国迈阿密国际书展——中国文化周论坛，并发表题为“80 后 90 后：中国新一代的青春文学与青春文化”的主题演讲。2007 年 1 月，中文系司马晓雯副教授应邀参加广东省教育厅语言文字考察团赴美国加州斯坦福大学、乔治华盛顿大学、多伦多大学等多所大学及纽约华美协进社孔子学院等进行语言文字及孔子学院汉语教学考察。2012 年 8 月新闻系马持节教授赴台湾世新大学参加“第五届公关与广告国际论坛”。2007 年 11 月社会学麦思杰副教授应邀参加由哈佛大学东亚系在台湾台东大学主办的“民间文学与汉学研究：第六届国际青年学者汉学会议”，提交论文《〈布洛陀经诗〉与宋明时期田州岑氏土司》；2009 年 9 月应邀参加由香港科技大学华南研究中心在香港科技大学主办的“历史构建与地方社会：历史人类学视野下的中国社会”国际学术会议，提交论文《宋至清左右江地区赋役制度研究》；2010 年 1 月在美国圣路易斯华盛顿大学发表题为“土司、客人与乡绅——明清时期黄姚社会研究”的专题学术演讲；2010 年 4 月应邀参加在费城举办的美国亚洲研究协会（AAS）年会；2010 年 8 月在香港中文大学发表题为“土司制度与黄姚社会变迁”的专题学术演讲。中文系向柠博士与李淑霞副教授分别于 2010、2012 年受教育部和广东侨办的委派，前往泰国朱拉隆功大学与印尼亚洲国际友好学院开展为期 2 年与 1 年的对外汉语支教工作。

二、社会服务

人文与传播学院一直致力于产学研相结合，热心为社会各界提供咨询与培训等服务，树立了良好的品牌形象。自建院以来，共取得《广东文化产业人才培训研究》、《深圳市福田区文化市场管理体系建设》、《“商来秀”虚拟商展互动平台建设咨询方案》等 22 个横向项目，合同经费共计近 128 万元，先后为国家外国专家局、中美法律合作基金、文化部总工会、中国共产主义青年团珠海市委员会、东莞市民政局、广州市越秀区民政局、深圳市福田区文化局、佛山市三水区妇女联合会、广州市社会科学界联合会、广州市体育科学研究所、广州老年人服务中心、天津师范大学心理与行为研究院、广东中融兴信息工程有限公司、广州市华侨房屋开发公司、惠州市郁昌实业有限公司等政府机关、企事业单位、基金会提供服务。此外，马持节教授与南方新闻网合作的教育部课题《互联网新闻信息资源规范建设研究》，其研究成果提供给了南方新闻网，成为对方新闻资源建设的重要参考。

“广州市洋城社会工作服务中心”与“广州市乐翔社会工作服务社”是人文与传播学院乃至广东商学院社会服务方面的两大品牌。“广州市洋城社会工作服务中心”是经广州市民政局批准注册的专业化社会工作服务机构，由人文与传播学院从事社会工作和心理学教学与研究的教师团队于 2009 年 9 月创立。该中心依托广东商学院应用社会学与心理学系，为有需要的个人、家庭、组织和社区提供人性化、专业化的社会工作服务，已在广州、东莞、珠海、河源等地承接了家庭综合服务、督导、培训等多个服务项目。2010 年，承接了东莞市长安镇、南城区街道、中堂镇等的社会工作督导，2011 年和 2012 年承接了广州市文冲街家庭综合服务、光塔街家庭综合服务、官洲街赤沙社区家庭综合服务等项目，服务经费近千万元。“广州市乐翔社会工作服务社”是由应用社会学与心理学系的资深教师和优秀毕业生共同发起并于2009年5月27日在广州市民政局注册的非营利社会服务机构，服务领域涉及老年人服务、民族服务、妇女家庭服务、院舍服务、家庭综合服务等多个领域。通过拓展社会服务，既发挥了高校教师专业咨询角色的优势和特长，提升了专业知名度，又为教师提供了实践的机会，有利于改善教学内容和效果。

第二十八章　艺术学院

艺术学院成立于2008年，其前身是1993年成立的艺术教研室，2001年招收第一届本科生。十余年来，艺术学院紧紧依托学校的商科背景，把人才培养和为地方经济服务放在首要位置。以学科建设为龙头，以“商艺融合”为方向，以教学实践型本科专业为建设目标。积极推动科学研究，逐步摸索出“跨界、整合、互动”的科研理念，开展“产、学、研、政、媒”协同创新研究，打造科研特色与学术亮点，促进科研成果实现市场价值与教学价值的双转化。经过十余年的建设和发展，艺术学院的办学在广东乃至华南地区已具有一定的影响力。

第一节　概　述

一、历史沿革

艺术学院成立于2008年，其历史发展可追溯至1993年成立的艺术教研室。

1993年9月，艺术教研室成立，归属中国文化教学部管理。1999年7月，中国文化教学部（艺术教研室、中文教研室）与哲学社科教研室联合组建人文社科部。2001年4月11日，人文社科部更名为人文社科系。

2001年3月23日，省教育厅粤教规〔2001〕26号文转发了国家教育部《关于公布2000年度经国家教育部备案或批准设置的高等学校本科专业名单的通知》（教高函〔2001〕7号），同意我校新开广告学本科专业。同年9月招收第一届广告学本科生，共计59人，设广告策划与经营管理、广告设计两个专业方向。

2002年1月25日，面向全国招收玩具与游戏设计专业方向本科生。

2005年，艺术设计专业正式申报成立，下设广告设计、玩具与游戏设计专业方向。2007年2月15日，经批准新增动画专业。2008年，开设艺术设计（商业空间设计）专业。

2008年7月，艺术学院成立。广告与艺术类专业从人文与传播学院分离出来，设立广告学（广告策划与经营管理）专业、艺术设计（广告设计）专业、艺术设计（玩具与游戏设计）专业、艺术设计（商业空间设计）专业、动画专业。

2010年，开设艺术设计（展示设计）专业。

二、学院（系）历任领导

（一）历任院长、副院长

2008年6月至2009年6月，文波任艺术学院副院长（兼，主持工作）。

2009 年 7 月至 2010 年 7 月，文波任艺术学院副院长（兼，主持工作），杜肇铭任副院长。

2010 年 7 月至 2013 年 6 月，杜肇铭任艺术学院副院长（主持工作）。

2013 年 6 月至今，杜肇铭任艺术学院院长，王少斌、汪欣任副院长。

（二）历任党支部（党总支、党委）书记、副书记

2008 年 6 月至 2013 年 6 月，文波任艺术学院党总支书记，林强任党总支副书记。

2013 年 6 月至今，文波任艺术学院党委书记，林强任党委副书记。

三、内设机构

艺术学院现设置六个教研室，分别是艺术与造型基础教研室、广告学教研室、广告设计教研室、玩具与游戏设计教研室、空间设计教研室、动画教研室，另外设置了学院办公室和学生工作办公室。2013 年 4 月，成立了艺术学院第一个研究中心：广绿玉文化研究中心。

四、师资队伍

（一）基本情况

2001 年艺术专业开始招生时，只有 9 名专任老师。2008 年 7 月艺术学院成立时已有教职工 36 人。到 2013 年 6 月止，艺术学院已有教职工 49 人，其中，行政人员 11 人（包括领导班子成员 5 人，办公室主任 1 人，辅导员 4 人，教学秘书 1 人），专任教师 41 人（含双肩挑 3 人）。专任教师中，教授 2 人，占教师总数的 5%；副教授 5 人，占教师总数的 12%；讲师 25 人，占教师总数的 61%。具硕士以上学位的有 35 人，占教师总数的 85%。20～29 岁教师 9 人，占教师总数的 22%；30～39 岁教师 19 人，占教师总数的 46%；40～49 岁教师 9 人，占教师总数的 22%；50 岁以上教师 4 人，占教师总数的 10%。教师除来自海外及国内著名高校之外，学科点又聘请了 9 名来自业界与高校的专家为学院的兼职、客座教授，拥有“双师型”教师 3 人，形成了科学合理的学术梯队。

（二）获奖情况

2007 年林强获“广东省南粤优秀教师”荣誉称号；2010 年 12 月，“艺术设计竞赛教学指导团队”首次获得校级教学团队项目立项；2010 年，吕宣获得“授课优秀青年教师”称号；2012 年，杨林获得“十佳授课教师”第三名。

（三）社会兼职

林强兼任中国玩具和婴童用品行业协会玩具研究分会主任（2012 年 12 月至 2014 年 11 月），广东省高校美术与设计教育专业委员会副秘书长、常务理事（2002 年至 2017 年 12 月，连任四届）；邱右先兼任中国装潢设计委员会常务理事（1993 年至 1998 年）、广东省玩具协会常务理事（2005 年至 2010 年）；杜肇铭兼任广东省高校美术与设计教育专业委员会常务理事（2010 年 12 月至 2017 年 12 月）；王少斌兼任广东环境艺术设计协会常务理事（2012 年至 2015 年）。

第二节　专业建设

2001 年 4 月，人文社科系创办广告学专业，下设广告策划与经营管理、广告设计两个专业方向，9 月招收第一届本科生。2002 年 1 月，人文社科系更名为人文与传播学院，广告学专业新设玩具与游戏设计专业方向，9 月面向全国招生。2005 年，申报获批艺术设计专业，下设广告设计、玩具与游戏设计专业方向。2007 年，创办动画专业。2008 年，新增艺术设计专业（空间设计方向）。2008 年 7 月，艺术学院成立，各专业规范为：广告学（广告策划与经营管理）专业、艺术设计（广告设计）专业、艺术设计（玩具与游戏设计）专业、艺术设计（商业空间设计）专业、动画专业。2010 年，新增艺术设计（展示设计）专业。2012 年，依据教育部最新学科目录设置将现有专业规范调整为：广告学（广告策划与经营管理）专业、视觉传达设计（广告设计）专业、产品设计（玩具与游戏设计）专业、环境设计（建筑与环境艺术设计、展示空间设计）专业、动画（新媒体动画）专业，至此，艺术学院已拥有五个专业、六个专业方向。

多年来，专业建设从课程教学质量入手，按照“点面结合、重点建设、突出精品、注重实效”的建设原则，将课程建设分为合格课程、优秀课程和精品课程三个层次。以合格课程建设为起点，优秀课程建设为基础，精品课程建设为龙头，有目标、有计划、有重点地开展课程体系优化工作。大一阶段，充分利用基础平台课程、网络辅助课程以及精品课程，达到夯实专业基础的目的；大二阶段，将专业赛事导入常规教学，发挥竞赛指导教学团队的指导作用，训练学生扎实的专业技能；大三阶段，将企业研发项目引入专业教学课程，增强实践教学环节，强调课程与社会需求结合，为专业技能的实际应用创造机会；大四阶段，将教师产学研科研项目和创业项目引入跨学科交叉课程和毕业设计（毕业论文）课程，强化学生的商业意识、团队协作意识，使其统筹执行能力在此过程中得到综合性的培养与提升，同时为毕业实习及就业、创业作准备。2009 年开始实践用毕业设计替代毕业论文，实施专业课集中的排课方式；2011 年开始执行学生集中外出写生、专业考察实践课程。将三大课堂有机整合，全力构建产、学、研一体化的创新教学体系。目前，学院的课程体系已逐步科学合理，并且凸显出各专业的学科特色。

通过十二年的专业建设，各专业建设目标逐步清晰。三大专业以社会需求为导向，以《珠江三角洲发展规划纲要》为指引，依托广东商学院的财经学科背景优势，注重学科交叉，坚持产、学、研相结合的办学模式，强化实践教学，培养学生的现代设计意识和统筹执行能力，服务于珠三角文化创意产业的发展。专业建设遵循“优化结构、突出重点、交叉渗透、适应社会”的基本原则，以教学实践型本科专业为建设目标，凸显专业特色。

近四年来，教学质量工程建设成绩突出，先后获得多项校级项目立项以及省级教学质量工程建设项目。2010 年 12 月，获得校级精品课程建设项目立项；2011 年 12 月，艺术设计专业获得校级特色专业建设项目；2012 年 3 月，获得校级示范校外教学基地建设项目；2012 年 7 月，获得广东商学院校级“教学成果奖”；2013 年 5 月，《艺术设计概论》获得广东省精品资源共享课程建设项目立项；2013 年 5 月，“广东省广告股份有限公司大学生实践教学基地”获得广东省大学生实践教学基地建设项目立项。

通过四年的实验室建设与管理，艺术学院教学实验室达到21间，大学生实习基地达到13家，对学生掌握市场最前沿的信息和直接参与市场产品开发起到积极的推动作用，极大地改善了实践教学和科研条件。2012年3月，同人文学院、公共外语教学部、教学技术中心等单位联合申报广东省高等学校试验教学示范中心“人文素质实验教学中心”并获立项。

学院积极推动教材及教研建设，近五年来教师积极参与教材的编写，目前已出版的教材有12部。2008年9月以来艺术学院教师发表教研论文41篇，获奖论文20篇。在2009年广东省第二届大学生艺术展演活动评选中，获得论文一等奖2篇，二等奖2篇，三等奖4篇；在2011年广东省第三届大学生艺术展演活动评选中，获得论文一等奖1篇，二等奖3篇，三等奖6篇；在2009年至今的广东省高校美术与设计教育年会论文征集中获得优秀教研论文奖2篇；在学校第六次教学工作会议优秀论文征集评选活动中入选论文6篇。将大赛引入课堂，鼓励各专业在课程教学计划安排中进行课题模式的尝试，鼓励教师将课题或项目引入课堂教学，将不同课程教学内容、学生作业练习与项目结合，以学生工作室团队方式分组实施，教师以团队的形式进行指导，快速提高学生的实际运用能力和培养学生的团队、项目意识。以此指导思想为基础进行的2010年“广东省大学生创新实验项目”的申报，我院获批4项，项目经费4万元，并且取得2项优秀、2项良好的结项成绩。2012年组织申报的国家级“大学生创新创业训练计划”项目活动中再次取得优异成绩，获得立项27项，项目经费31.8万元；2013年又获得国家级“大学生创新创业训练计划”项目6项，省级“大学生创新创业训练计划”项目25项，项目经费16.6万元。另外，在2009年以来学生参与的各项专业比赛中，获得22项金奖，22项银奖，28项铜奖，延续着艺术学院学生科研以及竞赛获奖成绩的辉煌，形成学院的教学优势特色。

第三节　学科建设与发展

一、学科建设

学院坚持以学科建设为龙头，以学科建设推动教学质量工程。2008年5—12月期间，艺术学院进行了初次申硕工作，但由于基础薄弱未能取得成功。2009、2010年国家申硕出台新政策，学院此后调整战略，理清了学科建设思路，把建设重点转移到学科师资队伍结构调整和科研项目成果等硬件建设上，积极引进学科带头人，整合力量，组织攻关，重点突破，一年上一个台阶，有效地夯实了学科基础，为再次申报硕士点做好了准备工作。

在学术梯队建设上，采取引进和培养双轨制，面向国内外公开招聘学术带头人，向企业招募高端设计专业人才，担任专业教学与科研骨干。在学院内部，加强自身队伍建设和人员培养，有计划地培育青年学术骨干。

二、科研工作

学院推动教师积极参与学术交流活动，采用“请进来”、“走出去”的双向举措，积极培育和营造学术氛围。2008—2013年，先后邀请著名行业专家和社会学者开展学术讲座近

40 场。派出参加国内学术会议教师 60 余人次。2013 年 3 月，艺术学院与广东省玩具协会在广州琶洲国际会展中心共同主办中国“玩具设计潮流研讨会”。近两年，学术骨干应邀赴各地为学术机构、政府部门、行业举办专题学术讲座 8 场。

学院积极与上级主管部门共商策略，2004 年起，多次向广东省高校美术与设计教育专业委员会以及广东省教育厅提交《艺术教师科研成果认定办法议案》，并于 2005 年在广东商学院的促成下，进一步完善了《艺术教师科研成果认定办法》，先行先试，对推动广东省高校艺术教师科研管理政策的进一步完善起到积极的示范性作用。2008 年起，学院制定并出台“艺术学院科研管理办法”系列文件以及相关的人才培养政策。2009 年起，为每个教研室配备教师短期培训定额经费。2011 年底出台科研整合攻关的扶持政策，努力打造学院的学术特色和品牌。

学院鼓励和推动教师积极参与学科领域的社会学术活动，发挥教师骨干在学术领域中的社会影响力。学院在社会学术团体中，逐步积累学术话语能力，竞选担任了中国玩具和婴童用品协会理事单位、中国玩具协会和婴童用品协会玩具研究分会主任单位、广东省高校美术与设计教育专业委员会副秘书长单位、广东省玩具协会常务理事单位、广东省高校摄影专业委员会理事单位、广东省装饰行业协会高校专业委员会理事单位、广州市玩具科技协会常务理事单位、广州市动漫行业协会理事单位。

三、科研成果

在科研创新建设上，学院探索和凝练出“跨界、整合、互动”的科研工作理念，积极鼓励教师拓展跨学科交叉领域的研究，有计划地逐步凝练“岭南文化生态与现代设计关系”的学术研究方向，凝聚科研力量开展集约性课题攻关，推动产学研协同创新发展，在应用学科研究领域取得突破。累计承担各级纵向项目 26 项，其中教育部项目 2 项，省部共建产学研项目 1 项，省级教育科学规划项目 2 项、省级哲学社科项目 3 项、省级科技计划项目 2 项，市厅级项目 8 项，校级科研项目 8 项。累计获得纵向科研经费 69. 5 余万元，外观设计专利成果 20 项。

学院筹建艺术学科以来一直重视科研，教师积极参与科学研究。出版著作（作品集）5 部，发表学术论文 116 篇、艺术作品 91 件，其中，在北大核心以上级别学术刊物发表论文 66 篇。学术论文获省部级以上政府部门颁发的奖项 8 项。其中，林强老师的学术论文《论卡通艺术与教育的策略》获教育部颁发的“全国高校艺术教育科学论文评比三等奖”。

此外，教师作品入选全国及省级美术、设计作品展览 30 余项，教师获全国级别行业设计大赛奖项 20 余项，获省部级以上政府奖项的教师作品有 4 件。其中，林强老师获中国文化部、中国美术家协会颁发的国家级美术作品奖项“第九届全国美术作品展览艺术设计作品优秀奖”。王少斌获广东教育厅主办的广东省首届高校油画展二等奖。

第四节　党团与学生工作

一、党团工作

艺术学院党总支成立于 2008 年 7 月，2013 年 4 月更名为艺术学院党委。学院党委自成立以来，就紧紧围绕学院中心工作抓党建，始终把“以教学为根本，以学生为中心，以党建为保证”作为工作宗旨，将党建工作植根于学院的教学科研以及学生管理等中心工作中，充分发挥政治核心作用，为学院的发展保驾护航。

艺术学院党委历来重视党员教育、发展和管理工作，党员队伍成为推动本单位事业发展的核心力量。截至2013年9月，艺术学院党总支在校教职工49人，其中党员28人，成立2个教工党支部；在校学生1 182人，其中党员72人，按年级设置3个学生党支部。

学院党委充分发挥政治核心和监督保障作用，重视加强师德师风建设，保证了学院各项工作的有序开展。先后有2人被评为“学校优秀党务工作者”，2人被评为“优秀党员”，2012年学院党委被评为“广东商学院创先争优活动先进基层党组织”。2011年组队参加学校建党90周年师生大合唱比赛，获得一等奖。

学院党委以党建带团学工作，按照“教育为核心、管理为基础、服务为宗旨、活动为载体”的工作格局，保证团学在学院党委的带领下，坚持原则，提高能力，服务学生。艺术学院成立以来，共青团集体先后获得“广东商学院五四红旗团总支”、“‘三下乡’社会实践活动先进单位”、“暑期社会实践活动优秀调研团队”等荣誉称号。

二、学生工作

2008年10月，学院成立艺术学院分团委、学生会。截至2013年9月，艺术学院在校学生有1 182人，已培养毕业生1 300余人。学院成立以来，秉承“厚德、励学、笃行、拓新”的校训，积极实践学院的育人理念：以“德艺双馨”为教育方针，引领学生以艺修德，将专业知识内化为美育素养；以“文化传通”为要求，培养学生开阔的视野和深厚的人文底蕴；以“情智相启”为目标，引发学生情商与智商的和谐发展；以“商艺融合”为方向，启迪学生创意策划的运营思维，培养创意价值转化的能力。

学院以“培养具备原创力、市场策划与运营能力，具备跨学科知识结构的现代创新应用型人才”为目标，积极引导学生开展科研设计，组织学生参加国内外各类创意设计竞赛，并开展丰富多彩的校园文化学术品牌活动以及多种文体活动，全面提升学生的设计创新能力和综合素质。其中，学生品牌设计活动“鬼才大赛”从2004年至今已成功举办10届，提升了学生艺术设计及创新创意的思维能力；班级成果展活动已成功举办5届，鼓励学生从入学开始进行艺术设计作品创作，提升学生学习兴趣；每年一次的学生艺术写生作品展、艺术采风汇报会、毕业设计作品展等，已成为艺术学院的标志性活动。

艺术学院学生工作注重学生学术能力的培养，积极引导鼓励学生参加校内外各类艺术设计赛事，成绩斐然。学生获得省级以上奖项共计300余项，摘取了2013年全国大学生广告艺术大赛一等奖、首届“中装杯”全国大学生室内设计大赛二等奖、第十二届“挑战杯”广东大学生课外学术科技作品竞赛三等奖；2012年第十一届“挑战杯”广东大学生课外学术科技作品竞赛一等奖和三等奖、金犊广告平面类大陆一等奖、全国“星创意—心设计”全国玩具设计大赛银奖和铜奖；2009年粤港澳青少年反腐倡廉公益广告片创作大赛金奖和银奖、中国大学生广告艺术节学院奖金奖；2008年、2007年靳埭强全球华人大学生平面设计大赛未来设计师大奖、金奖等国际及国内赛事的最高奖项，等等。

历年来，艺术学院学生各项综合素质稳步提升，考研人数和研究生录取人数逐年提升，各专业（方向）本科毕业生总体就业率均在99%左右，并有多年达到100%，学生毕业后主要在广东省内各传媒机构、广告设计公司、玩具公司、动漫公司、高职院校等行业任职，其工作能力受到用人单位好评。

第五节　对外交流与社会服务

一、对外交流

2009 年 10 月，林强应广东省人民检察院邀请，赴港出席粤港澳青少年反腐倡廉广告片创作大赛颁奖礼，与粤港澳三地教育同行开展交流活动。

2012 年 5 月 3 日上午，英国法尔茅斯大学学院（University College Falmouth）副校长杰夫·史密斯教授一行到访我校艺术学院，双方就教学方法、办学模式与特色展开了深入交流。

2012 年 11 月 2 日上午，英国法尔茅斯大学学院副校长杰夫·史密斯一行第二次来我校交流访问。副院长雍和明会见来宾，并代表学校签署两校合作备忘录，双方计划在教师互访、合作科研项目、学生交流等方面开展合作。

2012 年 12 月，杜肇铭随广东商学院代表团赴香港理工大学等高校开展交流活动。此行加强了我校与香港地区高校的联系，开阔了视野，为本校的教学改革更新了观念。

2013 年 3 月，林强应英国大使馆文化教育处邀请，作为中国高校代表团主要成员出访英国朴次茅斯大学、法尔茅斯大学学院、拉夫堡大学、德比大学、诺丁汉大学、诺丁汉特伦特大学 6 所高校，出席“中英高等教育创意媒体产业论坛”并发言。此行为学校开展中英高等教育合作开拓一个新渠道，与英国诺丁汉大学等世界名校进行合作意向会谈，建立初步合作，进一步加强了与英国法尔茅斯大学学院的合作联系。

二、社会服务

自建院以来，教师主持横向课题 18 项，合同经费共 136.5 万元；已完成多项大型社会横向设计、策划课题，也有多项环境艺术设计、平面设计、玩具设计、动画设计等项目投入生产。

学院教师除了为单位企业提供科研社会服务外，艺术学院科研机构广绿玉文化研究中心把科研服务提升到行业战略的高度，为整个行业提供服务，参与国家行业法规的起草与论证工作，推动整个产业的规划发展。科研机构的社会服务发挥了示范性作用，确立了学院科研在行业中的重要地位和影响力。随着学院的科研服务对地方经济发展所产生的作用逐渐显现，学校在社会的学术形象和社会效益得到进一步提升。

第二十九章　数学与统计学院

数学与统计学院前身为1987年成立的数学教研室，现设有信息与计算科学、数学与应用数学（金融数学）、统计学、应用统计学四个本科专业，同时承担全校的公共数学教学。经过二十多年的发展，学院的公共数学教学和专业建设得到了长足的发展，数学建模教育形成了优势，本科专业构建了特色。毕业生在各行各业中创造了优良的成绩，深得用人单位的好评。

第一节　概　述

一、历史沿革

数学与统计学院的前身是1987年成立的数学教研室，数学教研室于1988年8月8日并入计划统计系。

1994年2月21日，数学教研室从城市经济管理系划出，成立经济数学教学部。

2004年3月7日，经济数学教学部更名为数学与计算科学系。2004年9月，数学与计算科学系开设信息与计算科学本科专业；2006年9月，新增数学与应用数学本科专业。2008年6月，数学与计算科学系正式更名为数学与计算科学学院。

2013年3月，学校调整内设机构，数学与计算科学学院更名为数学与统计学院。

二、学院（系）历任领导

（一）历任系主任、副主任，历任院长、副院长

1987年10月至1994年2月，杨慎辉任数学教研室主任。

1994年3月至1997年6月，戴念昆任经济数学教学部主任。

1997年6月至2005年2月，向子贵任经济数学教学部主任，庄礼斌任副主任。

2005年3月至2008年6月，向子贵任数学与计算科学系主任，洪勇任副主任。

2008年7月至2013年6月，洪勇任数学与统计学院院长，胡桂武任副院长。

2013年6月至今，胡桂武、黄辉任数学与统计学院副院长，胡桂武主持工作。

（二）历任党总支（党支部党委）书记、副书记

1994年至1995年，何复祖任经济数学教学部直属党支部书记。

1995年至1997年，彭求实任经济数学教学部直属党支部书记。

1997年至2005年，向子贵任经济数学教学部直属党支部书记。

2005 年 1 月至 2008 年 7 月，曹阳任数学与计算科学系党总支书记。

2008 年 7 月至 2013 年 6 月，陈镇恭任数学与统计学院党总支书记。

2013 年 6 月至今，陈镇恭任数学与统计学院党委书记，李恩华任副书记。

三、内设机构

数学与统计学院现有应用数学校级扶持学科，信息与计算科学、数学与应用数学（金融数学）、统计学、应用统计学四个本科专业。

截至目前，数学与统计学院成立了 2 个研究中心，分别是 2009 年成立的商业信息处理技术研究中心和 2009 年成立的数量经济研究中心。此外，根据专业的发展和需求，设置 8 个教研室，分别是信息与计算科学教研室、数学与应用数学教研室、统计学教研室、应用统计教研室、微积分教研室、经管线性代数与概率统计教研室、理工公共数学与创新创业教研室、数学建模教研室。

此外，数学与统计学院设置学院办公室和辅导员办公室，分别处理学院日常事务、学生事务及学生思想政治工作等，为学院师生提供必要的教学支持和管理服务。

四、师资队伍

（一）概况

数学教研室成立之初仅有 12 名教师，历经多年的发展，目前数学与统计学院已发展成为中等规模的二级学院。学院现有教职工 62 人，其中行政人员 8 人，专任教师 54 人。在专任教师中，教授 7 人，占专任教师总数的 12.96%；副教授 17 人，占专任教师总数的 31.48%；博士 30 人，在读博士 3 人，博士和在读博士占专任教师总数的 61.11%。专任教师年龄结构：30～39 岁教师 30 人，占全体教师的 55.56%；40～44 岁教师 6 人，占全体教师的 11.11%；45～49 岁教师 9 人，占全体教师的 16.67%；50 岁以上教师 9 人，占全体教师的 16.67%。专任教师学源结构：归国留学人员 1 人，香港留学归来 1 人；“985”学校毕业的有 26 人，“211”学校毕业的有 22 人，两者占教师总数的 88.89%。同时，拥有卓越青年校长特聘教授 1 人，硕士研究生导师 2 人，“千百十工程”校级培养对象 10 人，“千百十工程”省级培养对象 1 人。

（二）获奖情况

数学与统计学院高度重视教学队伍建设。2009 年，数学建模教学团队获批为广东商学院首批校级教学团队，2011 年被评为“校级优秀教学团队”，2011 年获批为广东省省级教学团队；2011 年经管类公共数学 A 类课程群教学团队获批为广东商学院校级教学团队，两支教学团队在学院教学建设中起到了中坚和表率作用。

2010 年以来，数学建模教学团队指导学生获各级数学建模竞赛奖励达 315 人次，其中国际一等奖 39 人次、二等奖 36 人次；国家一等奖 6 人次、二等奖 51 人次；省级一等奖 63 人次。2011 年数学建模比赛省级一等奖获奖率位居广东省第一；2012 年数学建模比赛省级一等奖获奖数位居广东省第一；2012 年数学建模比赛国家级奖获奖总数首次进入全国 20 强。刘玉记、黄辉被评为“广东省南粤优秀教师”；2012 年邹战勇荣获广东省首届高校青年教师教学基本功大赛理工类二等奖，并荣获“广东省职工经济技术创新能手”称号；

2012 年广东商学院被评为“广东省大学生数学建模竞赛组织工作优秀单位”；2011 年陈光辉讲师荣获“广东省大学生数学建模竞赛优秀指导教师”称号。胡桂武（2008）、欧柳曼（2008）、刘国刚（2008）、甘会林（2008）、戴宏亮（2010）、孔荫莹（2010）、邹战勇（2012）、邓宇乔（2012）、陈蔼祥（2012）、柴啸龙（2012）等获“千百十工程”校级培养对象，刘玉记（2010）获“千百十工程”省级培养对象。

（三）社会兼职

数学与统计学院不仅拥有优秀的教学团队，同时创造条件支持和鼓励教师为社会提供各种专业性的服务，在学院的多年发展中，涌现出众多优秀的社会服务代表人物。

其中，向子贵兼任广东省工业与应用数学学会常务理事、广东省系统工程学会理事（2004—2008），洪勇兼任广东省工业与应用数学学会常务理事，胡桂武兼任广东省计算数学学会理事、广东省工业与应用数学学会理事、广东省计算机学会智能计算专委会理事、《计算机科学》杂志审稿专家，白国仲兼任广东省系统工程学会常务理事、广东省运筹学会理事，刘玉记兼任美国《数学评论》、德国《数学文摘》杂志评论员，陈蔼祥兼任《计算机研究与发展》杂志审稿专家。

第二节　专业建设

2004 年，信息与计算科学专业本科开始招生；2006 年，数学与应用数学专业首次招生；2009 年，信息与计算科学专业被评为广东商学院校级特色专业；2010 年，数学与应用数学专业设置金融数学方向；2013 年，统计学专业与应用统计学专业首次招生。

一、课程与教材

在课程建设上，目前数学与统计学院有 1 门课程属于省级精品资源公开课，4 门课程属于校级精品课程，3 门课程属于校级信息化推广示范课程，1 门课程属于校级教学信息化推广示范课例，1 门课程属于校级双语教学示范课程。2012 年微积分获批广东省精品资源公开课；4 门校级精品课程分别是微积分、数学分析、微积分Ⅰ、数学分析Ⅲ；3 门校级信息化推广示范课程分别是数学分析Ⅰ、微积分Ⅱ、计算方法；1 门校级教学信息化推广示范课例是微积分基本定理；1 门双语教学示范课程是最优化方法。

在教材建设方面，出版了《经济数学基础·微积分》、《经济数学基础·线性代数》和《概论统计学习指南》。

二、教研项目

2011 年胡桂武主持的广东省高等院校学科建设与教学改革工程项目《数学建模教学团队》，2012 年胡桂武主持的广东省高等学校教学质量与教学改革工程项目《〈微积分〉精品资源共享课》、《大学数学创新教学体系的研究与实践》先后获省级教研立项。

三、实践教学

数学与统计学院十分重视实践教学环节，学院从 1997 年开始组织学生参加全国和国际数学建模竞赛以及全国、全省的各类科技竞赛，取得优良的成绩。近五年来，共20多人次获国家和国际级奖励，120多人次获省级奖励。在校外实践教学方面，建立实践教学基地8个，它们分别是新华信息咨询公司（广州）、国泰君安广州东风中路营业部、广州市迪彩化妆品有限公司、珠海同力机械有限公司、广业信息产业集团有限公司、广州荣祥中建筑工程有限公司、广州邦德学友教育、广州百丰投资咨询有限公司。

第三节　学科建设与发展

一、学科点

数学与统计学院一直重视学科建设工作。2010年，数学与统计学院的应用数学学科列入广东商学院校级扶持学科，下设调和分析和复分析、微分方程和动力系统、概率论与数理统计（含理学经济学）、智能算法研究、工程管理与运筹控制五个研究方向。2010年数学与统计学院在统计学的一级学科下，组织了一个二级方向——计算概率统计，2012年计算概率统计作为统计学的一个子方向参与了第九轮广东省重点学科申报。

数学与统计学院自2010年参与广东商学院统计学硕士点的研究生培养和MBA研究生论文指导，现有硕士生导师2名，至2012年9月，共有4人获得硕士学位，目前有在读研究生6人。

二、科研立项

学院自建院以来共承担科研项目30余项，其中市、省、部级以上项目近20项，获得科研经费100余万元。代表性的有：

2006年胡桂武主持的广东省自然科学基金项目《广义遗传粒子群优化算法及其在供应链管理中的应用》（06301003）。

2009年孔荫莹主持的广东省教育厅高校优秀青年创新人才培育项目（LYM08060）。

2010年刘玉记主持的广东省教育厅高层人才项目；2010年陈蔼祥主持的广东省自然科学基金博士启动项目《智能规划中带学习能力的规划方法研究》（10451032001006140）；2010年陈蔼祥主持的广东省教育厅高校优秀青年创新人才培育项目《带学习能力的智能规划方法》（LYM10081）；2010年陈蔼祥主持的广州市科技和信息化局应用基础研究计划项目《基于学习的智能规划器设计与实现》（2010Y1－C641）。

2011年刘玉记主持的广东省自然科学基金项目《分数阶微分方程边值问题理论及应用研究》（S2011010001900）；2011年温雅敏主持的广东省自然科学基金博士启动项目《匿名双向认证协议及其应用研究》（S2012040006711）；2011年邓宇乔主持的广东省高教厅育苗项目《基于条件驱动的动态属性密码体制研究》（LYM11068）；2011年柴啸龙主持的佛山市哲学社会科学规划项目《佛山市制造型企业带资源约束的作业规划问题研究》（11－J18）。

2012年孔荫莹主持的国家自然科学基金青年项目《随机Dirichlet级数与Laplace－Stieltjes变换的增长性》（11101096）；2012年孔荫莹主持的广东省自然科学基金自由申请

项目《随机 Dirichlet 级数的增长性与复函数的奇异半径》（S2012010010376）；2012 年邹战勇主持的广东省教育厅高校优秀青年创新人才培育项目《HJB 方程数值解的数值解法》（2012LYM_0066）；2013 年温雅敏主持的国家自然科学基金青年项目《隐私信息共享的秘密集合交集协议研究》（61300204）。

三、学术论文与奖励

数学与统计学院自成立以来一直重视科学研究，在《中国科学》等国家级权威期刊发表论文 400 余篇，并获得了多项省级奖励。代表性成果有：

2011 年蔡佳在国家权威期刊《中国科学》（A 辑）（英文版）发表论文“Convergence Rate of Kernel Canonical Correlation Analysis”（中文译名：核典型相关分析的收敛速率）”（2011 年第 10 期）。

2012 年刘玉记在国家权威期刊《中国科学：数学》发表《无限区间上多分数阶微分方程初值问题解的存在与唯一性》（2012 年第 7 期）。

2013 年蔡佳在国家权威期刊《中国科学：数学》发表论文《无界抽样情形下不定核的系数正则化回归》（2013 年第 6 期）。

2007 年胡桂武荣获 2006 年度广东省科学技术进步奖（三等）（证书号：B07－3－06－R06）。

2008 年刘玉记荣获海南省科技进步一等奖。

第四节　党团与学生工作

一、基层党组织建设

1994 年，经济数学教学部设立直属党支部。2004 年，设立数学与计算科学系党总支。2008 年，设立数学与统计学院党总支，下设教工第一、二两个党支部。

2004 年，数学系党总支开始成立学生党支部。2007 年，成立学生第一、二党支部。2008 年，三水校区学生党员挂靠信息学院党支部，成立信息数学学生党支部。2009 年，成立三水校区学生党支部。2010 年，艺术学院三水校区学生党员挂靠数学与统计学院，成立三水校区数学艺术学生党支部。2011 年，设置三水校区学生党支部。数学与统计学院党总支随着学院的不断壮大也在不断发展，每一届发展学生党员人数约占学生总数的 30%，为人才培养及学院发展提供强有力的政治保障。

二、学生工作

数学与统计学院始终以人才培养为中心，注重知识能力、思想道德的培养，提高学生的综合能力。经过近 10 年的积累，形成了特色鲜明、符合学生培养目标的品牌：数学建模竞赛、学术班主任制。至 2013 年，在校学生达 500 多人。毕业学生具有扎实的数学理论基础、较强的经济管理知识、较高的外语和计算机应用能力，学生总体就业率每年保持在 98% 以上。

经过 10 多年历届教职员工的努力和建设，学院学生学术科研水平显著提高，师生参加“全国大学生数学建模竞赛”、“美国（国际）数学建模竞赛”、“挑战杯”等课外学术科研、科技创新活动屡获佳绩。其中我院学生获各级数学建模奖项达 150 人次，其中国际一等奖 15 人次、二等奖 20 人次，国家一等奖 3 人次、二等奖 20 人次，省级一等奖 28 人次。

学院以培养高质量的学生为目标，鼓励学生考研和攻读更高学位，近年来有 30 余名毕业生考取了中山大学、华南理工大学、美国北卡罗来纳大学等高校研究生。

三、共青团组织建设

2004 年，数学与计算科学系成立第一届团总支、学生会。2006 年，成立第二届团总支、学生会。2007 年，成立第三届团总支、学生会。2008 年，广州校区成立第一届团委、学生会，三水校区成立第一届团总支、学生会。此后，在广州校区设立团委、学生会，在三校区设立团总支、学生会。

学院学生工作成绩显著，获得省级以上奖项有：2006 年陈志强获得广东省“三下乡”先进个人称号。2007 年“三下乡”团队获得广东省“三下乡”先进团队称号，卓雪冰获得广东省“三下乡”先进个人称号。2008 年李培亮、黄美兰获得广东省“三下乡”先进个人称号，团队获得广东省“三下乡”先进团队称号。

第五节　对外交流与社会服务

一、对外交流

数学与统计学院重视对外学术交流工作，广泛邀请国内外专家学者来校开展学术交流活动。聘请了中科院院士、著名数学家、北京航空航天大学理学院院长林群教授，华南理工大学博士生导师郑启伦教授，华南理工大学博士生导师彭宏教授，中科院数学应用研究所博士生导师朱力行教授，北京师范大学博士生导师、教育部教育指导委员会委员张英伯教授，北京师范大学博士生导师邓冠铁，法国南布列塔尼大学数学系主任、博士生导师刘全升教授，北京林业大学博士生导师刘勇教授，广东工业大学副校长、博士生导师郝志峰教授，湘潭大学博士生导师杨向群教授，湖南师范大学匡继昌教授，苏州大学博士生导师王岳宝教授等到数学与统计学院作学术报告。

数学与统计学院积极主办、协办学术会议。1997 年承办了广东省第四届经济数学教学研讨会。2011 年承办了中国商业经济学会经济数学研究分会第六次年会。

二、社会服务

学院注重依托我校的学科优势，积极服务地方政府和企业。近年来学院坚决贯彻学校《关于进一步加强社会服务工作的意见》等文件精神，紧密结合《珠江三角洲地区改革发展规划纲要（2008—2020）》，立足当前，加强校地合作、校企合作，服务广东经济发展。近年来，我院共承担各级各类横向项目 3 项，到位科研经费 20 余万元，为地方经济发展作出了贡献。

第三十章 MBA 教育中心

广东财经大学 MBA 教育中心是我校实施 MBA 教育的实体，中心采用现代企业化管理模式进行 MBA 教育日常工作管理，努力打造“培养现代粤商的摇篮，凝聚管理精英的平台”。中心不断优化整合全校优势资源，践行“高端化、品牌化、国际化、人文化、规范化”的办学方针，秉承“精商通法，敦行致远”的办学理念，肩负“光大粤商文化，培育粤商精英，服务广东社会”的办学使命，遵循“FAMILY”的价值观，实施“夯实基础、提升质量、树立品牌”三步走的发展战略，打造“财经优势、法商结合、粤商文化、国际视野”的培养特色，积极创造各方面有利条件，培养更多理论与实务并重、适应现代产业发展需要的管理精英。几年来，在招生、教学、管理等方面都取得了长足进步。

第一节 概 述

一、中心的成立

2008 年 10 月，学校学位办公室根据国务院学位办发布的《关于申请新增专业学位研究生培养单位的通知》，召开专门会议研究 MBA 申报工作问题，标志着我校申请新增 MBA 专业学位研究生培养单位工作正式开始。2009 年 1 月，我校以优异成绩通过全国 MBA 教指委的专家评审会初评。2009 年 5 月，王华院长带队赴京参加申请 MBA 新增培养单位答辩会，雍和明副院长和校办、研究生处、工商管理学院等单位的同志一同前往。2009 年 5 月 19 日上午，王华院长代表学校作汇报并答辩，受到全国 MBA 教指委的一致好评。2009 年 6 月，国务院学位委员会办公室下发《关于批准新增法律硕士等类别专业学位研究生培养单位的通知》（学位办〔2009〕35 号），批准我校新增为工商管理硕士（MBA）专业学位研究生培养单位。2009 年 9 月 17 日，MBA 教育中心成立，中心为独立建制。雍和明兼任中心主任，李焕荣兼任常务副主任，相关学院院长为副主任，常务副主任具体负责中心的日常管理工作。

二、历任领导

（一）第一届领导

2009 年 9 月至 2013 年 6 月，雍和明任主任。

2009 年 9 月至 2013 年 6 月，李焕荣任常务副主任。

（二）第二届领导

2013 年 6 月至今，李焕荣任主任。

2013 年 6 月至今，严复淇任副主任。

三、内设机构

中心成立之初下设招生推广部、教学事务部、学生事务部、综合办公室四个部门，2013 年增设对外交流部。

2011 年 4 月，广东商学院首届 MBA 教育指导委员会成立，委员主要以校外人士为主，由知名企业、政府等相关部门的高级管理人员、MBA 教育专家组成。其中设主任 1 人、副主任 3 人，委员若干人、秘书长 1 人。首届 MBA 教指委由王华担任主任委员，雍和明担任常务副主任委员，珠江啤酒集团公司董事长方贵权和中国科学院研究生院管理学院常务副院长、中国科学院预测科学研究中心主任汪寿阳担任副主任委员。下设 MBA 教指委执行小组，李焕荣担任组长，与 MBA 教育相关的二级学院院长担任小组成员。

四、师资队伍

MBA 教育中心共有任课教师 67 人，论文指导教师 56 人，校外合作导师 31 人，客座教授 12 人，工作人员 8 人。

中心坚持任课教师公开选拔制度，自 2010 年 4 月至 2012 年 3 月中心举办过三次公开选拔活动。中心坚持“走出去”和“请进来”，加强任课教师的教学能力提升，累计已选派 20 多名教师到中山大学、暨南大学旁听 MBA 相关课程。每年投入 10 余万元选派部分教师参加国家 MBA 教指委组织的相关课程师资培训，目前已有 42 人次参加了全国 MBA 教指委组织的 MBA 课程师资培训，覆盖了所有核心课程授课教师。为保障 MBA 论文撰写的指导质量，坚持优中选优原则选聘论文指导教师。中心为突出 MBA 专业的实践性和应用性特征，推出了双导师制的培养模式。除了校内指导教师进行指导之外，结合广商的特点，中心还在政府、企业各领域聘请领导和企业家担当 MBA 学员的合作导师，给予 MBA 学员实践与应用方面的指导。2013 年 3 月 31 日，MBA 教育中心在综合楼 408 报告厅举办首批 MBA 合作导师聘任仪式。校党委书记程飏宣读聘任决定，王华院长为校外导师颁发聘书。

第二节　专业建设

一、完善培养方案，充实中心文化价值体系

培养方案是 MBA 教育发展的基石。中心重视培养方案的制订，先后六次组织校内专家讨论和制订中心 MBA 教育培养方案，每年都召开专门会议深入研究和确定培养方案。

广商 MBA 教育从项目申报起就努力打造有广商特色的 MBA 教育文化价值体系。经过三年多的实践、总结和提炼，广商 MBA 教育文化价值体系已逐步成为中心的行动导向，也得到社会各界的认同。其文化价值体系表述如下：

（1）办学理念：精商通法、敦行致远。

（2）办学使命：光大粤商文化、培育粤商精英、服务广东社会。

（3）办学目标：培育现代粤商的摇篮、铸就管理精英的高地。

（4）办学价值观（FAMILY）：Future（树立愿景）、Action（注重实干）、Mutualism（合作共生）、Innovation（立志创新）、Leadership（擅长领导）、Yearning（追求卓越）。

（5）办学思路：夯实基础、提升质量、打造品牌。

（6）办学方针：高端化、品牌化、国际化、人文化、规范化。

（7）培养模式：①案例教学与论坛研讨结合，培养战略思维，提升愿景塑造能力；②理论传授与实践实训结合，提高理论水平，增强实操实干能力；③团队协作与课题攻关结合，强化团队意识，导向合作共生；④导师指导与集体培养结合，保证教育质量，孕育创新精神；⑤创业实践与技能培养结合，唤醒自我认知，培养领导力；⑥国内平台与国际经历结合，鼓励多元发展，树立追求卓越动机。

（8）培养特色：①财经优势；②法商结合；③粤商文化；④国际视野。

二、招生工作

2009 年 9 月，《广东商学院 2010 年 MBA 招生简章》正式在网络上对外发布，标志着广东商学院 MBA 招生工作正式开始。9 月 8 日，《南方都市报》专题报道宣传广东商学院 MBA。9 月 9 日，学校召开研究生招生领导小组会议，确定了首届 MBA 招生计划数以及 MBA 考试的有关事宜。9 月 22 日，《广州日报》报道了我校 MBA 的办学特色和招生计划，宣传了我校 MBA 培养的四大特色：财经优势、法商结合、粤商文化和国际视野。

2009 年 9 月至 10 月期间，中心组织相关学院与部门领导两次宣传我校的招生政策，得到了各地校友、地税局等的大力支持，如中山张政鸿等校友帮助动员组织中山地税局 34 人报考我校首届 MBA，珠海林树青、苏牧等校友协助组织 32 人报考我校首届 MBA。

2009 年 10 月 10 日，首届 MBA 网络报名正式开始，10 月 31 日 MBA 网络报名结束，共计 375 人第一志愿网络报考我校 MBA。2009 年 11 月 10 日至 14 日开展首届 MBA 考生现场确认工作。现场确认共计 285 人，现场确认人数在全国第八批 MBA 院校中排名第六，广东省属高校排名第一，在业界引起高度关注。

2010 年 3 月和 4 月，我校举办首届 MBA 复试工作，首届 MBA 共录取 86 人。2010 年 9 月 3 日，首届 MBA 86 名新生全部报到注册。2010 年 9 月 4 日上午，我校举办首届 MBA 开学典礼，学校党委书记程飚、院长王华、副院长雍和明及学校有关学院、部门领导出席了开学典礼。首届 MBA 开学典礼标志着广东商学院 MBA 教育开始扬帆起航。

通过三年多的努力，中心招生工作成效显著，我校秋季 MBA 连续四年报考人数排在省属高校第一、全国第八批 MBA 院校前列，目前在校 MBA 学生人数 392 人，占我校在读研究生总数的 30% 以上，主要分布于财政、税务、海关等财经类机关单位，覆盖了金融、保险、证券、投资担保、教育培训、制造企业、信息科技、商贸流通业等行业。考生地域分布集中于广州、深圳、佛山、珠海、东莞、清远、河源等城市。

第三节　学科建设与发展

一、创新教学手段与教学模式，教学质量不断提高

（一）移动课堂形式多样

为帮助学员将理论与实践相结合，根据中心安排，在各班级任课老师的带领下，学员分别在广州、深圳、珠海、佛山、惠州等地组织移动课堂，将课堂移到企业、工厂等第一线，开阔学员视野。广商 MBA 三届学员每学期每个班级均组织了移动课堂活动，目前已累计 20 余次。

（二）实践导师进课堂突出实战

MBA 属于专业学位培养，注重实战教学，邀请企业高管面对面与学员分享公司管理的实践经验，引领实战教师走进第一课堂。每一门基础课程和核心课程均要求 1 ~2 名实战导师走进第一课堂。截至目前，共邀请企业实战导师 27 人次，承担 108 学时的实战教学，在 MBA 教学上使学员普遍受益，反响强烈。

（三）案例教学开发成绩突出

2011 年谢雄伟老师撰写的《鲁信（美国）有限公司与美国凯伦事业有限公司股权转让纠纷案》入选第二届全国百篇优秀管理案例。另有两位教授编写的两篇案例入选中国管理案例共享中心。2012 年刘焱白老师撰写的《恒通公司的控制权之争：公司章程与公司治理》入选第三届全国百篇优秀管理案例。截至 2013 年 10 月 31 日，共有 13 篇案例入选中国管理案例共享中心案例库，我校获得了“第三届全国百篇优秀管理案例评选最佳组织奖”。

（四）举办粤商论坛

中心一直推崇“粤商文化”的特色建设，“粤商高端论坛”是粤商文化建设的主要载体之一，截至 2013 年 10 月 31 日，一共举办了 17 期粤商高端论坛，邀请名师精英走入 MBA 课堂，分享企业经营管理与人生经验。粤商高端论坛的开办就是要搭建一个展示粤商文化、体现粤商精神的舞台，打造一个高端的交流平台。粤商高端论坛包括四个分论坛：一是学者名师分论坛；二是社会名流分论坛；三是管理精英分论坛；四是校友学长分论坛。粤商高端论坛品牌得到学员们的一致认可和好评。

（五）实习基地建设

中心注重理论与实践相结合，加强创新基地建设，为广大 MBA 学员提供了优质的实习平台。2012 年 6 月，广东商学院 MBA 教育中心与广东美的微波电器制造有限公司建立的“广东商学院 MBA 教育与创新基地”挂牌仪式在顺德举行。2012 年 8 月在广州港总部举行了广东商学院与广州港集团共建广东商学院 MBA 教育与创新基地的签约仪式。2013 年 3 月，广东商学院与志高空调有限公司在志高集团总部举行了共建广东商学院 MBA 教育与创新基地的挂牌仪式。2013 年 6 月，广东商学院与广州立白企业集团有限公司在立白集团总

部举行了共建广东商学院 MBA 教育与创新基地的挂牌仪式。

（六）定期召开教学研讨会

2010 年 9 月，MBA 教育中心召开第一次 MBA 教学研讨会，重点讨论 MBA 教学模式和授课方式等问题。2011 年 3 月，MBA 教育中心在中山召开 2011 年 MBA 教学研讨会，主题是“总结 2010 年我校 MBA 课堂教学的经验，进一步提升 MBA 教学水平”，与会人员就 MBA 课堂教学模式、教学方法、教学资料准备、案例教学等方面进行了交流探讨。2012 年 3 月，广商 MBA 教育中心在惠州召开 2012 年 MBA 教学工作研讨会，重点讨论案例的开发与利用，并对在 2011 年度 MBA 案例开发与建设中作出突出贡献的教师进行表彰。2013 年 1 月，广商 MBA 教育中心在阳江召开 2013 年 MBA 教学工作研讨会，会议重点讨论提升 MBA 课堂质量、实现 MBA 可持续发展等问题。

二、加强论文过程管理，确保首届 MBA 学员毕业论文质量

中心高度重视学位论文管理工作，对论文实行全过程管理，包括导师的选择、开题、论文撰写的中期考核、论文预答辩、论文查重率的检测、双盲评审、论文答辩、优秀论文的评选等都由专人负责，层层把关，严保 MBA 研究生的论文质量。首届 MBA 研究生 77 人参加答辩，共有 8 人获得学校“优秀硕士学位论文”奖。2012 年 9 月，中心召开了首届 MBA 学位论文开题报告会，共有 83 位学员参加论文开题，79 位同学的开题报告通过，通过率为 95%。2013 年 6 月，中心举行 2010 级 MBA 学员毕业论文答辩会，参加答辩学生 77 人。答辩会邀请了中山大学、华南理工大学、暨南大学等高校 MBA 教授，国家审计署、广东省经济和信息化委员会、岭南集团、广州港集团、广东邮政储蓄银行、珠海公交集团等机关企业领导以及校内指导教师担任评审老师，77 位同学全部通过答辩。2013 年 6 月，8 位 2010 级 MBA 学员获“优秀毕业研究生”称号；8 位 2010 级学员获“优秀硕士学位论文”奖项。

第四节　党团与学生工作

一、成立 MBA 教工党支部、学生党支部和 MBA 联合会

2010 年 9 月，成立 MBA 教育中心教工党支部，李焕荣任党支部书记。

2011 年 11 月，成立 MBA 学生党支部。

2010 年 12 月，广东商学院首届 MBA 联合会召开成立大会，广东商学院 MBA 联合会宣告正式成立。2012 年 4 月和 2013 年 4 月，又分别举行了第二、三次代表大会暨换届选举大会。

二、加入华南 MBA 联盟

2010 年 12 月，MBA 联合会代表参加第九届中国 MBA 华南联盟峰会，正式加入了中国 MBA 华南联盟。2011 年 6 月，MBA 联合会代表参加第十二届中国 MBA 发展论坛暨第二届中国 EMBA 高峰论坛。2011 年 11 月，MBA 联合会代表参加“香港浸会大学成立五十五周

年暨母校 MBA 教育在大陆办学十周年庆典”活动。2012 年 3 月，MBA 联合会代表参加由中国 MBA 华南联盟、香港浸会大学 MBA（中国）校友会、华工 MBA 联合会承办的“读万卷书，行万里路”系列之“走进香港”活动。2012 年 12 月，联合会代表赴江西南昌参加中国 MBA 联盟第六届峰会，在会上与来自全国各地 150 多家院校的联合会代表交流学习。2012 年 12 月，联合会代表参加了由中山大学 MBA 联合会承办的第十三届中国 MBA 华南联盟峰会，并在会上作了《如何提高华南联盟影响力》的发言。

三、开展公益活动

MBA 学员通过开展慈善公益活动，关注社会，关注民生。2011 年 11 月，广东商学院 MBA 联合会赴广东省揭西县良田乡桐树坪村开展捐资助学活动，将募捐的 2 万元助学款、400 多册图书、19 套校服及书包等款项物资捐赠给桐树坪小学。2011 年 11 月，MBA 联合会赴广东商学院挂点帮扶村——位于粤东山区的揭西县五云镇流坪村开展调研及扶贫慰问活动，为贫困户送去了慰问款项 6 000 元及油米等慰问物资。2012 年 6 月，第二届 MBA 联合会发起“我为广商添书香”活动，在短短两周时间内总共捐赠图书超过 3 000 本。2013 年 5 月，为雅安地震捐款，共筹集资金 3 245 元。2013 年 6 月，在北校园举行了广东财经大学首届 MBA 毕业生赠送礼物仪式，全体毕业生共筹集资金 5 万余元，向学校赠送刻有“精商通法，敦行致远”字样的纪念石 1 块、细叶榄仁树 8 棵、桂花树 2 棵。同日，广东财经大学首届 MBA 毕业生林树青向广东财经大学图书馆捐赠《二十四史》珍藏版一套。

四、学生竞赛成绩优异

自广商 MBA 成立以来，MBA 学员积极参与全国各项竞赛活动，取得了一系列优异的成绩。2010 年 11 月，广东商学院 MBA“启航队”荣获第六届（2012）中国 MBA 企业案例大赛华南区亚军，罗赟同学获得最佳辩手；12 月，该代表队参加中国 MBA 企业案例大赛全国总决赛并荣获优胜奖。2011 年 3 月，广东商学院 MBA“一本万利队”成功晋级第十届（2011）全国 MBA 培养院校企业竞争模拟大赛复赛，获得全国二等奖。2012 年 3 月，在第十一届（2012）全国 MBA 培养院校企业竞争模拟大赛中，广东商学院 MBA“一鸣惊人队”以广东省第一名的成绩成功晋级半决赛，并获得了全国优秀奖。2012 年 10 月，广东商学院 MBA 研究生首次参加中国 MBA 创业大赛，有两支队伍进入了南方区决赛，其中“科丽华创新梦之队”表现优异，获得“最佳团队优胜奖”。2012 年 11 月，在第八届（2012）中国 MBA 企业案例大赛南方赛区比赛中，广东商学院 MBA 取得了第七名和第九名的好成绩。2013 年 5 月 1 日，MBA 2010 级学员郭金发，MBA 2012 级学员李英锐、何日伟、张锦龙组成的“金鼎集团队”参加第十二届（2013）全国 MBA 培养院校企业竞争模拟大赛总决赛，取得了全国一等奖的好成绩，李焕荣获得“优秀指导教师”称号。2013 年 7 月 1 日，广东商学院 MBA“启新队”和“金鼎队”在指导教师李焕荣、平海的指导下，参加首届全国管理案例精英赛华南赛区决赛，力挫厦门大学、广西大学、深圳大学和汕头大学等代表队，囊括团体冠亚军，2013 年 9 月 21 日，我校 MBA“启新队”参加全国总决赛获优胜奖。

五、“名人面对面”突显特色

“名人面对面”是广东商学院 MBA 推出的学习交流活动平台。2011 年 6 月，广东商学院 MBA 首期“名人面对面”举行，邀请了《新周刊》总主笔、《财经郎眼》嘉宾闫肖锋举办了学术沙龙，学员与闫老师的互动精彩纷呈。2012 年 5 月，广东商学院 MBA 教育中心举办了第二期名人面对面“管理者如何提升讲话魅力”论坛，邀请第三届金话筒金奖获得者、中国电视艺术家协会主持人委员会副会长殷亚敏为主讲嘉宾，受到广大学生的热烈欢迎。2012 年 10 月，广东商学院 MBA 教育中心举办第三期“名人面对面”活动，广东电视台导演、广东省电视艺术家协会会员、中国电视艺术家协会会员、广东收藏家协会理事肖华龙为主讲嘉宾，主题为“艺术品收藏与投资”。

第五节　对外交流与社会服务

广商 MBA 教育中心自成立伊始，坚持“引进来、走出去”的对外交流策略，一方面，加大邀请国内外专家来访、讲学、参观、考察交流的力度；另一方面，MBA 教育中心领导、教师等积极参加国内外各种会议，加大对外合作力度，推进国际合作项目的建设。

一、加强国内交流活动，提高广商 MBA 的知名度和影响力

（一）承办全国 MBA 相关会议，扩大影响力

2011 年 11 月 30 日至 12 月 1 日，中心承办了全国 MBA 教育指导委员会主办的全国第八批 MBA 培养院校工作交流研讨会，中心主任雍和明副院长代表学校向与会代表介绍了 MBA 教育中心的办学理念、主要举措和实践经验，受到代表们的一致好评，扩大了广商 MBA 的影响力。

（二）积极参加全国 MBA 会议及其他交流活动，加强与国内同行的交流

2009 年 12 月中心常务副主任李焕荣参加第四届全国 MBA 教育指导委员会第五次全体会议暨 MBA 培养院校管理学院院长联席会议，作了《新增院校可持续发展问题的思考——以广东商学院为例》的发言。2010 年 11 月，李焕荣在“全国第七、八批 MBA 培养院校工作交流研讨会”上，对广商 MBA 教育的目标、定位与发展思路、招生情况、培养方案与特色等方面向与会代表作了介绍。2010 年 12 月，李焕荣、严复淇参加了第四届全国 MBA 教育指导委员会第七次会议暨全国 MBA 教育研讨会，李焕荣作了题为“基于服务理念的地方高校新办 MBA 培养单位招生策略研究”的报告。2011 年 6 月，李焕荣带队，全体 MBA 教育中心工作人员赴深圳大学 MBA 教育中心学习交流。2011 年 6 月，李焕荣等五人参加第十二届中国 MBA 发展论坛，探讨华商文化、中国经济与商学院教育的未来。2013 年 1 月 MBA 教育中心参加全国第八、九批 MBA 培养院校工作交流研讨会，李焕荣携中心成员参加会议。广商 MBA 教育中心被选为本次会议的代表，李焕荣从中心教育发展基本情况、教育实践体会及未来发展思考三方面进行了经验分享。2013 年 7 月，中心参加首届海峡两岸管理教育发展论坛，李焕荣作为论坛嘉宾作了办学经验介绍。

（三）邀请全国 MBA 教育指导委员会专家、国内外学者、国内院校专家来中心指导工作

2009 年 11 月，全国著名管理专家、东北财经大学 MBA 学院院长、博士生导师于立教

授应邀，前来我校就MBA教育相关问题进行指导。2009年12月，中心邀请国务院学位委员会第六届工商管理学科组评议组成员、全国MBA教育指导委员会秘书长仝允桓教授以及MBA秘书处主任王萍等到中心指导MBA教育工作。2010年1月，华中科技大学管理学院院长、全国MBA教育指导委员会委员张金隆教授来我校指导MBA教师培训工作；同月，全国MBA教育指导委员会委员、中山大学管理学院院长李新春教授来我校指导MBA教育工作。2011年5月，中国科学院数学与系统科学研究院副院长、中国科学院预测科学研究中心主任汪寿阳教授来我校参加广东商学院工商管理硕士专业学位教育指导委员会成立大会，并对广商MBA发展提出了宝贵建议。2013年5月，江西财经大学副校长、全国MBA教育指导委员会委员吴照云教授来我校就MBA教育的相关问题进行指导。

二、加强国外交流活动，拓展国际视野，走向国际化

2010年3月，广东商学院党委书记程飚会见马来西亚精英大学校长陈德洪博士等，并就MBA等合作项目进行磋商。2011年4月，副院长雍和明率代表团对菲律宾、新加坡和澳大利亚等国的相关高校进行友好访问，与AMA计算机大学、科廷大学、亚太国际学院及卧龙岗大学就MBA教育合作项目签署合作备忘录。2011年3月，美国密苏里州立大学工商管理学院副院长David Meinert一行来我中心洽谈MBA国际合作项目，常务副主任李焕荣代表MBA中心就两校开展MBA合作项目的实施细则交换意见。2012年2月，MBA教育中心学生代表团赴印度参加“金砖五国商学教育协会第四届学生会”（The Forth Brics Abbs Student Meet）。2012年10月，泰国亚洲理工学院院长Weerakorn Ongsakul博士等到访，李焕荣就MBA学生赴泰开展短期的游学项目与对方进行磋商，并规划在教师互访、合作科研项目、学生交流等方面开展合作。2012年12月，李焕荣等在行政楼第二会议室亲切会见来自俄罗斯协同大学（Synergy University）的亚太区副总裁苏斯雷先生一行，就开展高端学生的教育培养合作模式，创造更多国际合作平台等达成协议。2013年2月，美国密苏里州立大学校长顾问席小彬博士来我中心访问交流，MBA教育中心常务副主任李焕荣主持会谈。双方就MBA教育领域的发展前景和发展趋势达成共识。2013年4月，广东商学院MBA教育中心成功举办与科廷大学MBA项目的交流活动。副院长、MBA中心主任雍和明，常务副主任李焕荣，广商MBA学员以及澳中国际文化交流协会会长、太平绅士苏康华博士，澳大利亚科廷大学MBA师生参加交流会，双方就两所学校能够共同进步，携手致力于培养更多的优秀国际化管理人才，为世界经济发展培养中坚力量达成意向。2013年6月，院长王华接待了来我校访问的美国西阿拉巴马大学校长Richard Holland、国际部主任Key John、研究生院院长Kathryn Chandler等一行六人，副院长雍和明和中心主任李焕荣等参加了会议，双方就MBA教育等项目进行了讨论，希望尽快正式签署合作协议，开展相关合作项目。2013年6月，院长王华接待俄罗斯协同大学副校长Medetsky Gennady、大中华及亚太区项目总裁Solonitsyn Vaycheslav等来我校访问，洽谈有关MBA教育合作等问题，并就广东财经大学MBA学生赴俄罗斯短期游学项目达成一致意见，副院长雍和明、中心主任李焕荣等参加了会议。2013年10月25—27日，“金砖五国商学院联合会（ABBS）双年会（Biennial Conference of the Association of BRICS Business Schools）、国际高等商科教育论坛（Management Education International Forum）暨第五届学生会议（The 5th BRICS Students Meet）”在中国上海隆重举行，我校BMA教育中心派出由5名MBA研究生组成的代表队

参加此次盛会。

2013 年 6 月 29 日，我校首届 MBA 毕业典礼暨学位授予仪式举行。校学位评定委员会主席、院长王华为 77 位首届 MBA 毕业生授予工商管理硕士学位。校党委书记程飚，副院长雍和明、于海峰参加了会议并为获各类奖励的毕业生颁奖。

第三十一章　继续教育学院

继续教育学院既是广东财经大学成立较早的二级学院，也是广东财经大学负责继续教育工作的管理机构。其前身可追溯到建校初期的培训中心，学院在全省成人学历教育、高等教育自学考试、行业培训等办学领域形成了规模和特色。学院一直致力于构建多样化办学格局，迄今已为社会培养数万名毕业生。

第一节　概　述

一、历史沿革

（一）成人学历教育发展沿革

我校成人学历教育克服办学地点偏僻、条件有限、专业门类狭窄等不利因素，艰难起步，在 1989 年首次招生，招生人数 99 人，其中税务专业 12 人，会计专业 87 人。1994 年 10 月，我校举办中华人民共和国国内贸易部部属院校函授站站长首批研修班。翌年，我校召开第一次成人学历教育函授站工作会议，总结经验，谋求发展。1996 年，教育部对我校成人函授和夜大教育进行评估，部委专家对我校成人教育事业发展给予肯定。我校成人学历教育以评估为契机，加快办学观念转变，迎来新的发展机遇，并于当年召开我校第一次成教工作会议。1998 年 4 月 17—20 日，我校召开"广东商学院'98 成人教育专题工作会议"，提出了"积极创造条件发展我院成人教育"的思路，会议审定通过了《广东商学院成人高等教育 1998—2010 年发展规划》和《关于进一步发展我院成人高等教育事业的决定》。招生规模逐步增加。

在政策的有力推动下，我校成人教育蓬勃发展。1998 年我校成人学历教育招生人数超过 800 人（含学历文凭班），2001 年达到 1 500 人，2002 年招生规模已超过 3 000 人。2003 年计划招生 4 200 人，与同时期普通教育招生规模基本持平。2008 年以来成人高等教育办学规模稳中有升，呈现良好的发展态势。2013 年的成人高等教育在校生总人数约 13 000 人，达到历史最高水平。

办学形式实现多样化。1989 年我校在校本部首次独立招收函授和夜大专科学生，形式较为单一。1992 年开始举办成人学历教育脱产班，1998 年招收学历文凭班，1999 年招收中英合作自考班，初步形成了成人学历教育和非学历教育双管齐下、形式多样的办学格局。同时，办学层次逐步提升。1999 年以前，成人学历教育办学层次仅为专科。1999 年，我校获准招收成人专升本学生资格，2000 年开始招收本科生，到 2003 年共有成人本科生

1 000多人。

办学空间不断拓展。立足广州，服务社会，1991 年学院分别在中山和珠海设立函授教学点。1997 年，教学点基本覆盖广东省所有地级市，目前共有省内函授教学站（点）40 多个。与此同时，我校积极拓展，服务西部。2001 年，我校在云南省昆明市设立首个省外函授站；2002 年在广西省南宁市设立省外函授站；2003 年 3 月 19 日，广东商学院西藏函授站在拉萨正式挂牌。

经过不断努力，2009 年，广东商学院成人（继续）教育学院获“广东省成人教育协会先进集体”称号，梁山同志被广东省成人教育协会评为“先进工作者”。

（二）高等教育自学考试发展沿革

1991 年我院获得自学考试主考学校资格，开始自学考试专科层次考试工作；1996 年 10 月 3 日，经学校研究决定，成立我校高等教育自学考试领导小组，温宝光任组长、赵九宣任副组长。同年开设本科专业，并取得财税专业和投资金融专业的本、专科主考学校资格；1998 年开设学历文凭班；1999 年开设中英自考商务管理和金融管理专科班，是广东省自学考试中心确定的试点学校之一，非学历教育招生规模逐步扩大。为响应广东省自学考试委员会关于鼓励主考院校开展自学考试独立办班的号召，2005 年 3 月我院积极开展自学考试独立办班工作，并取得丰硕成果。为响应广东省自学考试委员会关于鼓励主考院校与高职高专建立相沟通办学模式的号召，2009 年 3 月我院分批次分阶段与省内外高职高专建立相沟通办学模式，截至 2012 年我校共与 49 所高职高专院校开展了办学合作。2012 年 11 月 15 日我校召开首届自学考试助学工作会议，国家工业与信息化部、广东省考试院、广州市招生办公室及学校领导出席会议。

2007 年自学考试招生人数为 382 人。2009 年自学考试学生为 2 375 人，2010 年在校生人数增加到 4 700 人，增加了 98%；2012 年在校生总人数达到 6 900 人。自学考试助学辅导人数迅猛增加，办学规模不断扩大。从 2007 年到 2012 年增长率高达 1 706%。自学考试办学专业 2008 年为 15 个，2010 年为 29 个，2011 年为 33 个，2012 年增至 38 个。

2012 年 5 月，在广东省继续教育工作会议上，广东商学院获“全国高等教育自学考试先进集体”荣誉称号，代永华同志荣获“全国高等教育自学考试先进工作者”和“广东省高等教育自学考试先进工作者”称号。继续教育学院冯钦鹏同志荣获“广东省高等教育自学考试先进工作者”称号。

（三）培训工作发展沿革

成人培训工作肇始于 1986 年。当年，学校受省经委、省委调研室、省税务局、广州海军部队等部门的委托举办了总经济师、总会计师培训班，调研干部学习班，税务局局长培训班，企业管理、财务会计专科班，烹饪师培训考证班等各种形式的培训，为地方经济建设和人才培养作出了积极贡献。

20 世纪 80 年代到 90 年代，学校培训工作发展平缓，培训项目稳中有进。从 1989 年到 1999 年，我院共培训专业证书班学员 1 000 多名；2008 年上半年，我院成功申办全国计算机等级考试考点，系当年度唯一获批两个考点（校本部和三水校区）的高校。

2008 年以来，我院行业培训工作稳步推进。2010 年继续教育学院成功举办了 5 期税务干部培训班；2010 年以来，我院先后与陕西省汉中地税局、青海省海北州地税局、重庆市北新区地税局等省外税务系统合作举办干部培训班；2011年与南海区国税局、顺德国税局、广州市委组织部合作举办了多期干部培训班，培训人数近510人。2010年我院开展在职研究生联合办学，2011年新招研究生35人，与澳大利亚莫道克大学在校际合作项目上有所斩获。2012年开展与泰国崇圣华侨大学的国际办学合作。

二、学院历任领导

（一）历任院长（处长、负责人）

1988年至1991年，何启傅任培训中心主任。

1991年至1997年，李作俊任教务处成教办主任。

1997年7月至2000年6月，罗晓林任成人教育处处长。

2000年7月至2004年12月，罗晓林任成人教育学院院长。

2005年1月至2008年7月，李俊任成人（继续）教育学院院长。

2008年7月至今，代永华任继续教育学院院长。

（二）历任副院长

2000年7月至2000年12月，李作俊任成人教育学院副院长。

2001年1月至2003年7月，陈庆建任成人教育学院副院长。

2003年7月至2012年3月，雷海燕任继续教育学院副院长。

2006年11月至2010年4月，梁山任继续教育学院副院长。

2010年4月至今，陈庆建任继续教育学院副院长。

2013年6月至今，吴金椿任继续教育学院副院长。

2013年6月至今，梅金铃任继续教育学院副院长。

（三）历任党总支书记（直属支部书记）

2000年7月至2004年12月，罗晓林兼任成人教育学院党总支书记。

2005年1月至2008年7月，李俊兼任成人教育学院直属支部书记。

2008年7月至2010年10月，吴美珍任成人教育学院党总支书记。

2010年11月至今，赵明任继续教育学院党总支书记。

三、内设机构

1988年，我校设立培训中心，开展成人培训工作。1991年，我校培训中心纳入教务处统一管理，成立教务处成教办。1997年7月10日，经学院党委研究决定，成人教育处为系（处）建制机构。2000年6月更名为成人教育学院；2002年设立继续教育学院，学院两块牌子一套人马；2008年正式合并为继续教育学院。

在人员配置方面，1988年，培训中心管理人员有3人；1996年，教务处成教办管理人员有6人；1999年增加到8人；2001年增加到12人；2003年各类管理人员有17人；目前继续教育学院共有教职工27人。

1997年成人教育处共设办公室、培训科、自考办3个科室。1999年因学生管理需要设立学生管理科，2000年成人教育学院设有办公室、教务科、学生管理科和培训科（自考办）4个科室，直属办学地点有赤岗教学点和校本部教学点2处，专用教室从无到有，

2003年成人教育专用教室10余间，电脑室3间，各种办公和管理设备较为齐全。截至2013年，继续教育学院共有9个科室，其中经学校批准的科室6个，内设科室3个，全院共有教职工27名。

第二节　现行管理模式与教学模式

2008年9月，广东商学院召开继续教育工作会议，会议确定进一步改革我校继续教育管理机制和办学模式，挖掘继续教育办学的潜在优势，颁布了《广东商学院继续教育改革方案》。

一、管理模式

（一）管理体制

广东商学院成人高等学历教育由继续教育学院归口管理、集中办学，学校二级教学院部有效参与。非学历教育分类归口管理、分散办学。

（二）职责分工

1. 继续教育学院

继续教育学院负责制订学校成人高等学历教育的发展规划与年度计划，申报招生计划与教学点备案，组织生源与招生录取，全程教育管理与质量监控，组织实施专业建设与课程建设，开展成教改革与成教研究等。

2. 二级教学院部

二级教学院部在继续教育学院的统一组织下，负责所属专业建设、课程建设、教材建设、本科毕业论文指导和答辩以及教师选派（包括本单位任课教师不足时从校外聘请合格教师）工作，并对专业建设质量、课程建设质量、教材建设质量、本科论文指导质量和所选派教师教学质量负责。

（三）办学模式

1. 办学条件

目前继续教育学院主要依托我校软硬件教学资源办学，分别有校本部教学点和赤岗教学点两个直属办学点，利用学校雄厚且高水平的师资队伍举办各种成人高等学历教育和非学历教育，有独立和相对独立的办学场地和教学实验设备设施，办学条件较好，能够满足办学需要。同时学院根据自身办学特点，在充分利用普教教学资源的同时，着力打造适合成人学历和非学历教育特点的数字化资源教学和管理平台，从而达到软硬件协同发展的目标。

2. 办学层次、办学类型和规模

继续教育学院办学模式不断创新，办学形式日益多样化，层次结构日趋合理。目前办学形式有成人学历教育、自学考试、短期培训、社会服务等，办学模式有函授、业余、独立办班、专本连读、全日制脱产学习等，办学层次有专科、本科、硕士研究生、考试辅导等，初步形成了规模较大、质量较高、形式多样、结构优化、效益较好的办学格局，为我院办学规模的进一步扩大搭建了良好的发展平台。

二、现行教学模式

（一）基本结构

现阶段，成人高等学历教育主要将所有课程分为 4 大模块：公共基础课、专业基础课、专业课、综合运用课。各模块分必修课和选修课。综合运用课包括专业（课程）实习、社会调查、毕业论文（设计）、毕业实习等。非学历教育按照省考试院当年考试计划具体开展实施。

（二）学习形式

继续教育包括成人学历教育与非学历教育两大类型，教学模式主要采用面授形式，其中成人高等学历教育学制的高中起点专科（包括业余与函授）和专科起点本科（包括业余与函授）均为 3 年。非学历教育学制较为灵活多样。

（三）考试形式和教学质量监控情况

继续教育考核方式主要采用笔试、考核、论文、答辩等多种形式，其中以开卷和闭卷两种笔试为主要方式。同时根据自身实际，成立学院教学督导组，以常规性走访课堂、听课、小组会议形式，对我院教学质量进行常规化、制度化监控。

另外，我院通过每一年度召开的函授站工作会议、教学点一线人员工作会议加强继续教育学院和各教学点的沟通协调，搭建交流平台。在沟通协调过程中，认真听取各教学点教学质量监控情况，积累先进经验，提出整改要求，从而促进我校继续教育工作上台阶、上水平。

2006—2007 年，在全省普通高校成教教学质量评估中，我校被抽查到的三个教学点全部获得“优秀”等级。自 1988 年以来，我院教职工主持继续教育学会类课题 2 项，参与省级课题 2 项，主持校级教研课题 1 项，共发表继续教育相关学术教研论文 35 篇，主编参编教材 2 部。

第三节　党团与学生工作

一、概述

1997 年经学校党委批准成立成人教育处直属党支部。2000 年成立成人教育学院党总支，罗晓林任党总支书记。2005 年经学校党委批准，成人教育学院院长李俊兼任直属党支部书记。根据学校党委的统一部署和要求，从 2006 年 5 月 17 日至 6 月 17 日，学院直属党支部开展了纪律教育学习月活动，并于当年开展党员培养工作。

2008 年 7 月，经校党委批准，吴美珍任继续教育学院党总支书记，并于当年召开学院教工党员大会，选举产生新一届党总支委员会，成立了教工党支部。2010 年 11 月，赵明任继续教育学院党总支书记，有序推进党建工作，成立了学生党支部。2013 年 6 月，赵明任继续教育学院党总支书记。

二、班子建设

自成立党支部以来，继续教育学院党建工作稳步推进。尤其是2008年以来，继续教育学院党总支以班子建设为核心，不断增强班子集体领导和民主决策的能力，尤其是在“三重一大”事项的决策上，坚持科学发展，依法依规办事，按程序办事。同时，作风民主，班子团结，在班子及学院各项工作中积极营造为了共同的目标，求大同、存小异的良好工作氛围，恰当处理好与相关工作环节的关系，促进学院各项工作顺利开展。积极推进民主监督的步伐，加大对“三重一大”事项的监督与公开力度。按照校党委的统一部署，制订、实施本单位的党建工作计划，认真落实好每年的党建工作，定期召开民主生活会。

三、组织建设

1988—2003年的15年里，我院在校学生遵守党纪党规，积极要求进步，共有368人递交入党申请书，参加党校培训的有93人，有38人入党。

2008年继续教育学院党总支成立教工党支部，同年开展创先争优、纪律学习活动月活动，在党支部中开展政风行风评比活动，不断提高支部党员理论水平和政策水平。为弘扬红色革命精神，2009年5月继续教育学院党总支组织全体党员到江西省井冈山革命圣地学习考察。

2010年以来，继续教育学院按照校党委的统一部署，制订、实施本单位的党建工作计划，认真落实每年的党建工作；加强党员学习教育，开展有针对性的组织生活，提高组织生活的质量；成立学生党支部，做好入党积极分子培养和党员发展工作；加强学生党支部组织建设，完善《继续教育学院大学生发展党员程序》，采取党团学班组织推荐、团学组织审核、辅导员教学秘书评议、入党积极分子公开演讲、支部研究决定等程序，促使党员发展对象的遴选过程公开、公平、公正，保证发展对象的质量。2010—2012年，共发展学生党员38人，按期转正党员55人。党支部建立学生谈心制度，坚持预备党员谈话制度，加深他们对共产主义的理解与认识，经常与入党积极分子沟通思想，关心他们的学习和生活，帮助他们了解社会经济，剖析社会经济现象。

2010年以来，继续教育学院党总支以支部建设为抓手，依托教工党支部和学生党支部两个平台，先后开展创先争优、纪律学习活动月、廉政风险防控等活动，全力提升党总支抵御风险的水平。

学院党总支历来重视组织党员干部学习党的路线方针政策，提高党员干部政治素养；广泛开展教职工谈心活动，充分进行思想交流，虚心听取群众意见，认真查找思想上和工作中存在的问题；结合学院的重点工作，开展公开承诺，学院16名党员都结合各自的岗位职责进行了公开承诺，承诺率达100%；认真开展领导点评工作，做到点评时有的放矢；完善科室职能和岗位职责，提高工作效率，推进日常管理工作不断科学规范；组织召开民主生活会，通过开展批评与自我批评，沟通思想，反思过去，总结经验教训，达到改进工作、共同提高的目的。

四、学生工作

针对继续教育学生的工学矛盾，学院在加强学生日常管理工作，总结以往学生工作经验，如何进一步做好学生德育及素质教育、开展文体活动等方面，进行了积极探索和多方实践，取得了丰硕成果。

1989 年，我校开始成人学历教育，招收成人专科生 99 人，开启我校成人教育学生管理工作先河。1992 年，我校开始举办成人学历教育脱产班，系我院首次招收全日制在校学生。随着办学规模的不断扩大，学生工作专门化、常态化建设初步形成，设有函授业余管理科负责函授业余学生的工作，并配备专人负责管理。2008 年 9 月，继续教育学院举办首届广东商学院高等教育专本连读脱产班，推动我院学生管理工作迈上新台阶。

2008 年 9 月经学校团委批准，继续教育学院直属团总支正式成立。同年 11 月继续教育学院学生会正式成立。2011 年 5 月继续教育学院专本连读脱产班学生党支部成立。目前，我院学生工作涵盖函授业余管理和脱产管理两大形式，学生党支部、团总支、学生会及各类社团组织蓬勃发展，有力推动奖惩制度、学生党建及团学工作不断完善。

继续教育学院学生工作在党总支的领导下，重点从入学教育、新生军训、专题教育、开学典礼、毕业典礼、团总支学生会成立大会等活动入手，大力开展理想信念教育、人生观教育、社会责任意识教育和养成教育等，提高学生的自律能力和免疫力。2008 年以来，每年制订广东商学院高等教育自学考试专本连读脱产班迎新工作方案，加大专业教育、安全教育和遵纪守法教育的力度，强化新生入学教育；加强班风、学风建设，通过增加班费，健全班委会的组织功能，发挥小干部的大作用；创造条件推进“五早一晚”活动的开展，加强对学生宿舍的经常性检查，督促学生早睡早起，养成良好的生活习惯；充分利用学校的育人环境和氛围，积极开展篮球、羽毛球、交谊舞、英语沙龙等文体活动，丰富学生的第二课堂。

第四节　对外交流与社会服务

学院历来重视开展对外交流活动，目前已与澳大利亚、泰国等国家教育机构及其人员开展了多种形式的交流与合作。近年来，与澳大利亚莫道克大学的校际合作项目稳步推进。2012 年开展与泰国华侨崇圣大学的国际办学合作。华侨崇圣大学，1942 年由泰国第一家华人慈善机构——“报德善堂”创办，是众多华人企业家捐资兴建的一所非营利性综合大学，在泰国私立大学中排名第二，是泰国唯一一所由泰国普密蓬国王命名的大学。同时也是中泰两国文化交流的重要基地，是中国学生走近泰国、了解东盟的平台。

服务社会是我院面临的新课题和新挑战，也是学院发展获得的新空间和新机遇。继续教育学院立足广东省发展实际，坚持走服务地方、服务社会之路，逐步建立了广泛而有效的校地合作机制，多渠道、多层次、多方面地融入到地区的经济社会发展之中。通过发挥各专业的优势，学院在服务地方经济建设尤其是珠三角应用型人才培养方面，取得了一系列成果，在服务地方经济发展建设中发挥了重要的作用。

第三十二章　创业教育学院

基于本科应用型人才培养特色，学校历来重视学生实践能力与创新能力的培养。进入20世纪末期，随着我国高等教育从精英教育向大众教育的转变和建设创新型国家的需要，创新创业教育越来越为学校所重视。2012年10月，为抓住国家创新型战略背景下的重大发展机遇，结合国内外商科学院的发展趋势，立足我校人才培养模式改革实际，进一步整合资源，推动创新创业教育，我校在国家级人才培养模式创新实验区的基础上成立创业教育学院，学校创新创业教育进入整合建设和快速发展阶段。

第一节　概　述

一、历史沿革

我校创新创业教育是随着经济社会转型和国家发展战略需要，全校人才培养模式改革的逐步深入，学生创新与实践能力提升的需求而逐步建立和发展的，具体可分为以下三个建设阶段。

（一）探索阶段（1997—2007）

1999年，学校召开第二次教学工作会议暨“三改”会议，提出以大学生素质教育、创造能力培养和个性化发展为目标，通过教学内容、教学方法和教学手段的改革，着力培养学生的创新精神和实践能力。

2002年，学校开始实施“三大课堂”整合工程，在修订2002级本科教学计划时，增设了10学分的素质拓展课模块。

自2002年开始，以第一、二、三课堂整合为基础，以经管类专业实践教学改革为突破口，逐步将创新创业教育纳入本科人才培养方案，确立创业教育体系建设框架和发展方向。2003年，学校修订2003级本科教学计划，首次将创业学作为专业必修课纳入了工商管理专业本科教学计划。

2006年，学校修订2006级本科教学计划，部分经管类专业增设了企业资源计划、企业行为模拟——沙盘推演与ERP应用、创业与实践和模拟综合实习等四门创新创业类实践课程。

2007年，学校修订2007级本科教学计划，将部分经管类专业毕业实习划分为毕业实习Ⅰ（校内仿真综合实习）和毕业实习Ⅱ（校外实地实习），进一步拓展学生创新创业实践空间。

（二）拓展阶段（2008—2011）

2008 年 11 月，学校召开第五次教学工作会议，决定成立“具有企业家精神和潜质的经济管理人才培养模式创新实验区”。该实验区于 2009 年和 2011 年分别被批准成为“国家级、省级人才培养模式创新实验区立项建设项目”。

2009 年 10 月，学校与广东省教育厅共同建设全省首个“广东省大学生就业创业实训基地”，同年与广州市海珠区人民政府共建广州市海珠区大学生创业孵化基地。

2010 年 9 月，学校开展广东省大学生创新实验项目立项建设工作，共建设 100 项广东省大学生创新实验项目，并先后出台了《广东商学院大学生创新实验项目管理办法》、《广东商学院大学生创新实验项目实施细则》和《广东省大学生创新实验项目经费卡使用说明》等系列管理文件和实施细则，创新教育进入快速发展时期。

（三）整合与全面建设阶段（2012 年至今）

2012 年 3 月，《广东商学院国家级大学生创新创业训练计划工作方案》通过教育部高等教育司专家组论证，广东商学院成为国家级大学生创新创业训练计划参与高校，同年立项建设 100 项国家级大学生创新创业训练计划项目，并出台了《广东商学院大学生创新创业训练计划项目管理办法》。

2012 年 4 月，学校印发《广东商学院本科人才培养方案的指导意见》，将创新创业教育全面系统地纳入本科人才培养方案，在人才培养方案中增设系列开放式课程（项目）模块（包括创业模拟体验项目、创业设计项目、创业孵化项目、公开发表研究论文、获得省级以上科研项目、权威竞赛获奖、获得权威证书等），旨在通过项目引领，让学生多角度提升创新创业能力。

2012 年 4 月，学校召开第六次本科教学工作会议，会议出台了《广东商学院大学生创业教育体系建设方案》，确定了创业教育课程建设、创业特训班组建、创业教育平台建设、创业教育实践项目建设和创业教育师资队伍建设等五大建设任务。

2012 年 6 月，学校修订 2012 版本科教学计划，根据《教育部关于大力推进高等学校创新创业教育和大学生自主创业工作的意见》（教办〔2010〕3 号）和《教育部财政部关于“十二五”期间实施“高等学校本科教学质量与教学改革工程”的意见》（教高〔2011〕6 号）的文件精神，在通识必修课开设创业基础课程，在通识选修课开设创业家及创业管理实务、大学生 KAB 创业教育和创业教育指导课程，把创业教育融入人才培养体系，贯穿人才培养全过程，面向全体学生广泛系统开展。

2012 年 9 月，学校印发《广东商学院学生创业园区建设总体方案》和《广东商学院学生创业园区管理规定》，校内大学生创业服务体系逐步形成。目前，学校正在建设由就业创业实训中心、校内创业孵化园（校本部和三水校区分别设立）和创业教育模拟教学平台构成的创新创业教育综合教学平台。

2012 年 10 月，以国家级人才培养模式创新实验区为依托，学校成立创业教育学院（与国家级人才培养模式创新实验区合署），负责与大学生创业教育相关的课程设置、项目开发、创业实践的实施等工作。

二、学院领导及机构设置

为便于资源整合，充分利用现有创业教育资源，创业教育学院院长由分管教学工作的校领导担任，并设常务副院长和党总支书记各一名。首任常务副院长为刘红红教授，蔡楷有为首任党总支书记兼副院长。

学院首次定编11人，设置综合管理岗、课程设置与教学设计岗、教学管理岗、学生管理岗、项目开发岗和创业实践岗等五类岗位，负责与大学生创业教育相关的课程设置、项目开发、创业实践指导及管理等工作。

第二节　国家级人才培养模式创新实验区建设

2008年11月17日，学校召开第五次本科教学工作会议，会议出台了《广东商学院人才培养模式创新实验区建设方案》，具有企业家精神和潜质的“有创意、能创造、善创业”的经济管理人才培养模式创新实验区正式成立。时任分管教学工作的曾小彬副院长任实验区主任（2009年12月开始于海峰副院长任主任），教务处副处长刘红红任常务副主任，负责实验区的日常运行，设置教学管理岗、学生管理岗和课程设置及项目开发岗各一人，挂靠教务处。

实验区是一个相对独立的教学单位，每年从全校各专业新生中通过自愿报名、初选、笔试和面试等环节遴选一到两个班（不超过100人）的学生进行独立培养，专业为工商管理。学校为实验区运作提供相应的组织保障和经费保障，实验区还获得80万元的国家和省级财政资助。

2009年11月2日，教育部、财政部联合下发《关于批准2009年度人才培养模式创新实验区建设项目的通知》（教高函〔2009〕27号），人才培养模式创新实验区获批立项建设国家级人才培养模式创新实验区。2011年获批为“广东省级人才培养模式创新实验区立项建设项目”。2012年首届毕业生98人，目前共有150名学生在读。

实验区是一个在教学理念、教学内容、教学组织形式、管理体制和学生活动等方面进行人才培养综合改革的教学实验区，遵循“知识传授与能力培养并重，理论教学与实践教学并举，教师主导性与学生主体性相结合”的现代教育教学理念，充分利用校内外资源办学，着力培养学生的企业家精神和创新创业能力，并以项目管理的方式进行相对独立运作。

2008—2012年间实验区挂靠教务处，相对独立运作，2012年10月起与创业教育学院合署办公，人员也随之并入创业教育学院。

实验区旨在培养适应经济社会发展需要的基础扎实、实践与创新能力强、具有国际化视野和企业家潜质，并能反映区域经济和文化特点的“有创意、能创造、善创业”的复合应用型人才。实验区作为学校综合教学改革的试点，在人才培养模式的创新、教学团队建设、管理团队建设、管理机制创新等方面进行了多方探索与有益尝试，为学校创新人才培养模式创新和创新创业教育改革打下了良好的基础。

一、完善“三创”人才培养方案

构建融“知识学习、能力培养、实践训练”于一体的教学内容体系，使得原有的认同性课程转向“创造性”课程，“专业化”课程转向“综合化”课程，将知识体系设计为科学人文素养、创业与管理理论、管理能力和管理体验与创业实践等四大模块，分别在不同的教学阶段分配，形成一个有机的教学系统。

二、打造专兼结合的高水平师资队伍

采取课程招标制度和实验区课时津贴制度，从全校各单位聘任优质师资到实验区任课，在实验区任课的校内教师按双倍工作量计酬，校外教师按项目制聘请；推进“课程开发”，开发的人文社科专题、自然科学专题和方法论专题采用名师联合开讲的方式，深受学生欢迎；进行“课程整合”，尤其是对社会实践、行业调研、项目开发和创新实践等实践教学内容进行整合，以提高实践教学效果。

三、实施三学期教学安排

三学期制是指将每学年原有的两个学期分为“两长一短”三个学期，即在传统的第一（秋季）、第二（春季）理论教学学期的基础上，设立第三（夏季）学期，第二学期和第三学期之间不间断。新增的第三学期主要满足学生拓展学习、实践能力培养和个性化发展的需求。教学内容主要包括师生境内外学术交流、学生游学、海外带薪实习、户外拓展、社会实践、行业研究、项目开发、商务素养训练和创业教育等，让学生在时间相对宽裕和灵活的小学期内更好地扩展知识面，培养团队协作和竞争意识，提升学生的可持续发展能力和综合素质。

四、建立学生学习成效综合考评方法体系

构建以教师管理为主转向以学生管理为主、从注重结果评估转向过程评估与结果评估兼顾的教学管理模式。建立“知识、能力、素质”为考核内容的综合评价体系，改变以往“一考定终身”的考核方式，通过学生自主评价与教师评价相结合、个体评价与团队评价相结合、过程评价与结果评价相结合的方式完成对学生的综合考核。

五、推进全程跟踪反馈的学生成长管理模式

设计学生心理素质、学习能力、职业倾向等测评指标体系，为每个学生建立全程成长和学习档案，并进行毕业后的跟踪管理。

六、实施项目驱动式导师制

为发挥教师在学生培养中的主导地位和学生的主体作用，鼓励高水平教师及企业界人士更多地参与实验区的教学工作与改革实验，实验区采取项目驱动式导师制，通过双向选择的方式，给每5名学生配备一名导师。导师对学生的学习观念、学习方法、专业发展方向、职业生涯设计等方面进行指导。导师制采取项目驱动的方式，即要求导师带领学生完成一个项目，低年级是调研类项目，高年级是开发或创业类项目，给每个项目配套经费，主要是鼓励学生在老师的带领下学会寻找和开发项目。

七、开创项目驱动式实践教学

在保证实践教学4年不断线的基础上，改革实践教学的组织形式，采取项目驱动制；设计“七环节”校内创新创业实践教学，按照读、看、思、评、演、试、做七个环节进

行。在必修课程中设置了3学分的社会实践和4学分的项目开发，每组学生都必须在导师的指导下完成项目开发。在校内创新实践的基础上，遴选基础好的项目，进入校内大学生创业园区进行创业扶持，实现创业梦想。

八、进行学生活动创新

构建基于“三个转变”的第二、三课堂活动。为引导学生养成现代经营理念和团队合作精神，促进学生素质教育从“要我发展”到“我要发展”、从个体素质发展到群体素质提高、从整体要求到个性塑造等三个方面的转变，为实验区学生提供精彩的课余分享——读书会、公益活动、户外拓展训练、管理论坛、商业礼仪、商务谈判、沙盘对抗赛和创业计划书的制作等，以提高学生的团队意识、合作能力与沟通技巧。

九、初步建立起实验区人才培养资料档案体系

建立实验区开办以来的电子、纸质教学改革档案，并根据教学条件、教学研究与改革、制度管理、学生考评、学生成长档案和学生活动成果等子目录进行科学分类，便于查找和总结。

实验区的人才培养模式改革极大地推动了我校各专业的人才培养模式改革，2012年11月实验区教改经验和成果在全校巡展。目前我校已建立起国家、省级和校级三级人才培养模式创新实验区体系，获批4个省级人才培养模式创新实验区；实验区的人才遴选和考评机制被广泛应用到其他层级实验区的学生遴选和考核管理中；实验区的小学期集中实践教学推动了我校创新实践周在全校各专业的推广。

基于对实验区人才培养模式改革和创新创业教育成效的认可，学校于2012年10月发文成立“广东商学院创业教育学院”，与实验区合署办公，极大地推进了我校的创新创业教育工作。

第三节　党团与学生工作

一、党团工作

2008年实验区成立之初，挂靠在教务处，职工党支部在机关第二党总支，学生的党团学工作一直挂靠工商管理学院。创业教育学院于2012年10月成立，与国家级人才培养模式创新实验区合署，经校党委批准，创业教育学院有独立的团总支和党总支，共有教职工党支部1个，学生党支部1个，团支部3个，教职工正式党员6名，学生正式党员12名，预备党员8名。

2008级实验区团支部曾被授予“2010年度广东省五四红旗团支部”的荣誉称号。2011级实验区团支部获得“2012年度广东商学院五四红旗团支部标兵”的称号。

二、学生工作

实验区学生对各类校内外创新实践活动参与意识强，形成良好的自我实现、自我提高

意识，并取得不俗的成绩。

实验区出版由老师与学生共同设计、完全由学生编辑的实验区报刊《莘报》，自2009年创办，至今已发行9期。

为拓展学生的国际视野，实验区推进学生带薪实习项目，实验区学生霍恺欣和杨燕红经过多轮激烈面试，分别获得在洛杉矶国际机场（全国仅4人，3人来自港台地区）和美国黄石国家公园带薪实习的机会，并最终分别获得在南航北美总部和美国黄石国家公园的工作职位；吴宇靖前往加纳和俄罗斯，陆璐前往俄罗斯进行带薪实习。陆璐现在Adamant Holding Company（俄罗斯圣彼得堡最大的公司之一）担任亚太区市场经理。

实验区紧密围绕工商管理专业特色，带领学生研究企业及企业家的成长，开展第二、三课堂品牌活动——2008级为“企业家故事会”，2010级为“企业家研究”，2011级为“企业家研究之研究”，已成功举办21期。

实验区首届工商管理专业毕业生就业、深造及创业表现出色。2008级98名毕业生中有11人考取国内外高校经济管理类专业的硕士研究生，3人高分考上公务员，3人在外贸、餐饮、房地产等行业自主创业，55人被大型国企和世界500强企业录取。既有南航北美总部、宝洁、麦德龙、拜尔、可口可乐、三井住友银行等外资企业，也有中国建设银行、中国电信、中国联通、珠江啤酒集团等大型国有企业，学生的就业结构与层次印证了实验区的人才培养方向和效果的高度一致。

林诗茵，女，实验区2008级工商管理专业学生，在校期间创办“1516餐饮配送公司”，该项目进入2012“赢在广州”大学生创业大赛决赛20强。2012年成立“1516餐饮配送有限公司”，担任公司总经理。随着公司业务的拓展和升级，现采取奔驰商务车送餐的形式，曾先后被南都网、《信息时报》、《南方日报》、广州电视台报道，广东电视台珠江频道还专门拍摄了3天的纪录片。2013年又开发新项目，与汕头业内知名糖水企业“甜甜坊”甜品有限公司达成合作协议。

刘森华，男，实验区2008级工商管理专业学生，2011年参加雅虎举办的环球80天大型环保公益活动，获得80天免费环游10个国家的机会，是唯一一个获此机会的在校大学生，包括中央电视台在内的多家媒体进行了报道。2011年4月回校后，结合自己在世界各地的所见所闻，在广州举办“小人儿看大世界”佳能摄影展。毕业后在“地中海”俱乐部任职一段时间后，现在木材贸易领域自主创业。

王晟，男，实验区2008级工商管理专业学生，在校期间，曾获国家级专利2项、广东省“挑战杯”创业计划竞赛金奖、广东省“挑战杯”二等奖、“珠三角创意创业竞赛”唯一一等奖，并获教育部2010年“大学生年度人物”入围奖，是广东省仅有的4名学生之一；曾2次获国家奖学金、1次获合景奖学金；获“亚运特使”、“GOOGLE公益之星”称号；曾在国家级期刊发表论文2篇；是“前沿中国青年精英协会（FCC）”发起人之一。

陆璐，女，实验区2008级工商管理专业学生，在校期间，获“SIFE精英学生”称号。2011年作为国际志愿者赴菲律宾GK社区，获GK“优秀实习生”称号。2009年9月至2010年6月任国际大学生企业家联盟（SIFE）项目经理及大赛主持人，运作中华戏服厂项目，获得创新公益大赛TCL小组第三名，现任Adamant Holding Company（俄罗斯圣彼得堡最大的公司之一）亚太区市场经理。

四年来，实验区学生参加挑战杯、数学建模等竞赛活动获得省级以上奖项56人次，其中国家级奖项11人次，在国际上获得较高规格的赛事奖项9人次。在2010、2011、2012年全国大学生数学建模竞赛中，实验区学生获得1项一等奖和5项二等奖。在2010、2011和2012年美国国际大学生数学建模竞赛中，实验区有4名学生获得一等奖和二等奖。李娟和彭子未同学在2012年“绿色城市”施耐德电气全球大学生创新挑战赛中进入全球25强。实验区学生在2010、2011、2012年“挑战杯”广东省大学生创业计划竞赛和课外科技学术作品竞赛中获得多项金奖和一、二等奖。有58支队伍获国家级大学生创新创业项目立项。

第四节　对外交流

为培养学生的创新和实践能力，给学生提供更多的对外交流机会，实验区在每年夏季小学期安排各类培训、讲座和实践活动。

实验区聘请相关业界专家担任实验区客座教授并来校为学生开课和讲座。广发银行监事长李金声教授作宏观经济形势讲座；暨南大学博士生导师张耀辉教授进行创业教育讲座；广东粤财投资控股有限公司高级经济分析师曾翔先生主讲“宏观经济周期与金融改革出路”；兴业银行广东分行顾卫平行长主讲“行长谈职业生涯规划”；“过来人”集团华南区营运总监、求职专家郭丹锐老师主讲“名企求职流程大揭秘——如何获得名企OFFER”；美国北亚利桑那大学Pin. Ng教授跟同学们探讨中美教育差异。

聘请专业咨询培训机构的培训讲师进行系列专题培训。新浪网（SINA）渠道总监、副总经理、专业培训师赵大勇开展“领导力、执行力与系统思维培训”系列培训。清华大学和中山大学EMBA客座教授、赢丰咨询董事长兼首席顾问、“2006年度中国十大魅力培训师”实验区之一的刘予丰教授开展“营销与管理艺术”讲座。

邀请创业家与同学们分享自己的创业经历。深圳市明喆物业管理有限公司董事长高海清先生与同学们分享职场经验；广州佳越飞网络技术有限公司CEO林雅志与同学们分享“我的创业故事”；广州东时创展贸易有限公司CEO徐涛与同学们分享创业成功心得；佛山创意产业园邱代伦董事长与同学们漫谈“大学生创业”；元培世纪教育投资发展有限公司蔡开仕先生与同学们分享自己的创业经历。

为感知和学习现代企业的管理文化，实验区组织学生前往佛山新南悦陶瓷有限公司、东莞易事特电源股份有限公司、可口可乐公司、颐和地产公司、珠江啤酒集团、陈李济中药博物馆、羊城晚报印务中心和广本汽车等大型企业参观学习。

基于机制设计的创新和人才培养成效，实验区引起了社会各界的关注。2012年12月6日《南方日报》以“广东商学院成立创新实验区，探索拔尖人才培养模式”为题，对实验区教学改革及首批毕业生就业情况进行了专题报道；2011年《高教探索》杂志对实验区人才培养模式改革进行了综合介绍；杭州师范大学、广东金融学院、嘉应学院等高校专程来实验区参观学习；“国家级人才培养模式创新实验区”项目结项“优秀”；教学改革成果获广东商学院“第七届教学成果奖”特等奖。

第三十三章　思想政治理论课教学部（马克思主义学院）

思想政治理论课教学部（马克思主义学院）前身是1983年学校教研科下设的马列主义备课小组，是学校最早设立的教学单位之一。经过开拓者和建设者30年的不懈努力，当年仅有数人的教学小组，已发展成为具有一级硕士学位授权学科的单位，是在全省乃至全国高校思想政治教育领域有一定影响的二级学院。

第一节　概　述

一、历史沿革

思想政治理论课教学部（马克思主义学院）发轫于1983年学校成立的马列主义备课小组。1984年马列主义教研室正式成立。1989年经济系与马列主义教研室实行一个机构、两个牌子。1992年12月马列主义教研室改名为马列主义理论教学研究部。1994年2月政治经济学教研室从国际经济贸易系划出，与马列主义理论教学研究部合并，设立社会科学理论教学部。1999年社科部与中文部合并为人文社科部。2001年4月更名为人文社科系。2002年2月改名为人文与传播学院。2005年1月从人文与传播学院分拆，成立思想理论教学部。2008年思想理论教学部更名为政治与教育学院，院部合署至今。2013年9月更名为马克思主义学院，原建制不变。

在学科建设上，2007年学院开始先后获得思想政治教育和马克思主义基本原理、马克思主义中国化等学科点硕士学位授予权，马克思主义理论获一级学科硕士学位授权点。马克思主义理论为校级重点学科，思想政治教育和马克思主义基本原理是学校重点建设学科。

在专业建设上，2000年开始学院先后有社会工作、汉语言文学、广告学、心理学和教育学等本科专业获得教育部批准设立。

二、学院（系）历任领导

（一）历任系主任、副主任，历任院长、副院长

1983年10月至1984年11月，刘次钧统筹马列主义备课小组，任组长。

1984年9月至1988年12月，杨晋蕃任马列主义教研室副主任（副处）。

1988年12月至1990年8月，余波任马列主义教研室副主任。

1990年8月至1992年2月，黄展杰兼任马列主义教研室主任。

1990 年 8 月至 1993 年 1 月，王学海任马列主义教研室副主任。

1993 年 2 月至 1999 年 6 月，王庆富任社会科学理论教学部主任。

1993 年 2 月至 1999 年 6 月，何东霞、陈晴晔先后任社会科学理论教学部副主任。

1999 年 6 月至 2013 年 5 月，刘苍劲历任人文社科部主任、人文与传播学院院长、政治与教育学院（思想理论教学部）主任。

1999 年 6 月至 2004 年 12 月，司马晓雯任人文社科部副主任、人文与传播学院副院长。

2002 年 1 月至 2004 年 12 月，张树琛任人文与传播学院副院长。

2006 年 6 月至 2013 年 5 月，王家芳任政治与教育学院（思想理论教学部）副主任。

2013 年 6 月至今，杜奋根任思想政治理论课教学部主任，王海传、朱晓任副主任。

（二）历任党总支（党委）书记、副书记

1990 年 9 月至 1992 年 9 月，陈庆联任党总支副书记。

1999 年 10 月至 2005 年 1 月，杜承铭任党总支书记。

1999 年 10 月至 2005 年 1 月，张荣国任党总支副书记。

2005 年 2 月至 2013 年 6 月，张荣国任党总支书记。

2013 年 6 月至今，杜奋根兼任思想政治理论课教学部党总支书记。

三、内设机构

1983 年设马列主义备课小组；1984 年正式设立马列主义教研室；1992 年 12 月马列主义教研室改名为马列主义理论教学研究部，后改为社会科学理论教学部，下设马克思主义哲学教研室、中国革命史教研室、思想品德教研室、政治经济学教研室、西方经济学教研室、学院办公室。1999 年社科部与中文部合并为人文社科部，先后更名为人文社科系、人文与传播学院，下设马克思主义哲学教研室、毛泽东思想概论教研室、思想品德教研室、邓小平理论概论教研室、中文教研室、艺术教研室、广告学教研室、社会工作教研室、学院办公室。

2005 年 1 月从人文与传播学院分离后，成立思想理论教学部（政治与教育学院），2013 年 9 月改为思想政治理论课教学部（马克思主义学院），设马克思主义基本原理概论教研室、毛泽东思想和中国特色社会主义理论体系概论教研室、中国近现代史纲要教研室、思想道德修养与法律基础教研室、形势与政策教研室、研究生和军事理论教研室、大学生心理健康教育教研室、学院办公室。

四、师资队伍

1984 年成立马列主义教研室时仅有教职工 10 人，平均年龄 41 岁，其中，本科学历 8 人，大专 2 人，研究生以上学历无，讲师 5 人，副教授以上职称无。直到 1989 年才有研究生学历 1 人，教授 1 人。1993 年马列主义理论教学研究部时期，教职工仍然只有 10 人，其中，副教授 3 人，讲师 4 人，助教 1 人。2003 年人文与传播学院时期，全院有教职工 88 人，其中教授 7 人，副教授 16 人；具硕士以上学位的专任教师有 36 人，具博士学位的教师有 22 人；在年龄结构方面，76% 的专任教师年龄在 40 岁以下。2005 年 1 月单独成立思想理论教学部时有教职工 28 人，其中教授 4 人，副教授 6 人。具硕士以上学位的专任教师有 13 人，具博士学位的教师有 4 人；在年龄结构方面，32% 的专任教师年龄在 40 岁以下。

从2005年开始，采取了提高和引进等措施大力加强师资队伍建设。2006年引进了9位博士，其中3人是副教授。

到2013年5月止，有教职工62人，平均年龄38岁。专任教师58人，全部本科以上学历。其中，研究生以上学历53人，占91%；博士30人（含博士后4人），占51%；在读博士4人，占6.89%；教授12人，占20.68%；副教授25人，占43.1%。

目前，教师中有广东省高校思想政治理论课教学名师1人（刘苍劲），骨干教师1人（江传月），省级"千百十工程"培养对象2人（江传月、邱若宏），"广东省五一劳动奖章"获得者1人（谢华汉）。校级"千百十工程"培养对象6人，校级教学名师1人。

在做好本职工作的同时，有多人通过兼职为社会提供专业服务，实现本职工作和社会兼职的有机融合和互动。其中，刘苍劲兼任广东省高等学校思想政治教育研究会副秘书长、广东华南经济研究会副秘书长、中共广州市委经济社会发展研究中心研究员、广州市新闻学会副会长，谭德礼兼任广东省伦理学会理事、北京大学当代企业文化研究所研究员。

第二节　专业建设

一、课程体系建设

1985年，仅有公共课程3门。目前，学院形成了以4门主干课为主、其他课程相辅的现代课程体系。共有面向全校开设的必修课7门，选修课20多门。其中，校级以上精品课程3门，优质课程2门，重点建设课程6门，教材立项3个，网络课程5门，学习网站2个，多媒体课件7个。马克思主义基本原理概论、毛泽东思想和中国特色社会主义理论体系概论、中国近现代史纲要、思想道德修养与法律基础等4门主课均被评为广东省高校思想政治理论课优质建设课程。毛泽东思想和中国特色社会主义理论体系概论是广东省思想政治教育理论课第一批优质建设课程。2007年我校思想政治理论课建设顺利通过广东省教育厅的评估。

二、教研教改

学院一直坚持以教研教改促教学。1988年参编教材4部，发表教研论文2篇；1993年发表教研论文2篇；2005年以来获国家级奖项2项，省部级奖项6项，校级奖项21项，发表教研论文62篇。仅2007年，在第五次全国高等学校思想政治教育优秀论文、专著评奖活动和2005—2006年度广东省高等学校思想政治教育优秀学术研究成果评奖活动中，获全国高等学校思想政治教育"专著优秀奖"1部，获得广东省高等学校思想政治教育优秀学术研究成果优秀专著一等奖1部、二等奖2部，优秀论文三等奖1篇、优秀奖2篇。

三、课堂教学

注重实效，坚持小班教学。2007年7月3日，《光明日报》在要闻版对广东商学院思想政治理论课的经验作了专题报道。广东省教育厅2007年7月31日专门发了一期题为"广东商学院大力加强思想政治理论课建设"的简报，向全省高校推介了我校的经验。目前思想政治理论课小班教学已成为学校的一大特色和亮点。历年来，教师教学评价在学校居于前列。有2人在学校青年教师讲课竞赛中分获一等奖和二等奖。2007年以来，4门主课在参加广东省教育厅在全省高校组织征集并评审优秀教学片和优秀教案评比中获得优异成绩：获优秀教学片一等奖2人、二等奖2人、三等奖2人，优秀教案二等奖3人；在2011年度广东省教育厅举办的每年一度的全省高校思想政治理论课青年教师教学基本功比赛中，有2人分别荣获了三等奖和优秀奖。

四、本硕专业建设

2000年3月学校申报社会工作、汉语言文学和广告学本科新专业获教育部批准，同年7月招生。2001年3月申报广告学新专业获批，同年7月招生。2008年再次组织申报哲学、政治学、心理学、教育学和国际政治等本科新专业，心理学、教育学获得教育部批准设立。从2006年开始，学院筹划学科建设，2007年思想政治教育学科点和马克思主义基本原理学科点获得硕士学位授予权，并于当年招生。2012年马克思主义理论获一级学科硕士学位授权点。

第三节　学科建设与发展

一、学科创建

2006年12月思想理论教学部成立学科建设领导小组，部主任任组长，分管科研的副主任任副组长，各教研室主任为成员。该小组依据《广东商学院“十一五”学科建设规划》，制定了《思想理论教学部“十一五”学科建设规划》，全面领导和执行学科建设，创造条件，解决实践中遇到的问题，完成规划目标。制定了《思想理论教学部关于资助教研课题和科研课题的管理办法》和《思想理论教学部教师出席学术会议（活动）的管理规定》，为完成思想理论教学部“十一五”学科建设目标提供制度保障。

2007年学科申报获得突破。思想政治教育学科点获得硕士学位授予权，当年招生6人。该学科现有教授6人，副教授9人，具博士学位的有10人，正在攻读博士学位的有3人。思想政治教育是我校重点建设学科。同年，马克思主义基本原理学科点获得硕士学位授予权，当年招生6人。该学科现有教授5人，副教授8人，具博士学位的有12人，正在攻读博士学位的有4人。马克思主义基本原理是我校重点建设学科。2012年马克思主义中国化学科点在学校第三轮申硕中获得硕士学位授予权。

到目前为止，学院有马克思主义理论一级学科硕士学位授权点，马克思主义基本原理、思想政治教育、马克思主义中国化研究三个二级学科硕士学位授权点。马克思主义理论为校级重点学科。

为促进学校学科建设，充分发挥学术研究为社会服务的功能，推动学术创新团队的建立，2009年经学校批准，学院设立了中国特色社会主义理论体系与广东实践研究中心、应用伦理研究中心、大学生心理健康教育研究中心。

学院目前已形成了以王家芳教授为负责人的精干学科队伍。主要研究方向有：王家芳教授的中国化马克思主义哲学基础研究；刘苍劲教授的市场经济与思想道德研究；周振林教授的思想政治工作与领导方法研究；张荣国教授的马克思主义社会意识形态理论研究。

二、科研成果

科研立项。1991 年前科研立项几近空白，1992 年有省厅级立项 1 个。2005 年至 2012 年有国家社会科学基金立项 4 个，省部级项目立项 17 个，校级课题立项 12 个。承担科研、教研项目 60 项，其中国家级 5 项，省部级 17 项；获得科研、教研奖励 20 项，其中省部级 3 项。

2007 年学院承担的省级重点课题、广东省教育厅委托课题、广东省哲学社会科学委托项目《新形势下我省大学生思想政治教育面临的“五个如何”新课题研究》子课题——《素质德育论》书稿被时任广东省委领导审阅。

论文发表和专著出版。学院科研自 1986 年以来稳步快速发展。1986 年仅发表科研论文 6 篇，2012 年发表论文 43 篇，从 1986 年至 2012 年共发表论文 1 069 篇，平均每年发表 41 篇。1986 年至 2004 年的 18 年里共发表 384 篇论文，而 2005 年 1 月学院独立以来，科研快速发展，共发表科研、教研论文 685 篇，增长了近 1 倍。其中在《哲学研究》、《自然辩证法研究》、《马克思主义与现实》、《中国特色社会主义研究》等核心刊物上发表 251 篇，三大检索收录 15 篇，多篇论文被人民大学《复印报刊资料》转载，有的文章被《新华文摘》、《高校文科学报文摘》转载。同期在人民出版社等国家重点出版机构出版著作 35 部，其中专著 25 部，教材 7 部。

三、学术交流

为了拓宽学术视野，提高学科建设水平，学院十分重视学术交流，不定期外派教师到国内外访学和延请国内知名专家学者开设讲座和作学术报告。已有杜承铭等多位教师到美国和国内知名大学做访问学者，延请顾海良、郑永廷、黎斌等多名专家学者莅临我校作了 20 多场有针对性的讲座，其他的国内学术交流 40 余人次，参加社会考察 420 余人次，参加教育部、教育厅培训 83 人次以上。

第四节　党团与学生工作

一、党团工作

学院传承党的事业，肩负着党的基本理论、路线、方针政策在高校宣传和教育的重要使命，必须为国家培养需要的人才提供政治保证。

思想建设和作风建设。学院要求党员加强党性修养和理论学习，在政治上、思想上始终与党中央保持高度一致，无论何时何地都要维护党的领导。通过常态化的党员活动和政治学习巩固提高思想认识。每月开展至少两次政治学习，每年开展不少于三次的支部活动，每年开展一次党员全员活动，组织理论学习，请本院教授给党员作理论研讨、形势发展和政策解读的报告。开展党风廉政建设，坚持院务公开，思政部制定严格的党风廉政制度，经费全部公开，张榜公示。主管经费的主任在主管经费的过程中不使用经费，总支和纪检委员每年定期审核，经费公开，用人公开，使用公开，评优评先公开。领导班子和领导干部廉洁自律，以身作则，以党员的人格力量保持共产党员的先进性。谢华汉老师获得2011 年度广东省教育系统“优秀共产党员”称号。

组织建设。1989 年 2 月马列主义教研室成立党支部。1989 年 11 月马列主义教研室与经济系共同组成党总支。1996 年社会科学理论教学部单独成立教工党支部。1999—2004年，成立人文社科部（后改为人文社科系、人文与传播学院）党总支，设置教工党支部 4 个、学生党支部 2 个。2005 年 1 月，更名为思想理论教学部（政治与教育学院）党总支，设置教工党支部 4 个。2008 年研究生单独设置党支部。1985 年马列教研室党支部仅有党员 5 人，党员偏少，只占教师员工的 50%。为了适应形势发展需要和提高战斗力，从 2005 年开始，学院积极在教师员工和学生团员中开展党员的发展工作，累计发展教师党员 5 人，学生党员 18 人。同时实行党员准入制度，要求新进教师必须是党员，以确保教师队伍的先进性，2008 年新进的教师都是党员。到 2013 年 5 月止，有教职员工 62 人，其中党员 54 人，占 87%；有学生 24 人，其中党员 9 人，占 37.5%。

二、学生工作

学院的学生工作始于 2000 年本科新专业招生后，至 2005 年 1 月各专业共招收全日制本科生 678 人，向社会输送毕业生 233 人，各专业毕业生当年就业率达 100%，毕业生广受用人单位好评。从 2007 年开始，学生工作转向研究生，努力将学生培养成为具有马克思主义信仰和社会主义信念，具有较好的马克思主义理论素养，具有较扎实的专业基础知识和较宽的知识面，具有正确的理论方向和良好的学风，德智体美全面发展，在科学研究、高等教育和党政实际工作部门中发挥重要作用的专门人才。目前有在读研究生 23 人，并已有三届研究生共 30 多个毕业生走向工作岗位。2010 年和 2011 年各专业毕业生当年就业率达 100%，2007 级、2008 级毕业生分别有 1 人考取了博士研究生。

在 2007—2012 年间，学院坚持学研结合，让学生参与导师的科研项目，提高学生的科研能力。学院鼓励导师大力申报科研项目，通过项目研究来引导学生走进科研，训练技能，产生成果。要求本硕士点的导师每年都要申报 1 项省部级以上科研课题，取得了较好的效果。目前，本硕士点的导师在研的项目有国家社会科学基金项目 1 项，教育部项目 2 项，省社会科学规划项目 2 项，教育厅项目 4 项。学生参与导师课题发表的论文 20 余篇。2008—2012 年共发表科研论文 66 篇，参与课题 13 项，获得各项校级奖项 12 人次。其中，1 人的论文获“校级优秀硕士学位论文”；有 2 人获得“广东商学院硕士研究生科研优秀奖”；1 人被评为“南粤优秀研究生”；2 人获得校级年度“优秀研究生”称号；2 人获得校级年度“优秀研究生干部”称号；1 人获评“校级优秀毕业研究生”。

第三十四章　体育教学部

体育教学部成立于1983年，现有教职员工45人，党员27人，在全体教职员工的共同努力下，体育教学部曾于1991、1992、1993、2000年四次被评为“学院先进集体”，1992年获得“全省先进集体”称号，2009—2012学年教学院部目标管理期满考核中，为考核良好的单位。多人被评为“学校优秀党务工作者”和“学校优秀共产党员”。

第一节　概　述

一、历史沿革

体育教学部成立于1983年，隶属于当时的基础部，其前身是体育教研室，1992年改为体育教学部，独立为正处级教学单位。

二、学院（系）历任领导

（一）历任系主任、副主任，历任院长、副院长

1987年10月至1992年8月，区嘉阜任副主任。

1992年9月至1994年2月，丘诗腾任主任，区嘉阜任副主任。

1994年3月至1997年6月，丘诗腾任主任，区嘉阜、李圣旺任副主任。

1997年7月至2000年6月，区嘉阜任主任，李圣旺任副主任。

2000年7月至2004年7月，李圣旺任主任，彭文革任副主任。

2004年8月至2008年7月，李圣旺任主任，王建国任副主任。

2008年8月至2013年6月，王建国任副主任（主持工作），肖子亮任副主任。

2013年6月至今，王建国任主任，肖子亮任副主任。

（二）历任党总支（党委）书记、副书记

1987年10月至1992年8月，区嘉阜任直属党支部书记。

1992年9月至1994年2月，丘诗腾任直属党支部书记。

1994年3月至1997年6月，丘诗腾任直属党支部书记。

1997年7月至2000年6月，区嘉阜任直属党支部书记。

2000年7月至2004年7月，李圣旺任直属党支部书记。

2004年8月至2008年7月，李圣旺任直属党支部书记。

2008年8月至2013年6月，王建国任直属党支部书记。

2013 年 6 月至今，王建国任直属党支部书记。

三、内设机构

体育教学部下设三个教研室、两个中心及一个办公室：基础体育教研室、体育选项教研室、体育竞赛教研室，学生体质健康测试中心、体质测试中心，负责体育教学、课余群体训练竞赛以及学生体质健康测试。办公室负责日常事务。

四、师资队伍

体育教学部现有教职工 45 人，其中专任教师 43 人，教辅人员 2 人。拥有教授 6 人，副教授 13 人，讲师 23 人，助教 1 人。其中具博士学位的有 1 人，硕士学位的有 26 人，在读博士研究生 1 人。具有硕士及以上学历教师占专任教师总数的 65. 1% 。

2012 年 10 月在省教育厅组织的首届本科院校公共体育课优秀教学课例的评选中，漆亮的健美操与乔泽波的羽毛球选项课课例分获二等奖、三等奖。

体育教学部参与了学校的相关工作，李圣旺、彭文革两位教授担任了旅游管理硕士点的导师，全程参与了硕士研究生的培养工作；王建国、邓春林、彭文革三位教授作为学术骨干完成了旅游学院省级重点扶持学科的申报与建设工作。在近两年的博士学位、省级重点学科申报过程中，体育教学部部分教师应邀参加了前期论证、申报材料的整理及填报等工作。

第二节　体育教学与科研

一、教学工作

（一）课程设置

2009 年，为提高本科教学质量，配合学校的《广东商学院本科教学质量与教学改革工作实施方案》（2009—2012 年）的文件精神，体育教学部对教学课程进行改革，改变体育课程开课学期，由原来的 1 ~4 学期改为 1 ~6 学期不断线地开设；同时对教学课程设置进行改革，根据学生的兴趣爱好，以俱乐部等形式开设多种体育项目供学生修读，实行学生、教师“三自主”互选的教学改革，并于 2010 年第一学期开始实施。

体育教学部承担了全校一、二年级共一万多名普通大学生与人才创新培养实验区的体育课教学。体育教学部开设了网球等 5 个网络课程，并开设了双语教学课程。2009 学年度篮球选项课被设为校级精品课程，2011 学年度健美操选项课被遴选为校级精品课程。2012 年建设完成羽毛球和健美操 2 个体育课教学信息化示范课例。

（二）教学设施

2007 年，学校对广州本部校区的篮球场和田径场进行了改造，改造后的篮球场有 6 个标准的场地，田径场内含一个标准的 11 人场的足球场、400 米跑道和 2 个小足球场。2009 年，体育馆三楼的塑胶羽毛球场正式向我校师生开放。目前，学校拥有各类运动场地 71 675平方米。主要的运动场馆包括：一个健美操专项训练馆，设施齐全，配备地毯、体操镜等教学设施，占地面积552平方米；两个综合体育馆，内设羽毛球场、乒乓球场、健身房和健美操等教学场地，占地面积3 784平方米；两个标准塑胶田径场（内设标准人工草和天然草足球场各一个），其中三水校区田径场侧面建有130米长的风雨操场，能够保障风雨天时的体育教学与训练工作，总占地面积为49 000平方米。此外，学校还拥有23个篮球场、15个排球场、7个网球场。

二、科研工作

体育教学部加大了学术带头人与科研骨干的选拔、培养工作。鼓励教师参加学科领域内的学术交流、科研工作和课题研究工作。经过多年的不懈努力，体育教学部已有一批具备科研攻关能力的教师脱颖而出，在科研方面显示出了实力。

至2012年，体育教学部教师共主持并完成国家级社会科学基金课题两项：2002年由彭文革教授主持并于2004年完成的国家社会科学基金青年项目《论休闲运动教育》（02CTY001），2008年由邓春林教授主持并于2010年完成的国家社会科学基金项目《我国体育产权理论体系研究》（08CTY012）。另外，体育部教师还主持（包括在研和结项）省部级课题8项，市厅局课题8项，校级课题5项，横向课题6项。

体育教学部鼓励教职工积极投入科学研究工作，至2012年体育教学部教师在南京大学和北京大学核心刊物上共发表论文108篇。

第三节　校内外群体竞赛

一、高水平运动队建设

2010年体育教学部积极响应教育部与省教育厅关于高水平运动队建设的相关指示精神，全力以赴开展高水平运动队建设工作，申报了国家高水平运动队建设项目。我校的田径、游泳两支高水平运动队获批为教育部布点的高水平运动队，实现了我校高水平运动队建设的新突破。

2006年制定了《广东商学院高水平运动队管理办法（试行）》，该办法涵盖运动训练、参赛、教练员管理、运动员生活等诸多方面，为实现我校高水平运动队教学、训练、竞赛管理的科学化、制度化奠定了坚实基础。同时，为深化教育改革，全面推进素质教育，改革应试教育，激励学生积极参加各种竞赛，培养德、智、体、美全面发展的人才，2009年11月，学校出台了《广东商学院学生参加竞赛活动获奖加分办法》，对学生参加竞赛活动获奖加分办法进行了明确的规定。规范化、科学化的管理，不仅为学院，更为广东省体育事业培养了一批优秀的运动员，他们在国内外的体育竞赛中取得了不俗的成绩。

2000年在第27届悉尼奥运会上，我校学生陈小敏为中国代表团获得女子举重53公斤级冠军；2006年第八届全国游泳锦标赛上，我校学生周泽宇获得女子200米仰泳第三名及女子4×100米自由泳接力第四名等多项前八名的好成绩，并在2009年全国大学生游泳锦标赛暨世界大学生游泳选拔赛上，获得了女子200米仰泳第七名；2007年，我校学生黄莉代表广东代表团参加第八届全国大学生运动会健美操项目的比赛，夺得了混合双人操冠军和女子单人操季军；2011 年 11 月，在第十二届全国大学生游泳锦标赛上，我校学生梁俏彤和梁俏丹，分别获女子公开组 800 米自由泳第七、第八名。

二、校外群体竞赛成绩

体育教学部自成立以来，经过多年的队伍建设，在田径、游泳、乒乓球、健美操、定向越野等项目形成了一支优秀的教练员队伍，他们所带的运动员（队），在省内外田径等项目的比赛中取得了优异的成绩。

（一）广东省大学生运动会

1999 年，广东商学院代表团获广东省第五届大学生运动会甲组团体总分第八名，男子甲组团体总分第六名，甲组男子足球亚军，女子篮球季军；2003 年，荣获广东省第六届大学生运动会团体总分甲组第七名，乙组第八名，以及“体育道德风尚奖”；2006 年，获得广东省第七届大学生运动会甲乙组综合总分第五名，以及单项 3 金 12 银 14 铜的好成绩；2011 年，获得广东省第八届大学生运动会团体总分甲组第九名，甲乙组综合团体第九名，以及单项 2 金 5 银 4 铜的好成绩，并打破了大学生男子甲组跳高纪录，同时我校代表团被评为“精神文明代表团”。

（二）单项赛事

田径：在省教育厅举办的广东省大学生田径锦标赛上，2000 年获团体第四名；2002 年获甲组团体总分第四名；2004 年获甲组团体总分第五名；2007 年获乙组团体总分第五名，个人单项 4 金 4 银 3 铜；2008 年获乙组团体总分第六名，单项 2 金 1 银 3 铜；2009 年获团体甲组第五名，乙组第八名，以及单项 1 金 5 银 1 铜；2010 年获得单项 1 金 3 银 1 铜；2012 年获单项 2 铜。

游泳：2002 年广东省大学生游泳比赛获男子团体总分第六名；2008 年广东省大学生游泳锦标赛获乙组团体第五名，个人单项 2 金 5 银 2 铜；2009 年广东省大学生游泳锦标赛获 2 金 1 银 2 铜。

击剑：2001 年获教育部举办的第八届全国大学生击剑锦标赛女子花剑团体第三名，个人女子重剑第一名；2002 年获教育部举办的第九届全国大学生击剑锦标赛个人男子佩剑第一名和女子重剑第三名。

健美操：2003 年获教育部举办的全国健美操锦标赛甲组团体第七名，混双第三名；2004 年，获教育部举办的全国健美操锦标赛男女组团体第五名、女子单人操第一名，获教育部举办的全国大学生健美操比赛六人操第一名；2011 年，在广东省第八届大学生运动会健美操比赛中，斩获甲组团体第三名，个人甲组男子单人操冠军，女子单人操冠军和混双亚军。

定向越野：2002 年获广东省第十一届军事定向越野夺标大赛男子团体第一名、女子团体第一名，2002 年获广东省首届大学生公园定向越野男子团体第四名。

篮球：2001 年获广州地区大学生篮球联赛男子第三名和女子第五名；2002 年获“广东省电信 200”广东大学生首届篮球联赛男子乙组第五名和男子甲组第六名；2004 年获广东省大学生篮球联赛男子甲组第八名和女子甲组第七名；2008 年，我院男女代表队参加了由广东省学生体育联合会主办、中山大学承办的广东省第八届大学生篮球联赛甲 B 组的比赛，并取得了男子第三名、女子第七名的好成绩；2010 年，我校女篮第十届广东省大学生篮球联赛甲 B 组第四名。

足球：2000 年获健力宝广州大学生足球联赛第七名，2001 年获广州大学生足球联赛甲组第六名，2002 年获广州市大学生男子足球比赛第四名，2004 年获广州地区大学生男子足球联赛第四名。

排球：2009 年女排获广东省大学生排球联赛甲组第三名；2010 年女排获广东省大学生排球联赛甲组第四名；2011 年在广东省第八届大学生运动会排球比赛中，分获甲组男子第八名和女子第四名。

乒乓球：2009 年获广东省大学生乒乓球赛甲组女子团体第四名，2012 年获“双鱼杯”广东省大学生乒乓球赛男子甲组双打第四名。

三、校内群体竞赛工作

教学部在学校体育运动委员会的指导下开展了丰富多样的群体活动，主要包括由体育教学部主办的一系列校内学生体育竞赛。这些竞赛活动主要包括每年一届的校田径运动会、游泳比赛、排球联赛、足球联赛和篮球联赛等。体育教学部与校团委合办的校内学生体育活动，包括每年一届的学生体育文化节、冬季长跑等。一系列体育活动的组织使学生的体育意识、健康观念有了很大的提高，参与锻炼身体的学生人数明显增加。

第四节　对外交流与社会服务

一、对外交流

体育教学部为了提高教师队伍的专业水平与科研能力，一方面邀请国内体育界专家、学者来体育教学部讲学。2011 年，邀请《体育学刊》副主编李寿荣来我部作“体育学术论文撰写”的学术讨论。另一方面，多人受邀参加国内外重大学术研讨会或论文报告会。1995 年，李圣旺教授以学术论文《中国经济发达地区群众体育组织变化新特征》受邀参加在香港举办的亚洲青少年体育管理研讨会。2011 年 5 月，彭文革教授受台湾真理大学运动健康休闲学院的邀请，赴台参加 2011 年运动休闲产业国际学术研讨会，并在会上作了《美国与台湾高等运动休闲本科专业课程设置比较》的学术报告。2011、2013 年彭文革教授两次被记入了全国哲学社科规划办“成果鉴定工作认真负责的专家档案”。

二、社会服务

为了全面提升体育教学部教师的业务水平，扩大体育教学部的影响力，体育教学部十分重视裁判队伍的培养。体育教学部现拥有一支高学历、高水平的裁判员队伍。其中，拥有国际级、国家级裁判员各 2 名，国家一级裁判员 10 名。2008 年北京奥运会，李圣旺、蒋艳阳和张钊雄等 3 位教师被国际奥委会任命为 2008 年北京奥运会田径和现代五项裁判员；2009 年，3 位教师应邀参加了第 11 届全运会的裁判工作，并参加了 2010 年广州亚运会的裁判工作。李圣旺被国家体育总局授予 1998—2001 年度、2002—2005 年度国家级田径竞赛“优秀裁判员”称号。

第三十五章　经济与管理实验教学中心

经济与管理实验教学中心作为教育部国家级实验教学示范中心，围绕教育创新，构建完成了一套涵盖专业实验和跨专业综合性实验的实验实践教学内容体系，开拓出一条培养复合型、应用型、开放型经济管理类专业本科人才的改革思路。经过多年的不断建设，中心成为特色鲜明的教学改革成果孵化基地、实验教学与校内仿真实习基地、实验教学案例生产基地、实习指导师资建设基地、社会咨询服务培训基地、应用型人才培养实践教学基地，构建了“校内综合、省内共享、国内辐射”三位一体的实验教学平台。中心着力抓好跨专业综合实验教学、校内仿真实习、校内创新创业实践三个重要环节，不断深化实验实践教学改革，创新经管类本科应用型人才培养模式，取得了显著成效。中心取得了国家级教学成果奖、国家级精品课程、国家级教学团队等一批标志性成果，在经济管理类实验教学领域达到了国内领先水平。

第一节　发展历程

一、初创奠基阶段（1992—1996）

1992 年学校成立第一个专业化的计算机实验室——统计实验室。1994 年投资系成立了投资专业的金融投资实验室。同年，税务系成立了财税专业的税收电算化实验室。1995 年会计系成立了会计电算化实验室。1996 年 4 月，成立了经济科学实验室筹备组。

二、整合生长阶段（1996—2002）

1996 年 7 月，学校将统计实验室、金融投资实验室、税收电算化实验室和会计电算化实验室整合为经济科学中心实验室（隶属教务处）。1997 年 7 月，将科级建制的经济科学中心实验室提升为处级建制的经济管理实验中心。1998 年，制定了《广东商学院与管理学院计算机实验课程建设规划与 1998—1999 教学年度建设计划（讨论稿）》、《广东商学院实验课程的管理办法（试行）》等有关报告和文件，成立实验课程建设指导小组。同时，各专业院系分别制定了相关专业的实验教学建设规划和计划，教务处开展了广东商学院首批经济与管理专业实验教学课程立项建设。经济与管理实验教学工作进入新的发展阶段。

1999 年，我校与广东省签订了共同建设经济与管理重点实验室的协议。至此，我校建成了广东省高校第一个文科的经济与管理重点实验室。1999 年，经济管理实验中心主要承担的是单项性实验、课程综合性实验与经济管理类专业综合性实验的任务。实验中心根据实验课程和项目进行分类，设四个分室：管理信息系统分室（MIS）、统计预测与决策分室

（SPD）、金融模拟分室（FSS）、电子商务分室（EC）。1999 年 7 月，经济管理实验中心与计算机中心合并为现代教育技术中心。经济管理实验中心更名为经济与管理重点实验室（科级建制）。1999 年，学院实验课程建设指导小组对首批专业实验课程建设进行验收，共有 20 门新实验课程和 70 个实验项目通过验收，并开展了第二批的现代教育技术应用项目的申报。

2000 年，学校批准了《经济与管理类专业教育计算机实验课程建设》等一批重点教研项目的立项建设，同时还开始对一大批涉及专业教育实验教学和管理的教材建设、教学研究及多媒体技术开发项目进行立项建设。其中，开出了 35 门实验课程，制定完成了实验课程指导书、实验手册等规范的教学文件。2001 年 7 月学校承办了"第二届高等学校经济管理专业实验室建设暨实验教学研讨会"，经济与管理重点实验室的"经济管理实验室建设问题研究与实践"成果获广东省优秀教学成果一等奖；2001 年 12 月，我校第三次教学工作会议推出了《实验实践教学整体改革方案》，标志着我校实验教学迈向整体发展的新台阶。

2002 年 1 月，出版了经济管理类高等教育实验教学系列教材：《电子商务实验》、《经济计量学实验》、《财务管理学实验》。2002 年 7 月，重点实验室、网络中心和电教中心从信息学院分离，成立教育技术中心，将散落在各院系的专业实验室整合成经管实验中心，在校级层面的资源共享和优势互补的大力发展下，开出了 50 多门专业实验课程，取得了优异的成绩，建成了广东省第一个文科重点实验室，并取得了广东省优秀教学成果一等奖。

三、改革创新阶段（2002—2006）

2002 年我校启动跨专业实验教学试点。在国内首倡课程单项型实验、课程综合型实验、专业综合型实验、跨专业跨学科综合型实验分类模式。2003 年，教务处设立 ERP 实验中心，其模拟体验式实验教学试点和两期校内模拟实习试点，取得了显著的效果，获得了省内外高校的广泛认同和企业界的高度评价。国家新世纪教育教学改革工程《经济管理专业实验建设问题研究》项目按期获准结项，出版国内第一本经济管理实验室建设专著《经济管理（IT）实验室建设与管理》；2003 年我院成为全国高校经济管理实验室工作研究会六个常务理事单位之一。2004 年，我校建立了第二个广东省高校重点实验室——广东省 IT 类经济管理重点实验室：ERP 实验教学中心。2005 年，ERP 实验教学中心的"模拟体验式教学改革"成果荣获广东省教学成果二等奖。同年，学校将经济与管理重点实验室和 ERP 实验中心整合为经济与管理实验教学中心，中心被评为"广东省高校实验教学示范中心"。2005 年，中心出版了经济管理类高等教育实验教学系列教材 10 部，自编实验讲义 51 种。2006 年，我校经济管理类实验教学中心获批为教育部国家级实验教学示范中心，至此，我校成为全国第一批经济管理类国家级实验教学示范中心的两个中心之一。

四、提升发展阶段（2006 年至今）

2006 年，我校改造完成经济与管理实验教学中心 2 478 平方米的教学场所，正式实施涵盖专业实验和跨专业综合性实验的实验实践教学内容体系。中心承担了工商管理等所有经济与管理类专业的实验教学任务，以及面向非经济管理类专业开设的管理类课程实验教学任务。此外，中心还承担了国民经济学、金融学、宪法学与行政法学、诉讼法学、企业管理等硕士点的相关课程的实验教学任务。

2007年5月24日，国家教育部高教司在我校经济与管理实验教学中心成功召开全国高校经济与管理实验教学改革现场观摩会。2007年，在教育部本科教学水平评估中，我校经管类实验教学改革成效得到教育部专家组高度评价，称其形成了我院显著的人才培养模式创新的办学特色。2008年，中心“经管类校内仿真综合实习”荣获省级教学成果一等奖，“经管类实验室改革与探索”荣获省级教学成果二等奖。中心“企业仿真综合运作”荣获国家级精品课程，“企业仿真模拟”荣获省级精品课程。2009年9月，我院曾小彬副院长主持的《经管类专业校内仿真综合实习探索与实践》教学项目成果获得第六届高等教育国家级教学成果二等奖，此次获奖实现了我校国家级教学成果奖零的突破。同年，经管类跨专业综合实验教学团队被评为“国家级教学团队”，此次获奖实现了我校国家级教学团队零的突破。

2012年，教育部“十一五”国家级实验教学示范中心验收专家组对我校经济与管理实验教学中心的验收评价结论为：①国内首创——该中心课程单项型实验、课程综合型实验、专业综合型实验、跨专业跨学科综合型实验的实验教学体系属国内首创，并且成效显著。②国内唯一——该中心首创仿真综合实习模式，是国内唯一的国家级精品课程，受到国内外高校的高度评价和教育部的充分肯定。③率先实施——该中心率先实施“校内综合、省内共享、国内辐射”三位一体的经管类跨专业综合实验与仿真实习，教学平台建设工程取得初步成效，在资源共享和形成协同创新机制方面得到教育部、财政部及广东省的肯定和支持。

第二节　实验队伍建设与管理

一、历届领导与团队建设

经济与管理实验教学中心先后由学校曾小彬副院长和于海峰副院长担任主任，目前任晓阳担任中心主任。

2003年3月，时任副院长的曾小彬带领组建了我校第一支跨专业实验教学与研究团队。2012年，按照实验教学团队的岗位构成对人员进行了分类定责，团队中来自我校经济与管理实验教学中心、二级教学院（系）的教师、管理与技术人员共计124人。其中，按功能结构划分，教学内容开发设计人员10人，占8.06%；教学资源开发建设人员19人，占15.32%；教学组织实施人员84人，占67.74%；教学管理人员9人，占7.26%；技术服务人员2人，占1.61%。按职称结构划分，教授19人，占15.32%；副教授45人，占36.29%；讲师59人，占47.58%；助教1人，占0.81%。按学历结构划分，博士研究生33人，占26.61%；硕士研究生90人，占72.58%；大学本科1人，占0.81%。按专业结构划分，经济学专业35人，占28.23%；管理学专业61人，占49.19%；其他专业28人，占22.58%。来自高年级并在跨专业综合实验课程取得优异成绩的学生助教21人，来自企业界中高管理层的校外特聘教师9人，总计154人。

经济与管理实验教学中心团队，首创经管类跨专业综合实验教学模式，经过多年不懈的努力，在经管类跨专业综合实验教学内容（或项目）的开发设计、教学资源开发建设、教学组织与实施、教学管理、技术服务等方面取得显著成效与一系列标志性成果。该团队分工协作，承担了工商管理、市场营销、人力资源管理、物流管理、会计学、财务管理、审计学、财政学、税务、公共事业管理、行政管理、统计学、金融学、金融工程、保险、经济学、国际经济与贸易、旅游管理、投资学、酒店管理、会展经济与管理、信息管理与信息系统和电子商务等26个经管类专业的企业资源计划—ERP软件、企业行为模拟—沙盘推演与ERP应用、校内仿真综合实习和创业与实践等4门跨专业综合实验课程的教学任务，在创新经管类本科专业复合型、应用型人才培养模式方面取得了令人瞩目的成绩，为我校培养与锻炼了一大批既有理论水平又有实践经验的骨干教师，打造了一支高度敬业、乐于奉献、团结协作、具有较高教学水平的实验教师团队，为我校经管类实验教学改革、人才培养模式创新、人才培养质量的提升作出了重要贡献，在经管类跨专业综合实验教学改革方面取得显著成效和一系列标志性成果，在国内实验教学界特别是经管类实验教学界颇具影响力与较高的知名度。

二、实验教学管理体制与运行机制

按照国家级示范中心的要求，经济与管理实验教学中心实行主任负责制，统筹调配教育教学资源，使用效益高。实验教学中心在开放运行中，对学生组织保障、设备保障、学习资源保证、制度保证、人员与经费保证等方面进行了规范化、人性化的管理，通过多年的探索与积累，形成了规范的实验室管理制度。

实验教学团队采取了项目管理运作方式，团队采用实验项目教研组或实验课程教研室形式，集实验教学、实验管理、技术服务和研发推广四项基本职能为一体，实行项目主持人（教研组组长或教研室主任）负责制，直接隶属实验室管理，实验教学团队的人员实行项目管理方式下的分类岗位管理模式，分类定责。按照实验教学团队的岗位职责进行项目管理工作量核算，包括绩效核算基准、核算系数、考评办法、考评等级和奖惩标准等。按照实验教学团队的岗位项目管理绩效考评结果进行岗位调整，原则上每学期微调，每学年中调，每两年大调，时机成熟时，实行完全的项目管理制。

经济与管理实验教学中心进行实验教学团队建设的政策设计与措施落实。中心为实验教学团队建设机制改革、内部组织建设、团队式教学、师资队伍建设、岗位工作流程设立、管理制度创新、教学质量体系强化、教学管理信息化技术应用、软硬件设备安全运行方面设计了系统的中长期规划和配套政策，得到学校教学工作会议批准并实施；对实验教学团队实行项目管理方式下的定岗定编，设立与之配套的实验室事务部管理架构，并落实相关待遇政策；采取师资进修、攻读学位、脱产实践等有力措施，加大实验教学师资队伍的培养力度；在实验教学经费方面设立实验教学团队建设专项，提供实验教学团队建设的人力、物力和财力保证，加大投入力度，提高产出效益。

为了满足跨专业综合实验教学的要求，本团队改变按专业或课程设置教研室的例行做法，创新实验教学组织——以项目工作室为载体，将来自不同专业、不同二级单位的教学内容（或项目）开发设计人员、教学资源开发建设人员、教学组织与实施人员、教学管理人员和技术服务人员组成团队。团队中，既有校内的专职教师，也有校外的兼职教师；既有专业教师，也有管理人员与技术人员；既有稳定的成员，也有流动的成员。各类人员分工协作，共同完成经管类跨专业综合实验教学任务。本团队组织架构严密，管理制度完备，管理流程规范，管理决策民主，运行机制高效且富有弹性，充分体现了原则性与灵活性、总体性与个体性、统一性与差异性的有机结合。

通过跨专业综合实验教学改革的探索与实践，中心培养与锻炼了一大批既有理论水平又有实践经验的骨干教师，打造了一支高度敬业、乐于奉献、团结协作、具有较高水平的教学团队，该团队40%以上成员一次或多次获得学校“教学优秀奖”、“三育人先进个人”、“优秀共产党员”、广东省“南粤优秀教师”、“广东省优秀共产党员”等奖项。

第三节　实验教学与实验管理

一、教学体系与教学内容

2006年经济与管理实验教学中心构建了一套涵盖课程单项型实验、课程综合型实验、专业综合型实验、跨专业跨学科综合型实验、创新创业实践五个层面，包括实训、实验、社会调研、专业实习、综合实习（毕业实习）、毕业论文（设计）六大环节，由公共基础课实验、学科基础课实验、专业课实验、专业拓展课实验四个模块组成的面向我校所有经管类本科专业开设的与理论教学紧密衔接的四年不断线的实验实践教学内容体系。开出实验项目807个，其中基本型实验85个，占11%；综合设计型实验579个，占72%；研究创新型实验143个，占17%。2012年开出实验项目995个，其中，基本型实验171个，占17.2%；综合设计型实验588个，占59.1%，研究创新型实验236个，占23.7%。新增实验项目205个，其中基本型实验29个，占14.1%；综合设计型实验131个，占63.9%；研究创新型实验45个，占22%。

实验教学内容注重传统与现代的结合，与科研、工程和社会应用实践密切联系，融入科技创新和实验教学改革成果。2006年，跨专业实验教师团队编制了第一套跨专业实验课程实验教学大纲，实验教学大纲完整体现教学指导思想，教学安排适宜学生自主选择。2006年，实验大纲进一步修订，实验项目必修418个，占42%，限选318个，占32%，任选259个，占26%。2007年，实验教材不断改革创新，教师出版实验教材15部，其中《企业运作仿真综合实习教程》为国内首部公开出版并再版，同时，一大批鲜活的实验素材、实验案例、跨专业综合实验课程案例资源库与课程资源数据库也大大地充实了实验教学的内容，有利于学生创新能力的培养和自主训练。

二、教学方法与教学手段

2003—2006年，经济与管理实验教学中心对实验组织形式进行了创新，将来自不同教学单位、不同专业的教师组成项目工作室；扩大实验教学教师的外延，组建了一支内含实验教学中心专任教师、教学院系专业教师、校外特聘教师和学生助教的教师队伍。来自实验教学中心的专任教师，主要负责该课程跨专业综合实验项目的研发、总体设计及相关条件建设；来自教学院系的专业教师，主要负责该课程实验教学活动的分项设计、策划和指导；校外特聘教师的主要任务是，结合企业实际与现实经济运行开设专题讲座或报告会；

来自高年级的学生助教的主要任务是，配合教师对实习活动进行组织和辅导。

经济与管理实验教学中心不断改进实验教学方法，逐渐形成了以学生为中心的实验教学模式，以自主式、合作式、研究式为主的学习方式。2003 年以来，在教学方法方面也进行了诸多创新。将沙盘演练法、博弈对抗法、团队学习法、项目驱动法、自主互动法、网上答疑法、专题讨论法、点评法等多种方法引入教学过程，使师生关系发生了显著变化。教师从以讲授知识为主，转变为以策划教学内容、创设学习情境、配置学习资源、引导学习方向、解答学习疑难、监控学习过程、评估学习效果为主；学生从知识的被动接受者，转变为知识的积极探究者，他们学习的内容不仅来自课堂和教师，也来自图书馆、网络和其他实验团队成员。

2006 年以来，我校进一步优化了经济与管理实验教学中心的软硬件环境，形成了一个由系列专业实验室、ERP 软件技能实训室、沙盘推演室、商务活动模拟中心、具有微格技术特点的体验室、创新创业实践室等组成的现代化的实训实验室体系和能够满足专业实验教学与跨专业综合实验教学需要的软件体系；自行开发设计模拟企业运作的实物沙盘与电子沙盘、沙盘教学系列方案、沙盘对抗演练综合评价系统软件包等；进行模拟企业运作相关条件建设，包括采集企业案例资料并进行教学化处理，设计企业模拟业务流程，制作企业模拟业务表格、凭证和单据，创设企业模拟文化环境，开发沙盘模拟预算软件等。2003 年以来，中心进行学生自主学习平台建设，包括开发专业知识和相关知识学习网站，开发教学拓展资源库，开辟网上论坛，建设网络辅助课程等，实现“三维课堂”与网上“虚拟课堂”有机的链接。

经济与管理实验教学中心探索建立了多元实验考核方法，统筹考核实验过程与实验结果，激发学生实验兴趣，提高实验能力。跨专业实验课程的考核采用团队业绩考核和个人业绩考核相结合，教师考核与学生考核相结合，学生团队考核与学生个人考核相结合的方式。考核指标由团队业绩考核指标与个人业绩考核指标综合而成。团队业绩考核内容主要包括团队精神、分工协作与沟通交流、经营决策、管理制度、业务完成情况、公司绩效、资料管理、部门或者公司经营报告等；个人业绩考核内容主要包括实习日记、实习报告、提交书面材料、业务处理情况、出勤率、所在公司综合评价等。

三、教学效果与教学成果

经济与管理实验教学中心历年的实验教学专业覆盖面广，实验开出率高，教学效果好，学生实验兴趣浓厚，对实验教学总体评价好。多年来，经济与管理实验教学中心承担了全校 29 个经济与管理类专业的实验教学任务，以及面向 10 个非经济管理类专业开设的管理类课程实验教学任务，还承担了 5 个硕士点的相关课程的实验教学任务。

经济与管理实验教学中心历届的学生实验基本技能宽厚扎实，实践创新能力强，实验创新成果多，学生正式发表的论文获得省部级以上竞赛奖。2012 年，中心支撑“大学生创新性实验项目”7 项，自主组织的竞赛活动 22 项，参加竞赛的学生数 1 362 人次，指导学生获得的成果数 247 项，其中，学生公开发表论文 10 篇，获得省部级及以上相关奖项 236 项，获得专利数 1 项。

经济与管理实验教学中心历年承担的省部级以上教学改革项目成绩突出。2005 年，由曾小彬教授主持的《经济管理本科应用型人才培养方式改革探索》项目获国家级教学改革项目；2006 年，由曾小彬主持的《地方本科院校人才培养目标、模式与方法的研究与实践——经济管理本科应用型人才培养方式改革探索》项目获广东省高等教育教学改革重点项目；2008 年，由任晓阳主持的《高校实验教学团队建设的综合改革与创新》项目获广东省本科高等教育教学改革项目。

经济与管理实验教学中心不同阶段的实验教学成果丰富，正式发表的高水平实验教学论文多，有获省部级以上奖的项目、课程、教材。2006 年，经济与管理实验教学中心荣获国家级实验教学示范中心；2008 年，经管类专业校内仿真综合实习探索与实践获省级教学成果一等奖；2008 年，《经管类实验室建设与管理创新》荣获省级教学成果二等奖；2009 年，《经管类专业校内仿真综合实习探索与实践》获国家级教学成果二等奖；2009 年，经管类跨专业综合实验教学团队荣获国家级教学团队。

一直以来，中心有广泛的辐射作用。2007 年，国家教育部高教司在我校召开经管类实验教学改革与“校内仿真综合实习”现场观摩会。2008 年，30 多名教育部全国高等院校实验教学指导委员会委员亲临中心指导，对中心的实验教学成果给予高度评价。2010 年，中心被教育部选定到北京参加全国实验教学成果展，获得教育部、财政部的高度评价。2013 年，中国高等教育学会再次组织来自全国各地的 487 位教师现场观摩中心的实验教学。2006—2012 年，国内外 830 多所高校的领导专家莅临考察指导；经济与管理实验教学中心 36 人次在教育部等主办的实验教学与实验室建设研讨会上作主题发言，介绍实验教学的改革情况。美国、法国、加拿大、澳大利亚、西班牙、丹麦、新加坡等 7 个国家的 23 所高校的专家学者前来考察我校的经管类跨专业实验教学，均对建设成果给予高度评价。

第四节　实验条件

一、实验教学场所环境

（一）专业实验教学场所建设历程

1992 年统计学系根据统计学科和计量化研究与教学的需要，成立了广东商学院第一个专业化的实验室——统计实验室。1994 年投资系成立了金融实验室、税收电算化实验室。1995 年会计系成立了会计电算化实验室。1996 年 7 月，学校将统计实验室、金融实验室、税收电算化实验室和会计电算化实验室合并为经济科学实验室。

1999 年实验中心根据实验课程和项目分类，设四个分室。①电子商务分室（EC），100 平方米。采用的主要模拟系统有 SIM - EC 电子商务模拟系统、XCM 商场管理系统、市场营销决策系统、进出口贸易电子单证系统、国际商情联机检索系统等。②管理信息系统分室（MIS），100 平方米。MIS 模拟系统主要包括企业资源计划（ERP）、企业动态建模（IRP）、会计信息管理系统（AIS）、税收管理信息系统（TIS）、酒店管理信息系统（HIS）和人力资源测评系统等。主要的 MIS 设计开发工具有 Lotus Domino/Notes、SQL Sever、Sybase、Power Builder、Delphi、MISD、Excel、Visual FoxPro、Visual Basic 等。③统计预测与决策分室（SPD），60 平方米。采用的主体软件系统有 SAS（Statistical Analysis System）、SPSS（Statistical Package for the Social Sciences）和股票上市公司多维统计分析系统等。

④金融模拟分室（FSS），80 平方米。采用的主要咨询系统及分析软件有股票实时行情信息系统、股票技术分析系统、中国证监会财经报刊检索系统、上市公司多维统计分析系统、上市公司历史资料检索分析系统、实时模拟交易系统、企业财务分析系统、投资项目评估系统和建筑工程预结算系统等。

2008 年 2 月，经济与管理重点实验室改造，投入资金 250 万元，面积 480 平方米，更新了 125 台电脑。经济与管理实验室被建设成了符合国家级经济与管理类实验教学示范中心基本标准的实验室。2009 年 8 月，金融实验室建成，投入资金 150 万元。有 48 台学生机，96 台显示器，1 台 LED 用于模拟交易所，2 台等离子显示器运用国泰安数据库显示股票行情。我校经济与管理实验教学中心现下设综合实验室与专业实验室。目前在跨专业实验室中努力取得国内领先地位。

2012 年 10 月，经济与管理实验教学中心搬迁至新实验大楼，专业实验室扩大为 12 间实验室，1 152 平方米，有 960 个学生机位。

（二）跨专业实验教学场所建设历程

2003 年 3 月，学校批准建立 ERP 实验中心，并投资 56 万元用于 ERP 实验室基础设施建设，使该中心拥有 180 平方米的机房，56 台学生用机。2004 年 9 月，投资 550 万元开始建设可供 2 000 人实验实习的 ERP 实验中心。2005 年 9 月，顺利竣工。扩建后的 ERP 实验中心位于广东商学院实验大楼的三楼，占地面积为 1 200 平方米。学生用机增至 309 台。建成 5 个专业机房、1 个沙盘推演室、1 个市场商务室、1 个模拟体验室、1 个创业项目室，以及 1 个主控机房、1 个数据中心、1 个实验管理室、1 个值班室、1 个监控室。

2008 年 8 月，ERP 实验中心扩建，投入资金 262 万元，面积扩大 450 平方米。新增学生机位 204 个。2011 年 8 月，ERP 重点实验室设备更新，投入资金 150 万元，更新电脑 250 台。

2012 年 9 月，北校区新经管实验大楼建成，建筑面积 10 953 平方米。2012 年 10 月，经济与管理实验教学中心搬迁至新实验大楼，跨专业实验教学场所现有设备 1 826 台件，价值 1 490 万元，实验工作台等 559 台件，价值 136. 6 万元。

二、实验教学仪器设备

目前中心实验教学场地面积达到 10 953 平方米。配有各种专业软件、工具软件、ERP 软件等共计 59 种，实验教学案例 8 981 个，教学资源容量 28 220. 03GB，搭建了完整的教育信息化平台；中心现在能够承担全院经管类 87 门实验教学课程的要求，另外附加知识与相关知识学习网站 8 个、网上教学案例库 5 个、网上教学拓展资源库 2 个、网上学习社区 7 个等学习补充资源库。经济与管理实验教学中心已建成单项型、综合型、多功能型实验室 44 间，已形成了系统化、智能化、人性化的经管类实验教学基础平台，每学年提供 6 039 名学生、537 849 学时的实验教学工作量。实验教学仪器设备品质精良，组合优化，配置合理，数量充足，可满足现代实验教学要求；仪器设备使用效益高，改进、自制仪器设备有特色、教学效果好。经济与管理实验教学中心自行开发设计的企业运作仿真综合实习系统，以国内高校开发最早、案例丰富、实验内容完备的特点，受到国内外高校同行的高度评价。

实验中心仪器设备管理制度健全，已经建立的设备管理方面制度共 14 项，保证了各种仪器设备的完好和正常使用。从 2006 年到 2012 年，实验室设备总值共计 2 142. 5 万元。据

1999 年至 2012 年的数据统计，经济管理实验室设备平均完好率达 90.5%。

第五节　对外交流与社会服务

一、国内外专家或领导来访

我校经管类实验教学改革及其成效受到了上级领导、同行专家和国内外院校的高度评价。原全国政协副主席钱伟长院士，教育部副部长张保庆，广东省副省长卢钟鹤、李鸿忠、宋海、陈云贤，教育部高教司副司长杨志坚，广东省教育厅厅长许学强、郑德涛、罗伟其和副厅长张泰岭、魏中林等先后莅临我校经济与管理实验教学中心视察指导；中国工程院院士李京文教授、著名教育学家潘懋元教授及国内多所高校领导先后莅临我校经济与管理实验教学中心进行交流。

我校经管类实验教学改革及其成效还得到了国外同行、专家的高度评价。近年来，来自美国、法国、加拿大、澳大利亚、西班牙、丹麦、新加坡等 7 个国家的 23 所高校的专家学者前来考察我校的经管类跨专业实验教学，均对建设成果给予高度评价。美国加利福尼亚州罗素中心国际管理学院院长 John Toppel，英国东伦敦大学教育专家 Smith 女士，波音中国有限公司副总裁肖禄民，在无线卫星通信、在线教育、远程企业资源管理、信息安全方面具有丰富实践经验的德国 IT 行业资深专家 Yesser Ben 博士，美国大学中国联盟董事长查理德·费恩博士等先后参观了我校经济与管理实验教学中心，均给予中心很高的评价。

二、参加国内会议或担任社会职务

2005 年 10 月，第六届全国高校经济管理类专业实验室建设研讨会召开，我校副院长曾小彬教授作为全国高校经济管理类专业实验室建设工作委员会的常务理事主持了部分研讨会，我中心任晓阳常务副主任代表广东商学院经济与管理实验教学中心在会上作了专题发言。2008 年 11 月，曾小彬出席首届“中国大学教学论坛”并就“经管类本科应用型人才培养模式创新的探索与实践”作了报告，介绍了我校经管类本科人才培养的探索、实践及取得的成效。2010 年 10 月，教育部在北京举办全国实验教学优秀成果展览，我校经济与管理实验教学中心常务副主任任晓阳应邀作了主题报告，并介绍了我校经管类实验教学改革与探索。2006 年，广东商学院副院长兼广东商学院经济与管理实验教学中心主任曾小彬教授当选为国家教育部高等院校经济学科类教学指导委员会委员和实验教学指导委员会委员。2008 年，中心常务副主任任晓阳当选为国家级实验教学示范中心联席会经管学科组秘书长，此后连续 5 年担任了全国大学生管理决策模拟大赛的组织委员会主任一职。

三、校校合作和校企合作

2005 年 9 月，美国波音公司 MBA 广州班在我中心开课。2011 年，四川师范大学 2 名教师到我中心进修。2012 年 9 月，西安财经大学 4 名教师到我中心进修。2011 年，中心承担国家级实验教学示范中心经管学科组联席会网站建设与维护和《经济研究》杂志社网站技术服务。2011 年，中心与电子科技大学中山学院、山东工商学院等高校合作。2007 年

10月，中心与用友公司合办“653工程”经管类实验、实训教学师资培训，中心在会上介绍了实验教学示范中心建设情况。2009年9月，华南农业大学理学院97名毕业生到我校进行为期九天的企业运作仿真综合实习。这是中心首次与外校进行仿真实习培训交流活动。2010年9月，华南农业大学理学院毕业生到我校进行为期九天的企业运作仿真综合实习。这是中心第二次与外校进行仿真实习培训交流活动。2010年，中心承办新疆银行行长培训班、顺德税务局会计电算化培训班、顺德税务局企业仿真运作培训班、税务干部进修学院会计电算化培训班。

四、承办会议和会议接待

2006年11月，中心承办经济管理类实验教学中心主任高级研修班。2007年5月，国家教育部高教司在我校召开经管类实验教学改革与“校内仿真综合实习”现场观摩会，有100多位高校校长和教务处处长参加，给予我院的实验教学成果高度肯定。2008年，30多名教育部全国高等院校实验教学指导委员会委员亲临中心指导，给予中心实验教学成果高度评价。2013年5月24日，由广州市科技和信息化局主办，我中心与科研处、金融学院共同承办了2013年高校、科研机构开放日活动。2007年7月，中心接待了中国教育服务中心举办的“全国高校实验室建设与实验教学改革经验交流会”研讨会代表。2007年9月，接待了由广东商学院承办的“全国财经类高校教学信息化发展战略研讨会”与会代表。2008年4月，2008中国金融工程年会暨金融工程与风险管理国际论坛专家学者参观我中心。2009年11月16日，由广东省教育厅主办、广东商学院承办的广东省文科类本科应用型人才培养经验交流会在我校召开。来自广东省各高校的200多名人才培养专家、学者齐聚广商，探讨交流应用型人才培养模式改革与创新的做法和经验，与会代表参观考察了经济与管理实验教学中心。2013年4月26日，中国高等教育协会组织来自全国高校的380余名领导、专家、教师来到我校新建的经管实验楼进行现场参观，创造了单天来人最多的参观记录。

第三十六章　国际学院

国际学院成立于2007年，作为学校直属教学和管理机构，承担学校境外、国外学生的招生、教育、管理和服务工作，开展境外、国外合作办学，举办留学生教育，组织出境、出国前的各种培训，开展国际教育方面的研究与交流等活动。国际学院适应高等教育国际化的发展需要，依托学校雄厚的办学实力、国际化专业、高素质的双语师资队伍、丰富的教学资源和高素质的项目管理人员队伍，积极开展来华留学生教育（包括学历和非学历的对外汉语教学），举办特色鲜明的专科、本科和研究生层次的中外合作办学项目，举办出国留学预科和开展形式多样的师生国际交流等活动。

第一节　概　述

一、历史沿革

2006年，学校在《广东商学院国际交流与合作“十一五”规划》中提出：“学校成立‘国际学院’，作为涉外教学的组织管理专门机构，组建语言类教师和精干的涉外教育管理队伍，会同有关学科、专业所在院系开展来华留学生教育、学历预科和专升本学历教育。”

2007年4月3日，国际学院正式成立，暂时挂靠外事处（港澳台事务办公室），同时成立国际学院党总支。

2007年4月，学校决定成立广东商学院BTEC培训中心，中心主任由杨蒙同志兼任。

2008年学校编制《广东商学院教育国际化发展行动计划（2008—2018年）》。

2008年11月，广东商学院与英国爱德思国家职业学历与学术考试机构北亚及大中华区代表处签署合作开展英国BTEC（Business Technology Education Concile）国际教育项目的协议。2009年起，国际学院开展了BTEC HND（Higher National Diploma）教育项目。

2007—2010年，广东商学院先后与英国考文垂大学、北安普敦大学、罗汉普顿大学、谢菲尔德哈勒姆大学、澳大利亚莫道克大学、马来西亚IUCTT大学、加拿大温莎大学等签订合作协议或备忘录。2009年起，国际学院开展国外大学预科教育项目。

二、学院历任领导

（一）历任院长、副院长

2007年至2008年，张伟强任国际学院代理院长。

2008 年至 2013 年，陈拥军任国际学院院长。

2008 年至 2013 年，陈晴晔任国际学院副院长（兼）。

2013 年 6 月至今，林莉任国际学院院长。

2013 年 6 月至今，谭玉祥任国际学院副院长（兼）。

（二）历任党总支（党委）书记、副书记

2007 年至 2008 年，王衡生任国际学院党总支书记。

2008 年至 2013 年，陈晴晔任国际学院党总支书记。

2012 年至 2013 年，谭玉祥任国际学院党总支副书记。

2013 年 6 月至今，谭玉祥任国际学院党总支书记。

三、内设机构

2009 年，根据 BTEC HND 开设国际商务、国际商务（市场营销）和国际商务（电子商务策略）三个专业教育工作的需要，学院成立了 BTEC HND 内审组，配备了内审主任、内审主任助理及内审员，同时分别成立了语言教学教研室（第一教研室）、第二教研室、第三教研室及第四教研室。

2012 年，根据 BTEC HND 专业调整，取消 BTEC HND 国际商务（电子商务策略）方向，学院调整教研室设置，内设两个教研室，即语言教育教研室和专业教育教研室。

国际学院内设学院办公室，下设招生办公室、教务办公室和学生工作办公室。

第二节　专业建设与教学工作

2009 年以来，学院开展了 BTEC HND、预科和对外汉语培训等教学工作。其中 BTEC HND 项目属于计划外招生，学制是 3 年，完成全部 BTEC HND 课程的学习，成绩合格，可获得 BTEC HND 证书。成绩达到国外大学要求的，可以选择到国外大学继续学习，获得国外大学学士、硕士学位。2010 年之前 BTEC HND 开设国际商务、国际市场营销、电子商务三个专业，2010 年以后开设国际商务和国际市场营销两个专业。预科项目计划外招生，学制是 1 年，完成语言强化课程和全部专业基础课程学习，成绩合格颁发结业证书。成绩达到国外大学要求的，前往与我校签了合作协议的英国、加拿大和澳大利亚等国外大学继续学习，修读本科学士学位。对外汉语培训包括汉语言短期培训课程，以及本科学历留学生的中国文化和汉语言教育教学。2013 年我校各专业教学计划中增设外国留学生教学计划修读要求。

BTEC HND 课程包括语言基础课程、（双语）专业基础课程及 BTEC HND 专业课程和雅思培训课程四类。预科课程包括语言基础课程、雅思培训课程及（双语）专业基础课程三类。对外汉语培训主要包括汉语、中国文化及其他课程。其中 BTEC HND 专业课程主要包括 Business Environment，Advertising and Promotion，Internet Marketing，Human Resource Management，Sales Planning and Operations，Marketing Intelligence，Business Decision Making，Aspects of Contract and Negligence Law for Business，Marketing Principles，Organizations and Behavior，Managing Financial Resources and Decisions，European Business，Business Strategy，

Marketing Planning，Research Project，Common Law 等。预科专业基础课程主要包括管理学基础、经济学基础、基础会计和市场营销基础等。语言类课程包括基础英语，英语听力，英语写作，英语口语，阅读、语法与词汇，英美文化，雅思等。汉语培训课程主要包括汉语口语、汉语阅读、汉语听力、汉语写作、HSK 考试、商务汉语等，外国留学生学历教育增加开设中国文化、汉语等。

学院开设的全部课程均建设了毕博信息平台网络辅助课程，BTEC HND 专业和专业基础课程进行了双语课程立项建设。为保障教学工作质量和满足外审工作要求，学院每学期都召开内审与教务工作会议、校内教师交流与培训、教师与教学工作总结与计划会议等，派出教师和管理人员参加校外各类专业教育和语言教育培训活动。

第三节　学科建设与发展

2008—2013 年，学院共有专任教师 4 人，其中教授 2 人。4 位专任教师中，有博士 2 人，硕士 1 人，在读博士生 1 人。

2008 年以来，学院共获得各类项目立项 5 项，获得经费合计 23. 5 万元。2009 年，陈晴晔教授主持的佛山市哲学社会科学项目《佛山市统筹城乡就业的现状分析及对策研究》立项，属立项不资助类型。2011 年，张杰博士主持的《不确定环境下仿冒产品的打击策略及其绩效研究》获广东省自然科学基金项目立项，属博士启动类型并获资助 3 万元。2007 年，陈拥军教授获得广东省哲学社会科学优秀奖调研报告类一等奖。2013 年 8 月，张杰博士主持的课题《多渠道供应链中欺诈仿冒产品的影响及其防治策略》获国家自然科学基金项目立项，项目经费为 20. 5 万元。2013 年 9 月，林莉教授主持的课题《基于协同育人模式的广东省大学生创业教育发展对策研究》获广东省教育教学改革项目立项，资助经费 1. 8 万元。

2008 年以来，学院专任教师在各类学术期刊、会议论文集上发表学术论文 10 篇，参编的专著和著作 4 部、论文集 3 部。其中，陈拥军教授的论文《在线顾客体验理论与模型初探》发表于 2012 年第十七届中国信息经济学会学术年会；陈晴晔教授的论文《西方经济学就业理论及政策的演进》发表于《经济问题》2008 年第 2 期，《按要素分配要解决的几个基本问题》发表于《西北大学学报》（哲学社会科学版）2008 年第 3 期。卜凌嘉老师的论文《论人权法上的“少数者”定义及其权利的性质》发表于《云南大学学报》（法学版）2011 年第 4 期。

2013 年，张杰博士有两篇学术论文被国际知名学术期刊接收待发表。其中，“Price, Capacity and Concession Period Decisions of Pareto-Efficient BOT Contracts with Demand Uncertainty”（此文与中山大学岭南学院牛保庄博士合作，张杰博士为通讯作者）预定发表于 *Transportation Research Part E*: *Logistics and Transportation Review* 2013 年的 7 月号，且被选为本期的封面文章。此期刊被 SCI 及 SSCI 全刊收录，在国际上有相当大的知名度和影响力。另一篇论文“Optimal Replenishment and Pricing Decision under Collect - on - Delivery Scheme”预定发表于 *OR Spectrum*，期数待定。

国际学院已出版的著作和论文集如下：陈拥军教授主编和作为第一作者参与了

Proceeding of CCCM（Vol. 1，2，3）、《连锁企业信息系统管理》、《电子商务应用与技术》、《生产企业信息管理仿真综合实习教程》和《电子商务与网络营销》（第 2 版）的编著。

在学术交流方面，2008 年以来学院专任教师参加国内外学术会议近 10 次，其中国际性学术会议 5 次。陈拥军教授在 2008 年广东商学院召开的 International Conference on E-Commerce and Security 及 International Colloquium on Computing，Communication，Control and Management 会议担任了大会程序委员会主席和会议论文集主编之一；出席 2008 年于昆明召开的中美信息管理夏季研讨会；在 2008 年召开的 International Symposium on Computer Science and Computational Technology 会议担任程序委员会委员；在 2009 年召开的 Second International Symposium on Information Processing 会议担任程序委员会主席，还参加了在台湾东华大学召开的“2010 亚洲 E-Learning 论坛”。张杰博士参加了在 2012 年北京召开的 INFORMS International 会议并作了题为“Optimal Replenishment and Pricing Decision with Collect-on-Delivery Scheme”的主题报告，还参加了 2012 年在苏州召开的华人学者管理科学与工程协会第五届年会。陈拥军教授是中国电子商务协会移动商务咨询专家，现任广东省政府绩效管理研究会副会长。

第四节　党团与学生工作

2008—2013 年，学院共有教职工 10 人，其中 8 人为在编管理人员和专任教师，2 人为非编辅助工作人员，党员数量达到 6 人。针对学院处于发展初期的情况，党总支重点加强了对学生团组织的发展和指导工作。党总支按照学校党委布置，有序开展各项党务工作，与学院行政领导定期和不定期召开党政工作联席会议，研究和部署学院工作。党总支定期召开民主生活评议会，组织本学院教职工党员开展主题教育活动，包括参观叶剑英故居、叶剑英博物馆、孙中山纪念馆等活动，同时，注重以党建带团建，以团建促党建，定期组织学生深入开展学雷锋教育活动并筹划暑期“三下乡”活动。

2012 年 3 月，经学校党委同意成立国际学院第一个党支部——教工党支部。学院党总支积极开展学生党员和教工党员发展工作，选送两名教职工及三名学生参加学校入党积极分子培训班。2013 年，学院党总支发展了一名教工党员和一名学生党员。

在学生工作方面，学院以“立德树人，兼学中西，知行合一，求实创新”为院训，秉着“以学生为本，一切为了学生”的工作理念，积极开展学生工作，努力打造具有特色的品牌活动。自 2009 年开始招收第一届学生以来，结合我院学生的特点以及办学项目的实际要求，制定了《广东商学院国际学院 BTEC 学生手册》和班主任工作制度，加强对学生的日常管理，定期召开学生座谈会，以点滴“正能量”来引导学生的人生观和价值观。学院为了给学生提供一个良好的学习环境，每个课室都安装了 WiFi 并成立了学生活动中心。每学年定期邀请国外合作院校来我院开宣讲会，并组织召开升学年级班会、签证讲座等。同时，学院每学期都为学生举办丰富多彩的活动，现已拥有英文才艺大赛、定向户外实践两大品牌活动。2012 年 10 月经学校团委批复同意成立广东商学院国际学院团总支。

第五节 对外交流与社会服务

1999 年，广东省高等教育厅发文《关于同意广东商学院招收外国留学生的批复》（粤高教外〔1999〕63 号），同意我校招收外国留学生。国际学院于 2010 年开始筹备留学生招生工作，分别在市场营销（2010 级）、国际贸易（2012 级）两个专业首次招收了外国留学生，开展我校留学生本科学历教育。

2010 年 9 月起，学校先后与美国中阿肯色大学、北卡罗来纳大学彭布洛克分校、阿肯色州立大学等签订合作谅解备忘录。2010—2011 学年第二学期起，在我校本科生中分别开展了与美国中阿肯色大学、北卡罗来纳大学彭布洛克分校、阿肯色州立大学和加利福尼亚州立大学 FRESNO 分校，以及澳大利亚科廷大学和英国北安普顿大学等的校际交换生项目。交换生项目为我校学生增加了进行一学期制赴国外大学学习和交流的机会，来自金融学院、经贸与统计学院等学院的 20 多位在读本科生参加了交换生项目。

2011 年 3 月至 5 月，泰国 Chulalongkorn 大学留学生参加了我校组织的为期三个月的汉语言培训班学习。

2012 年 5 月，学校与国际会计师公会签署合作备忘录，开展国际会计师公会证书课程教育。2012—2013 学年起，国际学院开展了国际会计师公会（AIA）证书班招生与教学服务工作。

为加强国际合作与交流工作，2010 年学校成立了广东商学院国际合作与交流工作领导小组，印发了《广东商学院涉外办学招生管理办法（试行)》和《广东商学院外国留学生管理办法（试行)》。

2012 年 10 月经校团委同意批复成立广东商学院国际学院团总支后，国际学院团总支策划并定期组织了“关爱老人，走进金德安养老院”的志愿者活动。

第三十七章　税务干部进修学院

税务干部进修学院是由我校与广州市地方税务局合作办学、共同建立的，全面承担广州市地税系统4 000多名干部职工的初任培训、业务技能培训、更新知识培训、任职培训等任务，致力打造成为广州地税干部职工继续教育的重要平台，新时期政校合作、教学相长的示范阵地，在全国税务系统具有影响力的税务干部教育培训品牌学院。

第一节　概　述

一、发展历程

（一）合作意向

2010年4月，广州市地税局领导决定在广东省内选择一所高校共建培训基地进行集中培训，从而改变各区局、分局、处室自主组织、分散培训的局面，使市局一直比较繁重的教育培训工作，能在顺利完成的基础上进一步提高培训效率与质量。初次遴选过后，广州市地税局从广东省内的高校中，确定了知名度较高、财税专业教学比较突出的中山大学、暨南大学以及广东商学院这三所学校作为备选合作对象。

（二）合作达成

2010年7月底，杜承铭副院长率人事处与财税学院等有关部门负责人与市地税局领导进行了沟通，并及时布置了相关工作。王华院长特别重视该项工作，专门召开专题会议，研究部署工作，时刻关注此项工作，指示于海峰副院长牵头做好联系沟通工作。学校党委书记程飚明确要求举全校之力，把各项工作组织好、实施好、落实好。于海峰副院长专门与进行调研的教育处领导进行了座谈，进一步了解广州地税局的需求和要求。9月中旬，财税学院以学校名义向广州市地税局教育处提交了2万余字的可行性报告及相关材料。

我校凭借着举全校之力的组织优势、积丰富底蕴的历史优势、实力雄厚的资源优势、条件完备的培训保障优势、赢广泛信赖的社会服务优势等五个优势和“贴近实际需求、突出培训的实用与有效，实施立体式培训模式与突出培训的系统与灵活，注重组织管理的精细化与突出培训的质量与品牌”三个特色获得合作机会。2011年1月，广州市地税局决定与我校开展合作，税务干部进修学院进入筹备阶段。

（三）正式成立

2011年3月29日上午，广东商学院税务干部进修学院成立大会暨开学典礼隆重举行。全体校领导、广州市地税局领导、广东商学院各职能部门和学院主要负责人、广州市地税局机关各处室及局属各单位主要负责人、局属各单位分管教育培训工作局领导、人事教育部门负责人、培训班学员以及部分授课老师等230多人出席会议。罗与洪局长、王华院长等领导共同为学院揭牌。

二、机构设置

学院实行双院长制，院长由广州市地税局谢红鹰副局长、广东商学院杜承铭副院长担任，副院长由广州市地税局教育培训处李文平处长和广东商学院财税学院姚凤民院长、三水校区管委会袁东卫副主任担任。学院下设教务办，负责日常教务和管理工作。

2012年6月，学院成立会计基础教研室、税收政策与征管教研室、税收检查和纳税评估教研室、电子实训教研室、税收风险防范教研室、综合素质教研室。

第二节　教学活动

一、师资建设

自开办伊始，学院就非常重视师资队伍建设，主要依托广东商学院的师资，严格挑选地税系统的内部师资，同时广泛吸纳像毕马威会计师事务所、普华永道会计师事务所、省委党校、市委党校等的优秀师资，努力建设专家型、实务型的师资队伍。

2011年4月26日，为了做好兼职教师选聘工作，学院在市局20楼礼堂举办了“如何讲好一堂课，如何当好兼职老师”培训暨兼职教师选聘动员会议。学院领导、报名参加教师选聘的有关人员，共计160多人参加了培训。

2011年6月，税务干部进修学院召开第三次院务会讨论师资建设工作。杜承铭院长，谢红鹰院长，人事处、学院教务办、市局教育处和人事处有关人员参加会议。

2011年6月20日，广东商学院师资在广州市地税局基层教学实践试点开始工作。首批7位教师分别被派到海珠区局、天河区局、第三稽查局开始为期一个多月的教学实践。

2011年7月21日，进修学院师资建设暨遴选广商师资参加地税教学实践研讨会顺利召开。广州市地税局副局长、进修学院院长谢红鹰，广东商学院副院长、进修学院院长杜承铭，广商人事处、教务处、财税学院、金融学院等11个学院（部门）的主要负责人及市地税局人事处、教育处、部分基层单位人事教育工作分管局领导和教育部门负责人，共40多人参加会议。会议讨论了《进修学院今年课程设置安排及师资需求一览表》、《关于在广东商学院遴选师资参加教学实践的通知》、《广商教师参加地税教学实践工作实施意见》等文件，并就今后推进学院师资建设进行深入交流。

2012年7月，学校派出12名教师到市局参加2个月的教学实践。参加实践的教师根据专业背景和拟授课情况，在各单位实践学习并为所在单位“大练兵”进行专业辅导。

二、教材与课程建设

2011年3月，学院成立后，便十分重视培训讲义与教材建设，每一专题培训的每一课程项目均有规范的和高水平的讲义印制并提供给学员使用。2012年2月，学院开发形成岗位练兵培训教材14部。其中，关于地税重点行业税收管理类的房地产业、建筑业、餐饮业、广告业、金融业税务管理培训教材5部，地税主要税种、费种管理类的企业所得税后续管理、外籍人员个税管理、社保费管理服务培训教材3部，基础业务技能类的基础会计、会计准则与税法差异、重点税源纳税评估、税收执法风险防范、综合材料写作、审计基础培训教材6部。

2013年1月，学院评选出2012年度精品课程10门。包括：企业会计改革热点问题，小企业会计准则、负债、所有者权益、收入、费用等专题，财务报表解读与税法差异分析，会计电算化理论导入与稽查查账操作实务，房地产企业税收检查管理，土地增值税清算案例分析，征收管理岗位练兵精要，重点税源管理及纳税评估，税务部门绩效考核制度设计，音乐艺术鉴赏。

三、常规培训班

税务干部进修学院成立后，广州地税职工每年至少在学院参加一次5～10天的脱产培训，培训将按照税费管理科学化、专业化、精细化的要求，在科学鉴定各类岗位所需知识、能力和素质要求的基础上，以提升岗位能力为着力点，大力开展分岗位、分层级、分行业、分税种、分专题的业务技能培训。

2011年，举办各类培训班27大类55个，参加5天以上脱产培训学员3 411人、17 000多人天，基本实现了科级以下干部全员轮训，参训学员整体满意度超过95%。

2012年，举办各类岗位练兵、税费管理、综合素质提升培训班9大类72个，参加5天脱产培训员累计超过4 500人、20 000多人天，基本实现了全系统科级以下干部（含协税员），每人每年在学院脱产培训不少于5天的办学规模，参训学员整体满意度超过95%。

截至2013年4月，已完成培训的人员有8 944名，共计42 165人天，参训学员整体满意度超过95%。

四、特色培训班

2011年10月，广州市地方税务局2011年新录用公务员初任培训班在税务干部进修学院正式开班。91名新招录公务员、10名纳税人服务中心咨询员，接受为期四周的初任专业培训。

2012年5月，学院服务组织收入工作大局，开办重点税种、重点行业、主要方法培训班。

2012年6月，结合省局近期岗位练兵工作需要，税务干部进修学院在6月份开设了“税务稽查类岗位练兵”、“征收管理类岗位练兵”、“信息技术类岗位练兵”、“纳税服务类岗位练兵”等5天以上岗位练兵脱产培训班4个（学员办学2012第29～32班），培训班主要针对省局岗位练兵习题集进行串讲，合计培训二级师资和业务骨干约240人。

2012年7月，广州市地税局揭晔局长向全系统干部职工推荐《用心去工作》一书，提出“真正让‘用心工作’成为广州地税‘组织的正气’、‘个人的习惯’和‘事业的呼唤’”。为响应这一主张，税务干部进修学院特别邀请党的十八大代表——肇庆八一生态农场场长、全国劳动模范、全国优秀共产党员贾东亮为主讲嘉宾，用亲身创业史为地税学员诠释如何通过“用心去工作”服务社会、走向成功。

2012年10月，学院举行岗位练兵集训和冲刺动员。为迎接全省地税系统“岗位技能大学习大练兵大比武”，广州地税的业务精英们在广东商学院税务干部进修学院集训两周。

广州市地税局揭晔局长、学校王华院长一行亲自莅临学院为学员加油鼓劲。最终广州市地税局在全省全员统考中获得总分和“征管、稽查、纳服”第一的好成绩。90 位选手当选省局岗位业务能手标兵。

2012 年 12 月 28 日，学院举行 2012 年新录用公务员初任培训结业总结暨“我把青春献地税”主题演讲比赛。税务干部进修学院领导、省税务干部进修学校王永民校长，广州市地税局人事处、教育培训处、法规处等有关部门负责人，基层单位分管教育培训工作局领导和有关负责人出席。

第三节　文化建设与对外交流

一、文化建设

税务干部进修学院自成立以来，注重自身文化建设。结合税务干部培训元素设计了学院 LOGO，制定了学院院训“笃学、精业、明德、诚行”，创办了院刊《教学动态》，汇聚了学院建设的基本思路和学员学习、生活的点点滴滴。截至 2013 年，学院已经编印了 40 期《教学动态》。

“税苑林”这一设想于 2011 年 12 月提出，由广州市地税局当时在任局长罗与洪命名。2012 年 3 月 29 日学院成立一周年总结大会，学校程飚书记、王华院长与广州市地税局新任局长揭晔共同种下了象征友谊的第一棵宫粉紫荆，揭晔局长为“税苑林”题字。此后，每期培训班的学员分小组栽种纪念树，至 2013 年 4 月已种植紫荆 400 余棵。

2012 年 6 月 20 日上午，广州市地税局为三水校区图书馆捐赠图书。广州市地税局组织了 4 000 多名干部员工为我校三水校区首批共捐赠图书 7 000 余册。副院长王廷惠、广州市地税局教育培训处处长李文平、税务干部进修学院其他负责人出席了捐赠仪式。

2012 年 9 月 6 日下午，税务干部进修学院召开教师节座谈会。揭晔局长、谢红鹰副局长代表广州地税局向三水校区图书馆所设立的税务干部进修学院学员阅览专区捐赠 10 万元，程飚书记、王华院长代表学校接受捐赠。

2012 年 10 月，三水校区图书馆在一楼大厅专门开辟税务干部进修学院学员阅读专区。

二、对外交流

2012 年 7 月，为进一步拓宽工作视野，借鉴先进办学经验，推动税务干部进修学院品牌化建设和全系统教育培训工作科学发展，学院组成调研组到扬州税务学院、四川税务学校、福建税务学校、厦门国家会计学院等优秀培训院校和成都地税、扬州地税、厦门地税等教育培训工作开展较好的兄弟单位进行调研。

2013 年 2 月，为进一步学习师资建设的经验，考察和学习实训室建设的方法，学院组成调研组赴云南财经大学、云南经济管理职业学院及其培训合作方“富滇银行”考察并进行座谈。

2012 年 6 月 5 日，西安财经学院经济学院院长铁卫一行 3 人来学院交流指导。2013 年 5 月 28 日，内蒙古财经大学党委书记额尔敦、副校长侯岩一行来学院交流指导。

第三十八章　华商学院

广东财经大学华商学院是由广东财经大学和广州太阳城发展有限公司联合创办，经国家教育部正式批准成立，以财经教育类为主的民办本科独立学院，面向全国招收普通高等教育国家任务生。

八年来，学校坚持社会主义办学方向，贯彻党的教育方针，遵循高等教育规律，依法办学、规范办学。以市场需求为导向，以人才培养为中心，以质量提升为重点，以改革创新为动力，积极探索应用型人才培养模式和民办本科独立学院的发展道路。到2013年上半年，学校办学规模已达18 000余在校生。

第一节　概　述

一、历史沿革

2005年1月20日，广东商学院和广州太阳城发展有限公司在广州花园酒店举行了创办广东商学院华商学院签字仪式。同年6月，广东省教育厅批复同意筹办。

2005年12月26日，广东商学院华商学院成立庆典隆重举行，原全国政协副主席叶选平出席庆典并题写校名和“厚德、励志、博学、创新”的校训。

2006年4月12日，教育部批复同意试办广东商学院华商学院（学院代码：12621），同年9月，举行了首届本专科新生入学典礼。

2009年8月，经广东省人事厅、教育厅批准，学院获得工商管理和应用经济学两个一级学科的中级职称评审权。

2010年6月，首届本科生毕业，754名本科毕业生被广东商学院授予学士学位，授予率82.4%。2011年6月，1 190名本科毕业生被广东商学院授予学士学位，授予率95.7%。

2010年11月，经广东省教育厅批准，学院获得本科插班生招生资格。

2012年1月，学院获得学士学位授予权。同年6月，1 554名本科毕业生被广东商学院华商学院授予学士学位，授予率97.4%。

二、学院历任领导

（一）董事会

学院现任董事会由廖榕就董事长，王廷惠副董事长，陈玉川、何剑、黄虹、廖榕根、廖伊曼董事等七人组成。

学院原任副董事长为杨维，原任董事为徐印州、苏武俊、卢龙周。

（二）学院领导班子

学院现任领导班子由院长陈玉川，党委书记苏宁，副院长丘兆福、邓基泽、支戈壁、张方林、吴猛等七人组成。

原任院长为徐印州。

（三）党委领导班子

学院现任党委由苏宁书记，张方林、王克军、邱会锋、黄国富委员等五人组成。

原任党委书记为文波、黄虹。

三、内设机构

（一）行政机构

学院行政部门包括学院办公室、人事处、教务处、科研处、学生处、财务处、教学督导室、后勤工作办公室、保卫工作办公室、评估办公室、招生办公室、就业指导中心、图书馆、教育技术中心、继续教育培训处等。

（二）教学系部

学院设立教学系部 10 个，包括会计系、经济与金融系、工商管理系、艺术系、外语系、文学系、信息工程系、公共管理系、思想政治理论教学部、体育教学部。

2006 年，设有经济系、管理系、文学系 3 个系。

2007 年，设有会计系、经济系、管理系、文学艺术系 4 个系。

2008 年，设有会计系、经济系、企业管理系、旅游管理系、文学系、艺术系、外语系、思想政治理论教学部、体育教学部。

2009 年，增设行政管理系、信息工程系。

2010 年，企业管理系更名为工商管理系。

2013 年，设立公共管理系，经济系更名为经济与金融系，撤销行政管理系、旅游管理系。

（三）党群机构

学院党委设有党委办公室、党委组织科、党委统战部、党校、团委等工作部门。在二级单位设立了 9 个党总支、7 个直属党支部以及 26 个基层党支部（其中教工党支部 9 个，学生党支部 17 个）。

2006 年 9 月 1 日，广东商学院华商学院党委成立，文波任党委书记。同时，建立华商学院党校，全院党员 55 人。2008 年 7 月，黄虹任学院党委书记。

2011 年 12 月，成立党委统战部，部长由黄虹兼任。

2012 年 11 月，成立党委理论学习中心组。

2013 年 6 月，苏宁任学院党委书记。

四、师资队伍

华商学院建立以来，不断加大力度，采取切实有效的措施，引进和外聘相结合，在母体学院的支持和帮助下，逐步建立起一支以教授、副教授为龙头，以讲师、会计师、经济师、工程师为骨干，以博士、硕士为主力的师资队伍，能较好地满足办学需要。现有专任教师826人，外聘教师150多人。师资队伍中具正、副高职称的有207人，占师资总数的25%。从学历结构看，专任教师中具硕士、博士学位的有521人，占专任教师总数的63%；另有在职攻读博士、硕士学位的教师35人。学院还遴选出具有较高学术水平和较高教学能力的教师担任专业负责人。目前，19名本科专业负责人中，有教授15名、研究员1名、副教授3名，他们均在各自的专业领域积极有效地开展专业建设工作。

学院有6名教师成为广东省“千百十工程”校级培养对象，2名教师被评为“南粤优秀教师”，1名教师被评为“广东省民办教育优秀教师”，3名教师被评为“增城市优秀教师”。2009—2012年间，学院共培养、晋升讲师190多人（2009—2011年共126人，2012年通过我院评审的讲师24人、认定讲师2人、我院推荐评审的讲师52人）。

第二节　学科专业建设

根据办学定位和广东经济社会发展的需要，学院专业建设的基本思路是按照“明确重点、优化结构、提升质量、培育优势”的原则，不断加大学科专业建设力度，建立健全以经济学、管理学为主体，多学科交融渗透、协调发展的专业结构体系。

一、科学合理规划专业建设

学院制定实施了“十一五”和“十二五”专业建设总规划，明确了专业数量、结构、质量、效益方面的发展目标，各专业也相应制定了专业建设规划。

“十一五”专业建设期间，学院以学科专业的品牌优势为依托，加快专业的规划建设，本科专业从2006年的7个，增加到2011年的22个，基本涵盖了经济、管理、文、理、工等多个学科门类，初步形成了结构较合理、多学科并存的专业体系。“十二五”期间，学院继续推进学科专业建设，力争本科专业数达到30个，即专业数在现有基础上每年新增2~3个。同时，结合学院办学基础和自身优势，逐步形成新的特色发展方向，建成同类院校中有影响、有优势、有特色的品牌专业2~3个。

学院优先发展市场急需的应用型商科专业，经过几年努力，逐步形成一个结构合理、布局科学，能适应学院规模及发展的专业建设体系。

2012年1月，学院被广东省学位委员会批准为新增学士学位授予单位，获得学士学位授予权。

2012年，会计学、财务管理、市场营销、人力资源管理、物流管理、新闻学、汉语言文学、英语、日语、国际经济与贸易、国际商务、统计学、旅游管理、行政管理、广告学、艺术设计等16个专业获得学士学位授予权。

2013年，公共事业管理、动画、信息管理与信息系统专业获得学士学位授予权。

二、不断优化人才培养方案

学院按照“知识、素质、能力协调发展”、“促进文理融合”等原则，围绕专业定位、人才培养目标定位，修订优化人才培养方案，完善专业课程体系。

学院构建了由公共课程模块、学科基础课程模块、专业课程模块、专业拓展课程模块和综合运用课程模块等组成的课程体系。近年来，学院增加公共选修的课程数量，优化通识课程的结构，促进学生知识结构的文理交融。

学院在全面加强合格课程建设的同时，2009 年制定并实施了《精品课程暨重点课程建设管理办法》，加强公共必修课、学科基础课及专业必修课课程的建设。

第三节　教学科研建设

一、完善教学管理体系

学院合理设置学科专业结构，构建本科教学体系。学院以市场需求为导向、以母体学院资源优势为依托、以培养应用型人才为目标，科学编制专业人才培养方案。严格执行教育部本科学分学时规定。从 2012 级开始执行新调整的学时学分规定，即总学时控制在 2 400 ~2 600，总学分控制在 150 ~ 155。学院不断优化课程体系，形成了由公共课、学科基础课、专业课、专业拓展课和综合运用课构成的课程模块体系，突出专业主干课程，构建具有人才培养灵活性的教学体系。

学院建设、教学质量监控、实践教学管理等方面共有 40 多项规章制度，初步形成了一套与本科应用型人才培养相适应的教学管理制度，有效保证了教学秩序和教学效果。

二、坚持深化教学改革

学院严格按照办学定位和人才培养目标，不断优化人才培养方案，加大教学改革力度，强化课程建设。一是突出专业主干课程。按《教育部主干课程教学基础要求》，在原有专业、课程设置的基础上，规定 2011 级本科每个专业不得少于 10 门专业主干课程，全校 22 个本科专业共计 254 门专业主干课程。二是加强课程建设。重新修订了 585 门公共必修课、学科基础课和专业必修课的教学大纲，编写了 115 门课程的实验实践教学大纲。三是以专项建设为突破口，积极开展校级精品课程和重点课程建设，制定了《校级精品课程暨重点课程建设管理办法》。

在教材建设方面，出台了《教材管理制度》，形成了包括教材建设规划、教材选用发放和教材评估在内的教材建设与管理制度。严格教材选用程序，使用省部级及以上获奖教材比例达 48. 5% 。截至目前，由我院教师主编出版的各类教材共有 10 部，参编出版的教材也有 22 部，且其中的多数教材已被各类高校使用，在取得良好教学效果的同时，也扩大了学院的社会影响。

三、强化实践教学环节

实践教学是培养应用型人才的重要环节。学院高度重视实践教学，通过强化实践教学，提高学生的实操能力，构建了由教学实验（实训）、实习、社会实践、毕业论文（设计）等组成的实践教学体系。各专业紧紧围绕人才培养目标，在科学设置专业课程的基础上加强实践教学。目前，全校开设的实验课程中，有综合性、设计性实验的课程占94%。学院坚持对实验课程、实验室、实习基地等建设的优先投入，各专业均建自己的实验室，其中同声传译实验室设备处于全省先进水平之列。各类实验室拥有完善的软硬件设备，通过实验室开放、资源共享等措施，实验室得到充分有效的利用。

学院广泛利用社会资源，拓展校外实践教学渠道，建成校外实习基地59个，形成了以安徽宏村慎馀庭、长隆野生动物世界、石板岩朝阳沟、太阳城酒店等为代表的一批校级示范性实践教学基地，提供了良好的专业实践平台，建立了以实践经验丰富的教师和实习单位外聘老师为骨干的实习指导教师队伍，确保实习计划的落实。

四、制度落实举措得力

学院将教学工作摆在首位，先后制定了40多项教学管理制度，涵盖本科教学计划、教学运行、教学组织、教学质量管理、命题考试、实践教学等整个教学运行过程。

在日常管理方面，坚持每两周组织召开一次教学工作例会，切实加强教学工作的部署、沟通和管理，贯彻执行各项教学管理制度，提高管理水平和效率。学院不定期召开教师和中层干部教学管理研讨会，对教学管理工作进行深入研究，管理水平和管理效能不断提高。

建立健全质量监控体系，强化教学过程的全程监控。学院坚持和完善教学监控体系，选聘优秀教学信息员，及时了解教学状态；坚持教学检查制度，将教学时段性检查、专题性检查、问题性检查、常规性检查互相结合，通过听课、网上测评、座谈会、个别谈话等多种形式，对教学实施全方位全过程跟踪监控，及时发现问题和解决问题；坚持教学督导组听课制度，以随堂听课等方式切实推进教学质量的提高；坚持各级领导深入教学一线听课制度，推动教学质量持续提升。

五、狠抓科研，力促教学

为完善科研管理体制，调动教职工的参研热情，先后制定了《关于激励教职工从事科研活动的几点措施》、《科学研究项目管理办法》、《校级研究项目管理办法》等一系列管理办法和激励措施。近年来，学院共投入科研经费120多万元，共承担省级科研教研课题2项，校级教研教改项目91项，其中重点项目25项；已经完成课题37项，其中省部级6项，校级31项。2010年度1项课题获民办教育协会课题二等奖；2010年度2项课题获民办教育协会课题三等奖。

2008年以来，教职工在全国学术期刊上发表论文755篇。在全国核心期刊发表论文23篇，被SCI国际检索收录论文9篇。

2010年起创办《华商学刊》，每年出版4期，展示全院师生的科研成果，促进校内校报的学术交流。

学院一直重视与国内外高校、学术机构进行合作交流，组织过多次校际互访活动。近年来，学院接待了来自英国普利茅斯大学、赫特福德大学、伦敦城市大学、北安普顿大学等多所国外院校的来访与交流；邀请外校学术骨干指导学院科研建设，聘请校外专家担任学院科研课题的评审委员；多次组织教师参加国内外大型学术会议，并在校内广泛开展学术活动。

学院承办了由中共广东省委宣传部和广东省社会科学界联合会组织的岭南学术论坛等重要学术会议。

学院邀请李昌钰、陈佐洱、郎咸平、Tatiana Karmanova、彭凯平等国内外知名专家开办专题学术讲座共40余场，积极拓展学术视野和发展空间。

第四节　党团与学生工作

一、党建工作

（一）党建概况

在广东财经大学党委的直接关怀指引下，华商学院的党组织从无到有，不断发展壮大，党建工作也不断走上正轨，蓬勃开展，为贯彻执行党的方针、政策，发挥政治核心作用和战斗堡垒作用提供了可靠的保证。截至2013年3月，学院有专职党务干部5人，兼职党务干部87人，党员1 350人。其中，教工党员262人，学生党员1 088人，占在校学生总数的5.99%。学生申请入党积极分子的有14 500多人，占全院学生总数的79.83%。

（二）党建工作

建校之初，学院仅设3个党支部，共有党员55人。

2007年11月，学院设9个党支部，共有党员92人，其中教工党员68人。

2008年11月，学院设20个党支部，共有党员408人，其中教工党员70人。

2009年11月，学院设29个党支部，共有党员839人，其中教工党员127人。

2010年11月，学院设32个党支部，共有党员869人，其中教工党员172人。

2012年12月，全院党员1 318人，其中教工党员235人。

自2006年至2012年底，共发展党员2 025人，其中发展教工党员52人，学生党员1 973人。

2009年以来，学院有1个基层党组织获得“广东省教育系统创先争优先进基层党组织”称号，1名教工党员获得“广东省教育系统优秀党员”称号，3名教师和1名学生当选为广东商学院第五次党代会的代表。

2009年以来，学院党委每年表彰一批先进基层党组织和优秀党员，共有15个党组织和278名党员受到表彰。

二、学生工作

（一）工作概况

学院学生工作秉承“以人为本，学生至上”的管理理念和落实“德育优先、规范管理、突出服务、体现特色”的工作思路，实行院、系两级管理，以系为基础。政治辅导员按1∶250左右配备，肩负着“三育人”的重任，主要包括学生日常管理、思想教育、国家助学贷款、勤工助学、困难学生补助、学生奖惩、大学生心理健康教育与辅导、学生档案管理、校园文化建设、社团管理等工作。

目前，学院制定了《学生综合测评》、《学生纪律处分》等 19 项学生教育管理制度以及 3 项学生社团管理制度。实行《辅导员查课制度》、《辅导员每晚走访学生宿舍的工作制度》、《辅导员入住学生公寓制度》，充分发挥辅导员的作用，促进学风建设。

学院重视大学生心理健康教育与辅导，通过教授大学生心理健康教育课程，普及心理健康知识，传授心理调适的方法。开展个别咨询和辅导，同时，以特色的心理健康教育活动为载体，增强教育的实效性。2012 年 12 月，学院心理健康教育与咨询工作顺利通过广东省教育厅心理健康教育与咨询工作专家组的督导检查，并被评为“优秀”等级。

学院开展思想政治、文化艺术、体育竞技、社会公益、志愿服务、社会实践等各类学生活动，丰富大学生的课余文化生活。

（二）毕业生

学院高度重视毕业生的就业工作，成立学院就业工作领导小组，加强组织领导，落实就业工作第一责任人工作机制，不断改进工作方法，有力地保障了毕业生就业工作的开展。学院通过多种就业活动，为学生提供全面的就业咨询和服务。

毕业生中，有 8 人分别考入中国广东外语外贸大学和华南师范大学、美国亚利桑那州立大学、英国伯恩茅斯大学攻读硕士学位，62 人考上公务员。

（三）获奖情况

（1）9 名学生工作教师获得省级奖励。

（2）学生主要获奖情况：2008 级专科物流管理 4 班学生李伟、何泽楠拥有一项“国家实用新型专利”。2009 级动画班学生唐启新拥有五项“国家实用新型专利”。2009 年，在广东省第四届大学生校园文化艺术节中，学院民族舞《山妞妞》荣获赛区一等奖，总决赛二等奖。2010 年，黄远金、郑驰、杨秋鸿等 50 名学生荣获“广州亚运会、亚残运会志愿者先进个人”称号。2012 年 4 月，学院代表队获得启航杯——广东大学生创业实战营销大赛银奖。2012 年 5 月，学院代表队获得第六届广东大学生科技学术节“用友杯”ERP 沙盘模拟大赛一等奖。2012 年，洪志雄、朱若男、张婷、吴太杰、余超获得 2012 年全国大学生工业设计大赛总决赛一等奖。2013 年，黎秋名被评为“广州市优秀团员”。2013 年，黄俊发、赖玲、钟国强被评为广东省“三下乡”优秀个人。

（3）组织奖：学院连续三年被广州市授予“无偿献血先进集体”称号。2010 年，学院团委获得广州亚运亚残运会志愿者工作优秀组织奖、广东省亚运亚残运会志愿服务铜奖（集体）。2012 年，学院被评为“广东省高校 2011—2012 学年国家助学贷款工作优秀单位”。经济系团总支、会计系团总支、院艺术团、学生处勤工助学科被评为“增城市青年文明号”。

附　录

附录一　广东财经大学大事记（1979—2013）

1979 年

1 月 1 日　广东省财贸干部学校派员赴东北、华北考察培养财贸人才的政策举措，并起草申请创办“广东财贸学院”的报告稿。

1980 年

5 月　广东省财贸办公室向广东省政府申请创建广东财贸学院。

9 月 24 日　广东省政府复函同意成立广东财贸学院。

1981 年

10 月 19 日　省财贸干校组织人员赴湖北、江西等省考察学习创办财经类高等院校经验。

11 月 17 日　省财贸干校起草《关于筹建广东财经学院的意见》上报省财办，提出将广东财贸学院名称更改为广东财经学院。

1982 年

11 月 1 日　广东省政府批复同意在批准筹建的广东财贸学院的基础上，筹建广东财经学院。

12 月 31 日　“广东财经学院筹备领导小组”成立。

1983 年

3 月 10 日　筹备领导小组向广州市郊区人民政府呈送《征用赤沙乡土地建设广东财经学院函》。

5 月 10 日　教育部正式批准成立广东财经学院。

9 月 1 日　第一批“商业会计专修科专业”51 名干部专修学员入校，借省财贸干校校舍上课。

1984 年

2 月 20 日　学院购得仑头原广州船舶公司技工学校校舍，迁此地办公、上课。

7 月 26 日　广东财经学院临时党委成立，刘次钧任临时党委副书记，委员为谭锐汉、李俊旋、吴森、段述迺。

9 月 3 日　建校后招收的第一批本科学生入学，共 41 人，就读企业管理专业。

11 月　广东财经学院设办公室、人事处、行政处、教务处四个处室。办公室下设秘书科、基建科、财务科，行政处下设总务科、膳食科、服务商店（公司）、医务室，教务处下设图书馆。教学部设语文教研组、外语组、教学组、马列主义教研组、业务组，设商业会计和企业管理专业。

1985 年

4 月 29 日　与商业部协商资助学校发展，呈请广东省政府改名广东商学院，增设烹饪专业。

5 月 20 日　首次制定《广东商学院处级单位职责分工》。

6 月 13 日　省政府同意广东财经学院改名为广东商学院，仍属省高教局和省财贸办共同领导，并受商业厅指导。

7 月 8 日　首届“干部专修班”51 名学员毕业。

9 月 1 日　正式启用“广东商学院”印章。

10 月 12 日　向高教局报送《广东商学院七五发展规划》。

10 月 20 日　正式启用“中国共产党广东商学院委员会”印章。

10 月 27 日　向省高教局呈送报告，要求把我院定为正厅级。

10 月 31 日　制定《干部职工考勤制度试行办法》。

12 月 25 日　学院第一届团代会召开，选举陈庆联为第一届院团委书记，马明华为副书记。

1986 年

2 月 13 日　商业部部长刘毅来我院视察。

4 月 1 日　高教研究室成立。

4 月 16 日　招生工作领导小组成立。

4 月 26 日　《羊城晚报》港澳海外版报道学校招收首批粤菜烹饪科学生的消息。

5 月 13 日　成立烹饪系。

7 月 10 日　与省财税局签订《关于共同开办税务专业的协议书》。

7 月 30 日　省高教局同意我院与省财税局共同开办税务专业。

8 月　赤沙新校舍教学楼、培训楼和教工、学生部分宿舍建成。

8 月 25 日　学院迁赤沙新校址办学，时有学生 502 人，教职工 271 人，设企业管理、财务会计、烹饪工程、审计 4 个专业。

8 月 27 日　首次面向全国招生；新增审计专业。

10 月 8 日　商业部、省人民政府签订《关于商业部资助广东商学院办学的协议》。

10月14日 财政税务系成立，定于1987年招生。会计系党总支、管理系党总支、机关党总支成立。

11月10日 首届学生代表大会召开。

11月14日 省委批准成立中共广东商学院临时党委，刘次钧任临时党委书记。

12月1日 广东商学院学报《商学理论与实践》创刊号出版，为半年刊。

12月16日 谭锐汉任广东商学院副院长。

学院纪检筹备组、工会筹备组成立。

1987年

2月20日 李鸿昌任广东商学院院长，丁衍祥任副院长。

3月19日 第一届工会会员代表大会召开。

4月24日 新开统计、税务本科专业，当年开始招生。

5月31日 原广东省立法商学院校友代表来我院参观访问。

6月9日 西德“德中友协代表团”成员莱法州技术专科学校梅尔洪教授应邀来我院参观。

7月4日 与省建设银行签订《开办投资经济专业和银行学校中专班协议书》。

7月7日 院教育工会成立。

7月13日 民盟广商支部成立。

7月15日 新增“投资经济专业”（专科）。

9月19日 成立学报编辑委员会。

9月23日 广东商学院第一次党员大会召开。

9月24日 刘次钧任广东商学院党委书记，丁衍祥任纪委书记。

10月29日 设立数学教研室、电子计算机教研室、烹饪系基础教研室、工艺教研室、财税教研室、税务教研室。

11月27日 成立学生勤工助学服务公司。

1988年

1月30日 商业部部长刘毅来我院视察。

3月1日 学报《商学理论与实践》改名《商学论坛》，季刊。

3月2日 新增投资经济专业。

3月30日 院学术委员会成立。

4月13日 我院成为中国教育国际交流协会团体会员。

5月13日 获得学士学位授权资格。

6月6日 院学位评定委员会成立。

6月24日 张裕良任广东商学院党委副书记。

8月8日 投资系、培训中心、电教中心、思想政治教研室、高教研究室成立；计算机教研室并入计统系。

9月12日 成立建筑设计室和水电维修科，隶属基建处。

10月5日 高教局同意我院在清远、江门设立分教处或教学点。

12 月 11 日　举办建校 5 周年庆典，图书馆落成。

1989 年

3 月 25 日　学院初级会计师职务评审委员会成立。

4 月 14 日　增设税收、国际贸易、审计、投资等专业。

7 月 15 日　成立经济系。

8 月 8 日　张裕良任广东商学院纪委书记。

9 月　庄汉城获“全国优秀教师”称号，为我院获此荣誉的第一位教师。

9 月 5 日　正式设立清远分教处。

11 月 7 日　成立基建办公室、行政科、房产维修科、校园管理科、交通科，隶属总务处领导；烹饪专业改为餐旅专业。

11 月 15 日　院体委成立。

12 月 28 日　民建广商支部成立。

1990 年

2 月 22 日　餐旅系兴办的桃李餐厅开业。

3 月 16 日　设立党委组织部、宣传部。

4 月 20 日　党委书记刘次钧率首批 100 名师生赴珠海市进行为期 1 周的社会调查。

9 月 2 日　与美国西南密苏里州立大学签订学术交流协议。

10 月 7 日　学报编辑部被选为全国商业院校学报研究会常务理事单位。

11 月 1 日　学院党校成立，党委书记刘次钧兼任党校校长。

11 月 22 日　与中山市税务局签订《联合开办函授辅导站协议书》。

12 月 1 日　制定《广东商学院八五计划和十年规划》，提出：坚持社会主义办学方向、社会教育改革，形成优势和特点，优化教育环境和队伍结构，不断提高人才规格和质量，适度、稳步、全面发展，在本世纪末跨入全国同级同类院校先进行列。

12 月 18 日　《广东商学院报》编委会成立。

1991 年

1 月 10 日　《广东商学院报》创刊号出版。

1 月 15 日　第一届教职工代表大会暨第二届工会会员代表大会召开，选举张裕良为工会主席。

4 月 12 日　与省建设银行签订《委托代培大学生补充协议》。

7 月 3 日　清远分教处 1991 届毕业典礼在清远市举行。

11 月 18 日　商业部部长胡平来我院考察。

11 月 19 日　省人大副主任罗克明来我院作形势报告。

12 月 5 日　中科院研究员李京文来我院作学术报告。

12 月 9 日　学院首届艺术节开幕。

12 月 19 日　温宝光、陈汉华任广东商学院副院长。

1992 年

1 月 6 日 副省长卢钟鹤来我院检查工作。

1 月 24 日 副省长刘维明来我院检查工作并向教职工拜年。

6 月 26 日 省司法厅与我院商讨改办法商大学事宜。

8 月 4 日 张裕良任广东商学院党委书记，符士强任党委副书记。

8 月 20 日 罗国民任广东商学院院长。

8 月 31 日 体育教研室升为系级单位；设立中文教学部、外语教学部、计算机中心，均为系级单位。

10 月 周兆麟获国务院专家津贴，为我院第一位获得国家津贴的教授。

11 月 28 日 与深圳行政学院签订联合办学协议。

12 月 11 日 广东省人民政府常务会议决定把我院改办为广东法商大学。

1993 年

1 月 6 日 卢钟鹤副省长来我院检查广东法商大学筹建情况。

4 月 3 日 计划统计系更名为城市经济管理系。

9 月 28 日 省政府向国家教委呈送《关于将广东商学院改办为广东法商大学的函》。
九三学社广商支部成立。

9 月 29 日 广东商学院归国华侨联合会成立。

10 月 全国第三产业发展战略暨商贸体制改革研讨会在我院召开。

10 月 28 日 举办建校十周年庆典。

11 月 14 日 省高教局批准我院挂靠暨南大学联合招收“商业经济专业”自筹计划硕士研究生。

12 月 25 日 广东商学院第二次党员大会召开。
符士强任广东商学院纪委书记。

1994 年

1 月 13 日 广东法商大学筹备领导小组成立。

2 月 21 日 设立经济数学教学部、社会科学理论教学部、保卫处。

4 月 6—12 日 承办全国地方财经院校统计学科建设与改革研讨会（广州会议），为我院举办的首个学科建设研讨会。

5 月 26—31 日 承办全国高等商业院校马列主义教研会理事年会。

6 月 9 日 第二届教职工代表大会暨第三届工会会员代表大会召开。

6 月 25 日 香港同胞顾恺仁在我院法学院设立“顾恺仁奖学金”。

9 月 2 日 我院与暨南大学联合招收的第一批硕士研究生正式入学。

9 月 3 日 开始实行学分制。

10 月 15 日 美国商业教育交流访华团访问我院。

11 月 8 日 学院附属幼儿园落成开园。

11 月 21 日 国际市场营销学、投资项目评估实务、中国税制和政治经济学 4 门课程被列为省级重点课程，为我院首次。

11 月 24 日　国家司法部与我院商谈改办广东法商大学事宜。

12 月 9—12 日　国内贸易部教育司司长纪宝成来我院视察。

1995 年

1 月 9 日　新增外贸英语本科专业。

1 月 14 日　学院商业经济专业、统计学专业分别与暨南大学、北京经济学院联合招收研究生。

3 月 7 日　成立档案鉴定小组。

4 月 18—20 日　全省普通高等学校教务处长会议在我院召开。

5 月 22 日　召开“九五”科研工作会议，为我院第一次召开科研工作会议。

6 月 17 日　成立外语系、广东商学院人才交流中心、广东商学院现代经济与发展研究所、学生工作处。

10 月 11 日　美国驻广州领事馆总领事来我院访问。

11 月 14 日　内贸部直属院校档案工作会议在我院召开。

1996 年

1 月　全国商业院校学报研究会第七次年会在我院召开。

1 月 10 日　广东商学院商业经济研究中心成立。

1 月 11 日　广东商学院信息经济与技术研究中心成立。

3 月 8 日　国家司法部教育司司长邢同舟、副司长霍宪丹莅临我院商谈部省共办广东法商大学事宜。

3 月 25 日　颁发广东商学院（广东法商大学）“九五”事业发展计划和 2010 年事业发展规划，进一步明确了我院的办学思想和发展目标。办学特色是：立足广东，面向港澳；适应社会，联合办学；法商结合，文理交叉；基础扎实，注重应用。

4 月 9—16 日　召开“广东商学院教学改革与建设会议”，对迎接国家教委教学工作评价和改办法商大学进行总动员。

4 月 11 日　成立校园文明建设领导小组。

4 月 29 日　成立学院国家安全领导小组。

5 月 6 日　全国商业院校首届宣传思想工作研讨会在我院召开。

9 月 20 日　《广东商学院教学工作评价自评报告》及其附件呈送国家教委。

9 月 17 日　国家司法部副部长刘飏会见我院领导，就广东省和国家司法部共建法商大学事宜进行了商谈，表示司法部将努力尽快促成共建事宜。

10 月 3 日　成立学院高等教育自学考试领导小组。

11 月 18 日　国家统计局副局长贺铿来我院参观指导并作报告。

11 月 26—30 日　国家教委教学工作评价专家组进驻我院，正式对我院开展教学工作评价。

11 月 26 日　国家教委教学工作评价组举行“广东商学院教学工作评价汇报报告会”，罗国民院长汇报我院“教学工作评价自评报告”。

12 月 26 日　成立计算机网络中心和办公室自动化网络管理中心。

1997 年

1 月 10—13 日　承办中国高等教育学会第四次代表大会。

2 月 28 日　林维明任广东商学院党委书记。

3 月 31 日　学院教学工作指导委员会成立。

4 月 6 日　成立广东商学院改革办公室。

4 月 21 日　成立经济信息管理系、经济科学中心实验室。

5 月 6 日　徐印州、吴家清任广东商学院副院长。

接国家教委文件，我院以优异的成绩通过教学工作合格评估。

民革广商支部成立。

6 月 6 日　爱国华侨孙翠华女士捐赠 100 万元人民币在我院设立“世德教育基金”。

7 月 15 日　省部共建广东商学院（法商大学）协议书签字仪式在广东省政府迎宾厅隆重举行。

10 月 20 日　农工党广商支部成立。

11 月 10 日　《广东商学院和华东政法学院加强校际协作协议书》正式签署。

1998 年

1 月 7 日　第三届教职工代表大会暨第四届工会会员代表大会召开。

2 月 26 日　国家教委副主任张保庆来我院视察。

3 月 24—26 日　罗国民院长参加第一次全国普通高等院校教学工作会议。

3—5 月　举办广东商学院第一届青年教师教学竞赛。

4 月 9 日　举办“广东商学院面向 21 世纪高质量人才培养国际研讨会”。

6 月 3 日　“经济与管理重点实验室”可行性方案通过省高教厅组成的专家组的鉴定，该实验室也是广东省高教厅第一个重点文科实验室。

6 月 19 日　广东商学院第三次党代会召开。

7 月 3 日　成立学院精神文明建设领导小组。

9 月 14 日　学报《商学论坛》获准公开发行并更名为《广东商学院学报》。

9 月 29 日　学生心理咨询中心成立。

10 月 12 日　中科院院士、著名数学家、北京航空航天大学理学院院长林群教授来我院讲学。

10 月 28 日　成立学院关心下一代工作委员会。

10 月 31 日　举办建校十五周年庆典。

教工俱乐部、“仲景园”落成揭幕。

11 月 11 日　成立学院语言文字规范化工作领导小组。

11 月 26 日　海珠区人民法院到我院模拟法庭进行现场公审，也是广东省首次在校园里公开审理案件。

1999 年

3 月 12 日　与省高教厅签署共建“经济与管理重点实验室”协议。

3 月 16—17 日　国家教育部在我院召开“全国财经类院校教学计划修订研讨会”。

5 月 4 日　粤剧艺术家红线女来我院作报告。

学院机构改革，在法律系的基础上成立法学院，税务系更名为财税系，投资系更名为金融学系。

8 月 17 日　顺利完成 1999 年招生任务，招收全日制新生 2 177 人，比原计划扩招 827 人，为全省高校扩招之首。

10 月 26 日　卢钟鹤副省长来我院视察工作。

12 月 9 日　成立三水校区建设工作领导小组。

12 月 10 日　与三水市人民政府正式签署（合作）兴建广东商学院三水校区合同书。

12 月 21 日　广东省高教厅对“经济与管理重点实验室”项目建设进行验收，鉴定为“已达到国内领先水平”。

12 月 30 日　陈庆联任广东商学院副院长。

2000 年

1 月 1 日　三水校区奠基。

2 月 16 日　设置经济学、财务管理、人力资源管理本科专业。

2 月 26 日　企业管理学科被列为广东省 C 类重点学科。

3 月 1 日　彭赟任广东商学院副院长。

3 月 24 日　法学院成立。

3 月 29 日　广东省政协副主席张展霞来我院调研。

5 月 20 日　三水校区（一期）正式动工兴建。

7 月 10 日　陈运森任广东商学院党委书记。

8 月 1—8 日　主办“全国财经类院校中青年骨干教师市场营销培训班”。

8 月 29 日　副省长卢钟鹤视察三水校区。

9 月 4 日　三水校区管理委员会成立。

9 月 19 日　陈小敏同学获悉尼奥运会女子 63 公斤级举重金牌。

10 月 8 日　三水校区第一批新生入学。

10 月 28 日　全国人文社科学报财经类学报研究会年会在我院召开。

2001 年

2 月 23 日　成立广东商学院红十字会理事会。

3 月 23 日　新增社会工作、汉语言文学、广告学、计算机科学与技术 4 个本科专业。

4 月 11 日　人文社科部更名为人文社科系；院团委改为正处级建制；监察审计处分设为监察处、审计处，监察处与纪委合署办公，审计处单独办公。

4 月 12 日　成立广州校区北区征地工作领导小组。

4 月 27 日　成立教学督导组。

5 月 8 日　与花都环洋商贸有限公司签署合作兴办广东商学院花都学院意向书。

5 月 11 日　三水校区改制为民办二级学院，为广东省第一所民办本科层次二级学院。

7 月 13—15 日　承办“第二届全国财经类院校经济与管理实验室建设工作会议”。

8月15日 陈潮光任广东商学院党委副书记兼纪委书记，吴家清任副书记。

9月3日 设离退休人员党总支。

9月11日 三水学院正式成立。

9月26日 广东商学院“两课”教学协调小组成立。

10月8日 吴家清任广东商学院院长，曾小彬任副院长。

11月6日 成立学院教师资格认定专家委员会。

11月11日 我院学生、奥运会冠军陈小敏在第九届全国运动会开幕式上点燃主火炬。

10月12日 党委办公室与学院办公室合并为新的学院办公室；统战部与党委宣传部合署办公；成立610办公室，与保卫处合署办公，在保卫处挂武装部牌子；设立基建办公室；外事处独立设置，同时挂国际交流部牌子；成人教育学院更名为继续教育学院。

12月1日 谭彦婷同学获第八届全国大学生击剑锦标赛女子重剑冠军。

12月12日 “十五”师资建设“双百”工程全面启动。

12月12—18日 召开第三次教学工作会议，审议了《名牌专业建设方案》等五大方案。

2002年

1月16日 成立网络信息工作领导小组。

1月25日 副省长李鸿忠来我院指导工作。

人文社科系更名为人文与传播学院。

3月22日 司法部宣传教育司司长霍宪丹来我院指导工作。

3月29日 会计学系、财税系分别更名为会计学院、财税与公共管理学院；设立旅游学系和教育技术中心。

4月29日 民进广商支部成立。

5月21日 中科院院士卢永根来我院作学术报告。

5月27日 陈小敏同学当选为党的十六大代表，是当选代表中唯一一位在校大学生。

6月26日 三水学院首批毕业生毕业。

9月8—22日 应格鲁吉亚阿扎尔共和国邀请，徐印州副院长率我院专家代表团赴格鲁吉亚为其起草经济特区法。

9月11日 省政协副主席潘金培等来我院调研。

10月31日 举办“迎接党的十六大”李素华民族音乐欣赏会，阎维文同台献艺，朱军担任大会司仪。

11月4—9日 中国宏观经济管理教育学会2002年年会暨学术与教学研讨会在我院召开。

2003年

1月9日 我院承担的第一个国家级教研教改项目“新世纪高等教育教学改革工程”本科教育改革项目——《经济管理类专业实验室建设问题研究》通过专家组结项验收。

2月10日 新增金融工程、日语、社会治安学、物流管理4个本科专业。

2月17日 市场营销、法学被评为广东省高等学校第二批名牌专业。

3 月 12 日　用友软件股份有限公司与我院签订共建“广东商学院 ERP 实验室”协议。

3 月 13 日　中国工程院院士李京文来我院作学术报告。

4 月 20 日　成立非典型肺炎预防与控制工作领导小组。

4 月 30 日　副省长宋海来我院检查工作。

5 月 7 日　金融学系、外语系、旅游学系分别更名为金融学院、外国语学院、旅游与环境学院。

6 月 7 日　第四届教职工代表大会暨第五届工会会员代表大会召开。

8 月 6 日　杨继福同学荣获全国“三好学生”称号，是我院学生首次获得该项荣誉。

8 月 9 日　省政府具函国家教育部，申请将我院更名为广东法商大学。

8 月 26 日　雍和明任广东商学院副院长。

8 月 30 日　杨维任广东商学院党委书记。

9 月 8 日　获批为硕士学位授权单位。

10 月 15 日　确定新院徽、院旗、院训。

10 月 16 日　获准设立省级重点实验室——电子商务市场技术应用实验室。

10 月 25 日　举办建校二十周年庆典。

12 月 4 日　诺贝尔经济学奖得主弗农·史密斯来我院作学术报告，这是诺贝尔奖得主首次来我院讲学。

12 月 9 日　钱伟长院士来我院视察并作演讲。

12 月 10 日　成立校园建设工程指挥部。

2004 年

1 月 1 日　教育部专家组实地考察评估我院改办“广东法商大学”。

3 月 7 日　数学教学部更名为数学与计算科学系。

成立学院学位评定委员会办公室。

5 月 2 日　学生健美操队获 2004 年“华夏杯”全国健美锦标赛“竞技新人组”决赛冠军和最佳表现奖。

6 月 11 日　三水学院改为三水校区，由“公办民助”体制回归“公办”体制。

6 月 24 日　录取获得硕士学位授予权后第一批硕士研究生。

7 月 25 日　承办全国高等财经院校《资本论》研究会 2004 年学术年会。

9 月 3 日　林严、李佳两位同学获得第七届全国大学生运动会健美操比赛六人操项目的金牌。

12 月 14 日　陈承真任广东商学院党委副书记兼纪委书记，马明华任党委副书记。

12 月 15 日　省委副书记蔡东士来我院作形势报告。

12 月 27 日　陈承真任广东商学院党委副书记兼纪委书记，马明华任广东商学院党委副书记。

2005 年

1 月 20 日　与广州市增城区太阳城发展有限公司签订《合作举办广东商学院华商学院协议书》。

1 月 23 日　华商学院筹备办公室成立。

3 月 8 日　法学专业获教育部批准为第二学士学位专业。

4 月 4 日　凤凰卫视评论员阮次山来我院演讲。

5 月 9 日　中国工程院院士何新贵来我院作学术报告。

6 月 9—12 日　学院与广东省高等学校思想政治教育研究会联合举办“全国高等学校思想政治理论课新课程（05 方案）建设研讨会”。

11 月 23 日　赵伟、萧月华、王宇雯三位同学获第八届“挑战杯”全国课外科技作品竞赛特等奖。

2006 年

1 月 11 日　江冰获文化部科技项目立项，为我院首次获得该类项目立项。

2 月 18 日　新获批十一个硕士点。

刘苍劲获全国教育科学“十五”规划重点课题立项，为我院首次获得该类项目立项。

2 月 22 日　吴家清被聘为教育部高等学校法学学科教学指导委员会委员，曾小彬教授被聘为经济学类学科教学指导委员会委员，郭景萍教授被聘为社会学学科教学指导委员会委员。

3 月 15 日　袁新满任广东商学院副院长。

4 月 12 日　综合档案室由省特级转套为“科技事业单位档案管理国家二级”，为学院第一个国家级馆、室。

5 月 23 日　《广东商学院学报》首次荣获“全国百强社科学报”，入选中国人文社科学报核心期刊。

6 月 18 日　广东商学院第四次党代会召开。

6 月 21 日　第五届全国高等财经院校图书馆馆长工作会议在我院召开。

10 月 19 日　与广东外语外贸大学等 6 所高校联合申报的国家大学生文化素质教育基地获教育部批准。

10 月 28 日　召开第一次学位与研究生教育工作会议。

12 月 19 日　广州校区北区征地获国土资源部批准。

12 月 20 日　经济与管理实验教学中心被评为第二批经济管理类国家级实验教学示范中心。

2007 年

2 月 15 日　新增税务、动画、酒店管理、土地资源管理、文化产业管理、对外汉语等 6 个专业，为我院历史上取得新增专业最多的一次。

4 月 18 日　宪法学与行政法学获批为省级重点学科，国民经济学、财政学、诉讼法学和旅游管理获批为省级重点扶持学科。

5 月 10 日　罗燕平、房文威两位同学获第 11 届“外研社杯”全国英语辩论赛二等奖，罗燕平获“最佳辩手”奖。

7 月 16 日　黄莉同学获第八届全国大学生运动会健美操混合双人操冠军、女子单人操季军。

8月17日　广东商学院、广东省石油化工职业技术学校签署《置换广东省石油化工职业技术学校校园协议书》。

9月27—29日　承办全国财经类高校教学信息化发展战略研讨会。

10月26日　杜承铭、于海峰任广东商学院副院长。

11月11—16日　教育部评估组对我院进行本科教学工作水平评估。

12月5日　邓世豹获司法部国家法治与法学理论研究重点项目立项，为全国同类院校、广东省高校唯一获准立项项目。

12月15日　刘纪显当选为民革第十一届中央委员。

2008年

1月14日　召开学院首届社会服务暨国际化教育工作会议。

1月16日　广东商学院彩票研究中心成立，系广东省第一家彩票研究学术机构。

3月3日　市场营销专业被批准为第二批高等学校特色专业建设点，实现我院国家级特色专业“零的突破”。

4月12日　金融学院承办2008中国金融工程年会暨金融工程与风险管理国际论坛。

4月23日　校医院李超威医生发明的《医用蓝牙听诊器》获国家专利局授予的实用新型专利证书。

5月14日　我院本科教学工作水平评估获“优秀”结论。

中国科学院院士杨叔子来我院作报告。

7月10日　李圣旺、乔平、蒋艳阳、张钊雄4人入选北京奥运会裁判员名单。

7月11日　我院与中国人才信用网共同研建高校学生信用档案体系，为广东高校第一所。

9月9日　我院获得2008年度国家自然科学基金项目两项面上项目和一项青年项目，为建校25年首次获国家自然科学基金项目。

9月26日　我院获得副高级职称评审权。

10月7日　广东省财政厅下达《关于同意将广东省石油化工职业技术学校广州校区无偿调拨给广东商学院使用问题的复函》，标志着省政府正式同意将广东省石油化工学校校园43.68亩土地无偿划拨给我院。

11月7日　王廷惠任广东商学院副院长。

11月15—19日　我院学生获第六届“挑战杯”中国大学生创业计划竞赛终审决赛银奖，创造了参加“挑战杯”创业计划竞赛的最好成绩。

11月20日　市场营销专业和法学专业分别于2007年、2008年被评为国家级特色专业。“企业仿真综合运作”课程在2008年被评为国家级精品课程，实现国家级精品课程“零的突破”。

11月28日　2008年全国政法院校学生工作研讨会在我院举行。

12月4日　我院首次被推选为广东省高等教育学会后勤管理工作委员会副理事长单位。

12月12日　第五届教职工代表大会暨第六届工会会员代表大会召开。

12 月 28 日　广东省 2009 届毕业生就业供需见面会财经政法类专场首次在我院举行。

2009 年

1 月 12 日　王华任广东商学院院长、党委副书记。

3 月 3 日　新增社会学、应用心理学、广播电视编导、播音与主持艺术、劳动与社会保障、教育学等专业，本科专业达到 48 个，成为全国财经政法类院校中本科专业最多的院校之一。

7 月 2 日　我院被批准为工商管理硕士专业学位研究生培养单位。

9 月 17 日　程飚任广东商学院党委书记。

9 月 24 日　曾小彬主持的《经管类专业校内仿真综合实习探索与实践》获得国家级教学成果二等奖。

9 月 30 日　“经管类跨专业综合实验教学团队”被确定为 2009 年国家级教学团队。

10 月 10 日　我院学生参赛团队获第一届广东大学生“U 势界”创业项目大赛特等奖，获 300 万元资助。

10 月 28 日　我院学生获第三届全国大学生广告艺术大赛全国二等奖 2 项、优秀奖 7 项。

11 月 17 日　校院两级管理体制正式实施。

11 月 28 日　主办“金融危机背景下中国会计与财务问题学术研讨会”，为我院首次主办全国性会计学术研讨会。

12 月 1 日　陈茂春老师因发明《五型笔画输入法》和《五型音输入法》获“建国六十周年百名优秀发明家”荣誉称号。

12 月 1 日　诺贝尔化学奖得主阿龙·西查诺瓦来我院参观交流。

12 月 6 日　我院“E 帆风顺”学生团队在全国高校首届“创意·创新·创业”电子商务挑战赛总决赛中获二等奖。

12 月 24 日　我院人才培养模式创新实验区获批为国家级人才培养模式创新实验区建设立项项目。

2010 年

4 月 15 日　成立招投标中心。

5 月 8 日　“第九届（2010）全国 MBA 培养院校企业竞争模拟大赛”和“2010 年全国高等院校企业竞争模拟大赛”决赛在我院举行。

7 月 12 日　印发《广东商学院三水校区素质教育改革总体方案（试行）》，三水校区素质教育改革进入全面实施阶段。

8 月 23 日　我院被评为“全国普通高等学校毕业生预征兵工作先进集体”。

9 月 2 日　获批金融硕士、保险硕士两个专业学位授权点。

9 月 4 日　举办首届 MBA 开学典礼。

10 月 21 日　我院首次获得教育部高水平运动队建设资格，分别为田径队、游泳队。

11 月 9 日　确定每年十月份的第四个星期六为“广东商学院校友日”。

11 月 27 日　2010 年度（第八届）中国法经济学论坛在我院举行。

2011 年

1 月 13 日　学院获广州亚运会、亚残运会志愿者工作“优秀组织单位”。

3 月 12 日　学院首届在职法律硕士毕业典礼暨学位授予仪式举行。

3 月 17 日　应用经济学、法学、马克思主义理论、管理科学与工程、工商管理等五个硕士学位授权一级学科通过国务院学位委员会审核，实现学院硕士学位授权一级学科零的突破。

3 月 23 日　颁发《广东商学院南岭学者特聘岗位管理办法（试行）》。

3 月 25 日　研究生教育督导工作组成立。

3 月 29 日　广东商学院税务干部进修学院成立。

4 月 30 日　我院学生参赛团队荣获第十届全国高等院校企业竞争模拟大赛总决赛一等奖。

5 月 4 日　院团委首次获得“全国五四红旗团委”称号。

6 月 27—29 日　改革学士学位授予仪式，学位评定委员会主席、院长王华亲自为每位学士学位获得者颁发学位证书。

9 月 26 日　与澳大利亚莫道克大学签署姊妹学校战略合作协议。

10 月　中华全国总工会授予学院工会“全国模范职工之家”称号，这是学院工会获得的工会系统的最高荣誉。

11 月 26—27 日　承办“第三届海峡两岸会计学术研讨会”。

12 月 26 日　学院获批为同等学力人员申请硕士学位授权单位。

2012 年

1 月 9 日　广东商学院第五次党代会召开。

1 月 10 日　马明华任广东商学院纪委书记，吴琦任广东商学院党委副书记。

2 月 15 日　我院学生参加国际大学生数学建模竞赛获 2 个一等奖、1 个二等奖、5 个三等奖，取得历史最好成绩。

4 月 17 日　广东商学院社科联成立，我院成为广东省第一家成立社科联的高校。

5 月 31 日　《广东商学院学报》首次入编中文社会科学引文索引（2012—2013）经济学扩展版来源期刊。

7 月　林慕华、蔡佳相继在《中国社会科学》、《中国科学》等国内顶尖学术期刊上发表论文，实现了我院教师在论文发表层次上的重大突破。

8 月　全国哲学社会科学规划办《成果要报》首次以第一署名单位刊发学院教师研究成果。

10 月 8 日　广州校区北区实验楼等第一批建筑正式投入使用。

10 月 10 日　成立创业教育学院。

11 月 21 日　副省长陈云贤视察我院。

11 月 23 日　我院入选全国首批卓越法律人才教育培养基地。

12 月 3 日　中央编译局副局长魏海生来我院访问。

12 月 15—16 日　教育部高等学校设置评议委员会专家组，对学院更名大学进行实地考察评估。

12 月 19 日　应用经济学、工商管理、法学被批准为省优势重点学科。

12 月 26 日　成立广东商学院证大微金融学院。

2013 年

1 月 10 日　院党委部署全面贯彻落实中央改进工作作风“八项规定”。

3 月 22 日　郭景萍获教育部第六届高等学校科学研究优秀成果二等奖。

3 月 25 日　内设机构调整与更名：成立发展规划与学科建设处、地理与旅游学院、数学与统计学院、广东经济与社会发展研究院、教师发展中心；学院办公室更名为校长办公室，与党委办公室合署，人事处更名为人力资源开发与管理处，外事处更名为国际交流与合作处，财务处更名为财务与国有资产管理处，资产与设备管理处更名为设备与实验室管理处，三水校区资产与设备管理工作办公室更名为三水校区设备与实验室管理工作办公室，基建处更名为校园建设处，校友工作办公室更名为校友总会办公室，经济贸易与统计学院更名为经济贸易学院，财税学院更名为财政税务学院，公共外语教学部更名为公共外语教学中心，并入外国语学院；撤销高教研究与评估中心、旅游学院、资源与环境学院、数学与计算科学学院、公共外语教学部。

3 月 30 日　首批 MBA 合作导师受聘。

4 月 8 日　校院两级管理体制改革后，首次对教学院部目标管理期满考核。

4 月 10 日　林慕华、蔡佳获聘学院首批“卓越青年教师”校长特聘教授。

4 月 18 日　彭子未同学入围“2012 中国大学生年度人物”。

5 月 3 日　我院学员获 2013 年全国 MBA 培养院校企业竞争模拟大赛一等奖。

5 月 26 日　与内蒙古财经大学签订全面战略合作协议。

6 月 19 日　教育部发文正式批准广东商学院更名为广东财经大学。

6 月 26 日　更名大学后首届毕业典礼暨学位授予仪式举行。

7 月 11 日　程飚任广东财经大学党委书记，王华任广东财经大学校长、党委副书记，马明华任党委副书记、纪委书记，吴琦任党委副书记，雍和明、袁新满、杜承铭、于海峰、王廷惠任副校长。

7 月 13 日　广东财经大学校友会成立。

9 月 10 日　举行广东财经大学揭牌仪式，副省长陈云贤、省副秘书长江海燕，教育厅副厅长魏中林，党委书记程飚、校长王华共同为广东财经大学揭牌。副省长陈云贤寄语我校为国家、民族培养更多的财经精英。

9 月 23 日　我校首次获批设珠江学者岗位，设岗学科为会计学、宪法学与行政法学。

10 月 26 日　举行广东财经大学建校三十周年庆典大会。

附录二　广东财经大学历年招生、毕业生人数统计表

年份	招生数			在校学生数			毕业生数		
	专科生	本科生	研究生	专科生	本科生	研究生	专科生	本科生	研究生
1983	51								
1984	50	41							
1985	34	80							
1986	144	203							
1987	237	222							
1988	229	456							
1989	520	413							
1990	450	555							
1991	463	538							
1992	493	676							
1993	643	664							
1994	513	952		1 219	2 746		468	534	
1995	476	1 036		1 054	3 258		622	535	
1996	321	1 021		798	3 644		578	609	
1997	246	978		563	3 939		469	668	
1998	466	1 356		707	4 317		316	961	
1999	279	1 891		738	5 141		246	1 053	
2000	855	2 503		1 134	6 734		459	970	
2001	213	3 117		1 532	8 711		277	1 008	
2002	129	3 169							
2003	645	3 237							
2004	0	3 369							
2005			130			220			
2006			172			392			
2007			178			479			90
2008		5 593	237		18 939	584		3 399	130
2009		6 059	317		20 709	730		4 290	171
2010		5 989	328		21 830	879		4 820	176
2011		5 811	410		23 427	997		4 127	294
2012		4 157	508		21 933	1 222		5 509	282
2013		5 809	551		21 668	1 418		6 031	326

附录三　广东财经大学历年教职工人数统计表

年份	教职工人数	教师人数
1983	65	20
1984	144	43
1985	161	51
1986	271	103
1987	319	131
1988	394	175
1989	443	208
1990	470	225
1991	501	235
1992	486	231
1993	505	212
1994	572	240
1995	658	305
1996	731	346
1997	722	352
1998	744	362
1999	753	369
2000	770	386
2001	815	420
2002	1 009	632
2003	1 300	915
2004	1 057	700
2005	1 148	762
2006	1 306	888
2007	1 363	978
2008	1 341	993
2009	1 413	1 008
2010	1 414	1 009
2011	1 437	1 029
2012	1 506	1 181
2013	1 486	1 170

附录四　广东财经学院组织机构图（1984年）

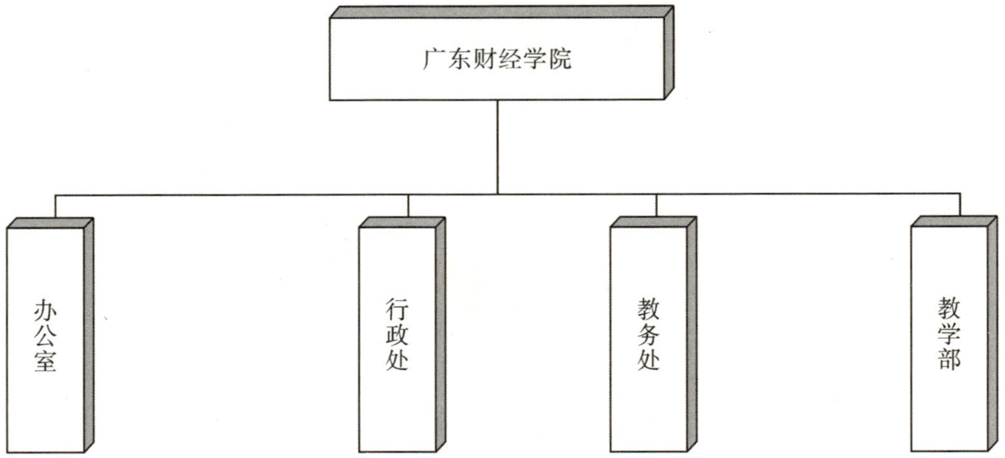

附录五 广东商学院组织机构图之一（1996年）

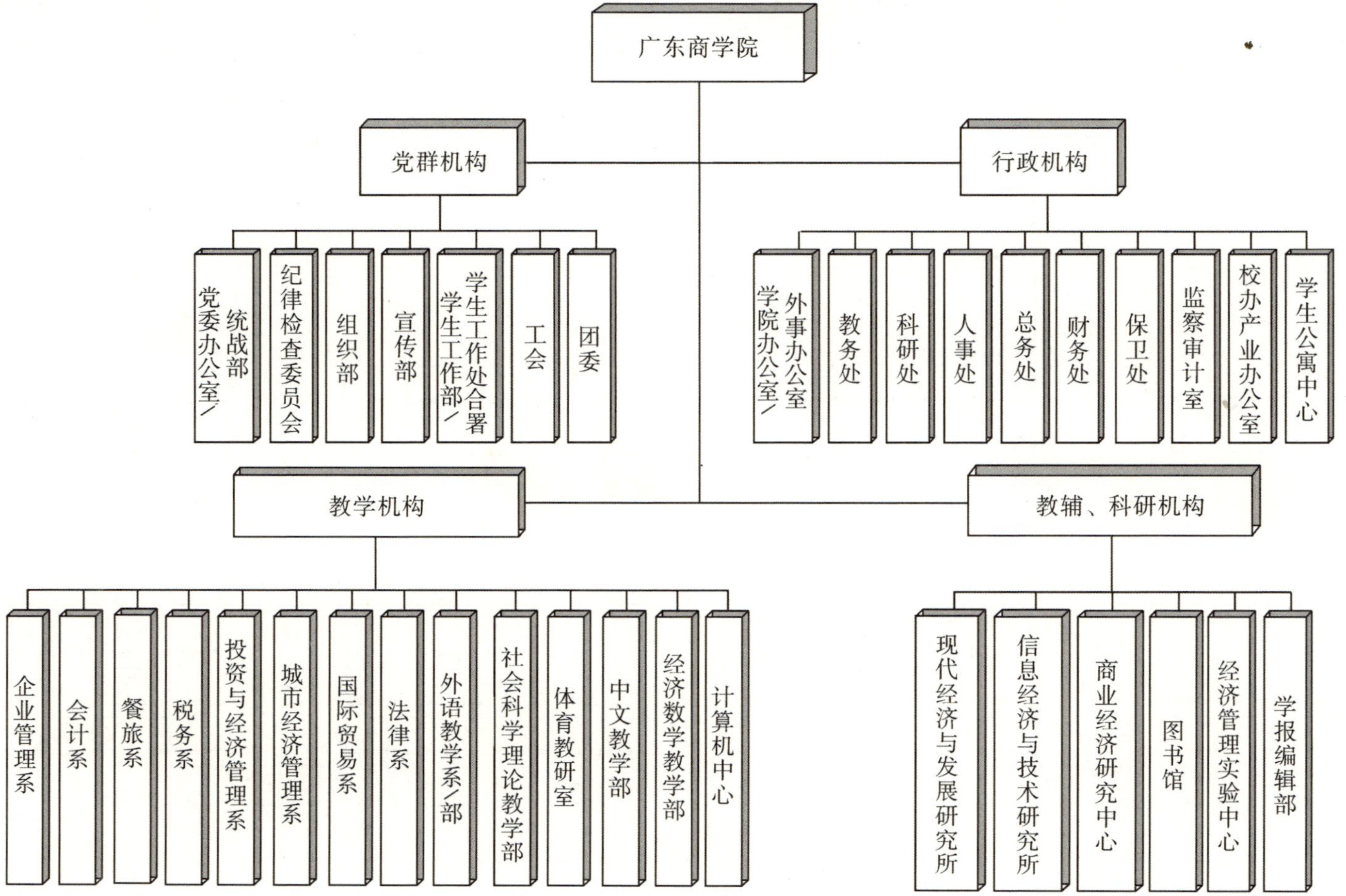

附录六　广东商学院组织机构图之二（2007年）

附录七 广东财经大学组织机构图（2013年）

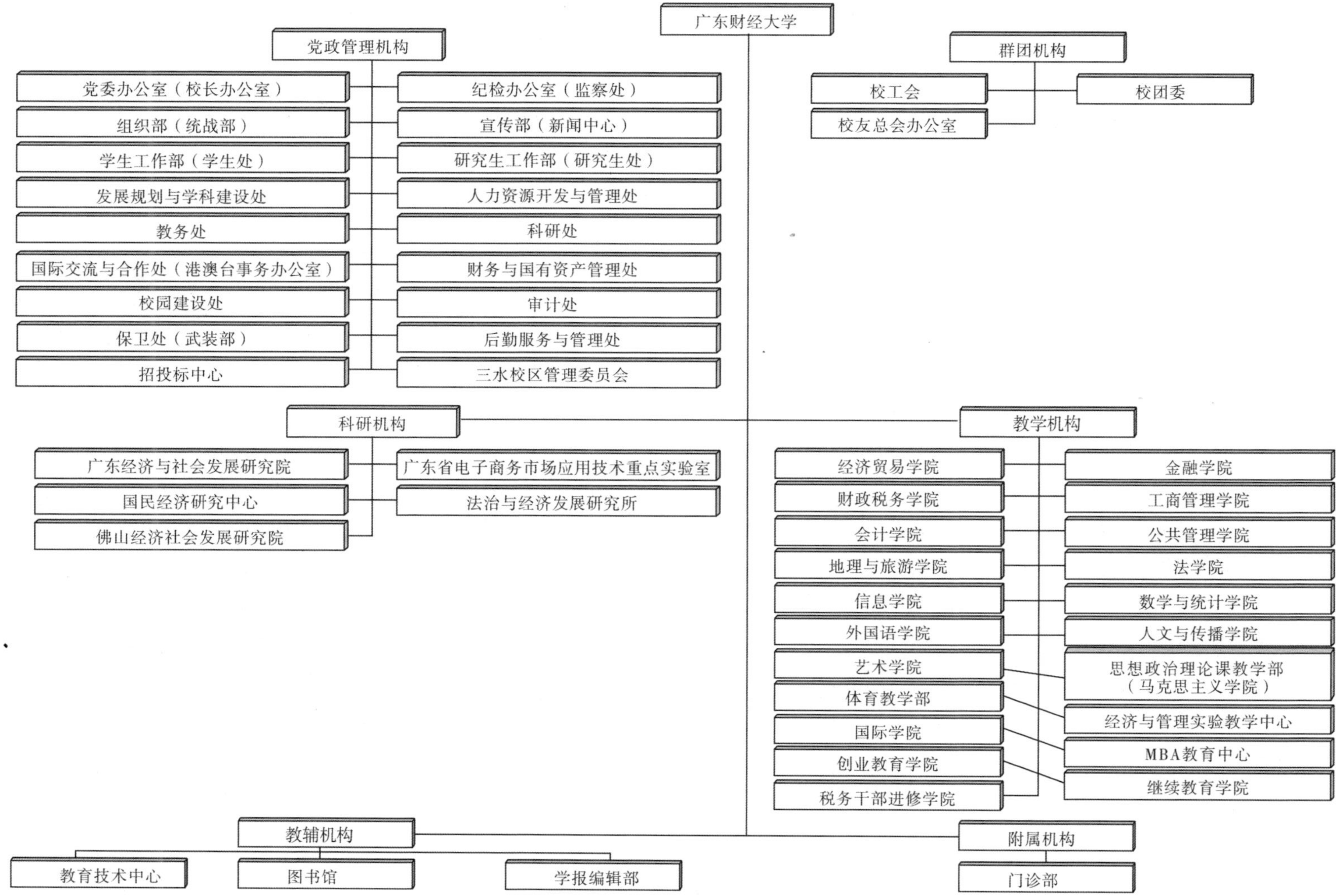

附录八　历任党委书记、纪委书记、党委副书记

校　名	职　务	姓　名	在职时间
广东财经学院	临时党委副书记	刘次钧	1984.07.26—1985.06.13
广东商学院	临时党委副书记	刘次钧	1985.06.13—1986.11.14
广东商学院	临时党委书记	刘次钧	1986.11.14—1987.09.24
广东商学院	党委书记	刘次钧	1987.09.24—1992.08.04
广东商学院	纪委书记	丁衍祥	1987.09.24—1989.08.08
广东商学院	党委副书记	张裕良	1988.06.24—1992.08.04
广东商学院	纪委书记	张裕良	1989.08.08—1993.12.25
广东商学院	党委书记	张裕良	1992.08.04—1997.02.28
广东商学院	党委副书记兼纪委书记	符士强	1992.08.04—2001.08.15
广东商学院	党委书记	林维明	1997.02.28—2000.07.10
广东商学院	党委书记	陈运森	2000.07.10—2003.08.30
广东商学院	党委副书记兼纪委书记	陈潮光	2001.08.15—2004.12.14
广东商学院	党委副书记	吴家清	2001.08.15—2009.01.12
广东商学院	党委书记	杨　维	2003.08.30—2009.09.17
广东商学院	党委副书记及纪委书记	陈承真	2004.12.14—2012.01.10
广东商学院	党委副书记	马明华	2004.12.14—2013.07.11
广东商学院	党委副书记	王　华	2009.01.12—2013.07.11
广东商学院	党委书记	程　飚	2009.09.17—2013.07.11
广东商学院	纪委书记	马明华	2012.01.10—2013.07.11
广东商学院	党委副书记	吴　琦	2012.01.10—2013.07.11
广东财经大学	党委书记	程　飚	2013.07.11—
广东财经大学	党委副书记	王　华	2013.07.11—
广东财经大学	党委副书记、纪委书记	马明华	2013.07.11—
广东财经大学	党委副书记	吴　琦	2013.07.11—

附录九　历任校长、副校长

校　名	职　务	姓　名	在职时间
广东商学院	副院长	谭锐汉	1986.12.16—1991.12.19
广东商学院	院长	李鸿昌	1987.02.20—1992.08.20
广东商学院	副院长	丁衍祥	1987.02.20—1991.12.19
广东商学院	副院长	温宝光	1991.12.19—1997.06.02
广东商学院	副院长	陈汉华	1991.12.19—1997.06.02
广东商学院	院长	罗国民	1992.08.20—2001.10.08
广东商学院	副院长	徐印州	1997.06.02—2007.10.26
广东商学院	副院长	吴家清	1997.06.02—2001.10.08
广东商学院	副院长	陈庆联	1999.12.30—2005.07.25
广东商学院	副院长	彭　赟	2000.03.01—2001.11.06
广东商学院	院长	吴家清	2001.10.08—2009.01.12
广东商学院	副院长	曾小彬	2001.10.08—2010.01.19
广东商学院	副院长	雍和明	2003.08.26—2013.07.11
广东商学院	副院长	袁新满	2006.03.15—2013.07.11
广东商学院	副院长	杜承铭	2007.10.26—2013.07.11
广东商学院	副院长	于海峰	2007.10.26—2013.07.11
广东商学院	副院长	王廷惠	2008.11.07—2013.07.11
广东商学院	院长	王　华	2009.01.12—2013.07.11
广东财经大学	校长	王　华	2013.07.11—
广东财经大学	副校长	雍和明	2013.07.11—
广东财经大学	副校长	袁新满	2013.07.11—
广东财经大学	副校长	杜承铭	2013.07.11—
广东财经大学	副校长	于海峰	2013.07.11—
广东财经大学	副校长	王廷惠	2013.07.11—

后　记

恰逢学校三十周年校庆，2013 年初，在校长王华的提议下，学校启动了校史编纂工作。三十年的砥砺与峥嵘，承载了广财人的荣耀与辉煌。撷录成书，存史育人，意义深远。

时近一载，《广东财经大学校史（1983—2013）》终于付梓。作为编纂者，我们既有完稿后的如释重负之快，又因其必有未尽如人意之处而深感不安。我们深知修史之难，且广东财经大学自 1983 年建校至今，历三十载，未曾正式编写过校史。因此，我们虽为参与编写学校第一部校史而深感荣幸，但更觉责任綦重，不敢有丝毫的草率和懈怠。

在编纂过程中，我们秉持“述而不作”的思想，坚持“史料长编”的体例，贯彻“实录直书”的原则，注重史料收集的真实性、完整性和系统性，突出第一部校史基础性、奠基性的特点。我们力图还原事件的原貌，如实再现广东财经大学每个阶段历史的发展过程，尽可能体现广东财经大学的特色，着重叙述学校发展中的重要事件和历史节点史实，避免写成一般的大事记、总结，如此等等。但囿于我们各方面水平有限，加之时间仓促、史料浩繁，因此对材料、观点、事件以至词句，均来不及一一推敲便匆匆付印，疏漏和粗糙之处定所难免，热望各位领导、全体同仁、广大校友不吝赐教，予以指正。

整个《广东财经大学校史（1983—2013）》编纂过程大致可分为四个阶段。

第一阶段：成立机构，确定提纲。2013 年 2 月，学校校长办公会决定由党委副书记马明华牵头，宣传部、校办、人文学院等部门参与，启动校史编写工作。在前期酝酿的基础上，4 月初，学校成立了以马明华为组长的校史编纂工作协调小组，以邓惠毅、司马晓雯为组长，田忠辉、常江为副组长的校史编纂起草小组，以刘次钧、李鸿昌为组长的校史编纂工作顾问小组。随即展开了校史编纂的各项准备工作，4 月中旬拟定了校史编写提纲并下发了做好校史资料编纂工作的通知。

第二阶段：确定编写体例，撰写校史稿。校史提纲印发后，学校各部门、各学院依据提纲开始收集资料，撰写初稿，6 月初，各二级单位完成初稿。编纂小组审阅初稿后，提出了修改意见并分别拟定了机关部处和各学院撰写体例指引下发，指导各二级单位对初稿进行修改。6 月底，学校干部换届，邓惠毅、杨长春两位同志调离校史编纂小组，彭翠峰、罗玉燕两位同志加入校史编纂小组并统筹此后的编纂工作。

第三阶段：征求意见，修改统稿。7—8 月，编纂小组对校史稿二稿、三稿进行了统稿，后征求离退休老同志、校友代表、相关单位和校领导意见，形成校史送审稿送校长办公会审阅。

第四阶段：再次修订，校阅出版。9—12 月，鉴于学校更名为广东财经大学和校内机构调整，编纂小组依据校长办公会的审阅意见，按照学校新的机构设置对校史稿部分章节进行了重新撰写和统稿。12 月中旬编纂小组完成了整部校史的审阅定稿，2014 年 1 月，校史稿送出版社排版印刷。

全书的截稿日期为 2013 年 10 月 31 日，共分三编三十八章，其中第一至三章分别由甘乐乐、刘大鹏、龚义荣撰写初稿，后由刘大鹏在初稿基础上对三章内容进行二次撰写。第四至十六章由各党政群部门撰写，第十七至三十八章由各教学院部撰写。全书由司马晓雯、田忠辉、常江负责统稿，王华、马明华定稿。在撰写的过程中，学校领导给予了热情指导，宣传部、党办、组织部、校友总会办公室、离退休党总支和档案室等部门积极提供校史资料，各党政群部门、教学院部的领导和撰稿同志不厌其烦，四易其稿，做了大量的工作，保证了校史稿的质量。因此，本书是集体智慧的结晶。学校二十周年校庆期间编写的《情牵广商》和兄弟院校的校史，给予了我们诸多启发和借鉴。因篇幅有限，参与撰稿的人员不能一一列举，在此一并致谢！

本书出版得到了校友唐虎林先生的全额资助，在此表示衷心感谢！

校史编写组
2014 年 1 月